U0600601

崔与之与岭南文化研究

朱泽君　主编

人民出版社

目　录

一、崔与之与岭南文化

二、崔与之与南宋政局

三、崔与之与廉政文化

附　录

人谋合处天心顺(代序)

朱泽君

“人谋合处天心顺，民力宽时国势张”。这是增城籍的南宋丞相崔与之的著名诗句。崔与之(1158—1239)，字正子，号菊坡，增城中新坑贝崔屋村人，是我国南宋时期一位文武兼备德才并重，出相入帅的名臣，是著名的政治家、思想家和军事家，以诗词著名，有“粤词之祖”的称誉，著有《宋丞相崔清献公全录》。崔与之年少家贫却有大志，成为广东自太学考取进士第一人，秉承父亲“不为良相、则为良医”的济世为民思想，拥有“以天下为己任”、“经世致用”的中华学人优良传统和“德、义、能、诚、智、节、勇”的伟大人格。他倡导天人合一、人与自然生态和谐发展，为了实现民富国强的理想，与民生息，试图建立民生与国力相协调的和谐社会，史臣称之“与张九龄齐名异代，诚吾广百世师表也”，宋理宗称赞他“允文允武，善谋善断”，文天祥非常崇仰他，称他是“盛德清风、跨映一代”。

增城是崔与之的故乡，是广州下辖的县级市，位于广州东部、穗莞深“黄金走廊”，自东汉献帝建安六年(公元201年)建县，至今已有1800多年的历史，是著名的荔枝之乡和新兴的工商生态新城。增城人文荟萃、人杰地灵，先后孕育了南宋丞相崔与之、明代哲学家湛若水、黄花岗七十二烈士之一郭继枚等历史文化名人，也有“八仙”之唯一女仙何仙姑的美丽传说。增城在广东省委、省政府和广州市委、市政府领导下，秉承先贤遗风，敢为人先、开拓进取，努力建设富裕、安康、文明、和谐、美丽的新增城。尤其是进入新世纪以来,增城不断探索科学发展道路,赢得了三次难得的发展机遇。第一次是2003年中央提出科学发展观,增城勇开先河,因地制宜率先规划建设三大主体功能区,以“不平衡发展”破解“发展不平衡”,变散乱无序发展为健康有序,全面优化城镇与产业布局,努力构建现代产业体系;第二次是2007年底南粤大地掀起新一轮解放思想大讨论,增城勇立潮头,率先在全国实施全区域公园化战略,变在城市建公园为在公园里建城乡,不是处处建公园,而是处处像公园,建设生态文明、建设宜居城乡;第三次是2008年被确定为中共中央政治局常委李长春同志学习实践科学发展观活动的联系点,在李长春同志及中央政治局委员、广东省委书记汪洋等中央、广东省、广州市各级领导的亲切关怀和悉心指导下,不断完善“以人为本、科学主导、市场运作、统筹城乡”的科学发展增城模式,增强科学发展能力,建设科学发展之城,努力创建全国科学发展示范市。

今天的增城,围绕建设广州东部现代化生态新城区,努力创建高水平的全国科学发展示范市的目标,确立建设广州东部先进制造业基地、现代服务业穗(广州)东中心、国家级生态旅游示范区、都市型现代农业基地等四大定位,深化建设南中北三大主体功能区,深入实施全区域公园化战略,创新推进公共服务均等化,推进富民惠民工程,大力统筹城乡一体化发展,创建学习型社会、建设智慧型城市,高起点规划建设“两城两区”,打造主体功能区核心区(增城市区建设国际旅游度假城,新塘城区建设广州东部国际商务城,广东增城工业园区努力办好国家级经济技术开发区,北部1000平方公里生态产业区创建全国生态旅游示范区),全市走上了生产发展、生活富裕、生态良好的科学发展道路,一个经济实力强、生活环境美、文化内涵深、幸福指数高的全国科学发展示范市的宏伟蓝图已绘就并成现实,实令增城人欣慰和自豪!增城先后荣获联合国“世界和谐城市提名奖”、“中国全面小康10大示范市”、“中国和谐之城”、“中国最具幸福感城市”、“全国绿化模范市”等称号。在全国县域经济基本竞争力排名中,增城由1999年的第58位跃居为第9位,比原计划提前两年进入全国百强县10强,连续8年领跑广东67县(市),综合竞争力和发展后劲不断增强,人民群众生活水平和幸福指数不断提高。

崔与之的精神和文化对后世乃至今天都有着深远影响。作为增城人，我们义不容辞地肩负着弘扬崔与之精神文化的使命，我们纪念和研究崔与之，就是要学习他勤奋好学、求知上进的奋斗精神，学习他“以天下为己任”、“经世致用”的优秀品格，学习他为国为民建功立业的伟大志向，学习他为官清正廉洁、克己奉公的高尚情操。他虽位至宰相，获最高勋爵，功业卓著，但人格德行风范彰显，“在天下为天下师，在后世为百世师”，一直是为公为民清正廉明的楷模和表率。

当前，增城已吹响了创建全国科学发展示范市的号角，科学发展进入了关键时期，正需要一支清正廉洁、干事创业的干部队伍来领航掌舵，正需要一大批知识渊博的能人志士来贡献智慧，正需要胸怀世界、情系增城的广大人民群众作我们坚实的臂膀。我们要大力弘扬崔与之奋发进取、为增城争光的精神，以其为官清廉高洁、是非分明、铁骨铮铮的事迹与精神作为历史教材，以修复的历史文化古迹为爱国主义教育基地，通过设立、举办系列展览和图书出版，宣扬本地先贤的优良传统和高尚人格，提高干部队伍的思想修养和市民的整体素质。

2008 年 12 月，增城隆重举办了崔与之诞辰 850 周年纪念活动，并在增城广场举行了崔与之、湛若水铜像揭幕仪式，开展崔与之与岭南文化、与南宋政局、与廉政文化的研讨，中外学者提交了论文杰作，交流了心得体会，本书将他们撰文论说的辛勤劳动和百家争鸣的真知灼见汇编成集，既是对岭南名贤的宣传推广，也是对增城历史文化的深度挖掘，既是弘扬文化，也是拉动发展产业，更是表达对学者们的敬重和感谢。

愿崔与之的精神永垂青史，愿增城的文化之光大放异彩，愿增城人民永远幸福安康！

是为序。

2010 年 6 月于荔乡

（作者为中共增城市委书记、市人大常委会主任）

一、崔与之与岭南文化

崔与之事迹系年补考

日本学习院大学东洋文化研究所　王瑞来

引言

崔与之为不世出之南宋岭南名臣。其生平事迹，见于门人所撰之行状、墓志铭，见于宋末人所撰言行录，见于《宋史》本传，见于乡里志乘，然尚阙编年系事之作。十余年前，友人何忠礼先生始撰有《崔与之事迹系年》，刊于《文史》第41辑。开辟草莱，其功甚伟。然依据新发现之史料，检寻旧史料之史实，尚有于忠礼兄之文可补之处。补考之处，或为何文之未及，或为虽及而未详者。又，崔与之文集久佚，今本《崔清献公全录》中收录之崔与之诗文，乃崔与之五世孙崔子璲编辑于明代初年，据讲分量已不及原书之一二。宋末崔与之再传门人李肖龙撰《崔清献公言行录》之时，尚可得见不少《崔清献公全录》未收之文，于三卷《崔清献公言行录》中屡见引述。本文于崔氏之文，言行录中所引，后世文献所见，吉光片羽，酌加录入，以存文献，以备研究。古语有云，前修未密，后出转精。又云，学如积薪，后来居上。本文于忠礼兄之文，不敢言转精与居上，仅为续貂之作，与忠礼兄之文同观，殆可为崔氏生平研究之一助，以期最终编就一部详实之崔与之年谱。

幼年事迹

学于故乡番禺县之逻岗村。同学者有钟玉岩。玉岩之父克应尝提携训诲与之。

按，《广州碑刻集》551至552页收录与之所作《宋朝议大夫钟启初墓志铭》载："公讳启初，字圣德，号玉岩，行四，予恒称为玉岩四兄者也。先本汴梁人，宋初，高祖钟轼仕为广东防御使，因家番禺之郁峒。传四世，兄之考宣议郎克应公，始迁逻冈居焉。四兄非生于逻岗而长于逻岗者，予少时叨承宣议公提携训诲，俾与四兄同学同游，皆在逻岗也。"检清雍正八年《广东通志》卷31《选举志》，钟启初确系番禺人，为嘉熙二年(1238)周坦榜进士。

宁宗庆元元年乙卯(1195)　38岁

在浔州司法参军任。

事迹：宋末李肖龙撰《崔清献公言行录》(以下略称《言行录》)卷上载："初任浔州法掾，部使者巡按压境。驿治久圮，郡委督办甚峻，瓦无所取，公命吏以茨易廨瓦覆之，仓卒完集。"按，《宋史》卷406《崔与之传》(以下略称《宋史》本传)所记与此略异："常平仓久弗葺，虑雨坏米，撤居廨瓦覆之。"

开禧二年丙寅(1206)　49岁

知江西建昌军新城县任满，都下待班。作《寿参政李壁》诗。

按，忠礼兄系年于开禧三年云："与之知新城任满，例当待阙，因其在任政绩卓著，'时相欲留中'，与之不就，故朝廷立即授以岭南差遣。"审此意，则与之于知江西建昌军新城县任满到除通判邕州之间未尝待阙。此一事实认定似有偏差。《宋丞相崔清献公全录》卷8载《寿参政李壁》一诗，诗题下与之自注云："都下待班。"此当为待阙之明证。检《宋宰辅编年录》卷20并《宋史》卷213《宰辅表》，李壁任参知政事在开禧二年七月至开禧三年十一月之间。因不详李壁之生日，姑系此诗于是年。由此诗题并李壁参政之任期可知，与之于知江西建昌军新城县任满后，至少待阙半年左右，而后方有通判邕州之除。

开禧三年丁卯(1207)　50岁

通判邕州，摄知宾州。又短期摄知邕州。

按，与之摄知邕州事，忠礼兄系年云："与之是否同时摄知邕州，待考。"的确，现存史料记载纷纭。《言行录》卷上载："倅邕未期，适宾州军哄，诸台以公长于应变，列辟宾守。"与之门人李昴英所撰《崔清献公行状》："邕守武人，性苛刻，遇禁卒无状，相率为乱。公时摄宾阳，闻变亟归。叛者将拥门拒之，公疾驰以入，执首乱者戮之，纵其徒不问，阖郡帖然。"《宋史》本传载："通判邕州，守武人，苛刻，衣赐不时给，诸卒大哄。漕司檄与之摄守，叛者帖然，乃密访其首事一人斩之，阖郡以宁。擢发遣宾州军事，郡政清简。"分析三条史料，关键似在明确兵乱之发生地，究竟在宾州抑或是邕州。《言行录》所记兵乱发生于宾州，《行状》与《宋史》本传所记兵乱则发生于邕州。详细考察，当以发生于邕州为是。其一，"邕守武人，性苛刻，遇禁卒无状，相率为乱"，"通判邕州，守武人，苛刻，衣赐不时给，诸卒大哄"。《行状》与《宋史》本传所记之兵乱发生背景原因当是兵乱发生于邕州最为有力之证据。其二，《行状》所记"公时摄宾阳，闻变亟归"，亦证明兵乱发生于邕州。对于史料记载歧异，则当从史源学角度分析史料之可信度。《言行录》为宋末与之再传弟子李肖龙所撰，比之亲接咳唾之门人李昴英所撰《行状》，自然在准确性方面要打折扣。因此，当从《行状》与参考《行状》所形成之《宋史》本传所记，与之确曾短期摄知邕州。李之亮《宋两广郡守臣易替考》亦于邕州之下收录与之之名。短期摄知邕州之后，以与之迅速果断平定兵乱之功绩，朝廷将与之由摄知宾州擢任真知宾州亦自是顺理成章。

作《寿邕州赵守》诗。

按，《宋丞相崔清献公全录》卷8载《寿邕州赵守》一诗，诗题下有注云："邕倅。"由此诗题可知，与之任邕州通判时，知州为赵姓者。此知州即《行状》所载"邕守武人，性苛刻，遇禁卒无状"者。于此知州之姓名，李之亮《宋两广大郡守臣易替考》亦失载。

嘉定元年戊辰(1208) 51岁

在知宾州任。广西提点刑狱杨方荐举与之。

据与之家集所载《谢宾州启》。《言行录》卷上载:“倅邕未期,适宾州军哄,诸台以公长于应变,列辟宾守。其折奸萌不动声色。宪使杨公方,为时名流,按部至宾,见公处事识大体,爱民有实惠,期以经济事业。诸郡邑狱讼,久不决者,悉归之,剖决如神,一道称快,遂特荐之。”

嘉定二年己巳(1209) 52岁

除广西提点刑狱。

按,与之除广西提点刑狱制词,略见于《言行录》卷上:“尔分符未久,治有休声,兹予命汝,持节于本道。岂徒为尔宠哉,以尔习知风土之宜,则广右之民,有所未便,及所愿欲而不得者,皆可以罢行之。”《言行录》撰者李肖龙自注源自与之家集。

视事日,首榜所属。

《言行录》卷上载:“视事日,首榜所属,明示要束,吏奸民瘼,纤悉毕载,号令明肃,观者惧焉。”按,其榜即为《岭海便民榜》。《岭海便民榜》此后为宋世官僚所服膺刊行。《言行录》卷上载:“后真守高惟肖、广舶赵汝楷见之,服为吏师,梓行于世。”

嘉定五年壬申(1212) 55岁

在广西提点刑狱任。因与之弹劾,九月十二日,知雷州郑公明放罢。

《宋会要辑稿》职官74之44载:“九月十二日,知雷州郑公明放罢。以广西提刑崔与之言其三次般运铜钱下海博易番货。”

在广西提点刑狱任,半年间遍历瘴乡,染风眩之疾。

按,《宋丞相崔清献公全录》卷5载作于嘉定十七年之《第三次辞免除礼部尚书状》云:“臣自壬申岁持岭右宪节,半年行部,遍历瘴乡。因染风眩之疾,十有三年矣,病根日深,遂成沉废。加以多事,损心健忘尤甚,怔忡自汗,通夕不交睫,或睡而觉,神不附体,恍然久之而后定。”

广人编次与之政绩,为《海上澄清录》。

按,《海上澄清录》今佚,此事见于《行状》、《言行录》与《宋史》本传。《行状》载:“珠崖之人,又编次其罢行扰民之政,曰《崔公海外澄清录》。”《言行录》卷上载:“广人集公政迹,为《岭海澄清录》。”《宋史》本传载:“琼之人次其事为《海上澄清录》。”由此可知,《岭海澄清录》为广人编次与之政绩,非为与之本人之著述。今人有指为与之著述者,不确。

嘉定六年癸酉(1213)　56岁

赴召,道经连州。

《言行录》卷上载:“公道经连州,时官民耆儒,迎谒于州治。将行,因书曰:有才者,固难得,苟无德以将之,反为累尔。穷达自有定分,枉道以求之,徒丧所守。州人以为名言,刻于石。”按,崇祯本《宋丞相崔清献公全录》于此事之下记有考证并议论云:“按,此当在谢西蜀宪节归,赴淮左帅时也。公德望素隆,而翰墨尤奇绝。故所至,邦之人士凡接一颜,得双字者,不啻登龙门、获珙璧,佩服珍爱,惟恐不及。连之耆儒,攀辕迎谒,其戴德愿教之心,必有于殷懃之外者。公感其意,故所书如此。夫适离覊宦之余,而喜遇乡曲之雅,立谈之间,不忘道义,未尝一及桑梓比昵之私,所以动州之人敬信而深刻不忘也。区区夸印佩之荣,侈稽而动色于诸生、邻里之间者,乌足以知此。”

嘉定七年甲戌(1214)　57岁

正月,以金部员外郎特授直宝谟阁、权发遣扬州事、主管淮东安抚司公事。陛辞上疏。

按,与之奏疏概略见于录自与之家集之《言行录》卷上:“陛辞,首疏以选择守将、招集民兵为第一事。别疏略曰:金虏垂亡,惟定规模以俟可乘之机,最是要务。山东新附,置之内地,如抱虎枕蛟,急须处置。自古召外兵以集事,事成与否,皆有后忧。当来若欲招纳,合计为兵若干,钱谷若何,而倚辨为农若干,田牛若何而措画。今既来之,无以安之,使饥饿于我土地。及其陵犯,又无控御之术,几至稔祸。事势如此,只得因病处方,无徒以受病之源归咎既往。乞下制司区处,要使命令一出,帖耳退听。"

二月,因与之弹劾,权发遣高邮军应懋之与宫观。

《宋会要辑稿》职官75之3、4载:"(嘉定七年二月)二十五日,权发遣高邮军应懋之与宫观,理作自陈。以本军城壁、楼橹、钓桥损坏,牒本军计料,顾乃藐然相视,从知扬州崔与之请也。"

嘉定八年乙亥(1215) 58岁

修扬州城。竣工后,作《扬州重修城壕记》。

《扬州重修城壕记》概略见于《言行录》卷上:"壕河陻陋,褰裳可涉,守御非宜。乃度远近,准高下,程广狭,量深浅,为图,请于朝,许之。河面阔十有六丈,底杀其半,深五分,广之一,环绕三千五百四十一丈。壕外余三丈,护以旱沟。又外三丈,封积土以限淋淤。又广地七丈,以受土,使与危堞不相陵。复作业城五门为月河,总百十七丈。而南为里河,又八十七丈。西北曰堡城寨,周九里十六步,相去余二里。属以夹城,如蜂腰,地所必守,左右尤浅隘,浚之,槩如州城壕,计七百三十一丈,且甓女墙以壮其势。外壕既深,水势趋下,市河涸,不可舟。有警,刍饷难为力。又加深广,造舆梁五。经始于八年八月,讫于九年九月,工一百一十五万四百二十五,费朝家缗钱三十四万八千七百五十六,米石二万一千八百四十七。州家激犒,为缗钱五万一千六百,节缩有道,劝惩有章,公私不以为病。"

修筑滁州、盱眙军五山寨,以路钤刘谌为五寨都总辖。

《言行录》卷上载:"淮东数百里皆夷旷,惟滁州、盱眙军多山林,方山石固,山嘉辅山,石崖高峙,上有泉源。公募民筑五山寨,累石为城。料简丁壮,选材力服众者,假以官资统之。月差一百二十五人,分布守望,官支镪四百一十贯,米七十五石。有警,边民悉家于中,并力捍御。又虑奸民乘时剽掠,以路钤刘谌老成忠义,用为五寨都总辖镇压之。"

上疏论淮东备御之势。

《言行录》卷中引自家集:"盱眙屯重兵,虽临以大将,而有外实内虚之势。公白庙堂曰:用兵如弈棋,置子虽疏,取势欲接,旁角失势,复心胜之。今局面似少差,使智者临枰,不过急于求活。万一敌以疑兵牵制盱眙,以劲兵由他道而来,则孤城隔绝于外,将有腹背之忧,岂能涉远相援?乞移大将近里以养威,却于统制官中选智勇可当一面者,总戍山城。盖滁与盱眙,距天长各百三十里。大将驻天长,虎视四郊,则临机随势策应,出入变化,不为敌所窥,而淮东备御之势全矣。"

上疏论张皇。

《言行录》卷中引自家集:时庙堂以张皇为戒,公上札言:"守边以镇静为先,以张皇为戒,古今之通论也。然事势有萌,犹戒张皇,备御未周,徒为镇静,识者隐忧。谍闻燕山已立新主,鞑靼又复交攻。山东乘虚寇之,亦甚蹙迫,然且签刷军马,敷料粮草,屯海州,屯清河,屯招信、濠梁,此其意向可疑。彼境之人,皆言其垂涎岁赉,不得,欲以兵胁取,岂容无备?如滁州,合整辑关隘,以为障蔽;盱眙,合措置山砦,以为声援;楚州,合经理清河口,守把淮口,以为控扼,轮日教阅,激作士气,常时戒严,以守为战,非惟缓急不致误事,亦可集事。"

嘉定九年丙子(1216)　59岁

赈济浙东渡淮流民。

《言行录》卷上载:"浙东大饥,流民渡淮求活,以数千计。公命僚属于南门外,籍口给钱米,民得无饥乱以死,无不感慕。且请于朝,行之两淮。端明洪公咨夔尝有诗曰:寨下人家盎盎春,又推余泽及流民。庆州小范青州富,合作先生社稷身。"

嘉定十一年戊寅(1218)　61岁

上疏论和议之非。

《言行录》卷上载:"庙堂贻书,欲主和议。公答曰:古今未有无夷狄之中国,而中国所恃以待夷狄者,不过战、守、和三事而已。唯能固守,而后可以战,可以和,权在我也;守且不固,遂易战而为和,权在彼也。自大将屯重兵于山城孤绝之地,而淮东守御全势因此大坏,局面一差,着着费力,彼方得势,而我与和,必遭屈辱。况虏寇尚留吾境,敌情多诈,从违未足深信,徒使军情疑贰,边防纵弛,必为所误。犬羊贪狼之性,非其力屈,未易和也。今招信之,寇虽未退,而五山寨错落相望,边民米麦,尽数在砦,野无所掠,其势只得攻青平山,又复失利而去。统制陈世雄等军,分头顿兵,关集山砦,并力剿逐,其势必不能久驻。又淮阴之寇,楚州已遣季先所部忠义人前去迎击,败之,更看事势如何。且如东海涟水,为我所有,山东归顺之徒,为我所用。一旦议和,则涟海二邑,若为区处,山东诸酋,若为顿放。萧墙之祸,必甚于颛臾,和未可遽言也。比因缪将丧师辱国愤恨,俱废寝食,心气大作,委无精力可以应酬,乞别差通敏者,以任和议之责。”按,与之此疏系于是年之根据为《宋史》本传之记载:“山东李全以众来归,与之移书宰相,谓自昔召外兵以集事者,必有后忧。宰相欲图边功,诸将皆怀侥幸,都统刘琸承密札取泗州,兵渡淮而后牒报。琸全军覆没,与之忧愤,驰书宰相,言:与之乘鄣五年,子养士卒,今以万人之命,坏于一夫之手,敌将乘胜袭我。金人入境,宰相连遗与之三书,俾议和。与之答曰:彼方得势,而我与之和,必遭屈辱。今山砦相望,边民米麦已尽输藏,野无可掠,诸军与山砦并力剿逐,势必不能久驻。况东海、涟水已为我有,山东归顺之徒已为我用,一旦议和,则涟、海二邑若为区处?山东诸酋若为措置?望别选通才,以任和议。与之自刘琸败,亟修守战备,遣精锐,布要害。金人深入无功,而和议亦寝。”

刘琸战败后之处置与上疏。

《言行录》卷中引自家集:“制司密遣刘琸等渡淮攻泗州,全军败覆。公虑虏兵乘胜冲突,亟遣强勇马军百骑,星驰盱眙,沿淮一带巡哨,官给铠仗及红绿白布马衫各百领,并诸色旗帜,令其随处换易,昼夜往来,莫测出没,或多或少,或分或散,遇平野则驰骋打围。移文州县,却称分头遣去五百骑巡边。又虑盱眙山城孤立,积谷九万余石,及镇江、扬州节次搬去攻守之具甚多,亟选精锐军三千人,厚加激犒,星夜驰去捍御。又虑朝廷忧顾,以书驰报曰:天长、盱眙等处,各已增戍,虽无舟师,已密令将在淮马船牢守,恐为羊皮军所袭。彼若车运小舟渡师,即是送死,可报东门之役。彼若错置大舟,亦非旬日可办,则备御大略,已成伦序矣。盱眙添到策应军五千余,并收拾散亡,共可及万人。内扬州拨去敢战精锐二千八百人,皆平时素练之士,尽可为用。事已至此,只得随机应之,愿宽怀抱。"

又,《言行录》卷中引自家集:"泗州卢鼓椎遣杀降旗军七人送归南岸,告之曰:卢元帅不杀降兵。公谓我青面军,彼所忌也。故设计诱之,以离其心,怠其力耳。即贻书刘都统曰:官军渡淮攻战,自合奋不顾身。今已降虏,又复来归,须从军法,以沮贼谋,以固士心。"

平定兵乱。

《言行录》卷中引自家集:"楚州武锋敢勇旗军王胜等一百余人,抢夺寨门,带器甲逃去,入射阳湖,从者益众。公即下诸处牢固守御,又虑蔓不可图,遣将官李椿赍旗榜往谕之,军众各称扬州安抚恤军爱民,愿听招谕。王胜怀疑,令温富从往招提寺别寨固守。及降,公摘王胜、温富诛之,余悉蠲罪,分隶诸戍。"

帅淮,奏论官员当和衷共济。

《言行录》卷中引自家集:"公每谓士大夫,处同僚常因小愤而误国家大事,由不能胜己私,治客气。故帅淮时,尝奏:名位相统属,而势不合;文移相关白,而情不通;声色笑貌相周旋,而意不叶,事鲜有济。"

知扬州任满,辞别作《扬州官满辞后土题玉立亭》。

按,诗载《宋丞相崔清献公全录》卷8。

嘉定十二年己卯(1219)　62岁

正月,除朝散郎、秘书少监。三次上奏请辞不获。

按,《宋丞相崔清献公全录》卷4载有作于是年之《第三次辞免秘书少监状》。

洪咨夔作《送崔少蓬南归》5首。

按,诗见《平斋文集》卷2。

赴行在途中,继除兼国史院编修官、兼实录院检讨官。

按,《宋丞相崔清献公全录》卷4载有作于是年之《辞免兼国史检讨官状》。

赴行在途中,又为江淮宣抚使辟充参谋官。

按,《宋丞相崔清献公全录》卷4载有作于是年之奏札《辞免秘书少监乞赴宣幕》。奏札云:"舟次池口,忽睹本州岛进奏官报状,某蒙江淮宣抚使辟充参谋官,虽曰未有被受,然已报行。今欲遵照屡降指挥,径诣阙庭,缘上件辟命,已有所闻。若冒然而前,即是辞劳而就逸,避烦使而觊清游,于心实不惶安。盖缘除命在前,辟命在后,只合申审,乞免造朝,径自赴幕。又恐伺候回降,必是迟延,今来残虏寇边,义当体国,岂容踟蹰其行?虽风雨未起霁,今已一面顺流东下,径趋京口,听候指挥,遵守施行。"

赴行在途中作诗。

按,诗题所述颇详:"嘉定甲戌正月,以金部郎分阃东淮,正当金虏弃巢南奔之时,人不愿往,以君命不敢辞。首尾五年而不得代。戊寅腊月,以少蓬召而病且衰矣,自知不堪世用,决意南归。舟次豫章,三疏丐闲而不得请,幡然东下,舣棹南康重湖阁,夜梦人告之曰:死于庐山之下。觉而识其事,并以小诗谢山神。"诗载《宋丞相崔清献公全录》卷8。

赴秘书少监任后,上奏乞补外。

按,《宋丞相崔清献公全录》卷4载有作于是年之《秘书少监乞补外状》。

十二月,除秘书监,两辞不获。

按,《宋丞相崔清献公全录》卷4载有作于是年之《辞免除秘书监状》、《再辞免除秘书监状》。

除工部侍郎,续奉圣旨,升兼同修国史、兼实录院同修撰。

按,此由《宋丞相崔清献公全录》卷4所载作于是年之《辞免除工部侍郎兼同修国史兼实录院同修撰状》可知。

与之任秘书少监、秘书监期间,所作数诗尚存。

诗题备录如下:《送袁校书赴湖州别驾》、《柴秘书分符章贡,同舍饯别。用蔡君谟世间万事皆尘土,留取功名久远看之句,分韵赋诗,得世字》、《陈秘书分符星渚,同舍饯别。用杜甫老手便剧郡之句,分韵赋诗,得老字》、《危大著出守潮阳，同舍饯别。用杜工部北风随爽气，南斗近文星，分韵赋诗，得北字》、《张秘书分符星渚，同舍饯别。用山谷晚风池莲香度，晓日宫槐影西，分韵赋诗，得晚字》、《李大著赴豫章别驾，同舍饯别。用杜工部天上秋期近、人间月影清之句，分韵赋诗，得天字》。

嘉定十三年庚辰(1220)　63 岁

正月，除兼太子侍讲。

按，此由《宋丞相崔清献公全录》卷 4 所载作于是年之奏札《辞免除兼太子侍讲》可知。然奏札注为"嘉定十二年"恐误。《宋会要辑稿》职官七之四六载："(嘉定)十三年正月，秘书监崔与之兼太子侍讲。"

兼任太子侍讲时，讲说《汉书》。

《言行录》卷中引《曾就闲录》载："为讲官时，说汉书二节，是前人无此发明。一云：汉文帝君臣不学。即位初元，首以狱刑钱谷问周勃，勃谢不知。问平，平举大体以对。惜乎，文帝不学，不能举周事以诘平。周以冢宰通三年而制国用，以八法而平邦国，非留意狱刑钱谷乎？以此诘平，知其无以借口矣。二云：周亚夫鞅鞅非少主臣，此是亚夫强项气习。细柳之屯，去中都不远，闭营门以拒天子，谓之警不虞则可，而尊君之礼则未至也。景帝忌刻，宜其不能容。孔子论为臣则曰：其行己也恭，其事上也敬。亚夫不学，毋怪乎恭敬之事未之有闻。"

入蜀途中，于九江与张端义相见。

张端义《贵耳集》卷下载："高、孝二朝，帅蜀必要临遣，未尝就外除，亦以蜀为重事，庙堂欲除崔菊坡先生，觉菊坡之意未就，司谏王贯卿上疏，指以士大夫辞难避事，不肯任朝廷之委用，疏上后，菊坡之命始出，菊坡只得一行。在九江时，余往见之，扣其入蜀之意，菊坡自言：朝廷以蜀中散乱，令某整齐之。余进曰：今天下散乱，岂特一蜀耶？朝廷何不留先生整齐天下之散乱，而独私于蜀耶？菊坡唯唯而已。近汤季能有辞难避事之疏，三十年间两见之，恨无菊坡在，见此疏也。"

十月，知成都府、本路安抚使到任后，与之致书四川宣抚使安丙，劝阻联夏攻金。

《言行录》卷中引庐陵汪中录公遗事记载:“公至成都,时安公丙以执政任宣阃,夏人书来约夹攻。公闻之,亟致书安公曰:自金虏弃燕,山东、两河势如破竹,灭亡可待。异时震邻之患,大有可忧。金人不顾死亡,南窥淮汉,宜及此时,招纳豪杰,选将练兵,修固堡障以待。蜀连年被兵,士气未振,岂宜轻举?彼区区西夏,衰微益甚,何足为吾之掎角?万一失利,亏损国威,公必悔之。其年,师出,攻秦、巩二州不克,夏人先退,大将王仕信以逗挠伏诛,果如公言,安公深相敬服。”按,与之成都到任时间,文献记载不详。忠礼兄系年仅记“冬,之官成都”。考《宋丞相崔清献公全录》卷 8 与之《寄黄州赵别驾庚辰入蜀舟次黄冈适赵倅奇夫沿檄行边不遇以诗寄之》诗中有“尺舸西风两鬓残”之句,知四月任命,而赴任入蜀已在秋季。又据同卷《答李侍郎嘉定庚辰冬之官成都至城外驿侍郎亦赴镇常得相遇于道惠诗答之》之诗题,知与之抵达成都已是冬季。前引《言行录》云及“大将王仕信以逗挠伏诛”事,检《宋史》卷 40《理宗纪》,记嘉定十三年十月戊寅“程信以四川宣抚司之命,斩王仕信于西和州”,可知与之当在是年初冬十月到任。

与程珌书。

按,《程端明公洺水集》卷 13 载《书崔尚书尺牍后》云:“嘉定庚辰岁,仆在姑苏,得同年崔正子尚书书,云:出守朱离之际,诸州券直已靳不给,募者散去,此为恶况。”

嘉定十四年辛巳(1221) 64 岁

十一月己亥,四川宣抚使安丙卒。宣抚司以使印送至与之。与之从权收管摄事,继奉朝命,为权四川宣抚司职事。

按,安丙遽逝,宣抚司以使印送至与之。与之不俟朝命,权为收管,暂摄宣抚司职事之事,行状、《宋史》本传并忠礼兄系年均不载。唯《言行录》卷中载:“十四年十一月,宣抚使安公丙薨。宣司奉印来归,军民属望,公权宜纳之,以安反侧。亟闻于朝,继得旨,权宣抚职事。十二月,除四川路安抚制置使。”《言行录》所据,当出与之自记。《宋丞相崔清献公全录》卷 4 所载与之上《辞免除四川制置使状》云："适宜阃虚次，以印来归，不免从权收管，以安人心，以俟朝命。继准圣旨指挥，令臣暂权宣府职事。"据此可知，出于安丙遽逝之非常时期，与之确曾不待朝命而临时主持宣抚司职事，以安定人心。此举特见与之之责任感，不当晦而不彰。

在蜀，筑菊坡以自适。

《言行录》卷下载："公榜燕居以'菊坡'，题曰：韩魏公云：保初节易，保晚节难。余嘉定辛巳，建制阃于益昌，爱公寒花晚节之句，筑菊坡以自适。今告老归里，复以名其居。"据此可知，"菊坡"之始筑，当在成都。

嘉定十五年壬午(1222)　65岁

二月十二日，致信同乡钟玉岩。

按，信函见光绪十八年刊《逻岗钟氏族谱》所载《抄录崔清献邮札》："嘉定十五年二月十二日，弟崔与之顿，玉岩四兄厚下：弟别兄久矣。阅报，知兄优游晚岁，视弟之守官成都，扰攘王路，不啻云泥隔也。迩者家人自粤至，询兄近况，谓兄为先赠翁世伯老先生窀穸未安，扶杖登高，迄无宁日。弟因先年告归时，会以先人坟墓未修，亲故未葬，着人聘得江西地师，带回粤省，寻获多山买受，开穴立界，凡至亲未葬者，概为葬讫。尚余六七处吉壤，留待将来。念惟世伯，昔曾卵翼与之，训诲与之，恩同父子。是兄考即弟考也。兄皇皇营葬求而弗得，弟心何安？窃愿于留余诸穴，择其颇近兄乡里者凡三处，曰郁崗，曰姜田，曰黄崗岭，并以送兄，永为茔恩一以绵子孙。世好之谊兄，弟异日解绶乡旋，悉将买契。业自送之后，其各山之前后脚，皆任兄培植树木，卫护风得垂涎觊觎焉。与之顿首。"

四月，转朝散大夫。

按，忠礼兄系年据《文集》卷1《四川制置乞祠状》，将转朝散大夫记在翌年。然据《宋丞相崔清献公全录》卷9《宸翰》所载《转朝散大夫进封开国子加食邑》制词，并对照与之所上《辞免除四川制置使状》自署之"朝请郎"，可知于是年与之已自朝请郎升迁至朝奉大夫，又转至朝散大夫。

在蜀，留意军储，以备不测。

按,忠礼兄系年引《宋史》本传,将“积米三十万石,以备不测”系于嘉定十六年。然《言行录》卷中引家集载:“自昔用蜀,每病运漕之难。盖蜀地僻远,滩流险绝,每一纲运,动历半期,且有沉折之患。成都苗头岁十五万石,旧及十万,即折输以实私橐,鲜有为公家计者。公自庚辰冬到官,留意军储,并收正色,二三年间,所积顿厚。壬午秋,省仓见管二十九万余石,岁支有余。遂拨十万石,优立赏格。选官津运至利、沔、鱼关等处安顿,以充朝廷桩积之数。通计旧籴三十余万石,专备经常外不测支用。”据此记载之“壬午秋”,可知此事当系于是年。

嘉定十六年癸未(1223)　66岁

二月,于知成都府兼四川安抚制置使任上,与之荐举兴元府驻札御前中军统制吴彦为权金州都统制。

三月,与吴彦三通手帖。

按,以上事实均见明人叶盛《水东日记》所录与之书札。今移录如下:

《御前札子付金州都统吴彦(御宝)封御宝实封枢密院札》:

四川崔制置申。某窃惟人材难得,而将才尤难得。自非平时,察访而牧蓄之,则缓急无以为用。某冒膺阃寄,无补丝毫。时事孔艰,以选将厉兵为急。其间有材略过人,可用为将帅之储,可不荐拔之乎?某伏见修武郎、兴元府驻札御前中军统制吴彦,人物伟健,议论通畅,留心军政,宣力边防,有慷慨功名之志,轻财好义,得士卒心。欲望朝廷特赐旌擢,处以统制之寄,庶几边陲得人,诸将亦知所劝矣。除已录奏闻,伏乞照会申闻事。右三月十七日。奉圣旨,吴彦特差权金州都统制。任责措置捍御边面,具管干日时。伏申枢密院。今札付吴彦照会,准此。

嘉定十六年三月十八日李帅出边,要人在司弹压,难以轻动。又恐将来命下,即合起发,愈是来不得。今已行下戎司,时暂差官抵替,统制即便疾速赴司,又荐陇西为守。庶几得人,共济国事,千万察之,不可泄也。十三日押。

十八日,遣使臣樊厚前去,想已到矣。忽二十二日未时,准庚牌递到省札,有金州统制之除,亦赐勑,书已下李都统,差官时暂兼权中军都统制职事,仍管干营寨,候到即便疾速起送,前去金州交割职事,不须更来本司,恐成迟滞。二十二日,某手书上都统太尉吴。

戎帅膺三军之重寄,而以统制兼之,终是事权不颛。正此多事,盍正其名。今来朝廷区处行下,委是合宜,可喜可贺。押　押　押

《与吴彦三帖》:

二月初,奏剡已上,并专书庙堂。荐恳甚力,旦夕当有峻除。欲烦统制比来有一二边事,欲面分付。缘之。

作《送夔门丁帅赴召》诗。

按,忠礼兄将此诗系于是年,然又云:"赠诗时间不详,姑系于本年。"嘉靖《池州府志》卷7载:"丁黼字乙伯,登淳熙乙酉进士。知信州,修城有功。安抚李公、运使真德秀荐于朝,为提点刑狱,改除秘阁,知夔州路。嘉定癸未,召赴行在。"据此可知,系于本年为是。又,《宋史翼》卷17《丁黼传》载:"与之闻四川夔州路安抚使兼知夔州丁黼至,赠诗曰:同志辰星少,孤愁暮雨多。"《宋史翼》将赠诗理解为丁黼初至不确,因诗题明言"送夔门丁帅赴召"。

四月,转官朝请大夫。

按,此由《宋丞相崔清献公全录》卷9《宸翰》所载《转朝请大夫》制词可知。制词题下注云:"嘉定十六年四月。"

嘉定十七年甲申(1224)　67岁

二月,门人程公许作《送制置阁学侍郎崔公赴召序》。

按,文见《沧洲尘缶编》卷13,文末自署云:"嘉定十七年二月日,门人程某拜手谨序。"

李曾伯作贺新郎词《甲申代亲庭送崔菊坡出蜀》。

按,词见《全宋词》2803页。

除权礼部尚书,三度辞免,降诏不允。

按,此见于《宋丞相崔清献公全录》卷5所载作于是年之《辞免礼部尚书状》、《再辞免礼部尚书状》、《第三次辞免除礼部尚书状》。

六月初,还广州途中,至岳州。

八月中旬,还广州途中,至静江府。

按,以上见于《宋丞相崔清献公全录》卷5所载作于是年之《第三次辞免除礼部尚书状》所述:"焕章阁直学士、朝请大夫、前四川安抚制置使崔与之,护蜀罔功,侥幸满替。伏准恩命,除礼部尚书。寻且辞免,丐祠而归,续准诏不允。六月初至岳州,再具辞免。八月半至静江府,准省札指挥,三省同奉圣旨,依已降诏不允,不得再有陈请,仍疾速前来供职。"

作《宋始祖考户部司判晋赠朝议大夫克应钟府君之墓志》。

按,文载《广州碑刻集》550至551页。志文自署云:"焕章阁直阁学士、朝请大夫、年家眷侄崔与之顿首拜撰。"据《宋丞相崔清献公全录》卷5所载作于是年之《第三次辞免除礼部尚书状》自署"焕章阁直学士、朝请大夫、前四川安抚制置使崔与之",且与之于是年已转官朝议大夫,墓主又为番禺人,知墓志当为与之自蜀返乡之后,作于是年九月转官朝议大夫之前。

九月,转官朝议大夫。

按,此由《宋丞相崔清献公全录》卷9《宸翰》所载《转朝议大夫》制词可知。制词题下注云:"嘉定十七年九月。"

理宗宝庆元年乙酉(1225)　68岁

四辞权礼部尚书,不允。

按,此见于《宋丞相崔清献公全录》卷5所载作于是年之奏札《第四次辞免除礼部尚书》。

除显谟阁直学士、知潭州、湖南安抚使。两上章辞免,不允。

按,此见于《宋丞相崔清献公全录》卷5所载作于是年之奏札《辞免除显谟阁直学士知潭州湖南安抚使》、《辞免知潭州湖南安抚使状》。

宝庆二年丙戌(1226)　69岁

四月,作《复李昴英札》。

按,此见于《文溪集》卷20。文后自署云:"四月日,焕章阁直学士、中奉大夫、提举崇福宫崔某札。”考《宋丞相崔清献公全录》卷5载作于是年之《再辞免除知潭州湖南安抚使状》中自署“焕章阁直学士、中奉大夫、前四川安抚制置使”,且札中“初筮不必择官择地”一语,乃为叮嘱于宝庆二年王会龙榜第三名及第之李昴英,知此札必作于是年。

三度辞免显谟阁直学士、知潭州、湖南安抚使任免,除宝谟阁学士,依所乞,提举西京嵩山崇福宫,任便居住。接受宫祠任命,上章请辞宝谟阁学士职名。

按,此见于《宋丞相崔清献公全录》卷5所载作于是年之奏札《再辞免知潭州湖南安抚使》、《辞免除宝谟阁学士》。忠礼兄记作“宝谟阁直学士”不确,此由《辞免除宝谟阁学士》中所云“祠官得请以为荣,铭心知幸,学士为真而非据,局蹐难胜,倘辞受之,或乖则颠隮之立见”可证。真学士者,非直学士也。

绍定元年戊子(1228) 71岁

二月,作《宋朝议大夫钟启初墓志铭》。

按,文载《广州碑刻集》551至552页。尽管文中杂有后人加入之内容,不可尽信,然文献弥珍,移录如下:

公讳启初,字圣德,号玉岩,行四,予恒称为玉岩四兄者也。先本汴梁人,宋初,高祖钟轼仕为广东防御使,因家番禺之郁峒。传四世,兄之考宣议郎克应公,始迁逻冈居焉。四兄非生于逻岗而长于逻岗者,予少时叨承宣议公提携训诲,俾与四兄同学同游,皆在逻岗也。四兄年则长于予,学问文章则倍于予,而成进士独后于予,其殆大器而晚成者乎?娶南海陈村黄彦宗季女,有林下风,屡劝四兄勿废举子业。四兄年三十四,始出为诸生,五十举于乡,联捷甲科进士。初调徽州府判,以廉敏称;继迁武昌府同知,爱民如子,能设法除属邑虎患。寻改户部度支判,敕进内直起居郎,荣赠考妣如己身及妻封典。越二年,福建参议,时日本国屡以巨舰逼处厦门,为寇不止,四兄以中孚之信行谕祸福,遂慑威去,居民赖安。上嘉乃绩,诏令参议中书省兼知政事,朝议大夫,而四兄已告老南归矣。时予在蜀,邮札回贺,并送以黄峒岭及郁峒、姜田三处佳城,少酬世好之谊。四兄业改葬考妣于黄峒岭而命予作志。后年余,予辞归,在道闻四兄子仕绅札至,始知四兄终于宝庆元年二月十日,距生于绍兴二十五年五月二十日,享寿七十有一。四嫂黄夫人终于嘉定十六年十月十八日,距生于绍兴二十八年四月二十五日,享寿六十有六,合葬于土名馒头山。且云先大夫生时,见是山有灵龟之兆,卜为寿基,因从遗命葬云。予思四兄夫妇生称合德,死亦同穴,宜也。男子二:长仕绅,为邑诸生;次仕缙,无禄。女子二:长归新会熊元叙,次归南海沙坑村周贤。孙男一,名汝贤。椒聊之衍渐蕃矣。予归里后,向墓一酹,情不自已,因为志而并铭之曰:牛峰高卫,逻洞深盘。环以药勒,对以朝寇。阴阳大会,硕人之宽。瓜瓞绵绵,松柏丸丸。

绍定元年二月宝谟阁学士、新除提举南京鸿庆宫、南海郡开国侯、食邑一千二百户、赐紫金鱼袋、年家眷同学弟崔与之顿首拜撰。

除焕章阁学士、提举南京鸿庆宫,任便居住。

按,忠礼兄将此事系于宝庆三年,不确。《宋丞相崔清献公全录》卷5《辞免除焕章阁学士》奏章在绍定元年。又,据上述《宋朝议大夫钟启初墓志铭》与之自署"绍定元年二月宝谟阁学士、新除提举南京鸿庆宫",知除焕章阁学士、提举南京鸿庆宫当在是年二月以后。

绍定二年己丑(1229)　72岁

差知隆兴府、充江西安抚使。上章辞免,不允。

按,忠礼兄将此事系于绍定元年,恐不确。《宋丞相崔清献公全录》卷5所载《辞免知隆兴府江西安抚使》奏章系于绍定二年。据此奏章,知与之官阶已升至中大夫。此已达南宋时除执政之官阶。与之自何官所升,忠礼兄云"据《文集》卷2《辞免知隆兴府江西安抚使状》载,本年与之已由中散大夫转中大夫"。检此奏章,并无"中散大夫"之记载。又检。《宋丞相崔清献公全录》卷5写于宝庆元年之《辞免除显谟阁直学士知潭州湖南安抚使状》之自署系衔已为"中散大夫"上位之"中奉大夫",可知作"中散大夫"不确。

绍定三年庚寅(1230)　73 岁

再辞知隆兴府、充江西安抚使之命,除徽猷阁学士,提举南京鸿庆宫,任便居住。与之接受宫祠任命,上章请辞徽猷阁学士职名。

按,此见于《宋丞相崔清献公全录》卷 6 所载作于是年之《再辞免知隆兴府江西安抚使状》并《辞免徽猷阁学士状》。

绍定五年壬辰(1232)　75 岁

乞守本官致仕,不允。

按,据《宋丞相崔清献公全录》卷 6 所载作于是年之《乞守本官致仕状》自署,与之是时之官阶已升至太中大夫。

端平二年乙未(1235)　78 岁

正月,举广州通判宋翊知循州。

按,《宋丞相崔清献公全录》卷 8 载《举通判宋翊知循州札》,备录如下:

窃见通判广州军宋翊,练历已深,廉介有守。昨试令之程乡,又宰惠之归善,一意抚字,安静无扰,邑人至今思之。循州介乎二邑之间,凡民情之休戚,风土之利病,耳目所接,罔不备谙。今丞郡番禺,多籍裨赞,委以决事,咸谓精明。窃以凋郡择守,最戒贪残。倘使宋翊为之,必有成效。

宋翊之任循州后,与之又有书二通寄之。

按,《与循州宋守书》亦均载《宋丞相崔清献公全录》卷 8:

循为南中佳郡,今非昔比,亦狐鼠之妖方息,鸿雁之居未安。兹得通材,以当隆委。出于上简,不劳陛辞,下慰远民之望也。抚摩为心,镇静得体,元气充足而外邪自消,千里民生之寄,得所托矣。纵未归华显之班,抑亦在澄清之选。

执事承郡纲解纽之余,百废俱兴,佳声载路。比者邻寇侵轶,疲甿伤弓之民,几无固志,而制变有方,旋即按堵十连,威望宿着,军政孔修,此或有意外警。明以告之,必能调遣,以相应援。

二月二日，广人奉与之像生祠之。

崇祯本《宋丞相崔清献公全录》附载李昴英《书菊坡先生蒲涧生祠后》云："端平二年二月二日，广人奉菊坡先生像生祠之。先生拒之峻，不能止也。众属参预弘毅克斋游公似秉记笔，文绝奇伟。先生戒毋刻尤力。盖谦不敢当。吁，先生骑箕尾去矣。运使刘公克庄始入记于石，命其客钟大鸣视工，以淳祐之元年中元后三日立先生所以惠其乡国，人所以尊其老，来者有稽焉，游公之文也，抑刘公之力也。菊坡祠二：在蜀仙游阁，刘后溪赞之；在南海之蒲涧，刘后村碣之。铺扬大贤者，盛德垂之无尽，两刘氏之意俱丰。而后村慕前修于既往，勤勤焉非利而行之，此则过人远甚。邦人士谓宜识，俾先生之门人李昴英书。"

三月二日，除广东经略安抚使，兼知广州。上《奏暂领经略安抚使知广州印乞除官代状》，不允。

按，奏章见于《宋丞相崔清献公全录》卷6。

四月十七日，再上《奏乞谋帅为代状》，不允。

按，奏章见于《宋丞相崔清献公全录》卷6。据奏章自署，是时与之职名已达执政退任时之"端明殿学士"。

五月二日，上《申山前事宜并牒彭提刑节制诸军随宜调遣就行督捕事》。

按，奏章见于《宋丞相崔清献公全录》卷6。

七月五日，上《奏盗贼宁息乞赐除代状》，不允。

按，奏章见于《宋丞相崔清献公全录》卷6。

七月九日，上《申彭提刑管提舶之功状》。同月，又上《申石运判李运判黄提举之功状》

按，奏章均见于《宋丞相崔清献公全录》卷6。

六月二十一日（壬午），自端明殿学士、太中大夫、广南东路经略安抚使、马步军都总管兼知广州召除参知政事。

按，此据《宋史》卷214《宰辅表》并卷42《理宗纪》。

七月十八日，上《辞免除参知政事状》。

按，奏章见于《宋丞相崔清献公全录》卷6。据奏章所记爵位，与之是时已由“南海郡开国侯”升至“南海郡开国公”。

闰七月，再上章辞免参知政事。

按，《宋丞相崔清献公全录》卷7载《再辞免参知政事状》。

八月，三度上章辞免参知政事。

按，事见《宋丞相崔清献公全录》卷7所载《第三次辞免参知政事状》。

十月，四辞参知政事。

按，事见《宋丞相崔清献公全录》卷7所载《第四次辞免参知政事状》。

十一月，五辞参知政事。

按，事见《宋丞相崔清献公全录》卷7所载《第五次辞免参知政事状》。

端平三年丙申(1236)　79岁

正月，六辞参知政事。

按，事见《宋丞相崔清献公全录》卷7所载《第六次辞免参知政事状》。

四月，七辞参知政事，除资政殿学士，提举临安府洞霄宫，任便居住。

按，事见《宋丞相崔清献公全录》卷7所载《第七次辞免参知政事状》。

七月，上章辞免除资政殿学士宫观。

按，事见《宋丞相崔清献公全录》卷7所载《辞免除资政殿学士宫观状》。

九月二十三日(乙亥)，特授正议大夫，除右丞相兼枢密使。

按，此据《宋史》卷214《宰辅表》并卷42《理宗纪》。然《宋丞相崔清献公全录》卷7《辞免特授正议大夫右丞相兼枢密使第一诏奏状》载：“照会端平三年九月十三日午时，承广州送到尚书省札子，备录麻制颁降，授臣正议大夫、右丞相兼枢密院使。”疑“十三日”当为“二十三日”之脱误。又，与之官阶由太中大夫升至正议大夫，超越通议大夫与通奉大夫二阶，故与之奏章称为“特授”。又，《宋史·宰辅表》将此除记为“自参知政事特转正议大夫右丞相兼枢密使”，乃系不详与之于七次坚辞参知政事之后，理宗以御笔除资政殿学士提举临安府洞霄宫任便居住之事实，因而误记。据许应龙《东涧集》卷3所载任相制词，当系自资政殿学士、太中大夫、提举临安府洞霄宫特授正议大夫右丞相兼枢密使。

十月，连上两章，辞免右丞相兼枢密使。

按，此见《宋丞相崔清献公全录》卷7所载《辞免特授正议大夫右丞相兼枢密使第一诏奏状》并《第二诏趣行辞免奏状》。

嘉熙三年己亥(1239)　82岁

致书门人李昴英。

按，崇祯本《宋丞相崔清献公全录》附载李昴英《跋菊坡先生手墨》云："嘉熙己亥，昴英在著庭，清献崔公自南海寄书来，别纸如此。公拜集贤相，天子遣中使踰岭趣行，且赐金二百两治装，蒲轮日在门。而公之病已深矣，累疏力辞，始得请。以金付武臣邓祖禹，护纳内库。盖公帅乡部，时祖禹实为事务官，所以委之也。此役他人所难，而祖禹不惮劳费，似知慕独乐园之守园者，亦可尚也。偶阅公手泽，俾模刻而藏之。淳祐五年元日。"

卒年辨证

与之卒于嘉熙三年十二月己未，此见于源于宋朝国史之《宋史》卷42《理宗纪》记载，言之凿凿，本无可辨之余地。然于转换为公元纪年之际，而生出新问题，故不可置之不辨。嘉熙三年换算为公元纪年，为1239年。故《中国历史大辞典》(2000年上海辞书出版社)之辞条、何忠礼先生《南宋名臣崔与之述论》(载1994年第6期《广东社会科学》)、《崔与之事迹系年》(载1996年《文史》第41辑)、王德毅先生《崔与之与晚宋政局》(载1996年《台湾大学历史学报》第19期)、金强、张其凡先生《南宋名臣崔与之》(2007年广东人民出版社)等有关著述，均将崔与之卒年记在1239年。将崔与之卒年记在嘉熙三年并无问题，但换算为公元纪年1239年则有错误。此道理很简单，即阴历纪年与阳历纪年之间有一时间差之问题。的确，崔与之卒年之嘉熙三年大部分时间均可换算为1239年，然崔与之卒年却不可以。此因崔与之卒于嘉熙三年之年末十二月。嘉熙三年十二月丙申朔，这一天换算为公元纪日则为十二月二十七日。崔与之卒日为嘉熙三年十二月己未，由丙申朔日推算至己未，当为1240年1月19日。因此，崔与之卒年之正确公元纪年当为1240年。历史人物的生卒年推算,由于简单至极,因而历来不为人们所重视。翻检今人著述以及辞书,有关历史人物生卒年在阴历阳历上之错误比比皆是。然而,小事情关系着大结论。为此,我在1989年,曾写过一篇短文《关于推算历史人物生卒年应当注意的一个问题》(刊发于《古籍整理出版情况简报》第215期),呼吁对此问题引起注意,幸勿以细小而忽之。对于重要历史名人崔与之卒年,希望今后应当予以准确表述。

南宋清廉官崔与之仕履编年考释

浙江大学　龚延明

南宋光宗绍熙四年癸丑(1193)　36岁。　登进士第,初授迪功郎、浔州司法参军事。

《宋会要辑稿·选举》2之29《进士科》:"(绍熙)四年五月四日,诏:'新及第进十第一人陈亮补承郎、签书诸州节度判官厅公事,第二人朱质、第三人黄中并文林郎、两使职官,第四人、第五人杨琛并从事郎、初等职官,第六人以下至第四甲并迪功郎、诸州司户、簿、尉,第五甲守选。'"

宋李昴英《文溪集》卷11《行状·崔清献公行状》:"崔与之字正子,增城人。家贫,力学自奋……擢自乙科。广人由胄监取第者,自公始,历浔州司法、淮西检法官,皆有守法持正之誉。"

《宋史》卷406《崔与之传》:"崔与之字正子。广州人.……不远数千里游太学。绍熙四年,举进士。广州之士,由太学取科第,自与之始。授浔州司法参军。"

按:崔与之于南宋光宗绍熙四年(1193年)中进士第,该榜状元为陈亮,自状元至进士第五人所授官,皆在五月四日所颁新官授官诏书中有具体规定;而自第六人以下,则普泛地规定:"第六人以下至第四甲并迪功郎、诸州司户、簿、尉,第五甲守选。"崔与之当属这一大范围之内,所授寄禄官必是"迪功郎"(从九品)。故尔,可以确定与授崔与之差遣"浔州司法参军"同时,必带"迪功郎"(从九品)寄禄官阶。此可补《宋史·

崔与之传》记载之不足。

“浔州司法参军”,系宋代州一级幕职官,掌本州岛议法、断刑等与刑狱有关公事。宋谢维新《古今合璧事类备要·后集》卷78《总诸曹·司法·历代沿革》:“国朝治(沿)唐制,诸州置司法参军,掌议法断刑,品同司法。”

浔州,属广南西路,为下州。《宋史·地理志》卷6《广南西路》:“浔州,下,浔江郡。”

下州司法参军品同司户参军,从九品。《古今合璧事类备要·后集》卷78《总诸曹·司户·历代沿革》:“国朝沿唐制,诸州置司户参军……《元祐令》:中州从八品,下州从九品。”

失年调淮南西路检法公事。

宋李昴英《文溪集》卷11《行状·崔清献公行状》:“历浔州司法、淮西检法官。”

《宋史》卷406《崔与之传》:“授浔州司法参军……守敬服,更荐之。调淮西提刑司检法官。”

按:崔与之何年自浔州司法参军调至淮南西路提刑司检法官?未及找到明确记载,但从《宋史》本传“守敬服,更荐之。调淮西提刑司检法官”这句话看,崔与之迁调检法官,与浔州知州之推荐不无关系,故尔,存在着崔与之浔州司法参军三年任满即迁提刑司检法官的可能性。

至于崔与之迪功郎寄禄官阶有无变化,即不得而知。

提刑司检法官的职掌为本路刑狱案件的详审州县官、小使臣等公罪以下案与平反冤案。同时规定,提刑司检法官,不得随提刑司长官出巡所属州县。

宋谢维新《古今合璧事类备要·后集》卷70《监司门·提刑·检法·事类》:“疏驳:国家置提刑司,盖欲平反狱讼,使用权民不冤。详谳:检法官,职专详谳。”

宋李焘《续资治通鉴长编》卷362、元丰八年十二月乙丑:“刑部言:今提刑司检法官覆州县官、小使臣等到公罪以下案,申吏、刑部、大理寺注籍，则法官可以专于谳狱。”

嘉泰三年癸亥(1203)46岁。 承务郎(从九品)、知建昌军新城县。

宋李昴英《文溪集》卷11《行状·崔清献公行状》:“改秩，宰建昌新城。”

张其凡《宋丞相崔清献公全录》卷1《言行录》上《行在太学观斋碑》:公讳言与之……知建昌军新城县、通判邕州。

《宋史》卷406《崔与之传》:“知建昌新城县。”

何忠礼《崔与之事迹系年》:“嘉泰三年癸亥(1203)46岁知建昌新城县。”

《新城县志》卷7《秩官·知县》:“嘉泰三年癸亥崔与之。”

按:宋宁宗嘉泰三年，崔与之在仕途上有一重大转折，即从选人阶“改秩”为京官，当上了知新城县事。“改秩”，通常叫改官，按宋代官吏铨选之制，分选人、京官、朝官、侍从官以上四个档次。如进士出身，释褐即授迪功郎至承直郎等选人七阶。“凡选人阶官为七等……七阶选择人须任三任六考，用奏荐及功赏，乃得升改。”(《宋史·选举志》四《铨法》上)即是说，选人在经历三任官、年资六考，就有资格通过五个官员荐举，方可改为京官。南宋“京官凡五等，承务至宣教郎”:承务郎(从九品)、承奉郎(正九品)、承事郎(正九品)、宣义郎(正九品)、宣教郎(从八品)(见宋李心传《建炎以来系年要录》卷91、壬申朔条)。宋马端临《文献通考·选举考》11《举官》:“(乾道二年)是岁，诏:自今有出身曾任县令，初改官许注官，余并先注知县。自是改秩者，无不制邑(改官任知县)。”崔与之，正是依制改官为知县的。但，同时，其授予五等京官中哪一阶，失载，至少为“承务郎(从九品)”是没有问题的。

开禧三年丁卯(1207) 50岁 通判邕州军州事(从七品)。

宋李昴英《文溪集》卷11《行状·崔清献公行状》:“他司相继论荐，时相欲留中，公不就，通判邕州。”

张其凡《宋丞相崔清献公全录》卷1《言行录》上《行在太学观斋碑》:公

讳言与之……知建昌军新城县、通判邕州。

《宋史》卷406《崔与之传》:“知建昌新城县。通判邕州,守武人,苛刻。”

何忠礼《崔与之事迹系年》:“与之知新城任满,例当待阙,因其在任政绩卓著,‘时相欲留中’,与之不就,故朝廷立即授以岭南差遣。又《本传》云:‘(邕)守武人,苛刻,衣赐不时给,诸卒大哄。漕司檄与之摄守,叛者帖然。’似乎与之本年乃摄邕而非摄宾。”

按:“通判邕州”,为“通判邕州军州事”简称。邕州,下州,属广南西路。通判始置于北宋太祖朝乾德元年四月。初置时,寓“监郡”之意。入南宋,其职能已产生变化,名义上为知州副贰,出可按县。实际上,地位已下降,主要分掌本州岛常平公事、经总制钱等财赋公事(宋黎靖德《朱子语类》卷106《总论作郡》、《外任》)。邕州属下州,其官品为从七品(宋孙逢吉《职官分纪》卷41《通判军州》)。

又,崔与之任通判时寄禄官为何,失载。

开禧三年至嘉定初(开禧三年至嘉定二年?)　51至52岁(?)通判邕州军州事、摄宾州军州事。

宋李昴英《文溪集》卷11《行状·崔清献公行状》:“通判邕州……邕守,武人,惟苛刻,御卒无状,相率为乱。公时摄宾阳,闻变亟归……阖郡帖然。擢守宾阳。”

《宋史》卷406《崔与之传》:“通判邕州,守,武人,苛刻。衣赐不时给,诸卒大哄。漕司檄文与之摄守,叛者帖然。”

张其凡《宋丞相崔清献公全录》卷1《言行录》上《家集·谢宾州启》:“倅(通判别称)邕未期,适宾州军哄,诸台以公长于应变,列辟宾守。”

按:据崔之《谢宾州启》,他在通判邕州任上“未期”,未满一年,宾州军为乱,随被派往摄宾州,即权管宾州军州事。其时当为开禧末、嘉定初。

嘉定二年己巳(1209)　52岁权发遣宾州军州事。

《宋史》卷406《崔与之传》:“通判邕州,守,武人,苛刻。衣赐不时给,诸卒大哄。漕司檄文与之摄守,叛者帖然。乃密访其首事者一人斩之。阖郡以宁。权发遣宾州军州事,政清简。”

宋李昴英《文溪集》卷11《行状·崔清献公行状》:“通判邕州……邕守,武人,惟苛刻御卒,无状,相率为乱。公时摄宾阳,闻变亟归……阖郡帖然。擢守宾阳。”

按:以上两史书记载表明:崔与之自摄宾阳与擢守宾阳,乃两次升迁,即从“摄宾州”迁“权发遣宾州军州事”,不能混淆。

依宋制,“权发遣返某州军州事”,为宋代州一级长官的一个等级,高于“摄某州军州事”,但低于“权某州军州事”。

凡未达到知州资序且差两等者,称“权发遣返某州军州事”;而差一等资序者为“权某州军州事”。《宋史·选举志》四《铨法》上:“淳熙三年,中书舍人程大昌言:‘除授之际,则又有别以知县资序隔两等而作州者,谓之权发遣;以通判资序隔一等而作州者,谓之权知。上而提刑、转运亦然。”

嘉定三年庚午(1210)　53岁　提点广南西路刑狱公事。

张其凡《宋丞相崔清献公全录》卷1《言行录》上《家集》:“守宾年余,除本路宪使。”

《宋史》卷406《崔与之传》:“擢权发遣宾州军州事,郡政清简。寻特授广西提点刑狱,遍历所部。”

宋李昴英《文溪集》卷11《行状·崔清献公行状》:“擢守宾阳,提点广西刑狱。甫建台,遍历所部。”

按:崔与之在权发遣宾州军州事任上,因“郡政清简”,“寻特授广西提点刑狱”,即是说,非常规之制三年任满升迁,而是“特授”为提刑使,那么是在哪一年呢？据《言行录》载：与之“守宾年余，除本路宪使”，这就是说，应在嘉定三年的事了。

路提点刑狱公事，宋太宗淳化二年始置，职掌一路刑狱公事并兼劝课家桑、举刺官吏。须具有文官知州资才能充任（参《宋史·职官志》卷7《提点刑狱公事》、《古今年合璧事类备要后集》卷70《监司门·提刑》、《宋大诏令集》卷161《置诸路提刑诏》）。

嘉定六年癸酉（1213） 56岁 在户部金部员外郎（正七品）任上。

《宋史》卷406《崔与之传》：“召为金部员外郎。侍郎官多养资望，不省事。与之钜细必亲省决。吏为欺者，必杖之，莫不震栗。”

宋李昴英《文溪集》卷11《行状·崔清献公行状》：“召除金部，属金虏南奔，边声震恐。”

按：与之何年召为金部员外郎，失载，然守扬州之前为户部金部司员外郎，则无疑。金部员外郎，为正七品朝官。其职为“参掌天下给纳之泉币，计其岁之所输，归于藏族之府，以待邦国之用”。

嘉定七年甲戌（1214）57岁 直宝谟阁（从七品）、权发遣扬州军州事、主管淮南东路安抚使公事。

宋陈思《两宋名贤小集》卷227《菊坡集·扬州官满辞后土题玉立亭·自序》谓：“嘉定甲戌正月，以金部郎分阃东淮。正当金虏弃巢南奔之时，【人】不愿往，以君命不敢辞，首尾五年而不得代。戊寅腊月，以少蓬召。”

宋李昴英《文溪集》卷11《行状·崔清献公行状》：“召除金部，属金虏南奔，边声震恐。淮东密迩故汴，朝廷谋将帅难其人，除公直宝谟阁、知扬州、安抚淮东。”

《宋史》卷406《崔与之传》：“召为金部员外郎。侍郎官多养资望，不省事。与之钜细必亲省决。吏为欺者，必杖之，莫不震栗。金南迁于汴，朝议疑其进迫，特授直宝谟阁、权发遣扬州事、主管淮东安抚司公事。宁宗宣引入内,亲遣之。"

张其凡《宋丞相崔清献公全录》卷1《言行录》卷1《家集》载:"嘉定七年,金虏为鞑靼所攻,弃燕来汴,李全复掠京东,两淮腹背受敌,命公帅淮左。陛辞,首疏以选择守将,招集民兵为第一事。"

按:宁宗嘉定七年(1214)正月,崔与之自金部员外郎外调权发遣扬州军州事、主管淮东安抚使公事,其所加职名为直宝谟阁(从七品)。此时崔与之资历犹浅,地位仍不高,属知州第之三等"权发遣"。故尔,与之相连,其所带军职,带"主管公事",而非淮东安抚使。直宝谟阁系职名,宋制,职官是官制中的一个重要范畴,是"文学之士"。直诸阁位于直秘阁之上、诸阁待制之下(详参《宋史·职官制》卷2《总阁学士》)。

嘉定十一年十二月戊寅(1218)　61岁　朝散郎(正七品)、秘书省少监(从五品)兼国史院编修官兼实录院检讨官。

宋陈思《两宋名贤小集》卷227《菊坡集·扬州官满辞后土题玉立亭·自序》谓:"(嘉定)戊寅腊月(腊月),以少蓬(秘书少监别称)召。"

宋陈骙佚名《南宋馆阁续录》卷7《秘书少监》:"崔与之……十一年十一月除,十二年十二月为监。"

张其凡《宋丞相崔清献公全录》卷4《奏札》1《第三次辞免秘书少监》:"朝散郎、新除秘书少监崔某状:昨准恩命,除秘书少监,控辞不获,只命而行。"

按:崔与之"自序"作嘉定十一年十二月除秘书少监,而《南宋馆阁录续录》却作十一月,今从崔与之"自序"。

秘书少监为秘书省副贰。秘书省职掌古今年经籍图书、修国史及修实录、天文历数之事(参《宋史·职官志》卷4《秘书省》)。

宋代朝官新除,例行上呈"辞命",通常要上三次"辞命",这是官场惯例,一种走过场的形式。事实上,崔与之是赴任秘书少监差遣的,而且仅隔一年,即升任秘书省监(正四品)。同时,兼任国史院编修官和实录院检讨官，即兼任史官之职。

秘书省官，在宋代为仕人所瞩目与向往，有“馆职”之称。

崔与之迁秘书少监，其寄禄官阶为正七品的朝散郎，决定崔与之月俸为30贯。其官品低于从五品的职事官秘书少监三阶，按宋制，应在秘书少监之前带一个“试”字，即“朝散郎、试秘书少监”。

嘉定十二年己卯(1219)　62岁　自朝请郎(正七品)、试秘书省少监(从五品)，迁朝请郎(正七品)、秘书省监(正四品)兼太子侍讲兼国史编修兼实录检讨升朝请郎(正七品)、权尚书省工部侍郎(从四品)兼太子侍讲兼同修国史兼实录院同修撰。

张其凡《宋丞相崔清献公全录》卷4《奏札》1《辞免除秘书监·嘉定十二年》：“朝请郎、试秘书少监崔某状：伏准省札，奉圣旨，崔与之除秘书监，程倬除秘书少监。”

张其凡《宋丞相崔清献公全录》卷4《奏札》1《辞免除兼太子侍讲·嘉定十二年》：“朝请郎、试秘书监崔某状：伏准省札，备奉圣旨，崔与之兼太子侍讲，方预储僚之选……欲望朝廷特赐敷奏，收回成涣，改畀名流……奉圣旨不允。”

张其凡《宋丞相崔清献公全录》卷4《奏札》1《辞免除工部侍郎兼太子侍讲兼同修国史兼实录院同修撰·嘉定十二年》：“朝请郎、试秘书监兼太子侍讲崔某状：伏准省札，奉圣旨……崔与之除工部侍郎，并日下供职。续奉圣旨，崔与之升兼同修国史兼实录院同修撰……所有恩命，未敢只拜。奉圣旨不允。”

按：嘉定十二年，是崔与之仕途春风得意的一年，从秘书少监迁秘书监，再擢升工部侍郎。从官品上看，秘书监为正四品，工部侍郎是从四品，似乎降低；但工部乃尚书省六部之一，为中央重要行政管理部门，职掌百工水土之政令(参《宋史职官志》卷3《工部》)。工部尚书为部长，侍郎为副部长。其权力大大超过以管理图籍、修史和天文历数为主的秘书监、少监。

这一年，崔与之在秘书少监、秘书监和工部侍郎任上时间都不长。次年，即外调知成都府。

嘉定十三年庚辰(1220)　63岁　是年三月，自朝请郎、试秘书监迁朝请郎、权工部侍郎兼同修国史兼实录院同修撰。是年四月，出为焕章阁待制(从四品)、朝请郎(正七品)、知成都府军府事、本路安抚使。

宋陈骙、佚名《南宋馆阁续录》卷9《实录院同修撰·嘉定以后三十一人》："崔与之(嘉定)二十三年三月，以权工部侍郎兼。"

张其凡《宋丞相崔清献公全录》卷4《奏札》1《辞免除焕章阁待制知成都府本路安抚使状》："朝请郎、权工部侍郎兼同修国史兼实录院同修撰崔与之奏：伏准省札，奉圣旨，崔与之除焕章阁待制、知成都府、本路安抚使，填见阙。"

张其凡《宋丞相崔清献公全录》卷2《言行录》中："嘉定十三年四月，出帅成都。"

按：崔与之在权工部侍郎任上，仅一个月，因成都府路安抚使被叛卒所逐，川蜀大乱，朝廷以崔与之应变能力强、具有整治地方之干才，遂选派他入蜀任知成都府军州事、成都府路安抚使，为了提高他的资历与声望，其职名从直宝谟阁(正七品)超升为焕章阁待制(从四品)。宋制，职名"待制"以上称"侍从官"，属高级官员行列。宋赵升《朝野类要》卷2《称谓》："侍从在外，带诸阁学士、待制者，谓之'在外侍从'。"安抚使掌管本路军政，许便宜行事，有"帅臣"、"帅守"、"帅"之称(详参龚延明《宋代官制辞典》第9编《地方官类》之1《路官》7《安抚使》)。

嘉定十四年辛巳十一月(1221)　64岁　是年十一年十九日，四川宣抚使安炳卒。朝廷以崔与之原官(朝请郎、焕章阁待制、知成都府军府事、本路安抚使)暂权四川宣抚司职事。

蔡东洲、胡宁《安丙研究》第7章《安丙墓志铭考补》(巴蜀书社2004年版)："寻以微疾薨于正寝堂,时(嘉定)十四年十一月之十九日。"

《宋史》卷413《赵彦呐传》："及崔与之代丙。"

《宋丞相崔清献公全录》卷4《奏札》1《辞免四川制置使·嘉定十五年》："朝请郎、焕章阁待制、知成都府、本路安抚使、暂权四川宣抚司职事崔与之状奏:……适宣阃(指四川宣抚使)虚次,以印来归,不免从权收管,以安人心,以俟朝命。继准圣旨指挥,令臣暂权宣府职事。君门万里,控避无从,缘时暂摄职,不敢烦有亵请。兹承误恩,畀以制垣(四川制置使别称)之重寄,加之延阁之隆名……欲望圣慈,收回成涣,改畀名流,俾臣仍暂权宣抚司职事,听候差除正官施行。"

按:关于崔与之何时接四川宣抚使官印,暂权四川宣抚司职事,失载。但从四川宣抚使安丙之卒时间在嘉定十四年十一月十九日推断,当在是年十一月之内。因宣抚司关系川蜀之安定,不可虚次缺帅,故朝廷命成都府路安抚使崔与之代安丙暂权四川塞抚司职事,必是万分火急之事。笔者则据上引《安丙研究》第7章《安丙墓志铭考补》、《宋史》卷413《赵彦呐传》、《宋丞相崔清献公全录》卷4《奏札》1《辞免四川制置使·嘉定十五年》三则史料,将崔之暂权四川宣抚使职事之时间,定为嘉定十四年十一月。

嘉定十五年壬午(1222)　65岁　焕章阁直学士(从三品)、朝散大夫(从六品)、成都潼川府夔州利州路安抚制置使兼知成都军府事。

《宋会要辑稿·职官》75之30载："(嘉定十五年二月)二十八日,知石泉军刘参、知涪州胡西仲放罢。新知合州安伯恕罢新任。以四川宣抚崔与之言,参贪婪深刻,济以驵侩;西仲凶狠贪残,勇为不义;伯恕轻浮躁兢,济以奸险。"

张其凡《宋丞相崔清献公全录》卷4《奏札》1《四川制置乞祠·嘉定十六年》："焕章阁直学士、朝散大夫、成都潼川府夔州利州路安抚制置使兼行成都军府崔与之状奏:君命有严,冒兹远役,三边责重,四路事系。自顾衰迟,了无能解……伏望圣慈,怜其久戍,察其危衰,亟选长材,来为臣代。"

按:嘉定十五年,崔与之寄禄官、职名、品阶与差遣均有变动与提升。寄禄官从朝请郎(正七品)升为朝散大夫(从六品),月俸从30贯提高到35贯。职名从焕章阁待制(从四品)升为焕章阁直学士(从三品)。差遣仍任知成都府军府事,但事权扩大,增为四路(成都潼川府夔州利州路)安抚制置使。四川制置使,节制四川地区兵马,地位亚于宣抚使、高于安抚使,权责颇重,所在辖区安抚使、路监司官及州府军监一级地方官,均听其节制。

又,上述职官之变动具体时间失载,但我们可从崔与之于嘉定十六年所上《四川制置乞祠》署衔可以推定,此署衔必是嘉定十五年所发生的事。因据《宋会要辑稿·职官》75道之30之记载,"(嘉定十五年二月)二十八日,知石泉军刘参、知涪州胡酉仲放罢。新知合州安伯恕罢新任。以四川宣抚崔与之言",能说明,在嘉定十五年二月二十八日,还暂权四川宣抚司职事,而这"暂权",决不可能长期拖下去的,是年上半年可能发生变动,至迟也在嘉定十五年下半年,所以才有嘉定十六年提出"乞祠"(退闲)的事。

嘉定十六年癸未(1223)　66岁　焕章阁直学士(从三品)、朝散大夫(从六品)、成都潼川府夔州利州路安抚制置使兼知成都军府事。六月十一日,奉召赴行在临安府。不久,郑损取代了与之为四川制置使、知成都府。与之辞赴行在。四川安抚制置使已卸任,实际上,在郑损上任后,与之已无事可做,为闲官。

张其凡《宋丞相崔清献公全录》卷4《奏札》1《辞免召赴行在·嘉定十六年》:"六月十一日,三省同奉圣旨:崔与之召赴行在,其四川安抚制置,命邹孟卿时暂权。续申邹孟卿致仕。奉圣旨:崔与之候有四川制置使正官到日,起发赴行在。奉圣旨:郑损除宝谟阁待制、四川制置使兼知成都府,填见阙。崔与之候正官到日,起发赴行在。"

按:崔与之在四川安抚制置使任职时间1年多一点,至十六年六月,朝廷即召与之赴南宋京师临安听命。四川安抚制置使、知成都府之职,由郑损取代。此后,并无实际职务。

嘉定十七年甲申(1224)　67岁　焕章阁直学士(从三品)、中奉大夫(从五品)、前四川安抚制置使兼知成都军府事。除权礼部尚书(正三品),不拜。

张其凡《宋丞相崔清献公全录》卷5《奏札》2《辞免礼部尚书·嘉定十七年》:"臣昨准省札,坐奉圣旨,崔与之召赴行在,寻具辞免。伏蒙降诏不允。臣再具奏问,续准御前金字牌递增到御宝实封札子,奉圣旨:崔与之除权礼部尚书,候正官到日交割,前来供职。"

张其凡《宋丞相崔清献公全录》卷5《奏札》2《再辞免礼部尚书·嘉定十七年》:"焕章阁直学士、朝请大夫、前四川安抚制置使崔与之状:昨辞免除礼部尚书,乞改畀祠禄。继准省札,备奉圣旨不允。"

张其凡《宋丞相崔清献公全录》卷5《奏札》2《第三次辞免除礼部尚书·嘉定十七十年》:"焕章阁直学士、朝请大夫、前四川安抚制置使崔与之状:护蜀罔功,侥幸满替。伏准恩命,除礼部尚书,寻且辞免,丐祠而归,续准备诏不允。六月初至岳州,再具辞免。八月至静江府。准备省札,三省同奉圣旨,依已降诏不允。"

张其凡《宋丞相崔清献公全录》卷5《奏札》2《第四次辞礼部尚书·宝庆元年》:"焕章阁直学士(从三品)、中奉大夫(从三品)、前四川安抚制置使崔与之状:昨者第三次辞免权礼部尚书除命。伏准备省札,奉圣旨,依屡降指挥不允……伏念臣西陲解戍,衰病相乘,暮鸟急于投林。才出三峡,泝潇湘取道桂林而归……而卧病不能出门户。"

宋李昴英《文溪集》卷11《行状·崔清献公行状》:"丐归,除礼部尚书。公轻舟出峡,径归五羊,自是不复出矣!"

《宋史》卷406《崔与之传》:"召为礼部尚书,不拜。便道还广。"

按:是年,崔与之寄禄官自朝请大夫(从六品)迁中奉大夫(从五品),月俸自35贯增至45贯。这一年,与之出三峡,自岳州,泝潇湘,经桂林,回广州,"自是不复出",再也没有离开过广州老家,坚决不接受权礼部尚书的任命。

理宗宝庆元年乙酉(1225)　68岁　焕章阁直学士、中奉大夫、前四川安抚制置使。新除显谟阁直学士、知潭州、湖南安抚使。辞,不拜。

《宋史》卷406《崔与之传》:"召为礼部尚书,不拜,便道还广……理宗即位,授充显谟阁直学士、知潭州、湖南安抚使。辞。"

张其凡《宋丞相崔清献公全录》卷5《奏札》2《辞免除显谟阁直学士知潭州湖南安抚使·宝庆元年》:"焕章阁直学士、中奉大夫、前四川安抚制置使崔与之状奏:伏准省札,奉圣旨,崔与之聊显谟阁直学士、知潭州湖南安抚使,填见阙。令所在军州,差拨兵级三十人津发,疾速之任……欲望圣慈,畀臣祠禄,俾仰望痾于田里……所有省札,未敢只拜。奉圣旨不允。"

张其凡《宋丞相崔清献公全录》卷5《奏札》2《辞免知潭州湖南安抚使·宝庆元年》:"焕章阁直学士、中奉大夫、前四川安抚制置使崔与之状奏:昨准省札指挥,崔与之除显谟阁直学士、知潭州、湖南安抚使,填见阙,寻具辞免,奉圣旨不允……念某自去春益昌解印后,将及二年衰老病毒无能为役,虿双未能忘禄……并乞垂怜,畀以祠禄。"

按:理宗即位,改年号为"宝庆"。宝庆元年,崔与之退居广州老家。诏除显谟阁直学士、知潭州、湖南安抚使,辞不就。

理宗即位后,与之屡召不起。仅端平二年,曾因军情紧急,暂领广南东路经略安抚使、知广州,其后,除参知政事(副相)、右丞相,皆不拜。故《宋史·刘宰传》谓:"理宗初即位,……一时誉望,收召略尽,所不能收者,(刘)宰与崔与之耳。"

宝庆二年丙戌(1226)　69岁　宝谟阁学士(正三品)、中奉大夫(从五品)、提举西京嵩山崇福宫、增城县开国伯、食邑一千二百户、赐紫金鱼袋。

《宋史》卷406《崔与之传》:"理宗即位,授充显谟阁直学士、知潭州、湖南安抚使。辞。提举西京嵩山崇福宫。”

张其凡《宋丞相崔清献公全录》卷5《奏札》2《再辞免知潭州湖南安抚使·宝庆二年》:“焕章阁直学士、中奉大夫、前四川安抚制置使崔与之状奏:……奉圣旨:除宝谟阁学士,依所乞,提举西京嵩山崇福宫,任便居住。”

按:宝庆二年,崔与之获其所请,得祠禄官“提举西京嵩山崇福宫”。宋代祠禄官,虽居家中,但未致仕,虽无职事,但优享廪禄,寓有“养老优贤”之意。祠禄官本身没有俸禄,家居而食原禄:“祠禄之任,家居而食原禄,本出朝廷礼贤优老之意。”(《古今合璧事类后集》卷5《总官观·历代沿革》)

又,与之的职名,由焕章阁直学士(从三品)擢升宝谟阁学士(正三品)。先是授显谟阁学士(正三品)、知潭州,为与之所辞。

又,宋爵制,食邑自200户起封,授今邑三大百户帽授开国男爵,500户授开国子,700户授开国伯。崔与之授开国伯爵,故尔今邑在700户以上(详参龚延明《从岳飞周必大看宋代爵制》,刊《中国古代职官科举研究》中华书局2006年版)。赐紫金鱼袋,是一种章服。凡阶官(南宋为寄禄官)官品未及三品以上,不许穿紫色官服、佩金鱼袋。但皇帝特赐是例外。崔与之寄存禄官为中奉大夫,从五品。不到三品,按制不能穿紫服、佩金鱼袋,这是因了皇帝特赐之故,许服紫佩金鱼袋。但按规定,必须在官衔上标明“赐紫金鱼袋”。

绍定元年戊子(1228)　71岁　焕章阁学士(正三品)、中奉大夫(从五品)、新除提举南京鸿庆宫、南海郡开国侯、食邑一千二百户、赐紫金鱼袋。

张其凡《宋丞相崔清献公全录》卷5《奏札》2《辞免除焕章阁学士·绍定元年》:“宝谟阁学士、学士新除提举南京鸿庆宫、南海郡开国侯、食邑一千二百户、赐紫金鱼袋崔与之状奏:伏奉省札,备奉圣旨,崔与之除焕章阁学士、提举南京鸿庆宫,任便居住。……奉圣旨不允。”

按:绍定元年,崔与之祠禄官改授提举南京鸿庆宫,职名由宝谟阁学士改为焕章阁学士,官品未变。其爵位,则从开国伯迁为开国侯。依宋爵制食邑1000户以上,则有资格封开国侯。级升至开国侯,不复晋升爵级,须听旨。详参龚延明《从岳飞周必大看宋代爵制》,刊《中国古代职官科举研究》中华书局2006年版。

绍定二年己丑(1229)　72岁　焕章阁学士(正三品)、中大夫(正五品)、新除提举南京鸿庆宫、南海郡开国侯、食邑一千二百户、赐紫金鱼袋。

张其凡《宋丞相崔清献公全录》卷5《奏札》2《辞免知隆兴府江西安抚使·绍定二年》:"焕章阁学士、中大夫、提举南京鸿庆宫崔与之状:伏准省札,备奉圣旨:崔与之差知隆兴府、充江西安抚使,填见阙……某官簿之年七十矣,求致其事,以毕此生……未敢只拜。"

《宋史》卷406《崔与之传》:"迁焕章阁学士、知隆兴府、江西安抚使。又辞。"

按:绍定二年,理宗欲崔与之出山任知隆兴府、江西安抚使。与之自以年届70,已到致仕之年,坚辞不受。然寄禄官升为中大夫(正五品),月俸45贯不变,与之未辞。

绍定三年庚寅(1230)　73岁　徽猷阁学士(正三品)、中大夫(正五品)、提举南京鸿庆宫、南海郡开国侯、食邑一千二百户、赐紫金鱼袋。

张其凡《宋丞相崔清献公全录》卷5《奏札》3《辞免徽猷阁学士·绍定三年》:"焕章阁学士、中大夫、提举南京鸿庆宫崔某状:伏准省札,备奉圣旨,崔与之除徽州猷阁学士,依所乞提举南京鸿庆宫,任便居住。"

按:崔与之没有接受知隆兴府的新任命,依旧为祠禄官,在家闲居。

这一年,仕履略有变化,则职名由焕章阁学士迁为徽猷阁学士,都是正三品,没有实质性意义。

绍定五年壬辰(1232)　75岁　徽猷阁学士(正三品)、太中大夫(从四品)、提举南京鸿庆宫、南海郡开国侯、食邑一千二百户、赐紫金鱼袋。

张其凡《宋丞相崔清献公全录》卷6《奏札》3《乞守本官致仕·绍定五年》:"徽猷阁学士、太中大夫、提举南京鸿庆宫崔某状奏:臣惟七十致仕,礼之经也……俾臣守本官职致仕……奉圣旨不允。"

按:绍定五年,崔与之已75岁,提出守太中大夫致仕,免去祠禄官。朝廷不允。这一年,与之寄禄官由中大夫(从五品)升为太中大夫(从四品),月俸增为50贯。

端平元年甲午(1234)　77岁　端明殿学士(正三品)、太中大夫(从四品)、提举南京鸿庆宫、南海郡开国侯。年初除吏部尚书,不拜。

《宋史》卷406《崔与之传》:"端平初,帝既亲政,召为吏部尚书,数以御笔起之,皆力辞……继而授端明殿学士、提举西京嵩山崇福宫,亦辞。"

《宋史·理宗纪一》:"(端平)元年月五月壬戌,以崔与之为端明殿学士、提举嵩山崇福宫。"

《宋史全文续资治通鉴长编》卷32《宋理宗》二:"(端平元年)六月己巳,以新除吏部尚书崔与之为端明殿学士、提举西京嵩山崇福宫,以其恳辞召命故也。"

按:端平元年,宋理宗亲政,欲力召与之重用之,除与之吏部尚书,与之不受。继而授端明殿学士、提举西京崇福宫,与之辞提举西京嵩山崇福宫,只接受职名改为端明殿学士。其余旧官不变。

端平二年乙未(1235)　78 岁　端明殿学士(正三品)、太中大夫(从四品)、广南东路经略安抚使、马步军都总管、知广州军州事、南海郡开国公。年初除吏部尚书,不拜。三月,为广南东路经略安抚使、马步军都总管、知广州军州事。六月,解帅任,新除参知政事(副相,正二品),坚辞不拜。

张其凡《宋丞相崔清献公全录》卷6《奏札》3《暂领经略安抚使知广州印乞除官代》:"三月十二日,承提刑司递到御前札子:三月二日,三省同奉圣旨,崔与之除广东经略安抚使兼知广州。臣闻命震惊,罔知所措,自顾衰残,何能为役。臣仰体陛下一时权宜委用之意,不敢控辞,暂此守印,以俟朝命,已于当日交领印讫,时暂居家治事。"

《宋史》卷406《崔与之传》:"继而授端明殿学士、提举西京嵩山崇福宫,亦辞。俄授广东经略安抚使、知广州。"

张其凡《宋丞相崔清献公全录》卷6《奏札》3《奏乞谋帅为代・端平二年四月十七日》:"端明殿学士、太中大夫、广东经略安抚使、兼知广州崔与之,……伏望圣慈怜臣老命,亟赐谋帅以为代,庶免有误国事。奉圣旨,不允,令学士院降诏。"

《宋史・宰辅表》五:"(端平二年)六月壬午崔与之自端明殿学士、太中大夫、广大南东路经略安抚使、马步军都总管兼知广州,召除参知政事。"

张其凡《宋丞相崔清献公全录》卷6《奏札》3《辞免参知政事・端平二年七月十八日》:"端明殿学士、太中大夫、南海郡开国公崔与之,伏准省札:三省枢密院同奉御笔:崔与之除参知政事…… 自惟一生,荷国厚恩,甲申年,以春官(礼部尚书)召;甲午年,以天官(吏部尚书)召,既老且病,再三控辞……所有上件省札,寄留广州军资库,未敢祗拜。"

张其凡《宋丞相崔清献公全录》卷7《奏札》4《第五次辞免参知政事・端平二年十一月》:"端明殿学士、太中大夫、南海郡开国公崔与之……奉御笔,依屡降指挥不允。"

宋李昴英《文溪集》卷11《行状・崔清献公行状》:"拜参知政事,八辞不受。”

按：端平二年，因广州摧锋军兵叛，朝廷起崔与之领兵，为广东路经略安抚使、知广州军州事。后为与之平息。六月，除崔与之为参知政事(副相)，与之坚辞。是年，与之上了5道奏状辞免参知政事。

端平三年丙申(1236)　79岁　端明殿学士、正议大夫、南海郡开国公。

是年四月，在与之上了七道辞免参知政事的奏状之后，除资政殿学士、提举临安洞霄宫，不受。九月，除正议大夫(从三品)、右丞相(正一品)兼枢密使(从一品)，相职仍坚辞不受。

张其凡《宋丞相崔清献公全录》卷7《奏札》4《第七次辞免除参知政事·端平三年四月》：“端明殿学士、太中大夫、南海郡开国公崔与之……伏望圣慈，怜臣余年至此，来日几何？……奉御笔：除资政殿学士、提举临安府洞霄宫，任便居住。”

张其凡《宋丞相崔清献公全录》卷7《奏札》4《辞免除资政殿学士宫观·端平三年七月》：“端明殿学士、太中大夫、南海郡开国公崔与之照对，臣昨者叠具辞免参知政事除命，伏准省札，备奉御笔除资政殿学士、提举临安洞霄宫，任便居住……伏望圣慈，洞鉴忱辞收回误渥……所有省札，寄广州军资库，未敢只拜。”

《宋史·理宗纪》二：“(端平三年)九月乙亥，以崔与之为右丞相兼枢密使。”

《宋史·宰辅表》五：“(端平三年)九月乙亥，崔与之自参知政事特转正议大夫，除右丞相兼枢密使。”

张其凡《宋丞相崔清献公全录》卷7《奏札》4《辞免特授正议大夫右丞相兼枢密使第一诏奏状·端平三年十月》：“照对端平三年九月十三日午时，承广州送到尚书省札子，备录麻制颁降，授臣正议大夫、右丞相兼枢密院使……臣行年八十矣，一身孤立……元气渐微，生意垂绝……许臣仍守本官致仕，以保余龄。所有上件省札，寄广州军资库，不敢只拜。”

三年,先是四月崔与之除资政殿学士、宫观,与之辞职不受;九月,理宗特授与之正议大夫、右丞相兼枢密院使,官至极品,此为仕人终生追求难以企及的理想;然,崔与之,行年已80,百病交攻,了无生意,已难以承担国家大任,照例请辞不拜。总之,崔与之一生,荣宠之极,但他实际上既没有做过副宰相,也没有做过右丞相兼枢密使。其寄禄官迁至正议大夫(从三品),月俸料钱五十贯。

嘉熙二年戊戌(1238)　81岁　端明殿学士、正议大夫、提举临安洞霄宫、南海郡开国公。

《宋史·理宗纪二》:"五月丙戌,诏崔与之提举洞宵宫,任便居住。"

嘉熙三年己亥(1239)　82岁　赠少师、观文殿大学士、正议大夫、提举临安洞霄宫、南海郡开国公、食邑3800户、食实封600户、谥清献。

《宋史全文续资治通鉴长编》卷3《宋理宗》三:"(嘉熙三年)六月庚子,诏崔与之力辞相位,必欲挂冠,特授观文殿大学士致仕,恩数视宰臣例。"

《宋史·理宗纪二》"(嘉熙三年)十二月己未,崔与之薨。赠少师,谥清献。"

张其凡《宋丞相崔清献公全录》卷8《遗文·欧阳氏山坟记》:"绍兴年间,经官买到番禺管下永泰里,地名马家园金液池冈地三段,约计三顷七十五亩五步,逐年送纳地基钱四百二十九文。今具所葬坟于后……大抵有盛则有衰,有废则有兴,物理之常也。谨书以镵诸石,庶后来者有考焉。

嘉熙三年七月一日,孙观文殿大学士、正议大夫、提举临安府洞霄宫、南海郡开国公、食邑3800户、食实封600户崔与之谨立。"

按:崔与之于嘉熙三年十二月病逝,谥清献。本条所列官衔,是他最终的官衔。

嘉熙三年六月,宋理宗对年迈体衰的崔与之终于断了召回朝廷授以重任的想法，遂接受了他已多次提出的致仕请求。这一年六月，崔与之以观文殿大学士之恩宠致仕。宋制，观文殿大学士为宰相免相后所带职名。崔与之虽未实际任相，却得到了宰相才能得到的恩遇。《宋史·职官志》2《观文殿大学士》："置观文殿大学士，宠待旧相，今后须曾任宰相，乃得除授。"这是宋理宗的特恩，所以，致仕诏命说："特授观文殿大学士致仕，恩数视宰臣例。"

南宋爵制，执政官食邑1500户以上，始有实封之赐。在宋理宗朝以前，凡实封1户，随月俸增给25文钱，宋理宗朝以后，已取消，则食邑与食实封均为虚荣（详参龚延明《从岳飞周必大看宋代爵制》，刊《中国古代职官科举研究》中华书局2006年版）。

崔与之生平诗文丛考

陕西师范大学　李裕民

一　生平考

1. 崔与之不当宰相之谜

崔与之是一位杰出的政治家，有过非常光辉的业绩，在他一生中有一个谜团颇难索解，他在67岁之后，除了应付突发的兵变出山3个多月外，直到82岁，整整15年半，一直闲居在家，不管请他当地方大员，或是参知政事，甚至右宰相，他都请辞而不上班。一个政治家，为什么放弃这些可以大有作为的职位？是政治原因吗？权相史弥远已在1234年去世，无人可挡他的道。是身体原因吗？司马光在68岁时已是生命的最后一年，还出任宰相，大干一番。崔与之在同样年龄时，还有十几年时间，身体总比当时的司马光好吧。到底原因在哪里呢？最近，我在明朱橚《普济方》中发现以下一条材料，似可帮助解释这一谜团。现录于下：

沉香顺气汤（出《家藏经验方》），专治头风。

白术、白茯苓（各一两），缩砂仁、川芎、人参（各半两），陈皮、干姜（各三钱），半夏（切片姜汁和匀焙干，半两），丁香、甘草（各三两），沉香（半两）。

右为麤末，每服三钱，水一盏半，生姜七片同煎，至八分去滓，温服，不拘时候。崔菊坡尝苦头风,遂宁何起岩以此方进之,服之而愈。[1]

这是说:崔与之得的是头风病,大约是头痛中风之病,这类病状不一,病因也各不相同,因而有许多不同的药方,我粗粗一查有几十种,但没有一种与此方相同,显然,这是很特殊的偏方。可以设想,崔不太可能刚得此病,就用偏方去治,通常都是先用一般方子治,实在不行了,才到处找偏方。这一方是遂宁何起岩提供的。起岩当是字,其名不详。遂宁即今四川遂宁市,宋代是梓州路重镇,由"遂宁何起岩进此方"推之,崔得此病当在蜀时。何起岩是何许人?他与宋名人陈傅良(1137—1203)、许均有诗歌唱和,陈有《送何起岩之江东》[2],许纶有《次韵何起岩喜雨》[3]。看来是颇有身份的人,何可能是遂宁知州。看来,崔得的病相当重,而唯此方有效,故将他作为特殊案例记载下来。

这里需要探讨的是,朱橚为朱元璋之子,明初人,上距崔与之已数百年,他的记载可靠吗?答案是肯定的。朱橚这本书是收集各种医书,分类汇编而成,每一方下都注明出处。这一方采自《家藏经验方》。

此书的作者是谁?赵希弁《郡斋读书附志》载:"《陈氏经验方》5卷,右书林陈先生集,李文懿公壁为之序。"《永乐大典》引此书作陈晔经验方[4],知这位陈先生名晔,字日华,号书林,其书亦称《陈氏经验方》。李壁(1159—1222)是史学家李焘之子,李壁之序已佚,但既有他作的序,则书必作于1221年以前,当时崔与之尚在世,这方子是崔在世时收集到的,应当是很可靠的。是谁提供给陈晔?何起岩和崔与之都有可能,但李壁的可能性更大些,他既和陈有交往,也与崔有交往,崔曾为他写祝寿诗。《陈氏经验方》已佚,但在今残存的《永乐大典》中保存两条,说明在明朝初年尚存于世,故朱橚能见到此书并将其中有些内容收到《普济方》中。

为了弄清陈晔《家藏经验方》这本书,我下了些工夫,现已辑录了65条,其中记具体案例者有50条,占了77%。显然此书是专收经过实践证明有效的方子。这些方子所治好的病人中,有地位很高的帝王将相,如宋高宗、丞相吕颐浩、史弥远,执政董德元、谢克家、楼钥、黄祖舜,还有周侍郎、王东卿运使、孙运使、潘防御、武昌赵都统、湖广总饷林祖洽、统军辅逵、监惠民局赵尹、兴元戎帅秦唐杰、长乐陆庆长寺丞、王克明翰林、周端仁郎中、钱都仓、黄牧仲司谏、江东仓郑彦和、丁邵州致远、司农丞张成之等。也有僧人、民间医生,如文僧正、祈门老医、青城山老人、湖州道场山僧、吴兴医者、章贡市医,还有奴婢等。

陈晔为什么能接触到许多上层人物,这需要考察其家世。他的父亲是谁?他在"天南星丸"一方中记载到:

"绍兴间,先公守赣,倅车郑显中其子困酒致疾,统军中辅逵云:正好服天南星丸。遂叩之,口传其法,得之吕丞相。余在侍侧,亲闻之,亦曾修合而服,果有奇效。"[5]

考殿前司右军统制辅逵改充本司右翼军统制赣州驻扎,是在绍兴二十九年八月[6],三十一年调行府统制[7]。此期间知赣州的陈姓知州只有陈辉,《建炎以来系年要录》卷188,绍兴三十一年二月己酉,"右朝散大夫知赣州陈辉直秘阁,再任,以右正言王淮言其治行也"。据此,可以确定陈晔之父(先公)就是陈辉。绍兴三十二年(1162)为两浙运判[8]。隆兴元年(1163)六月二日,以两浙转运副使兼权知临安府,二年四月改知湖州[9]。

陈晔是北宋名人陈襄(1017—1080)之六世侄孙。绍兴三十二年十月时任迪功郎,在赣州奉父命为陈襄作《古灵先生年谱》1卷[10],此时陈晔年龄当已在25岁左右,即其生年可能为1137年。淳熙六年(1179)晔知淳安县[11]。庆元二年(1196)八月,以朝散大夫知汀州,在任颇有政迹。四年八月除广东提刑[12]。其妻方氏,为方滋(1102—1172)之女、方导(1133—1201)之妹[13],方滋曾任知广州等官职,方滋之母是王安礼(王安石弟)之女[14]。陈晔的家庭如此显赫,本人又任路级官员,他能接触到上层人物是很自然的。

现在再回头看崔与之,他在四川待了大约3年半,他的得病当与过度劳累、气候不太适应,而年龄较大(从63岁到67岁)抵抗力弱有关。"一衰已甚,百病相乘,名曰头风,积成奇证,每一发动,与死为谋。加以心病日深,形骸柴立,十目所共见也。"[15]从上举偏方和此文对照,可以看出,奏状并非夸大之词,虽然病情好转,身体已经骨瘦如柴。他说:"淮、蜀十年,技穷力屈。投老多病",希望"归伏横茅,庶便医药"。[16]说明除了这一重病之外,还有其他毛病缠身，总之，这一场病，对他的影响是很深的，所以他决心卸任后，立即辞去一切新任，直接回了老家广州，颐养天年。

当宰相，几乎是所有从政者的愿望，因为他可以充分施展自己的才干，崔与之作为一位政治家，为什么给他右丞相，都不干呢？是考虑官场风险吗？官高风险自然就大，但依崔的性格，是意志顽强的人，不会前怕狼后怕虎。我想，主要原因还在身体，他当时年已79岁，而从广州到杭州，路途既远又难走，他这个年龄和身体已经禁不起折腾了，所以才坚辞。

2. 知新城县任满后曾在杭州待阙

崔与之有《寿李参政壁》诗，注云："都下待班"。这是指在杭州待阙，时知新城县任满也。考李壁开禧二年七月癸卯除参知政事，三年十一月甲戌（十六日）罢[17]。这是祝寿诗，必作于其生日，李的生日是十一月二十四日[18]，只有开禧二年十一月二十四日在参政位上，故知诗必作于此时。

3. 赵希怿推荐崔与之是在嘉定元年

《崔清献公行状》："开禧用兵，军需苛急，公悉以县帑收市，一毫不取于民。和籴令下，公依时值躬自交受，令民自概，不扰而办，为诸邑最。赵漕使希怿令诸邑视以为法，且特荐于朝，他司相继论荐。"

按：行状点明，赵希怿推荐崔时其官为"漕使"（转运判官）。真德秀《赵正惠公墓志铭》云："直秘阁、提举江西常平茶盐事……改转运判官，以官籴如旨升一秩，仍减磨勘摄安抚使，寻除秘阁修撰，正为安抚使兼漕事，进龙图阁待制知平江府"，此条说明赵任运判在"摄安抚使"即知隆兴府之后，而后知平江府，考赵知隆兴府在嘉定元年[19]，知平江府在二年十二月。《墓志铭》又说："是时权臣动兵，悉以常平粟饷军，在在皆空困，公丐钱于朝，为籴本，而预度州县积贮与民之不能自食者若干，官籴米以给，会新城亡赖民谬曰贷粮，持挺横甚者，白昼发仓，亡所忌，公行部，且檄州县速振赡之，毋启盗端，然后檄巡尉捕首恶，正其辠，部内帖息，为转运判官。[20]"所谓"权臣动兵"指开禧北伐，当时，希怿任常平使者，其后才出任转运判官。其为运判在嘉定元年正月十七日，江西运判赵瓒勒停之后[21]。其推荐崔应在嘉定元年。

由于赵的推荐而通判邕州，摄知宾州，亦应在嘉定元年，而不是开禧三年。

4. 崔与之至杭州，见皇帝，推荐吴纯臣，事在嘉定十一年十二月

《崔清献公言行录》卷1及卷2以为，与之于本年冬召除秘书监，“丐祠不许，舟次池口”，“有旨令入奏，方回棹”，或以为抵临安的时间大约在春夏之交，不确。按：崔与之于嘉定十一年十一月得诏命，自扬州至南昌再去杭州，大约一个月，十二月即可到达。而吴纯臣在十二月十五日时已在广西提刑任上[22]，崔与之朝见皇帝并推荐吴纯臣必在其前，因此《言行录》所载不误。

二 诗词系年

1. 送时澧大卿 淮西检法

按：《送时澧大卿》是诗题，“淮西检法”是题下的注，这是崔与之的差遣，表明此诗是崔为淮西检法时所作。原排印时，用与诗题同样大的字号连在一起，不妥，应改小号字。

时澧大卿指任淮西运判时佐，《会稽续志》卷2“提刑题名”：“时佐，以中奉大夫、直华文阁、淮西运判除，嘉泰二年十二月三十日到任。”从淮西到绍兴大约需要半个月，则崔诗在淮西送别时间应在是年十二月十五日左右。

时佐的字号籍贯不详。其历官及生平除上举一条史料外，洪迈《容斋四笔》卷14“郎中用资序”云：“近岁掌故失之，故李大性自浙东提刑除吏部，时佐自大理正除刑部，徐闶自太府丞除都官，岳震自将作少监除度支。”

考岳震为度支郎中在庆元三年(1197)[23]。李大性自浙东提刑除吏部也在庆元三年(1197)[24]。时佐自大理正除刑部，很可能也在同一时间。

而在淳熙十一年时，时佐仅仅是一个探听金国消息的人[25]。

2. 寿邕州赵守　邕倅

邕倅,即邕州通判,此诗作于邕州通判任上,应在开禧三年,盖二年十一月二十四日尚在杭州,即使第二天有新任命,路途至少数月,到任应在开禧三年春夏之际。这是为知邕州的赵某祝寿诗,其名不详。

3. 题吉水黿潭李氏仁寿堂,嘉定癸酉(六年),以广西宪赴召经此。

据注:此李氏指李壁。当时壁为朝议大夫、提举临安洞霄宫,居于吉水[26]。

4. 送聂侍郎子述　淮东帅。嘉定丙子(九年),侍郎为蜀之行,舟过扬州,此诗赠之。

按:聂侍郎子述,字善之。建昌军南城人。绍熙元年余复榜进士出身,治诗赋。六年正月除,十二月为著作郎[27]。十一年七月,以工部侍郎兼国史院编修官[28]。

5. 扬州官满辞后土题玉立亭

嘉定十一年(1218)十一月,崔与之罢知扬州,召为秘书少监[29]。诗为此时所作。

6. 柴秘书分符章贡,同舍饯别。用蔡君谟世间万事皆尘土,留取功名久远看之句,分韵赋诗,得世字。

按:柴秘书指秘书监柴中行,章贡即赣州,赣州乃章、贡二水会合处,故名。柴中行,字与之,饶州余干人。绍熙元年余复榜进士及第,治易。十一年正月以宗正少卿兼,七月为秘书监仍兼国史院编修官[30]。十二年六月除秘阁修撰知赣州[31]。

当时,秘书监中,除崔与之外,著作郎危稹也有《送柴中行出守章贡》诗[32]。

7. 张秘书分符星渚，同舍饯别。用山谷晚风池莲香度，晓日宫槐影西，分韵赋诗，得晚字。

张秘书指秘书省著作郎张虙。星渚指南康军。张虙字子宓，庆元府慈溪人。庆元二年邹应龙榜进士及第，治诗赋。嘉定九年十二月除正字，十一年正月除著作佐郎[33]。十二年六月为著作郎[34]。八月知南康军[35]。诗应作于嘉定十二年八月。

8. 送袁校书赴湖州别驾　秘书监

袁校书指校书郎袁甫，别驾指通判。袁甫字广微，庆元府鄞县人。嘉定七年进士及第，治书。十年七月除秘书省正字，十一年八月为校书郎。[36]袁甫十一年八月除校书郎，十二年九月添差通判湖州[37]。知诗必作于嘉定十二年九月，乃送行诗。年谱此条置于十二月，有小误。

9. 危大著出守潮阳，同舍饯别。用杜工部北风随爽气，南斗近文星，分韵赋诗，得北字。

按：危大著指著作郎危稹，守潮阳指知潮州。“危稹字逢吉，临川人，嘉定十二年十一月知潮州。”[38]诗应作于此时，“同舍”指出秘书监的同事。

10. 陈秘书分符星渚，同舍饯别。用杜甫老手便剧郡之句，分韵赋诗，得老字。

11. 李大著赴豫章别驾，同舍饯别。用杜工部天上秋期近、人间月影清之句，分韵赋诗，得天字。

按以上两条，星渚指南康军。豫章别驾指隆兴府通判，此二诗亦应为崔与之在秘书监时所作，但嘉定十二年至十三年初，《南宋馆阁续录》中并无陈某知南康军的记载，也无李某为洪州通判的记载，不知是崔诗有误，抑或《南宋馆阁续录》有脱误。

12. 答李侍郎

嘉定庚辰(十三年)冬,之官成都。至城外驿,侍郎亦赴镇,常得相遇于道,惠诗答之。

按:李侍郎当是李埴,他于嘉定七年九月,兼权礼部侍郎[39]。后知潼川府,于嘉定十四年三月修潼川府城[40],则十三年冬与崔同赴任者当是李埴。又,李壁大约与此同时任遂宁知府,但他早已当上比侍郎高的参知政事,按习惯只会称最高级的官称,因此,此李侍郎不可能是李壁。

13. 寄黄州赵别驾

庚辰(十三年)入蜀,舟次黄冈,适赵倅奇夫沿檄行边,不遇,以诗寄之。

按:黄州赵别驾指黄州通判赵奇夫,此前,奇夫于开禧二年四月十四日以通直郎知定海县,嘉定元年八月初八日因事离任[41]。

14. 送夔门丁帅赴召

按:夔门丁帅指知夔州之丁黼,字文伯,淳熙乙丑进士,嘉定癸未(十六年)召赴行在[42]。诗当作于此时。

15. 送范漕赴召

漕为转运使、副使、判官之别称。嘉定十三年至十七年间在成都任此职者之范姓者唯范仲武。其字季克。曾任成都路转运判官。宋曹彦约《朝议大夫直焕章阁范季克墓志铭》:"改守涪州,仅八阅月……改知嘉定府,值关外用兵,总饷者袭开禧下策……擢成都路转运判官,兴元溃卒张福、莫简作乱于利州……制帅退保阆中,檄季克节制本路军马……招戎帅张威腹背击之……贼既授首……在蜀八年,朝家倚重。……及乎召还,表著方将大用,……竟不能起……终于宝庆改元(1225)正月乙酉,享年六十有二。"[43]此诗作于范仲武召还之时，应在嘉定十六年(1223)或十七年间。

16. **水调歌头　题剑阁**

此词称："万里云间戍，立马剑门关"，必作于其知成都府期间视察剑阁之时，其知成都在嘉定十三年冬至十七年三月。按：嘉定十三年九月，四川宣抚司发兵与夏夹攻金，在今陕南、甘南有战事。崔到任后，虽已停战，仍会赴前线视察，此词之作很可能在嘉定十三年冬至十四年间。

17. **贺新郎　寿转运使赵公汝燧**

按：宋刘克庄《刑部赵郎中墓志铭》："讳汝燧(1172—1246)字明翁……移漕广东，解总领饷摧锋之外，帑有余财，帅仓舶虚席，公佩数印，才力绰然，舶舟至，吏请抽解，公曰：以俟新使者。南州场屋宽，以贤书为市，公获行贿者黜之，遴选考官，明年合春官程度者倍于常举，时清献崔公里居，以书与今观文相国游公，称公有干淳监司之风。"[44]此称"遴选考官，明年合春官程度者倍于常举"，乡试在省试前一年，嘉熙二年(1238)有省试，乡试在元年，其移漕广东又在其前一年，则为端平三年(1236)。词当作于是年或嘉熙元年。

三　诗文辨伪

1. **和子纯韵**

桥下水如箭，惊奔万古号。溪毛翻碧带，石藓衬银涛。
天外千层秀，云低数尺高。垂垂兴偏恶，蓬鬓为诗搔。

2. **送客剡溪**

送客山阴路，春风散马蹄。纵观神禹穴，深去子猷溪。
嫩草绿于染，珍禽娇巳啼。去程千万里，步步有云梯。

按：以上二诗均为宋刘过诗，见《龙洲集》卷 7，亦见宋陈起编《江湖小集》卷 37 刘过《龙洲道人诗集》、宋陈思编元陈世隆补《两宋名贤小集》卷 325《龙洲集》上。

3. 题郑山人郊居

白云深锁路崎岖，鹤去台空景物殊。
山展翠屏连素幕，泉分清溜滴明珠。
道人只问丹砂井，隐客犹寻九节蒲。
试问葛洪仙去后，至今遗迹事何如。

4. 仙村探花桥

旅邸纷纷日未斜，隔溪烟柳万家人。
红桥绿水依然在，不见当年李探花。[45]

按：以上二首诗无出处，可疑，从后两句看，应作于李昴英死后。

5.《易氏族谱序》

序略云：予以老疾乞休，谢绝世故，惟对菊怡情，调药养真而已。今门生易东之来谒，出其谱图，请曰："……斯谱乃大父之所编集，但未获君子一言以序之。先生国家柱石，岭海儒宗，生虽不肖，辱在门下，敢干一言以障先志。……"

今阅东之挟来谱图，见其先世出自有商，因纣失德，避居易水，遂以易为氏。后徙太原，子孙居之。延蔓于晋，为忠义别驾雄；于唐为状元重，为刺史赞；于宋有于简，为提举刑狱使，有状元祓为尚书。或以孝廉举，或以德行称，衣冠科第，步武相衔。东之之大父象者，始迁于广，今其传谱之祖也。[46]

从此序内容看，有许多疑点：

一、"于宋有于简，为提举刑狱使，"按：宋代只有"提点刑狱使"，而无"提举刑狱使”之官名,一字之差,说明作谱者不了解宋代的官制。宋代也没有“于简”其人,也没有作“提点刑狱使”的易姓者。

二、易东之说:“斯谱乃大父之所编集”,说明族谱的作者就是易象。又说:“东之之大父象者,始迁于广,今其传谱之祖也。”

“今其传谱之祖也”指谱的始祖就是易象了,易象作的谱怎么会以自己为谱之祖呢?我多年来收集了几十种宋人编的族谱或谱序,没有将自己作为族谱的始祖的。显然是易氏后人修谱的语气。

三、从作谱的时间分析,族谱是易东之的祖父易象所编,而其孙易东之是崔与之的门生,谱序是崔晚年所写,上距易象所编应有50年左右。如果此序作于崔临卒前一年,即1238年,东之大父修谱应在1189年左右,然而谱中列举的族中名人却有易祓,而易祓(1156—1240)与崔与之(1158—1239)为同时代人,应当比易象还晚一辈。易祓为礼部尚书更晚到开禧二年(1205),1189年左右编的谱,怎么可能会记到1205年以后的事呢?

四、从易氏籍贯看,易氏是从易象开始迁到广州,那么族中辈份略晚的易祓也应该是广州人了,但是《南宋馆阁录续录》卷8中明确记载:“易祓字彦章,潭州宁乡人。”其题字自称“长沙易祓”[47],王迈考中嘉定十年(1217)进士后,为潭州观察推官,易祓特别“戒潭人曰:此君不可犯”。果然王迈“夺势家冒占田数百亩以还民”。[48]说明直到1217年以后,易祓仍然在潭州居住。没有迁广州。如果此谱真是易象所作,决不会硬把住在外地的晚辈拉来充数。

如果把此谱看作是明、清时所作,而后假托到崔的名下,上述疑点就都不难解释了。

6.《宋始祖考户部司判晋赠朝议大夫克应钟府君之墓志》

全文不长,录于下。

宋始祖考户部司判晋赠朝议大夫克应钟府君之墓志

淳熙十二年

公讳遂和,字克应,萝岗钟姓始祖也。由从化迁居番禺萝岗,因以衍族焉。仕宋,历官户部司判、宣议郎,以子贵,诰赠起居郎,晋赠朝议大夫。生于崇宁丙戌三月初七日,终于淳熙乙巳二月十六日,享八十。配恭人黄氏,同公合葬此山,土名黄岗岭,又名孖坟,坐午向子兼丙壬之原。铭曰:

肩头挺秀,黄峒含光。气蟠龙虎,灵萃阴阳。留待厚德,梁孟同藏。一抔之土,五世其昌。樵渔有禁,松柏苍苍。

宋焕章阁直阁学士、朝请大夫、年家眷侄崔与之顿首拜撰。

上述墓志有诸多矛盾之处:

一、标题不对,宋代将有文有铭的志文称作某某墓志铭并序。这里缺了“铭并序”三字,“并序”有时可以省略,“铭”一般不省。

二、作谱时间与作者的官称不符:作谱时间是淳熙十二年(1185 年),当时崔与之还没有中进士,更没有做官。他是绍熙四年(1193)才中进士,怎么来一大堆官衔?

三、死者的官衔不对,宋代只有户部判官,没有“户部司判”。

四、作者的官衔不对,宋代各阁设有学士、直学士、待制、直阁学士。直阁学士要低于直学士,崔是焕章阁阁学士。嘉定十六年(1223),崔与之转“焕章阁直学士、朝散大夫”[49]。宝庆元年,与之自称“焕章阁直学士、朝请大夫”[50],从来不叫“焕章阁直阁学士、朝请大夫”。

五、作者的署名方式不对,宋代作者署名都在标题之下、正文之前,一般不在自己官衔加一“宋”字。

六、作者自称“年家眷侄”不对。“年家”指“同年进士”,双方父辈为同年,子辈可称“年家侄”[51]。崔的父亲和钟遂和都不是进士,怎么能称“年家侄”？称“眷侄”是指双方有亲戚关系，自己辈分略低一些[52]，从志文中看不到崔和钟家有什么亲戚关系，怎么称“眷侄”？

7. 宋朝议大夫钟玉岩墓志铭

绍定元年

公讳启初，字圣德，号玉岩，行四，予恒称为玉岩四兄者也。先本汴梁人，宋初，高祖钟轼仕为广东防御使，因家番禺之郁峒。传四世，兄之考宣议郎克应公，始迁逻冈居焉。四兄非生于逻岗而长于逻岗者，予少时叨承宣议公提携训诲，俾与四兄同学同游，皆在逻岗也。四兄年则长于予，学问文章则倍于予，而成进士独后于予，其殆大器而晚成者乎？娶南海陈村黄彦宗季女，有林下风，屡劝四兄勿废举子业。四兄年三十四，始出为诸生，五十举于乡，联捷甲科进士。初调徽州府判，以廉敏称；继迁武昌府同知，爱民如子，能设法除属邑虎患。寻改户部度支判，敕进内直起居郎，荣赠考妣如己身及妻封典。越二年，福建参议，时日本国屡以巨舰逼处厦门，为寇不止，四兄以中孚之信行谕祸福，遂慑威去，居民赖安。上嘉乃绩，诏令参议中书省兼知政事，朝议大夫，而四兄已告老南归矣。时予在蜀，邮札回贺，并送以黄峒岭及郁峒、姜田三处佳城，少酬世好之谊。四兄业改葬考妣于黄峒岭而命予作志。后年余，予辞归，在道闻四兄子仕绅札至，始知四兄终于宝庆元年(1225)二月十日，距生于绍兴二十五年五月二十日，享寿七十有一。四嫂黄夫人终于嘉定十六年十月十八日，距生于绍兴二十八年四月二十五日，享寿六十有六，合葬于土名馒头山。且云先大夫生时，见是山有灵龟之兆，卜为寿基，因从遗命葬云。……

绍定元年二月宝谟阁学士、新除提举南京鸿庆官、南海郡开国侯、食邑一千二百户、赐紫金鱼袋、年家眷同学弟崔与之顿首拜撰[53]。

此铭根本不是宋代的作品，与崔与之更无关系。其证如下：

一、志中“高祖钟轼仕为广东防御使”、“参议中书省兼知政事”、“户部度支判”、“内直起居郎”、“福建参议”，都不是宋代的官名。

二、志中出现许多明代地名，如“徽州府”，宋、元称为徽州，到朱元璋吴元年才改名徽州府[54]。又如“武昌府”，宋名武昌军、寿昌军[55]，元名武昌路，太祖甲辰年(1364)二月为武昌府[56]。

三、志中所言，与历史记载不符，志称死者“五十举于乡，联捷甲科进士”。其生卒年为1155至1225年，中进士为51岁，即开禧元年(1205)。然而明代《粤大记》卷4第87页有关进士栏中没有此人。到清代《广东通志》卷31始载钟启初其人，却注明是嘉熙二年(1238)周坦榜进士，比墓志所言晚了30多年。

四、志中出现了宋代根本不可能有的史事：“时日本国屡以巨舰逼处厦门，为寇不止。”宋代日本国力相当弱，从无以巨舰逼处厦门之事。直到明代后期才有多批倭寇侵扰福建之事发生。

据此可以确定，此文乃是明清时期的伪作，决非崔与之的作品。

2008年12月21日于西安

2009年1月6日修改

注　释

1 朱棣《普济方》卷46。

2 陈傅良《止斋集》卷7。

3 宋许纶《涉斋集》卷3。

4 《永乐大典》卷15870页、第12页引陈晔《家藏经验方》。

5 朱棣《普济方》卷169。

6 李心传《建炎以来系年要录》卷183。

7 周南《山房集》卷8杂记。

8 咸淳《临安志》卷50。

9 乾道《临安志》卷3。

10 陈辉《古灵先生文集跋》，《永乐大典》卷3142、第10页。

11 嘉靖《淳安县志》卷9。

12 《永乐大典》卷 7894、第 1 页引《临汀志》。

13 《参议方均墓志铭》,《攻媿集》卷 106。

14 《南涧甲乙稿》卷 21 宋韩元吉《方公(滋)墓志铭》。

15 《辞免知潭州湖南安抚使》宝庆元年。

16 《再辞免知潭州湖南安抚使》。

17 《宋史》卷 213、第 5596 页《宰辅表》。

18 魏了翁《鹤山集》卷 94 长短句《李参政璧生日》注。

19 《宋史》卷 494、第 14195 页《蛮夷传》:"嘉定元年,黑风峒猺人罗世传寇边,飞虎统制边宁战没,江西、湖南惊扰,知隆兴赵希择、知潭州史弥坚共招降之"。

20 《西山集》卷 45。

21 《宋会要》职官 74 之 28。

22 《宋会要》职官七五之二〇:嘉定十一年十二月十五日,"广西提刑吴纯臣言……"。

23 《宋会要》食货 62 之 70。

24 《会稽续志》卷 2。

25 宋周必大《文忠集》卷 147《奉诏录》,淳熙十一年,时佐探报回奏:八月二十二日,臣伏准内侍关礼传,奉圣旨付下时佐,探报金主支散上京年七十以上人奉札一件,臣以只领讫,伏乞睿照。

26 《祭张彭州子建文》,《永乐大典》卷 14056。

27 《南宋馆阁续录》卷 7、第 262 页。

28 《南宋馆阁续录》卷 9、第 374 页。

29 《南宋馆阁续录》卷 7、第 252 页。

30 《南宋馆阁续录》卷 9、第 373 页。

31 《南宋馆阁续录》卷 7、第 246 页。

32 《江湖小集》卷 60 危稹《巽斋小集》。

33 《南宋馆阁续录》卷 8、第 298 页。

34 《南宋馆阁续录》卷 7、第 263 页。

35 《南宋馆阁续录》卷 8、第 283 页。

36 《南宋馆阁录续录》卷 9。

37 《南宋馆阁续录》卷 8。

38 《南宋馆阁续录》卷 8、第 283 页著作郎条。

39 《宋中兴东宫官僚题名》。

40 叶适《水心文集》卷 11《潼川府修城记》。

41 宝庆《四明志》卷 18 定海县令。

42 嘉靖《池州府志》卷 7、《宋史翼》卷 17 本传。

43 宋曹彦约《昌谷集》卷19墓志。

44 以上二首,见《崔与之研究文集》,第261页。

45 刘克庄《后村集》卷41。

46 《宋丞相崔清献公全录》卷11。

47 《桂胜》卷2:"世节堂三大字,嘉定八年二月吉莆田方信孺新桂林西漕台口事,为世节堂,长沙易祓书扁,磨崖于龙隐岩。"《广西通志》卷111:"《真仙岩亭赋》易祓:融州太守鲍公作亭于真仙岩之前,长沙易祓为之赋。"

48 《宋史》卷423《王迈传》。

49 《文集》卷1《四川制置乞祠状》。

50 《文集》卷2《第四辞免礼部尚书状》。

51 如周必大作《王庭珪行状》:"昔伯父暨先君与公同为政和戊戌进士,故知公详。乾道九年十月望日年家侄左朝散郎提举江州太平兴国宫赐紫金鱼袋周必大状。"(《卢溪文集》附录)。

52 解缙为自己的父亲作《显考筠涧公传赞》,由胡广填讳,胡自称"翰林学士左春坊大学士眷侄胡广填讳"(《文毅集》卷11)。胡广与解缙为儿女亲家,故对解之父,自称"眷侄"。

53 见《广州碑刻集》,第551—552页。

54 《明史》卷40《地理志》。

55 《方舆胜览》卷28、第502页。

56 《明史》卷44《地理志》。

宋代岭南第一人:崔与之

暨南大学　张其凡

崔与之(1158—1239),字正子,号菊坡,广东增城(今广东增城)人。南宋光宗绍熙四年(1193)进士,历仕光宗、宁宗、理宗三朝47年。晚年屡召不起,卒赠少师,谥"清献",故世称"崔清献公"。

崔与之是宋代岭南第一位至京城临安(今浙江杭州)上太学,并由此而考取进士者。于是,开始其仕宦生涯。此后十余年间,崔与之任过浔州(今广西桂平)司法参军、淮西提刑司检法官、知建昌新城县、邕州(今广西南宁)通判摄宾州(今广西宾阳)、广西提点刑狱、主管淮东安抚司公事、知成都府、知广州等地方官职,所至之处,勤政爱民,清正廉洁,在当时的芸芸众官中可谓凤毛麟角。他任广西提刑时,遍历所部25州,渡海至海南岛,体察民情,革除弊政,海南人录其事,编为《海上澄清录》一书。崔与之针对海南弊政,疏为十事,严加戒谕:一曰狱囚充斥之弊,二曰鞠勘不法之弊,三曰死囚冤枉之弊,四曰赃物共摊之弊,五曰户长科役不均,六曰弓手土军骚扰,七曰催科泛追,八曰缉捕生事,九曰奸猾健讼,十曰州县病民。后来,有人将此十事刊板印行,号曰《岭南便民榜》。史称,崔与之巡视广西,"导人使言,有条利害以告者,必为之罢行乃去","吏奸民瘼,纤悉毕载","击搏不避权势,贪污之徒,有望风解印绶去者"。

崔与之关心百姓疾苦,无论任地方小官,还是任方面大臣,都以解百姓疾苦为己任。四川人颂为"岭南古佛,西蜀福星"。[1] 他的临终绝笔还说:"东南民力竭矣,诸贤宽得一分,民受一分之赐",关注之情,至死不移。他常言:

“官职易得，名节难全”。他为官40余年，从未遭人弹劾，真可谓全始全终。因此，他去世时的挽联有曰：“始终无玷缺，出处最光明”，可谓盖棺论定之语。

在仕途上，崔与之淡泊名利，易退难进，高风清德，令人仰慕。嘉定十七年（1224）三月，崔与之自知成都府任上被召还朝，任为礼部尚书。与之不拜命，便道还广州，时年67岁。此后十余年间，朝廷先后任命崔与之为知隆兴府、江西安抚使、参知政事、右丞相兼枢密使，皆力辞不就，杜门不出。其间，仅在端平二年（1235）广州摧锋军兵变时，为救地方，以78岁高龄暂摄广东经略安抚使兼知广州三个月，兵变平定即复辞官。当时的官场中，争谋高官而出尽手段，如崔与之这般一再辞官而一再升官，一再升官仍力辞不仕者，绝无仅有。特别是七辞参知政事，十三疏辞右丞相兼枢密使，“御笔手诏，旁午于道，朝臣、中使，守门趣发，公讫不起，以至谢事”。[2] 视官场垂涎之参政、宰相如粪土，故时人家大酉有诗赞曰：“东海北海天下老，亦有盍归西伯时。白麻不能起南海，千载一人非公谁？”《宋史》卷401《刘宰传》曰：端平间，时相收召誉望略尽，所不能举者，刘宰与崔与之耳。

在生活上，崔与之恬淡无欲，严于律己，持家有法。他自中年丧偶后，未再娶，亦不蓄声妓，未尝增置园池产业，惟买宅一区，左右图书，无玩好。晚年在广州家居，朝廷仍赐俸禄，他辞却不受，并说：“仕而食禄，犹惧素餐，今既佚我以老，而贪君之赐可乎？”闻者动容。他管教亲属甚严，不许亲属干政；其姐为外甥求恩荫，严词拒之。临终，严戒子弟厚葬。崔与之堪称是一位洁身自好的君子。

崔与之在在以国家为念，荐贤不遗余力。在荐举人才方面，他不仅知人善任，而且不市私恩。据载，他所举荐的人，有游似（？—1252）、洪咨夔（1176—1236）、魏了翁（1178—1237）、李庭芝（1219—1276）、家大酉、程公许、林略、刘克庄（1187—1269）、李心传（1167—1244）、李性传（？—1255）、丁焴、度正、吴彦等数十人。这些人，或有道德、学问，或有吏治才干，后来多成名臣或名学者。他曾向皇帝推荐家乡——岭南的人才：“吴纯臣有监司之才，温若春宜清要之任”。吴纯臣得除广西提刑，温若春除秘书郎。后来，崔与之曾叮嘱温若春说:“人之功名,全晚节为难。”温若春深感其言,力请致仕,返回广州家居。吴纯臣也是个急流勇退的人,时人称其“清通仁厚”。[3]

在军事方面,崔与之主张积极防御,守边有方。在守卫淮东时,他浚壕疏塘,修补城墙,创建山寨,结忠义民兵,金人“自是不敢深入扬州”。他又选将练兵,分等校阅。金人入侵,“益修御备,遣精锐布要害”,而力反和议,“金人深入无功,而和议亦寝”。他出任知成都府路时,尽护四蜀之师,开诚布公,兼用吴蜀之士,拊循将士,人心悦服。先是四川军政不立,将领不和,他“戒以同心体国之大义,于是戎帅协和,而军政始立”。他积极招兵买马,修缮防御工事,金人不敢轻易入侵。他离开四川后,继任人郑损不能守其业,继其事,世人皆“恨与之不久任也”。

在学术思想方面,崔与之有强烈的事功思想,与当时风靡全国的程朱理学异趣,与陈亮、叶适为代表的事功学派的思想相通,在思想界独树一帜,并在岭南产生了巨大思想。

崔与之亲眼目睹理学一步步走向独尊,被奉为官方哲学。但他颇不以为然。晚年时,他曾删处士刘皋语为座右铭:“无以嗜欲杀身,无以货财杀子孙,无以政事杀民,无以学术杀天下后世”,反映出他的心声与志向。“无以学术杀天下后世”,充分体现了崔与之对垄断天下学术的理学的愤慨与不平,认其为摧残人才,“杀天下后世”!纵观现存的崔与之诗文,看不到理学家们的流行用语,看不到空谈性命道理,却有对国家形势的忧虑,对改革政治的期待,洋溢着强烈的事功色彩。他在诗文中写到:“胸藏经济方,医国收全功”。“须知经济学,元不坠秦灰”。“胸中经济学,为国好加餐”。“到得中流须砥柱,功名事业要双全”。在理学思潮席卷南宋朝野的时候,崔与之的功利主义思想,给当时的学术界吹进了一股清新的风,另树异帜,力抗大潮,是十分难能可贵的。在此基础上形成的“菊坡学派”,成为岭南历史上第一个学术流派。

弘治十年(1497),明代大儒陈献章说:“夫自开辟达唐,自唐达宋至于今,不知其几千万年。吾瞻于前,泰山北斗,曲江公一人而已耳。吾瞻于后,公(指余靖)与菊坡公二人而已耳。噫,士生于岭表,历兹年代之久,而何其寥寥也”。万历四十四年(1616 年),郭棐在《纂辑白沙至言跋》中写道:“吾粤僻在炎徼,至汉始属版图。五百余年迄唐,而有曲江张公,以忠谠称。又五百余年迄宋,而有菊坡崔公,以风节称。文章物采班班,与中土抗衡。而圣人中正之学,未之有讲也。暨我皇明御宇,表章正学,时则有若白沙陈先生出焉”。[4]

陈献章、郭棐,一个思想家,一个文献与地方史专家,均以张九龄、崔与之为明代以前岭南学术文化发展的代表人物,这是值得后人重视和深思的。张九龄、崔与之、陈献章,是岭南学术文化发展史上的三个里程碑式的人物。崔与之(1158—1239)之卒,上距唐代张九龄(678—740)之卒,约 260 年,至郭棐撰文时则约 400 年。上下千年间,张九龄、崔与之、陈献章是三座分水岭。其中,崔与之承上启下,是不可忽略的关键一段。然而,以往论及岭南学术文化及思想发展史时,却或多或少地将张九龄至陈献章之间看作是一个空白期。现在,应该改变这一传统观念,还“菊坡学派”以应有的历史地位。“菊坡学派”的领袖崔与之在岭南文学史上的地位,已大致得到承认和肯定。[5] 然而,“菊坡学派”在学术和思想史上的地位,却仍未能够得到认可,故而不能不大力鼓吹之。

“菊坡学派”,是岭南历史上第一个学术流派,这在岭南学术发展史上是破天荒的大事。这一事实反映,到了宋代,不仅岭南的经济随着全国经济重心的南移而有迅猛的发展,开启明清繁荣之先河;而且,岭南的学术文化,也由唐代的“点”发展为宋代的“面”,受到中原和江浙、湖湘、巴蜀文化的更多熏陶,整体的文化水平提高,出现了孕育学术流派的可能,并由崔与之等将其变为现实。而“菊坡学派”的诞生和发展,又进一步促进了岭南特别是珠江三角洲文化的发展。“菊坡学派”,是明代陈白沙所创“江门学派”的思想源头之一。[6]

“菊坡学派”的思想,与程朱理学、二陆心学均异其趣。崔与之曾痛斥理学“以学术杀天下后世”,他的诗文洋溢着强烈的事功色彩:“到得中流须砥柱,功名事业要双全”。弟子李昴英与理学家们的交往,远多于崔与之,对理学大师也时有赞颂,但其思想的主流承自菊坡,亦传其衣钵。李昴英的门生弟子,在宋朝灭亡之际,多能不以身家性命为计,义无反顾地投入抗元武装斗争中;宋亡后,则义不仕元,互相鼓励,表现了崇高的民族气节。“菊坡学派”在岭南历史上写下了光辉的一页。早在1917年,就有人说过:“士之谈节义者,昌于宋,盛于明。吾粤在宋时被中原文献之传,讫明而岭学大盛,与中原埒”。[7] 宋代“菊坡学派”的历史作用,是抹煞不了的。

“菊坡学派”重事功,讲气节,易退难进,甘于淡泊,在思想上接近陈亮、叶适的事功学派,而又独树一帜。在当时,不仅雄踞岭南,而且影响及于南宋全国。本文主旨,在为“菊坡学派”争一席之地,确立其应有之历史地位。

注　释

1 刘咨夔:《平斋集》卷30《崔文昌书翰跋》,文渊阁四库全书本。

2 牟巘:《陵阳集》卷15《跋崔清献公贴》,丛书集成续编本。

3 吴纯臣、温若春事迹,详见黄佐《广州人物传》卷7、卷9,广东高等教育出版社1991年点校本。

4 陈献章:《陈献章集》卷1《韶州风采楼记》,中华书局1987年点校本。

5 详参陈永正主编《岭南文学史》,广东高教出版社1993年版。

6 详见张其凡《“平生愿执菊坡鞭”——陈献章与崔与之》,载《暨南学报》1996年第3期。

7 陈伯陶《胜朝粤东遗民录》永晦序,聚德堂丛书本。

萝岗钟氏族谱所收崔与之撰墓志铭并邮札考辨

中山大学 曹家齐

2006年3月,余偕景蜀慧教授等,随研究生吴中明前往萝岗,参观玉岩书院并钟玉岩墓。见两处介绍钟玉岩事迹,均甚简略,且不合宋制,不免令人疑惑。询及当地钟姓族人,知有传下之钟氏族谱,或可稍解疑团,于是便托吴中明代为复印。

不数日,中明持来钟氏族谱复印件。谱中字呈宋体,繁写竖排无标点,虽类旧式,实乃1998年电子排版,重新编印。但谱中内容仍多因旧谱,载录家训族规、历次谱序、世系图表、封赠诰命、墓志碑铭、茔墓图说、坟地印契及相关书札等,仅有叶崇光《楷书之祖钟繇》(原刊于1997年9月24日《广州日报》)、“历代朝谱”(北魏以后朝代起始年表)及“历代修谱渊源”之部分内容,为此次编印插增。翻检钟玉岩之况,见有署名崔与之撰《宋诰赠起居郎晋赠朝议大夫宣议郎克应钟公既德配黄夫人墓志铭》与《宋朝议大夫玉岩钟公既元配黄夫人墓志铭》,另有《抄录崔清献邮札》一通。查今存之《崔清献公全录》,并无钟氏谱中诸篇内容。因知《崔清献公全录》残佚已久,虑思钟氏谱中署名崔与之之文,若果为真作,不啻为有价值之发现。然仔细阅读全文,却觉疑窦丛生,又恐是重新编印而致误,故欲访得钟氏旧谱一校。

诸事迁延,见到旧谱已是一年后了。2007年3月,再由吴中明陪同前往萝岗。钟氏后人钟浩强先生出示家藏旧谱,乃光绪壬辰(光绪十八年,1892年)重修刻本,正为1998年编印之所据本。将有关内容拍摄带回校对,知1998年编印本中署名崔与之撰墓志铭与邮札与旧谱之间并无关键性字词差异,仅个别字体有异写之别和繁简转换之误。

尚未细作考证,又偶见新出冼剑民、陈鸿钧两先生所编《广州碑刻集》(以下简称《碑刻集》),其中亦收录署名崔与之之两篇墓志铭,但并非录自钟氏族谱,而是直接录于碑铭。前者属于节录文字,后者内容与族谱同,但题目皆与族谱有异,前者题为《宋始祖考户部司判晋赠朝议大夫克应钟府君之墓志》,后者题为《宋朝议大夫钟玉岩墓志铭》,而且题下均注明撰写时间,前者为"淳熙十二年(1185)",后者为"绍定元年(1228)"。文后又注前者存碑为道光五年重修,"碑在白云区萝岗镇钟氏一世祖墓前";后者"碑在白云区萝岗镇径子村'宋朝议大夫钟玉岩暨元配黄夫人墓'前"。[1] 钟氏一世祖墓,未曾瞻观,不知如今碑刻尚在否,但今之钟玉岩墓前,并无《碑刻集》中所称墓志铭碑。曾问及钟浩强先生,云称后来重修玉岩公坟茔时埋入墓中。但无论如何,两篇墓志铭均有其出处。为便考辨,现将钟氏族谱与《碑刻集》中署名崔与之撰两篇墓志铭分别具录如下(《碑刻集》中《钟玉岩墓志铭》内容与族谱同,略去):

《宋诰赠起居郎晋赠朝议大夫宣议郎克应钟公既德配黄夫人墓志铭》

公姓钟氏,讳遂和,字克应,世居汴梁。宋初,曾祖讳轼为广东防御使,遂家于番禺郁岗,生处士,讳闾。闾生礼部司务,讳君锡。公则君锡次子也,善经营,有大志,以父母早逝,家无厚积,乃留兄绍和守庐墓,而已服贾南雄,因娶始兴刘宏通次女。未几,回寓羊城。刘卒,无子,再移居增城之赤坭里。闻邻人黄景遂季女称贤淑,聘为继室,遂以勤俭佐公成富业,以仁慈佐公成厚德,以轻财周急佐公成义行。赤坭人咸赞公与太君有是夫、有是妇云。然公志谦然,若未足也,每以身为宦裔,岂可仅作守钱虏,故由郡才干有事临安,擢南宁路照磨,继迁南昌府经历,绩满归,以赤坭地卑,又迁番禺逻岗居焉。盖卜逻岗之山川清淑,谓可以绵瓜瓞而振簪缨也。既而当事怜公才,复任以浙东廉访司经历,寻升户部司判、宣议郎,而公已年迈告归矣!归后杜门不出,日惟延师教子,及里中子弟之贫无资脯者,虽不才如与之,亦曾叨陪令嗣玉岩四兄,朝夕切磋。而公与太君视与之犹子,提携曲至,督课维严。所恨者,与之及四兄后膺显秩,公与太君未及见尔。公早年生子否初、哲初、咨初,皆不禄,惟四兄继世。四兄名启初,中开禧甲科进士,历仕至户部度支判,进内直起居郎,随升参议中书省兼知政事、朝议大夫,即致政归。公于子为起居郎时,已叨诰赠,并赠太君宜人,其亦无负夙昔爱劳之志矣。初,公与太君已归窀穸,然未免水蚁。四兄解组后,即欲另迁,而佳城难卜。四兄日日劳形山泽间,靡有停时。与之家人自粤至蜀,偶为道及,闻之不觉恻然!转思与之先年奉旨寻觅吉壤,营葬亲故,除既葬外,尚余六七处,皆税山也。故择其近四兄乡里者三处,曰郁崗,曰姜田,曰黄崗岭,统送四兄。兹四兄改葬公与太君与黄崗岭,而邮札命与之以志,其又何辞?公以崇宁丙辰三月七日生,淳熙乙巳十月十六日终,享寿八十。太君以政和丙申九月九日生,绍熙甲寅十二月十四日终,享寿七十有九。子即玉岩四兄。生孙男一,名仕绅,已积学能文。曾孙男一,名汝贤,已崭然头角,不凡物也。乃并为之铭曰:"肩头挺秀,黄崗含光。气蟠龙虎,灵萃阴阳。留待有德,梁孟同藏。一抔之土,五世其昌。樵苏有禁,松柏苍苍。"嘉定甲申焕章阁直学士、朝议大夫、成都、潼(州)【川】府、夔州、利州路安抚制置兼知成都军府、年家眷侄崔与之顿首拜撰。[2]

《宋朝议大夫玉岩钟公既元配黄夫人墓志铭》

公讳启初,字圣德,号玉岩,行四,予恒称为玉岩四兄者也。先本汴梁人,宋初高祖钟轼仕为广东防御使,因家番禺之郁崗。传四世,兄之考宣议郎克应公始迁逻崗居焉。四兄非生于逻崗,而长于萝崗者。予少时叨承宣议公提携训诲,俾与四兄同学同游,皆在逻崗也。四兄年则长于予,学问、文章则倍于予,而成进士独后于予,其殆大器而晚成者乎!娶南海陈村黄彦宗季女,有林下风,屡劝四兄勿废举子业。四兄年三十四始出为诸生,五十举于乡,联捷甲科进士。初调徽州府判,以廉敏称;继迁武昌府同知。爱民如子,能设法除属邑虎患。寻改户部度支判，敕进内直起居郎。荣赠考妣如已身，及妻封典。越二年，升福建参议。时日本国屡以巨舰逼处厦门，为寇不止，四兄以中孚之信，行谕祸福，遂慑威去。居民赖安。上嘉乃绩，诏令参议中书省兼知政事、朝议大夫。而四兄已告老南归矣。时予在蜀，邮札回贺，并送以黄崗岭及郁崗、姜田三处佳城，少酬世好之谊。四兄业改葬考妣于黄崗岭，而命予作志。后年余，予辞归在道，闻四兄子仕绅札至，始知四兄终于宝庆元年二月十日，距生于绍兴二十五年五月十日享寿七十有一。四嫂黄夫人终于嘉定十六年十月十八日，距生于绍兴廿八年四月二十五日享寿六十有六，合葬于土，名馒食殳山。且云先大夫生时见是山有灵龟之兆，卜为寿基。因从遗命合葬云。予思四兄夫妇生称合德，死亦同穴，宜也。男子二，长仕绅，为邑诸生；次仕缙，无禄。女子二，长归新会熊元叙，次归南海沙坑村周贤。孙男一，名汝贤，椒聊之衍渐蕃矣。予归里后，向墓一酹，情不自已，因为志，而并铭之曰："牛峰高卫，逻崗深盘。环以药簕，对以朝冠。阴阳大会，硕人之宽。瓜瓞绵绵，松柏丸丸。"绍定元年二月宝谟阁学士、新除提举南京鸿庆官、南海郡开国侯、食邑一千二百户、赐紫金鱼袋、年家眷同学弟崔与之顿首拜撰。[3]

《宋始祖考户部司判晋赠朝议大夫克应钟府君之墓志》

崔与之(南宋)淳熙十二年(1185年)

公讳遂和，字克应，萝岗钟姓始祖也。由从化迁居番禺萝岗，因以衍族焉。仕宋，历官户部司判、宣议郎，以子贵，诰赠起居郎，晋赠朝议大夫。生于崇宁丙戌三月初七日，终于淳熙乙巳二月十六日，享八十。配恭人黄氏，同公合葬此山，土名黄崗岭，又名孖坟，坐午向子兼丙壬之原。铭曰：

肩头挺秀，黄崗含光。气蟠龙虎，灵萃阴阳。留待厚德，梁孟同藏。一抔之土，五世其昌。樵渔有禁，松柏苍苍。

宋焕章阁直阁学士、朝请大夫、年家眷侄崔与之顿首拜撰。

明赐进士出身、云南道御史、奉直大夫、十七世孙金敬书。

乾隆丁巳进士、任河南灵宝县知县、十七世孙狮重书。

十八传孙

登仕郎永奇、修职郎澄禹、登仕郎胜文、修职郎圣学、登仕郎文沛、登仕郎平江。

十九传孙

国学泽广、国学乐湖、国学璧光、修职郎文友、国学逢源、登仕郎盈海、邑庠光圣。

二十传孙

国学履昌、修职郎顺天、修职郎振南、国学士珍、国学殿超、邑生佐朝、国学百川、国学海平、邑生廷英、国学丽川、国学达逵、邑生振唐。

廿一传孙

吏员秀长、登仕郎让中、员生瑞鳌、国学靖昌、国学应坤、邑生挺芳、国学祖光、国学士灵、邑庠应堂、千总大鹏、邑生佩翎、外委连升、国学士尧、国学润初、邑生兆翎、贡生时、国学江。

廿二传孙武举鹰扬、国学英博、国学作辉、邑生其湘。

廿三传孙国学达中、国学仪端、国学联璧。

廿四传孙华煊、华灿、帝隆。

等重修。

道光五年岁次乙酉孟夏吉旦二十传宗子孙成宽等重修立石。

编者按:此碑原出南宋,后代历次重修,现碑为道光五年重修。

(碑在白云区萝岗镇钟氏一世祖墓前)[4]

两篇墓志铭中之墓主分别为钟遂和及其妻黄氏、钟遂和之子钟启初及其妻黄氏,俱为南宋时人,皆有宦历。然检遍现存宋人著述,未见二人名字与事迹,故无法印证墓志记载之虚实。再索后世典籍,仅见清人修《广东通志》录有钟启初之名。该志之《选举志》进士名录中,记南宋嘉熙二年(1238)戊戌周坦榜进士内有“钟启初,番禺人”。[5]若此处之“钟启初”正是萝岗之“钟玉岩”,且记载不虚,则墓志中内容显然有误。墓志云钟玉岩终于宝庆元年(1225),则无可能参加嘉熙二年之考试。若墓志内容无误,则或是《广东通志》记载错误,或两处"钟启初"并非同一人。按墓志所记,钟启初生于高宗绍兴二十五年(1155),五十举于乡,联捷甲科进士,则应在宁宗嘉泰四年(1204)。但该年并无进士科考试举行。按宋制,"举于乡"之发解试在秋季举行,次年春再举行省试和殿试。若钟启初于嘉泰四年发解试合格,参加省试与殿试当在次年,即开禧元年(1205),而该年正有进士科省试殿试举行。[6]但该年钟启初应五十有一也。作为当时人,且与钟启初情同手足之崔与之,对当朝典制及兄长年齿之记述,当不会如此疏略。此其一疑也。

再看墓志撰写时间及崔与之当时之官衔。族谱中钟遂和墓志铭后落款"嘉定甲申焕章阁直学士、朝议大夫、成都【府】、潼(州)【川】府、夔州、利州路安抚制置兼知成都军府、年家侄崔与之顿首拜撰"。但《碑刻集》中却注为淳熙十二年(1185),落款"宋焕章阁直阁学士、朝请大夫、年家眷侄崔与之顿首拜撰"。对比两墓志之内容,后者显是节略、删改前者文字,再补入后世书者、重修者世系与名号所成,但略去"嘉定甲申"之时间。《碑刻集》编者应是未见族谱所收完整墓志,便依道光碑刻墓志中所记钟遂和终于淳熙乙巳(十二年),而推定墓志撰写时间即为墓主去世之当年,殊不知该年之崔与之只有28岁,人在广州,尚未参加科举而出仕,何来官衔?但两者所录崔与之官衔亦有不同,后者不仅略去"成都【府】、潼(州)【川】府、夔州、利州路安抚制置兼知成都军府"之差遣,而且阶官亦为"朝请大夫",而非"朝议大夫"。考崔与之履历,嘉定甲申(十七年,1224)时年67岁,从嘉定十四年底到该年三月,其差遣正为知成都府兼四川安抚制置使;[7]这一差遣亦有称"成都府、潼川府、夔州、利州路安抚制置兼知成都军府事"之例。[8]而其帖职亦为"焕章阁直学士"。[9]至于其阶官,当为"朝请大夫"。[10]因此,《碑刻集》所录钟遂和墓志铭中崔与之嘉定十七年阶官是正确的。由此可知,族谱所录署名崔与之所撰钟遂和墓志铭,或与道光重修碑刻所据墓志铭非为同一版本;或为同一版本,但族谱录入或刊刻时将"朝请大夫"之"请"误成"议"字。

钟启初(玉岩)墓志铭末落"绍定元年二月宝谟阁学士、新除提举南京鸿庆宫、南海郡开国侯、食邑一千二百户、赐紫金鱼袋、年家眷同学弟崔与之顿首拜撰”。考崔与之仕履,绍定元年(1228),崔与之确有如此结衔之例。如该年所上《辞免除焕章阁学士》便有“宝谟阁学士、新除提举南京鸿庆宫、南海郡开国侯、食邑一千二百户、赐紫金鱼袋崔与之状奏”之语。[11]由此可知墓志铭中崔与之绍定元年之官衔应为不误。但细作考虑,却有疑问。按崔与之此时虽奉祠在广州居住,并未致仕,结衔当有阶官。即便致仕,亦应以最后之阶官结衔。但《辞免除焕章阁学士》奏章与墓志铭中阶缺此项。按崔与之上于宝庆二年(1226)之《辞免除宝谟阁学士》,阶官称“中奉大夫”,上于绍定二年之《辞免知隆兴府江西安抚使》,阶官称“中大夫”,[12]而“中大夫”为高于“中奉大夫”一阶之阶官,则绍定元年崔与之之阶官必为二者之一。《辞免除焕章阁学士》与墓志铭皆漏落此官名,甚是令人不解,此其二疑也。

当然,墓志铭中漏落崔与之绍定元年之阶官名,亦可能是后世传抄、刊刻所误;墓主年齿约略亦可能是撰者一时失谨所致。若从两篇墓志铭所系崔与之当时官名基本不误,以及钟玉岩及第年并无明显破绽,似可证明墓志铭为崔与之撰写之真实性,但如果仔细检视墓志铭中出现之地名与墓主所任职官名,则断然不能相信为崔与之所撰。

钟遂和墓志铭首称“公姓钟氏,讳遂和,字克应,世居汴梁”,钟启初墓志铭则称“先本汴梁人”。此处“汴梁”应指宋朝之开封(今河南开封市)。开封在战国时乃魏都大梁,后来唐朝又于此置汴州,此为开封被称为“汴梁”之缘起,且在唐、五代时便有此别称。但北宋继五代之梁、晋、汉、周建都于此后,正式称为“东京开封府”,简称“东京”,俗称“汴京”,而少有称“汴梁”者。开封正式称作“汴梁”,始于元朝。金亡后,元以开封(金改称南京)为治所置南京路,至元二十五年(1291)改南京路为汴梁路。[13]此后,开封正式被称为“汴梁”,而小说家们更以“汴梁”习称宋之“东京”,或有称“东京汴梁”者。然而崔与之乃宋朝高级官员,言称旧都不当用当时少用之俗称,而应用“东京开封府”或“东京”、“汴京”。

钟遂和墓志铭中称其曾任“南宁路照磨,继迁南昌府经历”,钟启初墓志铭则称其“初调徽州府判”,“继迁武昌府同知”,后又威慑侵扰厦门之日本巨舰。其中“南宁路”、“南昌府”、“徽州府”、“武昌府”皆非宋朝建制,而是元明之制。而“厦门”一名亦为晚出。

“南宁”旧有州名，唐武德元年（618）置，治所在味县（今云南曲靖西北），一度改朗州，天宝末入南诏，改置石城郡。宋不仅无南宁路，亦无南宁州，而只有南宁军，位于今海南岛西北部。[14]元至元十三年（1276），复置南宁州，治所在今云南曲靖，后改为县。南宁路乃泰定元年（1324）改邕州路置，治所在宣化（今广西南宁市）。[15]明洪武元年（1368）改为府。[16]

“南昌”在宋为县名，先隶洪州（治今江西南昌市）。隆兴三年（1165），洪州升为隆兴府。[17]元朝于此置龙兴路，南昌仍为属县。[18]南昌置府始于元末，先为洪都府（1362），次年改南昌府。[19]

“徽州”在宋为州（治今安徽黄山市），[20]元朝于此置路，[21]又于至元元年（1264）改南凤州（治河池，今甘肃徽县）为徽州，[22]清雍正时降为县。元末（1357），朱元璋改元之徽州路为兴安府，后再改徽州府。[23]

“武昌”北宋时为县，隶鄂州，南宋升武昌县为寿昌军。[24]元大德五年（1301），改鄂州为武昌路。[25]元末（1364），武昌路改为武昌府。[26]

“厦门”一名正式见于文献始于明朝。旧志称厦门自宋以上无可考，洪武二十年（1387），江夏侯周德兴经略福建，戍兵防倭，“城厦门，为中左所，厦门二字始见，则前已称厦门矣”[27]尽管前已有称，但宋元文献中皆未见“厦门”二字。此地名为人们所熟知，应是明以后之事。

又，道光五年重修钟遂和墓，节录并删改署名崔与之撰墓志铭，竟又有“由从化迁居番禺萝岗”之语，而“从化”作为地名亦属晚出，乃是明弘治二年（1489）置县始有名。[28]“萝岗”或“逻岗”之名虽未敢言宋代尚无，但见于文献亦是甚晚。

再看职官名。钟遂和墓志铭标题中为钟遂和结衔“诰赠起居郎、晋赠朝议大夫、宣议郎”。起居郎在南宋为差遣官，朝议大夫、宣议郎（又可写作宣义郎）为阶官，看似无甚问题，殊不知起居郎作为差遣，一般不用于赠官；而朝议大夫与宣议郎同为阶官，且在孝宗淳熙时，高宣议郎 12 级，不可能同时迁任并结衔。即便先后历此两级官阶，最终结衔时亦仅系最高官衔。

又，两篇墓志铭中述及钟遂和曾祖钟轼曾任“广东防御使”；钟遂和历任

"南宁路照磨"、"南昌府经历"、"浙东廉访司经历"、"户部司判";钟玉岩曾任"徽州府判"、"武昌府同知"、"户部度支判"、"福建参议",并诏令"参议中书省兼知政事"。其职官亦多与宋制不合。

"防御使"在宋为正任武官阶名,无职事,为武臣、宗室、内侍迁转官阶。因与州格相连,除防御使,必带防御州名。[29]而"广东"在宋为路名,非州名,"防御使"前冠路名,显然不合宋制。

宋朝无"照磨"官名。"照磨"乃元、明时期中央、地方机构之属官,其衙门称"照磨所"。[30]

"经历"亦非宋官,乃明代提刑按察使司等机构中经历司经历之省称。该官主要执掌文书收发。[31]宋代亦无廉访司机构,只在政和六年(1116)改"走马承受公事"为廉访使,其治所称"某路廉访所",但靖康元年即罢,仍复旧称。[32]"廉访司"实乃元制,即各道肃政廉访司之省称,[33]而"浙东廉访司"亦确有设置。[34]

查宋人著述及以后典籍,未见"户部司判"之称。"户部"与"司"或"判"相连之机构和官名,在宋仅存在于元丰五年(1082)五月以前,即三司有户部、盐铁、度支三司,每司皆设判官。但六部中之户部,则无判官之设。至于"户部度支判"之称,文献中亦未得见,只有"户部度支判官"之合称,而此合称在宋亦仅存在于元丰五年五月之前之三司体制之中。

"府判"为宋、明府通判及元总管府、散府通判之简称,[35]但因宋、元皆无徽州府,故"徽州府判"只能为明代官名。

"同知"一名,在宋为"同知大宗正司事"略称,在元乃"州同知"之省称,在明分别为五军都督府都督同知、都转运盐使司同知、府同知之省称。[36]因此,"武昌府同知"亦应是明代官名。

"参议"在宋为安抚(大)使司参议官、都督府参议军事和宣抚处置使司参议官之简称;在明及清之乾隆十八年(1753)前,为承宣布政使司左、右参议之省称。[37]福建在宋、明、清三朝分别设有安抚使司与承宣布政使司,故而皆有"福建参议"之官称。[38]墓志铭言钟启初曾任福建参议,似乎不违宋制,但其任内之事却又与宋时形势不合。墓志铭中称钟启初任福建参议时,"日本国屡以巨舰逼处厦门为寇”。按日本人在福建等地小规模滋扰生乱,在宋或许有之,但屡以巨舰为寇,则未得见,而应是元明时期发生之事。依厦门地名明代始见,此事应发生于明代,而此处之“福建参议”亦应为明代官职。

宋有中书省之设,而“知政事”亦偶为副宰相“参知政事”之省称。但“参议中书省”则非宋代官制中之职事,实乃元代之制。《元史·百官志》云:“参议中书省事,秩正四品。典左右司文牍,为六曹之管辖,军国重事咸预决焉。……其治曰参议府。”“参知政事”元代亦设,又称“参政”,仍为中书省之官,“从二品,副宰相以参大政,而其职亚于右、左丞”。[39]“参议中书省兼知政事”应是以“参议中书省”兼“参政”之意。

两篇墓志铭中地名与官名多非宋制,而为元、明之制,其是否为崔与之所撰已无须多言了。循此思路,不妨再看所谓《抄录崔清公邮札》。其全文如下:

抄录崔清献邮札

嘉定十五年二月十二日,弟崔与之顿首拜,致书于玉岩四兄厚下:弟别兄久矣。阅报,知兄已衣锦南还,优游晚岁。视弟之守官成都,扰攘王路,不啻云泥隔也。迩者家人自粤至,询兄近况,谓兄为先赠翁世伯老先生窀穸未安,扶杖登高,迄无宁日。弟因先年告归时,曾以先人坟墓未修,亲故未葬,着人聘得江西地师,带回粤省,寻获多山买受,开穴立界,凡至亲未葬者,概为葬讫,尚余六七处吉壤,留待将来。念惟世伯,昔曾卵翼与之,训诲与之,恩同父子,是兄考即弟考也。兄皇皇营葬,求而弗得,弟心何安?窃愿于留余诸穴,择其颇近兄乡里者凡三处,曰郁崗,曰姜田,曰黄崗岭,并以送兄,永为茔域。一以酬昔年训诲之恩,一以绵子孙世好之谊。兄倘如意,此札即为送帖。弟异日解绶乡旋,悉将买契、税户交割与兄,永为兄业。自送之(后)【后】,其各山之前后左右,自内而外,自顶及脚,皆任兄培植树木,卫护风水,世守勿替。予后人不得垂涎觊觎焉。与之顿首。

且不论其中内容之虚实,单“带回粤省”一句已露破绽。广东称“粤”古已有之,但"省"称作地名却甚晚。宋以前之"省"乃中央机构名,如"尚书省"、"门下省"、"中书省"、"秘书省"、"客省"等,未有用于地方者。元朝在中央设"中书省",在地方设"行中书省",简称"行省"。"行省"虽具地方行政区划之涵义,其实质仍为机构名,即便可用作指称地方,但广东之大部属于江西行省,故亦不可能有"粤省"之称。明代不用"行省"之名,而在地方设置布政使司,成两京十三道布政使司之格局,但习惯上,布政使司仍沿行省之名,而广东亦为十三布政使司之一。尽管如此,明代文献中仍未见"粤省"之称法。"粤省"之称普遍见于文献,应晚至清初。翻检文献,《平定三逆方略》、《钦定平台湾纪略》及以后典籍始普遍使用"粤省"之称。如康熙十三年(1674)《奖谕平南王下将士及广东官兵》中有"其藩下官兵及粤省文武官员兵士"之语。[40]以后又屡用"粤省"之称。[41]从宋无"粤省"之称,便可断定所谓"崔清献公邮札"必非崔与之或同时代人所撰。

综上所述可知,萝岗钟氏族谱中所收署名崔与之所撰墓志铭和邮札,俱为后人伪作。观两篇墓志铭与一篇邮札用语与文风,甚像一人所为。其文辞虽不乏雅驯,但整体而言,又略带乡俗之气,故应是乡间文人手笔。从墓志铭内容看,作者显然未晓前代典制,却对崔与之略知一二。两篇墓志铭末所系崔与之官衔,与崔与之上于嘉定十七年之《辞免礼部尚书》和上于绍定元年之《辞免除焕章阁学士》中结衔完全一样,说明作者见过《崔清献公全录》。因将撰写时间分别定于嘉定十七年和绍定元年,故摭取崔与之该年奏章中结衔直接抄入,以为天衣无缝,殊未晓《辞免焕章阁学士》中结衔本该有阶官名,应是传抄或刻印中漏落,竟因之而缺。

由道光五年(1825)重修萝岗钟氏始祖墓节略墓志铭内容一事,知墓志铭早在道光之前就已存在,又按墓志铭中已现明朝制度与史事,推其伪作时间当在明朝至清朝前期。若墓志铭与邮札果为一人手笔,再据"粤省"一称出现时间推测,墓志铭与邮札之伪作时间上限应不早于明末。

那么,因何有人托崔与之名伪作钟氏祖先墓志铭呢?众所周知,崔与之乃南宋名臣,仕宦、功业、才学、道德俱有可称,更为岭南杰出人物。祖上有人与其交厚,并得亲撰墓志铭,不啻光耀门楣,并增重本宗族之地位。然若仅仅从此方面揣度墓志铭伪作之动机,似乎略显简单。如果将此问题置于明清时期珠江三角洲宗族发展之大背景下考虑,或能显现看似简单之墓志铭伪作问题背后之深层原因和意义。

明清两代是地方宗族形成之重要时期,而在宗族之形成与发展中,珠江三角洲地区又颇为典型。其中,明代正统、天顺年间之黄萧养之乱,为珠江三角洲社会演变及宗族形成之重要转折点。平乱期间,政府重新整顿里甲,编制户籍,以重建地方之秩序。许多乡民或重新登记户籍,或再行确认身份,以成国家编户齐民。里甲户籍便为乡民联系王朝,进而取得社会身份正统性之重要资源。与此同时,一些地方官员与本地士大夫,于地方社会推行教化,更是积极。他们将宋儒宗法理论与礼仪,用于乡村,行之基层,基于士大夫价值之地方制度——宗族,于是展开。此后,乡村居民纷纷仿照士大夫宗族,修族谱,建祠堂,以合士大夫文化之规范。族谱之重要内容,便是撰造宗族之历史。其形式或以传记,或以行状,或以墓志,或以世系,或以序跋,各依所需;内容则包括祖先来历、居地迁移、宗族盛衰、制度建设诸项。然许多宗族历史之陈述,皆用类似故事结构,大抵其祖先皆于宋代(或更早)自"北方"迁来,辗转流徙,经南雄而后定居。不少宗族之祖先,或攀附宋以前之帝王将相和名人,或具品官身份,或兼而有之。其历史之叙述,或出于口碑相传,或妄抄公私史籍,虽多有附会虚构、荒诞不经,然目的皆在维持正统性身份之认同,同时亦在地方控制、资源争夺诸方面,甚具实际作用。[42]

再观钟氏族谱中两篇墓志铭,不仅叙述始祖自北方迁来,并有品官身份,而且经南雄后定居萝岗之两代祖先分别与崔与之有提携和同窗之恩谊。不唯诸种特征俱备,更可称作典型。又,两篇墓志铭和邮札皆共同叙及一事,即钟氏之郁岗、姜田、黄岗岭三处墓地之来由,而邮札堪作契约。至此,钟氏托崔与之之名而伪作墓志铭及邮札之意图便甚为明了了。然而,即便是祖先来历、墓地来由此类无法验实之故事,亦未尽合情理。如北宋长达168年,其始迁祖钟轼至定居祖钟遂和却仅传四代。钟氏族谱曾记其列祖生卒之年,依此推算,钟轼以后之钟訚、钟君锡、钟玉岩等人,均在其父近50岁或50多岁时出生,此种情况虽不悖生育之常识,但连续几代均是如此,未免令人生疑。又,崔与之为官清廉,少置产业,且不论有无多余墓地赠与他人,即便有之,然以崔与之品德,施人恩惠,亦不当屡屡提起,并载之文字。

注　释

1 冼剑民、陈鸿钧:《广州碑刻集》,广东高等教育出版社2006年版,第550—552页。

2 《逻岗钟氏重修族谱》卷3,光绪十八年重修并刻。

3 同上。

4 《广州碑刻集》第550—551页。

5 雍正《广东通志》卷30《选举志》,文渊阁四库全书本。

6 关于宋代历次科举考试之时间,参见何忠礼:《宋史选举志补正》附录1《宋代科举一览表》,浙江古籍出版社1992年版。《广东通志》所载宋代历次科举考试时间,与此一致。

7 参见何忠礼:《崔与之事迹系年》,《文史》第41辑,中华书局1989年版。

8 王应麟:《玉海》卷202《辞学指南·制书》,广陵书社2003年影印本;《宋丞相崔清献公全录》卷4《四川制置乞祠》,(明)嘉靖十三年唐胄、邵炼刻本(中山大学图书馆藏)。

9 《崔清献公全录》卷4《四川制置乞祠》云:"焕章阁直学士、朝散大夫、成都潼川府夔州利州路安抚制置使、兼知成都军府崔与之状奏。"按该奏札上于嘉定十六年,而宝庆元年所上《第四次辞免除礼部尚书》亦云:"焕章阁直学士、朝请大夫、前四川安抚制置使崔与之状。"有此知嘉定十七年崔与之帖职为焕章阁直学士。

10 据何忠礼先生《崔与之事迹系年》,嘉定十七年三月,朝廷以礼部尚书召还崔与之。而《崔清献公全录》卷5载崔与之当即所上《辞免礼部尚书》即云:"焕章阁直学士、朝请大夫、成都潼川府夔州利州路安抚制置、兼知成都军府崔与之状奏。"

11 《崔清献公全录》卷5《辞免宝谟阁学士》。

12 《崔清献公全录》卷5。

13 宋濂等:《元史》卷59《地理志二》,中华书局1976年点校本。

14 脱脱:《宋史》卷90《地理志六·南宁军》,中华书局1985年点校本。

15 《元史》卷61《地理志四》、卷63《地理志六·南宁路》。

16 张廷玉等:《明史》卷45《地理志六·南宁府》,中华书局1974年点校本。

17 《宋史》卷88《地理志四·隆兴府》。

18 《元史》卷62《地理志五·龙兴路》。

19 《明史》卷43《地理志四·南昌府》。

20 《宋史》卷88《地理志四·徽州》。

21 《元史》卷62《地理志五·徽州路》。

22 《元史》卷60《地理志三·徽州》。

23 《明史》卷40《地理志一·徽州府》。

24 《宋史》卷88《地理志四·鄂州》。

25 《元史》卷63《地理志六·武昌路》。

26 《明史》卷44《地理志五·武昌府》。

27 道光《厦门志》卷2《分域略一》,台湾文成书局1967年版《中国地方志集成》本。

28 《明史》卷45《地理志六·广州府》;光绪《广州府志》卷7《从化县沿革考》,台湾文成书局1967年版《中国地方志集成》本。

29 马端临:《文献通考·职官》一三《防御使》,浙江古籍出版社1988年影印本。

30 参见龚延明先生《中国历代职官别名大辞典》,上海辞书出版社2006年版,第723页。

31 余庭璧:《事物異名》卷上《君臣·按察使》、同卷《君臣·布政》,山西古籍出版社1993年校注本;另参见《中国历代职官别名大辞典》第480页。

32 李埴:《皇宋十朝纲要》卷19,续修四库全书影印本;(清)徐松:《宋会要辑稿》职官41之130,中华书局1957年影印本。

33 《元史》卷86《百官志二·肃政廉访司》。

34 袁桷:《清容居士集》,卷18《浙东廉访司重建澄清堂记》,文渊阁四库全书本。

35 《中国历代职官别名大辞典》,第448—449页。

36 《中国历代职官别名大辞典》,第298—299页。

37 参见龚延明先生《宋代官制辞典》,中华书局1997年版,第440、466、467页;《中国历代职官别名大辞典》,第475页。

38 分别参见刘克庄《后村集》卷26《除将作监簿兼福建参议谢西山启》,文渊阁四库全书本;《明史》卷287《陈束传》、《谢榛传》等。

39 《元史》卷85《百官志一》。

40 《平定三逆方略》卷6,文渊阁四库全书本。

41 《平定三逆方略》卷21、卷27、卷31。

42 以上参据刘志伟先生《附会、传说与历史真实——珠江三角洲族谱中的叙事结构及其意义》,载于《中国谱牒研究——全国谱牒开发与利用学术研讨会论文集》,上海古籍出版社1999年版。

长松流水白云间

——《宋史·崔与之传》事迹考补

华东师范大学　戴扬本

崔与之(1158—1239),字正子,号菊坡,增城(今属广东广州市)人。南宋光宗绍熙四年(1193)举进士,嘉定七年(1214)起知扬州兼淮东安抚使。十二年,权工部侍郎,出知成都府兼四川安抚使。理宗即位后,曾经数次想委任崔与之以参知政事、右丞相等重职,然而都遭到了他的婉辞。嘉熙三年(1239),崔与之以观文殿大学士致仕。

有关崔与之的生平事迹,以《宋史·崔与之传》所记最为详细。[1] 又李昴英《文溪集》卷11之《崔清献公行状》中,[2] 对崔与之生平重要事迹亦有较详记述,可为史传所记的补充。然而,受传统史书记载体例的限制,亦缘于古今学者对史料的取舍标准有别,传记材料中记录的史事,往往无法使我们对史事获得全面的了解,甚至在今天看来作为史料记载的一些基本要求,例如记述重大事件或史事的相关时间节点,史文亦多未得明言。因此,在文献考辨的基础上发掘史料,充分利用史料的价值,对于探讨崔与之生平并对其思想作进一步研究而言,无疑有着重要的意义。

"以诗证史",是近代以来逐渐受到史家关注的一种研究方法,前辈学者、著名史学家陈寅恪先生通过对唐人诗篇中所记史事的演绎,并与史书所记互证的方法,曾经阐发过许多极有价值的研究心得。值得庆幸的是,今天在搜集整理崔与之相关文献史料时,我们细读保存至今的崔与之的诗作,亦不难发现一些与作者生平以及仕宦经历相关的诸多线索来。崔与之的这些作品,基本上都存留在《宋丞相崔清献公全录》中,上海古籍书店曾以此为底本,校以《岭南丛书》之《崔清献公集》和《两宋名贤小集》之《菊坡集》等,定为一编。这些诗虽然数量有限,却多为记事诗,诗中记述某些个人经历或朋友间的交往。不少诗题还就内容作了概括的介绍,如下面引征的《送时漕大卿淮西检法》、《扬州官满辞后土题玉立亭》等,望而即知其内容所述。今不揣简陋,试就存世的崔与之诗作,[3] 采用多元史料互证的方法,与史传所记史事比对考校,对史籍所记崔与之生平事迹加以补缀,以期对相关的史事能够获得进一步的了解。此外,在笔者看来,通过史事的连缀,并进一步结合南宋社会的具体情况,还能够在探讨崔与之的思想和行事方面,获得不少有益的启示,同时亦能深化我们的认识和理解。

先就崔与之仕宦经历的几个主要节点略作探讨。

按史传记崔与之提点广西刑狱事,遍历所部,至渡海巡视朱崖,岭海地区原先吏治贪渎腐败,皆得以一一澄清,"停车裁决,奖廉劾贪,风采凛然"。北宋王安石熙宁新政所推行的一个重要内容"免役法",减轻了百姓的负担,对于社会经济的发展,起到了积极的推动作用,即使在后来,反对新政的守旧派执政后,仍保留了这项改革的内容。由于地理交通和信息传递的不便,"熙宁免役之法,独不及海外四州,民破家相望",正是在崔与之的数次倡言建议下,最终得以在琼州的实施。据说当时琼崖地区的人们出于感恩的心情,还曾将崔与之宽抒民力的种种德政编次为《海上澄清录》。这段经历,是崔与之仕宦生涯中的重要阶段,正是因为他在广西地方上展示的治理能力而受到了朝廷的重视,才被选拔到中央机构,"召为金部员外郎",并为此后进一步展示自己的政治才干打下了基础。

那么,由广西提点刑狱而"召为金部员外郎",究竟是在哪一年呢?前引史传和行状皆未言及,答案在诗里。按《题吉水鼍潭李氏仁寿堂》副题为"嘉定癸酉以广西宪赴召经此",癸酉为嘉定六年(1213),"宪"为提点刑狱之别称,则嘉定六年召为金部员外郎可以确定。又诗中"尺书趣入觐,君命岂可违。火云正烧空,短蓬气如炊……来登三元山,炎歊顿无威",据此又知其时正值盛暑。吉水,南宋时属江南西路吉州,"有鼍山在吉水县北八十里,以形似名",[4] 推想鼍潭或即在此山傍。按之史传,"金南迁于汴,朝议疑其进迫,特授直宝谟阁、权发遣扬州事、主管淮东安抚使司公事”。金人南迁事为嘉定七年(1214)五月间事,推算崔与之在金部员外郎任上一年时间尚未足,即被授以重命,行前,宁宗特意“宣引入内,亲遣之”,崔与之“奏选守将、集民兵为边防第一事”,这不仅显示宁宗的重视,选将和集民兵的做法,在崔与之日后主管淮东前线军民大政的五年时间里,发挥了很大的效果。

相关的记载还见于嘉定十一年离开扬州的诗中。诗题甚长,曰“嘉定甲戌正月以金部郎分阃东淮正当金虏弃巢南奔之时人不愿往以君命不敢辞首尾五年而不得代戊寅腊月以少蓬召而病且衰矣”。“少蓬”为秘书少监之别称,“以少蓬召”,即朝廷委以秘书少监。传记中同时还有“军民遮道垂泣”之记,而正是嘉定十一年别离扬州的诗中,有“四塞风沉天籁寂,半庭月冷市尘赊。临行更致平安祝,一炷清香十万家”,[5] 由此我们不难感觉到,崔与之自觉未负君王封疆安社稷之命,此时诗句中流露出宽慰自得的心情,是恰如其分的,也可为史传中所记不足的一个生动注脚。

由诗中所记史事,按核史传记载,往往可以找到对应的内容,或为互证,或因记载详略有别,则亦可为互补。在我们今天读到的崔与之诗作中,相当多的篇幅,或注有写作的时间,或在诗题中记有相关的事由,显然为这种互证互补的工作提供了很大的便利。如能结合史事,对诗中所记内容来加以玩味吟咏,则往往于作者其时的思想别有一番理解。这对于我们了解崔与之的经历以及思想亦不无启发。

按《宋史·崔与之传》所记,崔与之自绍熙四年举进士,“授浔州司法参军。常平仓久弗葺,虑雨坏米,撤居廨瓦覆之。郡守欲移兑常平之积,坚不可,守敬服,更荐之”。后改调淮西提刑司检法官,李昴英《文溪集》卷11《崔清献公行状》则有“两任皆有守法持正之誉”。那么,崔与之的这一段仕宦经历,究竟有多长的时间呢？史传所记未详,《送时澧大卿淮西检法》却多少透露了一点信息。

先就诗的内容来看,在这首诗题下一共有三篇,其一云:“卿月高华照楚墟,澄清雅意见登车”,“卿月”之典出于《尚书·洪范》“王省惟岁,卿士惟月,师尹惟日”,传曰“卿士各有所掌”;连同“高华照楚墟”句,正合诗题所言

"淮西检法"。令我们关注的,是第三首的首句"十年宦海任飘零,岂料光华伴使星。落魄半生头已白,爬沙一见眼长青"。此处可加以推测的至少有两点,首先,此次"淮西检法",是崔与之前期仕宦生涯的一个转折点。诗中的"十年宦海任飘零","十年"之数虽然为虚指,但也应该不会是一段短暂的经历,与实际的时间相差不致太大。联系前面引用传记的记载来看,自光宗绍熙四年以36岁之年举进士后,又曾担任过一段时间的浔州司法参军,此时所言"落魄半生头已白",可以说是崔与之怀才不遇的心境的真实写照。其次,以"爬沙一见眼长青"来形容自己经历了多年矻矻努力之后,终于获得了肯定和重用时的心情,也是十分贴切的比喻。在传记中对于崔与之的这段经历有"守法持正"之说,显然属于正面揄扬之词。实际上崔与之用的"落魄半生"、"十年飘零"一类的语句,绝非简单的牢骚之词,里面既含有建功立业的急切愿望,也表现了作者从青年时代就怀有远大的政治抱负。"时漕大卿"者,尚暂未得由文献中确定其人,但是,崔与之的这段经历,尤其是早年的政治抱负,类似诗中所言的"步趋接武星辰上,献纳依光日月边",既是对"时漕大卿"的歌颂之词,也包含自己对于清明政治的憧憬。结合崔与之后来在治理地方民政和军防等诸多方面的作为,无疑可以让我们更加深刻地理解崔与之早期经历对他的影响。

再如《寿李参政壁》。这是一首颂寿作品。但是,从颂寿的对象以及崔与之所表达的内容来看,这首诗显然要超过一般意义上的应酬之作。按李壁字季章,为著名史学家李焘子。李焘撰有《续资治通鉴长编》千余卷,无论就史料之丰富,或史法之严谨来说,皆可谓宋代史学高度发展时期的代表之作。李壁《宋史》卷398亦有传,称其"少英悟,日诵万余言,属词精博,周必大见其文,异之曰:'此谪仙才也。'"亦著有《雁湖集》等著述多种。故崔与之《寿李参政壁》诗中,连用数个典故,足见其用心。首联"青牛老仙紫云旎,函关西度天风高",借老聃之典,喻李壁之姓,"手携柱下五千卷,来擅一世文章豪"句,以形容李壁著述宏富,才气过人,柱下之说,亦暗指李壁之学渊源有自。"玉堂昨夜进麻草,延英趣对猩红袍",为点明作诗时间的关键。按《宋史·李壁传》所记,开禧二年,韩侂胄北伐失利,"始觉为师旦所误,一夕招壁饮,酒酣,及师旦事,壁微擿其过,觇侂胄意向,乃极言‘师旦怙势招权,使明公负谤,非窜谪此人,不足以谢天下’”,未久,李壁即得拜参知政事,即诗中所云“玉堂昨夜进麻草,延英趣对猩红袍”。崔与之写作此诗的时间在开禧二年或三年间,当无疑义。

不过,史传所记李壁虽“嗜学如饥渴,群经百氏搜抉靡遗,于典章制度尤综练”,然在政治上颇有投机之嫌。前引在韩侂胄面前,揣摩其意,遂以极言“师旦怙势招权,使明公负谤”,得以拜参知政事。及韩侂胄失势,最后遭遇杀身之祸,李壁皆参与其事。以致后来御史叶时弹劾有“论壁反复诡谲,削三秩”。

令我们感兴趣的是,崔与之为李壁颂寿,而且还在诗中提到了南宋宁宗朝的一件大事,即所谓韩侂胄开禧北伐。诗的尾联是“太平事业有所属,北卷燕蓟西临洮”,分明为李壁协助韩侂胄北伐冒险之举的歌颂之词。以当时政治气候和士大夫风气而言,又纠葛于人事纷争中,似乎不必保存于文集中。因为韩侂胄以外戚身份,排斥异己,擅权专政,贸然以北伐恢复相号召,结果大败告终。故而其后士大夫的普遍舆论倾向,皆以近韩者为耻。如著名诗人陆游,晚年再出,仅因早先曾替韩侂胄撰写过一篇《南园阅古泉记》,便“见议清议”,朱熹亦有“其能太高,迹太近,恐为有力者所牵挽,不得全其晚节”。[6]为清议所论,以及未得保全晚节的感叹,当然是当时风气的一种反映,何以崔与之的集子中还保留了这首为李壁颂寿,而且在内容中还不加回避地颂扬北伐之举的诗呢?

然再作进一步的考虑,这种看似矛盾的想法,其实是拘于传统道德束缚的表现,而未能将专权擅政的韩侂胄与北伐恢复中原的愿望加以区分。前者为统治阶级上层的争斗,而北伐恢复则反映了整个民族在危机形势下的一种强烈愿望,这种愿望,是以维护广大人民的利益为理想,也是当时正义的知识分子所共有的。因此,崔与之诗中表达的是对抗金事业成功的期待:“太平事业有所属,北卷燕蓟西临洮”。在南宋士大夫中,期待“王师北定中原”胜利的憧憬,诗词作品中又何止一家,即如在韩侂胄北伐进行之时,陆游有“日闻淮颍归王化,要使新民识太平”[7],爱国词人辛弃疾不但奋勇参加到北伐的行列中,亦撰写下铿锵有力的词句:“堂上谋臣帷幄,边头猛将干戈。

天时地利与人和,燕可伐与曰可”。[8] 这种表达强烈的北伐抗金、恢复中原愿望的呼喊,不仅和韩佗胄的政治作为毫不相干,更远远超越了所谓“清议不与”的个人道德评判价值之上。

作为封建统治国家机器的一员,崔与之亦常常表现出一种矛盾的心理。在崔与之的诗集中,既有效忠社稷,献身封疆的政治理想,又屡屡流露出“万事转头浑是梦,一身安分总由天”、“何处好寻幽隐地,长松流水白云间”一类的诗句。一个积极追求事业功名的士大夫,同时也常常流露出退隐林下的念头,这恐怕不能简单解释为一般意义上的封建时代士大夫的情怀。我们将崔与之置于所处的历史大环境中加以分析,不难感觉到这种看似矛盾的思想深处,其实隐含了面对南宋朝廷内部的腐败,以及现实中形形色色矛盾纠缠的一种无可奈何的心理。我们读史传的时候,每见崔与之到了晚年,尽管理宗希望他能够继续效劳朝政,“数以御笔起之,皆辞”。理宗又拜其参知政事,拜右丞相,却始终被他婉转加以谢绝。慨叹之余,揣测其隐藏深处的缘故当不外此。尽管如此,在九百多年之后的今天看来,崔与之仍不失为一个有着自己的理想和操守,并切实为民众做事的政治家。体现在他的治国思想和言行中的,依然是传统的儒家文化的精髓。也正是因为这个原因,作为一个历史人物的崔与之距我们今天虽遥不可及,每每读到他的诗文和史传的记载,却依然使人感觉到一种人格的魅力和精神的力量,这种力量启迪着我们今天的思考,并督促我们的行事和作为。

注　释

1 《宋史》卷406《崔与之传》,下引用史传文不另出注。

2 《文溪集》,四库全书文渊阁本

3 本文所引崔与之诗所据《全宋诗》卷2783,北京大学出版社1998年版。下引仅注篇名。

4 《舆地纪胜》卷31 江南西路吉州条。

5 《扬州官满辞后土题玉立亭》。

6 见《宋史·陆游传》,参见顾炎武《日知录》卷19《文非其人》。

7 《剑南诗稿》卷67《赛神》。

8 《稼轩词编年笺注》卷6《西江月》。

崔与之与岭南史学文化

北京师范大学　罗炳良

崔与之(1158—1239),字正子,号菊坡,谥清献,广东增城人。他既是南宋著名的政治家,也是在文学、思想领域均有建树的学者,成为岭南地区主持风会的一代名臣,影响极为深远。近20年来,学术界对于以上几方面内容的研究,已经积累了一定数量的成果,取得了可喜的成绩。本文准备根据崔与之对史学的认识,及其在淮东、四川、岭南居官和赋闲时间相对较长的三个时期培养史学人才的事实,着重考察他对南宋岭南史学文化的贡献和影响。

一

崔与之治学虽以诗赋闻名,但对经史之学同样具有良好的素养。他自幼刻苦读书,打下了坚实的基础。崔与之出生不久,遭丧父之痛,无依无靠,只得随母亲投靠外家。他后来记载说:“与之幼孤而贫,居于外邑。”[1] 稍长即受萝岗人钟遂和发蒙,俾与其子钟启初同学。钟遂和字克应,仕宦不显,官至宣议郎,被崔与之尊称为克应公、宣议公。宋宁宗嘉定十五年(1222),崔与之曾经致书钟启初说:“念惟世伯,昔曾卵翼与之,训诲与之,恩同父子。”[2] 钟启初字圣德,号玉岩,排行第四,被崔与之一生尊称为四兄。宋理宗绍定元年(1228),崔与之在给他作的墓志里说:“予少时,叨承宣议公提携训诲,俾与四兄同学同游，皆在萝岗也。”[3] 这段艰苦的生活经历，对崔与之的人生至关重要，不仅得到了知识的积累，而且培养锻炼了吃苦耐劳的品格，在治学和为官方面都形成勤勉务实的作风。

尽管少年崔与之在岭南发奋学习，然而宋代的岭南地区文化发展仍然相当落后，读书人前途渺茫，缺少进身机遇。崔与之毅然告别家乡，于宋光宗绍熙元年(1190)赴南宋都城临安求学。后来弟子李昴英见其在太学时的书稿，曾作跋语说：“吾州去在所四千里，水浮陆驰，大约七十程。士以补试，虽登名，犹未脱韦布也。故稍有事力者，犹劳且费之惮而尼其行，寒士又可知矣。公奋然间关独往，一试预选，随取高第。平生勋业名节，实贤关基之。长短句有‘人世易老’之叹，必期三年成名而归。书所云云，立志已卓然不凡。”[4] 他在临安埋头读书，心无旁骛。“既中选，朝夕肄业，足迹未尝至廛市。”[5] 绍熙四年(1193)，崔与之中进士乙科，成为岭南历史上第一位由太学及第的人，极大地刺激了家乡学子的求学热情。诚如元人王义山所云：“五羊之广，则为象犀珠玉之广，诗书礼乐之风未敦也。姑以近世言，丞相菊坡由上庠取科第，广之士自是而相励以学。”[6] 临安求学的经历，使崔与之接触到许多硕学之儒，积累了丰厚的经史知识和学识素养。明人刘履赞誉“其未仕也，以经史文章，纲常制度，善恶得失明其学”[7]，就是对崔与之的恰当评价。因此，他对于史学具有一定的自觉认识，已经具备入仕之后担任史官的条件。

宋宁宗嘉定十一年(1218)十一月，朝廷任命崔与之为秘书少监。次年正月，以秘书少监兼国史院编修官、实录院检讨官。十二月，又升任秘书监，仍兼国史院编修官、实录院检讨官。南宋秘书省被称为“著廷”，负有撰修史书之责，故秘书监、少监均为史官。例如宋高宗绍兴元年(1131)七月，诏秘书省国史日历所“凡日历事，长贰通与修纂”[8]，于是秘书监和少监成为撰修日历的史官。宋孝宗隆兴元年(1163)十月，朝廷诏“圣政文字，秘书监、少同预编类”[9]。自此秘书省的长贰秘书监、秘书少监，成为编撰圣政记的史官。崔与之对于秘书监、少监的职责是明确的，在奏疏中说：“朝散郎、新除秘书少监崔某状。……顾惟群玉之府，世之耆儒硕学，篮武其间者能几人？椎然不文,躐有此幸,非特一身之宠,抑为五岭之光。……擢贰道山,辞至三而未获。赘员史局,俾共二以奚堪。"[10]南宋一代任秘书监和少监的官员,皆为饱学之士,极一时之妙选。如果没有渊博的学识和良好的素养,无法叨居此任。崔与之能够在一年时间之内由少监升任正监,充分表明在经史方面具备优势,不但能够胜任,而且可以服众。正如他在奏疏里所说:"窃惟汉以蓬山萃四方之名流,唐以瀛州极一时之妙选,当世以为盛事,后人又为美谈。逮我国朝,尤重兹选,自非邃学异才,清修雅望,岂容滥厕其间!是以人才辈出,前后相望,实为他时峻用之储。"[11]宋宁宗嘉定十三年(1220),朝廷以崔与之权工部侍郎,兼同修国史、实录院同修撰。他上奏说:"续奉圣旨,崔与之升兼同修国史、兼实录院同修撰。……况史才自古为难,虽宿学有词莫措。兹圣经方袭六以为七,非陋儒可共二而兼三。反复以思,凌兢而惧。"[12]从崔与之关于《汉书》的讲解中,也可以看出对于史官的职责认识非常明确。他"为讲官时,说《汉书》二节,是前人无此发明。一云:汉文帝君臣不学。即位初元,首以狱刑钱谷问周勃,勃谢不知。问平,平举大体以对。惜乎,文帝不学,不能举周事以诘平。周以冢宰通三年而制国用,以八法而平邦国,非留意狱刑钱谷乎?以此诘平,知其无以借口矣。二云:周亚夫鞅鞅非少主臣,此是亚夫强项气习。细柳之屯,去中都不远,闭营门以拒天子,谓之警不虞则可,而尊君之礼则未至也。景帝忌刻,宜其不能容。孔子论为臣则曰:'其行己也恭,其事上也敬。'亚夫不学,毋怪乎恭敬之事未之有闻"。[13]表面上是批评汉文帝君臣行事不当,实际上是借古喻今,希望宋宁宗留心政事,不要重蹈历史的覆辙。这种以史经世的思想,在他给秘书省著作郎危稹写的诗里表现得淋漓尽致:"平生忧国心,一语三叹息。著庭史笔健,寒芒照东壁。……时事棼如丝,宵衣尚顾北。袖藏医国方,何以寿其脉。"[14]这既是对同僚史官的期望,又是对自己任史官的要求,认识非常深邃。

二

崔与之蕴借深厚的经史之学,为官以后树立了卓越的政声。宋宁宗赞誉他“擅南海清淑之气，续先儒正大之传”[15]，给予高度评价。故吏洪咨夔更明确地指出：“公以正大学问，发为政事，所至声迹彰灼。”[16]在岭南历史上，宋代以前能够和崔与之比肩者，只有唐代的张九龄（韶州曲江人）。明人评价崔与之说：“貌古而真，心古而纯。秉国钧轴，为世伟人。岭南间气，无间中夏。斯与曲江，齐名并驾。”[17]宋代以后能够和崔与之齐名者，也只有明代的陈献章（人称白沙先生）。清代崔棪比较说：“白沙以讲学著，不以宦迹显。公则以宦迹显，不以讲学著。然其宦迹，悉本实学而成。”[18]可以说是对两人非常到位的评价。崔与之引古论今，特别强调培养人才对于治乱兴衰的作用：“国论参稽定，人材护养成。古来同此根，老去向谁倾。”[19]外任差遣年满赴阙，上朝面奏说：“臣自外来，但知外患未息之为可忧。致身内地，始知内治未立之为可虑。盖内外之情不通，最为今日大患。人才之进退，言路之通塞，国势之安危系焉。用人必亲其人，听言必行其言。事之巨细，必有良规而后可以独运；事之利害，必有真见而后可以独断。愿于用人听言之际，一付公论，诏大臣首清中书之务，力为外御之图。廷接诸贤，参稽众论，凡大施设大经画，合谋而参订之，以求至当之归。”晚年屡辞朝廷征召，不赴宰相之任。宋理宗知不可强求，乃下御札俾其言事。崔与之又上疏说：“国家圣圣相承，惟用人听言为立国之本。自任则用人不广，自是则听言不专。而用人听言之本，又皆归之清心寡欲。”[20]因此，他每到一处都以延揽人才为急，以致时人赞誉说：“崔丞相所至，幕府极天下选。”[21]在崔与之网罗的人才之中，有各种才艺智谋之士，这里仅以培养的史学人才为例，说明他对南宋后期史学发展所起的作用。

（一）淮东幕府。宋宁宗嘉定七年（1214），崔与之以金部员外郎、直宝谟阁“权发遣扬州事，主管淮东安抚司公事”[22]。他曾经道及这段为官经历说：“嘉定甲戌正月，以金部郎分阃东淮。正当金虏弃巢南奔之时，人不愿往，以君命不敢辞，首尾五年而不得代。”[23]这五年崔与之守边御敌，政绩颇多。他所赏识的人才之中，最有名的当推刘克庄和洪咨夔。

刘克庄字潜夫，福建莆田人。宋理宗淳祐五年（1245），除秘书少监，兼国史院编修官、实录院检讨官。次年召对，赐同进士出身。淳祐十年

(1250),除秘书监。他深感崔与之知遇之恩,撰文说:“昔掾仪真,公为扬帅。白事玉帐,一见赏异。每云近岁,人物稀疏。吾得二士,子华潜夫。”[24]刘克庄25年后游涧蒲,又回忆说:“余顷为仪真郡督邮,白事维杨。崔公锐欲罗致,属先受制置使李公之辟,崔公使聘洪公舜俞入幕。”[25]虽然刘克庄先被江淮制置使李珏聘为幕僚,未应帅府之召,但他始终感激崔与之对他的奖掖和提携。

洪咨夔字舜俞,号平斋,临安府于潜人。宋宁宗嘉泰二年(1202)傅行简榜进士出身,治诗赋。嘉定十七年(1224),除秘书郎。宋理宗端平元年(1234),以中书舍人兼同修国史、实录院同修撰。据史书记载:“崔与之帅淮东,辟置幕府,边事纤悉为尽力。”可见洪咨夔深得崔与之倚重,相知甚厚。后来崔与之以焕章阁待制知成都府,兼本路安抚使,仍举荐洪咨夔为从官。史载“与之帅成都,请于帝,授咨夔籍田令、通判成都府”[26]。洪咨夔在给崔与之的信中说:“捧砚从游,久缀门人之列;分弓庀役,就充幕吏之员。天巧其逢,人荣所托。窃以小范之帅环庆,举张方平;大苏之牧中山,进李端叔。两公辟士之盛事,百世知人之美谈。不图晚生,亲见前辈。”[27]他做崔与之幕僚的时间很长,自谓“不图一日之逢,遂有终身之托,拔从食客,列在属僚”[28]。元代牟巘盛赞两人交游之好,指出:“宋嘉定中,清献崔公以次对帅蜀,其后遂制置西事。宾客从者文忠洪公,实颛笺翰。崔公清规重德,洪公雄文直道,参会一时,蜀人纪之,以为殆过石湖、放翁也。……宾主相为终始盖如此!”[29]可见崔与之在淮东培养人才,取得了显著成效。

(二)四川幕府。宋宁宗嘉定十三年(1220)四月至嘉定十七年(1224)三月,崔与之先后任成都知府、兼本路安抚使,四川制置使、兼知成都府。他在四川为官的五年之中,培养和举荐的人才比淮东更多。宋人曹彦约说:“曩时崔正子尚书入蜀,下询西事。……崔尚书相信最笃,问蜀中知名士,不免随所见闻录报,往往皆被荐拔,多经召用。”[30]另据崔氏家集记载:“公身藩翰,而心王室,务荐贤以报国。在蜀擢拔尤多,若游似、洪咨夔、魏了翁、李庭芝、家大酉、陈韡、刘克庄、李鼎、程公许、黎伯登、李性传、王辰应、王潩、魏文翁、高稼、丁焴、家抑、张禈、度正、王子申、程德隆、郭正孙、苏植、黄申、高泰叔、李鐊,各以道德、文学、功名,表表于世。”[31]上述人才之中,尤以培养史学人才成就卓著。

游似字景仁,号克斋,顺庆府南充人。宋宁宗嘉定十六年(1223)蒋重珍榜进士出身,治《春秋》。宋理宗绍定四年(1231),除秘书丞。端平三年(1236),以礼部侍郎兼同修国史、实录院同修撰。嘉熙四年(1240),以参知政事权监修国史。淳祐五年(1245),拜右丞相兼枢密使,提举实录院、提举编修国朝会要。

魏了翁字华甫,邛州蒲江人。宋宁宗庆元五年(1199)曾从龙榜进士及第,治诗赋。开禧元年(1205),除秘书省正字。次年,除秘书省校书郎。嘉定十五年(1222),以兵部员外郎、吏部郎中、太常少卿等官,兼国史院编修官、实录院检讨官。嘉定十七年(1224),除秘书监、起居舍人,仍兼国史院编修官、实录院检讨官。宋理宗端平二年(1235),权礼部尚书,兼同修国史、实录院同修撰。

吴泳字叔永,潼川府中江人。宋宁宗嘉定元年(1208)郑自诚榜同进士出身,治诗赋。宋理宗绍定四年(1231),除秘书郎。五年,除秘书丞。六年,除秘书省著作郎。端平二年(1235),任秘书少监。他与崔与之关系非常密切,多有书信往来。崔与之到四川为官后,其务实作风深受吴泳敬佩,于是通书自荐说:“某生长东蜀,少时孤露。……学校小儒有如某等,亦岂敢徒事文墨,而不以实应先生哉?”[32]吴泳非常感激崔与之的举荐,致书说:“涉海求安期生之药,渺若津迷;荐人得崔大雅之书,翕然价重。虽攻玉自它山之石,而转钧繇大化之工。一手挈提,百思感激。”[33]同时,他也为得到崔与之提携的广大四川学子感到庆幸,指出:“尚书负海内之望,多士之所楷模,苟惟不言,言则必用。况在蜀中,凡所荐进之士,有登于朝者,有籍记于中书者,有留于连帅之幕府者。川泳云飞,次第拔擢。如某者,尤谬庸亡奇,亦以尚书旧辟,厕抚机之列,置之机幄。前修所谓一经品题,便作佳士。真不虚言也。”[34]这并非客套应酬之作,而是发自内心的肺腑之言。

程公许字季兴,四川眉州人,寄居叙州。宋宁宗嘉定四年(1211)赵建大榜进士出身,治诗赋。宋理宗嘉熙元年(1237),以太常博士除秘书丞。三年，以添差江东安抚司参议官未赴任，除著作佐郎。同年，升任著作郎。淳祐元年(1241)，以将作少监除秘书少监。他亦曾应崔与之幕府之聘，说："某幸甚，辱公深知，于入蜀问士之初，十乘启行，命执铅椠，从宾客后，侍言笑于碧油之幕，凡六阅月。……嘉定十七年二月日，门人程某拜手谨序。"[35]后因政绩卓著，"制置使崔与之大加器赏，改秩知崇宁县"[36]。程公许对崔与之自称门生，可见服膺有加。

度正字周卿，合州石照人，宋光宗绍熙元年(1190)余复榜同进士出身。宋理宗端平元年(1234)，以权礼部侍郎兼同修国史、实录院同修撰。

李心传字微之，四川隆州人。宋理宗宝庆二年(1226)，以布衣召对便殿。次年，特补从政郎，差充秘阁校理。绍定二年(1229)，特与改合入官。两年以后，特赐同进士出身。他之所以有这样的机遇，正是出于崔与之的举荐。"隆州进士李心传，累举不第，以文行闻于国，诸经皆有论着；尤精史学，尝著《高宗系年录》，号详洽，国史院取其书备检讨；又纂集隆兴、干道、淳熙典章，及著《泰定录》等书。以白衣召入史馆，亦公特荐。"[37]宋理宗绍定四年(1231)，李心传以将作监丞兼国史院编修官、实录院检讨官。次年，除秘书郎。端平元年(1234)，除著作佐郎。嘉熙"二年三月，以秘书少监兼史馆修撰、专一修纂《四朝国史实录》兼；十月为监，仍兼"修国史、实录院修撰[38]。他是经崔与之引荐的人中史学成就最卓著的史家，对南宋史学发展作出了重大贡献。

（三）广州学府。宋宁宗嘉定十七年(1224)三月，崔与之被召为权礼部尚书。他辞官不就，便道径回广州。此后，屡辞朝廷授予的各种官职，闭门著述讲学。"时南人未有学舍，公捐地建之，诱掖后进，学者称为菊坡先生。"[39]宋理宗宝庆元年(1225)，朝廷将增城凤凰山赐给崔与之。他将这座园林改建为菊坡书院，笃学养贤，培养人才，形成岭南历史上第一个学派。崔与之在广州培养的人才，大多具有史学造诣，为岭南史学文化的进一步繁荣增添了色彩。

李昴英字俊明，广州番禺人。宋理宗宝庆二年(1226)王会龙榜进士及第，治《春秋》。端平三年(1236)，除秘书省校书郎。嘉熙元年(1237)，除秘书郎。次年,除著作郎。嘉熙三年(1239),兼史馆校勘。他追随崔与之的时间最久,对弘扬崔学贡献最多。李昴英谈到自己以及另一位崔门弟子杨汪中和崔与之的交往说:"菊坡先生老于乡,余与杨侯日撰杖屦,起居言动,必见必闻。"[40]而崔与之对李昴英也是期许远大,激励劝戒说:"伏惟天材甚颖,月评所推。文章有经世之宏模,道义得尊王之大体。再鼓而气益壮,一呼而人皆惊。因思士以得时而为难,名者造物之所惜。山川清淑之气,蕴蓄几百年,钟此间出之奇。况年不可及,自守甚坚,即其中之所存,自此而充之,远到岂易量耶?"[41]李昴英果然不负崔与之的厚望,在学术上的成就超过乃师,发扬光大了岭南学派。

温若春字仲暄,广州南海人。宋宁宗嘉定十三年(1220)特奏榜首,同进士出身,治诗赋。宋理宗绍定二年(1229),除秘书省正字、校书郎。次年,除秘书郎。他同样深受崔与之赏识,得到举荐为官。"公奏对间,一日,上问:'乡里有何人才?'公荐吴纯臣有监司之才,遂除广西宪;温若春宜清要之任,遂除秘书郎;后皆称职。"[42]

此外,在崔与之的弟子中,吴纯臣有干济之才,仕宦能够急流勇退,明人黄佐称其"清通仁厚"[43];杨汪中遇事果敢,勇于任责。广州兵变后,"公遂召秘著李公昴英、节推杨公汪中,缒城谕贼,晓以逆顺,许之自新,贼始引去"[44]。明代学者赞誉说:"桑梓英俊,若李昴英、杨汪中、吴纯臣、温若春出自门下,因公奖拔,皆至显宦,体国奉公,不以避嫌而蔽贤矣。"[45]崔与之内举不避嫌,敢于举荐门生为官,对岭南学术的发展和繁荣意义非常重大。

三

崔与之任史官期间是否参与撰修过官修史书,因材料缺乏不得而知。宋代的岭南学派之中,也没有人撰写出专门史学著作。特别是崔与之的著作在后世流传过程中文献散佚,今天已经无法复原其学术体系的全貌。但是,如果把他现存零星的史学思想及其大力引荐史学人才的功绩置于南宋后期史学发展的总体趋势中考察，仍然可以看出对岭南史学作出的贡献。

宋代史学和前代史学相比，最显著的特征就是史学思想领域的变化。由于受到理学思想的影响，造成两宋史学的义理化发展趋势。尤其是南宋朱熹撰《资治通鉴纲目》，对经史关系、史学性质、史书编撰原则、历史发展形式、历史评价方法各方面都作出了新的界定和规范，标志着义理史学的形成。在南宋时期，不仅义理化史家治史驰骋议论，而且浙东学派的史家陈亮撰写《三国纪年》、叶适撰写《唐史评》，川蜀学派的史家唐庚撰写《三国杂事》、李焘撰写《六朝通鉴博议》，无不受到义理史学思潮的影响，左右着整个宋代史学的面貌。尤其是南宋后期，义理史学更加泛滥，对南宋后期史学发展产生了诸多的消极影响[46]。

相比之下，崔与之及其学派受理学思想的影响较少，甚至公开揭出"无以学术杀天下后世"[47]的宗旨，具有明确批判理学的意识。他治学从不高谈天理性命，从政注重经世致用。其历史功绩，在宋元时期已有定论。元代学者李习评价说："今我皇元，修撰《宋史》，若清献崔公者，必在佳传，其大节高致，固不待世人之呫嗫也。"[48]崔与之培养荐举的门人弟子以及幕僚宾客，大多以直道气节闻名。例如李心传、魏了翁在南宋后期屡屡出现权臣当道、史官因循避祸的局面下，仍然不畏权势，修史坚持秉笔直书。洪咨夔虽然从淮东到四川始终跟随崔与之，却能做到和而不同，直言规谏，不应独任门生故吏，对待下属要一视同仁。李昴英具济事之才，直声名满天下，明代黄佐称赞说："孔子称叔向曰古之遗直，于子产曰古之遗爱也。李昴英信兼有之。观其攻击贾、史辈，揭纲常于宇宙间，而奸谀为之寒胆；惠先乡闾，宁褫职而不顾；粒饥民，肉白骨，在在歌舞之，非胸中仁涵义茹，其何以有是！"[49]他们的学术和事功建立在致用务实的基础之上，表现出与理学文化明显不同的特征。

崔与之及其学派所倡导的学风，在客观上抵制了南宋后期理学的蔓延趋势，使之未能在岭南地区广泛传播。正如张其凡先生所言："综览宋代岭南的理学人物，均不足以与崔与之、李昴英相颉颃。无论影响、地位、名声，他们均难以企及崔、李二人。……因此，可以大胆讲一句：南宋后期至元代初期,岭南学术的主流学派是'菊坡学派',这也是当时岭南唯一可与内地抗衡的学派。"[50]这个结论非常中肯,同样适用于我们对岭南史学的评价。由此可以看出,崔与之和岭南学派的存在,对于宋代义理史学起到抗衡的作用,其功不可没。

注 释

1 张其凡、孙志章整理:《宋丞相崔清献公全录》卷8《欧阳氏山坟记》,广东人民出版社2008年版。

2 《宋丞相崔清献公全录》卷11《抄录崔清献邮札》。

3 《宋丞相崔清献公全录》卷11《宋朝议大夫钟玉岩墓志铭》。

4 《宋丞相崔清献公全录》附集卷2《跋菊坡太学生时书稿》。

5 《宋丞相崔清献公全录》卷3《崔清献公行状》。

6 《稼村类藁》卷5《送张士隆赴广州教授序》。

7 《宋丞相崔清献公全录》附集卷1《崔清献公全录序》。

8 《宋会要辑稿》运历一之一九。

9 《宋会要辑稿》职官四一之七三。

10 《宋丞相崔清献公全录》卷4《辞免兼国史检讨官》。

11 《宋丞相崔清献公全录》卷4《再辞免除秘书监》。

12 《宋丞相崔清献公全录》卷4《辞免除工部侍郎兼同修国史兼实录院同修撰》。

13 《宋丞相崔清献公全录》卷2《言行录中》。

14 《宋丞相崔清献公全录》卷8《危大著出守潮阳同舍饯别》。

15 《宋丞相崔清献公全录》卷9《转朝请大夫》。

16 《宋丞相崔清献公全录》卷9《洪平斋书赞及跋》。

17 《宋丞相崔清献公全录》卷10《翰林院大学士黄谏赞》。

18 《宋丞相崔清献公全录》附集卷2《崔清献从祀庙庭议》。

19 《宋丞相崔清献公全录》卷8《送魏秘书赴召》。

20 《宋丞相崔清献公全录》卷2《言行录中》。

21 方岳:《秋崖集》卷38《跋崔菊坡洪平斋与高守帖》。

22 《宋史》卷406《崔与之传》。

23 《宋丞相崔清献公全录》卷8《小诗谢山神》。

24 《后村居士集》卷34《祭崔相文》。

25 《后村居士集》卷20《水调歌头七首并序》。

26 《宋史》卷406《洪咨夔传》。

27 《平斋文集》卷24《通崔安抚启》。

28 《平斋文集》卷24《谢崔安抚举改官启》。

29 《陵阳集》卷15《跋崔清献公洪文忠公帖》。

30 《昌谷集》卷13《与蜀帅桂侍郎札子》。

31 《宋丞相崔清献公全录》卷2《言行录中》。

32 《鹤林集》卷29《上崔侍郎书》。

33 《鹤林集》卷25《谢崔侍郎启》。

34 《鹤林集》卷29《与崔菊坡尚书书》。

35 《沧洲尘缶编》卷13《送制置阁学侍郎崔公赴召序》。

36 《宋史》卷415《程公许传》。

37 《宋丞相崔清献公全录》卷2《言行录中》

38 《南宋馆阁续录》卷9《官联三》。

39 《宋丞相崔清献公全录》附集卷2《崔清献公墓志铭》

40 《文溪存稿》卷3《送判县杨侯汪中人京序》。

41 《文溪存稿》卷20《复李俊明札》。

42 《宋丞相崔清献公全录》卷2《言行录中》。

43 《广州人物传》卷7《吴纯臣》。

44 《宋丞相崔清献公全录》卷2《言行录中》。

45 《宋丞相崔清献公全录》附集卷1《黎贞序》。

46 参阅罗炳良:《南宋史学史》,人民出版社2008年版,第333—361页。

47 《宋丞相崔清献公全录》卷2《言行录中》。

48 《宋丞相崔清献公全录》卷9《跋崔清献公七札十三疏后》。

49 《广州人物传》卷9《李昴英》。

50 张其凡:《菊坡学派:南宋岭南学术的主流——再论宋代岭南三大家》,收入《第二届宋史学术研讨会论文集》,台北中国文化大学1996年版。

略论"崔与之文化"旅游开发的几个问题

河南大学　刘坤太

崔与之,字正子,号菊坡,广州增城(今广东增城)人。生于宋高宗绍兴二十八年(1158),宋光宗绍熙四年(1193)登进士第,历仕光、宁、理三朝47年,卒于宋理宗嘉熙三年(1239),为政一生,勤慎明敏,清正廉洁,外抗强侮,内弥群盗,抚民安国,风尚天下,是南宋中后期最著名的政治家。

近800年来,崔与之作为岭南历史名贤,其高风亮节、言行传说及诗赋文章,一直为世人代代传颂。与其相关的古迹名胜,也尽成为后人瞻仰崇拜之地。特别是在其故乡广东,崔与之的声名更是深入人心,从而也就使得历史上的崔与之遵循着文化发生学的规律,从"历史人物主体"向"历史文化主体"演进,最终形成岭南历史文化遗产中的一支奇葩——"崔与之文化"。

现在,随着历史学界对崔与之的深入研究,历史上的崔与之已经基本还原了真实的历史面貌,在此基础上,对文化上的崔与之或称"崔与之文化现象"的考察和研究,已经成为我们发掘和保护历史文化遗产资源、在弘扬民族精神的前提下为社会主义经济建设服务的一项重要任务。有鉴于此,本文不揣浅陋,对"崔与之文化"的旅游开发诸问题略陈管见,以就教于大方。

一、"崔与之文化"的旅游开发价值

显然,本文所谓"崔与之文化",是一个尚未被学界充分关注并充分理解的新概念。为便于与学界商榷,需要先对其进行必要的诠释。

首先,本概念有别于历史学界表示时代的"文化"概念,而只是社会文化学方面表述某些具体文化现象的概念。

其次,本概念包含了崔与之其人的一切历史真实,并以历史真实为基础,但不仅仅限于历史的真实。

其三,本概念包含与崔与之相关的一切衍生文化现象,特别是崔与之去世后所形成的各种与其相关的传说、纪念物、遗迹、名望等。所有这些衍生文化现象,并不苛求其完全符合历史真实,也不限定其产生的时间和存在的具体区域。

如此一来,我们就可以清楚地看到,使用"崔与之文化"这一概念,相比使用"崔与之"而言,其形象将更为生动,其内涵也将更为丰富。对于生活在现代社会的人们来说,历史真实意义上的崔与之,离我们的生活太过遥远,而"崔与之文化"却不仅表现在我们身边,而且还可以直接成为我们创造新时代精神文明和物质文明的社会资源。

那么,从旅游开发的视角来看,"崔与之文化"具有什么样的开发价值呢?

1."崔与之文化"的旅游开发基础价值

作为一种文化现象,"崔与之文化"带给我们的文化形象是很健康、很正派、很美好的。这种形象不仅完全符合中国传统的道德价值取向,也彰显着中华民族的传统美德。这一点,首先可以从世人对崔与之的评价得到印证:

崔与之的勤政爱民、清正廉洁、孜孜不倦地为国家、民族的生存而奋斗的精神不随流俗,不怕孤立不恋权势,一贯以直道行事的高尚情操,以及独树一帜的军事思想与学术思想,深得人们的赞扬。离扬州日,"军民遮道垂涕",与他依依惜别。离蜀日,蜀人叹曰"天胡忍此夺我慈母",他们还将与之与北宋名臣张咏、赵抃相并列,绘图于成都仙游阁、简州等地,建"三贤祠"、"三贤阁"以生祀之称……[1]

"一代名臣崔与之(1158—1239),是南宋著名的政治家、军事家。'始终无玷缺，出处最光明’，是对他一生最好也是最高的评价。”[2]

“在整个南宋一代，崔与之不仅以勤于政事、关心民瘼、清正廉洁、淡泊名利著称，而且在军事上也卓具才干和见识，在抵御金人对淮甸及川蜀的侵扰，都作出过重要的贡献……

“作为南宋的一位杰出政治家，崔与之的勤政爱民、清正廉洁、淡泊名利和知人善任在当时众多的官员中，可谓绝无仅有……

“考察有宋一代历史，易退难进的大臣，恐怕只有两人。一为北宋名相王安石，另一个就是南宋的崔与之。大凡求禄不易，得官颇晚者，若依苏轼所见，这类人的名利心必然更重，但与之则不然。他自宁宗嘉定十七年起，即以道不合而告退，后虽屡召而不起。其中，拜参知政事八辞不受。逾年，拜右承相兼枢密使，三奉诏书，四承御札，中使促行，命广帅以礼劝勉，派门人李昂英专往谕志，与之逊辞凡十三疏，终不为动。故家大酉以为‘东海、北海天下老，亦有益归西伯时，白麻不能起南海，千载一人非公谁’，可谓至言……

“南宋自中期起政治更加黑暗混乱，内有权臣擅权，外有金、蒙威胁，统治集团内部则矛盾重重，互相倾轧。而与之始终独立不阿，以直道行事，一切以国家民族利益为重。他不入道学宗派，对不达时变一味空谈‘修身’、‘性命’的理学家颇有微辞，更是难能可贵……”[3]

“崔与之继承了我国历代文化中‘民为贵，社稷为重’的传统思想，并构成了‘忠君忧国、廉政爱民’的文化内涵。其文化品格具体而言是正道直行，不畏权贵忧国忧民，奖廉劾贪，体察民情，清除宿弊秉公办事，保持晚节。上述政治思想，在其留存的少量的奏章、言论、诗文中可见一斑。其核心是安民济世和亲贤用才的安邦治国策略、固边实库和养精蓄锐的抗金中兴战略，主张廉洁奉公和洁身自爱的立身处世之道……”[4]

其次，我们从现存崔与之的文集、行状等有关史籍记载中，也可以看到崔与之本人在当时的完美形象：

与之自幼聪颖，“倜傥有大志”。[5]

入太学，学习勤奋，“必期三年成名而归”。[6]“既中选，朝夕肄业，足迹未尝至廛市。礼部奏名,廷策极言宫闱,皆人所难言。擢乙科,广人由胄监取第者自公始。"[7]

出仕后,政绩卓著。"历浔州司法,淮西检法官,皆有守法持正之誉……"

"开禧用兵,军需苛急,公悉以县帑收市,一毫不取于民……

"擢守宾阳,提点广西刑狱,甫建台,遍历所部二十五州,大率皆荒寂之地。朱崖隔在海外,异时未尝识使者威仪。公至,父老骇异。诸郡县供帐之类,一切不受,兵吏不给券,携缗钱自随,计日给之。停车决遣,无顷刻暇。奖廉劾贪,多所刺举,风采震动……

"丐归,除礼部尚书。公轻舟出峡,径归五羊。自是不复出矣。筑室所居之西偏,扁菊坡。刻韩魏公'老圃秋容淡,黄花晚节香'之句于门塾,盖雅志也……"

"拜参知政事,八辞不受。踰年,拜右丞相。上遣中使促召,命守帅彭铉劝请,又命郎官李昴英衔命而至,逊辞凡十三疏。上知公志不可回,诏即家条上时政。公手疏数万言,上皆欣纳……"[8]

在崔与之生活的时代,是中国封建社会历史中的一个特殊阶段。宋王朝经过北宋百余年的繁华强盛之后,一下子跌入内外交困、矛盾重重的低谷之中,社会道德和人们的心理都受到巨大冲击。由于多个势力集团互相倾轧和以史弥远为代表的权臣擅权专制,金、蒙两大少数民族政权的交替威胁,再加上朝野上下,是非莫名,皆以苟且奔竞、及时行乐为风尚。武臣怯敌而苛剥,文官贪默而无耻,吏治极为混乱,封建政治相对来说是比较黑暗的。崔与之在这样的时代背景下,仍然能卓然独立,以清正直道处世,以勤政克已亲民,更显得伟岸高洁。

崔与之的这种形象,当然是社会中下层所期盼和向往的,因而民众会有"遮道垂涕"之举,会为其立生祠而祀。即使是对于封建统治阶级来说,崔与之的所作所为,也是完全符合其根本利益的,因而也完全符合封建统治的需要。也正是这种全社会的精神需求,才有了更为丰富的崔与之文化衍生,才有了我们今天所看到的这样完美的"崔与之文化"。

如果我们从历史发展和文化演进的视角来看，崔与之的这种文化形象（请注意：这里强调的是文化形象而不是历史形象），无论是在古代还是在现代，都是会受到绝大多数社会成员认同和赞赏的。因为这样的形象代表着中国传统道德的核心价值理念，代表着中国传统伦理思想中最基本的道德选择原则，代表着中国传统文化中最基本的优秀特征。因此，我们可以很确定地说，"崔与之文化"，早已不再仅仅是崔与之本身，而是中华民族历史文化宝库中的一笔珍贵遗产。

在世界旅游界，有这样一条黄金规律：文化是旅游的内核和灵魂，独具特色的文化是一个地区旅游业生命力的源泉。对于一个较大的人文地域来说，最珍贵的旅游资源就是当地所拥有的民族历史文化遗产。增城的山水风光当然很有旅游魅力，但当旅游者徜徉山水风光时，很自然地就会想到这种秀丽风光中，曾经产生过什么样的文化，有什么文化遗迹，有哪些让人崇敬的先贤和精神，如果旅游者的这种精神追求不能得到满足，旅游地的整体形象便会大打折扣，还会严重影响旅游者对旅游地的文化认知和评价，从而严重影响旅游者的旅游质量。因此，"崔与之文化"作为中华民族文化遗产，正好是旅游者追求的地方文化和精神体验，其重要地位是具有垄断性而不可替代的。也正是"崔与之文化"所具有的这种强烈的旅游文化魅力，使其具有了旅游开发的基础价值，如果开发适当，必将成为增城旅游业的生命源泉。

2. "崔与之文化"可构成的特色旅游文化品牌

毫无疑问，各地都有自己的历史文化，但这些历史文化能否在旅游市场上产生强大的旅游吸引力，就要看其所具有的文化特色，是否能在旅游者心目中产生强烈的文化认同和文化响应，简而言之，就是能否形成让旅游者闻之怦然心动、见之铭记心灵的旅游文化品牌。能构成的旅游文化品牌越多，其旅游开发的实际价值也就越高。

根据"崔与之文化"的文化特质，至少可以打造成这样几个独具特色的旅游文化品牌。

首先是政治文化品牌。

表面上看,旅游是一种具有追求遁世内涵的文化过程,旅游者在旅游过程中,似乎更主要的是忘却人间烟火,体验身心的愉悦。可是,在旅游实践中,却极少有这样完全忘我的旅游者。原因很简单:每个旅游者都生活在文化社会中,长期的社会生活经历,使其具有了对社会精神文化产品的本能反应——旅游者会依据自己的道德评价尺度和习惯经验,对旅游过程中所接触到的各种文化现象本能地(或称下意识地)做出反应——其中反应最强烈的,莫过于具有普适性的政治性文化产品。

“崔与之文化”中的一个突出内涵,就是崔与之高洁的政治品行。其勤政克己、亲民清廉、洁身自明等等言行,符合世界各国社会文化中普遍崇尚的政治文明准则,也符合全人类对政治文化的期望,因而也就使得“崔与之文化”中的政治形象具有了强烈的文化感染力。以这种政治文化感染力为基础,也就可以打造一系列政治文化旅游产品,从而在旅游市场上形成以崔与之为标志的政治文化品牌。

例如,我们仅仅利用崔与之晚年的座右铭“无以嗜欲杀身,无以货财杀子孙,无以政事杀民,无以学术杀天下后世”,就可以打造出一系列旅游景观和旅游纪念品,充分阐释这个座右铭所蕴含的文化内涵,让崔与之的政治文化形象,释放出强烈的文化感染力,使旅游者慨然叹服,终生难忘。

其次是岭南文化品牌

在中国文化发展史上,岭南文化是一个形成较晚但却异常重要的文化分支。特别是以儒学为主要特色的文学、艺术、学术思想等文化领域,曾经有一个相对落后于岭北的历史时期。这段特殊历史,为岭南留下了遗憾,也为岭南文化的形成和发展营造了丰富的历史特色。

在崔与之所处的南宋时代,江南文化空前繁荣,岭南文化也进入了一个空前的发展阶段。在这一发展阶段中,崔与之曾作出了一系列不可磨灭的贡献。

例如,他首开先河,成为岭南地区第一个到太学接受正规教育并以优异成绩进士及第的岭南学子。这种示范作用,对于当时岭南教育意识的转变,起到了重要的推动作用。

再如,崔与之退居乡里之后,筑"菊坡"之堂,岭南学子雅士,纷至沓来,论经问学,诗赋唱酬,成为当年一大盛事。对于岭南思想文化的繁荣,产生了很明显的积极影响,以至于世人有以"菊坡学派"雅称之者。

研究崔与之其人卓有成就的张其凡先生曾这样评价道:"作为政治家的崔与之,虽不以文学鸣世,但对岭南文学的影响还是很大的,后人称之为'岭南儒宗'。"[9] 这种定位最明确地标明了崔与之在岭南文化发展进程中无以伦比的不朽地位,堪称为岭南文化中一颗耀眼的明珠。

这样一来,"崔与之文化"理所当然就成为岭南文化中最光辉的一个篇章。我们也就可以依托这个篇章,大力彰显"崔与之文化"的岭南文化特色,从而在旅游文化市场上形成岭南文化品牌,在广大的岭南文化圈中打造一个最具特色的旅游形象。

其三是姓氏文化品牌

姓氏文化,是中国传统文化中极具生命活力的文化分支。认祖归宗,对于炎黄子孙来说,是最神圣的精神需求之一。其文化意义之大,甚至可以是超阶级、超物质的。

崔姓是中国古代贵姓,起源于西周时期的齐国君主吕尚。吕尚本姓姜,因其先祖被封于吕(今河南南阳西),从其封姓。吕尚的儿子丁公伋,是齐国的第二代国君,他的嫡子叫季子,本该继承君位,但却让位给弟弟叔乙(即乙公得),而自己则住到食采地崔邑(今山东章丘县西北),后以邑为氏,就是崔氏。此后崔姓分支繁衍,人丁兴旺,官宦不绝,人才辈出,史不绝书,在中国历史发展进程中扮演过不少重要的历史角色,对中华文化的进步作出了积极的贡献。东汉末年,军阀混战,平州刺史崔毖率族人千余避乱入朝鲜,后发展成为朝鲜族大姓;西晋至唐代,崔氏分布于今山西、浙江、江苏、广西、安徽、陕西、甘肃等地;宋代以后,崔氏分布地更广,有的于清代以后移居东南亚一些国家。魏晋至唐初，按士族门第排姓氏，或称“崔、卢、王、谢”，或称“崔、卢、李、郑”，均把崔氏列为一等大姓。在当今以人口多少为序的中国姓氏中，崔氏仍然名列第74位，是一个宠大的宗亲群体。

近年来，姓氏寻根旅游和姓氏联宗旅游，已经成为一种集亲情体验、经贸考察、文化交流为一体的特色旅游形式，在社会经济发展和地区文化繁荣事业方面发挥着重大作用。“崔与之文化”虽然主要表现的是中国传统文化色彩，但毕竟也是崔氏文化的骄傲。如果我们在这个领域进行适当的开发，完全可以在寻根旅游市场上打造出一个崔氏寻根文化特色品牌，从而吸引海内外崔姓和与崔姓有亲属关系的宠大旅游者群体到增城旅游，为增城的经济和文化建设构建一个特殊的亲情支持网。

其四是乡贤文化品牌

现代旅游理论认为，一个地方如果想在旅游市场上担当旅游目的地角色，必须有属于本土唯一的地方文化。在众多的地方文化中，地方乡贤特别是地方历史名贤常常最能显示本土文化特色。这种担当地方文化名片角色的“乡贤”，对于外地旅游者来说，通常是最有文化感染力的。因此，各地都非常重视发掘和培育“乡贤文化”品牌。

作为广东增城历史文化遗产的重要组成部分，“崔与之文化”是增城乡贤文化的典范。崔与之其人其史，是增城厚重历史文化的突出代表，也是增城文化竞争力的重要组成部分。毫无疑问，“崔与之文化”应该是增城最拿得出手的文化名片之一。如果对此加以适当开发，打造成增城乡贤文化品牌，可以大大改善增城旅游文化环境，大大提高增城旅游的文化品位，从而大大地提高增城旅游的文化知名度的综合竞争力。

毋庸置疑，除上述各条之外，“崔与之文化”还有更多的旅游开发价值，限于篇幅，我们不可尽言其详。仅从以上所述，我们就可以非常自信地说：“崔与之文化”，是增城旅游资源中的一座文化宝库，具有很好的旅游开发前景。

二、“崔与之文化”旅游开发的景观载体

在旅游过程中，以形象化的旅游景观为主体构建的视觉景观系统，对绝大多数旅游者都会产生直接而又强烈的影响。特别是对于乡土文化旅游和人文风情观光旅游者来说，文化旅游景观，就是旅游者感知地方文化的主要窗口。因此，“崔与之文化”的旅游开发，需要相应的文化景观作为文化载体，才能把“崔与之文化”丰富的文化内涵表现出来，作为文化旅游产品而产生旅游魅力。这样一来，构建相应的文化旅游景观系统，就当然地成为“崔与之文化”旅游开发的重要任务和基本要求。

根据增城目前的实际和外地对地方文化旅游资源开发的成功经验，“崔与之文化”的旅游开发，可以从以下几个方面构建起具有特色的旅游景观系统。

1. 以文物、古迹类载体为“崔与之文化”构建旅游景观

此类景观，在增城境内虽然分布不多，但相对比较集中，如崔与之故里、崔太师祠、崔氏墓茔、菊坡亭等。这一类文化景观，因为有一定程度的原真性，对于旅游者来说，容易产生比较强烈的文化响应，因而可以直接对其进行科学规划，分别通过景观改造和完善旅游要素，充分彰显“崔与之文化”特色，构建成旅游景观。

2. 以园林、建筑类载体为“崔与之文化”构建旅游景观

如果从旅游景观系统容量方面看，仅以上述具有原真性的文物、古迹类景观作为载体，是难以全面承载“崔与之文化”全部文化内涵的。如果局限于此，则必然会使“崔与之文化”的旅游开发成为空谈。因此，我们必须解放思想，另辟新径，构建更多新的文化旅游景观。根据现在旅游者日益注重旅游环境和旅游过程的休闲程度这一趋势，建造以“崔与之文化”为主题的园

林建筑景观系统,是一个很值得考虑的旅游开发方式。

譬如,我们可以借鉴开封“清明上河园”景区和开封“包公祠”景区的成功经验,在增城择地建一个旅游园林性质的“崔与之文化苑”,按中国造园传统,可简称“崔园”。

园内除分布岭南特色的园林景观之外,可依1:1的比例,仿建崔与之辞官后,回穗家居广州的故屋,以及崔府街、崔公祠、牌坊、书院、晚节堂,白云山蒲涧清献祠等历史纪念性建筑,形成一个具有文化真实性的崔与之文化景观游览区。

还可以仿建各地崔氏后裔修筑的祠庙、公祠、祖祠,也可以邀请海外崔氏宗亲会单独在园内建立一些文化纪念景观。

如果再有条件,还可仿建崔与之任职所到之处受人敬仰的纪念建筑。如至今仍有崇祀的成都三井观仙游阁,分布在四川各地的当时为崔与之建祠立碑留下的遗迹。甚至还可仿建桂林“七星岩”上纪念崔与之的摩崖石刻等等文化景观,与各地特色园林配合,构成几个崔与之专题文化游览区。让旅游者在游览之中,有景观赏,有像瞻仰,有物寄情。

3. 以陈列、展览类载体为“崔与之文化”构建旅游景观

客观地说,“崔与之文化”毕竟太厚重了,许多文化精华是无法从具体的景观上表现出来的。因此,一定还需要一个以陈列、展览方式构建的旅游景观,把崔与之的主要事迹、诗文、思想等文化闪光点、历代对崔与之的评价、近年来学界对“崔与之文化”的研究成果等,全面展示出来。从而进一步提升“崔与之文化”的文化质量,满足高中档文化旅游者和海内外崔氏寻根文化旅游者的观赏需求。

4. 以艺术类载体为“崔与之文化”构建旅游景观

根据当前旅游市场的需求变化,旅游者普遍追求旅游过程的愉悦性,越来越热衷于观赏动态的人文旅游景观。开封的“清明上河园”景区和“开封府”景区,就是靠各具特色的文化旅游表演,营造出逼真的宋文化场景和欢

快的旅游文化氛围，在旅游市场上形成了文化品牌。增城也完全可以采用这种方式，编创出一系列反映崔与之文化精粹和特色的艺术表演节目，在“崔园”和其他“崔与之文化”景点定期演出，构成以崔与之为特色的艺术旅游景观，以适应现代旅游市场的需要。

5. 以人文纪念活动类载体为“崔与之文化”构建旅游景观

根据国内历史文化旅游景区的开发成功经验，适当举办较大规模的人文专题纪念活动，并且形成历史纪录性的旅游景观，是文化景区快速开拓市场、提高市场知名度的重要方法。

崔与之文化作为岭南文化的重要组成部分和杰出代表，完全有资格承受当今世人的礼祀和纪念。从构建旅游目的地的考虑，增城完全可以把目前的“崔与之文化研讨会”升格，筹办较大规模的“崔与之文化节”之类文化旅游活动。并在这类大型专题文化纪念活动中旗帜鲜明地打出“崔与之文化”的“文化遗产牌”、打出“岭南文化牌”、打出“乡贤文化牌”，从而为“崔与之文化”营造出驰名海内外的文化旅游形象。

以上5种方式，只是旅游景观策划创意中的常用手法。实际上，只要开动脑筋，一定还会有许许多多巧妙的方法，可以为“崔与之文化”营造各种合适的旅游景观。这样一来，便会大大丰富“崔与之文化”旅游景观，使“崔与之文化”的各个方面都能够得到充分彰显，形成强大而又特色鲜明的旅游品牌，让“崔与之文化”资源，借助旅游文化开发，迅速转化为推动增城旅游产业大发展的强劲动力。

三、崔与之文化旅游开发中应该注意的几个问题

随着增城旅游业的大发展，崔与之文化旅游开发，已经成为当地各级政府和社会各界关注的大事情，这为崔与之文化旅游资源的科学开发，创造了良好的社会环境。根据我国同类旅游资源开发过程中的经验和教训，根据

增城旅游开发的实际情况，很有必要提醒注意以下几个问题。

1. 崔与之文化的旅游开发，不是崔氏家族私事

由于姓氏文化在我国社会生活中还存在着极大影响，我国的历史名贤及其相关文化资源通常都被其后人“私有化”。崔与之故里现有崔氏族人生活，对崔与之文化的宣传和研究，很容易让人们直接与崔氏后人家族产生联想，因此，常常会有一些人自觉不自觉地把崔与之文化的旅游开发看作是崔氏家族的私事，好像是政府和外姓人在出钱出力，给崔氏家族办大好事；而崔氏家族中，也难免会有人对先祖感情至重，只想独享崔与之文化开发的所有成果，不愿让“外人”左右崔与之文化的开发进程。

这两种意识的存在，虽然都情有可原，但显然都会严重干扰崔与之文化旅游产业的开发大计。因此，从开发之初，就必须教育相关的工作人员和各界群众：崔与之文化，是我们中华民族的宝贵遗产，也是历史留给增城人民共享共荣的文化财富。开发“崔与之文化”，是为了宏扬中华民族的优良传统，展示中华民族的文化精粹。而崔与之文化旅游业的开发，既可以直接提高增城的文化软实力，又可以直接促进社会经济的发展，同时也会使崔氏族人产生更大的文化凝聚力，提高自信心。总之，这是一个利国利民的大好事，决不是崔氏家族的私事。从而让大家提高认识，摆脱传统观念的束缚，把崔与之文化的旅游开发真正当做每一个增城人自己的责任和义务，齐心协力共同开发，就会大大减少干扰，大大减轻崔与之文化旅游开发的难度。

2. 崔与之文化的旅游开发不是景区私利

随着崔与之文化旅游开发的进程，必然会有一些相关景区先期获得经济效益。这时，便有可能出现公共利益与局部景区利益之间的不协调甚至冲突。这种情况，曾经在许多历史文化景区开发过程中出现，特别是在那些以民营投资为开发主体的景区，这种矛盾常常很容易导致公开冲突，以至成为阻碍历史文化景区开发的绊脚石。

为有效地避免出现这种情况，当地政府必须有效发挥主导作用，当好旅游开发大业的舵手。这主要是做好两方面工作:一是要时刻教育所有参与崔与之文化开发的各方,都要牢固树立全局意识,明确崔与之文化的旅游开发是一项对增城政治、经济、文化发展全局都有重要影响的大事,决不是区区一个小景区的私利。其次,还要建立相对完善的旅游开发保障体系,建立严密有效的市场协作机制,用制度和协议约束参与开发的经营的各方,避免无谓的扯皮和磨擦,从而保证开发工作的顺利进行。

3. 崔与之文化的旅游开发应先经过策划和规划再正式开发

对于历史文化旅游资源的开发,通常需要多学科研究和多方面协作,才能真正做到兴利防弊,科学发展。最怕遇到有雄厚的开发资金和高涨的开发热情,却又完全不懂历史文化,不懂旅游开发规律的"大胆"开发"英雄"。全国不知有多少景区,都因遇上这样的"草莽英雄"而大吃苦头。他们通常不知道旅游策划和规划对于旅游开发的科学意义,仅凭自己的想当然,便大兴土木。营山造水,修殿架桥,甚至大量拆除古房古街,随心所欲地新建各种完全不符合当地文化传统和历史风貌的新景观。其后果常常会严重破坏旅游资源,甚至完全破坏当地的历史文化风貌,产生大量文化垃圾景观,造成惊人的人力物力浪费。

此外,在城市和居民生活区开发旅游业,必然会引起当地居民生活环境、交通、物价、生态环境等方面的重大变化,也会对当地的其他产业造成一定的影响,如果开发之前不对这些影响进行科学评价,也常常会因旅游业的不适当开发造成生态环境恶化等严重后果。

崔与之文化的旅游开发,应该吸取国内这种盲目开发的沉痛教训。先组织多学科的专家队伍,对增城崔与之文化资源进行认真深入的研究分析,再依据崔与之文化资源的特点,依据旅游市场的需求和规律,依据高水平的产业创意,进行科学缜密的策划。当策划案得到科学评审认定之后,再以策划为任务书,按旅游专业要求,进行科学、详细的规划。当规划案正式通过专家科学评审认定之后,再依法报请当地人民代表大会和政协代表大会审查通过,便成为不得随意拍脑袋变更的法律文件。这样才能保证崔与之文化的旅游开发始终沿着科学的轨道前进，才能最大限度地避免个人意志和非科学因素的干扰。所以，在没有真正全部履行策划、规划、评审等开发程序之前，崔与之文化，还是不要贸然开发为好。

4. 崔与之文化的旅游开发需要组建专业开发队伍

毫无疑问，对"崔与之文化"的旅游开发，有着非常重要的社会价值和经济价值，也是增城文化产业发展的重要任务之一。但是，文化资源的旅游开发，与其他产业大不相同，有着不少特殊的科学规律，并不是"一看就通"式的简单操作。既需要学习和掌握丰富的旅游开发理论知识，又需要有一定的实践经验积累，这就要求有一个相对稳定的专业开发队伍，才能保持开发过程的稳定性，从而不断提高旅游开发的水平，最终顺利完成开发任务。

其次，旅游产业开发，通常总是以市场为主要支撑的。从开发建设时期，就必须进行准确的市场定位，为未来的产业经营打下坚实的基础。没有积极而又科学的市场开拓，再好的资源也不能形成具有产业意义的旅游产品，因此，"崔与之文化"的旅游开发，并不是只要出巨资营造出各种各样的旅游景观，就能自然而然地形成"崔与之文化"的旅游热潮，更为关键的是要下大力气进行科学的市场开拓。因此，只有组建一支专业的开发队伍，聚集起一大批真正懂旅游开发、懂旅游管理、懂旅游市场营销的专业人才，才能保证崔与之文化旅游的开发走向成功。

四、结语

综上所述，"崔与之文化"作为增城最为出色的历史文化遗产，是最值得开发的文化旅游资源。现在，增城的综合经济实力已经达到很高的水平，正在向保护和开发历史文化遗产方面增加投入，这就为崔与之文化旅游资源的开发创造了良好条件。只要我们能够科学地认识崔与之文化的开发前景，采用科学而又符合增城文化旅游发展条件的开发措施，遵循旅游产业的客观规律,就一定能打响"崔与之文化"旅游品牌,让厚重的崔与之文化资源,在现代旅游产业界结出丰硕的成果。

注　释

1 何忠礼:《南宋名臣崔与之述论》,《广东社会科学》1994 年第 6 期。

2 张其凡、孙志章:《崔与之著述版本源流及其价值》,《安徽师范大学学报(人文社会科学版)》2007 年第 5 期。

3 何忠礼:《南宋名臣崔与之述论》,《广东社会科学》1994 年第 6 期。

4 姜永兴:《"崔与之研讨会"综述》,《岭南文史》1995 年第 4 期。

5 李肖龙:《崔清献公言行录》卷 1。

6 李昂英:《文溪存稿》卷 4,《跋菊坡太学生时书》。

7 李昂英:《文溪集》卷 11,《崔清献公行状》

8 李昂英:《文溪集》卷 11,《崔清献公行状》

9 张其凡、孙志章:《崔与之著述版本源流及其价值》,《安徽师范大学学报(人文社会科学版)》2007 年第 5 期。

两宋人物传记画廊中的又一佳作

——读《南宋名臣崔与之》有感

湖北大学　葛金芳

吾读宋代史籍，掩卷沉思之余，常为宋代士大夫之立身处事及其高风亮节所震撼。两宋立国300余年，涌现出一大批胸怀天下、信守坚定、勇于承当、不避祸福的“知识分子”，其思想境界和道德勇气足为万世楷模，常令今日之人自愧弗如。深感当下中国的知识分子群体，若欲赶上宋代士大夫的整体水平，恐怕至少还要付出数十年的艰苦努力才有希望。北宋如“先天下之忧而忧，后天下之乐而乐”的范仲淹，“天变不足畏，祖宗不足法，人言不足恤”的王安石，“为天地立心，为生民立命，为往圣继绝学，为天下开太平”的张载，南宋如背刺“精忠保国”的岳飞，“王师北定中原日，家祭无忘告乃翁”的陆游，以及“人生自古谁无死，留取丹心照汗青”的文天祥等，只是这个群体中为人熟知的少数典型而已。

当然，在中华民族的历史上，历朝历代都曾出现过不少可歌可泣、名垂千古的仁人志士，但宋代却是一个豪杰辈出、群星璀璨的时代。宋代士大夫中有一大批人，他们或“以天下为己任”而锐意改革，表现出高度的政治自觉性；或置身家性命于不顾奋起抗争，表现出“宁为玉碎，不为瓦全”的英勇气概；或以“六经注我”的创新性思维专注学术，为思想界走出汉唐旧注开辟道路。正如何忠礼先生所说：“自秦汉至明清的两千年间，人们从来没有看到过有像宋代知识分子那样的畅所欲言，那样的关心政治，那样的对国家、对民族抱有认同感……”[1] 而美国华裔著名学者余英时亦曾有言：“宋代士阶层不但是文化主体，而且也是一定程度的政治主体，至少他们在政治上所表现的主动性超过了以前的汉唐和后面的元明清。"[2] 这是宋代经济繁荣、文化昌盛的重要原因之一。

有鉴于此,我比较关心宋代士大夫的传记作品,特别希望读到能描摹出宋代士大夫精神气质的传神之作。宋史前辈程应镠先生的《范仲淹新传》、《司马光新传》,邓广铭先生、漆侠先生所著的《王安石传》和《王安石变法》,还有王曾瑜先生的《尽忠报国——岳飞新传》,以及美国汉学家田浩的《功利主义儒家——陈亮对朱熹的挑战》等等大作堪称典范。最近有幸读到金强和张其凡合著的《南宋名臣崔与之》,[3] 此书为宋代士大夫人物群像又增添了一个栩栩如生的典范,诚为宋代人物传记中的又一佳作。

历史人物生活在特定时代,读者希望透过人物能够看到那个时代的风云际会,作者也需要通过那个时代来把握人物的精神特质。所以"知人论世"是写好人物传记的必备要求。孟子云:"颂其诗,读其书,不知其人可乎?是以论其世也。"知人必须论世,不论世不足以知人。《崔与之传》的成功之处便是透过崔与之这个人,具体生动地反映出南宋中叶的历史走向;反过来南宋中叶波诡云谲的政治格局,又为崔与之这个人物形象提供了活动舞台。

崔与之是宋代岭南由太学中进士的第一人。他生于高宗绍兴二十八年(1158),卒于理宗嘉熙三年(1239),享年82岁。光宗绍熙四年(1193),他在临安太学苦学3年后终于如愿以偿,举进士乙科,授浔州司法参军,时年36岁,已届中年,出道是比较晚的。但此后仕途比较顺利:宁宗庆元六年(43岁)调任淮西提刑司检法官,次年即成功"改官",从选人升为京朝官,此时距其进士及第已经过去9年。嘉泰四年至六年(1204—1206),任江西建昌军新城县知县。此后转赴广西,任邕州通判、宾州知州,因政绩卓著升任广西提点刑狱兼提举河渠常平。嘉定七年(1214)正月至十一年(1218)十一月,即其57岁至61岁时,任扬州知州并兼淮东路安抚使、制置使,在淮东前线负抗金守边之责,有5年之久。他从嘉定十三年(1220)四月起任成都知府兼四川安抚制置使,前后4年,至嘉定十七年(1224)三月,以权礼部尚书召还"行在"临安。但崔与之坚辞不受,径回广州赋闲。理宗时朝廷多次征召,先后授以吏部尚书、右丞相兼枢密使等高位,崔亦毫不动心,直至嘉熙三年

(1239)卒于广州。

综观崔与之的一生,其官宦生涯主要集中在宁宗庆元至嘉定年间。知新城县三年,崔与之勤政亲民,清理赋税,改革差役,政声雀起。经江西转运使赵希怿的推荐,朝廷拟擢升其到中央任职,但崔与之力辞不就,转赴广西任职,数年间便从知州做到一路提刑。当时士大夫多以平生所学能"得君行道"为平生最大心愿,如朱熹、陆九渊等,何以崔与之既拒宰相史弥远之邀,又辞宁宗之召,而甘心在地方上做官呢?其因无他,此时朝廷正在权相史弥远的操控之中。开禧三年(1207),因"开禧北伐"失败,史弥远与杨皇后合谋杀死平章军国事韩侂胄,第二年史弥远便升任右相,权倾一时;而宁宗则是一个智力低下、优柔寡断的昏暗之君,朝廷一片乱象,政局险象环生。正如虞云国先生所说:"南宋历史走向的逆转正是定形于光宁时代。以政治史而论,南宋皇权的一蹶不振和权相的递相专政始于这一时期。以经济史而论,嘉定初年爆发的纸币信用风潮标志着南宋社会经济自此跌入了全面失衡的困境。以军事史而论,开禧北伐的溃败和嘉定之役的支绌预示了南宋在即将到来的宋蒙战争中的败局。以思想史而论,嘉定时期理学官学化的前兆折射出统治阶级在社会危机面前向新的统治思想求助乞援的迫切性。"[4] 在这种情况下,崔与之做出了明智的选择:宁愿在地方上为官或许还能造福一方,决不为升官而去中央蹚权相政治的混水。这不仅说明崔与之对当时的政治局势洞若观火,而且反映了崔与之坚定不移的操守:入仕不是为做官,而是要做事。事实也证明,他在广西平定禁卒哗变、剖决刑狱要案,任广西提刑后遍巡所部25州,总结出摧残百姓的10件大事严加约束,此即在岭南地方行政中发挥巨大作用的《岭南便民榜》。当时海南岛属广南西路管辖,崔与之渡过琼州海峡登岛巡视近一年,罢除弊政,严惩贪官,推行免役法,海南民众感其恩德,录其事迹为《海上澄清录》。一榜一录,政绩斐然。说明崔与之确实想做事,能做事,心系国家,惠及百姓。

在"守淮五载固边防"、"卫护四蜀安西陲"后,崔与之因近10年守边功绩卓著而升任六部长官,被授权礼部尚书之显职,时在嘉定十七年(1224)。宁宗连下四道圣旨,催其赴任,但崔与之坚辞不就。这当然与崔年迈体弱有关——这一年他已68岁了;但更重要的原因恐怕仍与政局有关。此时中央仍是权相史弥远当政,而这一年即嘉定十七年宁宗病重,史弥远正在加紧策划废立之谋,结果偷天换日竟获成功,史弥远设法挡住不满于自己的皇子赵竑,而将自己培养的赵昀扶上皇位,是为理宗。理宗在位40年,其中头10年朝政仍在权相史弥远手中,当然崔与之不会与之为伍。《崔与之传》说:"当时的俊彦硕望,只有崔与之和刘宰持不合作态度,不肯应理宗朝廷之召。……(崔)用远离中枢政治来表达他的不合作态度,而这种远离和沉默,是一个人退无可退时最后的一种坚定和执着。"(《崔与之传》第94页)这种知人论世的写法,要求作者对当时的局势了然于胸,方能游刃有余,将传主写活。

此后10余年间崔与之仍旧坚守自己难进易退、辞宦赋闲之立场。在广东摧锋军叛乱、知州曾治凤弃城逃跑的危急关头,崔与之毅然出山,率广州军民成功平叛,朝廷闻讯后不仅任命崔为广东经略安抚使并兼知广州,此后又任崔为参知政事,官至副相,但崔连上七札请辞,坚决不当宰执。这同样与当时的时局变化有关。当崔还在新城知县任上时,蒙古已在漠北崛起。理宗朝廷采取"联蒙灭金"的战略,在灭金之后又利用蒙军北撤、河南空虚的大好时机,欲收复三京,北定中原,时在端平元年(1234)。《宋史·崔与之传》载:"金亡,朝廷议取三京,(崔)闻之顿足浩叹。"[5] 果然,"端平入洛"又是虎头蛇尾,以宋军全线溃退而告终,且为蒙古进攻南宋提供了借口。崔与之之所以有此"先见之明",是因为他有近10年的守边经验,无论东线淮南,还是西线川峡,他深知论军队则将骄兵惰,论财力则左支右绌,论政局则权相为奸,论民心则众叛亲离。南宋小朝廷"世数将衰",风雨飘摇,是根本不可能有所作为的。在这种情况下强起战端,只有自取其辱。所以崔与之在10年守边生涯中一直持"积极防御战略",决不轻启战端。现在朝廷又要像"开禧北伐"那样重蹈覆辙,他"闻之顿足浩叹",如何肯应召赴朝廷去任宰执呢?《崔与之传》写出了当时宋、蒙、金三方对峙的形格势禁,突现出崔与之的战略眼光及其对局势的精准判断。这就是"知人论世"、"论世知人"写法所达致的效果,这是该书给人印象最为深刻的一大特色。

《崔与之传》的第二个特点，就是描摹出崔与之的人生轨迹和仕宦政绩之后，又从崔与之的人品事功深入到他的思想学术方面，从而呈现出一般人物传记所难以达致的深度。崔与之所生活的宁宗和理宗时代，正是理学从显学向官学转化的年代。但是崔与之的传世文字里却很难见到性、命、义、理等当时理学家们常用的概念。然而明清之际黄宗羲在《宋元学案》中，却将崔与之及其门人列为一个学派，后世称为"菊坡学派，"这是岭南历史上出现的第一个学术流派。后人也认为崔是岭南理学史上的重要人物，因为崔与之对明代岭南心学大师陈献章有非常直接和深远的影响。清人全祖望梳理该学派的传承关系为：崔与之——洪咨夔——程掌。稍后冯云濠、王梓材的《宋元学案补遗》又列出"崔氏同调：谭凯、刘镇、温若春、吴纯臣"；"崔氏门人：洪咨夔、李昴英、黄镛；菊坡续传：李肖龙"。由此可见，崔与之所开创的菊坡学派在南宋晚期已颇具规模。《崔与之传》一书广搜资料，认真排比梳理菊坡学派的诸位学人，并以相当篇幅论及崔与之对后世、特别是明代大儒陈献章的影响，认为菊坡学派是明代陈白沙（献章）所创"江门学派"的思想源头之一。崔与之将"毋不敬则内敬常存，思无邪则外邪难入"作为修身法门；以"用人听言为立国之本"；以民生休戚为国运盛衰之关键；要求为政者、特别是君主"即一人之心，合千万人之心"，认为这是变乱为治的不二之道。所有这些施政理念——如为官要有敬畏之心，民安则国治，君心要合于民心等等，即使在今天看来，仍有相当的合理性。经过认真考察后，《崔与之传》得出结论："综览宋代岭南的理学人物，均不足以与崔与之、李昴英相颉颃，无论影响、地位、名声，他们均难以企及崔、李二人。"（《崔与之传》第139页）这是一个令人信服的结论，因为这个结论是经具体详尽的史料钩稽之后得出的。在我看来，《崔与之传》之所以能够达到这样一个研究深度，是与该书作者之一的张其凡先生在20世纪90年代中叶以后完成的科研项目，如《菊坡学派：南宋岭南学术的主流》、《论宋代岭南三大家》、《陈献章与崔与之》等论文分不开的。"闻道有先后，术业有专攻"，由专业文史学者撰写人物传记，是保证此类书籍学术含量的正途。

除此而外，作为"广东历史文化名人丛书"之一种，《崔与之传》力图按照丛书体例的要求,“用通俗生动的文字和精美的图片资料反映传主的生平和思想”。该书语言生动流畅,行文简洁明快,读来引人入胜,加之图文并茂,令人爱不释手。这个优点同样值得学习。因为历史人物传记作为整个史学研究的有机组成部分,在所有历史类著作中具有最为广泛的读者群,因而是史学发挥文化传播功能的重要途径之一。经济史学界有个不无夸张的说法,说是现在经济史著作越来越多,但商界精英却苦于无书可读,于是南方老板以《胡雪岩》为楷模,北方老板以《大宅门》为教材,希望从中学到赚钱门道。这说明人物传记类图书有着广泛的社会需求。可以看出,《崔与之传》一书在文字表达上下了很大功夫,在追求广搜博览以坐实史证,即“有一分史料说一分话”的同时,又能化佶屈聱牙为通俗生动,化烦琐考证为娓娓道来,读来如行山阴道中,佳景迭出。这是《崔与之传》一书的又一个突出特点。

上述几点是我读完《崔与之传》后最为深刻的印象,此书之优长断不止如许数处。《宋史·崔与之传》只短短数百字,而《崔与之传》则达到十数万字,可见作者在搜集、排比史料(包括图片)上下了很大功夫。又因为作者是专业文史学者,特别对宋代政治史素有研究,所以对宋代的官制有透彻的了解,书中好像信手拈来的官制常识,对帮助读者理解崔与之的仕宦轨迹极有益处。作者凭借做人物年谱的深厚功夫,善于从崔与之与周围人物的“交游考”入手,从而使崔与之的形象显得比较丰满。特别是对崔与之淡泊名利、难进易退之君子人格的表彰,对于当下奔竞浮躁的世风或许会有一丝警醒作用。如此等等,均是此书的成功之处。当然,任何一本书也不可能做到十全十美,此书亦有一些小的失误。如说两宋外贸港口,“无论贸易额还是贸易地位,均以广州最为显要”(《崔与之传》第101页),此说稍嫌失考。此语放在北宋时说没有问题,但到南宋时泉州已超过广州,后来居上,成为当时世界上的第一大港,以“刺桐港”闻名于世。又如,对南宋宁理之际理学官学化进程,作者如能汲取学界相关成果,写得更加深入一些,则读者对崔与之“无以学术杀天下后世”,担忧理学家垄断学术,反感学术定于一尊的理论及现实意义会有更深一层的领会。此属“小疵”,不足以掩功。无论从史料搜集、学术含量、研究深度，还是章节安排、语言表述来看，《崔与之传》都是一本值得一读的好书，相信该书将会与“广东历史文化名人丛书”中的其他著作一道，为弘扬内涵丰富、博大精深的岭南文化，进而为把广东建设成为文化大省发挥其应有的作用。

注　释

1　何忠礼：《宋代政治史》，浙江大学出版社 2007 年版，第 8 页。

2　余英时：《朱熹的历史世界》(上)，三联书店 2004 年版，“自序一”。

3　金强、张其凡：《南宋名臣崔与之》，广东人民出版社 2007 年版。下引此书简称《崔与之传》。

4　虞云国：《宋光宗 宋宁宗》，杏林文史出版社 1997 年版，第 3 页。

5　《宋史》卷 406《崔与之传》，第 12262 页。

“增城”和“博罗”地名与罗浮山早期神话关系考

中山大学　王承文

岭南的大量地名往往蕴含着非常丰富的历史文化内涵，值得深入发掘和研究。广东省的增城县与博罗县位于广州市东部，历史上都属于岭南著名宗教“圣地”——罗浮山所在的地区。两千年来，两县堪称历史悠久，地杰人灵。然而，历史文献中对于增城县设置的时间以及这一地名的来历，对于博罗县究竟应称“博罗”还是“傅罗”，一直都有很大的争议。尤其是“增城”和“博罗”两个地名究竟承载着怎样的古代历史人文内涵，似乎也未见有专门讨论。此次适逢广东增城举办宋代历史名人崔与之诞辰850周年纪念大会，特撰此文，以就教于学界同仁。

一、历史上“增城县”建置时间和地名来历的争议

关于增城县设置的时间和地名的来历，历史上主要有两种不同的说法：

第一，唐代李吉甫所著《元和郡县图志》记载增城县，“本汉番禺县地，后汉于此置增城县。按昆仑山上有阆风，增城盖取美名也，属南海郡。隋开皇十年属广州”[1]。李吉甫认为增城县为东汉所建置，而其名称则源于上古时期的昆仑山神话。

第二，北宋乐史所撰《太平寰宇记》记载增城县，“汉番禺县地，吴黄武中于此置东(官)郡而立增城县，因增江为名。隋初废郡而置县，属广州”[2]。根

据《太平寰宇记》的记载,至三国吴孙权黄武年间(222—228)增城县才建立。而其名则源于增城县境内的增江。该书又记载:"增水,今名增江。源出增城县东北。"[3]

李吉甫的《元和郡县图志》为唐宪宗元和年间编纂,乐史的《太平寰宇记》为北宋太宗太平兴国年间编纂。两部书都堪称是中国古代久负盛名的历史地理学名著。然而,由于二者对于增城建置的时间和地名的来历的不同记载,使得后代的大量典籍也因此分成了截然不同的说法。宋代欧阳忞所撰《舆地广记》即沿袭了《太平寰宇记》的说法。而主张增城是东汉建立的观点,从宋以来实际上又分出了东汉初年、东汉末年(建安六年,公元201年)和笼统的东汉时期三种不同的说法[4]。

通过对历史资料的考察,我们认为《太平寰宇记》的相关记载错误较多。首先,关于增城县建立的时间,南朝刘宋时范晔(398—445)所撰《后汉书》专门叙述东汉一代的历史。然而,因为范晔尚未完成其书即已被杀害,因此,该书中的《郡国志》等八志,是后人从西晋司马彪的《续汉书》中取出来补进去的。而《后汉书·郡国志》即记载东汉南海郡有增城县,并称"增城有劳领山"[5]。南朝梁沈约所撰《宋书》卷38《州郡志四》南海郡所属有番禺、增城、博罗等县,并称:"增城令,前汉无,后汉有。"即增城县的设置应在东汉时期。其次,关于东官郡的设立时间。《宋书·州郡志》记载,东官郡,"晋成帝立为郡",并征引东晋后期成书的《广州记》曰:"晋成帝咸和六年(331),分南海(郡)立,领县六。"[6] 同时,东官郡治是在宝安县,增城县不属于东官郡所辖六县。因此,《太平寰宇记》所谓"吴黄武中于此置东(官)郡,而立增城县"的记载明显有误。再次,增城县设置后究竟属于东官郡还是南海郡。根据《后汉书·郡国志》、《晋书·地理志》、《宋书·州郡志》和《南齐书·州郡志》,增城县一直属于广州南海郡,不属于东官郡。《隋书·地理志》增城县下注云:"旧置东官郡,平陈废。"[7] 因此,我们认为增城县属于东官郡,可能仅限于南朝梁、陈时代[8]。最后,《太平寰宇记》认为"增城县"之得名源于其境内的"增江",我们认为,这可能一方面颠倒了"增城"与"增江"二者之间的渊源关系,另一方面则在很大程度上抹煞了"增城"一名所承载的非常深厚的古代历史人文的内涵。对此,我们将在后面进一步讨论。

二、博罗县究竟应称“博罗”还是“傅罗”的辨析

博罗县设县的历史比增城县更为悠久。《汉书》卷28下《地理志》记载南海郡有番禺、博罗等六县。史书一般认为博罗设县始于西汉。然而马端临的《文献通考》和顾祖禹《读史方舆纪要》,则认为博罗县是秦朝所置[9]。至于该县究竟应称“博罗”还是“傅罗”,《宋书·州郡志》称:“博罗男相,汉旧县。二汉皆作‘傅’字。《晋太康地志》作‘博’。”[10]说明两汉时期均作“傅罗县”,直到西晋武帝太康(280—289)初年编成的《晋太康地志》[11],才改称为“博罗县”。《元和郡县图志》卷34记载:“博罗县,本汉旧县,属南海郡。隋开皇十年改属循州。二汉县立名不一,自吴以后,复为博罗。”所谓“二汉县立名不一”,即指汉代称为“傅罗”,而称为“博罗”则在三国孙吴以后。《大清一统志·惠州府》还记载有“傅罗故城,今博罗县治”[12]。

所谓“傅罗”的原意,源于古代罗浮山的传说,是指来自于海上蓬莱仙山的一山(指浮山),从海上飘浮而来与原有的罗山连结在一起。古代“傅”与“附”互通[13],指附着、靠近。关于罗浮山,形成的传说,目前所见最早的资料之一,是东晋袁宏所著《罗浮记》[14],其文为:“罗山之西有浮山,盖蓬莱之一阜,浮海而至,与罗山并体,故曰罗浮。高三百六十丈,周回三百二十七里,峻天之峰,四百三十有二焉。”[15]

宋代一些地理学著作还不能说很好地解释了“博罗”地名形成缘由,例如,王存等撰《元丰九域志》征引《郡国志》称:“循州有博罗山,浮海而来,博着罗山,故名。”[16]祝穆撰《方舆胜览》所引《郡国志》与此相同[17]。《郡国志》为唐代地理书,《新唐书·艺文志》等均有著录,已佚。显然,“博着罗山”的说法既难通而且比较别扭。根据元代胡三省注《资治通鉴》所引唐代《郡国志》,实际上应为:循州有博罗山,浮海而来,傅着罗山,故名博罗[18]。

清初粤籍学者屈大均著《广东新语》卷3《山语》称:“《汉志》云:博罗有

罗山,以浮山自会稽浮来傅之,故名罗浮。博,傅也,傅转为博也。浮来博罗,罗小,浮博而大之,罗卑,浮博而高之,故曰'博罗'也。"[19]屈大均称"浮博而大之"与"浮博而高之",其义虽能通,然仍较嫌牵强。

我们推测,从两汉原有的"傅罗"县改变为"博罗"县,可能仅仅是源于《晋太康地志》编纂者的失误。"傅"与"博"形近极易混淆。晋武帝太康元年(280)西晋灭掉了南方的孙吴,需要编纂一部反映各地现实状况的《地志》,以便于管治统一而辽阔的疆域,因此即着手编纂全国性的地理志——《晋太康地志》。不能排除在经过汉末三国的长期分裂分治后,负责编纂《晋太康地志》的北方司马氏政权的统治者,对于地处遥远的蛮荒海隅之地的"傅罗县"地名背后的涵义并不了解,才将"傅罗县"误为"博罗县",一直沿袭至今。

三、"增城"一名与古代昆仑山神话的关系

关于"增城"一名,"增",汉代许慎《说文解字》卷13称:"增,益也。从土。"在古代大量文献典籍中,"增"有两种读音,一为zēng,如增加,与"减"相对;二为céng,意为重叠[20]。"增"与"層(层)"实际上可以通用,因此"增城"又可称为"層城"。

宋初乐史所撰《太平寰宇记》认为增城县地名源于增江是一明显的失误。因为"增城"是古代一个特有名称,而且其最初的也是正确的读音,应为"增(céng)城"。"增城"一名,目前我们发现最早的文献,是屈原的《离骚·天问篇》,其文曰:"昆仑县圃,其尻安在?增城九重,其高几里?四方之门,其谁从焉?西北辟启,何气通焉?"西汉刘安所著《淮南子》卷4《坠形篇》,极力描述昆仑上"增城"的神奇景观,称昆仑山"中有增城九重,其高万一千里百一十四步二尺六寸。上有木禾,其修五寻,珠树、玉树、琁树、不死树在其西,沙棠、琅玕在其东,碧树、瑶树在其北。旁有四百四十门,门间四里,里间九纯,纯丈五尺。旁有九井玉横,维其西北之隅,北门开以内不周之风。倾

宫、旋室、县圃、凉风、樊桐在昆仑阊阖之中,是其疏圃”。“昆仑之丘,或上倍之,是谓凉风之山,登之而不死。或上倍之,是谓悬圃,登之乃灵,能使风雨。或上倍之,乃维上天,登之乃神,是谓太帝之居。”[21]而汉代高诱注《淮南子》和唐初颜师古注《汉书》,二者均认为昆仑山“增城”之“增”,既可以解释为“層”,也可以解释为“重”。因此,所谓“增城”,就是古代神话传说中的昆仑山上极高的九層重叠的宫城。唐张守节所作《史记正义》称:“《海内经》云昆仑去中国五万里,天帝之下都也。其山广袤百里,高八万仞,增城九重,面九井,以玉为槛,旁有五门,开明兽守之。”[22]

关于“增城”在昆仑圣域中地位的崇高,据北魏郦道元所作《水经注》卷1《河水注》也是该书的开篇曰:“三成为昆仑丘。《昆仑说》曰:昆仑之山三级,下曰樊桐,一名板桐;二曰玄圃,一名阆风;上曰層城,一名天庭,是为太帝之居。”[23]在《水经注》的很多版本中,“層城”又写作“增城”。“太帝”即“天帝”。可见,昆仑山的“增城”是“天庭”和“太帝之居”或“天帝之下都”。因而,增城在昆仑山上是地位最高也是最神圣的境域,南朝道教宗师陶弘景所作《水仙赋》亦称:“若夫層城、瑶馆、缙云、琼阁,黄帝所以觞百神也。”[24]

秦汉时代,在帝王和贵族社会中弥漫着崇尚神仙的风气。根据《三辅黄图》和《艺文类聚》卷63所引《汉宫阁铭》等资料的记载,在汉代长安的皇家宫殿中,即有神仙殿、增城殿、祈年宫、延寿宫等具有神仙色彩的宫殿。直到南朝宋、齐、梁时期,在都城建康一直都建有帝王的“層城观”。

而“增城”或“層城”作为昆仑山特定仙境的代称,也大量地出现在汉魏两晋南北朝隋唐诗文中,从而与这一时期道教神仙信仰的发展和兴盛相呼应。我们试举两首诗,三国曹魏时期嵇康所撰《秋胡行七首》其七:“徘徊钟山,息驾于層城。徘徊钟山,息驾于層城。上荫华盖,下采若英,受道王母,遂升紫庭。逍遥天衢,千载长生,歌以言之,徘徊于層城。”[25]陆机所撰《前缓声歌》中有:“游仙聚灵族,高会層城阿。长风万里举,庆云郁嵯峨。”[26]

据上,唐朝李吉甫《元和郡县图志》称增城县地名来源于昆仑山上阆风、增城的美名,有其充分的历史依据。那么,作为古代昆仑山神话仙境的“增城”为什么会与岭南的地名联系起来呢?

四、"增城"与"博罗"之得名与罗浮山的关系

无论是"增城"还是"傅罗",其地名的形成均与罗浮山的早期神话历史密切相关。法国汉学家苏远鸣(MichelSoymié)和美国汉学家薛爱华(EdwardH. Schafer)都曾经关注和研究过罗浮山仙山形成与中国古代神话和哲学的关系[27]。

我们认为,罗浮山神话的形成大致应与秦皇汉武派遣神仙方士大规模地寻访海外仙山的热潮有关[28]。在六朝以来的典籍中就有很多安期生等到岭南寻访仙山和灵药的记载[29]。西汉司马迁称:"大荒之内,名山五千。其在中国有五岳作镇,罗浮、括苍辈十山为之佐命。其余不可详载。"[30]可见在司马迁的时代,罗浮山即已成为五岳之外的第一名山。

记载罗浮山神话的早期典籍多已经散佚,然而尚有不少比较重要的材料保存在唐宋类书或地理学著作中,并一直影响了后代典籍的记载。《太平寰宇记》卷157《广州》记载罗浮山,"本名蓬莱山,一峰在海中,与罗山合,因名之。山有洞通句曲,又有璇房瑶室七十二所"。宋代庄绰《鸡肋编》卷下记载:"惠州博、罗二山,罗山傍海,博山祠并又在海中,形圆而尖,今博山香炉,取其状类也。罗山又名罗浮,云在海中浮而至。"[31]以上这样的记载都是在六朝以来大量文献典籍的基础上形成的。我们试对与此相关的部分早期典籍文献钩稽如次:

1. 东晋裴渊《广州记》。《太平寰宇记》所引裴渊《广州记》云:"罗浮二山隐天,唯石楼一路可登。"[32]而《太平御览》所引裴渊《广州记》则为:"罗浮二山隐天,唯石楼一路可登矣。"[33]裴渊是东晋后期人。

2. 东晋徐道覆《罗浮山记》。唐欧阳询撰《艺文类聚》征引《罗浮山记》曰:"罗浮者,盖总称焉。罗,罗山也;浮,浮山也。二山合体,谓之罗浮。在增城、博罗二县之境。旧说,罗浮高三千丈,有七十石室,七十二长溪,神明神禽、玉树朱草。"[34]

《太平御览》所引《罗浮山记》曰：

罗，罗山也；浮，浮山也。二山合体，谓之罗浮，在層城、博罗二县之境。有罗水南流注于海。旧说罗浮高三千丈，长八百里，有七十二石室，七十二长溪，神湖、神禽、玉树、朱草，相传云浮山从会稽来，今浮山上犹有东方草木。[35]

《太平寰宇记》所引徐道覆《罗浮山记》云：

山在增城、博罗二县之界，仙客羽人是焉游幸，有七十二长溪，山上有洞，中有白鹅。罗山在浮山西南，合于博罗，山是兹境，旧云浮山从会稽流来，今浮山上犹有东方草木。[36]

《方舆胜览》引《罗浮记》云：

（浮山为）蓬莱之一岛，尧时洪水所漂，浮海而来，与罗山合而为一。今山上犹有东方草木。[37]

宋代佚名撰《锦绣万花谷前集》卷5所引《罗浮山记》云：

山高三千六百丈，周回二百七十七里，罗山也。浮山乃蓬莱之别岛，尧时洪水浮至，依罗山而止，故曰罗浮。

3. 晋宋之际沈怀远《南越志》。《太平御览》引《南越志》曰：

罗浮山，此山本名蓬莱山，一峰在海中，与罗山合，因名焉。山有洞通句曲，又有浚房瑶室七十二所。[38]

《太平寰宇记》所引《南越志》云：

博罗县，去浮山，接境于罗山，故曰博罗。东接龙川，南接西平，西接增城县界。增城县东有罗浮山，浮水出焉，是为浮山，与罗山并体，故曰罗浮。非羽化，莫有登其极者。崄尖之峰四百三十有二，因归于罗山，上则三峰争竦，各五六千仞，其穴溟水然，莫测其极。北通句曲之山，即《茅君内传》云‘第七洞名朱明耀真之天’。璇房瑶室七十有二，崀崿穹窿，自然云构。第三十一岭半是巨竹，皆七八围，节长二丈，谓之龙钟竹，凤凰食其实。沙门释智玄游此山，得邛竹以为杖。泉源之府九百八十有三，飞泉引镜，悬波委源，穷幽极响，百籁虚鸣。[39]

4. 晋宋之际的王叔之所撰《游罗浮山诗》曰：

庵蔼灵岳，开景神封，绵界盘趾，中天举峰。孤楼侧挺，增岫回重，风云秀体，卉木媚容。[40]

5.《太平御览》卷892《兽部四》引六朝《杂道书》曰：

南海博罗县有罗山，高入云雾，诸仙人所游之山也[41]。

而清初宋广业编纂的《罗浮山志会编》和屈大均《广东新语》卷3《山语》，对六朝以来有关罗浮山的神话和景观的描述作了比较全面的归纳和总结。唐宋时代，罗浮山还紧邻大海[42]。罗浮山独特的地理位置和神奇的地貌景观，使之与早期昆仑和蓬莱神话紧密地连结在一起，并成为道教在岭南传播发展的中心。六朝时代道教洞天福地体系形成，罗浮山即成为道教十大洞天中的第七洞天。

而增城县之得名还应与罗浮山一独特的景观即“石楼”密切相关。东晋袁彦伯（即袁宏）《罗浮山疏》曰：“遥望石楼直上，当十余里许，石楼之于山顶，十分之一耳，去县三十里，便见山基，至所登处，当百里许。山皆平敞极目。”[43]袁彦伯《罗山疏》又曰：“仰望石楼，眇然在云中。”[44]前引裴渊《广州记》称“罗浮二山隐天，唯石楼一路可登”。沈怀远《南越志》称：“又有石楼，峩峩渺然在云中，一曰石楼峰。”[45]前引王叔之的诗称“中天举峰。孤楼侧挺，增岫回重”。这种独特的地形，使神仙方士等容易将其与昆仑山的“增成”或“層城”联系起来。明代章潢称：“陈伯袁彦伯、东莞徐履道皆云，蓬莱有二岛，此其一焉。山巅飞云顶，又曰聚霞峰，常有紫云在于峰上，夜半登之，则见日出。《真诰》呼为層城。山之峰四百三十有二，西出飞云者，有上界三峰，峭绝顶立，烟霞霏微，如幕护之，人莫能至。”[46]

除此之外，我们认为“增城”地名的形成与罗浮山早期神话有关，其中最主要的证据之一，是因为罗浮山在历史上也被直接称为“增城山”。南朝道教宗师陶弘景所编《真诰》卷12记载：

北河司命顷阙无人。昔以桃俊兼之耳。俊似钱塘人,少为郡干佐,未(尝)负笈到太学受业,明经术灾异。晚为交阯太守,汉末,弃世入增城山中学道,遇东郭幼平。幼平,秦时人,久隐增城得道者也。幼平教俊服九精炼气辅星在心之术。俊修之,道成。今在洞中兼北河司命,主水官之考罚。此位虽隶定录,其实受事于东华宫中节度。桃俊,字翁仲者也。[47]

以上内容应属东晋中后期早期上清派人士所撰。《太平御览》卷679所引《真诰》为:"桃(姚)俊,钱塘人,少为郡吏。汉末,入增城山中学道,遇东郭幼平。幼平,秦时人,久隐增城得道者也。幼平授俊服九精练气辅星存心之术,俊修之,道戒(成),在东华宫中为北河司命。"[48]清朝郝玉麟编纂《广东通志·仙释志》称:"汉东郭延,字幼平,一字延年,山阳人,秦时隐居增城山,数百岁,一旦空中人乘虎豹来迎,遂诣昆仑山仙去。"又记载:"姚俊,字翁仲,钱塘人,少为郡佐,迁交州太守。汉末,弃官入增城山中,遇东郭延,师事之。授九精炼气辅星存心之术及神丹力圭,服之成道。"[49]而以上所谓"增城山",就是指罗浮山[50]。根据《真诰》等的记载,早在秦汉时代,罗浮山已经成为神仙方士活动的地区[51]。

又根据《太平御览》所引六朝《茅君传》云:"罗浮山,山洞周五百里,《真诰》呼为层城。葛洪(至)交州,远停此解化。"[52]《太平御览》又称:"《太清真人内传》及《名山记》曰:罗浮山洞周五百里,在会稽南行三十(千)里,其山绝高,葛洪解化处,《真诰》谓之增城山。"[53]葛洪(283—344)是东晋著名道士。众所周知,无论是葛洪最后"炼丹"之地,还是所谓"葛洪解化处",都是指罗浮山。[54]因此,罗浮山亦被称为"增城山"。

总之,唐代李吉甫《元和郡县图志》称增城县,"按昆仑山上有阆风,增城盖取美名也",是有其充分的历史依据的。

五、余论

陈寅恪的名篇《天师道与滨海地域之关系》,曾经专门讨论过中国东部沿海地区与汉魏六朝道教的密切关系,很有启发意义。不过,该文对于五岭以南的地区还较少提及。以上,我们通过考察“增城”和“博罗”地名的来源,从一个具体方面探讨了罗浮山早期宗教的发展及其影响。“增城”和“博罗”地名,均出现在汉代,是秦汉神仙信仰曾经深刻影响岭南的重要证明。然而,在后来的漫长岁月中,“傅罗”变成了“博罗”,“增(Ceng)城”读成了“增(Zeng)城”,同时这两个地名原来所承载的深厚的古代宗教与人文的意义,也似乎已经逐渐被人们遗忘了。

昆仑神话和蓬莱神话是中国古代两大神话体系。历史上“傅罗”与“增城”两个地名的出现,即与这两大神话密切相关。现存关于罗浮山神话的早期文献记载,其年代只能追溯到东晋时期。而汉朝国家所正式确立的“傅罗”与“增城”两县地名,在一定意义上,则可以填补秦汉三国时期罗浮山的神仙道教史。也可以这样理解,虽然现存文献资料出世较晚,但是其追述性的记载内容则完全是有其依据的。

六朝时期,罗浮山成为道教的第七大洞天,也是道教在华南传播发展的中心。唐宋时代,罗浮山堪称是岭南地区文化发展最主要的中心之一,尤其是以道教为主的宗教文化对全国都有影响[55]。增城县在唐代前期出现了女仙何仙姑。在北宋初还出现了古成之,在道教中也颇有影响。古成之早年在罗浮山“力学不怠,淹通群籍”,参加进士科考试高中,做过地方官,然崇尚修仙奉道。后被列入仙传。[56]苏东坡对古成之就十分推崇,写诗称:“南荣晚闻道,未肯化庚桑。陶顽铸强犷,枉费尘与糠。越子古成之,韩生教休粮。参同得灵钥,九锁启伯阳。”[57]今广州市内著名道观五仙观中,仍保留着刻有古成之书法和诗的宋代诗碑。

2008年12月“纪念崔与之850周年诞辰学术研讨会”期间,会议主办方曾组织与会者参观游览增城境内名胜“白水寨”。“白水寨”风景独特,尤其是瀑布悬挂云端,十分壮观。“白水寨”的景点介绍说,该景观是因为20世纪五六十年代在山顶修建水库而形成的。其实这一景观原名“白水山”,历史十分悠久。早在1600年前,东晋顾微所撰《广州记》曰:南海(郡)增城县,有白水山,有瀑布,悬注百许丈。[58]

至清初，顾祖禹《读史方舆纪要》尚提及增城县有白水山，称“县西四十里，屹若群屏。上有瀑泉百余丈，悬注如练”[59]。古代文献还记载了增城县的另外几处著名景观。东晋裴渊《广州记》又称：“增城县有云母冈，日出，照之晃曜。”[60]北宋初乐史《太平寰宇记》卷157记载：“云母山在增城县东七十里山出云母，《续南越志》云：唐天后朝，增城县有何氏女，服云母粉得道于罗浮山，因所出名之。”此“何氏女”就是唐朝增城所出的作为后来“八仙”之一的著名女仙何仙姑[61]。顾祖禹《读史方舆纪要》记载增城县还有“望云岭”，“县北百七十里。下有九淋水，虽天时晴霁，亦有云气覆其上。又云母岭，在县西二十里，产云母石”。“景星岩”，“在县北五十里。平野中孤石挺起，峰秀入云，连石相接，无异栋宇，中有楼阁宝盖之状”。又“浮碇冈”，“在县城东五里。其石赤，与罗浮相望。《旧经》云：‘浮山自海上浮来，合于罗山，此冈若浮山之碇。’”

据此，历史上增城因为依傍海内外著名的宗教名胜罗浮山，其深厚的历史和人文资源还值得深入发掘。

注　释

1 李吉甫撰、贺次君点校《元和郡县图志》卷34，中华书局1983年版，第889页。

2 乐史撰、王文楚点校《太平寰宇记》卷157，中华书局2007年版，第3016页。

3 乐史撰、王文楚点校《太平寰宇记》卷157，第3013页。

4 关于汉代建置说，见王象之《舆地纪胜》卷89《广州》之增城县；司马光《资治通鉴》卷283，后晋天福七年(942)胡三省注，中华书局1956年版，第9239页。关于汉初建置说，见(宋)潘自牧撰《记纂渊海》卷15《郡县部·广南东路·广州》。关于建于东汉末，甚至具体到东汉建安六年(201)的，如明李贤等撰《明一统志》卷79《广东布政司》称，增城县，在府城东一百九十里，“本秦番禺县地，汉末析置此县，属南海郡。晋于县置东官郡”；(明)黄佐《广东通志》卷1《广州府图经》，卷19《舆地志七·广州古迹》“增城旧县”；清雍正年间郝玉麟纂《广东通志》卷14《城池志》：“增城县城，设于汉建安六年。”卷53《古迹志》：“增城县，增城旧县，后汉建安六年置。”

5 《后汉书》卷23《郡国志》，中华书局1965年版，第3530页。

6 《宋书》卷38《州郡志四》，中华书局1974年版，第1199页。

7 《隋书》卷31《地理志》，中华书局1973年版，第881—882页。

8 《钦定大清一统志》卷339《广州府》增城县，“汉番禺县地，后汉分置增城县，属南海郡。梁移东官郡来治,隋初郡废,仍属南海郡。"(清)顾祖禹《读史方舆纪要》卷110增城县"本秦番禺县地,后汉析置增城县,属南海郡。梁改属东官郡,寻为郡治。隋平陈,郡废,县属广州"。(中华书局2005年版,第4608页)

9 马端临《文献通考·舆地考九·古南越》;顾祖禹撰,贺次君、施和金点校《读史方舆纪要》卷103《广东四·惠州府》,中华书局2005年版,第4698页。

10 《宋书》卷38《州郡志四》。

11 《新唐书》卷58《艺文志二》著录有《晋太康土地记》10卷,《太康州郡县名》5卷。

12 《大清一统志·惠州府》,《四库全书》第482册,第108页。

13 例如《左传·僖公十四年》:"皮之不存,毛将安傅?"《十三经注疏·春秋左传正义》卷13,中华书局1980年版,第1803页。

14 参见王承文《葛洪晚年隐居罗浮山事迹释证——以东晋袁宏〈罗浮记〉为中心》,载陈鼓应主编《道家文化研究》第21辑,北京三联出版社2006年版,第158—184页。

15 东晋袁宏所著《罗浮记》已散佚,此条见李吉甫撰、贺次君点校《元和郡县图志》卷34引,第893页。

16 王存等撰、王文楚、魏嵩山点校《元丰九域志》之《新定九域志》卷9《广南东路·循州》,中华书局1984年版,第695页。

17 宋祝穆撰、施和金点校《方舆胜览》卷37《循州》,中华书局2003年版,第663页。叶庭珪撰《海录碎事》卷3上《地部上》:"博罗山,《郡国志》:博山浮海而来,博著于罗山,是以名之。在惠州。"上海辞书出版社1989年版,第50页。

18 司马光撰《资治通鉴》卷283,后晋天福七年(942),中华书局1956年版,第9239页。

19 屈大均著、李育中等注《广东新语注》卷3《山语》,广东人民出版社1991年版,第75页。

20 刘向撰《说苑·反质》有"宫室台阁,连属增累"。萧统《文选序》称"增冰为积水所成"(中华书局1977年版,第1页)。

21 刘安撰、刘文典集解、冯逸、乔华点校《淮南鸿烈集解》卷4,中华书局1989年版,第133—135页。

22 《史记》卷117《司马相如传》,中华书局1959年版,第3061页。

23 郦道元撰、陈桥驿校证《水经注校证》卷1《河水注》,中华书局2007年版,第1页。

24 《陶弘景集·水仙赋》;严可均《全梁文》卷46。

25 嵇康撰《嵇中散集》卷1《重作四言诗七首》之一;张溥辑《汉魏六朝百三家集》卷35《魏嵇康集》,

26 张溥辑《汉魏六朝百三家集》卷49《陆机集》。

27 Michel Soymié,"Le Lo—feou Chan, étude de géogrophie religieuse", Bulletin Ecole Francaise d'Extreme—Orient, X V Ⅲ, 1956, pp1—139; Edward H. Schafer, The Vermilion Bird: T'ang Images of The South, University of California Press, 1967, p. 141.

28 参见《史记》卷6《秦始皇本纪》;《史记》卷28《封禅书》。根据顾祖禹《读史方舆纪要》卷101记载,广东香山县有“浮虚山”,“县北七十里海中。相传山尝与波上下,《山海经》‘南海有浮石之山’,疑即此”。

29 参见王承文《汉晋岭南道教史考论》,《论衡丛刊》第1辑,中山大学出版社1999年版。

30 见唐朝吴筠《天柱山柱观记》所引,《全唐文》卷925,中华书局1983年版,第9647—9648页;邓牧《洞霄图志》卷6作《天柱观碣》;《大涤洞记》卷下作《天柱观碣》(《道藏》第18册,文物出版社等1987年版,第156页)。

31 庄绰撰、萧鲁阳点校:《鸡肋编》卷下,中华书局1983年版,第112页。

32 乐史撰、王文楚点校《太平寰宇记》卷157《广州》,中华书局2007年版,第3014页。

33 《太平御览》卷41《地部六》,中华书局1960年版,第197页。

34 欧阳询撰《艺文类聚》卷7《山部上》引,中华书局1965年版,第139页。

35 《太平御览》卷41《地部六》所引《罗浮山记》,第197页。

36 乐史撰、王文楚点校《太平寰宇记》卷160《惠州》,中华书局2007年版,第3070页。

37 (宋)祝穆《方舆胜览》卷36《惠州》引《罗浮记》,第652页。

38 《太平御览》卷41《地部六》,第197页。

39 (宋)乐史撰、王文楚点校《太平寰宇记》卷160《惠州》,中华书局2007年版,第3069—3070页。

40 《艺文类聚》卷7《山部上·罗浮山》引,第139页。

41 《太平御览》卷892《兽部四》引六朝《杂道书》,第3962页。

42 参见王承文《唐代罗浮山的“药市”与“墟市”考——唐代岭南乡村市场的个案研究》,载《岭峤春秋》(二),中国社会科学出版社1995年版。

43 《艺文类聚》卷7《山部上·罗浮山》引,第139页。

44 《艺文类聚》卷63《居处部三·楼》引袁彦伯《罗山疏》,中华书局1965年版,第1130页。

45 《太平寰宇记》卷160所引。

46 章潢《图书编》卷67,《四库全书》,第970册,第808—809页。

47 陶弘景所编《真诰》卷12《稽神枢第二》,《道藏》第20册,第562—563页,文物出版社等1987年。引文据《四库全书》本校勘。

48 《太平御览》卷679,第3030页。

49 郝玉麟编纂《广东通志》卷56《仙释志》,《四库全书》第564册,第612页。

50 历史上,增城县属于罗浮山的范围内。顾祖禹《读史方舆纪要》卷100《广东一》称“罗浮山,在广州府增城县东北三十里,惠州府博罗县西北五十里。其山袤直五百里,……盖宇内之名山,东粤之重镇也”(第4583页)。

51 《晋书·葛洪传》。参见王承文《葛洪早年南隐罗浮考论》,《中山大学学报》1994年第2期。

52 《太平御览》卷663,第2959页。

53 《太平御览》卷664,第2966页。

54 《晋书·葛洪传》。参见王承文《葛洪晚年隐居罗浮山事迹释证——以东晋袁宏〈罗浮记〉为中心》,载陈鼓应主编《道家文化研究》第21辑,北京三联出版社2006年,第158—184页。

55 王承文《唐代罗浮山地区文化发展论略》,《中山大学学报》1992年第3期;王承文:《唐五代罗浮山道教宫观考》。

56 古成之作为五代至北宋前期有较大影响的岭南历史人物,其历史活动及其向道教神仙的转化颇值得研究。宋广业《罗浮山志会编》卷5,周必大《文忠集》卷58《梅州贡院记》称:“恭闻太宗皇帝端拱元年,放进士二十八人,有古成之者预焉。虽家广之增城,后徙于梅。其四世孙革遂登绍圣进士第。”南宋陈葆光《三洞群仙录》卷20有古成之成为神仙的传记(《道藏》第32册,第367页)。

57 苏轼《东坡全集》卷32。

58 欧阳询撰《艺文类聚》卷8《交广诸山》引,第147页;《御定渊鉴类函》卷29《地部七》所引同。

59 顾祖禹撰,贺次君、施金和点校《读史方舆纪要》卷101“增城”条,中华书局2005年版,第4609页。

60 欧阳询撰《艺文类聚》卷6引《广州记》,第105页;《太平御览》卷808引《广州记》。

61 《太平广记》卷62《何二娘》,中华书局1961年版,第390页。

广州区域早期迁美移民的文化传统

郑州大学　安国楼

时值南宋名臣崔与之诞辰850周年之际,纪念大会暨岭南文化研讨会在广州增城市举行,这对弘扬崔与之的人格风范,推动岭南文化研究,扩大对外交流及影响,无疑具有非凡的意义。

崔与之是南宋时期的著名学者,后人称之为“岭南儒宗”,同时,他又是那个时代在政治、军事方面都具有重要影响的杰出人物。其先世为河南开封人,因避乱南迁,辗转江西等地,至其父世明始定居增城。因此,这里的崔氏家族显然具有南迁移民的特征,本有着浓厚的中原文化传统及人文素质。在南宋中期局势危难、矛盾错综复杂的环境中,崔与之治军施政都能独当一面,显示出卓越的才干。其留世不多的诗词著述,又表现出深厚的文化素养和高尚品德。崔与之彪炳史册的为政业绩和清白照世的人生轨迹,无疑受到传统文化以及其家族文化很深的影响,同时,也彰显出南宋以后岭南文化光彩的一面。广州区域是历史上岭南文化发展和传播最具影响的地区之一,因此,本文拟就广州区域早期迁美移民的文化传统问题进行某方面探讨。

历史上自中国大陆外迁的移民遍及世界各地,包括广州区域在内的岭南地区,更是外迁移民相对集中的地区。从总体而言,这些移民及其家族都有着深厚的故乡情结,在语言、风俗、信仰、习惯等方面保存了较多的中国原本文化传统,其中即包括移民比例较大的客家族群。据学者研究统计,目前广东省的纯客家县区有7个,客家人占91%以上的有10个,客家人占51%

以上的有 7 个,客家人占 21% 至 50% 之间的有 17 个,后者即包括广州外围的增城、四会等地。[1]

美国是华侨移民较多的国家之一,据美国 1950—1960 年各州人口统计,大约有四分之三的华人居住在加利福尼亚、夏威夷和纽约三个州。这三个州的华人又主要集中在大城市,如 1960 年的人口统计显示,旧金山(三藩市)华人数 53250,占全美华人的 22.4%;檀香山华人数 36875,占全美华人的 15.5%;纽约华人数 36503,占全美华人的 15.4%。[2] 那么,旧金山、纽约以及夏威夷州这些城市或地区,同时也是历史上客籍移民相对集中的地方。据当代学者研究统计,现今旅居美洲的客家人约 31 万,分布在近 20 个国家和地区,其中美国有 28.4 万人,也主要集中在檀香山、旧金山、纽约等地。[3]

中国人侨居海外的历史比较久远,客籍人士出洋至少可上溯至七百多年前。据《华侨名人故事录》(1940 年版)所记,宋末文天祥抗元兵败后,嘉应松口属的卓姓义军十余人出海漂泊到尚未开发的北婆罗洲(今印度尼西亚加里曼丹岛)定居、立业。此后,明末抗清斗争、太平天国革命等重大历史事变时期,都有大批客籍人士由于种种原因漂泊海外谋生,还有相当一部分被当作“猪仔”骗卖出去充当苦工。移居美国的客籍移民,自 1840 年鸦片战争之后开始增多。尤其是鸦片战争和太平天国革命失败之后,中国民族危机日益深重,西方列强在中国进行残酷掠夺,贩卖苦力华工,使许多客籍人士来到美国。到西海岸加利福尼亚州的最多,其中大部分是来自广东珠江三角洲的穷人。据中国学者研究,早期迁徙东南亚、美洲等地的华人主要来自闽、粤两省,就广东而言,“原籍珠江三角洲和谭江流域的移民主要迁往美国、加拿大、印度尼西亚、马来西亚、新加坡等地”。[4] 在这些早期移民中,客家人无疑占有相当大的比例,尽管在许多情况下人们并没有把客家人明显区别开来。

当时美国大力开发西部,需要大批廉价劳动力,所以 19 世纪赴美华人已达 32 万人,另有 5 万人到了当时尚未被美国兼并的夏威夷群岛。他们中有被招募的华工,也有被拐骗的“猪仔”。他们对美国西部开发、修筑铁路和加利福尼亚州的采金等贡献很大。如到 1870 年,约有四分之一的华人在金矿淘金,其他有的参加修筑太平洋中心铁路,有的从事农业、服务业等。[5] 美国大陆西部的开发与发展,正是伴随着19世纪的大规模移民而来的,其中华侨,包括众多客家人为此付出了几代人的劳动和牺牲,这是众所周知的。关于这些华侨移民的籍属,据学者研究他们多半是广东四邑人,尤以台山和开平人居多。"早期赴美的也有香山(中山)、东莞和番、顺各县的人,但为数不多。"[6] 也有的认为:"可靠的估计是百分之六十来自台山,其余百分之四十的一大部分也是来自台山周围的地区。这些地区是:新会、开平、恩平、南海、番禺、顺德、广州、佛山、东莞、中山、宝安、镇海。"[7] 显然,这些移民中有不少客籍之属。

早年包括客家人在内的移美华侨,他们多因生活所迫,漂泊异邦,孤苦无助,还要遭受当地势力的歧视和剥削压迫,为寻求生存和发展,他们便以地缘、业缘或血缘为基础成立了许多社团组织。如旅美纽约崇正会,是1918年"为共谋团结,以御外族的欺侮而发起组织的"。该会最初名称为"人和房",1920年会员已增至700余人,于是加以扩充改为"人和会馆"。1935年,才正名为"旅美纽约崇正会",以迄于今。19世纪五六十年代,在旧金山的华人建立了粤人六大会馆,即来自南海、顺德、番禺、香山、东莞、新会、鹤山、开平及嘉应州等地的移民所成立的人和、阳和、合和等会馆,六会馆合称中华总会馆。[8] 其他还有旧金山崇正公会、旧金山人和总会、檀香山崇正会等。这些会馆等是包括大量客家人在内的华侨互助组织,一种和衷共济、谋求共同利益的组织,具有乡亲认同、团结互助、凝聚力量的核心功能。其他以家族为基础的组织形式也十分普遍,如在旧金山及芝加哥等地,有刘、关、张、赵四姓组织的"龙岗公所",雷、方、邝三姓的"溯源公所",谈、谭、许、谢四姓的"昭伦堂",陈、胡、袁三姓的"笃亲堂"等。[9] 这些组织,无论其范围大小,以及所从事的职业有无不同,但无疑都是相互之间联络亲情、乡情的重要纽带。

从传统、习俗、精神理念等方面来说,客家人无疑具有鲜明的个性,他们无论走得哪里,都离不开自己的根和本,不忘自己的故土乡情。他们在异地谋生,却保持着中国的主要节日和风俗习惯,如春节、中秋节、端午节等等。

广东是客家的重要聚居地,据美籍华人学者 BernardP. Wong 调查认为,1965 年以前来美居住纽约唐人街的华人,“大部分来自广东农村,……他们始终保持中国的习惯和生活方式”。[10]旅美的钟嘉谋先生曾说:“海外客家人则分散在许多国家之中,但正是在如此散居各国的情况下,千百万客家人不分出生地区、家族、年龄、曾回祖国与否,皆很好地保持着他们的共性,客家文化的共同特征。……在国外遇到旅居美洲、欧洲、非洲的客家人,他们大多数生在异邦从未回到祖国,但是大家仍能背诵儿时的歌谣:‘月光光,秀才郎,骑白马,过莲塘……’。这就是客家文化的生生不息。”[11]客家人虽散居各地,却又特别重视跨区域的乡亲联络,开展各种形式的宗亲联谊活动。如在中国大陆还不具备参与条件的时候,就有了定期举行的世界客属恳亲大会。其中,1978、1988 年世界客属第四、第九届恳亲会就在美国旧金山举行。其他历次恳亲大会,也均有许多美国客家社团及代表参加。

位于太平洋中的夏威夷群岛,是客家人较早移居的地区。自 19 世纪开始,客家人已在那里定居、创业。“在檀香山,由于糖业发展的需要,从 19 世纪 50 年代中期到 80 年代,已经招募大量华工入境。同时也有很多华人移民进入檀岛正在发展中的工商业。到 80 年代初,檀岛华人人口已逾万,而约有三、四千集中在最大的城市火奴鲁鲁。为了迎合华侨社会的客观需要,檀香山第一份华文报纸《檀山隆记新报》在火奴鲁鲁出版。初时,它每周出版一次,后来改为每周两次。这份报纸在 20 世纪初成为兴中会的喉舌。”[12]说明这里是华侨较多的地区,也是客家移民较多的地区。客家先贤孙中山先生早年随其母到檀香山,在基督教教会学校上学。在他从事革命活动的过程中,客家人是追随他的骨干力量。他在檀香山创立的第一个革命团体兴中会共有 32 名成员,其中有 31 人是客籍侨胞或客家先民的后裔。[13]

关于夏威夷客籍移民的特性和故乡情结,早在 20 个世纪 50 年代,美国著名作家詹姆斯·米切纳在广泛调查研究基础上写成的被称为“史诗”作品的《夏威夷》[14]一书中,曾有细腻生动地描述。其中的第四部《来自哀鸿遍野的农村》(第 403—676 页),记述了客家先民自中原向南方悲壮大迁徙的宏阔历史场面、定居南方山区的情景以及客家人移居夏威夷的历史故事,而这些客家移民即来自岭南广州的山岭区域。

书中形象写道:这些北方移民,"摸索南进,百折不挠。他们保持着祖先留下的古老习惯。……公元874年,他们来到岭南一个山谷,在广州的西面。川地上一江东流的绿水是那么清,一架架青山如屏如障。泥土肥得似能出油,看来可以栽几茬庄稼。众人望着山下丰美的土地发呆"。"这批移民到山上建立家园。后来,这些山里人人称'客家',意思是外来的人"。他们的风俗习惯迥然不同,"客家人保持了中国许多古老的语言习惯和古韵,……要同男人一样养家活口的客家女子都是不缠足的,……(他们)一丝不苟严守中国家族制度的古礼"。从此,这片土地上客家人的好名声便传扬出去,直到19世纪中叶,"一个广州商人领了个美国人来到"客家村落,这个美国人就是来自檀香山的约翰·惠普尔医生。他来到这里就是要招募劳工去檀香山种植甘蔗,一开口便提出"一定要一半是客家人"。那么,"正是有了这么一批又一批的客家人,成了夏威夷群岛最早的开发者"。他们种植甘蔗、水稻和蔬菜等,发展当地经济,同时"供应正在兴旺的加利福尼亚市场"。早期迁居夏威夷的这些客籍移民,他们的开拓经历和精神理念,乃是该书重点描绘的部分。

客家人家族观念极重,把家族视为自己的归宿和依靠,而务农是自己的本业,读书尚文是光宗耀祖和向外发展的最佳道路。罗香林先生曾言:"客家最重视族谱,而谱之为体,必溯其上世迁徙源流。"[15]家谱成为客家人情感凝结的象征。米切纳的书中讲到,主人公女子谢玉珍与其夫姬满基为儿子取名,要用从家里带来的家谱中的字辈对联,其中一幅是"春满乾坤福满门,天增岁月人增寿",他们的儿子要按序取用"乾"字辈。第三个字该用何字,还专门请个有学问的代笔先生来定夺。最后,他们的第一个儿子取名姬乾亚,变通一下定为姬亚乾,意即亚洲是姓姬的天下。以后生的儿子要依次取名为欧乾、非乾、美乾和澳乾。儿子取名后,还要让人代笔向远在中国南方的家乡写一封家书,向家里长辈禀告姬家在遥远的夏威夷添了一个子孙,儿子的名字将写进放在祠堂里的家谱上。到后来,玉珍的其他四个儿子都这样依次取名,她"成了五乾姨,火奴鲁鲁的人也都这么称呼她"。到他们的孙子取名时仍然如此，非乾的儿子根据对联用“坤”字排行，并同样按规矩写信告诉家乡的亲人。对于客家人玉珍来说，“不能忘本的思想在她的头脑里根深蒂固”。她会“记下所有孩子的生辰，凡是男孩，都按排行取个名字通知老家，记载在祠堂的家谱上”。到 1947 年玉珍百岁生日时，前来拜寿的第五代孩子就有 141 个，每个孩子到她面前，她总是要用客家话来发问，并一定要他们说出自己的“真正名字”，即我叫姬某某。对于这一点，那位惠普尔医生认为，这是说明中国人力量的典型象征之一：“他们一代代长幼有序紧密相联。他们从自己的名字上知道自己属于何处，知道父母对自己的期望。任何中国人都生活在一种规定的体系内。这种办法好。不论他走到什么地方，他的名字总在故乡有记载，那里才是他的家。”

以读书、耕田为头等大事的客家特性，在夏威夷客家人身上也得到充分体现。玉珍“作为客家人，她有两个最大的愿望。首先，她希望儿子能上学堂念书，为了达到这个目的，她什么都能牺牲；其次，她希望有自己的土地，不论是多是少”。这两个目标都要有钱才能达到，因此她到火奴鲁鲁不久就开始挑担上街叫卖。最后得到惠普尔医生应允，开垦了闲置的沼泽地，种上了芋头。看着她拼命似的劳动，惠普尔医生想到：“土地简直是她生命的一部分”，“五十年以后我在夏威夷的后裔将为中国人干活”！即使到了晚年，玉珍还要亲自掌握三件事：一是“坚持姬家的孩子必须个个受高等教育”，二是“要儿孙尽量住在那座简朴的木屋里”，三是购置土地的事由自己做主。玉珍的五个孩子先后从书院毕业，会说广府话、客家话、夏威夷话及英语，他们中有的到美国上大学，回来当上了律师。他们的家族已与当地社会相融合，但仍保持自己的特色，“这一家人在饮食、语言和笑声上是夏威夷式的，在上学、做生意和宗教信仰上是美国式的，但是在长幼尊卑和对教育的重视上是中国式的”。这几乎是一个客家女性的神话，从玉珍身上，充分体现了这些海外移民不可改变的中国根文化情结。

书中还特别提到，“一批又一批的客家人”移居夏威夷，正是在这里开始了他们的“创世纪”，他们甚至还能挣钱寄回中国，并且在夏威夷有了一条“唐人街”。当然，拓荒的历程是艰辛的，客家人也经历了难以置信的曲折和灾难。书中以沉重的笔触,重现了1900年1月20日发生在唐人街的一次大火,这次灾难使中国人半个多世纪创立的财富毁于一旦,连内阁成员都黯然泪下,玉珍家族也损失惨重。在这个挫折、磨难的时候,“玉珍把惊魂未定的全家人叫在一起,全聚在一个俯视珍珠港的山坡上,远处海面上一盏盏船灯忽隐忽现。全家男男女女坐在石头上默默望着上面唐人街的废墟,在摧心裂肺的绝望沉默中,玉珍客家人的意识觉醒了:她的家族必须现在就从痛苦的痉挛中挣脱出来,重新鼓起勇气”。正是在这种“客家人意识”的支撑下,他们的家族又一次在灰烬中、废墟里更高地站了起来。可见,这些坚忍不拔的中国移民,对夏威夷的开发与发展作出了重大贡献,“夏威夷人这支本来在迅速走向消亡的民族——在1778年是四十万人,到1878年只剩了四万四千人——从东方人那里突然获得了生命力,通过与中国人通婚,重新在社会生活中振作起来”。惠普尔医生认为,是中国人挽救了夏威夷,“我不便再公开发表自己的意见,但我深信未来会证明我是正确的。我为夏威夷做的最大的好事是带来了中国人”。书中最后写道,他们与美国人以及夏威夷的土著互相通婚,而成为了黄金人:“夏威夷正在出现一种新型的人……是完全的现代人,地道的美国人,然而对古老的东西,对东方,不但理解,而且合拍。他们为这样的人创造了一个名字:黄金人。”作品的主人公客家人谢玉珍,正是这一现代“黄金人”的始祖之一。

总之,在《夏威夷》这部史诗巨著中,通过对客家移民定居、开发夏威夷历史的精彩描述,推出谢玉珍这么一位来自中国岭南广州山区、可敬可亲的典型客家女形象,成为这些移民地区精神、道德的楷模,同时,也充分显示出这一中国移民族群旺盛的生命力和特有的精神风貌。

到了近现代,旅美客家人的故乡文化情结更是从多方面体现出来。如名闻美国收藏界的华裔收藏家陈丹尼,是客家人的后裔,祖籍广东惠州。1881年,他的祖先移居夏威夷。1931年,陈丹尼生于檀香山。1949年移居加州。后来又迁居洛杉矶等地。他的收藏品就是以中国钱币为主,此外还有反映早期旅美华人生活的文物等。他的寓所看起来就像一个小型博物馆,而且令人惊叹的是,连家中所用餐具也是珍贵历史文物,如用餐时的盘子竟是清朝初年的，其他如瓷碗、瓷杯之类乃是客家乡村民用之具，处处显示出浓重的乡土文化渊源。因而，人们评价说："世界上有成千上万的收藏者，然而多数人的收藏只是一种业余消遣，身为美国华人的陈丹尼则不相同，他态度执着，目标恒久：继承、整理以及研究中华文化乃至东方文化的宝贵传统。……陈氏珍藏展示公众并非为了炫耀财富、显示高雅，而是为了给人以知识和教育。陈丹尼生前表示，他希望自己的珍藏拍卖能让人了解到中国钱币的重要价值——它们是中国历史的组成部分，是中华文化的精华反映。"[16]

中国改革开放30年来，随着对外交流的日益扩大，社会经济文化的持续发展和繁荣，有越来越多包括客属人士在内的海外侨胞，以各种方式和途径关心、支持祖地故乡的建设事业，这说到底是由于历史和传统所铸就的割不断的血脉渊源及文化情结。事实证明，这种渊源和情结的潜能是巨大而恒久的。

注　释

1　冯秀珍：《客家文化大观》（上册），经济日报出版社2003年版。

2　宋李瑞芳著，朱永涛译：《美国华人的历史和现状》，商务印书馆1984年版。

3　冯秀珍：《客家文化大观》（上册）。

4　广东省百科全书编委会：《广东省百科全书》，中国百科全书出版社1994年版。

5　薛素珍、陈静英：《美国纽约华人家庭》，三联书店1993年版。

6　谢英明：《旅美杂忆》，载广东省政协文史资料研究会编《华侨沧桑录》，广东人民出版社1984年版。

7　宋李瑞芳：《美国华人的历史和现状》。

8　李圭：《环游地球新录》卷3。

9　谢英明：《旅美杂忆》。

10　薛素珍、陈静英：《美国纽约华人家庭》。

11　钟嘉谋：《全球化与客家新界说》，载《三明与客家》，方志出版社2003年版。

12　麦礼谦：《十九世纪美国华文报业发展小史》，载《华侨史研究论集》，华东师范大学出版社1984年版。

13　丘权政主编：《客家与近代中国》，胡绳武《序》，中国华侨出版社1999年版。

14 詹姆斯·米切纳著,卢佩文译:《夏威夷》,漓江出版社 1987 年版。

15 罗香林:《客家源流考》,中国华侨出版公司 1989 年版。

16 曹前:《享誉美国收藏界的客家人陈丹尼》,载吴泽主编《客家学研究》第 3 辑,上海人民出版社 1993 年版。

苏轼罗浮山诗试析

四川大学　段玉明

作为中国古代著名的文学家、思想家并政治人物，苏轼以其丰富的个人经历一直是后世学者倍感兴趣的对象，相关研究论其极多。本文仅以其吟咏罗浮山的一组诗加以分析，借此透悉苏轼晚年的某种心态，并及宗教名山在中国古代仕宦沉浮中的实际价值。

一

苏轼(1037—1101)，字子瞻，号东坡居士，眉山(今四川眉山县)人。嘉祐二年(1057)登进士第，六年(1061)授大理评事，签书凤翔府判官。熙宁二年(1069)，以殿中丞直史馆、判官告院。因与王安石政见不合，自请外任，出为杭州通判。迁知密州(今山东诸城)，移知徐州、湖州。元丰二年(1079)以“乌台诗案”入狱，翌年贬为黄州(今湖北黄冈)团练副使。哲宗立，复为朝奉郎知登州(今山东蓬莱)，迁为礼部郎中，除起居舍人，迁中书舍人，又迁翰林学士知制诰、知礼部贡举。再与司马光等政见相左，元祐四年(1089)出知杭州，后改知颍州、扬州、定州。至哲宗亲政，绍圣元年(1094)，以词命“讥斥先朝”复被远贬惠州(今广东惠州)。四年(1097)再贬儋州(今海南儋县)，元符三年(1100)徽宗即位遇赦，次年死于常州。

苏轼少负才名，“博通经史”，很小就有经邦济世的宏愿。10岁时，随母读书,"闻古今成败,辄能语其要";至《汉书·范滂传》,即奋励有当世志[1]。及其出仕,又得张方平、梅尧臣、欧阳修、韩琦等人推挽,本应有一不错的前途。但正像袁中道所评,苏轼为人"雄快俊爽,内无隐情","闻人一善,赞叹不遑;而刚肠疾恶,又善谑笑,锋刃甚利"。[2] 用之于世,便见"一肚皮不入时宜"[3]。其在仕途,以直道取,对事而不对人,故既不见容于王安石等新党,亦不见容于司马光等旧党,夹于两者之间反复折腾,仕途生涯十分坎坷。"乌台诗案"后,被贬黄州的苏轼似乎看透了世事,隐隐生出一种出世的意愿——"小舟从此逝,江海寄余生"。[4] 然尚未及同情之士结束惋惜,醉后醒来的苏轼已重新踏上了仕途之路,起复登州。于是,在新一轮的仕途颠簸中,他从京官被外放到杭州、颍州、扬州、定州,最后被贬到了惠州。时年,苏轼已经年近六旬。怀抱经邦济世的少年宏愿,一生都在官场颠沛流离的苏轼始终彷徨于入世与出世之间。贬谪惠州是苏轼人生态度的一大转折点。伴随年龄的增大、宦海境遇的沧桑,苏轼有了明显的出世倾向,"置家罗浮之下"[5],决定终老惠州。苏轼罗浮山诗即是在此心路历程下写出的一组作品。

二

罗浮山又称"东樵山"(相对于南海"西樵山"),位于广东博罗县东江之滨,方圆500余里,大小山峰432个,主峰海拔1282米。邓牧《洞霄图志》卷6:"太史公称大荒之内名山五千,其在中国,有五岳作镇,罗浮、括苍辈十山为之佐命,其余不可详载。"似在秦汉之间,罗浮山已经非常知名。然仔细考究,邓氏依据来于吴筠《天柱山天柱观记》(文载《文苑英华》卷822),《史记》本文不获此说。吴筠乃唐代著名道士,此之标榜已在罗浮山知名以后,不可引为前证。罗浮山真正知名,主要还是有赖于道教的兴起。葛洪《抱朴子内篇》卷4把罗浮山列为"可以精思合作仙药者",并与华山、泰山、霍山、恒山、嵩山等一样,"此皆是正神在其山中,其中或有地仙之人。上皆生芝草,可以避大兵大难,不但于中以合药也。若有道者登之,则此山神必助之为福,药必成”。[6] 称引《仙经》,说明在葛洪之前罗浮山已与道教修炼关联起来。在某种程度上,葛氏选隐罗浮都不排除其已有的影响。至南北朝,罗浮山在道教中的影响进一步扩大,被纳入“十大洞天”之中[7]。及于隋唐,罗浮山之影响进一步扩大。以宋光业《罗浮山志会编》的收罗,先后即有苏元朗、徐仙姑、王体靓、侯道华、吕纯阳、何仙姑、卢眉娘、李终南、陶八八、轩辕集、刘替、罗万象、许碏、申太芝、司马退之、蔡天一、王锡、厉归真等高道或游或隐于山中。与此同时,自单道开始,一些佛教高僧也先后来山修行。如智药、景泰、僧灿、惠越、契虚、休咎、干末多罗、大颠、元慧、怀迪、芝上人等,传说皆与罗浮山有某些渊源[8]。罗浮山由是变成了一座佛道共存的宗教名山。

尽管如此,道教影响在罗佛山仍然大于佛教,尤其是与葛洪相连。葛洪(283—363)[9],字稚川,号抱朴子,丹阳句容(今属江苏)人。出身江南士族,少年丧父,年 16 始习儒家经书,尤喜神仙导养之术。太安二年(303),张昌、石冰起兵扬州,葛洪以将兵都尉参与镇压,因功迁伏波将军。东晋开国,以旧功封关内侯,食句容 200 邑。咸和初(326—334),司徒王导召补为州主簿,转司徒掾,迁咨议参军。闻交趾出丹砂,求为句漏令,率子侄行至广州,为刺史邓岳所留,乃止于罗浮山,著述炼丹以终[10]。

虽然已被道教牢牢地嵌在道教史上,葛洪骨子里却并不是一个完全的道士。在他身上,始终体现出亦儒亦道的双重身份。葛洪本为江东土著士族。其祖于三国吴时历任御史中丞、吏部尚书等职、封寿县侯;其父初仕吴国,后以故官仕晋,再迁邵陵太守。家道中落后,曾经生活优裕的葛洪陷入困顿,“饥寒困瘁,躬执耕穑,承星履草,密勿畴袭”,“伐薪卖之,以给纸笔,就营田园处,以柴火写书”。[11] 尽管如此,身为士族后裔的葛洪经邦济世之心并未因此泯灭。故当其师郑隐携众入山修道时,葛洪没有跟随前往,而是留在丹阳等待机会。及张昌、石冰作乱,葛洪慨然从军,因功得授伏波将军。本可借此大展鸿图,无奈晋绪失统,天下丧乱,葛洪不得以退而求道。未几,复受广州刺史嵇含之请,南下履职参军。及至广州,嵇含被杀,葛洪被迫滞留广州,进退不得。晋室南渡,拉拢江东士族,葛洪因旧战功再被封侯食邑,先后担任主簿、参军之类佐吏,然亦不能尽展抱负。于是,葛洪退求句漏令修道养生,后被刺史邓岳所留止于罗浮。由此看到,像所有的封建士大夫一样,葛洪本有很强的经邦济世的宏愿。然因晋绪失统、天下丧乱,此一宏愿几乎就是一个梦想,很难实现。故在一次次的挫折中,他终于对仕途丧失了信心——"荣位势利,譬如寄客,既非常物,又其去不可得留也。隆隆者绝,赫赫者灭,有若春华,须臾凋落。得之不喜,失之安悲?悔吝百端,忧惧兢战,不可胜言,不足为也"[12],最后选择了隐居罗浮。有学者统计,葛洪入仕所占一生时间远远超过其从事道教炼丹实践的时间,由此指出:"葛洪晚年的入道实为无奈之举,儒家入世思想在葛洪中年及其以前一直有着较大的影响。"其在《抱朴子外篇》"自叙"中所称"少有定志,决不出身",不可尽信。[13]就此而言,葛洪隐居罗浮应与陶潜颇肖,都不过是对仕途丧失信心而已。另一方面,也许因为家传,葛洪很小就对神仙导养之术倍感兴趣,后又先后师从郑隐、鲍靓等人。对神仙导养之术的迷恋,曾让葛洪推辞了一些并不重要的仕途机会。东晋确立,葛洪的此一情结更见增长,以至于"固辞不就"散骑常侍、领大著作职,而"老欲炼丹,以祈遐寿"求为句漏令[14],最后止于罗浮。优于陶潜,求道养生成为葛洪现实转身的一个立点,每当厌倦社会政治,他即立刻转身求道,在对神仙导养之术的追寻中安放自己的心灵。在《晋书·葛洪传》中,记有一段葛洪关于自己弃儒入道的解释:

洪体乏进趣之才,偶好无为之业。假令奋翅则能陵厉玄霄,骋足则能追风蹑景,犹欲戢劲翮于鹪鷃之群,藏逸迹于跛驴之伍,岂况大块禀我以寻常之短羽,造化假我以至驽之蹇足?自卜者审,不能者止,又岂敢力苍蝇而慕冲天之举,策跛鳖而追飞兔之轨。饰嫫母之笃陋,求媒阳之美谈,推沙砾之贱质,索千金于和肆哉!夫僬侥之步而企及夸父之踪,近才所以踬碍也;要离之羸而强赴扛鼎之势,秦人所以断筋也。是以望绝于荣华之涂,而志安乎穷圮之域;藜藿有八珍之甘,蓬荜有藻棁之乐也。故权贵之家,虽咫尺弗从也;知道之士,虽艰远必造也[15]。

在看似谦虚的表白中,既透露出一种转身的无奈,又显现出一种转身的从容。两种人生取向在葛洪身上交融互补,是以有学者认定他是一个文化人格分裂者。[16]

两种人生取向,并不因为葛洪止于罗浮而获统一。即在罗浮山时,葛洪仍然体现出亦儒亦道的双重身份。就道士而言,葛洪隐于罗浮山时,采药炼丹,进行了一系列的仙道修炼。就隐士而言,他虽身在罗浮,依旧心怀天下,对世俗社会的治乱兴衰保持着浓厚的兴趣。关于《抱朴子》的成书年代,按照《晋书·葛洪传》与《四库全书总目提要》的看法,应为葛洪隐居罗浮时所著。但据钱穆、陈国符、杨明照、刘汝霖、胡孚琛等人考订,其成书或者更早。[17]虽然如此,其隐居罗浮时或曾对之增补修订亦不是没有可能。果如是,则《抱朴子》所容含的儒、道并举思想,其实是贯穿葛洪人生始终的。葛洪一生著述多达63种[18],以《晋书·葛洪传》之"在山积年,优游闲养,著述不辍"推测,其中很多应是著于隐居罗浮之时。这些著述也都是儒、道并杂的。按照葛洪自己的解释,修道其实也是一种救世的努力——"世之谓一言之善,贵于千金然,盖亦军国之得失,行己之臧否耳。至于告人以长生之诀,授之以不死之方,非特若彼常人之善言也,则奚徒千金而已乎?设使有困病垂死,而有能救之得愈者,莫不谓之为宏恩重施矣。今若按仙经,飞九丹,水金玉,则天下皆可令不死,其惠非但活一人之功也。"[19]在葛洪身上,儒道并不是水火不容的两种东西。就此而言,说"葛洪思想的发展线索是由儒入道"[20]似不准确。以儒为进、以道为退方是葛洪异于陶潜以及别之隐士的特点所在。

尽管研究道教的学者喜欢将隐士等同于道士,但两者之间其实应有不同。道士的退隐依据在道教,是为修道养生;隐士的退隐依据在儒学,是为独善其身。葛洪亦儒亦道的双重身份,打通了隐士与道士之间的隔阂,为罗浮山赋予了独特的意义,也为终身颠沛流离的苏轼开启了一道认同之门。

三

苏轼于绍圣二年(1095)十月谪居惠州,四年(1097)四月离开惠州,其间不足两年,明确提及罗浮山(此处为泛指)的诗作共有18首,分别是《游罗浮山示儿子过》、《舟行至清远见顾秀才极谈惠州风物之美》、《食荔支》(其二)、《送佛面杖与罗浮长老》、《白水山佛迹岩》、《再用“松风亭下梅花盛开”韵》、《寄邓道士》、《和陶渊明读山海经》(其十三)、《和陶渊明杂诗》(一首)、《再用“追饯正辅表兄至博罗赋诗为别”韵赋》、《次韵高要令刘湜峡山寺见寄》、《残腊独出》(其一)、《次韵正辅同游白水山》、《和桃花源诗》、《次韵定慧钦长老见寄》(其三)、《小圃五咏》(二首)、《至罗浮食柑》。[21]其中,如《游罗浮山示儿子过》、《次韵定慧钦长老见寄》(其三)、《和陶渊明杂诗》等乃是直接写其游罗浮山事。[22]

综合分析,在苏轼的这些诗作中,罗浮山主要有两个方面的意象:(一)朴野自在的田园。在《舟行至清远见顾秀才极谈惠州风物之美》中,苏轼如此描述惠州并罗浮山的景物:“江云漠漠桂花湿,梅雨翛翛荔子然。闻道黄柑常抵鹊,不容朱桔更论钱。”而在《食荔支》中,则称:“罗浮山下四时春,卢橘杨梅次第新。”在《再用“松风亭下梅花盛开”韵》与《残腊独出》中,梅花成为罗浮山的代表花树:“罗浮山下梅花村,玉雪为骨冰为魂。纷纷初凝月挂树,耿耿独与参横昏。”“罗浮春欲动,云日有清光。处处野梅开,家家腊酒香。”而在《和桃花源诗》中,桃花又成了罗浮山春的印象:“桃花满庭下,流水在户外。”在类似的描述中,罗浮山是一个四季如春、花果丰茂的乐园。在这个可以忘忧的乐园里,苏轼有一种回归桃花源的感觉,而其负重的心灵也因此获得了很大的释放。在《残腊独出》中,苏轼描述他在罗浮山下的生活:“幽寻本无事,独往意自长。钓鱼丰乐桥,采杞消遥堂。”那是一种真正逍遥自在的生活。《次韵正辅同游白水山》记其游山:“仙山一见五色羽,雪树两摘南枝花。赤鱼白蟹箸屡下,黄柑绿橘笾常加。糖霜不待蜀客寄,荔子莫信闽人夸。恣倾白蜜收五棱,细斸黄土栽三丫。朱明洞里得灵草,翩然放杖凌苍霞。岂无轩车驾熟鹿,亦有鼓吹号寒蛙。仙人劝酒不用勺,石上自有樽缶洼。”不仅罗浮山富足的物产让他满足,其自然山色也让他放杖陶醉。联系苏轼前来惠州的特殊境遇,我们说这种逍遥自在的悠游,应不止是一种声色层次的满足,而是一种心灵慰借。在《再用“松风亭下梅花盛开”韵》中,苏轼即明确咏称:“先生索居江海上,悄如病鹤栖荒园。天香国艳肯相顾,知我酒熟诗清温。蓬莱宫中花鸟使,绿衣倒挂扶桑暾(自注:岭南珍禽有倒挂子,绿毛红啄,如鹦鹉而小,自海东来,非尘埃间物也)。抱丛窥我方醉卧,故遣啄木先敲门。麻姑过君急洒扫,鸟能歌舞花能言。酒醒人散山寂寂,惟有落蕊沾空樽。”以“先生”表自尊,以“江海”表荒远,以“病鹤”表落魄,以“索居”、“悄如”、“栖荒园”等表冷遇,跌入人生低谷的苏轼在罗浮山的自然朴野中找到了温暖——“天香国艳肯相顾”,“惟有落蕊沾空樽”。放浪于罗浮山的自然山色里,苏轼伤痕累累的心灵得到了一丝慰借。以是观之,“日啖荔支三百颗,不辞长作岭南人”应与荔枝无关,“荔枝”不过是罗浮山的表征而已,其“不辞”者实是罗浮山的自然朴野、“天香国艳”。(二)神仙真人的居所。罗浮山是一座宗教名山——尤其是一座道教名山,反映在苏轼的诗中,即常常是与神真传说、道教名相相连。在《游罗浮山示儿子过》中,苏轼咏道:“人间有此白玉京,罗浮日见鸡一鸣(自注:刘梦得有诗记罗浮夜半见日事。山不甚高而夜见日,此可异也)。南楼未必齐日观(自注:山有二石楼,今延祥寺在南楼下,朱明洞在冲虚观后,云是蓬莱第七洞天),郁仪自欲朝朱明。”“白玉京”即玉京,为道教所谓的神仙府第。“鸡一鸣”虽指刘禹锡罗浮夜半见日事,但亦当有道教“云中闻天鸡”之意。“郁仪”乃“郁仪奔日法”的缩略,为南朝上清派的一种法术,修之可以乘景奔日。“朱明”即朱明洞天,为道教“十大洞天”之一。在如此的吟咏中,罗浮山根本就是一处神仙洞府。同诗又咏:“道华亦曾啖一枣(自注:唐永乐道士侯道华窃食邓天师药仙去。永乐有无核枣,人不可得,道华独得之。予在岐山下亦尝得食一枚),契虚正欲仇三彭(自注:唐僧契虚遇人导游稚川仙府。真人问曰:‘汝绝三彭之仇乎?’契虚不能答)。铁桥石柱连空横(自注:山有铁桥石柱,人罕至者),杖藜欲趁飞猱轻。云溪夜逢瘖虎伏(自注:山有哑虎巡山),斗坛画出铜龙狞(冲虚观后有朱真人朝斗坛。近于坛上获铜龙六、铜鱼一)。”置身于罗浮山中,让苏轼不能不联想到许多许多的神真传说,以至于怕人不晓而自注不断。在《残腊独出》中,苏轼亦咏:“路逢渺道士,疑是左元放。我欲从之语,恐复化为羊。”“左元放”即左慈,三国时有名的道士,传有神通,能鞭石为羊。随之而来的,即是罗浮山的一草一木并被苏轼视为神药——“千年枸杞常夜吠,无数草棘工藏遮。但令凡心一洗濯,神人仙药不我遐。”(《次韵正辅同游白水山》),

“神药不自闷,罗生满山泽。……根茎与花实,收拾无弃物。大将玄吾鬓,小则饷我客。似闻朱明洞,中有千岁质。灵庞或夜吠,可见不可索。仙人倘许我,借杖扶衰疾。”(《小圃五咏·枸杞》)在如此的意象里,被尘世拖累得疲乏绝望的苏轼可以飞升到另一重境界——这是一个自由奔放的境界,也是一个超凡脱俗的境界。

与前一意象相连,苏轼罗浮山诗常常不由自主地表现出对隐士的追慕。如在《游罗浮山示儿子过》中,他即明确表示:“东坡之师抱朴老,真契已蚤交前生。玉堂金马久流落,寸田尺宅今归耕。”这里的葛洪不是道士,而是一个厌倦“玉堂金马”、以“寸田尺宅”为乐的隐士。在《次韵正辅同游白水山》中,苏轼亦明确表示“欲从稚川隐罗浮”。在这一点上,葛洪与陶潜得到了链接。在《和陶渊明读山海经》的序中,苏轼注称:“陶渊明《读山海经》十三首,其七首皆仙语。余读《抱朴子》有所感,用其韵赋之。”其第十三首这样咏道:“东坡信畸人,涉世真散材。仇池有归路,罗浮岂从来?践蛇如茹蛊,心空了无猜。携手葛与陶,归哉复归哉!”在惠州期间,苏轼几乎是把陶诗全部和了一遍。究其深层原因,亦在归隐问题上与之获得了心印,如袁中道《次苏子瞻先后事》所言“半世出仕,以犯大患,此所以深愧渊明,欲以晚节师范其万一”[23]。因其始终不能退步抽身,故使一生颠沛流离,苏轼愧悔之巨当可想象,如其在《次韵正辅同游白水山》所责:“此身如线自萦绕,左回右转随缫车。误抛山林入朝市,平地咫尺千褒斜。”也正是有此悔悟,流落惠州的苏轼这回是真正地决定退隐,乃在惠州买地建屋以老终身。且看其在《次韵高要令刘湜峡山寺见寄》中的表述:

> ……君看岭峤隘,我欲巾笥蓄。曾攀罗浮顶,亦到朱明谷。旋观真历块,归卧甘破屋。故人老犹仕,世味薄如縠。……仰看泉落佩,俯听石响毂。千峰泻清驶,一往无回躅。……人间无南北,蜗角空出缩。……天人同一梦,仙凡两无录。陋邦真可老,生理亦粗足。便回爇天焰,长作照海烛。

与后一意象相连,苏轼罗浮山诗则常常不由自主地表现出对道士的钦仰。其《寄邓道士》咏:“一杯罗浮春,远饷采薇客。遥知独酌罢,醉卧松下石。幽人不可见，清啸闻月夕。聊戏庵中人，空飞本无迹。”其诗引称：“罗浮山有野人，相传葛稚川之隶也。邓道士守安，山中有道者也，尝于庵前见其足迹，长二尺许。”事实上，苏轼游罗浮山时见过邓守安，为冲虚观道士，还曾书《晋书·单道开传》相赠。[24]末后两句虽然略有嬉戏，然其对邓守安逍遥自在之道士生活的倾慕洋溢诗中。在《和陶渊明杂诗》中，苏轼亦咏：“博大真古人，老聃关尹喜。独立万物表，长生乃余事。稚川差可近，傥有接物意。我顷登罗浮，物色恐相宜。徘徊朱明洞，沙水自清驶。满把菖蒲根，叹息复弃置。”以“独立”作为目标，以长生作为“余事”，鲜明地表现了苏轼追慕道教的态度。但正像我们前面的分析，在苏轼的眼里，葛洪到底还是隐士成分多于道士成分，因有“接物意”，故是“差可近”。虽有如此批评，以苏轼涉世之深，他是不可能彻底归于道教的——其所追慕的恰是葛洪似的亦隐亦道，故最终还是“满把菖蒲根，叹息复弃置”了。“菖蒲根”在这里有神药的含义，但最终还是被苏轼在叹息中抛弃了。又如其《白水山佛迹岩》所咏：“此山吾欲老，慎忽厌求取。溪流变春酒，与我相宾主。当连青竹竿，下灌黄精圃。”“黄精”在道教里也是一种神药，长期服用可以成仙。以山色自然为友，以竹竿连接成“渠”灌溉黄精，表达的也是苏轼意欲从道的愿望。但是，苏轼追慕的其实只是一种对道教的心灵认同，并无多少真正的实修行为。[25]就此而言，道教不过是他归隐理据的一种补充，目的是在将自己的心灵从俗世中超拔出来，独立于万世之表。道教以其底层近于隐士，常常成为像苏轼这样失意文人的象征依靠。

从苏轼罗浮山诗的双重意象可以看出，朴野自在的田园让苏轼有回归桃花源的感觉，在回归中找到出世的理由；神仙真人的居所则让他的境界得以超拔，在挫折困顿中找回自己的尊严与信心。经过葛洪渲染的罗浮山在此两重的背负中，成了苏轼意义转身的一种依托。由此看到，宗教名山之于失意文人具有意义重建的价值。

注　释

1 《宋史》卷338《苏轼传》，中华书局1977年版，第10801页。

2 袁中道:《次苏子瞻先后事》,转见颜中其编注:《苏东坡轶事汇编》,岳麓书社 1984 年版,第 336 页。

3 费衮《梁溪漫志》卷 4《侍儿对东坡语》:"东坡一日退朝,食罢,扪腹徐行,顾谓侍儿曰:'汝辈且道是中有何物?'一婢遽曰:'都是文章。'坡不以为然。又一人曰:'满腹都是识见。'坡亦未以为当。至朝云乃曰:'学士一肚皮不入时宜。'坡捧腹大笑。"

4 文见苏轼《临江仙》词,其全词曰:"夜饮东坡醒复醉,归来仿佛三更。家童鼻息已雷鸣,敲门都不应,倚杖听江声。长恨此身非我有,何时忘却营营?夜阑风静縠纹平,小舟从此逝,江海寄余生。"叶梦得《避暑录话》卷上:"未几,复与数客饮江上。夜归,江面际天,风露浩然,有当其意,乃作歌辞,所谓'夜阑风静縠纹平,小舟从此逝,江海寄余生'者,与客大歌数过而散。翌日,喧传子瞻夜作此辞,挂冠服江边,拿舟长啸去矣。郡守徐君猷闻之,惊且惧,以为州失罪人,急命驾往谒,则子瞻鼻鼾如雷,犹未兴也。然此语卒传至京师,虽裕陵(神宗)亦闻而疑之。"

5 苏辙:《栾城后集》卷 21《子瞻和陶渊明诗集引》,文渊阁《四库全书》本。

6 王明撰:《抱朴子内篇校释》(增订本),中华书局 1985 年版,第 85 页。

7 杜光庭:《洞天福地岳渎名山记》,《道藏要辑选刊》(上海古籍出版社 1989 年版)第 7 册,第 188 页。按,陈耆卿《赤城志》卷 40 称"十大洞天"之说"见《登真隐诀》及《名山福地记》"。《名山福地记》应即杜光庭《洞天福地岳渎名山记》,而《登真隐诀》为萧梁道士陶弘景编撰(原有 20 余卷,今多佚)。周应合《景定建康志》卷 19 亦称"十大洞天"之说见于"六朝记云"。宇文邕纂《无上秘要》卷 4《山洞品》将罗浮山洞列在"十大山洞"之七,称"出《道迹经》",或即"十大洞天"之说最早的来源。由此可知,"十大洞天"之说至迟应在南北朝时已经形成。

8 宋光业:《罗浮山志会编》卷 4、卷 5,《中国道观志丛刊续编》(广陵书社 2004 年版)第 26 册、第 27 册,第 339—409 页。按,宗教文献不同于历史文献,属于神圣叙事范畴,不可尽信。

9 按,关于葛洪的生卒年代,学界至今尚有分歧。钱穆《葛洪年谱》(《中国学术思想史论丛》【三】,东大图书公司 1981 年版,第 61—67 页)、侯外庐等《中国思想通史》第 3 卷(人民出版社 1957 年版,第 282—283 页)考订为 283—343 年,胡孚琛主编《中华道教大辞典》(中国社会科学出版社 1995 年版)"葛洪"条(第 82 页)考订为 284—344 年,任继愈主编《宗教大辞典》(上海辞书出版社 1998 年版)"葛洪"条(第 268—269 页)、王明《抱朴子内篇校释》(中华书局 1985 年版)"序言"考订为 283—363 年。

10 《晋书》卷 72《葛洪传》,中华书局 1974 年版,第 1911—1913 页。

11 葛洪:《抱朴子外篇自叙》,转见王明:《抱朴子内篇校释》(增订本)附录一,中华书局 1985 年版,第 370 页。

12 葛洪:《抱朴子外篇自叙》,转见王明:《抱朴子内篇校释》(增订本)附录一,中华书局 1985 年版,第 376 页。

13 参见唐精彬:《<抱朴子·外篇>思想研究》,四川省社会科学院硕士论文,2008 年。

14 《晋书》卷72《葛洪传》,中华书局1974年版,第1911页。

15 《晋书》卷72《葛洪传》,中华书局1974年版,页1912。

16 参见陈昌文:《葛洪——由儒向道的心理历程》,载《四川大学学报》2001年第4期。

17 参见钱穆:《葛洪年谱》(《中国学术思想史论丛》【三】,东大图书公司1981年版)第61—67页;陈国符:《道藏源流考·葛洪事迹考证》,中华书局1989年版;杨明照:《抱朴子外篇校笺》(下)附录七《葛洪生卒年第七》;刘汝霖:《东晋南北朝学术编年》,中华书局1987年版,第5页;胡孚琛:《魏晋神仙道教》,人民出版社1989年版,第107页。

18 参见王明:《抱朴子内篇校释》之《葛洪撰述书目表》,中华书局1985年版,第390—395页。

19 王明:《抱朴子内篇校释》(增订本),中华书局1985年版,第149页。

20 参见李刚:《葛洪及其人生哲学》,载《文史哲》2000年第5期。

21 按,诸诗并见苏轼《东坡全集》(文渊阁《四库全书》本)卷22至24。

22 参见孔凡礼:《苏轼年谱》,中华书局1998年版,第1176页。

23 袁中道:《次苏子瞻先后事》,转见颜中其编注:《苏东坡轶事汇编》,岳麓书社1984年版,第347页。

24 参见孔凡礼:《苏轼年谱》,中华书局1998年版,第1177页。

25 按,在惠州时,苏轼确曾修练过一些简单的道教养生术,绍圣二年(1095年)二月还曾按道教龙虎铅汞说调习练功,以百日为期,然均只是皮毛,且不见下文。

宋代广东路的公益设施建设

西南大学　张文

中国古代经济、文化重心南移有两个梯度，第一梯度是从黄河流域转向长江流域，第二梯度是从长江流域转向东南沿海。其中，地处珠江流域的广东路经过北宋时期的发展，至南宋时期，经济、文化均取得了长足进步。本文根据部分史料，勾勒宋代广东路的公益设施建设情况，旨在通过此项指标，说明宋代广东路的经济、文化发展的动因及其成果。

宋代广东路包括一府14州（府），绍兴三十二年户口513700余户，人口784700余人。[1] 与当时经济、文化发达的江南地区相比，虽有一定差距，但也取得了前所未有的成就。其中，广东路的公益设施建设颇具代表性。

水利设施：宋代广东路水利设施已较为普遍，其中有地方官员修建者，也有民间出资修建者，但以前者为多。如凌陂，在保昌县北20里，开禧年间，县令"凌皓凿渠堰水，溉田五千余亩，故名"。嘉泰年间，知州刘篆再次修葺。[2] 连陂，宋知州连某所建。[3] 始兴县李陂，庆历年间李姓凿石砌渠，灌田六顷四十亩。[4]

除用于灌溉田地的水利设施外，尚有专为人们提供饮水的设施，其作用也可与之一比。其中之典型，莫如广州建立给水系统之事。此事之肇始，缘于苏轼贬谪惠州期间与罗浮山道士邓守安的交往。当时，邓守安曾向苏轼谈到："广州一城人好饮咸苦水，春夏疾疫时，所损多矣。惟官员及有力者得饮刘王井水，贫丁何由得？惟蒲涧山有滴水岩，水所从来高，可引入城，盖二十里以下尔。"苏轼乃向其友王敏仲建议："若于岩下作大石槽，以五管大竹续处,以麻缠之,漆涂之,随地高下,直入城中。又为一大石槽以受之,又以五管分引,散流城中,为小石槽以便汲者。不过用大竹万余竿,及二十里间用葵茅苫盖,大约不过费数百千可成。然须于循州置少良田,令岁可得租课五七千者,令岁买大筋竹万竿,作筏下广州,以备不住抽换。又须于广州城中置少房钱,可以日掠二百,以备抽换之费。专差兵匠数人,巡觑修葺。则一城贫富同饮甘凉,其利便不在言也。自有广州以来,以此为患,若人户知有此作,其欣愿可知。喜舍之心,料非复塔庙之比矣!然非道士至诚不欺,精力勤干,不能成也。"因此,特推荐邓守安协助此项工程。[5] 不久,此项工程建成,苏轼又致书王敏仲,提出进一步完善建议:"闻遂作管引蒲涧水,甚善。每竿上须钻一小眼,如绿豆大,以小竹针窒之,以验通塞。道远日久,无不塞之理。若无以验之,则一竿之塞,辄累百竿矣。仍愿公擘画少钱,令岁入五十余竿竹,不住抽换,永不废。僭言,必不讶也。"[6] 此项工程经费一出于官,且负责组织者亦是官府,但苏轼与邓守安等人的积极建言与筹划,则是此项工程得以顺利实施之不可或缺条件。

交通设施:包括道路、桥梁、驿站等,在宋代广东路已较为发达。道路方面,如大庾岭路,险绝不可登,唐开元年间初通。宋嘉祐年间,广东转运使蔡抗与其兄江西提刑蔡挺商议,各通其境内道路,其中南路广一丈三尺,长三百二十五丈;北路广八尺,长一百九丈。[7] 桥梁方面,如德庆府平政桥,宋初所建,初为浮桥。开禧年间,知州聂周臣伐石为材,建为石桥。[8] 清泰桥,宋时修建,木结构。驷马桥,一名沙水桥,嘉定九年建。以石为之,长六丈。三博桥,绍定年间知州黄某修建,长二丈五尺。长迳桥,政和年间郡守李熙修建,长五丈,庆元六年修葺。修仁桥,淳熙年间修建。栏口桥,绍兴年间修建。青石桥,天圣年间修建。[9] 始兴县青石桥,在县西一里,天圣二年建。[10] 惠州公卿桥,石质,淳祐年间州守谢某所创。[11] 封川县永宁桥,在县东40步,熙宁二年"邑人陈德才建"。[12] 新会县美成桥,绍熙年间梁抽捐资兴建。[13] 驿站方面,记载比较详细的是南雄州,其中包括怀德驿,在怀化,嘉定年间知州邹孟卿建。沙水驿,在沙水镇,嘉定年间知州邹孟卿建。[14] 凌江驿,在南门外,宋为馆。[15]

教育设施：自北宋年间开始，县以上一般均设学校，有官办性质的，有私立性质的，或者官私结合兴办的。其中，广东路与内地一样，县以上也多设学校。如保昌县学，在光孝寺东，淳祐年间，迁移县东。[16]南雄州儒学，在小东门外，庆历年间创建，治平年间、大观年间、嘉泰年间先后修葺。始兴县儒学，约创建于宋时。[17]惠州府学，建于淳熙年间，知州张孝贲首创，宝庆年间文学王胄增修。[18]博罗县学，始建于宋，淳祐年间修葺，咸淳年间迁建。[19]海丰县学，建于宋代以前，康定年间谭令迁建，淳祐年间修葺。[20]河源县学，端平年间知县林魁辰创建，淳祐年间知县夙子兴修葺。[21]龙川县学，崇宁年间创建，淳祐至嘉熙年间修葺。[22]长乐县学，绍定年间知县叶拳创建，淳祐年间，知县林朝孙修葺。[23]兴宁县学，约建于宋。咸淳年间修葺。[24]封川县学，建于康定年间，皇祐年间毁于战乱，遂迁城北。此后，学址屡迁，至绍兴年间定于城东。[25]

与学校性质相同的还有书院，包括官办书院和私立书院，也都起到了普及教育的作用。如惠州丰湖书院，淳祐年间州守赵某创建。[26]敖峰书院，在龙川县，宋梁克俊创建。[27]德庆州三洲书院，在洲东 70 里三洲岩畔，熙宁元年周敦颐创建。“是年冬，端溪令许鉴建院买田养士”。[28]

除学校外，尚有一些专以助学为目的的机构，如增城贡士库。该库之作，盖缘于广东路尤其是增城士人从崔与之以太学取第一事认识到，广东路士人水平并不低，唯一阻碍者在于广东路去行在路途遥远，士人往往畏惮不前，因此导致“南冠仕进无北方之多”。淳祐年间，有何籍者，以钱 300 千付学官掌管，民可以物质钱，而取什二之息，积三岁而渐成规模，由此赴考士子得以获得旅费资助。[29]

救济设施：与内地相比，广东路的救济设施虽在性质方面不够全面，但在济贫养病机构方面仍有可称道者。较为典型者有南雄州安济坊，在孝弟坊旧县学东，建于庆元之前，庆元年间，通判周某迁址社稷坛东。绍定年间，知州张友修葺。[30]备安库，创于淳祐年间，是时，广州由于军费开支过大，导致公私俱蹙。为防备不时之需，郡守方公撙节浮费，得钱 30 万，创为三库，名曰备安库。凡百姓有急需者，以物为质，即可获得周转资金，而略收其息，再以所获息钱应付各项不时之费。淳祐五年，由于海潮侵袭，江水暴涨，滨海

8000余家被淹。郡守乃以备安库所获息钱广行赈济,民赖以安。腊月间,大雪三日,军民困厄,又蒙郡守以备安库息钱救济,阖郡安堵。[31]寿安院,约当淳祐前后,地方官刘震孙所创。其起因是该处民众疾病者多贫困无医,而往来商旅染恙者亦众,被客店赶逐出门,往往辗转僵仆,成为地方一患。刘乃仿效苏轼在杭州所为创立寿安院,设医食免费治疗贫病者,所需资金取于官田及官库。虽则只有10间房屋,规模不大,但由于治疗精心,周转较快,效果明显。[32]

通过以上几个方面的介绍,大体可以了解到宋代广东路在公益设施方面的一些基本情况。与内地相比,尤其是与当时经济、文化更为发达的江南地区相比,总体数量上的确有所不及,[33]但在个别项目上也不落下风。如济贫养病机构,根据笔者所见,南宋时期各地所建类似机构约有16处以上,其中主要集中在经济发达的江南地区,而广东路独占其2,也是有些出乎意料的(详见附表)。换言之,宋代广东路的公益设施建设的总体水平尽管较内地有一定差距,但也不难从中看出,广东路在宋代尤其是南宋时期,已逐渐从一个偏远地区向经济、文化发达地区转变,这可以通过其公益设施的逐渐普及得以证明,而这应当是中国古代经济重心南移过程中的一个梯度的表现。

附表:南宋各地济贫养病机构设置情况一览表

名称	创设地点	创建时间	创建者	资料来源
居养院	徽州	绍兴元年	徐谊	《弘治徽州府志》卷5《恤政》
利济院	吴兴	乾道年间	王回、曾筑	《嘉泰吴兴志》卷8《公廨》;《诚斋集》卷125《王回墓志铭》
安济坊	南雄州	庆元之前	周某、张友	《嘉靖南雄府志》卷下《公署》
居养院	真州	庆元六年重建	汪梓、刘宰	《漫塘集》卷20《真州居养院记》
居养院	和州	庆元六年	韩挺	《宋会要辑稿·食货》60之1
居养院	常德	元庆元年间	郭份	《朱文公文集》卷92《郭份墓志铭》
孤独庐	贵溪县	开禧元年之前	刘建翁	《水心集》卷18《刘建翁墓志铭》

续表

名称	创设地点	创建时间	创建者	资料来源
安养院	淳安县	开禧二年之前	不详	《嘉靖淳安县志》卷14《安养院记》
养济院	建康府	嘉定五年重修	钱良臣等	《景定建康志》卷23《庐院·养济院》
居养院	吉水县	约宝庆绍定间	黄闶等	《洺水集》卷7《吉水县创建居养院记》
养济院	明州	宝庆三年重修	胡矩	《宝庆四明志》卷3
广惠坊	苏州	绍定四年	吴渊	《退庵先生遗集》卷下《广惠坊记》
养济院	泸州	绍定五年后	真德秀	《宋史》卷437《真德秀传》
寿安院	广州？	约淳祐前后	刘震孙	《文溪集》卷2《寿安院记》
惠院	明州	宝祐五年	吴潜	《开庆四明续志》卷4《广惠院》；《履斋遗稿》卷3《养济院记》
实济院	建康府	宝祐六年	余晦	《景定建康志》卷23《庐院·实济院》

注　释

1 《宋史》卷70《地理六·广南东路》。

2 《嘉靖南雄府志》卷上《陂》。

3 《嘉靖南雄府志》卷上《陂》。

4 《嘉靖始兴县志》卷上《陂塘》。

5 苏轼《苏轼文集》卷62《与王敏仲(一一)》。

6 《苏轼文集》卷62《与王敏仲(一五)》。

7 《嘉靖南雄府志》卷下《路》。

8 《嘉靖南雄府志》卷下《桥》。

9 《嘉靖南雄府志》卷下《桥》。

10 《嘉靖始兴县志》卷上《桥梁》。

11 《嘉靖惠大记》卷1《百口池》。

12 《嘉靖德庆州志》卷9《桥》。

13 《道光新会县志》卷12《金石·美成桥石刻》。

14 《嘉靖南雄府志》卷上《故迹》。

15 《嘉靖南雄府志》卷下《公署》。

16 《嘉靖南雄府志》卷上《故迹》。

17 《嘉靖南雄府志》卷下《学校》。

18 《嘉靖惠大记》卷2《惠州府学》。

19 《嘉靖惠大记》卷2《博罗县学》。

20 《嘉靖惠大记》卷2《海丰县学》。

21 《嘉靖惠大记》卷2《河源县学》。

22 《嘉靖惠大记》卷2《龙川县学》。

23 《嘉靖惠大记》卷2《长乐县学》。

24 《嘉靖惠大记》卷2《兴宁县学》。

25 《嘉靖德庆州志》卷12《封川县学》。书中记此学始建于嘉定庚午，误，当为康定。

26 《嘉靖惠大记》卷2《丰湖书院》。又同书卷4《刘克刚》，记为宝祐年间刘克刚所创。

27 《嘉靖惠大记》卷2《敖峰书院》。

28 《嘉靖德庆州志》卷12《三洲书院》。

29 李昴英《文溪集》卷1《增城新创贡士库记》。

30 《嘉靖南雄府志》卷下《公署》。

31 《文溪集》卷1《广州新创备安库记》。

32 《文溪集》卷2《寿安院记》。

33 关于宋朝公益事业详情，参见拙著《宋朝社会救济研究》（西南师范大学出版社2001年版）、《宋朝民间慈善活动研究》（西南师范大学出版社2005年版）。

崔与之世系考

南方日报　金强

崔与之，字正子，晚年号菊坡，谥清献。南宋广州增城（今广东增城）人。

据明人黄谏《崔氏修续世牒序文》记载，崔与之先世自河南开封迁至江西宁都，“至十一世，始居岭南，至公则大显”。[1]

黄谏所作序文，时间为天顺五年辛巳，即公元1461年，表明至少在这个时候，崔氏已经有谱牒传世。崔与之为十三世。

一

现据《广东增城崔氏家乘谱》，并参考《宋丞相崔清献公全录》、《陈献章集》等相关文献，将崔与之世系述列如下，然后予以考订。

始祖崔质，字正文，号朴斋。唐宗朝任侍郎。自汴梁来江右之虔化下乡白鹿营，迁宁都寨太平乡永清里廖家坑。后历数世因官而迁广焉。

二世崔爽。

三世二十郎。

四世崔延俊。

五世崔宾，字待聘，任清远县丞。

六世崔嗣宗，字仕崇，任安远县主簿。

七世三十一郎。

八世崔钦若,任河源县丞,因官迁居河源,但其子孙仍居江西。

九世十三宣教君。

十世崔克(崔与之曾祖父),字子仁,号仁叟。未仕。二子曰隽,曰奭。追赠太傅。

十一世崔隽(崔与之祖父),由赣迁居河源,再迁增城,故为增城房始祖,葬河源义合山。配欧阳氏夫人,生二子曰世明,曰世光,葬番禺上塘村山金液池。

十二世崔世明(崔与之父亲),字耀初,号月槎。试有司连黜,每曰:"不为宰相,则为良医。"遂悉心研究医书,贫者疗之不受直,后赠太师。配罗氏,赠申国太夫人,生二子,曰与之,曰焕之。

十三世崔与之,配林氏,封申国夫人,一子曰叔似;崔与之中年丧妻,何忠礼先生在《崔与之事迹系年》一文中将时间系于绍熙元年(1190)。这个时候,崔与之虽已33岁,但还没有进士及第。次许氏,恭人。

崔焕之,配陈氏,崔与之任秘书监时,曾遗书焕之,教以"闭门不预外事"。一子曰叔同。赠朝散大夫。

据《言行录》记载,崔与之有一个姐姐,曾为其子(也就是崔与之的外甥)求恩荫,被崔与之拒绝。

崔与之子崔叔似,未曾出仕。

孙崔升孙、崔观孙、崔济孙、崔鼎孙、崔丰孙。

崔升孙生崔定祖。崔观孙生崔继祖、崔绳祖,今存继祖大德八年祭祀崔与之文。另有曾孙崔端祖。继祖和端祖二人曾在增城故里为崔与之修祠堂。

崔继祖生崔达宗、崔荣宗、崔绍宗、崔振宗、崔显宗。

崔达宗有五子。崔荣宗生崔子璲,子璲曾重新整理崔与之文集5卷,合《言行录》3卷,又以理宗御札及诸家诗文为附录2卷,合为一编,名曰《崔清献公全录》。崔绍宗生崔子琎。崔子琎生崔伯胄、崔伯张。伯胄曾校订《全录》,并偕其弟伯张请余鼎作序。

崔伯张生崔鉴、崔同寿。

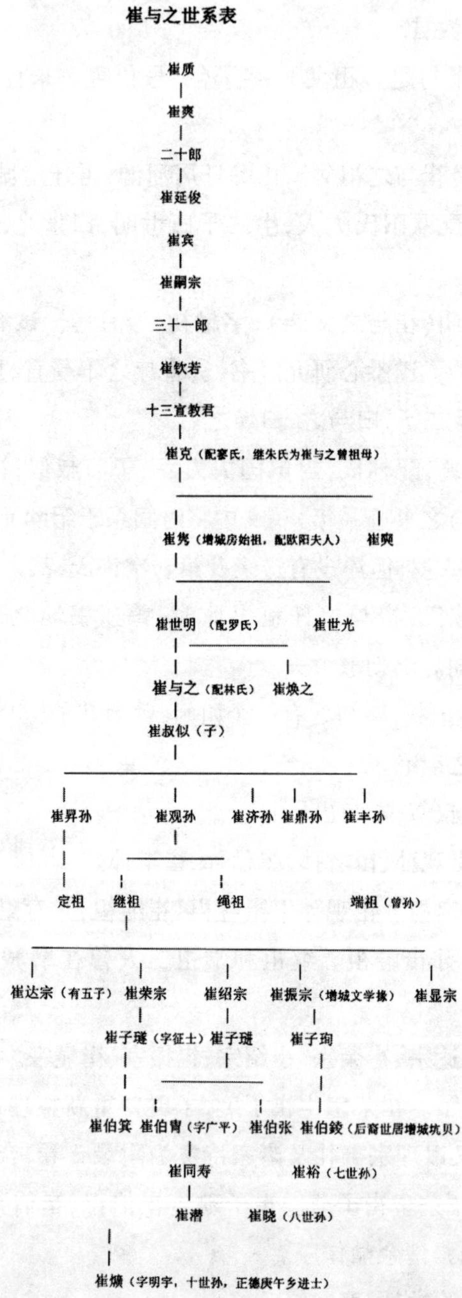
崔与之世系表
崔质
崔爽
二十郎
崔延俊
崔宾
崔嗣宗
三十一郎
崔钦若
十三宣教君
崔克（配寥氏，继朱氏为崔与之曾祖母）
崔隽（增城房始祖，配欧阳夫人）
崔奭
崔世明（配罗氏）
崔世光
崔与之（配林氏）
崔焕之
崔叔似（子）
崔昇孙
崔观孙
崔济孙
崔鼎孙
崔丰孙
定祖
继祖
绳祖
端祖（曾孙）
崔达宗（有五子）
崔荣宗
崔绍宗
崔振宗（增城文学掾）
崔显宗
崔子璲（字征士）
崔子琎
崔子珣
崔伯箕
崔伯胄（字广平）
崔伯张
崔伯鋑（后裔世居增城坑贝）
崔同寿
崔裕（七世孙）
崔潜
崔晓（八世孙）
崔爌（字明宇，十世孙，正德庚午乡进士）

崔鉴生崔潜，崔潜于明弘治年间（1488—1505）和陈献章交往；崔晓，增辑《全录》，并辑录后人挽祭与之诗文。

其十世孙名崔炉，正德五年庚午（1510）乡试中榜，重新编次《崔清献公集》于嘉靖庚申（1560）。

上述崔氏世系，尚有几处疑问。首先，就是第一世始迁之祖崔质的身份。据《广东增城崔氏家乘谱序》载：今江右岭南之派皆出自侍郎质公也。[2]此话诚然，如今赣粤两地的崔氏族谱如《江西白鹿营崔氏族谱》、《增城崔氏族谱》、《南海沙头崔氏族谱》都以"崔质"为始祖。《增城崔氏族谱》又载：（崔质）为唐穆宗朝侍郎，当在宪宗始崩，穆宗嗣位之年，早居汴梁（治今河南开封），在虔州（治今江西赣州）刺史任上被解职，于是携家徙居江西虔化（今江西宁都）白鹿营。

倘若崔质确如家乘所言，曾经担任过侍郎和虔州刺史，这两个官职绝非微官，一定会在史书上留下自己的名字。但是无论新旧《唐书》、新旧《五代史》，还是江西的有关地方志，对此都没有记载。因此，崔质或确有其人，但其侍郎之职，则很有可能是崔氏后人为了有一个显赫的身世而为先祖编造的光环；至于崔质的虔州刺史之职，则可能是后人为先祖自汴迁虔而寻找的理由。因此，对于后世添加在先人身上的耀眼光环，在使用家乘族谱材料时需保持高度警惕，要和其他史志文献材料互相比对印证，去伪存真，否则就会堕入"尽信书不如无书"的尴尬境地。

其次，崔与之祖父母和外祖父欧阳二的关系需要详辨。崔与之在嘉熙三年（1239 年）去世前几个月曾为祖妣欧阳夫人、外祖欧阳二和外祖妣的山坟立石铭记。在《欧阳氏山坟记》中，崔与之称其外祖为欧阳二助教，据陈琏《崔清献公祠堂记》记载，崔与之母亲为罗氏，赠申国太夫人。[3] 为何其母亲和外祖父的姓氏不同？因此，欧阳二很有可能并不是罗氏的娘家父亲（即崔与之的外祖父），而是欧阳夫人的娘家兄弟（即崔与之的舅爷），所谓的"外祖"和"外祖妣"只是一个并不严格的称呼而已。

但这样一来，仍然有问题。在《欧阳氏山坟记》中，崔与之称其祖母为欧阳夫人。按照称谓习惯，其祖母如果娘家姓欧阳，可称为欧阳氏；一旦出嫁，无论娘家何姓,嫁入崔家便为崔夫人;另外,其祖母去世后,入了欧阳氏的坟地,俗话说,嫁鸡随鸡嫁狗随狗,即便崔与之的祖父和父亲过早去世,以至于祖母无以为生,但去世后也当归葬崔家的祖坟才是。何况根据《欧阳氏山坟记》,该坟地很早就开始营葬,"绍兴年间,经官买到番禺管下永泰里,地名马家园金液池冈地三段,约计三顷七十五亩五步,逐年送纳地基钱四百二十九文","祖妣外祖坟山,营葬九十余年矣"。[4] 而崔与之撰写此记的时间为嘉熙三年(1239),当时崔与之 82 岁。也就是说,欧阳氏坟山营葬时崔与之尚未出生,其父亲仍然健在,有能力赡养母亲,不至于让欧阳夫人回到娘家讨生计吧。

据《增城崔氏族谱》记载,崔与之的祖父崔隽为增城房始祖,后归葬河源义合山,但欧阳夫人却葬于番禺上塘村山金液池欧阳家的祖坟内。让人殊是费解,何况欧阳夫人为崔隽唯一的妻子,不合葬一处确实于情于理都不通。

再次,族谱记载,崔与之,配林氏,封申国夫人,一子曰叔似;次许氏,恭人。但据宋人温若春《崔清献公墓志铭》记载:"(崔与之)嗜欲淡泊,中道丧偶,不求伉俪,官至显贵,不蓄声妓。"[5] 温若春为崔与之的门人,对先师的生平大略应该是非常熟悉,尽管墓志铭一般多有谀词,但不会混淆事实,如果崔与之曾经续弦的话,温若春不会不知道,也不会刻意地隐瞒。《崔清献公言行录》也记载:"公自中年丧偶,不再娶。官至贵显,不蓄声妓。"[6]《言行录》的作者为崔与之的再传弟子,宋元之交增城人李肖龙,对崔与之的文献、事迹颇为留心,不仅编辑了《崔清献公言行录》,还收集整理刊刻了崔与之的文集。在两位"当时人"的笔下,都言之凿凿地表示崔与之不曾再娶,何来"次许氏"?又据明人梁异《修墓记》载:"宋赠太师、右丞相崔清献公之葬也,在增城县云母里之古华山。公之父,赠太师讳世明之墓,在石壁山。母赠申国太夫人罗氏之墓,在四望冈。公之夫人林氏附焉。皆同里相望。"[7] 也根本没有提及"许氏"。因此多方材料互相比对可以证明,崔与之中年丧偶后未曾续弦,族谱的记载有误。

二

从崔与之的后世来看,出仕者并不多,官至显位者更是寥寥无几。这或许和崔与之的家训有关。崔与之"家法清严,亲故倚势妄作,必见斥绝,终身不齿",在任秘书监时,曾经在给弟弟的书信中叮嘱:"须是闭门守常,不得干预外事。"[8] 崔与之生前有一副座右铭:"无以嗜欲杀身,无以货财杀子孙,无以政事杀民,无以学术杀天下后世。"除了不给子孙留下太多的财富之外,他还不让自己的后代去做官,"子侄俱戒无出仕"。他的儿子叔似便终身没有做官,"纳妇,有苗田六百石,为资奁,公命归之"[9]。他曾位至宰相,按照宋代的规定,可以恩荫子孙亲属。其姊尝为外甥求之,崔与之回绝道:"官之贤否,系民休戚,非可私相为赐。"[10]

崔与之告诫子孙不要出仕,一方面是其高洁使然,恐怕子孙沾了自己的"光",不愿意以个人私利影响官吏的选拔;另一方面可能和他自身的经历有关,处在风雨飘摇的南宋末年,国势倾颓,个人实在无力为之,崔与之在世时便一而再再而三地辞官不做,因此希望子孙不要进入官场,便是情理之中的事情了。

尽管有崔与之"子侄俱戒无出仕"的家训,这并不妨碍崔氏后人以诗书传家。崔与之的玄孙崔振宗曾为增城文学掾,他曾经说道:"振宗兄弟今日衣冠不绝而得为士类者,皆先丞相河润之泽也"[11]。可见崔与之的后代在第四世时已经是文脉绵延、衣冠不绝了。至五世孙时便有了崔子璲这样一位文学孝行俱佳的佼佼者,据记载,"子璲有学行,洪武中,以贤良征至京师,辞归,躬率子弟力学,以守先训"。[12]

崔与之的后人除了力学守法、诗书传家之外,在对保存崔与之的文献事迹以及修复崔与之的祠墓方面功不可没。

首先来看崔氏后人对崔与之文集的整理刊刻。崔与之的文集在宋代便已有刊行,据崔与之门人李昴英记载"(崔与之)家藏御札七通,有文集10

卷,其文明白谨严,家大酉书其端曰:'东海北海天下老,亦有盍归西伯时。白麻不能起南海,千载一人非公谁?'"[13]这说明,李昴英是在崔与之家中见到文集10卷的。以当时的资讯和交通条件,如果文集是在外地整理并刊刻的,宦游四方的李昴英更有可能先知道此事并购置此书,而不至于一直要到崔家才看到。因此该文集很有可能是崔家整理并刊刻的,或者是崔与之门人整理,但崔家后人可能参与了其中的工作,因此家中才会珍藏有文集。

而从家大酉在该文集首页题的诗文来看,文集刊刻最早也是在嘉熙元年(1237)崔与之十三疏辞右丞相兼枢密使之后,否则就没有"白麻不起"之说。崔与之"白麻不起"时已经80岁了,离其去世仅有两年,即便文集是在崔与之在世时已经刊行,想必整理的工作也当是其门人、子孙负责。

明代洪武三十一年(1398),崔与之五世孙崔子璲对崔与之著述进行了一次较为全面的整理,这是入明以后对崔与之著述的第一次整理。而在元代,崔与之的再传弟子、增城人李肖龙对崔与之著述进行了重辑,又别辑《崔清献公言行录》梓行于世。

崔子璲整理崔与之著述的原因,他在《纪祠堂兴废之由》中已有明确交待:"值元季兵之燹,家藏文集为之灰烬,所存者《言行录》一编,尤虑清献公美迹不耀于后,乃搜摭乡闾田野……因翻其故笈,得嘉定诰命并奏稿一十六篇,敢不敬爱,用附于录"[14]。崔子璲所辑的崔与之著述虽成于洪武三十一年,却并未在此年刻印,而是直到永乐五年(1407)才刊行问世。[15]

到了永乐十四年,崔与之六世孙伯胄、伯张又对崔与之的著述进行过刊刻。据余鼎在《序》中说:"南海崔伯胄氏,偕其弟伯张,持其六世祖清献公《言行录》,介予友户科都给事中李公孟昭,征予序之。"[16]

嘉靖十五年(1536),崔与之十世孙崔炉又对其著述进行了重新编次,把崔与之的著述分为内集2卷,外集3卷,共5卷:内集2卷,前卷为《言行录》,后卷为奏札诗文;外集3卷,上卷为所赐诏札,中卷为《宋史》本传及《续通鉴纲目》诸书所记崔与之事,下卷为题赠诗文。这样就构成了《崔清献公全录》的另一个版本系统,即炉本。业师张其凡先生认为《崔清献公全录》的版本大致可分为两大系统,一个是嘉靖十三年(1534)唐胄、邵练开创的唐本,另外一个就是炉本。[17]由此可见崔氏后人在保存崔与之著述方面的贡献。刘复对此也给予高度评价,他说:"子孙相继,与《言行录》永传于百世。百世之下,仰清献公之光,感发兴起,而复公侯之始者,则子璲辑是书,功莫重焉,孝莫大焉。"[18]

崇祯十三年(1640),崔与之十三世孙崔兆元对其著述进行了重修刊行。崔兆元为知四川夔州府建始县事。他在《序》中说:"我先祖忠孝格天,言行垂世,数百年来,子若孙仕宦者数十人。"[19]可见入明以后,崔氏后人颇有重振气象。

入清以后,崔氏后人曾三次刊刻崔与之著述,分别为乾隆三十四年(1769)崔与之十九世孙崔起湘(字楚江)辑刊,乾隆四十七年(1782)十七世孙崔锦堂翻刻;道光三十年(1850)二十世孙崔益屏重修刊刻,该本又称为芹桂堂刻本。

在保存修复崔与之祠墓方面,崔与之后人也是不遗余力。元大德八年(1304),崔与之的曾孙崔继祖"复其故第,为公祠"[20]。崔子璲在《纪祠堂兴废之由》中追述此事道:"有元大德间,邦之群彦,追思公之德业,请于宪府,祠公于故第,建学舍于左右。吾大父提举,公给私田,以供祠费。凡吾子弟及闾里后秀者,延师肄业,以育其才。春秋,则府庠儒官率诸英彦暨吾门少长,咸列于庭,盛服致祭,荐修之品,莫不如式。祭毕而燕,殽核维旅,修爵无筭。酒酣,则雅歌赋诗,燕飨不乱,秩秩雝雝,一何盛耶。"[21]这说明崔与之故第的祠堂,有祠也有学,并且有学田供应经费,规模一定很大。在明人张泰的笔下,为我们保留了该祠堂的盛况:"其时,封疆大臣偕其孙曾,就公增城凤凰山麓故第,鼎建家庙,谓公剑佩出人之地,精爽所凭,不可略也。门庑壮丽,堂寝崇闳。前为大门,颜曰:'凤山书院'。进为仪门,历阶而升,为大堂,颜曰'间气壁',书先正格言数十百则,皆公平日所拈,录以为诵法者。盖公未仕,及退闲时,与门生讲学处也。左为长街门焉,折矩而进,始为公祠堂,曰'晚节'。盖公尝爱韩魏公'寒花晚节香'之句,因以名。堂肖公像祀之。庙貌巍然,可瞻可仰。两庑翼焉,以贮祭器、衣冠、剑笏,子孙宝之。再进天街,多植松菊,其后为菊坡亭,则宋理宗御书所赐,昭君贶也。周围缭以砖垣陶砖,皆范以凤山崔祠字,示不可别用也,有深意焉。深广各若干丈尺。”[22]

但该祠堂不久就荒颓了,据元人李习记载,还在元代时,崔与之的“故祠遗址为园蔬”,其玄孙崔振宗“因旧设主于讲堂之西,岁春秋仲丁祭之,遂即其所塑像,以俨祀焉。慰邑人景仰之思,寓子孙感念之意”。[23]

明洪武元年(1368),崔与之故宅祠堂被指挥胡通据作私第,祭祀之事遂废。五世孙崔子璲,乃于所居桂华堡肇建祠堂,塑崔与之像祀之,“仍割私田若干亩,以供祀费。祭仪一依徽国朱文公所定礼,率族人行之有年”。[24]崔子璲不仅在别的地方肇建崔与之祠堂,“复以公茔墓在增城者,岁久弗治,复率子弟修之”,[25]“几复其旧,树松千百,使如昔时,其用心可谓至矣”。[26]

至成化年间(1465—1487),崔与之十世孙崔炉,又出资千金重建崔与之故第凤凰山祠堂和书院,据记载,经过“重修瓴甓,峻整栋础,坚密翚飞,修拱危垣”的修葺后,祠堂和书院焕然一新,“文陛丹垩之绚烂,木石之文,好有加焉,焕若神明,岂顿还旧观,且改观矣”。[27]

三

崔与之的后裔,在其子叔似花开五叶之后,便人丁兴旺、枝繁叶茂,早在明天顺年间(1457—1464),其后裔已播迁至广州、增城、番禺、南海、新会等地。据黄谏记载:“南海(崔与之)子姓繁盛,分居番、南、增、新之间,世多醇朴,克树家声。三百年间,必有续公者出……世系昭穆,谱牒已详。”[28]明人黎贞也曾记载:“公之子孙,联络簪组贰百余年,至今犹绳绳揖揖如螽斯之盛,是天固可必而理固可信也。”[29]

由于崔氏后裔迁居各地,并且扎根当地成为显姓,以至于到了明嘉靖(1522—1566)时,不少人混淆了崔与之的籍贯,“公之后有徙居番禺之三山者,其宗最盛,故公亦见于番禺”。为此,《增城县志》的修纂者不惜笔墨进行考证:“公增城人也,凡其山田宅墓,及其子孙皆在。又李文溪,番禺人,与公同时,且游公门下,状公行实,谓公出自增城。东莞陈琴轩,后公数百年,而居与公邻。陈公博古多识,其叙崔公亦余生与公同乡,公之遗迹,宛然可考。然则公为增城人无疑矣。"[30]

徙居番禺三山的始祖是崔与之的四世孙崔荣宗,荣宗之子为崔子璲(据《增城崔氏族谱》)。据梁异记载,"子燧即其居桂华堡,塑像祠之"。[31]如此则子璲所居一说为桂华堡,一说为三山,为何有所不同?考《读史方舆纪要》[32]:"三山,在(广州)府南二十七里,三峰并起,竞秀凌空,旧有三山寨。明初,廖永忠擒邵宗愚于此。今为桂华堡。"也就是说,三山就是桂华堡。

如前文所述,崔子璲是可考的崔氏后人中最先整理崔与之著述的,对保存和传承《崔清献公全录》起到了决定性的作用;反过来,崔子璲的名字也伴随着《崔清献公全录》的流传而保留在各种各样的文献之中,并延续至今。因此,番禺三山这一宗才会日益兴盛,让人们误以为崔与之的故里就是这里。

如今,在番禺员岗和南海沙头,分别有崔氏宗族居住,并且都宣称其始祖和崔与之为兄弟。考崔与之确实有一个弟弟崔焕之,但据《增城崔氏族谱》记载,崔焕之卒后和其父崔世明一样葬于增城石壁山,说明他并没有迁居外地。那么番禺员岗和南海沙头崔氏的来源如何,是否和崔与之有血缘关系呢?

先来看番禺员岗崔氏,该地原有一座崔氏昌大堂,曾与沙湾留耕堂、石楼善世堂和大石敦叙堂(已毁)并称为番禺四大名祠。始建于明朝万历年间(1573—1620),清朝康熙二十年(1681)前后重修。昌大堂原建筑有头门、中座、后寝,1958年"大跃进"时期头门、中座被拆毁,现仅存后座,面宽三间13.9米,深11.6米,屋顶为布瓦悬山顶,保存了明代风格,是番禺唯一现有的悬山顶古建筑物。昌大堂东门还有一座保存完整、带有明代风格的丛桂坊,为两柱一间、一门结构,柱上承建莲花斗拱、飞檐二重,上层石匾刻阴文"丛桂坊"三字,下层石屏刻阴文"博陵"、"科第"四字。这说明"博陵"是该支崔氏的发祥地。而据《广东增城崔氏族谱》记载,崔与之他们也属博陵崔氏。

据《番禺员岗崔氏族谱》记载,其一世祖为崔诚之,号柏棠公,因连年战乱,与其弟崔巽之携眷由江西南迁定居员岗村,崔巽之后返回江西故里。考《广东增城崔氏族谱》,崔诚之、崔巽之的父亲为崔世昭,和崔与之的父亲崔世明为堂兄弟。也就是说崔诚之和崔与之共一个曾祖父。据说,员岗建造超越明代礼制标准的祠堂,曾受到地方官员的质疑,后来崔氏搬出了崔与之,表明自己的始祖和他有兄弟关系,才有资格将昌大堂建成"四檐滴水"的规格。

南海沙头如今保存有一座崔氏大宗祠,为省级文物保护单位,该祠又叫山南祠,始建于明朝嘉靖四年(1525),至今已有400多年的历史。崔氏大宗祠气派非凡,原来纵深达百米,有108个门,面积达到4800平方米,现存的头进山墙也极富特色,它的屋檐有别于一般古代建筑,在岭南地区非常罕见。从崔氏大宗祠也可以看出,崔氏确曾有着显赫的身世和较强的经济实力。

但这么高规格的祠堂,不是随便都可以建的,根据明清时期有关"品官家庙"的规定,只有祖先是品官,族人才有资格建家庙式的祠堂。在南海沙头,民间一直流传一个故事,说崔姓宗族本来没有资格建祠堂,被官府派员查禁的时候,从邻近一支据说是宋代名宦崔与之后裔的家族借来崔与之的画像张挂在祠堂里,从而避过了被查禁的劫难。[33]

据《南海沙头崔氏族谱》记载,山南祠是为了纪念沙头崔氏始祖崔世英而建。考《广东增城崔氏族谱》,崔世英和崔与之的父亲崔世明为堂兄弟。

根据上述考证,我们现在可以把增城崔氏、番禺员岗崔氏和南海沙头崔氏这三支崔氏宗系的始祖、亲缘和分枝用下图标识出来。

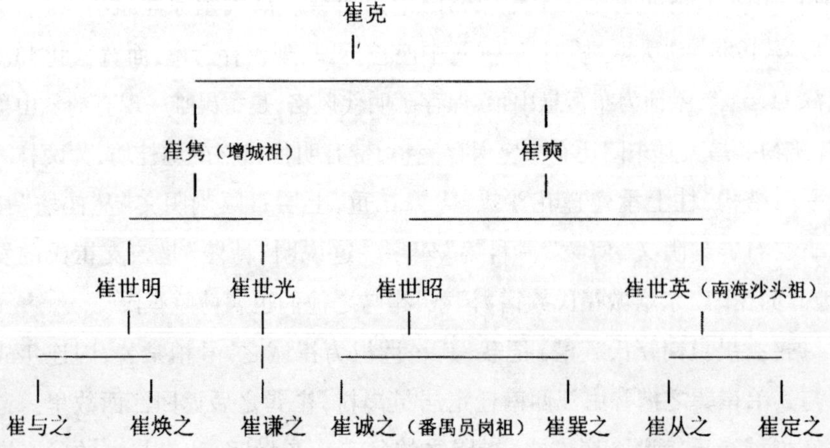

从上图可以看出，崔隽为增城崔氏始祖，是南海沙头崔氏始祖崔世英的叔叔，同时又是番禺员岗崔氏始祖崔诚之的叔祖。崔与之和崔诚之的关系未出“五服”，在血缘上是很近的。难怪到了明代以后，员岗和沙头的崔氏往往在维护宗族利益的时候刻意地显示他们和崔与之的深厚渊源。自崔隽携家从江西经河源迁居增城之后，崔世英和侄子崔诚之也分别从江西迁居南海和番禺，并繁衍兴盛。据不完全统计，明清两代，仅员岗村就涌现了近40位进士和举人。如明成化二年(1466)丙戌科进士崔廷圭，嘉靖二十五年(1546)举人崔大壮，明万历四十一年(1613)癸丑科进士崔奇观，清嘉庆六年(1801)举人崔弼等。

注　释

1 黄谏:《崔氏修续世牒序文》,《宋丞相崔清献公全录》(崔与之撰,张其凡、孙志章整理,广东人民出版社 2008 年版)附集卷 3,第 237 页。

2 《广东增城崔氏家谱》第 80 页。

3 陈琏:《崔清献公祠堂记》,《宋丞相崔清献公全录》卷 10,第 134 页。

4 《宋丞相崔清献公全录》卷 8《欧阳氏山坟记》,第 91 页。

5 温若春:《崔清献公墓志铭》,《宋丞相崔清献公全录》附集卷 2,第 192 页。

6 《宋丞相崔清献公全录》卷 2《言行录中》,第 20 页。

7 梁异:《修墓记》,《宋丞相崔清献公全录》卷 10 ,第 130 页。

8 《宋丞相崔清献公全录》卷 2《言行录中》,第 21 页。

9 《宋丞相崔清献公全录》卷 2《言行录中》,第 22 页。

10 《宋丞相崔清献公全录》卷 2《言行录中》,第 21 页。

11 李习:《跋崔清献公札十三疏后》,《宋丞相崔清献公全录》卷 9,第 123 页。

12 陈琏:《崔清献公祠堂记》,《宋丞相崔清献公全录》卷 10,第 137 页。

13 李昴英:《文溪存稿》(李昴英撰,杨芷华点校,暨南大学出版社 1994 年版)卷 11《崔清献公行状》,第 115 页。

14 崔子璲:《纪祠堂兴废之由》,《宋丞相崔清献公全录》卷 10,第 140 页。

15 参考刘复:《序》,《宋丞相崔清献公全录》附集卷 1,第 166—167 页。

16 余鼎:《序》,《宋丞相崔清献公全录》附集卷 1,第 167 页。

17 张其凡、孙志章:《崔与之著述版本源流及其价值》,《宋丞相崔清献公全录》卷首。

18 刘复:《序》,《宋丞相崔清献公全录》附集卷 1,第 167 页。

19 崔兆元:《重修先祖丞相清献公言行录序》,《宋丞相崔清献公全录》附集卷1,第177页。

20 何成子:《祠堂诗序》,《宋丞相崔清献公全录》卷9,第122页。

21 崔子璲:《纪祠堂兴废之由》,《宋丞相崔清献公全录》卷10,第141页。

22 张泰:《重修崔清献公凤凰山祠院记》,《宋丞相崔清献公全录》附集卷3,第225页。

23 李习:《跋崔清献公札十三疏后》,《宋丞相崔清献公全录》卷9,第123页。

24 陈琏:《崔清献公祠堂记》,《宋丞相崔清献公全录》卷10,第134页。

25 陈琏:《崔清献公祠堂记》,《宋丞相崔清献公全录》卷10,第137页。

26 梁异:《修墓记》,《宋丞相崔清献公全录》卷10 ,第130页。

27 张泰:《重修崔清献公凤凰山祠院记》,《宋丞相崔清献公全录》附集卷3,第225页。

28 黄谏:《崔氏修续世牒序文》,《宋丞相崔清献公全录》附集卷3,第238页。

29 黎贞:《序》,《宋丞相崔清献公全录》附集卷1,第166页。

30 嘉靖:《增城县志》卷5,《宋丞相崔清献公全录》附集卷3,第243页。

31 梁异:《修墓记》,《宋丞相崔清献公全录》卷10 ,第132页。

32 顾祖禹:《读史方舆纪要》卷101《广东二》。

33 科大卫、刘志伟:《宗族与地方社会的国家认同——明清华南地区宗族发展的意识形态基础》,《历史研究》2000年第3期。

二、崔与之与南宋政局

宋金关系中的崔与之
——以嘉定年间为中心

吉林大学　武玉环　孙孝伟

一、嘉定年间的宋金关系

崔与之生活的时代,南宋与金均逐渐由盛转衰。因此,双方自绍兴和议签订以来,一直保持实力均衡局面。金朝海陵王正隆年间的南征和宋宁宗开禧年间的北伐,对这种局面没有实质性的影响。

嘉定元年,金宋签订嘉定和议。金在贞祐二年(嘉定七年)三月、八月,两次向宋督岁币,宋在嘉定八年遣使祝贺宣宗生辰,同时提出减少岁币的要求,宣宗"以本自称贺,不宜别有祈请"[1] 拒绝了宋的要求。贞祐三年(嘉定八年)十一月,"王世安献攻取盱眙、楚州策"[2],金朝开始经略南边。宋的要求遭到金的拒绝,于是停止向金朝输纳岁币。兴定元年(嘉定十年)四月,金宣宗"以宋岁币不至,命乌古论庆寿、完颜赛不等经略南边"。[3] 宋在嘉定十年五月、六月间下诏伐金。从此,双方的和平交往结束,开始进入战争时期。

兴定元年(嘉定十年)十一月,金宣宗诏"唐、邓、蔡州行元帅府举兵伐宋。"[4] 兴定二年,凤翔副统军完颜赟进兵四川,占皂角堡。完颜赛不再次包围随州和枣阳军。纥石烈牙吾塔在盱眙击败宋军。同年,宣宗派枢密副使仆散安贞为左副元帅,权参知政事,行尚书省元帅府事,领兵攻宋。兴定三年(嘉定十二年),金占宋数州之地。中路在完颜讹可的率领下攻枣阳,不胜。三月,西路金军占凤州、黄牛堡。兴定四年,宣宗向宋发动攻势。二月,仆散安贞再次攻宋。元光元年(嘉定十五年),完颜讹可的南侵是金最后一次大规模进攻,金军失败。从兴定元年(嘉定十年)至正大元年(嘉定十七年),宋金战争断断续续进行了八年,双方力量相当,不分胜负。

金宋战争期间,双方均有议和的意向。兴定元年(嘉定十年),金朝许古主张议和,高汝砺认为"和议先发于我,恐自示弱,非便"[5],和议遂寝。兴定二年(嘉定十二年),金兵入境,"宰相连遗与之三书,俾议和",崔与之坚壁清野,"金兵深入无功,而和议亦寝"。[6] 同年,金派吕子羽等使宋讲和,至淮水中流不能入境而还。正大元年(嘉定十七年)三月,李唐英至滁州,向宋请求议和。正大元年(嘉定十七年)六月,移剌蒲阿率兵至光州,榜谕宋界军民更不南伐,宋金边境渐渐平静下来。

需要指出的是,宋金边境的平静并不说明双方战争的完全停止。同一时期,蒙古和西夏联盟,在北方对金朝形成巨大的压力。嘉定十四年和十六年,宋使苟梦玉两次出使蒙古。[7] 宝庆七年,蒙古借道南宋攻金,蒙宋双方开始联盟。天兴三年(端平元年),宋蒙联合灭金。

从上述情况看来,嘉定年间,宋金双方由和平走向战争是一个总趋势。战争期间,双方因实力均衡,所以胜负相当。当时,双方尚有和平的意向,但是影响甚微。

二、嘉定年间崔与之的抗金措施

嘉定年间宋金之间的战争,从表面上看,其原因是因宋停岁币而起;实际上，据《金史》卷15《宣宗纪中》载，兴定元年正月，术虎高琪“请伐之，以广疆土”。刘祁在《归潜志》中言“南渡后，屡兴师伐宋，盖其意以河南、陕西狭隘，将取地南中”。[8]这说明金朝发动的战争是非正义的战争。因此，南宋军民的抗金斗争具有明显的正义性。

嘉定七年，“金南迁于汴，朝议疑其进迫，特授直宝谟阁、权发遣扬州事、主管淮东安抚司公事”。[9]从此直至嘉定十二年，崔与之在淮东任职。嘉定十二年和嘉定十三年间，崔与之在朝廷有过短期任职。嘉定十三年，崔与之“以选为焕章阁待制知成都府本路安抚使”[10]，来到四川任职。嘉定十四年十一月，四川制置使安丙去世后，崔与之继任，从此一直到嘉定十七年返乡。

当时，崔与之“东淮、西蜀，万里奔驰”[11]，“白首戍边”[12]，采取了一系列有效措施，为南宋军民作出了一定贡献。

一方面，崔与之注意修筑工事，储备物资，安集百姓，巩固边防，保障人民的生命财产安全。

修筑工事，巩固边防：

崔与之在淮东时，“既至，浚濠广十有二丈，深二丈。西城濠势低，因疏塘水以限戎马。开月河，置钓桥。州城与堡砦城不相属，旧筑夹土城往来，为易以甓。因滁有山林之阻，创五砦”。[13]因此，战争初期，金军在淮东不能深入。嘉定年间，四川前线是军事斗争的重要地带，宋军防线屡次被金军突破，是南宋对金作战的薄弱环节。崔与之至四川，“凡关外林木厚加封殖，以防金人突至”。[14]结合其他的一些措施，四川地区的边防形势明显改观。

储备物资，以备军需：

崔与之在淮东时，实行坚壁清野，“山砦相望，边民米麦已尽输藏，野无可掠”。[15]在金军进攻之前，崔与之已经组织边民输粮于仓，应是储备物资的一种措施。当时的扬州，仓储少且坏，崔与之到后，创立仓储多处：“扬州仓廥少，且圮坏，新粜无所放处。公视北门内旧柴场地，于市河为近，鼎创仓廒十二座，积粟充裕”。[16]在四川时，“建言成都滩濑险远，艰于漕运，立运米常格,奏行之。自是兵皆足食,蜀赖以全”。[17]并从各地运米储积,以应战时之需。“总计告匮,首拨成都府等钱百五十万缗助籴本。又虑关外岁籴不多,运米三十万石积沔州仓,以备不测。初至,府库钱仅万余,其后至千余万,金帛称是。”同时,“与之移檄茶马司,许戎司自于关外收市如旧,严私商之禁,给细茶,增马价,使无为金人所邀。总司之给料不足者,亦移檄增给之。”[18]崔与之在四川之时,从各个方面加强了物资的储备,是其“实边而后可以安边”[19]思想的具体实现。

安集黎民,组织民兵,合力捍边:

崔与之在淮东时,“浙东饥,流民渡江,与之开门抚纳,所活万余”。[20]当时,崔与之《报朝廷书》言“盱眙添到策应军五千余,并收拾散亡共可及万人”。他在安集黎民的同时,把其中的丁壮征集为兵,应是一种充实兵源的有效的措施。“淮东数百里皆夷旷,惟滁州、盱眙军多山林。方山石固,山嘉辅,山崖高峙,上有泉源。公募民筑五山寨,垒石卫城,料简丁壮,选材力服众者,假以官资统之。月差一百二十五人,分布守望,官支镪四百一十贯,米七十五石。有警,边民悉家于中并力捍御。又虑奸民乘时剽掠,以路钤刘谌老成忠义,用为五寨都总辖镇压之。”[21]在四川期间,陕西局势复杂,崔与之“誊榜谕陕西五路遗黎,俾筑坞自固,以我军为声援”。[22]是巩固边防的一种措施。

另一方面,崔与之从全局出发,整顿军纪,加强训练,严密部署,以守为战,以期取得对金军事斗争的胜利。

统一军令:

“嘉定七年,金虏为鞑靼所攻,弃燕来汴。李全复据京东。两淮腹背受敌,命公率淮左。陛辞,首疏以选择守将、招集民兵为第一事。”崔与之鲜明的提出:“要使命令一出,帖耳退听”。[23]“时议将姑阙两淮制置,命两淮帅臣互相为援,与之启庙堂曰:‘两淮分任其责,而无制阃总其权,则东淮有警,西帅果能疾驰往救乎?东帅亦果能疾驰往救西淮乎?制阃俯瞰两淮,特一水之隔,文移往来,朝发夕至,无制阃则事事禀命朝廷,必稽缓误事矣。'议遂寝。"[24]两淮地区地处宋金交界处,在与金军作战时,只有统一军令,才能不误战机,取得作战胜利。

整顿军纪:

崔与之对于有战功者给予奖赏;败坏军纪者给予惩罚。"公权宣抚兼制置,申明赏罚,措置有方,首击尾应,敌不敢犯。"[25]

为激励士气,崔与之对筑城修濠的官军给予奖赏。"淮阴、宝应、滁州,筑城浚壕,措置守御,官军劳苦。公委官相视,激赏费交子六万贯,悉自撙节那融,不请科降。"[26]

训练军队:

为了提高军队的战斗力,崔与之加强官兵的军事训练。"扬州兵久不练,分疆勇、镇淮两军,月以三、八日习马射,令所部兵皆仿行之。"[27]

崔与之认为,兵不在多,而在精。他对于军事训练,有一整套行之有效的办法。"备御之计,人患兵少,公独以兵不在多,在素练耳。以诸军分作三等教阅。弩手,以年力高强而善射者为上,挽踏施放合格者为中,余为下。枪手,以身材及等仗而有膂力者为上,虽不及等仗而少壮善击刺者为中,余为下。骑兵,则以人骑轻捷,武技精熟为高下。先布阵势,纵横来往,用草棒相击,以习刀法。或用包头毡枪,驰逐格刺,以习枪法。然后大走马圆射,用拒马围割射,垛至四十步,施放三箭,来往四遭,精熟又加步数,五日一赴州治教场阅习,委幕僚督视籍中否,优劣月终比较,赏罚则亲按激犒。练习既久,上等出等,中等为上,下等为中,人皆可用。战则上等居前锋,中等佐之;守则上等当冲要,中等助之,下等供战守杂役。遇敌战胜,赏亦有差。仍下诸州县屯戍,一体行之。由是淮东军声大振。"[28]

崔与之重视骑兵的训练。他创立了新的训练方法。"诸屯军马,岁例九月后三八日,压马出城三十里回,习为文具。公至,始创签牌,分写八卦。如探得干字,即令旗头搴干卦旗,出北门,将校率群骑,视所向以往,遇岗坡沟涧，迳趋直前，不令迂绕取道，使人马相得，遇险不慑，缓急可恃为用。”[29]

荐举人才，和辑诸将：

经崔与之荐举的人才，在相关史料中能够查到十余人。在淮东时，崔与之把洪咨夔辟置幕府，在四川荐举吴彦、吴昌裔，他们上任后，对于加强当地的军政建设都起了一定作用。崔与之还注意和辑诸将，同心体国。“时安丙握蜀重兵久，每忌蜀帅之自东南来者，至是独推诚相与。丙卒，诏尽护四蜀之师，开诚布公，兼用吴、蜀之士，拊循将士，人心悦服。”[30]此前，“军政不立，戎帅多不协和”，“与之戒以同心体国之大义，于是戎帅协和，而军政始立”。[31]

运筹帷幄、合理布局：

崔与之在与金兵对峙、作战中，纵观全局，知己知彼，因此能够运筹帷幄，合理布局。“盱眙屯重兵，虽临以大将，而有外实内虚之势。公白庙堂曰：用兵如弈棋，置子虽疏，取势欲接，旁角失势，腹心胜之。今局面似少差，使智者临枰，不过急于求活。万一敌以疑兵牵制盱眙，以劲兵由他道而来，则孤城隔绝于外，将有腹背之忧，岂能涉远相援？乞移大将近裹以养威，却于统制官中选智勇可当一面者，总戍山城。盖滁与盱眙，距天长各百三十里，大将驻天长，虎视四邻，则临机随势策应，出入变化，不为敌所窥，而淮东备御之势全矣。”[32]

知己知彼、以守为战：

崔与之对于金朝朝廷中的变化，北方鞑靼的军事动向等，都给予密切关注。并随时对本境的军事布局进行调整。“谍闻燕山已立新主，鞑靼又复交攻。山东乘虚寇之，亦甚蹙迫。然且签刷军马，敷料粮草，屯海州，屯清河，屯招信、濠梁，此其意向可疑。彼境之人，皆言其垂涎岁赉不得，欲以兵胁取，岂容无备。如滁州，合整辑关隘，以为障蔽；盱眙，合措置山砦，以为声援；楚州，合经理清河口，守把淮口，以为控扼，轮日教阅，激作士气，常时戒严，以守为战，非为缓急不致误事，亦可集事。”[33]在川期间，崔与之注意谍报，

"隔第关、盘车岭皆极边,号天险,因厚间探者赏,使觇之。动息悉之,边防益密"。[34]

对金兵的进攻与偷袭,崔与之全局在胸,进行周密的部署,把入侵的金军一举歼灭。"虏衰小舟渡淮,为官军惊遁。报至,公曰:'虏性多诈,强则示弱,弱则示强。今来衰残,恐我遣师,故为虚喝耳。'遂移文戍军,仰预行体探,密作堤备,以俟其来,并力剿杀,毋容一人一骑脱去。后渎头果告警,俘馘几尽。"[35]

招降纳叛、瓦解金军军心:

当时,宋金双方在这个方面均采取措施。金朝方面"泗州卢鼓椎[36],遣杀降旗军七人送归南岸,告之曰:'卢元帅不杀降兵'。公谓我青面军,彼所忌也。故设计诱之,以离其心,怠其力耳"。[37]

崔与之在四川期间,"初,金人既弊,率众南归者所在而有,或疑不敢纳。与之优加爵赏以来之。未几,金万户呼延棫等扣洋州以归,与之察其诚,纳之"。对其中的散兵,崔与之进行整编,使之成为精锐力量。"籍其兵千余人,皆精悍善战,金人自是不敢窥兴元。既复镂榜边关,开谕招纳,金人谍得之,自是上下相疑,多所屠戮,人无固志,以至于亡。"[38]

相比之下,崔与之的措施更胜一筹,这也是嘉定年间他在宋金前线始终能对金保持一定优势的原因之一。

三、崔与之的和战思想

对于崔与之的和战思想,有学者提出,崔与之既不是抗战派,也不是妥协投降派,而是不折不扣的主守派。[39]笔者基本同意这样的观点。同时,需要注意的是,"和"与"战"在崔与之的著述和行动中亦有所体现。

1. 崔与之思想中的"守"的方面

崔与之主"守"的思想在其章疏中有集中的体现。其在淮东言"古今未有无夷狄之中国,而中国所恃以待夷狄者,不过战、守、和三事而已。惟能固守,而后可以战,可以和,权在我也;守且不固,遂易战而为和,权在彼也。"[40]又称"臣昨乘障五年,力持守御一说始终不变,毁言日至,不遑恤也。有为进取之举者,臣知其必不利;又有为议和之说者,臣亦断以为不可行。"[41]这样的两条资料与"立国之道,在谨边备,以为藩篱,安人心,以为根本,根本固,则藩篱壮",[42]"实边而后可以安边,富国而后可以强国"[43]结合起来看,崔与之所主张的"守"不是消极防守,是积蓄力量和巩固根本的"守",这与投降派的消极防守是根本不同的。

崔与之主"守"是有一定原因的。从根本上来说,是因南宋在开禧年间战败。与崔与之同为绍熙四年进士的程珌言"丙寅(开禧二年)始出师,一败涂地不可收拾;百年教养之兵一日而溃,百年葺治之器一日而散,百年公私之盖藏一日而空,百年中原之人心一日而失"。[44]当时的情况是"军国空虚,州县罄竭"[45]。嘉定年间的战争上距开禧北伐和嘉定和议的签订仅10年时间,南宋的实力即使有所恢复,亦当十分有限。同时,当时朝廷在嘉定和议签订之后,不能有效加强边防。这种情况在淮东和四川都是存在的。在淮东期间,崔与之注意到扬州城"濠河陻陋,褰裳可涉,守御非宜"[46],同时"扬州兵久不练"[47]。扬州作为淮东安抚司治所,情况已经是这样,其下属州县可想而知。因此,崔与之的策略应是可取的。四川内部矛盾重重,"成都帅董居谊以黩货为叛卒所逐,总领杨九鼎遇害,蜀大扰","安丙握蜀重兵久,每忌蜀帅之自东南来者","军政不立,戎帅多不协和,刘昌祖在西和,王大才在沔州,大才之兵屡衄,昌祖不救,遂弃阜郊。吴政屯凤州,张威屯西和,金人自白还堡突入黑谷,威不尾袭,而迂路由七方关上青野原,金人遂得入凤州"。[48]内部矛盾是四川宋军在嘉定年间的宋金战争前期多次失利的重要原因之一。因此,崔与之在当时需要解决的主要问题是如何加强边防。

2. 关于崔与之思想中的"和"的方面

关于宋金议和问题,长期以来,人们经常以南宋主战为是,主和为非,并以此作为评价南宋人物的标准。其实,宋金对峙时期的"和"有不同情况的

"和",不能一概而论。根据宋金和战的具体情况,可将宋金议和分为积极进取的议和与消极退让的议和,积极进取的议和不应该否定,只有消极退让的议和才不应该肯定。[49]

崔与之在对外关系中并非盲目排斥议和,其晚年在广州言"边臣主和,朝廷虽知,而未尝明有施行。忧边之士,恺切而言,一鸣辄斥,得非朝廷亦阴主之乎?假使和而可保,亦当议而行之可也"。[50]事涉宋蒙之间的关系问题。实际上,这是与其与在宋金关系中议和问题上的见解相一致的。上引其在淮东言"古今未有无夷狄之中国,而中国所恃以待夷狄者,不过战、守、和三事而已。惟能固守,而后可以战,可以和,权在我也;守且不固,遂易战而为和,权在彼也"。否则"彼方得势,而我与和,必遭屈辱"。[51]这样看来,崔与之认可的"和",应是平等的"和",是在宋占主导地位条件下进行的议和。崔与之认可的议和是积极进取的议和与保持尊严的议和,反对的是史弥远集团的消极退让的议和与面临屈辱的议和。需要注意的是,在当时的情况下,崔与之认为,固守是创造平等议和条件的一种有效方式,也是为进取作战创造条件的一种方式。这样,在崔与之的"和"的思想中,亦体现出以"守"为本的特点。

3. 关于崔与之思想中的"战"的方面

宋金长期对峙,收复失地一直是南宋君臣的梦想。崔与之词《水调歌头·题剑阁》显示了其与胡铨、陆游、辛弃疾一样的对收复国土的迫切愿望。

崔与之本人对金衰宋弱有清醒的认识。他认识到,"金虏垂亡,惟定规模以俟可乘之机,最是要务"。[52]"残虏虽微,穷兽必搏,要汲汲自治以待之,乘衅一动,收功完全"。[53]崔与之主张等待时机积极进取。当时,虽然"自金虏弃燕,山东、两河势如破竹,灭亡可待"。[54]但是"蜀连年被兵,士气未振,岂宜轻举?"[55]况且"厥今时事孔棘,边声未宁。剜肉成疮,有根本先拨之虑;张颐待哺,有樵苏后爨之忧"。[56]在当时的情况下,金尽管已经衰落但实力尚存。同时,宋也在衰落。嘉定和议签订以来,其实力尚未恢复,双方的实力实际上处于均衡状态。崔与之提出对士卒"轮日教阅,激作士气,常时戒严,以守为战,非惟缓急不致误事,亦可集事”[57],明确提出以守为战。在当时的情况下,崔与之坚持以守为战,待机而动的策略,也能看出“守”在其整体方略中的地位。

此时,蒙古正盛,与西夏联合侵金。崔与之认为二者均不可靠,因此“丙尝纳夏人合纵之请,会师攻秦、巩,而夏人不至,遂有皁郊之败。与之至是饬边将不得轻纳”。[58]“西北二国合纵,攻凤翔,叩凤州,借粮于我。公条画事宜,密授诸将,随宜酬答”。[59]其中的原因,除了儒家传统的夷夏之辨和内外之别,应该还有崔与之对当时形势的分析。因此,他采取的是保持距离和虚与周旋的策略。这种策略从当时宋金蒙夏四个方面的复杂形势来看,应该还是合理的。

在“西北二国合纵攻凤翔”[60]的形势下,陕西五路出现有利于宋的形势,崔“誊榜谕陕西五路遗黎,俾筑坞自固,倚我军为声援”。[61]这个策略,与东晋祖逖收复中原和南宋岳飞经营河朔的思路是一致的。其后,“镂榜边关,开谕招纳,金人谍得之,自是上下相疑,多所屠戮,人无固志,以至于亡”。[62]在当时南宋四川前线整体力量在开禧北伐失败和嘉定十一年以来战争中有所削弱的情况下,这样的战术证明是有效的。

在四川局势相对稳定的情况下,崔与之上书求去。史弥远党羽郑损继任,“既受代,金谍知之,大入,与之再为临边,金人乃退”[63]。再次显示了崔的方略的成功。在崔与之离川后,“蜀人思之,肖其像于成都仙游阁,以配张咏、赵抃,名三贤祠”。[64]可谓实至名归。

在崔与之的思想中,其所认可的“和”是南宋占主导地位的情况下的平等议和,其所主张的“战”是以守为战和待机而动的“战”。“和”与“战”的基础是“守”,只有在巩固根本和积蓄力量的基础上,和与战才能顺利地进行。这样的思想和行动,在当时的情况下,是一种务实的表现。

总之,在当时的情况下,崔与之在抗金前线能够固守待时,对朝廷能够坚持己见,表现了一定的方略和风骨,不愧是一代名臣。

注　释

1　《金史》卷62《交聘表下》,中华书局1975年版。

2 《金史》卷106《术虎高琪传》,中华书局1975年版。

3 《金史》卷15《宣宗纪中》,中华书局1975年版。

4 《金史》卷15《宣宗纪中》,中华书局1975年版。

5 《金史》卷15《宣宗纪中》,中华书局1975年版。

6 《宋史》卷406《崔与之传》,中华书局1977年版。

7 《元史》卷1《太祖本纪》,中华书局1976年版。

8 刘祁:《归潜志》卷7,中华书局1983年版。

9 《宋史》卷406《崔与之传》,中华书局1977年版。

10 《宋史》卷406《崔与之传》,中华书局1977年版。

11 《宋丞相崔清献公全录》卷之7奏札4之《第五次辞免参知政事》。张其凡、孙志章整理,广东人民出版社2008年版。

12 《宋丞相崔清献公全录》卷之5奏札2之《辞免礼部尚书》。张其凡、孙志章整理,广东人民出版社2008年版。

13 《宋史》卷406《崔与之传》,中华书局1977年版。

14 《宋史》卷406《崔与之传》,中华书局1977年版。

15 《宋史》卷406《崔与之传》,中华书局1977年版。

16 《宋丞相崔清献公全录》卷之1《言行录上》之《家集》。张其凡、孙志章整理,广东人民出版社2008年版。

17 《宋丞相崔清献公全录》卷之3《言行录下》之门人李昂英:《崔清献公行状》,张其凡、孙志章整理,广东人民出版社2008年版。

18 《宋史》卷406《崔与之传》,中华书局1977年版。

19 《宋丞相崔清献公全录》卷之2《言行录中》之《奏稿》。张其凡、孙志章整理,广东人民出版社2008年版。

20 《宋史》卷406《崔与之传》,中华书局1977年版。

21 《宋丞相崔清献公全录》卷之1《言行录上》之《家集》。张其凡、孙志章整理,广东人民出版社2008年版。

22 《宋丞相崔清献公全录》卷之3《言行录下》之门人李昂英:《崔清献公行状》,张其凡、孙志章整理,广东人民出版社2008年版。

23 《宋丞相崔清献公全录》卷之1《言行录上》之《家集》。张其凡、孙志章整理,广东人民出版社2008年版。

24 《宋史》卷406《崔与之传》,中华书局1977年版。

25 《宋丞相崔清献公全录》卷之2《言行录中》之《庐陵汪中录公遗事》。张其凡、孙志章整理,广东人民出版社2008年版。

26 《宋丞相崔清献公全录》卷之2《言行录中》之《家集》。张其凡、孙志章整理,广东人民出版社2008年版。

27 《宋史》卷406《崔与之传》,中华书局1977年版。

28 《宋丞相崔清献公全录》卷之1《言行录上》之《家集》。张其凡、孙志章整理,广东人民出版社2008年版。

29 《宋丞相崔清献公全录》卷之1《言行录上》之《家集》。张其凡、孙志章整理,广东人民出版社2008年版。

30 《宋史》卷406《崔与之传》,中华书局1977年版。

31 《宋史》卷406《崔与之传》,中华书局1977年版。

32 《宋丞相崔清献公全录》卷之2《言行录中》之《家集》。张其凡、孙志章整理,广东人民出版社2008年版。

33 《宋丞相崔清献公全录》卷之2《言行录中》之《家集》。张其凡、孙志章整理,广东人民出版社2008年版。

34 《宋史》卷406《崔与之传》,中华书局1977年版。

35 《宋丞相崔清献公全录》卷之1《言行录上》之《家集》。张其凡、孙志章整理,广东人民出版社2008年版。

36 按刘祁撰《归潜志》卷6,中华书局1983年版,此人即金军将领纥石烈牙吾塔。

37 《宋丞相崔清献公全录》卷之2《言行录中》之《家集》。张其凡、孙志章整理,广东人民出版社2008年版。

38 《宋史》卷406《崔与之传》,中华书局1977年版。

39 何忠礼:《南宋名臣崔与之述论》,《广东社会科学》1994年第6期。

40 《宋丞相崔清献公全录》卷之1《言行录上》之《家集》。张其凡、孙志章整理,广东人民出版社2008年版。

41 《宋丞相崔清献公全录》卷之2《言行录中》之《奏稿》。张其凡、孙志章整理,广东人民出版社2008年版。

42 《宋丞相崔清献公全录》卷之2《言行录中》之《奏稿》。张其凡、孙志章整理,广东人民出版社2008年版。

43 《宋丞相崔清献公全录》卷之2《言行录中》之《奏稿》。张其凡、孙志章整理,广东人民出版社2008年版。

44 程珌:《洺水集》卷1《丙子轮对札子》,上海古籍出版社1987年版。

45 《宋史》卷474《韩侂胄传》,中华书局1977年版。

46 《宋丞相崔清献公全录》卷之1《言行录上》之《扬州重修城壕记》。张其凡、孙志章整理,广东人民出版社2008年版。

47 《宋史》卷406《崔与之传》,中华书局1977年版。

48 《宋史》卷406《崔与之传》,中华书局1977年版。

49 张博泉:《金宋和战史论》,《史学集刊》1984年第2期。

50 《宋史》卷406《崔与之传》,中华书局1977年版。

51 《宋丞相崔清献公全录》卷之1《言行录上》之《家集》。张其凡、孙志章整理,广东人民出版社2008年版。

52 《宋丞相崔清献公全录》卷之1《言行录上》之《家集》。张其凡、孙志章整理,广东人民出版社2008年版。

53 《宋丞相崔清献公全录》卷之2《言行录中》之《奏稿》。张其凡、孙志章整理,广东人民出版社2008年版。

54 《宋丞相崔清献公全录》卷之2《言行录中》之《庐陵汪中录公遗事》。张其凡、孙志章整理,广东人民出版社2008年版。

55 《宋丞相崔清献公全录》卷之2《言行录中》之《庐陵汪中录公遗事》。张其凡、孙志章整理,广东人民出版社2008年版。

56 《宋丞相崔清献公全录》卷之4《奏札1》之《辞免除四川制置使》。张其凡、孙志章整理,广东人民出版社2008年版。

57 《宋丞相崔清献公全录》卷之2《言行录中》之《家集》。张其凡、孙志章整理,广东人民出版社2008年版。

58 《宋史》卷406《崔与之传》,中华书局1977年版。

59 《宋丞相崔清献公全录》卷之3《言行录下》之《崔清献公行状》,张其凡、孙志章整理,广东人民出版社2008年版。

60 《宋丞相崔清献公全录》卷之3《言行录下》之《崔清献公行状》,张其凡、孙志章整理,广东人民出版社2008年版。

61 《宋丞相崔清献公全录》卷之3《言行录下》之《崔清献公行状》,张其凡、孙志章整理,广东人民出版社2008年版。

62 《宋史》卷406《崔与之传》,中华书局1977年版。

63 《宋史》卷406《崔与之传》,中华书局1977年版。

64 《宋史》卷406《崔与之传》,中华书局1977年版。

南宋名臣崔与之治蜀简论[1]

四川大学　刘复生

兹逢南宋名臣广东增城人崔与之诞辰850周年，甘棠遗爱，四川人民没有忘记这位治蜀有声的贤者。古来蜀广相通，岂止牂柯枸酱！今奉小文，寄蜀人思怀，表先贤清方。

一

北宋取代后周，结束了长期的战乱，真是百废待兴。政治的逐渐稳定，朝廷急需治世之能臣，名臣贤士也就应运而生。赵普、寇准、张咏三人，颇为世所称道，号为宋初三大名臣。赵、寇二人在朝为官，濮州鄄城（今属山东）人张咏（946—1015）两知益州（今成都），张咏乃一地方官员而成就大名，不仅在于他本人的才干和成就，也反映了蜀地在宋代之重。

张咏治蜀富于成效，其事历来为史家称道，此不赘言。就宋代的蜀地而言，还有两位地方长官，名垂史籍，与张咏并而号称"三贤"，他们是赵抃和崔与之。衢州西安（治今浙江衢县）人赵抃（1008—1084）于北宋中期入蜀为官，匹马相随，为政简易，行中和之政，甚得后世的赞许。南宋名臣广东增城人崔与之（1158—1239）曾在四川任地方官，共约五年，蜀人肖其像于成都仙游阁，以配张咏、赵抃，名"三贤祠"。相对而言，虽名列三贤，而对崔与之的关注度却逊于张、赵。翻开历史画卷可以看到，他在蜀的时间虽然短暂，然而治政有声，对当时四川的卓著贡献不应被忘记。

二

嘉定十三年(1220)四月，崔与之受命除焕章阁待制、知成都府、本路安抚使，他上了一道辞陈说，“蜀居江汉上游，而成都实为根本重地”[2]，深知此行实乃重任。入蜀途中，舟次黄冈(在今湖北东部)，与当地官员不遇，以诗寄之：

铜梁玉垒碧云端，尺舸西风两鬓残。世道多岐今已惯，人生一见古来难。丈夫不作谋身计，巧匠那能袖手看。月白风清雪堂梦，银波万顷卧龙寒。[3]

这是西望两川。铜梁在川东，今属重庆；玉垒山在成都都江堰，正是他即将赴任之地，此时的他一定想起了杜甫“玉垒浮云变古今”的名句。这一年，他早已过花甲之年了，故而有“尺舸西风两鬓残”的感叹。当时西蜀之任，一般被视为畏途。他深知此行的艰辛，然而忘却小我，要为国事分忧，不作袖手旁观之人。

崔与之入蜀为官，正值蜀中多事。不仅北部边境长期未得安宁，又发生了一连串的内乱之事，特别是当年闰三月至六月发生的兴元(治今陕西汉中)军士张福、莫简之变，震动了西川。《宋史·崔与之传》载：“成都帅董居谊以黩货为叛卒所逐，总领杨九鼎遇害，蜀大扰。与之以选为焕章阁待制，知成都府，本路安抚使，至即帖然。”这年冬，崔与之至成都城外驿，邂逅正欲出川赴知湖南常德府任的李侍郎李埴于万里桥，举盏抒怀，感慨系之，不禁咏道：

柏竹老岁寒，梅矾淡春风。邂逅万里桥，相对双鬓蓬。
论心岂无酒，举盏不忍空。恐渠道旁嗤，咄咄醉颊红。
送以静观颐，答以晦养蒙。障尘马上去，意气如飞鸿。

荆州旧分虎，武陵世凭态。所至相劳苦，父老携儿童。
地偏舞袖长，鸡脊牛鼎丰。甘棠子孙枝，蒙密成芳丛。
闻之白玉堂，起草谁其工。要为官择人，颇牧还禁中。
胸藏经济方，医国收全功。世事俱尘土，惟有汗竹公。
雨足芎茁苗，风暖蒲长茸。离索抱孤影，目断三峡东。[4]

看得出，他之入蜀，是颇有一番“老骥伏枥，志在千里”壮志的，立不朽之功、名垂青史是其所愿。他想到了甘棠遗爱的故事，也要为政一时，造福一方。早在崔与之入蜀之前淮东安抚司的任上，他即借山林之阻，创五砦，结忠义兵，有效地阻止了金人，使之不敢深入。后来这种办法推广到了其他地方，嘉定五年(1212)五月，朝廷命利州路安抚司招刺忠义人。十一年(1218)正月，利州(治今四川广元)守将卒忠义人焚秦州永宁砦，受到朝廷嘉奖。这年五月，又命四川制置司招进忠义人。崔与之表现出了一位优秀的谋略之才，四川已经先期实施着他的谋略，或许正是因为他所具有丰富的边防经验，朝廷才委以重任，让他出任南宋西部边防重地。

崔与之入蜀第二年的嘉定十四年十一月己亥，四川宣抚使安丙卒。巩固四川边防的重任落在了崔与之的肩上，十二月，知成都府崔与之被朝廷任为四川制置使，接受了“尽护四蜀之师”的这一使命。安丙在四川时，“以攻为守，威功甚著，朝廷赖之”；崔与之接替他后，“开诚布公，拊循将士，人人悦服，军政复立”。[5]从所言“军政复立”来看，他的前任在军政方面，至少有某些方面的缺陷。有记载言安丙时，“军政不立，戎帅多不协和，刘昌祖在西和，王大才在沔州。大才之兵屡衄，昌祖不救，遂弃皂郊。吴政屯凤州，张威屯西和，金人自白还堡突入黑谷，威不尾袭，而迂路由七方关上青野原，金人遂得入凤州”；而且“安丙握蜀重兵久，每忌蜀帅之自东南来者”。而崔与之“开诚布公，兼用吴蜀之士。拊循将士，人心悦服”，“戒以同心体国之大义，于是戎帅协和，而军政始立”。[6]所以看来，安丙之时，四川军政方面的确出现了许多问题，从张福、莫简之变形成很大声势，造成大面积震动和破坏，也可证明这一点。嘉定十五年，正值“二虏之相持，正三边之交急”[7]时，崔与之又受任为权四川宣抚司职事。

安丙时,西北西夏、金二国曾合攻凤翔(治今陕西凤翔),叩凤州(今属陕西凤县),企图夺取宋之粮草。安丙死后,崔与之北上剑阁边关视察,所谓"便宜度剑以镇关"。崔与之在这里留下《水调歌头·题剑阁》抒发了自己的感慨:

> 万里云间戍,立马剑门关。乱山极目无际,直北是长安。莫苦当年涂炭,渐靖远疆锋镝,天道久应还。手写留屯奏,炯炯寸心丹。对青灯,搔白发,漏声残。老来勋业未就,妨却一身闲。梅岭绿阴青子,蒲涧清泉白石,怪我旧盟寒。烽火平安夜,归梦到家山。[8]

词中表达了忧国之思和对"平安"的期待,也表达了对家乡的怀念。随后当地人采其语,立公生祠于其地,对他表示了非常的尊重。时任制置使的崔与之"条画事宜,密授诸将,随宜酬答。誊榜谕陕西五路遗黎,俾筑坞自固,倚我军为声援。建言成都滩濑险远,艰于漕运,立运米常格奏行之。自是兵皆足食,蜀赖以全"[9]。这是动员已在金朝境内的宋朝"遗黎"自固,与宋军互以为援,同时加强军队的后勤保障,这些边防战略措施取得了很大成功。就后勤保障而言,他一开始就表明了对这一举措的高度重视,在受任知成都府本路安抚使时便已上言说道:"实边斯可安边,益州为四路心腹,惟恃钱谷厚于他郡。军兴,帑庾告匮,宜厚储积以壮边陲",[10]疏拜而行,也是向朝廷提出的一项重要建言。蜀地僻远,艰于纲运,加之司事官员损公"以实私橐,鲜有为公家计者",蜀地"每病运漕之难"。他到官之后,"留意军军储,并收正色,二三年间,所积顿厚"。至嘉定十五年(1222)秋天,"省仓见管二十九万余石,岁支有余,优立赏格。选官津运至利、沔、鱼关等处安顿,以充朝廷桩积之数。通计旧籴三十余万石,专备经常外不测支用"。[11]后勤的保障使在四川的宋军无后顾之忧,为四川北部边地带来了相对安宁的局面。尚可值得一提的是,在邻西北边界不远的麦积山瑞应寺,长期受田产纠纷的困扰。嘉定十五年崔与之在制置使任上,遵照户部之命,发还了瑞应寺田产,这一长期悬而未决的事端得以解决,这对稳定蜀北边防局势应该不无小补。[12]。

鉴于金人的不断南侵,安丙曾接受西夏人的"合从之请",约定夹攻金军,会师攻秦、巩。届时夏人未能如约进军,结果在皂郊(今属甘肃天水)吃了败仗,造成了随后金人数度南下之扰。崔与之当时致书安丙说陈利害,以为此事不可轻举,西夏不足为掎角,此时宜"招纳豪杰,选将练兵,修固堡障以待",[13]安丙未听,果遭大挫。崔与之汲取失败的教训,"饬边将不得轻纳"。第二年,夏人复攻金人,遣百骑入凤州,邀宋守将求援兵。与之使都统李冲来言曰:"通问当遣介持书,不当遣兵径入。若边民不相悉,或有相伤,则失两国之好,宜敛兵退屯。"夏人知不可动,不复有言。此一番"外交辞令",亦是有礼有节。从下例中又可看出,崔与之审时度势,纳与不纳,全在于对当前形势的判断,而不是一味采取闭关政策。史载:"初,金人既弊,率众南归者所在而有,或疑不敢纳。与之优加爵赏以来之。未几,金万户呼延棫等扣洋州以归,与之察其诚,纳之,籍其兵千余人,皆精悍善战,金人自是不敢窥兴元。既复镂榜边关,开谕招纳,金人谍得之,自是上下相疑,多所屠戮,人无固志,以至于亡。"[14]灵活面对具体情况,审时度势地处理,这正是后人所谓"自古治蜀要深思"者。

西蜀地处边防,崔与之采取了多项措施以应对边防之需,可圈可点者甚多。蜀地战马需求甚大,盛时,四戎司有马万五千多匹。开禧(1205—1207)后,制置使安丙裁去三分之一,嘉定(1208—1224)以来,损耗过半,至崔与之入蜀之时,马仅剩5000了。嘉定十四年(1221),崔与之乃移檄茶马司,要求诸戎司,"自于关外收市如旧,严私商之,禁给细茶,增马价,使无为金人所邀。总司之给料不足者,亦移檄增给之"。再者,为巩固北部边防,他曾请求移大帅于兴元而未果,他要求"凡关外林木厚加封殖,以防金人突至。隔第关、盘车岭皆极边,号天险"。其三,加强边情的搜集,"厚间探者赏,使觇之,动息悉知,边防益密",边防工作做得相当严密,金人闻其声不敢南下。嘉定十七年(1224)三月,当他以疾乞归,朝廷以郑损代其安抚制置使职时,"金谍知之,大入,与之再为临边,金人乃退"[15]。临边而退敌,足以见崔与之治蜀特别在巩固边防方面卓有成效,声威著于边外。时人论他"申明赏罚,措置有方,首击尾应,敌不敢犯",[16]的确不是虚言。

崔与之继召为礼部尚书,他四上辞呈而不拜,乃轻舟出峡,回到了他久别的广东家乡。

三

崔与之的蜀中之政，颇受称道的一点是，他对地方官员的选择非常重视。前面提到，他入蜀之初便说过“要为官择人”。他在蜀任事期间，推荐了好些“有用”之士，使各尽其才。史载他：

在蜀擢拔尤多，……各以道德、文学、功名，表表于世。[17]

时人论他说：

公善知人，平生荐引，惟游似、洪咨夔、林略、魏了翁、李性传、程公许，后皆为公辅。[18]

《宋史·崔与之传》也载：“蜀知名士若家大酉、游似、李性传、李心传、度正之徒，皆荐达之。”这些名士后来能够显达，显然与崔与之的慧眼推荐是分不开的，崔与之也实践了自己“要为官择人”的志言。李心传这位南宋著名史家“白衣入史馆”成为千古美谈，他于庆元元年(1195)乡试未中，“绝意不复应举，闭户著书，晚因崔与之、许奕、魏了翁等合前后二十三人之荐，自制置司敦遣至阙下，为史馆校勘赐进士出身”[19]，先后修成多种史学著作，成就了他的大名。另如初任眉州教授的吴昌裔，“眉士故尚苏轼学，昌裔取诸经为之讲说，祠周敦颐及颢、颐、载、熹，揭白鹿洞学规，仿潭州释奠仪簿正祭器，士习丕变。制置使崔与之荐之，改知华阳县”。[20]洪咨夔字舜俞，崔与之在成都发现了这位德才兼备的人材，遂请于帝而授咨夔籍田令、通判成都府。崔与之为制置使时要进一步“提拔”洪咨夔，洪氏却说：“今当开诚心布公道，合西南人物以济国事。乃一未有闻而先及门生故吏，是示人私也。”没有接受新任，惟以通判效职。从另一方面来讲，崔与之没有看错，这位洪通判在官场中保持了难得的清醒。后来洪氏知龙州，“尽革科扰，出官钱以偿逋负，后为端明殿学士”。[21]又如，邛州蒲江人高稼，这位“真德秀一见以国士期之,……持论不阿、忧世甚切”的嘉定七年进士,为潼川府路都钤辖司干办公事,时为制置使的崔与之闻其名,“改辟本司干办公事”。[22]还有一位程公许,嘉定四年举进士,后任华阳尉、绵州教授,学识和能力受到制置使崔与之的器赏而改秩知崇宁县(今属成都)。[23]另如温州永嘉人林略,庆元五年进士,曾任干办四川茶马司公事,崔与之发现他后,认为“此台阁之瑞也”,而向朝廷荐之。[24]

西蜀乃边防前线,故而崔与之对选择将才尤为重视。他说:“边衅已开,相持六年,凡所措置,大抵虚文从事,宜择守将,集民兵以固基业。”[25]他又曾说道:

> 人材难得,而将才尤难得。自非平时,察访而牧蓄之,则缓急无以为用。某冒膺阃寄,无补丝毫,时事孔艰,以选将厉兵为急。其间有材略过人,可用为将帅之储,可不荐拔之乎?

这是他在制置使任上说的一番话,表现出对人材或将才选拔的高度重视。他进而推荐兴元军驻扎御前中军统制吴彦,认为他“人物伟健,议论通畅,留心军政,宣力边防,有慷慨功名之志,轻财好义,得士卒心”,希望朝廷特赐旌擢,使诸将“知所劝”,其后吴彦特差权金州都统制,“任责措置捍御边面”。[26]

还有一点值得肯定,崔与之不是盲目推荐,“其有名浮于实、用过其才者,亦历历以为言。沔帅赵彦呐方有时名,与之独察其大言亡实,它日误事者必此人,移书庙堂,欲因乞祠而从之,不可付以边藩之寄。后果如其言”[27]。时人许之为“善知人”乃一恰当的评语,也就是我们说的知人善任,各尽其才。

四

崔与之在蜀任事五年,蜀中名士家大酉推之为“千载一人”。其间,他不负众望,巩固边防,卓具成效。元代史家这样评价他说:“与之治蜀,将士辑睦,府藏充实,至是以疾归广州。蜀人肖其像而祠焉。”[28]明人编辑的《图书编》中特别说到,四川虽然僻阻,然而物产丰饶,西南要地,得其人则治以安,否则亦易扰乱。在宋代则有张咏、赵抃、冯京、崔与之诸公,“皆廉能将相之器,而又俱久于其官,故卓然各有称述,保兹西土”。[29]不贪恋权位是可能作出有可称述成绩的共同特点。

崔与之的确不愧为“廉能将相之器”,不仅施政有方,且能廉洁自守,十分难得。时人有记说:“公在蜀,省费薄敛,公私裕如。将去,举羡余三十万缗,归之有司,以佐边用,一无私焉。”又谓:

> 仕于蜀者,鲜不为奇玉美锦所动。公至官,争以为馈,悉却之。去之日,至蜀口,四路制领举所尝却者以献,有加焉,俗谓之大送,公却愈力。[30]

不为蜀地奢靡之风熏倒,不是“假打”,难怪时贤真德秀向朝廷推荐廉吏时,仅举崔与之、杨长孺二人,其奏云:“臣昨所举廉吏未尽,如崔与之之出蜀,唯载归艎之图籍;杨长孺之守闽,靡侵公帑之毫厘,皆当今廉吏也。”[31]皆最为当世所推。牟巘说:“嘉定中,清献崔公以次对帅蜀,其后遂制置西事。宾客从者,忠文洪公实颛笺翰,崔公清规重德,洪公雄文,直道参会,一时蜀人纪之,以为殆过石湖、放翁也。”[32]南宋时曾在蜀为官的范成大(石湖)、陆游(放翁)两人文德兼备闻名于世。

前面提到,蜀人绘崔与之肖像于三贤阁。崔与之名列其中的三贤阁有两处,一在成都,一在简州(治今四川简阳)。仙游阁建置较早,据传成都旧风,“凡奉使来者,绘像天庆之仙游阁”。[33]像虽有绘,但能持久保存留传下的并不多,仙游阁中北宋蜀守绘像保留至于南宋而名者忠定公张咏一人而已。北宋中期韩琦说:宋初张咏去世,“蜀民闻之,皆罢市号恸,得公遗像,置天庆观之仙游阁,建大斋会,事之如生,至今不懈”。[34]南宋崔与之来守成都的第二年,“清风令仪,底厉颓俗”,令世人为之瞩目。曾在潼川府路为官的刘光祖(1142—1222)见之,认为崔与之最宜与张咏和赵抃二人相配,遂由崔与之门人洪咨夔等经手,于忠定公张咏左右,绘赵、崔二公像一并祭祠,称为三贤祠,刘光祖写了赞语。10年后,曾在崔与之帅府任职的家大酉知简州,见州之会胜堂倾圮，而崔与之诗刻尚存，于是建阁其上，比绘成都仙游阁三贤像于新阁上，这是简州三贤阁。他说：

> 赵、张之风烈，家传而人诵之，言之只赘，而崔公之洁己裕民、忧边思职，亦近世所罕俪也。其大城西，近寇连岁盗边莫能入，人尤德之。[35]

后人纪念他，不仅在于崔与之卓具成效的治蜀功业，更是要在那"俗沦世斁、贪竞相师"的世风之中，树立一个"清方不移、华皓益坚"[36]的楷模来！

注　释

1 本文曾得粟品孝先生指正，谨致谢意。

2 崔与之：《崔清献公集》卷1《辞免除焕章阁待制知成都府本路安抚使》，《丛书集成》本，下同。

3 崔与之：《寄黄州赵别驾。庚辰(1220)入蜀，舟次黄冈，适赵倅奇夫沿檄行边，不遇，以诗寄之》，载《两宋名贤小集》卷227《菊坡集》。

4 崔与之：《崔清献公集》卷5《答李侍郎嘉定庚辰冬之官成都至城外驿，侍郎亦赴镇常，得相遇于道，惠诗答之》。

5 陈桱：《通鉴续编》卷20。

6 《宋史》卷406《崔与之传》。

7 崔与之：《崔清献公集》卷1《辞免除四川制置使》。

8 刘克庄后来奉使岭外，拜崔公祠像，俯仰今昔，作同调和词《游蒲涧追和崔菊坡韵》云："敕使竟空返，公不出梅关。当年玉座记忆，侧席问平安。羽扇尉佗城上，野服仙游阁下，辽鹤几时还。赖有蜀耆旧，健笔与书丹。青油士，珠履客，各雕残。四方蹩蹩靡骋，独此尚宽闲。丞相祠堂何处，太傅石碑堕泪，木老瀑泉寒。往者不可作，置酒且登山。"见刘克庄《后村集》卷20。

9 李昴英：《文溪集》卷11《崔清献公行状》。

10 李昴英：《文溪集》卷11《崔清献公行状》

11 李肖龙：《言行录》中，载张其凡、孙志章整理《崔清献公全录》(下称《全录》整理本)，广东人民出版社2008年版，第16页。

12 现存嘉定十五年所立《四川制置使司给田公据》残碑记载此事。赵灿鹏先生于本次会议提交的《崔与之与麦积山石窟》一文对这一事端及相关问题作了论述，值得参考，这里不再赘述。

13 (元)李肖龙：《言行录》中，载《全录》整理本，第17页。

14 《宋史》卷406《崔与之传》。兴元，治今陕西汉中。

15 《宋史》卷406《崔与之传》。

16 李肖龙：《言行录》中，载《全录》整理本，第17页。

17 李肖龙:《言行录》中,载《全录》整理本,第16页。

18 李昴英:《文溪集》卷11《崔清献公行状》。

19 《宋史》卷438《李心传传》。

20 《宋史》卷480《吴昌裔传》。

21 曹学佺:《蜀中广记》卷47。

22 《宋史》449《高稼传》。

23 《宋史》卷415《程公许传》。

24 《宋史》卷419《林略传》。

25 李昴英:《文溪集》卷11《崔清献公行状》。

26 崔与之:《御前札子付金州都统吴彦 御宝 封御宝实封枢密院札》,载《全录》整理本卷8,第87页。

27 《宋史》卷406《崔与之传》。据《宋史》卷413《赵彦呐传》,赵彦呐经理关外西和州五年,时誉甚都,受到制使安丙的重视。"及崔与之代丙,始察其大言无实,谓他日误事者必此人",端平三年,金人入至三泉,彦呐大败,贬衡州。

28 陈桱:《通鉴续编》卷20。

29 章潢:《图书编》卷40《四川图叙. 择守令》。冯京,鄂州(今属湖北)人,北宋中期名臣,曾在蜀中妥善平定成都西茂州夷反叛事,受到称誉,此不详述。

30 李肖龙:《言行录》中,载《全录》整理本,第17页。

31 真德秀:《西山文集》卷5《奏谢奖廉吏状》,参见《历代名臣奏议》卷150。

32 牟巘:《牟氏陵阳集》卷15《跋崔清献公帖》。

33 吕陶:《净德集》卷14《巡抚谢公(涛)画像》。

34 韩琦:《张咏神道碑》,《安阳集》卷50。

35 魏了翁:《鹤山集》卷49《简州三贤阁记》。

36 魏了翁:《鹤山集》卷49《简州三贤阁记》。

崔与之交游考略

苏州市经协委　方健
上海师范大学　范荧

崔与之(1158—1240),字正子,一字正之,小名星郎,号菊坡。广州增城人。与之父世明,数举乡试而未第,遂从医,悬壶济世而不收穷人费用。与之早年丧父,励志力学。绍熙元年(1190),补太学生,毅然只身自岭南赴临安求学。绍熙四年(1193),进士及第,成为广南士子由太学及第开风气之先的第一人。初任浔州司法参军,约嘉泰初,调淮西提刑司检法。嘉泰四年(1204),知建昌军新城县。开禧三年(1207),通判邕州,摄知宾州。嘉定元年(1208),辟知宾州。约嘉定四年(1211),除广西提刑兼提举。巡历部内,无远不至,疏上“便民十事”。嘉定六年(1213),以金部员外郎召赴行在。七年,权发遣扬州、主管淮东安抚司公事。时值蒙古攻金,金弃燕迁汴,李全(?—1231)复据京东,两淮腹背受敌,地当要冲。崔与之到任,重修城壕,选将练兵,积极备战,激励士气;招集民兵,在滁州、盱眙、楚州等地创置山砦,以重兵守淮口。操练马步军,淮东原有万弩社,又增创万马社,以备缓急调用,反对与金议和,力主固守备战。

嘉定十一年(1218)十二月,以秘书少监召。十二年正月,以秘书少监兼国史院编修、兼实录院检讨;同年十二月,试秘书监。十三年正月,以试秘书监兼太子侍讲;三月,除工部侍郎兼同修国史、兼实录院同修撰。是年四月,除焕章阁待制、知成都府兼本路安抚使,是年冬之任。十四年十一月,权四川制置使,十二月真除,领全蜀四路。作为封疆大吏的崔与之,进贤退不肖,致力于荐举、拔擢人才。在握有重兵的安丙去世后,实边备战,安抚人心,招降纳叛，不失为多事之秋的中流砥柱。乃至简州立“三贤祠”，以张咏（946—1015）、赵抃（1008—1084）和崔与之同祠。嘉定十七年（1224）三月，以权礼部尚书召，不拜，南下广州。宝庆元年（1225），诏除知潭州兼湖南安抚使，辞不就。宝庆二年（1226），除宝谟阁直学士、提举西京嵩山崇福宫，任便居住。绍定元年（1228），除知隆兴府兼江西安抚使，力辞不就。绍定六年（1233），召赴行在，辞不赴。端平元年（1234），诏除吏部尚书，辞不拜。二年（1235）二月，广州摧锋军兵变，与之权宜知广州；三月，除知广州兼广东路经略安抚使。六月，平定兵变；诏拜参知政事，力辞不拜。端平三年（1236）四月，诏除资政殿学士、提举临安洞霄宫，任便居住，又辞。同年九月，诏除正议大夫、拜右丞相兼枢密使，位极人臣，累疏力辞，不拜。嘉熙三年（1239）六月，以观文殿大学士致仕。同年十二月己未，卒，公元纪年已是 1240 年元月 21 日。赠少师，谥清献。享年 82 岁。

崔与之生在高宗末，长在孝宗时期，光宗时进士及第，开始长达近半个世纪的仕宦生涯，主要生活在南宋中晚期，历仕宁、理两朝。当时，韩侂胄（1152—1207）、史弥远（1164—1233）等权臣相继擅权专政，朝政腐败；对金、蒙的战争屡战而败，堪称内忧外患交困的时期。士大夫却结党营私，党同伐异，苟安于世，在这样混沌一片的艰难时世，来自岭南的崔与之却独立特行，卓荦不群，显示出其忧国爱民、清正廉洁的不凡志向，高贵品格。

与之初仕淮西即不畏强暴，秉公执法，得到前任枢密使王蔺（？—1214）的赏识和荐举。开禧中，在知南昌军新城县任所，筹备开禧北伐的和籴军粮，措置得宜，不扰民而办，江西漕使赵希怿令诸邑“视以为法”，并“特荐于朝”[1]。显示出他亲民治政的过人才干。通判邕州，摄知宾州期间，临危不乱，从容应变，平息兵变及军哄。嘉定初，任广西提刑兼提举，不辞艰辛，亲历遍巡部内州县，乃至过海到达朱崖（治今海南），为前所未有。过往之处，秋毫无犯。深知民情风俗，疏上便民十事，后人整理为《便民十事榜》，充分体现其关心民间疾苦的名臣本色，同时劾治贪官猾吏，整肃风纪。

与之宦游的辉煌业绩，见之于嘉定年间其守淮、镇蜀时期，其文武之功难以尽述。正如其门生洪咨夔（1176—1236）所称：“以正大学问，发为政事，所至声迹章灼";守淮"恩信孚浃,军民归命,恃为长城"。[2] 镇蜀"有文武威风,识大体","宽减征赋,笃志为民"。[3] 正当金、蒙大举进犯的艰难时世,积极备战,实边固守,民赖以为安。

其后,崔与之见权臣当道,朝政黑暗,遂退居广州,坚卧不起,多次辞免理宗以吏部尚书、参知政事、右相兼枢密使等高官厚禄所召,不为所动。仅在端平二年(1235)广州摧锋军兵变时出任知广州兼广东安抚使,事平即退。

在混沌浊世中,崔与之能"恬淡无欲"[4],洁身自好,严以律己,十分可贵;其尤可贵者,大量荐举、拔擢人才,皆极一时之选。这种远见卓识,尤以在以成都帅兼四川制置使任时为最。如游似、洪咨夔、魏了翁(1178—1237)、李庭芝(1217—1276)、家大酉(1176—?)、刘克庄(1187—1269)、李鼎、林略、程公许(1181—1251)、李性传、高稼(?—1235)、丁焴、度正(1166—1235)、李心传(1167—1244)、吴彦等[5],或以道德彰,或以功名显,或以文学优,多成为南宋中后期的栋梁之材。这是崔与之最为功德无量之举。

崔与之作为岭南大家、朝廷重臣,其道德、学问、人品、功业,享有重望,曾有"国家柱石,岭海儒宗"[6] 之时誉,核其卓荦不凡的一生,确非虚誉。崔与之的文集,宋时就已散佚,今所见者,乃明人所加裒辑,不仅错乱甚多,且精华罕存。这成为影响对崔与之学术、行求、事功正确评价的主要原因。前人将其称为与唐张九龄(678—740)、北宋余靖(1000—1064)齐名的岭南名臣,其守蜀又与北宋张咏、赵抃同享有盛誉。今人对其的研究,仅见王德毅先生、何忠礼、张其凡教授等寥寥数篇[7]。

今年适逢崔与之诞生850周年纪念,为彰扬这位南宋千古名臣的风范,拟钩稽史料,撰《崔与之交游考》,略述其师友、同年、门生及后学之事迹,从一个侧面反映南宋中后期时政、局势及知识精英的心路历程,或可聊作崔与之研究的拾遗补阙。

崔与之的交游可考者不下近百人,有限的篇幅不可能尽述其详,只能选择有代表性的人物,略考其生平,据其现存史料的详略撰一小传,考证过程一概从略,仅注所据资料出处。重在据交游双方诗词文赋及相关记载,考其交游事略,以揭示当时社会万象、士人心迹及时代风尚。崔氏交游大致可分三类:一为师长,二为同年僚友,三为门生属员,尚有个别亲友故旧不在上述三类之列。

崔与之对时局的判断及其交游之道,可概见于其《论直言疏》:"人才,国之元气,进退消长之机,乃治乱安危之候。涵养元气而寿其脉,有国者所当加意。而人才之消长由士气之屈伸,士气之屈伸由言路之通塞。彼其不敢昌言于公朝,而隐忧于私室;不敢明告于君父之前,而窃议于朋友之间,非盛世所宜有也。""近时诸臣朋友之情重,君臣之义轻,每联朋比之私,殊乏公忠之益,虽由习气使然,亦由朝廷未得振作之方也。"他对南宋中期以后权臣当道,统制言论自由的恶浊风气深为不满,主张力矫"朋比之私"的弊端,倡导"朋友之情"首重"公忠之益"的社会风气,堪称独树风标。更可贵的是他在交游中恪守自己立定的道德规范:不结党营私,对"谗谄面谀之人"深恶痛绝[8]。

一

因为史阙有间,崔与之在太学及应试时与师长辈的交游今已不可考,与前贤、先辈的交游也仅寥寥数人,这里考察的仅为王蔺、赵希怿、李珏、时佐等数人。

(1)王蔺。王蔺(?—1214),字谦仲,号轩山居士。无为军庐江人。乾道五年(1169)进士。释褐上饶主簿,调鄂州教授,擢四川宣抚司干办公事。召除枢密院编修官,徙宗正丞。淳熙八年(1181),权发遣舒州,进对称旨,超除监察御史兼崇政殿说书,后兼侍讲。迁起居舍人。十一年正月,以中书舍人同知贡举。十二年,除吏部侍郎。丁母忧,服除。十四年除敷文阁待制、知隆兴府。十六年正月,自礼部尚书除参知政事;五月,自知枢密院事兼参知政事,权监修国史。绍熙元年(1190)七月,拜枢密使。王蔺刚直敢言,遇事力争,嫉恶如仇,为御史中丞何澹(1146—?)论罢,提举洞霄宫。绍熙四年(1193),拜端明殿学士、起知江陵府。五年,加资政殿大学士、徙知潭州兼湖南帅使。庆元三年(1197),因觊觎相位、与漕臣吴镒结为死党的莫须有罪名,观文殿学士、正奉大夫、知潭州王蔺被降充资政殿学士放罢,再奉祠。嘉定七年(1214)卒,谥献简。撰有《轩山集》,已佚。与杨万里(1127—1106)等交游。事见杜范《清献集》卷19《王蔺传》、《宋史》卷386本传等[9]。

约在庆元、嘉泰间,崔与之在淮西提刑司检法任。时王蔺已再次罢政奉祠家居,其家正在淮西无为军庐江县。其子恃父曾任枢密使,仗势"豪夺僧寺田",官吏无敢秉公执法者,唯崔与之不畏权势,"直笔拟断"。王蔺听说后,极为赞赏,不以为忤,力荐于朝。"由是诸台交剡争致"。据《崔清献公全录》(下简称《全录》)卷1《言行录上》记载:与之"家集有《谢王枢密启》"。[10]

王蔺刚正不阿,不畏权势,嫉恶如仇,其绍熙元年(1190)被罢免枢密使时,御史中丞何澹论其"凶暴出于天资,忿戾形于面目,觊觎相位不得则忿怒,胁持台谏不从则谤骂,虽处西府,必欲夺东府之权;又容纵其弟莱所在暴横"[11]。但其所据却是:"中外喧传"王蔺之弟"莱知池州贵池县暴狠不法,凌蔑州郡",蔺缘此而"乞奉外祠"。[12]显然何淡乃风闻论劾,王蔺对子弟的不法从不护短而引咎辞职。王蔺的为人,其除参知政事制词有一公允的评价:"处之朝廷,则贪佞自远;试以方面,则威名益闻。涵养既充,气识深厚。"[13]崔与之秉公执法治其子夺田之罪,正为王蔺的严以律己,守法治家提供了佐证。这应是南宋中期宫宦交游史上的一段佳话。

(2)赵希怿。赵希怿(1155—1212),字叔和(一作伯和)。太祖九世孙。淳熙十四年(1187)进士,调福州司户参军。时赵汝愚为福建帅,颇嘉许,以荐升从政郎、监行在草料场,江东路漕司干办公事。约庆元、嘉泰间,通判太平州,擢知饶州。开禧初,提举江西常平茶盐;二年(1207),进直焕章阁、提点江西刑狱,改转运判官。摄江西帅,嘉定元年(1208),擢秘阁修撰,即真为江西帅使兼漕事、知隆兴府。是年,招降郴州黑风峒瑶人罗世传。三年,进龙图阁待制、知平江府。嘉定五年(1212),以显谟阁直学士徙知太平州。以疾丐祠官,以端明殿学士提举隆兴府玉隆万寿宫。告老,拜昭信军节度使、开府仪同三司致仕。同年九月初,诏赠少保、追封成国公,谥正惠。史称希怿"居官廉介自持,惜官物如己物。自奉俭质,不喜珍玩,自小官至通显如一日”。又称其“体国忧民,一心拳拳,勤劳尽瘁,以至成疾”。[14]

他的清介廉明,与崔与之如出一辙,也许正是这一点,使他对入仕途未久的崔与之格外垂青。李昴英《崔清献公行状》载:“开禧用兵,军需苛急,公悉以县帑收市,一毫不取于民。和籴令下,公依时值躬自交受,令民自概,不扰而办,为诸邑最。赵漕使希怿令诸邑视以为法,且特荐于朝,他司相继论荐”。开禧二年(1206),时年49岁的崔与之在知建昌军新城县任。他出色的治政能力,尤其是应付突发事件,如和籴军粮,“不扰而办”的精明干练,引起时任江西转运判官的赵希怿的关注和赞赏。也许正是赵希怿的荐举使他得到了升迁的机遇。

(3)李珏。李珏,生卒、字号、科第、早期宦历待考。平江府吴县人。李弥逊(1089—1153)孙。淳熙十六年(1189)在大理评事任。庆元二年(1196),在大理寺丞任,考校铨试。庆元六年岁末,知常州,在任主持兴修水利。嘉泰二年(1202),除湖北提举。开禧二年(1206),在江东提刑任;三年,徙浙东提刑,知绍兴府。嘉定元年(1208),召除侍右郎官,旋放罢。嘉定三年(1210),起为江西提刑。五年,召除大理卿;六年,在权户部侍郎任;七年,擢兵部侍郎。出为秘阁修撰、知隆兴府兼江西帅。嘉定十年(1217),以宝谟阁学士、江东安抚使、知建康府,兼行宫留守司公事。在任转太中大夫。嘉定十二年(1219)四月丁母忧,去官[15]。

嘉定十年(1210),崔与之在淮东安抚使兼知扬州任,李珏则以江淮制置使知建康府兼江东帅使,节制江淮军马。从当时形势看,江淮面临大敌压境的严峻局面。蒙古大军破金90余州,攻取城邑862座,金宣宗被迫迁都南京。十年六月,南宋下诏伐金;十二月,金大举进犯川陕、荆湖、两淮。李全复据京东、杨安儿余部不断侵扰,江淮之间,南宋边防首当其冲。正如《崔清献公全录》卷1《言行录》所载:金为蒙古所攻,“弃燕来汴,李全复据京东,两淮腹背受敌”。李珏及崔与之临危受命,积极备战。从隶属关系而言,李、崔乃有松散上下级关系;在防务区域而言,又各独当一面。两人分工协作,团结一心,以大局为重。如对叛服无常的李全则取分化瓦解、积极备战之策。史称李全部下有归附之意,与知楚州应纯之接洽,李、崔两人命应氏高度警惕，沿江增戍，静观其变，后发制人。《宋史》卷476《叛臣中·李全上》有载："时江淮制置李珏、淮东安抚崔与之，皆令（知楚州应）纯之沿江增戍，恐不能御，乃命先为机察。"可见两人的积极防御、料敌制胜的对策完全一致。

时值权臣史弥远（1164—1233）擅政，力主和议，崔与之不为所动，坚持积极防御战略。《全录》卷1《言行录》引《家集》有云："庙堂贻书，欲主和议。公答曰：'古今未有无夷狄之中国，而中国所恃以待夷狄者，不过战、守、和三事而已。唯能固守，而后可以战，可以和，权在我也；守且不固，遂易战而为和，权在彼也。自大将屯重兵于山城孤绝之地，而淮东守御全势因此大坏，局面一差，着着费力，彼方得势，而我与和，必遭屈辱。况虏寇尚留吾境，敌情多诈，从违未足深信，徒使军情疑贰，边防纵弛，必为所误。'又说：'和未可遽言也。比因缪将丧师辱国，愤恨俱废寝食，心气大作，委无精力可以应酬，乞别差通敏者，以任和议之责。'"

当时，宋军无谋浪战，出兵泗上兵败，即上引"缪将丧师辱国"，须由江淮制置李珏——当时长江下游江淮之间的最高统帅承担战败罪责，崔与之大义凛然，没有对这位顶头上司落井下石，体现了其一贯的风骨与对国事的担当精神及其对交游的情义。刘克庄记载了这一段令人感动的往事：

> 清献与文肃书如此，可见当时路帅事阃帅之礼，时嘉定甲戌也。后四年戊寅，余从制帅尚书李公行边，清献犹在扬。李公盛陈兵卫入境，清献以素对数十人，过扬子桥来谒。李公寓维扬馆月余，清献每白事必减驺从，屏呵导。先至幕府见余辈。或问："清献公方岳重臣，奈何执礼如小侯？"清献曰："某昔为郎官，李公上某自代，今礼统当然，况情谊乎！"文肃亦荐清献者，前辈于知己礼敬，终身不衰，今人不复能然矣。然此特礼文之见于外者耳。至于持论临事，则各行其志，有毅然不苟同者。嘉定惩创丙寅、丁卯轻举，中外以再和为幸，而清献告文肃谓："聘使往来，人情懈弛，必至之忧，在于旦夕，宜急修守备以待。"不旋踵其言皆验。敌先至浮光，清献又劝李公持重。俄而，我师出泗上，师失利，虏大入，庙谟以咎李公，议擢清献代之，俾续和议，先贻书谕上意，清献力言："虏垂亡，不可和，李公不可去！"后李公闻而叹曰："若他人，必挤而

夺之矣![16]"

崔与之在任郎官时，得到刘榘、李珏的荐举，与之感激终生，执礼甚恭，这是对前辈、先达的礼敬及知己者的尊重。刘克庄亲见其对行边的李珏极为谦恭，但在论国事时却又坚持己见，决不盲从。如劝刘榘急修战备，严阵以待；劝李珏持重，不可冒险进攻。但李珏兵败，史弥远等欲以崔与之代李珏并主持和议。面对高官厚禄的诱惑，崔与之大义凛然，力言："虏(指金)垂亡，不可和，李公不可去!"掷地有声，不仅是报答交游荐举的知遇之恩，尤在坚持以国事为重不可议和的一贯立场。故李珏浩然长叹：倘若他人，必落井下石，取而代之也。很多年后，刘克庄仍喟然感慨："嗟夫！功名之际，人各着鞭，虽士稚越石，亦未能免，而清献处心无竞若此，盖世之所未知也。"崔与之的高风亮节，确实炯出流辈，不同凡响。

(4)时佐。时佐生卒、字号、籍贯、科第待考。淳熙七年(1180)，以大理正为铨试、公试、类试点检试卷官。后除刑部郎中。十一年，在知盱眙军任。十六年十二月，以言者论时佐交结，诏新知常州时佐主管建宁府武夷山冲祐观。嘉泰二年(1202)十二月，以中奉大夫、直华文阁、淮南运判除浙东提刑[17]。现存宋代史料中，虽有关时佐的记载仅寥寥数条，尚不足以构成时佐小传的要素。但其为崔与之交游及前辈则确定无疑。崔与之今存为数不多的交游诗中有三首七律，题为《送时漕大卿》(题注：淮西检法)[18]，先录三首佚诗如下：

卿月高华照楚墟，澄清雅意见登车。星分屯垒云中戍，风引艅艎塞下储。十二聚民行惠政，三千议狱谨刑书。最声烜赫流聪纩，圣诏今朝下玉除。

越山辉映绣衣鲜，屈指重来是几年。濡辔按行方易地，追锋趣召已朝天。步趋接武星辰上，献纳依光日月边。到得中流须砥柱，功名事业要双全。

十年宦海任飘零，岂料光华伴使星。落魄半生头已白，爬沙一见眼长青。天涯明月方依树，淮上长风忽散萍。别泪谁能效儿女。不堪官柳暗长亭。

诗的意思很清楚，无非回顾在淮南的交谊，高度评价时佐的政绩，对他在近畿的新任充满期待与祝福。慨叹自己年近半百而才大用小。依依惜别中不无惆怅。这是一组典型的送别诗，充满着与师友离别的感伤。可惜，我们对两人在淮南的具体交往尚不清楚。从宦历看，时佐亦为崔与之的前辈，处在亦师亦友之间。

二

本节拟以崔与之的诗文为主线，考察他与同年、僚友间的交往。因史料的匮乏，这种考察仍只能以单向为主，交游本是双方的行为，但因对方的诗文所存已寥寥，除少数人外，仍只能主要让崔与之“唱独角戏”。这种遗憾，要在下节其与门生属吏的交游中得到充分的弥补，崔与之反成配角。这种角色的转换，仍以交游双方今存诗文数量的多寡所决定。本节考述的交游对象主要有程珌、杨汝明、赵师楷、赵汝燧、聂子述、李壁、李埴等人。

(5)程珌。程珌(1164—1242)，字怀古，自号洺水遗民。徽州休宁人。绍熙四年(1193)进士，释褐昌化主簿。嘉泰元年(1201)，调建康府教授。开禧二年(1206)，为江淮宣抚司准备差遣，擢干办公事。嘉定二年(1209)，改知富阳县。七年，除主管官告院。八年，改宗正寺簿，迁枢密院编修官。九年，除秘书丞，兼权侍右郎官。十年，出为江东运判；十二年，徙浙西提举。十三年，再召为秘书丞；十四年，进著作郎；同年六月，除军器少监；八月，除国子司业兼国史院编修官、实录院检讨官、兼权直舍人院；九月，擢起居舍人。十五年，擢权吏部侍郎兼权中书舍人。十七年，除守礼部侍郎兼直学士院、同修国史。理宗即位，又兼侍读。宝庆元年(1225)，擢试礼部尚书。二年，兼权吏部尚书，拜翰林学士、知制诰兼修玉牒官。绍定元年(1228)，出知建宁府。三年，提举隆兴府玉隆万寿宫。嘉熙元年(1237)，知宁国府；二年知赣州；三年，知福州；皆辞免。淳祐二年(1242)，以端明殿学士致仕，旋卒。有《洺水集》60卷，原本已佚，今有四库本等传世。珌立朝有守，风骨淳然。文究义理，遣词精雅。事具吕午《程公行状》、程若愚《程公墓志铭》(均见嘉靖本《洺水集》附录)，《南宋馆阁续录》卷7、8、9，《宋史》卷422本传等。

程珌与崔与之为同年，两人皆立朝有守，风骨凛然。理宗朝，见权相擅政，故皆请祠而不再出仕。也许正是这种共同的志趣，使他们成为同年中难得的诤友。两人不顾地望的悬隔，书相往来，保持着经常而密切的联系。因两人的文集今虽存却皆非完木，散佚大半，故今可考见者仅程珌复书三通，而崔与之的尺牍已佚无存。但就这两首复书及跋文，足见程对崔的推崇与期许，反映两人间的亲密无间，体现了在思想、志趣完全一致基础上的深情厚谊。所不同者崔以军政治才见长，而程珌则以学术文字见胜，两人各擅其才，为同年中极罕见的挚交。绍熙四年(1193)陈亮榜的合格进士有396人之多，今能考见双方互有交往者不过屈指可数的寥寥数人，程珌与崔与之堪称罕见的例外，关键在于两人皆有佚诗文存世。而绝大部分其他同年的诗文已随岁月的流逝而荡然无存，今存者已堪称百不及一。

程珌《洺水集》卷18今存《回崔侍郎》尺牍两篇，其一有云："自古以来，中原有变，蜀必先乱，中原既定，蜀必后平。又况今日之蜀，非前日比，安知后日之事，又岂止今日而已邪？万一此胡窜身无地，徙巢入关，则蜀之去天也远，去虏也近，可不先定其规模，一言而后行乎？少年不更事之人，疏率无谋；老成持重之人，又复退缩。今推择而至侍郎，非苟然者。古之兴事造业者，其机在于兴起人心，鼓动士气而已。至若兵、若将、若财，特节目耳。"嘉定十三年(1220)，崔与之被任命为四川安抚使兼知成都府，尽护全蜀，是年盛夏驰书同年挚友；此为程珌是年秋的答书。首先分析了"天下未乱蜀先乱，天下已治蜀后治"及当时面临困兽犹斗的金入侵四川的严峻形势，指出四川对南宋立国东南的极端重要性。又认为崔与之极天下之选，系天下之安危，堪称任重道远，希望他能"兴起人心，鼓动士气"，又不仅是只抓训兵选将，积聚财粮之类具体事宜。最后，认为应关注敌我态势，注重信息情报，尤应重视人才的选拔，特向其推荐同年陈仲酉，可"备采择"。堪称语重心长，独具只眼。在这封罕见的长信中,语极真挚,可见程珌对同年好友的推心置腹,拳拳之意。

其信中又云:“多事之秋,所与共功名者,天下之英杰也。顾乃小智自是,闭门拒之,阂上下之情,失事功之会,皆是物也。耶律德光云:南人饮食动息,北人无不知之。若北方之人以堂堂十万之师,或在九天之上,或入九地之下,南人未必知之也,今千百载而南人此病终不可疗,可叹也已。兼之辟置之属,盖与之共腹心者,始择不审,无几斥去,安能得士之死力哉!蜀不为无人,某不能尽识,陈同年仲西,颇负胆气,亦有谋略,尝率凤州之人,深入其地,顷坐粗豪,今更涉历,盖亦老于风霜矣。试召与语,恐足以备采择,是以因书并及之。范文正公尝言:‘幕府辟客,须可为己师者。’盖平时敬之为师,则必用其言,而平时以朋友待之者,则言之用否,未可必也。”

嘉定十四年(1221)之冬,将近年底,又接到崔与之来书的程珌,欣然覆信,说了不少勉励他建功立业,“以光麟阁”之类的套话,更象是祝贺新年、辞旧迎新之际的交游间的应酬,也许是在前一封书信中已将肺腑之言倾诉略尽之故。其说云:“惠然尺素,如云堕(坠?)空,欣浣无涯,有言莫喻。侍郎禀浩浩正元之气,负盘盘任重之才;合四蜀之广,五六十州之众,天子所恃以为爪牙,百姓所恃以为司命。羌酋所望,以为叛服者,与其逐逐红尘,无毫发可以自见,孰若为朝廷分寄一方,风行八表,可以垂无穷而诏罔极者耶!甚盛,甚盛!余冀寿重,以光麟阁,此委垂戒。”[19]对这位同年寄以厚望。

嘉定十三年,程珌在浙西提刑任,置司平江府,接到崔与之的来信,是书称崔氏已被任命为知成都府,即将离临安府行在之际。可见是年分别在苏、杭的两位同年互有书信往来,崔书已佚,程珌有跋这首尺牍之文如下:“嘉定庚辰岁,仆在姑苏,得同年崔正子尚书书云:‘出守朱(未?)离之际,诸州券直已靳不给,募者散去,此为恶况,’嗟乎!去来一理尔,美恶一况耳。今日之来,即他日之往;今日之美,即他日之恶,无来即无往,无美即无恶。正子自蜀归,屡召不至,岂其一去来、齐美恶至是而为天游邪?其视出于机,入于机,死生醉梦,终不之觉者,又天壤矣。”[20]在局势尚未变得不可收拾之际,两位同年已见微知著,预计到国势的每况愈下,不可逆转,遂不约而同,选择了坚卧不出,请祠家居。在权臣当道的南宋晚期,他们已很清楚,几无可能挽狂澜于既倒,遂选择退闲,尚不失为一种明智的选择。虽缺乏那种"以天下为己任"的担当精神,但却避免了与权臣同流合污的尴尬。

(6)杨汝明。杨汝明(生卒未详),字叔禹。眉州青神人。绍熙四年(1193)进士。其早年宦历待考。嘉定三年(1210),除校书郎;四年六月,除秘书郎;五年八月,进著作佐郎。六年,擢著作郎。七年正月,兼权侍左郎官、点检试卷。八年,为军器少监、兼权考功郎官。九年,迁军器监。十二年二月,以起居舍人兼国史院编修官。同年五月,改起居郎。是年八月,权礼部侍郎,兼同修国史。十三年正月,同知贡举。十四年三月,试礼部侍郎。同年十一月,兼侍讲。拜工部尚书。绍定初,知泸州兼潼川府路安抚使[21]。

崔与之为数不多的佚诗中,有一首是与同年杨尚书的交游诗,所涉时间、地点、人物,事由,诗题中交待得颇为明白,无须赘述。今考杨尚书即杨汝明,他率时在行在临安的同年团拜于西湖之上,省了同年间每家的元日互拜新年,这是宋人交游中的习俗。嘉定庚辰为十三年(1124)。十二年正月,崔与之召除秘书少监,是年十二月擢试秘书监,次年新年后不久又除朝请郎、兼太子侍讲。三月即除工部侍郎兼同修国史、实录院同修撰。元旦之际,同年杨汝明时已初拜工部尚书,遂与同年相约团拜于风光如画的西湖之上。同年纷纷作诗贺岁,崔与之也乘兴唱酬一首,《嘉定庚辰正月二日,杨尚书率同年团拜于西湖。因为游湖之集,适湖水四合,乘兴鉴冰,泛舟如所约也。杜侍郎赋诗,和之》诗云:"雪里同骑白玉鳌,湖山人物一时高。银潢下泻波千顷,宝鉴旁开水半篙。我欲乘风惊老大,谁将剪水戏儿曹。梅花纸帐扁舟梦,但觉归心长羽毛。"[22]

(7)赵师楷。赵师楷(生卒不详),字清之。漳州龙溪人,宗室。绍熙四年(1193)进士。授南安县主簿,擢浙漕干官,知潭州湘潭县。迁惠州通判,嘉定十五年(1221),在提辖左藏东西库任,与宫观,理作自陈。知梅州,徙抚州。绍定元年(1228),除广东提舶。绍定四年(1231),为广东转运使,摄帅事。召对,除判太府寺,出知建宁府。嘉熙元年(1237),进直宝章阁、知广州兼广东安抚使。二年,除都大提点江淮等路坑冶铸钱公事,除直秘阁、依旧都大提点[23]。

崔与之和赵师楷为同年，崔晚年宫祠居家期间，赵师楷相继任广东提舶、广东转运使、知广州兼广东帅使，两人间有长期的交往。赵师楷诗文今已全佚，荡然无存，崔与之和赵的交游诗文亦几全佚，仅幸存崔悼念赵师楷的佚诗二首，今录如下（缺字以方围表示）：

哭赵清之（师楷）（二首）

天南□□□重临，遗爱犹存蔽□阴。
鼓角三城新令肃，袴襦万井旧恩深。
养民但积和平福，莅事常持敬简心。
远业设施殊未老，巨川东逝日西沉。

老来心事向谁论？每见移时话肺肝。
黄甲同登今有几？白头相对古来难。
死生转盼星辰坠，聚散酸心暮雨寒。
病里不堪闻楚些，海山望断泪汍澜。

第二首忆念聚少离多的交游经历，唯晚年在广州得以经常来往，对他的归道山深感痛惜，他的悲伤发自内心。第一首则表彰赵师楷在出任地方官时的政绩，长留遗爱在人间。尤其是重修广州鼓角城楼，重视扶贫赈济事业，临政抚民出于平常心，体现了平平淡淡即是真的爱民宗旨。这也是崔与之在担任地方官时一贯的治政方略，两位同年的心是相通的，正体现了宋人心心相印、道不同不相与谋的交游原则。

（8）赵汝燧（一作镃）。赵汝燧（1172—1246），字明翁，号野谷。太宗八世孙。袁州（治今江西宜春）人。嘉泰二年（1202）进士。历任东阳主簿，辟崇陵桥道顿递官。易诸暨簿，入浙东帅辛弃疾（1140—1207）帅幕。为湖南提刑司干官，深得提刑李埴（1161—1238）倚重，从其入沿江制置司为机宜官。以荐知抚州临川县。监镇江府榷货务、添差临安通判。丁父忧，服除，迁诸军审计司，军器监主簿。绍定二年（1209），出知郴州。四年，除湖南提刑,改湖南运判,移广东运判,时帅、仓、舶使虚席,兼领数司,游刃有余。改知安吉州、除广东提刑,皆未就。以刑部郎官召对,归奉崇禧祠。淳祐五年(1245),除知温州,六年卒。有《野谷集》,原本已佚。今存《南宋群贤小集》本6卷等。事见刘克庄《后村先生大全集》卷152《刑部赵郎中墓志铭》[24]。

赵师燧在广州以运判、转运副使领帅、仓、舶司时,与崔与之时相过从,深得崔氏之器重与赞赏。崔在与游似信中称赵有干、淳监司之风。崔又有《贺新郎·寿转运使赵公汝燧》:"雨过云容扫,使星明、德星高揭,福星旁照。槐屋犹暄梅正熟,最是清和景好。望金节、云间缥缈。和气如春清似水,漾恩波、沾渥天南道。晨鹊噪,有佳报。天家黄纸除书到。便归来、升华天下,安边养浩。好是六逢初度日,碧落笙歌会早。遍西郡、欢声多少。人道菊坡新酝美,把一觞、满酌歌难老。瓜样大,安期枣。"足见两人为情亲笃好的交游情深,虽然崔氏年长14岁,但两位白首老人的交往其乐融融,于词中可见一斑。

(9)聂子述。聂子述(生卒未详),字善之,号定斋。建昌军南城人。绍熙元年(1190)进士,历知瑞金县,嘉定六年(1213),除秘书丞兼右司郎官,同年十二月为著作郎。七年十一月,为将作少监,充贺金正旦使。九年三月,在判军器监、兼权中书门下检正诸房公事任,十一年三月,以起居郎兼权工部侍郎;十一月,兼国史院编修官。十二年正月,以新知兴元府兼利州路帅使擢四川制置使。四月,张福入利州,子述弃官遁去。五月,赴行在。十二年十一月,前宝直学士、四川制置安抚使聂子直降宝谟阁待制,提举江州太平兴国宫。十七年九月,以宝谟阁直学士、枢密都承旨充复按使。宝庆元年(1225),除吏部侍郎仍兼国史院编修官。三年,以宣奉大夫出知赣州。晚年致政归乡,适盗杀郡守,诏欲屠城,力谏而止。撰有《定斋集》10卷,已佚[25]。

聂子述事业和宦历的转折点,在嘉定十二年(1219)元旦,是日,他以新知兴元府兼利路帅,被任命为四川制置使,上任未久,既不能抚平叛卒,激而为乱;又在张福入利州的关键时刻,弃官东逃,正是得到权臣史弥远的庇护,才得以官复原职,东山再起。绍定六年(1233),独擅朝政24年的权相史弥远死,聂被称为"四木"之一[26]。他的败军误国、弃官脱逃激起太学、宗学、武学生的公愤,数百人纷纷上书、相继伏合请愿[27]。其人实不足取。

但令人费解的是:作为出身于太学生、一身正气的崔与之,却在嘉定中聂子述赴四川新任过淮东时有诗为之壮行,或其时聂氏党附权相、怯懦无能的真面目尚未暴露欤?

崔与之《送聂侍郎子述》(淮东帅)

诗序云:"嘉定丙子,侍郎为蜀之行,舟过扬州,此诗赠之。"[28]

一

碧幢红旆白貂裘,去踏西风万里秋。
要得处方医坏证,便须投矢负全筹。
百年机会真难遇,一线光阴更易流。
早辨出师诸葛表,祁山斜谷郁绸缪。

二

吴蜀相通一水长,闻公西土意差强。
人谋合处天心顺,民力宽时国势张。
参井光芒摇戟纛,关河带来耀旗常。
雪山自是西人重,赤舄归来早趣装。

二首送行诗对这位交游充满期许,希望他能力挽狂澜,能象良医般医治西蜀的日益衰败,要象诸葛亮那样鞠躬尽瘁,支撑危局。国势的强盛依靠民心士气,因而勉慰友人治政应宽民力。看来对聂子述未免期望太殷,即使崔氏本人三年后入蜀知成都,后为四川制置使也未能改变大局,除了荐举大批人才外,同样无功而返。在当时的大环境下,实已难有所作为。崔与之与聂子述的交游可证,个人品质是缔结交游的基础,但任何个人均受当时环境的制约,而且随着时移世易,人并非是一生不变的。崔赋诗送聂入蜀时,聂同样也是踌躇满志,渴望建功立业,以获升迁至位极人臣的机遇。

(10)丁黼。丁黼(1167—1239),字文伯,号延溪。原籍徐州,迁居池州石埭(治今安徽青阳南)。泰亨子。淳熙十四年(1187)进士。释褐崇德县尉,调秀州录事参军。嘉定五年(1212),在余杭县令任。七年,干办诸司审计司;出知信州,徙知吉州。九年,召除太府寺簿。迁江西提刑。嘉定十三年(1220),知夔州兼夔路帅。宝庆元年(1225),召为军器监,因言事被逐。绍定四年(1231),知静江府;六年,为四川制置副使、兼知成都府。端平三年(1236),蒙古军入侵成都,力战殉国,卒谥忠愍。撰有《延溪集》50卷、《六经辨正疑问》等,已佚[29]。丁黼嘉定十三年至十六年(1220—1223)在知夔州兼夔路帅任,当时崔与之为四川制置使,两人为长达三四年的上下级关系,必有交往及诗文往来。惜史阙有间,仅丁黼于嘉定十六年(1223)召赴行在之际,崔与之有二首依依惜别的送行诗,《送夔门丁帅赴召》:

(一)

忆昔扪三峡,班荆拥暮寒。宦情双鬓底,世事两眉端。
坏证扶须力,危机发更难。胸中经济学,为国好加餐。

(二)

议论方前席,功名早上坡。去帆瓜蔓水,遗爱竹枝歌。
同志晨星少,孤愁暮雨多。倚风穷望眼,碧色渺平莎。

从"同志晨星少"云云,可见崔与之对丁帅依畀甚重,虽荐用了数十位年轻才俊,但不如丁黼之老成持重;"胸中经济学",可以为国分忧,在四川共同支撑危局。丁黼亦不负交游的重望,10年后,又被任命为四川制置副使,兼知成都府,在崔与之请祠退闲后,苦心经营西事。端平三年(1236),当蒙古军入侵成都时,力战拒敌,不幸以身殉国。远在广州的崔与之听到这位忘年交为国捐躯的恶耗,应有诗文悲悼,但崔与之的文集已佚亡大半,很可能这类伤悼诗词文多已散佚。

(11)危稹。危稹(1163—1236),原名科,字逢吉,号巽斋,又号骊塘。抚州临川人。淳熙十四年(1187)进士,及第时,孝宗为改今名。授南康军学教授,调临安府学教授,迁京西安抚司干办公事。嘉定六年(1213),召为武学谕,改太学录。七年,迁武学博士,擢诸王宫教授。九年,请建宗学,充宗学博士。十年九月,除秘书郎;十一年六月,为著作佐郎、兼吴益王府教授;十二年六月,升著作郎、兼屯田员外郎。以赋诗送柴中行去国,忤宰相,出知潮州。十三年二月,又以通金华徐侨书而论罢,提举千秋鸿禧观。嘉定十六年(1223),以朝散大夫起知漳州,在任建龙江书院。后请老以归,提举崇禧观,卒。撰有《巽斋集》,《宋史·艺文志》著录有《危稹文集》20卷,又有经义、集解等经学著作,编辑有前朝人诗文、先贤奏议选集,名曰《玉府》、《药山》,皆佚。今存仅《巽斋小集》诗1卷,有《南宋六十家小集》(汲古阁)等本行世。事具《宋史》卷415本传等[30]。

嘉定十二年,崔与之在临安,任秘书少监、兼国史院编修官、兼实录院检讨官;同年十二月,擢秘书监。作为主管秘书省的长贰(正副主官),每逢秘书省有官员外除州郡,或守丧、致仕等离京,按惯例同省官员要举行宴会送行,即崔与之诗题中所说之"同舍饯别"。这类送别宴会十分频繁,杯盘觥筹之余,往往以诗词唱酬,产生了大量交游作品,其中不乏传世精品。其永恒的主题不外抒发离情别绪,对出省官员的才华、人品赞叹一番,对出任新官加以慰勉,其中也有对国事的忧心,对时局的评论等。这类聚会有时也会在西湖等景区举行,往往时有赞赏美景,借景抒情之作。在今存崔与之的30余首佚诗中,属于这类"同舍饯别"的交游唱酬之作就有6首之多[31]。往往采取"分韵赋诗"的方式,这种文人间的斗诗,某种程度上体现才思、知识面等的较量。谁才思敏捷、记忆过人、知识渊博,就会获得同僚的尊重。因秘书省(馆阁)为储才之所,乃才俊密集的场所,大量优秀的文学作品就会在觥筹交错之中产生,并迅速传诵,作者也往往缘此而声誉鹊起,乃至身价百倍。

这首五古《危大著出守潮阳》,乃崔与之的代表作。诗云:"天地清淑气,人才随所得。君独禀其全,济之以学力。苍皮四十围,直干三百尺。填胸书万卷,绚采云五色。清和间韶濩,劲直沮金石。间气之所钟,表表才称德。韫藏不自衒,况复耐官职。颓波正流靡,不濡而不激。平生忧国心,一语三叹息。着庭史笔健,寒芒照东壁。画省方翱翔,忽厌青绫直。揭阳落天南,自诡何太啬。东风吹马耳,刍秣甘远役。时事棼如丝,宵衣尚顾北。袖藏医国方,何以寿其脉。行行无疾驱,有诏且前席。"[32]此诗首先赞扬危稹学养淳厚,满腹经纶,人才难得;又因其品格高尚,清和劲直,忧心国事而引为知己。面对"时事棼如丝"的危局,期望友人能在知潮州的任上有所作为,仍对其"袖藏医国方"的学识、才华未能充分发挥而感到惋惜。危稹不畏权势而忤时相史弥远,为友人柴中行、徐侨(1160—1237)的无辜被贬鸣不平的高风亮节,尤为崔与之所倾倒、赞赏,在权臣当道的浊世,不计个人安危、荣辱,敢于挺身而出仗义执言,确实需要非凡勇气。这首送行诗,也蕴含着崔与之对危稹这种风骨的赞许及道义上的支持。

(12)李壁。李壁(1159—1222),字季章,号雁湖,又号石林。眉州丹棱人。李焘六子。以父荫授监凤州比较务。淳熙十一年(1184)李焘(1115—1184)卒时,官主管刑、工部架阁文字、通判永康军。绍熙元年(1190)进士,授将作监簿。二年,以留正(1129—1206)荐,召试馆职,除秘书省正字。五年,为校书郎。庆元元年(1195),除著作佐郎兼权刑部郎官;二年,为礼部贡试参详官。三年,出知阆州,移汉州。嘉泰二年(1202),除夔州路提刑。三年,召为秘书少监。四年,迁宗正少卿,兼权同修国史、实录院同修撰。权兵部侍郎,旋改权礼部侍郎、兼枢密副都承旨、兼直学士院。开禧元年(1205),同知贡举;五月,使金,贺金主生辰。二年,草诏伐金,耸动中外,进中奉大夫、权礼部尚书。二年七月,拜参知政事,为明堂大礼卤簿使。三年十一月,兼同知枢密院事。旋因迎合开边,为论者所劾,降二官,罢执政,抚州居住。嘉定二年(1209),诏令任便居住,返眉州。四年,诏中大夫、提举临安洞霄宫李壁永不收叙。八年,以殿中侍御史黄序论,降三官,罢宫观。嘉定十二年(1219),除端明殿学士、起知遂宁府。十三年,与宫祠。十五年六月,以资政殿学士、通奉大夫致仕,病卒,后谥文懿。

李壁博览群书,熟谙典制。撰有《雁湖集》100 卷、《内外制》20 卷、《临汝闲书》150 卷、《援毫》80 卷、《涓尘录》3 卷、《国朝中兴诸臣奏议》450 卷等,皆佚。今仅存《中兴战功录》1 卷(原本 3 卷)、《王荆公诗注》50 卷。事见真德秀《李公神道碑》(刊《西山文集》卷 41)、《宋史》卷 398 本传,今人王德毅撰《李焘父子年谱》(修订本刊《宋人年谱丛刊》第5231—5458页)等[33]。

崔与之很可能在绍熙初在临安为太学生时已和李壁兄弟相识,早就成为交游。开禧二年(1206)七月,崔氏知新城县任满,在临安待阙守选,正值李壁拜参知政事之际,遂上祝贺之诗:

寿李参政壁(都下待班)

青牛老仙紫云旄,函关西度天风高。
手携柱下五千卷,来擅一世文章豪。
玻璃江头梅欲蕾,暮颐山麓寒方鏖。
飙车羽轮下霄汉,从以万鹤如云涛。
参天挺特有乔木,大地负荷须巨鳌。
百斛篆鼎笔端斡,五色瑞茧胸底缫。
笑谈更化定大计,干机坤轴回钧陶。
苍生脱险诞登岸,沙嘴闲此杭川艘。
雁湖风物午桥似,满引凿落歌离骚。
酒酣耳热自击缶,世间万事轻鸿毛。
涂炭未苏兵未洗,云雷可使屯其膏。
玉堂昨夜进麻草,延黄趣对猩红袍。
太平事业有所属,北卷燕蓟西临洮。
扶持世极寿国脉,突兀一柱擎天牢。
五羊仙客起为寿,安期大枣东方桃。

首四句称其父李焘无愧良史,当世文豪。又称李壁一柱擎天,"北卷燕蓟"、"太平事业"云云,即对其在开禧北伐及后来力主和议予以充分肯定,对他出任执政满怀期待和祝愿。

嘉定十三年冬,崔与之赴任成都帅,在成都城外驿站,巧遇即将出蜀赴知常德府、兼湖北帅使的李壁之弟李埴,久别重逢,欢会之余,互有诗唱酬。李埴原唱已佚,今仅存崔与之答诗。同样对他满腹经纶,长于治政赞赏有加,对匆匆相见遽又分手深感依恋和无奈,意尽在"目断三峡东"的不言之中。其诗《答李侍郎》(嘉定庚辰冬,之官成都。至城外驿,侍郎亦赴镇,常得相遇于道,惠诗答之):“栢竹老岁寒,梅矾淡春风。邂逅万里桥,相对双鬓蓬。论心岂无酒,举盏不忍空。恐渠道旁嗤,咄咄醉颊红。送以静观颐,答以晦养蒙。障尘马上去,意气如飞鸿。荆州旧分虎,武陵世凭熊。所至相劳苦,父老携儿童。地偏舞袖长,鸡瘠牛鼎丰。甘棠子孙枝,蒙密成芳丛。闻之白玉堂,起草谁其工。要为官择人,颇牧还禁中。胸藏经济方,医国收全功。世事俱尘土,惟有汗竹公。雨足芎茁苗,风暖蒲长茸。离索抱孤影,目断三峡东。”[34]

三

崔与之从宦过程中,其人生的亮点或事业的高峰尤在淮东及四川。在两任帅守及制置使的10年中,他最为功德无量之举,即识别、选拔、荐举了大量才学德识堪称一流的人才,尤其是原偏居川蜀的人才。这些新锐精英多成为南宋晚期的中流砥柱,在政治、军事、经济、思想、学术文化等各方面颇有建树。崔与之拔擢这些门生、属吏、隐士堪称不遗余力,是真正的伯乐。其识别、考察、培养人才的经验,值得研究人才的学者认真总结。如果从交游的角度,一一考察崔与之和这些后学、门生、属员的交往,应是一部专著的规模。限于篇幅,只能选择一二有代表性的人物进行考察,先列出属于这一类交游的人物名录。主要有:游似(?—1252)、洪咨夔(1176—1236)、魏了翁(1178—1237)、李庭芝(1219—1276)、家大酉(1176—?)、程公许(1181—1251)、林略、刘克庄(1187—1269)、李心传(1167—1244)、李性传(?—1255)、丁焴、度正、吴彦、高稼(?—1235)、陈韡、李鼎、黎伯登、王应辰、王潩、家抑、张裨、王子正、程德隆、郭正孙、苏植、黄申、高泰叔、吴泳(1180—?)、吴纯臣、温若春等数十人。

(13)洪咨夔。洪咨夔(1176—1236),字舜俞,号平斋。临安府于潜(治今浙江杭州临安西)人。嘉泰二年(1202)进士。授如皋主簿,历饶州教授,应博学鸿词科。嘉定七年(1214),崔与之辟为淮东幕僚;十三年(1220),追随与之入蜀,为成都通判。旋知龙州。十七年(1224),召为秘书郎。宝庆元年(1225),迁金部员外郎。以言事忤权臣史弥远(1164—1233),罢归。绍定六年(1233),召为礼部员外郎,拜监察御史,劾罢枢密使薛极等。端平元年(1234),擢殿中侍御史;进中书舍人,兼直学士院。迁吏部侍郎,兼给事中。三年(1236),进刑部尚书,拜翰林学士,知制诰。卒,谥忠文。撰有《春秋说》30 卷、《平斋文集》32 卷、《两汉诏令》等,存。事具《宋史》卷 406 本传、《咸淳临安志》卷 67 等。

洪咨夔,乃崔与之推赏及识拔之第一人。曾从游崔氏七年之久,故交游诗文颇多,尤在淮东及成都期间。嘉定十七年(1224),权四川制置使、知成都府崔与之召除礼部尚书,不拜,欲便道归广州,途经阆州与门人——知龙州任满的洪咨夔相遇,洪应召赴临安就任秘书郎,南下及东归的师生两人匆匆相聚旋即揆离。此后 10 年间,崔坚卧不起,洪宦海沉浮,宝庆元年(1225),以言事忤权臣史弥远而罢官,亦归。绍定六年(1233),洪氏寄诗求序于崔,附书信一封,有云:“某伏自阆州城南下违离之拜,整整十年,进不能为公朝趍事赴功,以答所主;退不能从师门考德问业,以益所学。”又尊崔为一代宗师,自况为最被知厚的门弟子。其说曰:“况今天下之达尊,谁出先生之右? 门人弟子之最亲,孰如牛马走!”又称:“贫贱富贵不能移吾之所乐,惟先生以之。迩来头风不作,酒时进而饭日加,天所以寿吾道之脉也。”[35]是说师生同样安贫乐道,操守如一。出则事功,为国分忧;退则考德,陶冶情操。师生两人皆易退难进,深为恩师的健康长寿而欣庆。这封满怀深情的书信,寄托了洪氏对恩师的尊崇与爱戴。两人始终心心相印,不妨以洪氏的诗文回顾他们长达 20 余年之久的交谊。

嘉定七年(1214)春,崔与之出镇淮东兼知扬州。于八年八月至九年九月,调集民工、役兵大举浚修城壕。洪咨夔有《记》云:“公以正大学问,发为政事,所至声迹章灼。击楫东来,恩信孚浃,军民归命,恃为长城,识者以经济事业望之。”[36]言传身教,对洪咨夔日后的为人、宦游产生深刻的教益和影响。嘉定八九年(1215—1216)间,“浙东大饥,流民渡淮”,时知扬州兼淮东帅崔与之命“籍口给钱米”以赈，“且请于朝，行之两淮”。洪咨夔将这一救荒德政喻之为“范富”，有诗云：“庆州小范青州富，合作先生社稷身。”[37]崔在扬州积极备战，嘉定十年（1218），金军大举南侵，崔反对议和，扬州独全。洪氏同上诗（七首之五）云：“夕烽旁午彻甘泉，独有淮东一臂全。”

洪咨夔嘉定末有为恩师祝寿诗，最能体现他对崔与之的深情祝福。

罗浮高哉四百四十有二峰，三峰最高拔起金芙蓉。
耀真洞天镇溟蒙，鳌背咫尺蓬莱通。
璇房瑶室深玲珑，霞袿霓袖纷丰茸。
中有老僊扰白龙，藕花冠巾九节筇。
招邀茅盈挟赤松，麾诃列缺鞭霻霳。
天鸡未叫万籁空，夜半唤出扶桑红。
下照万象方屯蒙，起踏斗柄呼东风。
夫胥云气低葱茏，海若吐蜃天投虹。
前旌招摇导祝融，从以五色骑羊翁。
苍舒梼戭伯虎熊，风后力牧常先鸿。
日用大学心中庸，暗室屋漏十目同。
夏璜荐缫旅大弓，太蔟为角谐函钟。
日星宗彝映华虫，江河健帆转蒙冲。
庆历元祐诸儒宗，立朝直声摩穹窿。
直卿长孺谁为容，白头万里行蚕丛。
清献清节乖崖忠，太平盛时适其逢。
事有至难莫如公，表里坏证阻且讧。
参苓温平匪砭攻，潜瘳膏肓夷疽痈。
三边按堵九扈丰，祥飙甘雨天为功。
趯趯和乐跃阜螽，沾沾喁哳瘖寒蛩。
雪山不隔黈纩聪，衮衣绣裳遄归东。
天津疋马两玉童，袖疏入奏明光宫。
中兴规模旧提封，直北燕蓟西崆峒。

功成跨鹤追葛洪，神光炯炯方双瞳。
金丹宝诀传枕中，负薪汲水长相从[38]。

在《龙州谢到任表》中，洪咨夔亦称："遡淮堧以北，慨祖逖之如存；扪蜀道而西，信武侯之可作。"[39]不忘颂扬崔与之辟置其为淮东幕府，又使其追随入蜀为成都通判的知遇之恩。

在洪氏心目中，崔与之德高望重，不仅可与北宋名臣范仲淹、富弼等相提并论，而且借日者之口誉之为"岭南古佛，西蜀福星"；至有超凡脱俗之神化，甚至将"宾主遇合"，求贤若渴，也认为是命"数已先定"[40]。对于崔与之的提携之恩，洪氏终身感铭，他将师生间之恩遇，比之于范仲淹（989—1052）举张方平（1007—1092），苏东坡之荐进李之仪（1048—1128?）。其《通崔安抚启》有云："捧研从游，久缀门人之列，分弓庀役，就充幕吏之员。天巧其逢，人荣所托，窃以小范之帅环庆，举张方平；大苏之牧中山，进李端叔。两公辟士之盛事，百世知人之美谈。不图晚生，亲见前辈。恭惟某官，光明而亮伟，端重而沉深。望之，俨乎道德之容；挹之，薰然仁义之泽。驱千兵万马于笔下，风雨恬齐而无声；吞五湖三江于胸中，波涛舂撞而不动。刳凹麻源之右，掣鲸桂海之南。清畏人知，静忘物竞，其去也，诸公挽留而莫可；其归也，四辈趣召而后来。"[41]称其名重四海，众望所归，其崇敬之心，无以复加。他在另一通谢启中，满怀感铭之深情写道："抒敬瓣香，归恩丈席。窃以人材，由江左而降，幕客在淮南为多，韩魏公得王金陵而不及赏音，牛奇章辟杜书记而未尝推毂，遂令遗憾，尚见前闻。伏念某读书不多，涉道更浅。方其始锐，自谓五石瓠可剖以为樽。迨此中艰，乃知六州铁犹铸不成错。以舟行岸移而阅世变，以霜降水落而观物情。虚懦寖平，剥蚀渐复。富贵非吾愿，未敢云然；贫贱玉汝成，容或有此。然纷纷成败之异论，而咄咄炎凉之易情。不图一日之逢，遂有终身之托。拔从食客，列在属僚。岁寒东合之梅，结根已旧；春色平山之柳，成荫方新。广平下坐而揖之前，相如未至而进诸石。使无地主，谁破天荒？兹盖伏遇某官，功盖三边，眼高四海……。共惊甄拔之殊，谁识机契之早。五更进履，已是会心；半夜传衣，不容放手。故于落落难合之会而有沾沾自喜之荣。上下四方，尽是依刘之地；始终一节，敢忘在莒之时。衔戴实深，编摩抑略。”[42]

崔与之和洪咨夔的师生恩遇，在“举世重交游”的宋代，亦是极为罕见的范例。正如牟巘(1227—1311)所说：“嘉定中，清献崔公以次对帅蜀，其后遂制置西事。宾客从者，忠文洪公实颛笺翰，崔公清规重德，洪公雄文直道，参会一时，蜀人纪之，以为殆过石湖、放翁也。崔公出蜀，归卧五年，杜门谢病，而洪公以考功郎论巴陵事得罪，摈天目山下。端平改纪，崔公遂相，白麻一出，天下倾想风采。公力辞不拜，御笔手诏旁午于道，朝臣中使守门趣发，公讫不起，以至谢事。是时亦起洪公为台谏、给舍、为两制，论驳不少贬，顾以病不大用。宾主相为终始盖如此！”[43]据此牟跋，则崔与之至少有致洪氏两帖，元初犹存。最后，录洪咨夔诗《送崔先生东归》[44]，作为本文的结束：

嘉定甲戌冬，扫门古扬州。一见握手叹，飞黄厄盐辀。
士忧不闻道，勿以穷故忧。为圣为贤人，所贵天爵修。
万卷我有莊，子肯从我游。良农不辍耕，嘉谷终有秋。
动心得曾益，雪案三年留。一朝推使出，西风着兜牟。
莽苍淮月冷，低迷汴云愁。正抱虎凹寝，孰脱鹰隼鞲。
越在岁执徐，公来殿西头。廷臣择自从，唤起骖玉虬。
暑发采石矶，寒登筹边楼。孤灯语中夕，民瘼何当疗。
明年护全蜀，后车旅枚邹。熟聆老规模，剑须铸知收。
中间畀一麾，牢关控西涪。相望几何驿，时许闻成谋。
积诚泮群疑，实践激众偷。风涛澎湃中，竟济师德舟。
主人永终誉，客亦无穷休。见谓汾阳门，走卒皆王侯。
骑火明桃林，诏催告辰犹。仍挈旧司马，入詹翠云裘。
里江水齐稳，一叶随沙鸥。道重富贵轻，目光送罗浮。
竿头要猛进，壶尾毋浪投。此意造物知，筮得素履幽。
十年甘苦客，从我宜如由。可归犹未归，魂断杨花洲。
六经孔孟学，其用为伊周。天方昌斯文，敢告司鼎篝。

注　释

1　李昴英：《文溪存稿》卷11《崔清献公行状》(下简称《行状》)，杨芷华点校本第113页，暨南大学出版社 1994 年版。

2 洪咨夔:《平斋集》卷 9《扬州重修城壕记》,四部丛刊续编本。

3 《永乐大典》卷 2741 引《广州南海志》,同卷引《成都大一统志》。

4 李肖龙辑《崔清献公言行录》卷 2,丛书集成本;又见《宋丞相崔清献公全录》(下简称《全录》)卷 2,上海古籍出版社影印明抄本 1980 年版。

5 《崔清献公集》卷 5《四川制帅手帖》,岭南遗书本,参阅《全录·言行录》卷 2。

6 崔与之《易氏族谱序》,《广东文征》卷 3,民国铅印本。

7 分见何忠礼《崔与之述论》,刊《广东社会科学》1994 年第 6 期;何忠礼《崔与之事迹系年》,刊《文史》第 41 辑中华书局版,1996 年;王德毅《崔与之与晚宋政局》,刊《台湾大学历史学报》第 19 期,1996 年;张其凡《菊坡学派:南宋岭南学术的主流》,刊《第二届宋史学术研讨会论文集》,台北中国文化大学出版 1996 年版。

8 清刻本《广东文献》初集卷 27;转引自《全宋文》卷 6679,册 293,第 296 页。

9 又据王蔺《中塔悟空禅院(诗序)》(刊《宋诗拾遗》卷 16)、《谢除礼部尚书表》(刊《五百家播芳大全文粹》卷 3 下)等佚诗文,《宋会要辑稿》崇儒 7 之 13,职官 48 之 18、55 之 25、62 之 26、73 之 68、78 之 64,选举 1 之 19,礼 58 之 105,楼钥《攻媿集》卷 35《王蔺知江陵府制词》、同书卷 40《王蔺知潭州制词》,徐自明《宋宰辅编年录》卷 18、卷 19,《宋史·宰辅表四》等考订。

10 据《全录》卷 1 记载:崔与之"在淮西幕,时王枢密当国,有子豪夺僧寺田,官吏无敢决其讼,公直笔拟断,不为权势屈,王闻而壮之,荐于朝。由是,诸台交刺争致(家集有《谢王枢密启》)。"今考与之时任淮西提刑司检法官(佐提刑审理、按覆刑狱的提刑司属官)。"时王枢密当国"云云,失实,王蔺当时早已罢政。为奉祠居家的前执政大员。

11 《宋会要辑稿》职官 78 之 64,中华书局影印本。

12 徐自明撰《宋宰辅编年录》卷 19,第 1277 页,王瑞来校补本,中华书局 1986 年版。

13 《宋宰辅编年录校补》卷 18,第 1265 页。

14 生平事历及引文见真德秀《西山文集》卷 45《少保成国赵正惠公墓志铭》。据李昴英《崔清献公行状》(刊《文溪存稿》卷 11),郑元肃等《黄文肃公(榦)年谱》(刊《勉斋集》附录),《宋会要辑稿》蕃夷 5 之 68,范成大《吴郡志》卷 11,《宋史》卷 247《宗室四·赵希怿传》、《宋史·蛮夷二》,《永乐大典》卷 12962 引《续编两朝纲目备要》,弘治《抚州府志》卷 11,康熙《太平府志》卷 14 等考订。

15 李珏无碑志铭状、传记存世,其生平宦历据以下相关资料考订:《宋会要辑稿》选举 21 之 5、22 之 14,职官 74 之 20、74 之 39、73 之 41,刑法 3 之 41,瑞异 3 之 21,兵 20 之 15,蕃夷 5 之 69;李刘《四六标准》卷 24、25《代回李运使珏启》(四部丛刊本),《西山文集》卷 24《明道先生书堂记》,郑元肃等《黄榦年谱》(《勉斋集》附录),李珏佚文《书先大父遗稿》(刊李弥逊《筠溪集》附录),《宝庆会稽续志》卷 2,《景定建康志》卷 13、卷 14,《咸淳毗陵志》卷 8;《永乐大典》卷 14628《吏部条法》,万历《新修南昌府志》卷12第204页下(日本藏中国罕见地方志丛刊)。

16 《后村先生大全集》卷108《跋崔菊坡与刘制置书》,四部丛刊初编缩印本第936页下。"刘制置",指刘榘,亦为荐崔与之的先辈,与崔在师友之间,嘉定七年起任江淮制置使,为李珏前任。今姑为撰其人小传:刘榘,字仲则,号求斋。兴化军莆田人。淳熙八年(1181)进士。庆元中,历官嵊县令;嘉泰三年(1203),通判漳州。开禧二年(1206),除主管官告院。嘉定元年(1208),为著作郎;二年,擢左司谏;三年,迁侍御史兼侍读。四年,以吏部侍郎同知贡举。嘉定七年(1214),以知隆兴府徙知建康府,为江淮制置使;召除工部尚书兼太子詹事,旋致仕。卒谥文肃。撰有《刘尚书集》30卷,已佚。事见《宋会要辑稿》选举1之27、6之5,《西山文集》卷24《明道先生书堂记》,《后村先生大全集》卷95《刘尚书集序》,《攻媿集》卷55《嵊县崿浦庙记》,《南宋馆阁续录》卷7、卷8、卷9,《莆阳比事》卷6,《景定建康志》卷14等。

17 据《宋会要辑稿》选举21之2、职官72之55,洪迈《容斋随笔·四笔》卷14《郎中用资序》,《宝庆会稽续志》卷2,光绪《盱眙县志稿》卷13《陈居仁等题名》考订撮述。

18 据《全录》卷8录文,校以岭南遗书本《崔清献公集》、《两宋名贤小集·菊坡集》及《全宋诗》27381/51/3241。诸本皆误以原诗题自注"淮西检法"四小字注文掺入正文诗题,今据第三首"十年宦海任飘零"(此崔自述其宦历,仍在淮西检法任);又据上考《宝庆会稽续志》卷2:嘉泰二年,时佐自淮南运判徙浙东提刑。崔与之虽为淮西提刑司检法官,但与本路漕司判官必相识,第二首"越山辉映乡衣鲜"云云,点明送其赴浙东(提刑司置绍兴府)任。大卿,乃宋九寺主官的别称,又称九卿,以别于九寺少卿(副职)。卿、少又可雅称"月卿",故第一首云"卿月高华照楚墟"。但究竟时佐寄禄官为九寺中何寺主官已不可考。一个有力的旁证是:同卷以下崔与之诸诗题下小字,皆为作者自注,说明当时作者的宦历或作诗时的时间、地点。今新刊点校本崔集亦误,亟应改正。

19 《洺水集》卷18《回崔侍郎书》二。

20 《洺水集》卷13《书崔尚书尺牍后》。

21 据《宋会要辑稿》选举21之13、21之15、1之29,崇儒7之36、7之39,《南宋馆阁续录》卷7、卷8、卷9,魏了翁《鹤山先生大全集》卷48《泸州赡军田记》、卷91《哭杨尚书》,李心传《道命录》卷8,《永乐大典》卷2217引《泸州府志·龙神庙》考订并立小传。

22 《全录》卷8。

23 据《宋会要辑稿》职官73之24,许应龙《东涧集》卷5《赵师楷除直宝章阁、广东经略安抚制》、同书卷6《赵师楷除直秘阁、依旧都大提点制词》,吴泳《鹤林集》卷8《赵师楷授江淮等路都大提点制》,嘉靖《龙溪县志》卷8小传,四库本《福建通志》卷46小传,《广东通志》卷15、卷26、卷269,《万姓统谱》卷83,《古今图书集成·明伦汇典·民族典》卷430等考订并立小传。

24 又据万历《郴州志》卷2、弘治《温州府志》卷8、四库本《广东通志》卷16等考订。

25 据《宋会要辑稿》礼30之83,崇儒7之33、7之35,选举21之13;《南宋馆阁续录》卷7、卷8、卷

9,《后村先生大全集》卷81《玉牒初草》,俞文豹《吹剑录·外集》,《两朝纲目备要》卷16,《宋史全文》卷30、《宋季三朝政要》卷1,《宋史·宁宗四》,《永乐大典》卷8093引《赣州府图经志》,《万姓统谱》卷124,四库本《江西通志》卷46、卷155小传考订并立传。

26 《宋季三朝政要》卷1载:史弥远"用余天锡、梁成大、李知孝等列布于朝,最用事者薛极、胡榘、聂子述、赵汝述,时号'四木'"。

27 详俞文豹《吹剑录·外集》引叶寘《三学义举颂·序》。

28 诗序称子述西行过扬州为嘉定丙子(九年,1216),实误。据刘克庄《后村先生大全集》卷81《玉牒初草》嘉定十一年(戊寅,1218)九月壬戌(午? 十三日),"新知兴元府充利路安抚使聂子述内引朝辞"。即聂最早是年九月下旬才能西行入蜀途经扬州。又据上考聂子述宦历,嘉定九年至十一年均在行在,无外除之命。二诗作年误作九年,一为崔与之误记,二为编集者臆改;二者必居其一。

29 据《宋会要辑稿》礼58之108,选举21之14,《鹤林集》卷34《褒忠庙记》,《鹤山先生大全集》卷12《制置丁少卿生日》、卷44《夔州卧龙山记》、卷37《答丁制副黼书》,《西山文集》卷12《荐知信州丁黼等状》,《朱文公文集》卷12《荐状》;丁黼《校刻越绝书跋》,刊《吴都文粹》卷1;《宋史》卷454《本传》,嘉靖《池州府志》卷7、陆心源《宋史翼》卷25小传,四库本《广西通志》卷21等考订并立传。

30 又以《宋会要辑稿》职官75之25,崇儒1之15、1之20、1之21;危稹《巽斋先生四六·漳守通泉州章郎中启》(刊《宋四六选》卷22),《南宋馆阁续录》卷7、卷8,万历《漳州府志》卷9、卷11等考订。

31 其余五首为:《送袁校书赴湖州别驾》、《柴秘书分符章贡同舍饯别》、《陈秘书分符星渚》、《张秘书分符星渚》、《李大著赴豫章别驾》,见《全录》卷8。

32 《全录》卷8《危大著出守潮阳,同舍饯别。用杜工部"北风随爽气,南斗近文星",分韵赋诗,得北字》。

33 又据《宋会要辑稿》礼14之106、57之22,选举1之26、5之31、11之39、21之5、21之6、22之13,职官74之40、75之8、75之24、78之62;李壁《知遂宁府奏札》,《大典》卷10998引;《玉海》卷61,《南宋馆阁续录》等考订。周必大、叶适曾以李焘、壁、埴父子比眉山三苏,谓继三苏之学。《四库提要》(卷88、卷153)因李壁迎合韩侂胄开边,对其讥评甚苛,非公允之论。详王德毅《李焘父子年谱》之驳论(《丛刊》第5413—5414页),甚允,不赘。

34 两诗皆见《全录》卷8,又见《崔清献公集》卷5。

35 《平斋集》卷13《通崔菊坡书》。

36 《平斋文集》卷9《扬州重修城壕记》。

37 《崔清献公全录》卷1《言行录·上》,《平斋文集》卷2《寿崔帅卿》(七绝七首之三),四部丛刊本。

38 《平斋集》卷4《罗浮高寿崔制置》。

39 《平斋集》卷13。

40 参阅《平斋集》卷10《崔文昌书翰跋(为黎监丞伯登作)》。

41 《平斋集》卷24,卷25《谢制置崔阁学启》又云:“恭遇某官,心与造物者游,身任天下之重。以强国势,为定三秦之根本;以收人材,为用四蜀之规模。”亦同一机杼。

42 《平斋集》卷24《谢崔安抚举改官启》。

43 《陵阳集》卷15《跋崔清献公帖》。

44 《平斋集》卷4。他如程公许、吴泳、李昴英等与崔的交游事迹亦感人至深。限于篇幅,只能割爱从略。崔与之卒后,交游纷纷撰写大量悼念文字,今录刘克庄《后村居士诗》卷12《挽崔丞相》(三首之一),不失为对崔与之的盖棺论定:“先帝谋元帅,烦公护蜀淮。军皆歌范老,民各像乖崖。北顾犹关虑,西归已卷怀。早令扶日月,宁不扫氛霾。”

崔与之的仕宦与交游
——以荐举制度为视角

河南大学　苗书梅

崔与之(1158—1239)是两宋时期岭南出生的最著名的历史人物,其品德和政绩所产生的影响巨大而且久远,在当时及后世,均是激励后人的榜样。前人研究崔与之的成果已经非常丰富,本文仅结合宋朝的荐举制度,介绍他为官经历中受人荐举和推荐他人的经历,从中加深对崔氏本人的了解,以及荐举制度对当时官员交游关系的影响。

两宋时期,科举考试是选拔官员的重要途径,为了减少任人唯亲、任人唯私对于官僚制度的影响,排除家庭出身、官员个人私情和好恶等非制度因素对于科举考试制度的干扰,宋政府立国之初就逐步罢除了唐代科举考试过程中实施的公荐法、行卷制度等,在科举考试过程中推行主考官临时委任、别头试、糊名法、誊录法、殿试制度等等改革,遏制了荐举制度对于官员遴选过程的人为干扰。在宋真宗朝,特别是宋仁宗朝以后,进士及第与否已经完全凭借士人考场上公开考试的成绩来决定,考生的家庭出身等因素对入仕与否的影响大大减小,这是宋代和中唐以前的重大区别之一。

为了加强中央对地方的控制,防止地方分权,巩固中央集权,宋朝全国官员的大部分由中央政府统一任命,地方长官不再像晚唐五代的藩镇那样有较大的人事自主权,中下层官员由中央铨选部门统一考核任命,中层以上大部分官员由宰相府堂除,少数高层由皇帝亲自御笔除授。中央统一任命地方官员的弊端是权力集中在少数人手中,无法对众多官员的个性有充分了解,严格按照资历资格等标准差除,论资排辈,不利于人才的脱颖而出。

当时全国自然环境、教育水平等方面的差距很大,加上交通不便,在四川、两广、北部沿边这些条件艰苦的边远地区,难以有合格官员赴任。而这些地区是非常重要的,需要破格选用人才。所以,宋朝在这些地区实施了不同于内地的任官制度,在四川和两广,中央委托转运司依照吏部条法选任地方基层官员,在沿边有战争威胁的地区,实施了地方长官,主要是帅臣按照相关条例辟举(聘任)一些下属官员的奏辟制度,奏辟人即举主和被奏辟人都有相关的制度限定[1]。

宋朝通过科举考试选拔官员入仕时排除了人为因素的干扰,但是,在人事权极度集中的体制下,铨选机关有限的官员和吏人面对的是数万基层官员,在当时的资讯条件下,他们不可能对官员的个人优缺点有全面深入了解,宰相府和皇帝也不太可能对所有符合条件的备选官员有充分了解。所以,在官员的任命与升迁过程中,宋朝广泛地实施了推荐保举制度,让所有的官员都和荐举制度发生着千丝万缕的、终身分割不开的联系。按照当时的规定,几乎所有基层官员在其官职的历次升迁过程中,大都需要一定数量的上级官员的推荐,大部分中层官员的提升也需要更高级别官员的推荐。反过来,中上层官员有责任和义务定期定量为朝廷推荐备用官员。因此,官员要么被推荐(级别较低时),要么推荐别人(级别升高以后),这种推荐关系代替了以往的门生故吏关系,成为宋代文官士大夫交往的重要组成部分。一些德高望重的官员士大夫认为:“荐贤,所以报国”,[2]“臣子以身报国,未若荐贤臣”,[3] 非常重视荐举活动。

崔与之一生仕宦中结交了很多官员,其中一些是政界名流,但更多的是中下层文官,他所交往的中下层官员,大多数在《宋史》中没有传记,就现存有记载的交往对象来看,多数与荐举制度有直接联系。本文对于和崔与之没有荐举关系的同年、同僚、友人等交往对象涉及较少,主要考察和他有直接荐举关系者。

一、“诸台交剡争致”：崔与之的仕宦及其与荐举制度的关系

宋代，为了贯彻文臣治国体制，在科举考试中取得进士出身的人，往往可以直接获得官阶和实际职务（宋代称差遣），进士录取的名次决定其获得官职的高低。北宋前期，状元可以直接担任通判等要职，北宋后期到南宋，一般状元只授予次于通判的州府判官，名列中下等获得同进士出身者只能授予品阶最低的迪功郎之类从九品阶官、除授州县基层官员，如州一级的司法参军、司户参军，县一级的主簿、县尉等职。宋光宗绍熙四年（1193），崔与之36岁，取得进士出身，获得“进士乙科”。他进士及第的名次不高，所以，初次入仕被委派到广南西路的浔州（治今广西桂平），担任司法参军。

司法参军的本职是协助本州正副长官知州和通判办理州级司法行政，特别是在断案时，专职负责从法律条文中选出判案适用的法律条文，同时，也参与少量财政管理事务。在边远地区，或者人口稀少，行政简易，往往州府属官设置不全，这时，司法参军、司户参军等就兼任州一级政府未设官员的相关政务。如，崔与之任浔州司法参军时，就兼管常平仓的修缮和库存管理。在任期间，崔与之积极有为，并反对知州随意挪用常平仓的财赋，这不但没有引起那位官员的反感，反而深受其敬重，这位知州遂推荐了崔与之。

尽管受到了长官的推荐，崔与之回到吏部参选时，并没有马上得到新的职务。原因在于，北宋后期到南宋，官僚队伍人数远远多于政府机关的编制，中下层官员“员多阙少”的矛盾非常突出，大多数官员都有“待阙”的经历。即，官员根据资历被任命了某些职务，但因这些职务的前任官员任期还没有满，仍然占着位子，接任的官员要等到前任官任满离职后才能上任，这等待的时间就称为“待阙”。有时有些官员要待阙数年，乃至十余年。不想待阙的途径也有，就是到边远地区、条件较差的地区担任一般官员不愿意担

任的职务。在浔州司法参军任满之后，崔与之就在家待阙三年（1197—1199）之久。

在庆元六年（1200 年，本年八月宋光宗卒，宁宗即位）43 岁时，崔与之被任命为淮南西路提点刑狱司检法官，简称淮西提刑司检法官。检法官一般由选人（幕职州县官）担任，其主要职责是协助长官提点刑狱处理一路司法行政。所以，在任期间崔与之对杀人案件新的处理方法获得好评。同时，他因为不惧权贵，治理了枢密使王某之子侵占僧寺田地的案件，“王闻而壮之，荐于朝”，崔与之不仅获得了这位朝中高级官员的推荐，而且获得了本路监司的一致推荐，“诸台交剡争致”，这里的“诸台”，就是各个监司（包括转运司、提点刑狱司、安抚使司等），因为当时监司又称外台；“剡”即推荐书，当时或称荐章，别称“举削”等。正是得到了各位长官的推荐，崔与之顺利改官，官阶改为京朝官，开始担任正县级以上职务。[4] 这些推荐他的监司还有待进一步查证[5]。

按宋代官员管理制度，基层文官一般先授予八九品的承务郎以下官阶，沿用唐朝以来的称呼，称“幕职州县官”，又称“选人”，共 4 等 7 阶。选人在四等七阶内的升迁称为“循资”。进士出身人，在任没有因渎职犯罪等受到处分，担任两任实际职务，积累一定的考任年限，又有上级 5 名以上官员，特别是必须包括本州知州、本路监司之类“职司官”的推荐，经过艰难的改官过程，其阶官才可以改为京朝官，才有资格担任知县以上重要职务。“改官”是两宋文官升迁进程中的一个质变过程，只有改为京朝官，文官才有了不次升迁、获得重用的资格。崔与之以选人资格经过两任职务，就改官担任新城县（治今江西南城）知县，说明他的升迁在当时是很顺利的，而这一升迁离不开“诸台”长官的举荐。因此，嘉泰初年，崔与之在淮西任职三年获得的推荐是他仕宦经历中至关重要的一步。

宋宁宗嘉泰四年到开禧二年（1204—1206），崔与之在新城知县的任内。新城县“素号难治”，但是，崔与之却在应对灾荒、催课赋税、供应军需等方面成绩突出，他的治理经验被当成样板在其他州县推行，治绩为江西南路第一。为此，他受到了当路转运使赵希怿（1155—1212）等的推荐。赵希怿“特荐于朝,他司相继论荐”[6]。因为崔与之受到了上司的大力举荐,罢任回朝后,当朝宰相想把崔与之留在朝中任职,但是,崔与之没有同意,而是到广南西路担任了邕州(治今广西南宁市)通判。

宋朝一般文官经历两任知县,才可以正常升迁州级副长官通判,两任通判,才可以正常晋升知州,这就是所谓的“常调”。一方面,崔与之知新城县功绩突出,另一方面,广西路属于边远地区,其官职要求的资格稍微低一些,所以,崔与之一任知县满任,没有待阙,就被提升为邕州通判,虽然地域偏远,但是职位又提升了。

通判是宋朝设置的有特殊地位的州级副长官,这一职务有监督长官知州的职能,根据知州和通判身份地位的不同,其发挥的作用是不同的。在边境地区,宋朝往往用武臣担任州府长官,主要负责军事守备,而赋予通判较大的经济、司法、行政权力。邕州当时地处西南边陲,此时便是武官担任知州,由于知州克扣军粮引起了士卒反抗,广南西路转运司就命令正在代理宾州知州的崔与之火速赶回邕州,代理知州,崔与之很快处理了反叛者的首领,稳定了政局。

担任邕州通判以后,崔与之在特殊情况下代理邕州知州,也是广南西路转运司推荐的结果。邕州兵变平息后,嘉定元年(1208),任通判不足一年的崔与之因为处理兵变立功,在当路监司推荐下,改任宾州(治今广西宾阳县东南古城)知州。“倅邕未期,适宾州军哄,诸台以公长于应变,列辟宾守”。[7]

按照宋代荐举制度的规定,一般通判以上官员可以继续接受别人推荐升迁官职,同时,开始具备了推荐别人的资格。崔与之知宾州一年后,被破格提拔为广南西路提点刑狱(宪司)兼提举河渠常平(仓司),身兼两个监司之职。

从开禧二年(1206)通判邕州到嘉定六年(1213)二月被召入朝,任户部所属的金部员外郎,崔与之这次在广西连续任职六七年,数任皆有政绩,特别是在任监司期间,政绩尤为突出,这在《宋史》本传、《言行录》中均有记载,此不赘述。离开广西时,崔与之已经56岁。

在户部为郎官,崔与之曾受到刘榘、李珏荐举。嘉定七年(1214),崔与之出任知扬州兼淮南东路安抚使，在职5年。期间，刘榘、李珏二人先后任江淮制置使，对于过去的举主，崔与之公私分明，“于私谊则礼数甚周，于国事则有毅然所不能苟同者”。[8]

嘉定七年(1214)正月，崔与之知扬州，称谓是：“直宝谟阁、权发遣扬州事、主管淮东安抚司公事”。这里的“直宝谟阁”是宋代授予中高级文官的职名，级别低者称直阁，高者依次可以升为待制、直学士、学士；“权发遣扬州事”，即知扬州，因为他的资历尚浅，所以称权发遣，是破格提拔的表现；“主管淮东安抚司公事”是兼职，即淮南东路安抚使由扬州知州兼任，因为崔与之官阶低，所以称“主管”。称呼有别，仅仅是他资历浅的标志，职位就是淮东路最高军政长官，是统领淮南东路一路十余州军事防务的军政长官，是担负南宋江淮下游边防安全的方面大员，责任相当重大，他推荐乃至直接辟举官员的权力更大了，此后更多的是他推荐别人。所以，才有了他辟举洪咨夔等得力的属官。

嘉定十一年(1218)十一月，崔与之被任命为秘书少监，尚未到任，次年正月，再次被任命为秘书少监【从五品】，同时兼国史院编修官、兼实录院检讨官。十二月，崔与之被升任试秘书监【四品】，仍兼史官。秘书监是当时统领中央经籍图书、各修史机构以及天文历法等机构的官府，所以少监兼修国史和实录。嘉定十三年正月，兼太子侍讲。三月，又除权工部侍郎【从三品】，仍兼同修国史，兼实录院同修撰。

在担任秘书监和工部侍郎的一年多时间，崔与之的职务升迁了，从从五品升至从三品，但是，官阶还是正七品的朝请郎，所以，在他所担任的四品官之前，冠以“试”，在他担任的工部侍郎从三品官之前冠以“权”。

宋宁宗嘉定十三年(1220)四月，南宋的西北边防重地四川出了乱子，由于知成都府滥用经费，引起士兵叛乱，不但知府被赶跑，而且，作为四川最高财赋统领官的四川总领所长官被害，一时间四川大乱，南宋在那里的统治产生了危机。在此关键时刻，63岁的崔与之临危受命，被任命为焕章阁待制、知成都府、兼本路安抚使。成都府知府兼成都府路安抚使，与知扬州兼淮东安抚使一样，不仅仅是本府长官，还是一路军政长官。在当时宋金交战的时刻,地处长江上游的四川是金人进攻的重点。因此,知成都府也是当时关乎南宋江山社稷安危的、非常重要的地方长官。

当年冬天,崔与之到达成都,迅速稳定了混乱局面。次年十一月,长期镇守西蜀的四川宣抚使安丙病亡,崔与之被任命为整个四川地区的最高军事统领官,最初是兼权四川宣抚司职事,十二月,又改为兼四川安抚、制置使,身兼两司长官,也简称四川制置使、制帅,仍知成都府,“尽护四蜀之师”。[9]

四川安抚制置使统领整个四川军事防务,包括成都府路、潼川府(治今四川三台县)路、夔州(治今重庆奉节)路、利州路(治今陕西汉中市。有时分东、西两路,东路仍治今汉中市;西路治今陕西略阳县)在内,是担负四路军政防务、指挥作战的最高军事长官,因此,在四川任职的三年多时间,崔与之有了更大范围的荐举、辟举官员的权力,这一时期他不但在处理地方将领关系、治理地方行政、提高军事防御能力等方面政绩卓著,而且在荐贤任能方面功绩更为突出。

嘉定十七年(1224)三月,朝廷以权礼部尚书召用崔与之,这时,崔与之已经67岁,在外漂泊三十余年,他决心告老还乡,坚辞不拜新的任命,“便道还广州”,直接回到了故乡。

同年闰八月,宋宁宗去世,权相史弥远矫诏拥立了宋理宗,此后直到崔与之辞世的16年间,崔与之再也没有离开过故乡。期间在端平二年(1235)三月,广州受到叛军攻城威胁,78岁的崔与之接受了“广东经略安抚使、兼知广州”的任命,在家里指挥保城退兵之战,当年六月,平定了叛军,崔与之即辞去知广州之职。在这3个月之外,宋理宗一再请崔与之回朝担任要职,先后拜他为参知政事、右丞相兼枢密使等,但崔与之均不应命,而是担任着提举西京嵩山崇福宫、提举南京鸿庆宫、提举洞霄宫等没有职事的闲职,其寄禄官官阶还在依次升迁,从六品升到五品、四品(如1231年转为从四品的太中大夫)等,直到去世前半年,方正式致仕。在此期间,宋理宗亲政初年被起用的、比崔与之小20岁的魏了翁(1178—1237)、真德秀(1178—1235)等人,乃至崔与之自己原来推荐过的部下洪咨夔(1176—1236)等,都曾向宋理宗建言尽快召用崔与之。在一定程度上,他也是一直被推荐者。

宋理宗嘉熙三年(1239)十二月,崔与之去世,享年82岁。可以说,崔与之从基层官员比较顺利地晋升为户部郎官、地方高官,得益于他的能力和出色的作为,但也与不同时期其他官员的推荐有密切关系。

二、"幕府极天下选":崔与之的荐贤任能

史载"崔丞相所至,幕府极天下选",[10]崔与之升为知州、提点刑狱以后,监察弹劾和荐举属下官员成为他日常工作的组成部分。他曾经上疏弹劾罢免了一些官员,但是,更多的官员得到了他的荐举保任,特别是在扬州和四川任帅臣期间,通过荐举制度,崔与之曾经罗致了诸多"极天下选"的名臣。

按照宋代荐举制度的规定,地方知州、通判、监司等官员,包括朝中高级官员,均有在规定的时间推荐一定数额下属官员的义务,否则便视为失职。此外,为了减少中央统一任命官员存在的弊端,宋代在一些特殊岗位、在特殊时期和特殊地区,均赋予地方高级官员一定的荐举和辟举人才的权力。这些特殊的岗位包括地方上经济收入较高的岗位,如四川地区的一些产茶区的知县等;军事治安等战略要地的基层官员等。特殊时期,如平定士兵变乱、农民起义,特别是抵抗外敌侵入等战争时期。特殊地域主要是沿边地区等等。普通的荐举是高级官员证明被推荐人符合晋升条件,具备担任哪些职务的资格,没有伪冒等情由,证明其人品和能力优异,主要起担保作用。辟举则不同,这一制度是举主为了某些岗位帮助朝廷聘任人才,但是,这一聘任不是无条件的,而是必须符合吏部的任用条例,获得中央的批准,是在法定的任用制度中赋予举主一定自主权的一种任人方式[11]。崔与之一生推荐的官员特别多,一方面是因为他善于发现人才,另一方面则是因为他在四川任帅臣时,利用特殊地区、特殊时期的合法权力极力为国荐才的结果。

崔与之推荐官员以他四川任职时期为主,此外他推荐的人员是零星的。下面先介绍他在四川之外推荐的官员,然后着重考察他在四川任职时期推

荐官员的基本情况。

(一)在四川之外崔与之推荐官员的情况

在四川任职期间是崔与之推荐人才最集中的时期,其他情况下,他推荐的有家乡的才俊、同事下属等。

崔与之推荐的家乡优秀人才主要有吴纯臣、温若春、李昴英、杨汪中等。"桑梓英俊,若李昴英、杨汪中、吴纯臣、温若春,出自门下,因公奖拔,皆至显宦。"[12]

其中,吴纯臣和温若春都是番禺人,是嘉定十三年的同榜进士,由于成绩不突出,中的是被照顾性的"特奏名",尽管如此,崔与之对于这两位家乡士子却多方推荐。对于温若春,崔与之"素重其学行";对吴纯臣是"素知其贤"。所以,当崔与之面见宋宁宗,宋宁宗请他推荐"南中人才"时,崔与之推荐"力学能文"、"博洽古今"的温若春担任秘书郎,他还当面给予温若春谆谆教诲。后来,温若春曾给崔与之及其先人撰写墓志铭。[13]

吴纯臣曾知连州(治今广东连县),崔与之向宋宁宗推荐时称"吴纯臣有监司之才",因此,吴纯臣得以担任广西路提点刑狱,并因为办理诉讼大显才华而闻名。[14]

在广西路担任提点刑狱兼提举常平时,崔与之应该也推荐了不少属下官员,但是史料记载的有限。其中,沈连(1169—1226),字少逸,分宁人(今江西修水)。嘉定二年(1209)举进士。"仕桂日,尝以守法为杨子直所知,以补常平之乏,为崔正子所善。"[15]沈连作为常平司属官,受到了崔与之的赏识。

晚年退居广州,崔与之仍有荐举基层官员的资格。如,黄学皋,字习之,嘉定十六年进士及第,为番禺县主簿,"尤为丞相崔菊坡、料院虞衡所器重"。因为与崔与之的关系,当黄学皋改任鄱阳县丞时,崔与之在四川时推荐的李性传,作为长官,把黄"延入郡斋,校勘朱文公续语录,因荐之,调泉州察推"。[16]

端平二年,宗室赵汝镃任广南东路转运副使,曾兼任提举常平、提举市舶诸司,"公佩数印,材力绰然",显示出非凡的才干。在此期间,他和乡贤崔与之有交往，崔与之欣赏他的能力，就写信推荐给当朝，“以书与今观文相国游公，称公有干淳监司之风”。[17]按，“观文相国游公”，即游作，淳祐五年（1245）至七年（1247）为相。推荐赵汝镃事，当在这两年间。游作乃崔与之在四川奖拔的士人，故崔氏向其推荐赵汝镃。崔与之还曾写《贺新郎》一首词，为赵祝寿。[18]

崔与之晚年知广州期间，被他重用而立功的当地官员、或者暂时家居的本地出身的官员，事后都被崔与之赞扬和推赏，并向朝廷禀报他们的功劳。其中被请功有5位监司：

一是广东路提点刑狱彭铉：江西临江军清江（治今江西樟树市）人，平叛过程中，节制山前诸军，亲自指挥督捕。

二是提举广南市舶管瀛：江西临川人，平叛的3个月期间“取其入幕，以相辅助”，兼任经略司参谋官。[19]

三是广东路转运判官石孝淳，四是其继任者李华，两人在军需供应方面，为平叛提供了充足保障。

五是提举广南东路常平黄峸。当时崔与之本人居家办公，由黄峸暂时兼知广州。崔与之赞扬黄峸“捡扼吏奸，修明军政，郡纲整饬，里外肃清”，并与转运司通力合作，保证了战时军费供给。[20]

平叛时立功而被崔与之推荐的还有时任广州通判的宋诩。

宋诩，字叔晦，在摧锋军攻城时，知州曾治凤弃城逃跑，“诩戮力守城，且以闻于朝，得旨崔与之领帅事，诩佐与之登城”。最终摧锋军没有攻下广州，向循州遁去，端平二年正月，崔与之推荐宋诩改任知循州（治今广东龙川县西南），这也是特殊情况下的辟举。[21]后来，崔与之还写信鼓励宋诩关注民生等。

此外，积极协助崔与之平叛有功的还有崔与之的门人李昴英和杨汪中。

李昴英（1201—1257）：字俊明，番禺人，宋理宗宝庆二年（1226）进士第三名及第，这时崔与之已经从四川回到广州乡居两年。崔与之对于这位家乡的年轻才俊“深器重焉”，他们之间有密切交往，崔与之时常和他通信，并传授为官处事之道。李昴英把自己当成崔与之的门人，自称：“菊坡先生老于乡,余与杨侯日撰杖屦,起居言动,必见必闻。”[22]李昴英为官以后,因母亲去世,回到故乡守丧,端平二年(1235),在他即将到朝中任武学博士时,摧锋军叛卒兵临广州城下,崔与之请他和杨汪中一起从城墙上缒下去,劝退了攻城之兵。由于二人交往情深,所以,崔与之去世后,李昴英请求朝廷允许自己“归持心丧”,并为崔与之撰写了《行状》。[23]在学术上,李昴英是崔与之学术流派“菊坡学派”第二代的主要传人,被称为“菊坡传人”。[24]

杨汪中,字季子,番禺人,嘉定十三年(1220)进士,端平中,改任肇庆府推官,尚未赴任。上述李昴英所说的“杨侯”就是杨汪中,他和李昴英一样,是时常陪侍在崔与之左右的门人,师徒关系非常亲密。平叛前,杨汪中在家闲居,崔与之召他临时担任安抚司属官,密谋平乱计策,并令他和李昴英一起从城墙上缒下去,劝退了攻城之兵。[25]

在广州,还有许多后辈学人,有本地人也有外地人,在广州任官,或者求学,可能没有被推荐为官,但是,他们仰慕崔与之的人品和学问,自愿追随在其左右。有不少到两广任职的官员,专程到广州拜望崔与之,崔与之成为当时南行士人心中著名的前辈。如黄镛,字希声,是李昴英的友人,生平事迹不详,没有入仕,但是“获登菊坡先生门,因筑舍其旁”,追随其左右[26]。萧岗,字则山,号大山,江西新喻人,被视为崔与之“门下客”。[27]

另如洪天锡,又名阳岩,字君畴,泉州晋江人(今属福建),宝庆二年(1226)进士,授广州司法参军,后累官至刑部尚书等。在广州任官,被崔与之欣赏,离别时崔与之送诗道别,后来还保持联系[28]。说明崔与之退居广州期间与地方官有密切来往。

担任淮东路帅臣后,崔与之非常尊重家乡科举考试失败、没有做官的南海人谭凯,认为他“读书务自得”,“高其行义”,因此,崔与之主动给当时担任广州知州兼经略安抚使的杨长孺写信,极力推荐谭凯,杨长孺赶紧前往拜访谭凯,尊之为学老。

李冲,字道卿,侯官人(今福建福州),庆元五年(1199)进士,曾被辟举为淮南东路幕府属官,后被崔与之荐到朝廷。“辟淮东幕府,今四川制置使侍郎崔公与之荐于朝,故端明殿学士李公大性又以公应诏,大臣得其筹边十议，嘉之。遂擢录国子。"[29]

知扬州任上，崔与之辟举和赏识的最重要的幕府属官是洪咨夔、刘克庄。

洪咨夔(1176—1236)，字舜俞，于潜(今浙江临安)人，是南宋晚期难得的有才华、直言敢谏之士。嘉泰二年(1202)进士及第后，又先后考中教官，应考词科的成绩也很优秀，因为不受当权者喜欢，遂不再到朝廷等候派任官职，而是受崔与之辟举，"从崔与之帅淮、镇蜀"。即崔与之在知扬州兼淮南东路帅臣时，辟用洪咨夔安抚司属官，参与军事谋划。崔与之到四川时，又请求宋宁宗任用洪咨夔通判成都府。崔与之担任四川镇抚使后，洪咨夔"以通判职事往来效忠"。[30]洪咨夔曾为江油守臣，当也是崔与之推举的结果[31]。洪咨夔自视为崔与之的门徒，"捧砚从游久，缀门人之列"。[32]崔与之告老还乡后，仍在朝中为官的洪咨夔曾大力向宋理宗举荐崔与之。

洪咨夔的长子洪勋，进士及第后，也得到过崔与之、魏了翁等的推荐，后来官至兵部尚书，为词臣。[33]

刘克庄(1187—1269)，字潜夫，号后村，莆田县(今属福建)人，是南宋后期博通古今、非常知名的官员，仕至权工部尚书、龙图阁学士，著有《后村集》传世。崔与之帅淮东时，刘克庄是属下真州的录事参军，刘克庄曾经到帅府禀报公事，崔与之，"一见赏异，每云近岁人物稀疏"，[34]把刘克庄当作他最赏识的福建出身的两个人物之一。虽然崔与之最终没有能把刘克庄收入帅府，而是被沿江制置使李珏罗致，但是，崔与之的荐引还是给刘克庄扬了名。"一时幕府诸贤，自勉斋黄公而下，皆相敬爱"[35]。由于二人交情深厚，所以，刘克庄到广东路担任提点刑狱时，对于刚刚去世的崔与之写了祭文和怀念诗，给崔与之极高的评价。[36]

(二)在四川任内推荐官员的相关情况

南宋时期，四川是事关大局的特殊地区，所以，和其他地区相比，四川的帅臣监司有更大的荐任所属官员的权力。[37]崔与之知成都府兼制帅，他秉承"荐贤以报国"[38]之理念，大力保荐人才。特别主张重用蜀人治蜀，"制置使崔公与之奏言，自古用蜀多借蜀才，请以蜀名胜之任四路藩节者，兼制置司参议者，公【虞刚简】与其一，众谓得人”。[39]凡“蜀知名士”，如游似、李性传、李心传、度正等等，30余人得到过他的举荐，这是他推荐人才最多的时期。他推荐的人才既有下属官员，也有当地出生尚未做官，在道德、文学、事功等方面突出，而被他举荐入仕者。

据《言行录》载，崔与之“在蜀擢拔尤多”，包括“游似、洪咨夔、魏了翁、李庭芝、家大酉、陈韡、刘克庄、李鼎、程公许、黎伯登、李性传、王辰应、王溉、魏文翁、高稼、丁焴、家抑、张禅、度正、王子申、程德隆、郭正孙、苏植、黄申、高泰叔、李锄，各以道德、文学、功名，表表于世”。此外他推荐的还有著名史学家李心传。其中没有提到，而实际上曾受到崔与之推荐的还有守边有功的吴彦等。

洪咨夔、刘克庄是崔与之在扬州就赏识的，已如前述，洪咨夔跟随崔与之到四川任职，但是，刘克庄并没有在四川为官，所以，把他列入在蜀所拔擢，不对。其中，还有李庭芝（崔与之离开四川后，受荆湖路帅臣孟拱推荐方权知建始县，淳祐初举进士第，两人发生直接关系的可能性不大）、陈韡、李鼎（曾为宜春县主簿、临贺教官、知潭州益阳县）、李性传、王溉、家抑、丁焴（嘉定十二年三月壬辰，丁焴知沔州兼利西安抚，特转朝奉大夫直龙图阁【功赏】，后知兴元府。[40]与崔与之为上下级关系）、张禅、度正、王子申、程德隆、苏植、黄申（井研人，开庆元年【1259】进士，宋亡隐居。1239年，崔与之已经去世，推荐他为官的可能性不大）、高泰叔（曾因为在四川任知州，供应帅司粮饷不足降官[41]）、李锄诸人，尚未找到他们和崔与之有直接荐举关系的记载，或许失之记载，或许史料已经丢失。其他官员受荐举的情况如后。

1. 游似（？—1252），字景仁，号克斋，南充（今属四川）人。曾师事魏了翁，嘉定十四年（1221），即崔与之到达成都任职的次年，游似进士及第。史称游似“以制置使崔与之岁荐，召置周行，风力肃明，奏论剀切，引义劘上，无所回挠”。[42]后来还被魏了翁保举自代。嘉熙三年（1239），崔与之去世那年，游似拜参知政事，淳祐五年（1245），拜右丞相兼枢密使。游似因为受到崔与之“岁荐”，对崔与之敬仰备至。广州人为崔与之立蒲涧生祠，请游似作记，游似给了崔与之极高的评价[43]。

2. 魏了翁(1178—1237),字华父,号鹤山,邛州蒲江县(今属四川)人。魏了翁比崔与之晚生20年,庆元五年(1199)进士及第后,大部分时间在四川任职,曾授签书剑南西川节度判官厅公事,历知嘉定府、眉州、泸州、潼川府,后进宝章阁待制,知泸州兼潼川府路安抚使。史弥远卒,召为权礼部尚书兼直学士院。《宋史》有传。史料记载没有看到崔与之和魏了翁之间的荐举关系,但是,在崔与之治蜀期间,因为功绩明显,深受在当地任官的魏了翁的赞许,二人应该是相互仰慕的人。简州修建三贤阁,以纪念宋代治蜀的三位名臣张咏、赵抃和崔与之,魏了翁亲自撰写《简州三贤阁记》,其中对崔与之赞叹尤多。如前所述,崔与之归居广州后,魏了翁还极力向理宗推荐重用崔与之[44]。

3. 魏文翁,魏了翁从弟,字嘉父,嘉定四年进士及第,任眉山县尉,崔与之知成都府后,辟举他知新繁县。教化民众有功。[45]

4. 家大酉,眉山(今属四川)人。进士及第,授昭化县主簿。淳祐时官至侍讲经筵、工部侍郎。崔与之非常欣赏家大酉的才干,"南海崔正子与之制阃四川,致之幕府,达之朝著","以大酉长幕府,未几荐士,复先焉"。[46]崔与之欣赏家大酉的才干,并周济其儿子和母亲。这里的"致之幕府"及"长幕府",都说明家大酉曾经被崔与之辟举为属官。家大酉知简州时,修建了由魏了翁写记文的简州三贤阁,以表达对崔与之的崇敬。在崔与之的文集前面,家大酉自称门人,赞扬崔与之是"白麻不能起南海,千载一人非公谁?"[47]

5. 程公许,字季与,一字希颖,叙州宣化(治今四川宜宾县西北)人,嘉定四年(1211)进士,先后在四川任华阳尉、绵州教授等职。崔与之入蜀后,急于征用优秀人才,程公许是他最早推荐重用的人物之一。程公许自称:"某幸甚,辱公深知于入蜀问士之初","崔侍郎入蜀,首蒙檄召剡荐"。[48]崔与之推荐程公许改官知崇宁县。[49]此后,程公许以"掌记"、"宾客"的身份,在崔与之帅府中得到信任和重用。崔与之离开四川时,程公许以门人身份为其送行,称赞崔与之"握吐接士则姬公旦,夙夜匪懈则仲山甫。诸葛亮之公道,范孟博之清德,羊叔子之方略,凡异时想象于简册者,幸薰而炙之"。表达了依依不舍的离别之情，说明二人关系非常密切。[50]

6. 黎伯登，洪咨夔文集中有《崔文昌书翰跋》一文，其题目后注明是“为黎监丞伯登作”。其中讲崔与之到四川，“幕府初开，求士于丛英旅隽之中，而数已先定，人其可萌一毫券外之想乎！”[51]表明黎伯登和崔与之帅府属官有关。

7. 王辰应，字子震，潼川府人，嘉定十三年进士，初未被重用，研究《周易》两年，嘉熙二年（1238，崔与之次年去世）五月，“以宗正丞兼权考功郎官兼吴王、益王府教授，除秘书丞”。[52]史料未见王辰应在四川任官的经历，他被列入崔与之拔擢的人，或许是他在崔与之的推荐下入京为官的。

8. 高稼（1171—1235），字南叔，魏了翁兄，嘉定进士[53]。高稼深受真德秀器重。在历任四川基层县尉、县丞等职后，“辟潼川府路都钤辖司干办公事。制置使崔与之闻其名，改辟本司干办公事”，任四川制置司参议官。因政绩突出，后改官知绵谷县。[54]这些任用都是崔与之辟举的结果。高稼后来死于抗击蒙元的战争中。

9. 李心传，蜀人，下第举人，在崔与之和魏了翁等23人大力推荐下，“自制置司敦遣至阙下，为史馆校勘”，成为南宋至今千古闻名的历史学家。[55]

以上是崔与之《言行录》中列出的被崔与之荐举和提拔之人。此外，还有一些其中没有提到的。主要有：

10. 吴昌裔，字季永，中江县（今属四川）人，吴泳之弟。曾因崔与之推荐，改知华阳县，“修学宫，来四方士，斥羡钱二十万缗，买良田备旱”，留名青史。[56]

11. 林略（？—1243），字孔英，永嘉（今温州）人，庆元五年（1199）进士。在担任饶州大宁监教授后，被辟举为四川茶马司干办公事，“崔与之帅蜀，目之曰：此台阁之瑞也，荐之迁武学博士。”[57]

12. 郭正孙（1162—1231），字兴祖，临邛（今四川邛崃市）人。“素负才略，有经世志”。通判全州时，金人攻蜀，正孙积极供应军需，并与知州游九功共同保全孤城，改知长宁军。在任未满一年，“崔正子请于朝，移知文州”。崔与之是他的重要荐举人之一。[58]

13. 李嘉量(1160—1224),字平仲,新津县(今属四川)人,乾道二年进士,长期在四川州县任职,曾受到吴猎、崔与之争相推荐,“吴德夫猎、崔正子与之未有雅素,争先辟举”[59],官至叙州通判。

14. 高崇(1173—1232),字西叔,高稼胞弟。崔与之知成都府时,高崇为成都府府学教授,崔与之“一见奇公。未几,【与之】摄制置使,移治利州,公【高崇】往饯之”。高崇为崔与之提出了罢舍选法,复养士田等建议,深受崔与之推赏。崔与之曾大力推荐他,“崔公抵益昌(今四川广元),荐书从置邮以来,又荐公请加召用。制司荐士旧以四人为限,公官簿居五”,[60]在崔与之的推荐下,高崇改官“知什邡县,有惠政”[61]。

15. 郭叔谊(1155—1233),字幼才,广都(今属四川成都)人。庆元元年(1195年)赐同进士出身,累任四川州县基层官,知青神县,又通判泸州兼权安抚司机宜文字,政绩突出,崔与之兼任四川制置使后,奏辟他为巴州知州,因为已经快到年龄退休了,宰相府不予批准,后又经过魏了翁对他的才能的介绍,得以上任,“果以治理闻”。[62]

16. 禄坚复(1174—1233),字子固,潼川人。进士及第后,也长期任职于四川州县,改官后,任永康军、嘉定府通判,知威州,深受魏了翁知遇和推许,崔与之也是他的知交之一。[63]

17. 李荣仲,四川人,“谙习边事,既取儒科,极知民瘼”。曾任洋州兴道县县令,本来已经获得五名推荐人的改官推荐书,但是,在兵火中被焚毁,因此未能如期改官。“后宣、制两司皆知其贤,制帅崔与之又辟入幕”,担任四川制置司准备差遣。[64]

18. 吴彦,崔与其曾与之通信。据载,嘉定十六年三月,崔与之推荐原修武郎、兴元府驻扎御前中军统制吴彦为金州都统制,荐书称赞吴彦“人物伟健,议论通畅,留心军政,宣力边防,有慷慨功名之志,轻财好义,得士卒心”,“才且廉,世不多得”。这份推荐书被保留下来,李昴英曾为之写跋,从中可见崔与之“荐贤为国之心,驭将待下之诚”。[65]

19. 李绅,曾被崔与之提携,后为国捐躯。“有李侯绅,受知于公,后以死节闻。公知人之明类此。”[66]

20. 吴泳，字叔永，嘉定二年（1209）进士，著有《鹤林集》，《宋史》有传。后曾官著作郎兼权直舍人院，进宝章阁学士知温州，改知泉州等。崔与之帅蜀，吴泳也是被举荐为帅府幕职的属官之一，吴泳对崔与之自称门生。崔与之离开四川时，他曾派人送信，后来，洪咨夔东还，吴泳又把原信附上，并把自己的“诗卷册囊，就附其舟以行”，力劝崔与之继续对朝政发表意见，后来二人还有较多书信来往。[67]

21. 虞刚简（1163—1226），字仲易，一字子韶，仁寿人（今属四川），虞允文后人。乾道八年以恩荫入仕，六年后又进士及第。他长期在四川地区担任州县官，包括知县、通判、知州、帅司属官等等，熟悉当地政风军情，崔与之任制置使，非常重视制置司参议官的选拔，虞刚简位列其中，“众谓得人”。[68]

22. 王翊（？—1236），字公辅，郫县（今属四川）人，宝庆元年（1225）进士。在吴曦叛乱中，抗节不拜。王翊受知于崔与之，应该是在他进士及第之前。“先是，菊坡崔公贻之书曰：一段冰清，万仞壁立。窃意公平生忠义自许，惟菊坡深期之”。后为制置使丁黼辟为参议官，后在蒙古军入侵时，英勇抵抗，投井殉国[69]。

以上是目前史料中找到的崔与之在四川荐举提拔官员的大致情况，有直接材料证明者22人，加上前述无史料者，共37人，他实际推荐的人应该超过这一数额。

三、荐举制度在宋代地方政治体制运作中的作用

从崔与之接受推荐和推荐他人的经历，可以看出荐举保任制度在宋代的广泛运用。崔与之的交往对象，除了同僚之间的诗文酬唱之外，主要以荐举制度为纽带，形成了较广泛的联系，这一现象的产生是有其制度原因的。

为了加强中央集权，防止地方割据势力的滋生，宋朝建立了一套严防地方官权力膨胀的机制，包括朝廷命官一律从中央政府委任，地方官实施严格的任期轮换制度和乡贯回避制度，路级监司官衙不在同一州府设置，监司之

间地位平等、职能各有分工又共同负责监察所属州县官员，监司之间相互监察，州府正副长官有权监察监司，州县长官直接向朝廷奏事等等。在严密防范的体制中，为了适应特殊地区、特殊时期、特殊岗位的需要，又普遍地运用荐举制度，以便在刚性的制度运作过程中，运用官员之间的相互了解和信任，建立起一定程度上的柔性的联结，让长官推荐任用自己熟悉和欣赏的属官，使地方的统治既有一定效率，也减少犯罪行为的产生。

这样的荐举不是无原则和无责任的。宋朝推行荐举制度的根本目的是让各级官员为国荐贤，在荐举制度实施的具体过程中，为了克服任人唯亲、任人唯私弊端的蔓延，宋政府制定有严格的责任追究制度，荐举多数情况下称为“保任”。即凡是确立了荐举关系的官员，在法律上举主就有了担保义务，如果他推荐的官员事后犯罪，特别是犯了赃私重罪，推荐人要依法受到连带处罚，即便调离原岗位，也要追究，在两宋有很多这样的例子。所以，正直为公的官员就愿意大力推荐有才干的基层官员，而能力一般或者品行不端的基层官员获得举荐的可能性大大减少，所以，荐举制度是宋朝政府让各级中高级官员替国家甄别人才的重要手段。

注　释

1　参阅邓小南:《宋代文官选任诸层面》，河北教育出版社 1993 年版；拙著:《宋代官员选任和管理制度》，河南大学出版社 1996 年版。

2　魏了翁:《鹤山集》卷 84《知威州禄君【坚复】墓志铭》。文渊阁四库全书本。

3　卫泾:《后乐集》卷 12《奏举李鼎陈觌黄龟鼎莫价乞赐擢用状》。文渊阁四库全书本。

4　崔与之著，张其凡、孙志章整理:《宋丞相崔清献公全录》卷 1《言行录》上，广东人民出版社 2008 年版(以下引自此书者，简称《全录》)第 2 页 。参考何忠礼教授的考证，当时推荐崔与之的枢密使应该是在绍熙元年(1190)为枢密使的王蔺。载《全录》第 294 页。

5　据记载，当时，担任淮南路转运副使的是耿延年，淮南路转运判官是朱钦则。淮西路总领是韩亚卿(《景定建康志》)。淮南西路转运判官为时佐(《会稽续志》卷 2)。淮西路提举常平等事是毛忠卿(《浙江通志》卷 125)。提点刑狱阙。参阅李之亮《宋代路分长官通考》上、中、下，巴蜀书社 2003 年版。上述官员后来的声望均不及崔与之，其中哪些监司推荐了他还有待考证。

6　李昴英:《崔清献公行状》，见《全录》卷 3，第 27 页。当时，建昌军知军先后由赵汝砺、赵仁夫担任(参考李之亮:《宋两江郡守易替考》，巴蜀书社 2001 年版第 633 页)。湖广江西总领为傅伯成、吴猎、詹体仁等(参考李之亮:《宋代路分长官通考》,巴蜀书社 2003 年版)。江西路转运副使为陈研,赵希怿嘉定二年至三年(1209—1210)四月在任,此时,崔与之已经到了广西任职,此事也有待仔细考证。

7 《全录》第 3 页。

8 参考王德毅:《崔与之与晚宋政局》。见《全录》附集卷 9,第 329 页。

9 《宋史》卷 406《崔与之传》。

10 方岳:《秋崖集》卷 38《跋崔菊坡洪平斋与高守帖》。载《全录》附集卷 2,第 209 页。

11 参阅前引拙著第三章第三节《荐举保任制度》。

12 《全录》附集卷 1《黎贞序》,第 164 页。

13 《全录》附集卷 2《崔清献公墓志铭》,第 189 页;《重修一品朱氏夫人墓志(附)》,第 193 页。

14 《全录》卷 2,第 14 页;《广西通志》卷 65;《广东通志》卷 44《吴纯臣传》,文渊阁四库全书本。

15 魏了翁:《鹤山集》卷 80《华容县丞奉议郎致仕沈公墓志铭》。文渊阁四库全书本。

16 《闽中理学渊源考》卷 21《推察黄习之先生学皋》。文渊阁四库全书本。

17 刘克庄:《后村集》卷 152《刑部赵郎中墓志铭》;《广东通志》卷 16。文渊阁四库全书本。

18 《全录》卷 8《遗诗 · 寿转运使赵公汝镃》,第 102 页。

19 《全录》卷 6《申彭提刑、管提舶之功》,第 68 页。

20 《全录》卷 6《申石运判、李运判、黄提举之功》,第 69 页。

21 《全录》卷 8《举通判宋诩知循州札》,第 88 页,"诩"误作"翊"。据《广东通志》卷 26、《万姓通谱》卷 92《宋诩》、丛书集成初编本《崔清献公集》等改。

22 《广东通志》卷 44《李昴英传》。参考李昴英:《文溪集》卷 20《家书 · 第五首》、《附菊坡回札》,文渊阁四库全书本,下同。

23 《全录》卷 3《崔清献公行状》。

24 参见张其凡:《"平生愿执菊坡鞭"——陈献章与崔与之》;《菊坡学派:南宋岭南学术的主流》。均收录在《全录》附集卷 9。

25 《广东通志》卷 44《杨汪中传》;《文溪集》卷 3《送判县杨侯汪中入京序》。

26 李昴英:《文溪集》卷 2《诗隐楼记》。

27 《江西通志》卷 73《临江府人物》。文渊阁四库全书本。

28 《全录》卷 8,第 102、103 页。

29 真德秀:《西山文集》卷 45《国子监主簿李公墓志铭》。文渊阁四库全书本。

30 《宋史》卷 406《洪咨夔传》。

31 洪咨夔:《平斋集》卷 32《祭孙汉州文》称"我守江油,君倅绵谷"。文渊阁四库全书本。

32 洪咨夔:《平斋集》卷 25《通崔安抚启》。载《全录》附集卷 3,第 239 页。

33 《咸淳临安志》卷 67,文渊阁四库全书本。

34 刘克庄:《后村集》卷34《祭崔相文》。载《全录》附集卷3,第218页。

35 林希逸:《竹溪鬳斋十一藁续集》卷23《宋龙图阁学士……后村刘公状》,文渊阁四库全书本。

36 刘克庄:《后村集》卷34《祭崔相文》;卷34《祖祭崔相文(同诸司)》;卷12《挽诗三首》。载《全录》附集卷3,《全录》卷10,第143页。

37 《清波杂志》卷4载:"建炎兵兴日,帅臣许辟置幕属,既素为知己,其于筹划裨助惟多。今惟四川制帅如故事,他皆命于朝"。

38 《全录》卷2,第16至17页。

39 《鹤山集》卷76《朝请大夫利州路提点刑狱主管冲祐观虞公墓志铭》。

40 《后村集》卷44《玉牒初草·皇宋宁宗皇帝》。

41 《鹤林集》卷9《马执中降授朝奉大夫、虞方简降授通奉大夫、高泰叔降授朝议大夫、鲜于光降授朝请郎制》。文渊阁四库全书本。

42 《鹤山集》卷24《除宝章阁待制举游似自代奏状》。

43 《全录》附集卷3《书〈菊坡先生蒲涧生祠记〉后》,第212页;《全录》卷9《克斋游公似跋公斋房大书》,第117页。

44 《鹤山集》卷49《简州三贤阁记》,载《全录》附集卷3,第223页。

45 《鹤山集》卷81《朝议大夫知叙州魏公(嘉父)墓志铭》。

46 《鹤山集》87《太令人程氏墓志铭》;卷81《安人史氏墓志铭》。

47 《文溪集》卷11《崔清献公行状》,载《全录》卷3。

48 程公许:《沧洲尘缶编》卷13《送制置阁学侍郎崔公赴召序》(载《全录》附集卷3,第234页);卷7《投赠洪倅司令舜俞》,文渊阁四库全书本。

49 《宋史》卷415《程公许传》。

50 程公许:《沧洲尘缶编》卷7《送成都倅黎德升赴召崔侍郎荐士召者五人》;卷9《再游凤凰山寺》;卷13《送制置阁学侍郎崔公赴召序》。

51 《全录》附集卷2,第208页。

52 《南宋馆阁录·续录》卷7,中华书局1998年点校本。第266页;《鹤山集》卷98《进士题名大成殿舍菜文》。

53 《宋元学案》卷80《鹤山学案》,中华书局1989年点校本,第2672页。

54 《宋史》卷449《高稼传》;《蜀中广记》卷46《高稼》。

55 《宋史》卷438《李心传》。

56 《宋史》卷408《吴昌裔》。

57 《宋史》卷419《林略》。

58 《鹤山集》卷82《故太府寺丞兼知兴元府利州路安抚郭公墓志铭》。

59 《鹤山集》卷81《承议郎通判叙州李【嘉量】君墓志铭》。

60 《鹤山集》卷88《知黎州兼管内安抚高公崇行状》。

61 《宋元学案》卷80《鹤山学案》,中华书局1989年点校本,第2672—2673页。

62 《鹤山集》卷83《知巴州郭君【叔谊】墓志铭》。

63 《鹤山集》卷84《知威州禄君【坚复】墓志铭》:"人言子固所至,政平讼理,无他道也,一生知己,如安子文、刘德修、杨伯昌、崔正子、李季允、虞仲易、曹器远,苟得一二贤相与,已足为重,而于子固,皆交口称道无异词"。

64 曹彦约:《昌谷集》卷8《应诏荐季衎等状》。文渊阁四库全书本。

65 《全录》卷8《御前札子付金州统制吴彦(实封)》;附集卷2《跋吴都统所藏菊坡先生帖》。

66 李昴英:《跋吴都统所藏菊坡先生帖》,载《全录》附集卷2,第208页。

67 吴泳:《鹤林集》卷29《与崔菊坡尚书书》;同卷《上崔侍郎书》;卷25《谢崔侍郎启》等等。分别见《全录》第115页;第214页;第241页。

68 《鹤山集》卷76《朝请大夫利州路提点刑狱主管冲祐观虞公墓志铭》。

69 李昴英:《文溪集》卷4《跋节愍王公行实》;《宋史》卷449《王翊传》。

南宋名臣崔与之交游考略

重庆师范大学 喻学忠

崔与之(1158—1239),字正子,号菊坡,广东增城(今增城市)人。南宋绍熙四年(1193)进士,曾官至四川安抚使、广东经略安抚使等职,又拜右丞相和参知政事,不就。历仕光、宁、理宗三朝,为官47年。卒赠少师,谥清献,世称"崔清献公"。有《宋丞相崔清献公全录》存世。崔与之在岭南历史上开创了多个第一:宋代岭南由太学中进士第一人;被尊为"粤词之祖";开创的"菊坡学派"是岭南历史上第一个学术流派。崔与之是南宋名臣,出将入相,文武双全,"文章事业,昭耀史册"[1],在政治、军事、文化等方面,业绩斐然。

学者对崔氏的研究,多从其生平、政治、军事、业绩等方面进行研究,取得了令人瞩目的成就。[2] 尚未有专文对崔与之的交游进行研究,本文欲对崔与之的重要交游活动作一初步探索。两宋"举世重交游"[3],刘宰曾总结宋人交游"士友当亲,而贤否不可不辨"[4],而崔与之生平交游颇广,对其交游进行考证,既可借以对崔与之的思想有更深入的了解,亦可蠡测当时士风趋向。本文就崔与之文集所及及相关资料,将其交游对象大致分为师友门生与同僚属下两大群体分作考证,详略一以所见资料为准。

一

钟遂和(1106—1185),字克应,番禺人(今属广州)。历官户部司判、宣议郎，以子贵，诰赠起居郎，晋赠朝议大夫。《宋史》无传。

钟遂和是崔与之的长辈，情同父子。崔与之自述："念惟世伯，昔曾卵翼与之，训诲与之，恩同父子。"钟遂和去世后，崔与之赠送其子钟启初三处"吉壤"作为钟氏的墓地。在给钟遂和写墓志时，还自称"年家眷侄崔与之顿首拜撰"。[5]

钟启初(1155—1225)，字圣德，号玉岩，钟遂和之子。嘉熙二年(1238)进士。初调徽州府判，历任武昌府同知、户部度支判、内直起居郎、福建参议。诏令参议中书省兼知政事，朝议大夫，而钟启初已告老南归矣。《宋史》无传。

钟启初与崔与之是平辈友人，情同兄弟。崔与之自称"弟"，"予恒称为玉岩四兄者也"，"予少时叨承宣议公(按：指钟遂和)提携训诲，俾与四兄同学同游"。而且钟遂和去世后，崔与之对钟启初说"是兄考即弟考也"。而钟启初去世后，崔与之为其撰墓志铭时，自称"年家眷同学弟崔与之顿首拜撰"。[6]

易东之，广州人。生卒年及生平事迹均不详。《宋史》无传。

易东之为崔与之的门生。易东之曾请崔与之为其家的族谱写序，崔与之在序中记述："今门生易东之来谒，出其谱图"，请作谱序，而易东之也曰："先生国家柱石，岭海儒宗，生虽不肖，辱在门下，敢干一言以障先志。"[7]

赵师楷，字清之，宋宗室。父伯寿任漳州幕，遂为漳人。绍熙四年(1193)进士。授浙漕干官，改知湘潭。后除守抚州，改广东市舶司。绍定四年(1231)任直宝章阁、广东经略安抚使，卒于官。[8]《宋史》无传。

崔与之与赵师楷应为同辈友人。赵师楷卒后，崔与之曾作《悼赵师楷》，共有二首，诗中有："老来心事向谁论，每见移时话肺肝。黄甲同登今几有？白头相对古来难。"[9] 诗中描写了二人是进士同年并有深厚的友谊。而赵师楷任广东经略安抚使时，崔与之已居广州，故二人当有进一步的交往。所以悼诗应当不是一般的应酬之作。

李昴英(1201—1257)，字俊明，番禺人(今属广东)。宝庆二年(1226)进士及第。初任汀州推官，官至龙图阁待制、吏部侍郎。李昴英为官清正廉洁、敢于直言，是南宋廉直谏官和著名的岭南学者。有《文溪集》存世。《宋史》无传。

李昴英师从崔与之，一生学问、道德自然深受其师的影响，而崔与之也对其"深器重焉"[10]。李昴英在其文集中，多次对崔氏以"门人"自称，并对崔氏表现出极大的仰慕。李昴英是"菊坡样人"，广传"菊坡之学"，广有门徒，堪称"菊坡学派"的第二代掌门人[11]。端平二年（1235），广东摧锋军叛乱，围攻广州，崔与之对叛兵"开谕祸福，又遣门人李昴英、杨汪中缒城亲谕之"[12]，解除了广州之围。后来崔与之辞拜右丞相，朝廷又命身为门人的李昴英劝请其师赴任，"李昴英久从卿游，今辍自班缀，俾以使郡专往见卿，明谕朕志"[13]。李昴英曾评价崔与之的《剑阁赋》词"拳拳爱君忧国，遑恤身计，此意类出师表雅趣"[14]，表达了对其师的敬重。李昴英甚至将崔与之与自己的书信往来俱称为"家书"，崔与之回信也称李昴英为"故人"[15]。而崔与之卒后，李昴英请求归官，为崔氏"持心丧"。可见二人关系十分亲密，已经超出一般意义上的师生关系，似有父子之情。

洪咨夔（1176—1236），字舜俞，号平斋，于潜（今浙江临安）人。嘉泰二年（1202 年）进士，授如皋簿。官至刑部尚书。端平三年（1236 年）卒。谥忠文。着有《平斋集》。

洪咨夔为崔与之的门人。《宋元学案》卷 79《丘刘诸儒学案》将其列为"菊坡门人"。洪咨夔也自述"捧砚从游久，缀门人之列"[16]。崔与之帅淮东时，辟置幕府，洪咨夔"边事纤悉为尽力"，帅成都时，"请于帝，授咨夔籍田令、通判成都府"，为四川制置使时，"首檄咨夔自近"，洪咨夔"以通判职事往来效忠"。[17]崔与之辞官闲赋在广州，曾向理宗上奏推荐人才，洪咨夔即在其中。可见，崔与之很赏识洪咨夔的才干，或加以提拔，或加以推荐。

而洪咨夔对其师也很敬慕。浙东大饥，流民渡淮求活，以数千计，时帅淮东的崔与之命僚属在南门外赈济灾民，"民得无饥乱以死，无不感慕，且请于朝，行之两淮"。而历经此事的洪咨夔对此举大为赞赏，赋诗曰："寨下人家盎盎春，又推余泽及流民，庆州小范青州富，合作先生社稷身。"[18]理宗亲政五日，时任礼部员外郎的洪咨夔召对奏曰："崔与之护蜀而归，闲居十年，终始全德之老臣，若趣其来，可为朝廷重”[19]，极力向皇帝推荐崔与之。宋末罗大经记载：“世传洪舜俞在蜀，尝谓崔菊坡曰‘先生丰于德而啬于才，他日不宜独当重任。’菊坡深然之，故晚年力辞宰辅。此说余尤疑之。”[20]此说虽不可信，但从中可以看出二人推心置腹的程度。二人亦师亦友，关系比较默契。

杨汪中，字季子，番禺人。嘉定十三年(1220)进士。调靖江民曹，历肇庆府推官、知庐陵县、知归善县。《宋史》无传。

杨汪中为崔与之的门人。前述广东摧锋军叛乱围攻广州时，崔与之遣门人李昴英、杨汪中缒城亲谕叛军，协助解除了广州之围。随后，在平定摧锋军叛乱时，“崔与之判本郡，汪中摄帅幕，密佐靖乱”[21]，极力辅佐了崔与之的成功，可见崔与之很赏识杨汪中的。又据李昴英回忆，“菊坡先生老于乡，余与杨侯日撰杖履起居，言动必见必闻”，作为门人的李、杨二人每天陪侍崔与之左右，师徒关系之亲密，不言而喻。而“清白于冰玉，有关西夫子风”的杨汪中也深为其师所知。[22]

洪天锡，又名阳岩，字君畴，泉州晋江人(今属福建)。生年不详，约卒于宋度宗咸淳中。宝庆二年(1226)，举进士第，授广州司法。后拜监察御史，累迁刑部尚书，又进华文阁直学士。寻致仕，加端明殿学士。卒，赠正议大夫，谥文毅。著有《经筵讲义》、《通礼辑略》、《味言发墨》、《阳岩文集》，今不传。

洪天锡与崔与之交游不详。崔与之有《送洪阳岩赴班》诗，在序言中称，洪天赐与李昴英为同年，“交情弥厚，君畴入广幕数年，举刾足当班，见文溪，诗以饯其行”。估计洪天锡任广州司法时，崔与之归居广州，二人相识，后离任，所以崔与之以诗饯其行。而当洪天锡官拜监察御史，崔与之又作《君畴班引后，宰古田，满戍趋京，时文溪以宗正少卿召入，极力引荐。君畴自六院入台，文溪力也。后以言事去国。嘉定甲申以礼部尚书得请，便道还家，作此诗》[23]。可见二人关系较好，当是崔与之的后辈友人。

温若春与吴纯臣，都出自崔与之门下，“桑梓英俊，若李昴英、杨汪中、吴纯臣、温若春，出自门下，因公奖拔，皆至显宦。”[24]

温若春，番禺人。嘉定十三年(1220)特奏名第一，赐进士出身。历官校书郎，以朝奉郎致仕，家居节俭，寿 80 余卒。《宋史》无传。

温若春“少力学能文”，“博洽古今”，崔与之“素重其学行”。宁宗询问崔与之“南中人才”，崔与之认为“温若春宜清要之任”，于是除“若春秘书郎”。崔与之帅维扬，握手与温若春道别，并勉励道：“人之功名，晚节为难”，若春唯唯，遂力请挂冠以朝奉郎致仕。[25]由此可见，崔与之赏识温若春的学行与才华，并推荐其任官，离别时还对其进行勉励。而温若春对崔与之也很尊重，听从崔与之的建议。《宋元学案补遗》卷 79《丘刘诸儒学案》将温若春补入“崔氏同调”，其思想似与崔与之接近。

吴纯臣，番禺人。温若春同榜特奏名进士。历知连州、提点广西刑狱，仕至通奉大夫致仕。《宋史》无传。

崔与之对吴纯臣是“素知其贤”。邹应龙任广右帅臣，“以大魁典镇，有重名，少许可，独才纯臣，尝书‘清通仁厚’四字赠之”[26]，吴纯臣被骄傲的邹应龙赏识，十分难得，可见吴纯臣确有过人的才华。宁宗询问崔与之“乡里有何人才，公荐吴纯仁有监司之才”，于是除吴纯臣提点广西刑狱。[27]《宋元学案补遗》卷 79《丘刘诸儒学案》将吴纯臣补入“崔氏同调”，其思想似与崔与之接近。

黄镛，字希声，隐士，与李昴英为友。工晚唐诗，其诗有《樵溪初藁》，今不传。生平事迹不详。《宋史》无传。

黄镛是崔与之门人。《宋元学案补遗》卷 79《丘刘诸儒学案》将黄镛补入“崔氏门人”。据李昴英记载，黄镛“游五羊，获登菊坡先生门，因筑舍其旁”，并将所居楼命名为“诗隐楼”。崔与之晚年致仕回广州，尝筑菊坡以自适，而黄镛此时入门下，并在崔氏居处附近筑舍，二人都喜阮籍竹林之游，关系融洽。崔与之平定摧锋军叛乱时，与彭铉在诗隐楼“密画往来其间，迄清乱”，以诗隐楼为筹划平叛的帷幄，打扰了黄镛的隐逸生活，“希声自此不得隐矣”，更是体现二人关系的亲密。[28]

吴泳，字叔永，潼川人（今四川泸州）。嘉定二年（1209）进士。累迁著作郎，兼权直舍人院。应诏上书，颇切时要。后进宝章阁学士，知温州，改知泉州，以言罢。有《鹤林集》存世。[29]

吴泳是崔与之的弟子辈友人。吴泳与崔与之相识，当在崔与之帅蜀期间。“侍郎自天子侍从帅西南，某虽未得觇窥风采，而问之乡人于朝，访之南方士夫于蜀，则皆能道其梗概”[30]，可见崔与之帅蜀之初，二人并不相识。二人相识后，吴泳自述“一手挈提，百思感激”，“荐人得崔大雅之书，翕然价重”[31]，“况在蜀中，凡所荐进之士，……如某者，谬庸亡奇，亦以尚书旧，辟庞抚机之例，置之机幄”，也即崔与之赏识并推荐重用吴泳。而吴泳对崔与之极为敬仰，对崔与之甚至以门人自称，“然门人所以恋德之诚，非此则无以少见真意，度先生必能照之度外也。”[32]《鹤林集》里也记载了二人多次通信，吴泳赞扬崔与之“清心寡欲，有武侯之资”，“宽静简易，皇皇以求仁义为心欲”[33]。另外，在其文集中，有多首诗词为崔与之祝寿[34]。

程公许，字季与，一字希颖，叙州宣化人(今四川宜宾)。嘉定四年(1211)举进士，调温江尉，未上，丁母忧。服除，授华阳尉，再调绵州教授。公许忠信孝友，屡应诏言事，抗直有声，屡迁华秩，而辄屡斥，始终一节不变。累官刑部尚书，后以宝章阁学士知隆兴府，进龙图阁学士致仕，卒赠宣奉大夫。有《沧洲尘缶编》存世。

程公许是崔与之的弟子辈友人。二人相识当在崔与之帅蜀时，程公许回忆，“某幸甚，辱公深知于入蜀问士之初”，“崔侍郎入蜀，首蒙檄召刻荐”。[35]在崔与之推荐的蜀知名士中，程公许位列其中，时程公许为绵州教授，“制置使崔与之大加器赏，改秩知崇宁县”。[36]崔与之曾荐士五人，其中程公许曾“忆侍西征幕，从谈夜达晨”[37]，作为属下的程公许能与崔与之通宵达旦地从谈，可见很受崔与之器重，也显示二人关系的默契。程公许还曾以“掌记”的属僚身份与洪咨夔陪同崔与之郊游，并“一宿凤凰山寺”[38]。崔与之奉诏赴京，程公许送别，回忆自己“命执铅椠从宾客后，侍言笑于碧油之幕，凡六阅月”，受到了崔与之的信任与重用。而程公许对崔与之的离去，甚感遗憾，并以门人自称，“闻公之去，不得再拜以别，怀恩未报，望远凄断，搔首秋风，渺不知再侍之何日也。嘉定十七年二月日门人程某拜手谨序”。[39]由此可知，二人不仅是僚属关系，更有师生之谊。

刘克庄(1187—1269)，字潜夫，号后村，莆田(今属福建)人。通古今，熟典故。以“文名久著,史学尤精”,赐同进士出身。历任将仕郎、枢密院编修官、右侍郎官等职,仕至权工部尚书、龙图阁学士。卒谥文定。有《后村集》存世。《宋史》无传。

刘克庄是崔与之的后辈友人。刘克庄任真州录参时,“菊坡崔公帅维扬,因公白事,喜曰:‘吾于闽得二士,君与子华也。’锐欲致公”[40]。而刘克庄也述及二人的交往,“昔掾仪真,公为扬帅,白事玉帐,一见赏异,每云近岁人物稀疏,吾得二士,子华、潜夫”[41],可见崔与之是很赏识这位后辈属僚的。崔与之在帅蜀任上荐贤,擢拔尤多,刘克庄位列其中。而崔与之卒后,刘克庄以诗文表达了对崔与之的悼挽和仰慕之情,如“先帝谋元帅,烦公护蜀淮。军皆歌范老,民歌像乖崖”,“流传千载下,犹足励清规”,“公于相印,闭目不视,如公所立,百世犹兴,谁其似之”,“公却厚禄与粪土同”。[42]正如史载,刘克庄“仰慕崔与之之为人,表章遗文,祭其祠墓,叹曰:‘完名高节百世师也’”[43]。由此可知,二人是僚属关系,更兼师友。

陈韡(1179—1261),字子华,福州侯官(今属福建)人。登开禧元年(1205)进士第,从叶适学。嘉定十四(1221)年,贾涉开淮阃,辟京东、河北干官。改淮东制置司干办公事。仕至端明殿学士、参知政事兼同知枢密院事,知枢密院事、湖南安抚大使兼知潭州。景定元年(1260),授福建安抚大使兼知福州。卒赠少师,谥忠肃。曾平定晏彪和陈三枪等民变。“陈韡将帅才也,优于别之杰多矣。”《宋史》有传。

前述,崔与之言:“吾于闽得二士,君与子华也”,“每云近岁人物稀疏,吾得二士,子华、潜夫”。子华即为陈韡。可见崔与之是很赏识这位后辈的。崔与之在帅蜀任上荐贤,擢拔尤多,陈韡位列其中。

黄必昌,字京父,一字京甫,晋江(今属福建)人。嘉定十年(1217)进士。宝庆间任知南恩州军州事。判循州。从陈淳学,又切磋于陈宓、潘柄二贤。[44]著有《中庸大学讲稿》,今不传。《宋史》无传。

黄必昌与崔与之直接交游情形不详。黄必昌赴官途中曾路过广州拜访崔与之,“君过羊城见菊坡,先生不出意如何”[45],黄必昌当与崔与之相识。而李昴英称“吾友黄京甫”,并赠诗送黄必昌通判循州,“黄门祠下挥唫笔,丞相岭头先着鞭”[46]，丞相此处指崔与之，此句应是指黄必昌通判循州时，先行拜访过崔与之。故推断，黄必昌与李昴英为友，并多次拜访身居广州的崔与之，当是崔与之后辈友人。

张允迪，字德明，曲江人（今广东韶关）。张九龄的后代。生平事迹不详。《宋史》无传。

张允迪与崔与之尚无直接交游史料。李昴英为张允迪友人，曾就访张允迪，登其藏书楼，“壁横墨本二大字曰‘拥书’，盖菊坡笔也”，“其藏书楼二大字，宛其旧识，而故人隔世久矣。为之怆然，且仰叹大老先生乐与后进，惜天不寿，斯人少副所期也”。[47]由此，崔与之为张允迪的藏书楼题字“拥书”，且“乐与后进”，张允迪应是崔与之的后辈友人。

谭凯，南海人（今属广东）。儒生，不事科举，终生不仕。寿86卒。《宋史》无传。

谭凯与崔与之具体交游情形不详。《宋元学案补遗》卷79《丘刘诸儒学案》将谭凯补入“崔氏同调”，其思想当与崔与之接近。谭凯“性恬静，不妄言，读书务自得。早谢科举，不为纷华所动。崔与之高其行义，帅淮东日，驰书荐于广帅杨长孺”。[48]崔与之任淮东制置使期间，时金兵南下，对南宋两淮构成巨大的威胁。崔与之主要负责加强对金的防务，在如此紧张和危急的形势下，还专门写信向杨长孺推荐自己赏识的布衣谭凯，可见谭凯在其心中的重要地位。而谭凯的学识也得到杨长孺的认同，被尊为学老。崔与之“早孤家贫，刻苦向学”[49]，少时不远数千里游太学，后中进士入仕，二人相识应在游太学前。而崔与之一生以清正廉洁、淡泊名利著称，尤其是辞相位轻富贵生活俭朴的行径，虽不能断定是受到谭凯的“性恬静”与“不为纷华所动”的性格影响，但至少可以断定二人性格相似。由此，二人思想与志趣相投，当是同辈友人。

刘镇，字叔安，南海人。嘉泰二年（1202）进士。性恬淡，有贤名。自号随如，学者称随如先生。所为诗秀朗清润，著有《随如集》，今不传。[50]《宋史》无传。

刘镇与崔与之应是同辈友人。《宋元学案补遗》卷79《丘刘诸儒学案》

将刘镇补入“崔氏同调”,其思想当与崔与之接近。崔与之卒后,刘镇以《挽崔菊坡》诗吊之,其中有“始终无玷缺,出处最光明”[51]之句,人皆以为实录。从挽文可以看出,刘镇深知崔与之,二人应是友人。崔与之被尊为“粤词之祖”,开创了以“雅健”为宗的岭南词风,刘镇也是著名的岭南词家,具有雅健词风[52],从岭南词风角度来看,崔与之对刘镇应有一定的影响。

楼钥(1137—1213),字大防,自号攻媿主人,明州鄞县人(今浙江宁波)。少好读书,潜心经学,融贯史传。隆兴元年(1163)进士。初任教官,后调为温州教授。光宗时为起居郎兼中书舍人。宁宗时,为参知政事,后又授为资政殿大学士、提举万寿观。卒赠少师,谥宣献。著《攻媿集》存世。《宋史》有传。

楼钥与崔与之未见直接的交游史料。《宋元学案》卷79《丘刘诸儒学案》将崔与之列为“攻媿讲友”,并记载“先生与攻媿友善,号菊坡”。由此可知,二人为友人无疑。

张端义(1179—?),字正夫,自号荃翁,郑州人(今属河南),居于苏州。少时勤于读书,兼习技击。端平年间(1234—1236年),因三次上书得罪朝廷,被谪韶州。著有《荃翁集》,已佚。现有《贵耳集》存世。《宋史》无传。

张端义为崔与之友人。张端义在自传中说:“如慈湖、说斋、鹤山、菊坡、习庵皆从之游”[53],包括杨简、魏了翁、陈埙、崔与之在内的这些当世名士都是其友人,可见其交游的友人品味都很高雅。张端义又称,朝廷欲任命崔与之帅蜀,“觉菊坡之意未就,司谏王贯卿上疏,指以士大夫辞难避事,不肯任朝廷之委用。疏上后,菊坡之命始出”。崔与之帅蜀赴任途中,经过九江时,张端义往见,询问崔与之入蜀之意,“菊坡自言:‘朝廷以蜀中散乱,令某整齐之。’余进曰:‘今天下散乱,岂特一蜀耶?朝廷何不留先生整齐天下之散乱,而独私于蜀耶?’菊坡唯唯而已。近汤季能有辞难避事之疏,三十年间两见之,恨无菊坡再见此疏也”。[54]从上文可以看出,张端义与崔与之言论随意,关系亲近,甚至在崔氏卒后,张端义还遗憾崔氏不能再见“辞难避事”之疏。

程珌(1165—1242),字怀古,休宁人(今属安徽)。先世居洺水,号洺水遗民。绍熙四年(1193)进士。授昌化主簿,调建康府教授,改知富阳县。历任秘书省著作郎、军器少监等职,仕至知福州兼福建安抚使,以端明殿学士致仕。卒,特进少师。有《洺水集》存世。[55]

程珌与崔与之是平辈友人。嘉定十三年(1220),程珌在姑苏(今苏州)"得同年崔正子尚书书"[56],而《洺水集》也多次收录了程珌给崔与之的回信,二人常有书信往来,是同年友人。在崔与之任四川安抚制置使时,程珌"尝嘿计目前之可以任此者,舍侍郎未见其次焉","此朝廷之所以有取于侍郎,而天下之所以望于侍郎者也。上宽九重之顾,下慰海内之望,侍郎必有以处此矣","侍郎禀灏灏正元之气,负盘盘任重之才"[57],认为崔氏是帅蜀的最佳人选,并对崔氏的治蜀进行了勉励和期待,非常推崇崔与之的才华与能力。

丁黼(? —1236),字文伯,号涎溪,石埭人(今安徽池州),登淳熙十四年(1187 年)进士。累官军器监。以朝奉郎知信州军州事。皆有政声。绍定中(1228—1233)迁夔州路安抚使兼知夔州。疏急务 10 条,夔大治。后知静江。仕至四川制置副使兼成都知府。为政宽大,蜀人德之。卒赠显谟阁待制,谥恭愍。著有《涎溪集》、《六经辨证疑问》、《诸史精考》,今不传。[58]

丁黼与崔与之直接交游不详。丁黼"绍定中,真德秀荐于朝,授夔州路安抚。疏急务十事,力修备御,为政宽大。崔菊坡与之友,嘉其操尚,寄诗有'同志晨星少,孤愁暑雨多'之句"。[59]丁黼任夔帅时,崔与之身在广州,二人不可能见面,只能书信往来。其诗确为崔与之所写,诗名为《送夔门丁帅赴召》。[60]由此可知,丁黼与崔与之为友人是可以肯定的。

林介,字介仲,增江(今广东增城)老儒者,卒年约在崔与之前后。生平事迹不详,《宋史》无传。

林介仲与崔与之是同邑的平辈友人。据李昴英记述,崔与之在京城初入太学之时,"寄其友林介仲书","述斋舍之费颇悉,闻其入京参斋时,皆朋友相资助,故书报之详"[61]。可见作为友人,林介曾资助过崔与之求学的经费,二人常有书信往来。

萧崱,字则山,号大山,新喻人(今属江西)。绍定五年(1232)进士。以史馆校勘迁武学博士,进太府丞。求补外,遂奉祠。得肆力于文字碑铭记序,得盘诰体,工篆隶。凡名胜扁额,多其所书,尤善吟咏。著有《大山集》,

今不传。《宋史》无传。[65]

萧崱应为崔与之的友人。萧崱曾为崔与之题字,“时临江萧大山客门下,八分书‘为天地立心,为生民立极,为去圣继绝学,为万世开太平’以为对,公喜之”。[66]看来崔与之是很欣赏此座右铭和萧崱的书法的。

二

赵希怿(1155—1212),字伯和,青田(今属浙江)人,燕王八世孙。登淳熙十四年(1187)进士第。历仕江西茶盐提举升本路帅兼漕事、知隆兴府、知平江府、移知太平州,仕至昭信军节度使、开府仪同三司。赠少保,追封成国公,谥正惠。爱民正直,业绩显赫。[67]

赵希怿曾是崔与之的上司。崔与之出任知建昌新城县(今江西南城),他的治理才干得到充分发挥,在江西业绩“为诸邑最。赵漕使希怿令诸邑视以为法,且特荐于朝”。[68]可见,赵希怿赏识属下崔与之的才能和业绩,积极向朝廷推荐。

曾治凤,字君辉,清源人(今属福建)。曾从龙弟,开禧元年(1205)进士,历官广西提刑。以将作监知袁州,复直焕章阁、广东经略安抚使。性简俭,爱惜公帑,一毫不以妄费,不嗜杀戮。[69]《宋史》无传。

曾治凤与崔与之应有同僚之谊。崔与之晚年归居广州时,曾送二鹿给曾治凤,二鹿是“昨岁六月十日菊坡先生寿公物也”,而曾治凤“公莅广,其政仁。视民物不二,推俸倾橐,廪饥赈穷”。[70]崔与之“公之门无杂宾,连帅部使者时候其门,岁仅一再见”[71],一生清正廉洁,淡泊名利,断不会巴结曾治凤。由此,崔与之送鹿寿曾治凤,当是赞赏曾治凤的政绩,而不当视为同僚间的普通应酬。

管湛,字定夫,临川(今属江西)人。累官至金部郎中,为广南西路提刑,“区处横山罗甸,蛮人帖服。代百姓输上供麦、秋苗,为缗巨万”,知静江府,广西提刑兼经略安抚,大理少卿。为官有政绩。有《定斋类稿甲乙集》,今不传。[72]《宋史》无传。

管湛与崔与之直接交游情形不详。"其时提刑方信孺,转运判官陈孔硕,皆一时之良,故湛每游必与两人俱",可见管湛交游的俱是"一时之良",品味较高。崔与之"为广西提刑,巡行所部,即荒徼大海,传车皆遍,号为匆匆,不及作诸山之游者。及被旨奏事,管湛饯于七星山,至今刻在山中"。[73]似可推断,管湛为崔与之饯行,不是普通的同僚间应酬,应有同僚之谊。

管瀛,字季登,临川人。管湛之侄,以荫补官。嘉定间任广西经略司参议官、知浔州[74],端平二年(1235)任朝请郎广东提举市舶兼经略司参谋官。《宋史》无传。

管瀛参与了崔与之在广州平定摧锋军的叛乱,并立下显赫功绩。崔与之自述:"何以克胜?自非幕画得人,谁与共济?窃见朝请郎提举广南市舶管瀛,才识俱高,刚正有守,遂于三月间屈其入幕,以相扶助。继蒙朝廷特为敷奏奉圣旨,管瀛兼经略司参谋官,荷其以国事为念,悉心裨赞,乃有蒙成之幸","管提舶幕中参谋之功"[75],可见崔与之赞赏属下管瀛的能力,并向朝廷申报其功。

许巨川,字东甫,温陵(福建泉州)人。嘉定进士。其学得伊洛之传。以文林郎任建康府府学教授。[76]后董广州教事,仕至东莞令。[77]《宋史》无传。

许巨川与崔与之具体交游情形不详。作为海内大儒的许巨川,为东莞令时,大兴儒学,"广人德之深,共建生祠于泮宫之东,至今朔望罗拜其下如初。菊坡清献公自蜀归,闻而嘉叹,方言状于朝,时未识公也"。[78]也即,崔与之归居广州时与许巨川相识,并对许巨川在东莞大兴儒学是极为赞赏的,并积极向朝廷推荐。李昴英游学于东莞县学时与许巨川相识。前述崔与之归居广州期间,门人李昴英每天陪侍左右,故崔与之与许巨川交游当是情理之中的。

彭铉,临江军清江(今江西宜春)人。彭龟年次子,以父泽录用,尝为宁都干办,知赣州,知南安军,后任直秘阁知广州兼广东经略安抚。著有《临川可否录》、《备寇议事录》,今不传。[79]《宋史》无传。

彭铉是崔与之赏识的属下。广州摧锋军叛乱后,崔与之授广东经略安抚使兼知广州,“闻命亟拜,即家治事,属提刑彭铉讨捕,潜移密运,人无知者”[80],“公亟与宪使彭公铉遣将调兵,四面围袭,气势翕合”[81]。前述崔与之平定摧锋军叛乱时,与彭铉在诗隐楼“密画往来其间,迄清乱”。可见,崔与之很信赖与赏识彭铉,平叛中常与彭铉密谋,并在彭铉的鼎力协助下,平定了叛乱。崔与之向朝廷申报彭铉功绩说:“提刑遇事团转,区处得宜,斯克有济。今寇盗宁息,实赖彭提刑山前制胜之功。”[82]后来崔与之辞拜右丞相,朝廷令广东经略彭铉“以礼劝勉,催促上道,毋致迁延”,“忽承帅彭铉特诣敝庐,促行甚急,宣劝良勤”。[83]由此可知,二人当是关系默契的同僚。

吴彦,曾任修武郎兴元府驻札御前中军统制、金州都统。《宋史》无传。

吴彦是崔与之赏识的属下。崔与之任四川安抚制置使时,曾向朝廷推荐,“修武郎兴元府驻札御前中军统制吴彦,人物伟健,议论通畅,留心军政,宣力边防,有慷慨功名之志,轻财好义,得士卒心,欲望朝廷特赐旌擢,处以统制之寄”。[84]李昴英也记述,“都统吴侯彦,公所识擢荐之”。崔氏“指纵诸将,每手笔驿以授,情通如家人,而人乐为之用”,故崔与之给吴彦的亲笔书帖,被吴彦精心收藏[85],可见吴彦对崔与之非常崇敬。

家大酉,眉山人(今四川眉山市)。以进士授昭化主簿。淳祐时侍讲经筵,累官工部侍郎,与宰相史嵩之论不合,罢去。为人方直,虽累屈而操守不变。卒谥文节。[86]《宋史》无传。

家大酉曾是崔与之的幕僚。家大酉与崔与之相识,应在崔与之帅蜀时。在崔与之推荐的蜀知名士中,家大酉位列其中。“南海崔公与之帅蜀,以大酉长幕府,未几荐士,复先焉。大酉敬共,夙夜不敢坠”,可见崔与之赏识家大酉并让其长幕府,家大酉在朝廷任职后,崔与之“爱其子以及其母,亟问亟馈,牲币药石交至”[87],对家大酉一家关怀备至。而家大酉对崔与之也很敬重与赞赏,称崔氏“白麻不能起南海,千载一人非公谁”?[88]家大酉自将作监丞擢守简州时,将崔与之与张咏、赵抃并称三贤,修“简州三贤阁”来表达对崔氏的仰慕。[89]故二人应是关系亲密的同僚友人。

聂子述,字善之,南城人(今江西南城)。绍熙元年(1190)进士出身,治诗赋,官至吏部侍郎。以新利州路安抚使为四川制置使,已而致政归。适有盗杀郡守，朝廷遣将欲屠城，子述单骑至麾下，力陈民冤，乃止杀其渠魁，民赖以安。卒谥文定，追封卫国公。[90]《宋史》无传。

聂子述与崔与之是同僚友人。崔与之帅淮东时，有诗赠聂子述，诗的序言写道："嘉定丙子（九年），侍郎为蜀之行，舟过扬州，此诗赠之"，其诗中有"早辨出师诸葛表，祁山斜谷欝绸缪"，[91]崔与之此诗以诸葛亮之忠勉励聂子述。此后二人还在馆阁为同僚。聂子述，嘉定十一年七月以工部侍郎兼国史院编修官、实录院检讨官，宝庆元年十月以吏部侍郎兼实录院检讨官。崔与之，嘉定十二年正月以秘书少监兼国史院编修官、实录院检讨官，十二月为秘书监仍兼国史院编修官、实录院检讨官，十三年三月以权工部侍郎兼同修国史。[92]

魏了翁（1178—1237），字华父，号鹤山，邛州蒲江（今属四川）人。庆元五年（1199）进士，授签书剑南西川节度判官厅公事。历任除秘书省正字、迁校书郎、知嘉定府，历知眉州、泸州、潼川府。后进宝章阁待制，为潼川路安抚使、知泸州。史弥远卒，召为权礼部尚书兼直学士院。官终知福州、福建安抚使。卒谥文靖。《宋史》有传。

魏了翁与崔与之为同僚友人。在崔与之荐引的蜀知名士中，魏了翁位列其中。而魏了翁也很赞赏崔与之。在崔与之帅蜀时，极力称赞其治蜀的业绩，"南海崔公与之来守成都，清风令仪，底厉颓俗"，"崔公之洁己裕民，忧边思职，亦近世所罕俪也。其大城西近寇，连岁盗边，莫能入，人尤德之"[93]，简州修建以纪念张咏、赵抃、崔与之的三贤阁，魏了翁亲自撰写《简州三贤阁记》，其中对崔与之赞叹尤多。崔与之归居广州后，魏了翁还极力向理宗推荐重用崔与之，"欲望陛下亲御宸翰，以趣其行，勉以君臣之大义，谕以家国之深忧，庶其幡然而来，协助亲政，则陛下意乡所形，必有闻风兴起者矣"。[94]二人还有友人间的吟诗唱和，如"昔岁阽危日，烦公匹马来"，"轧轧度空明，怀人梦不成。蜀天随处见，卮酒与谁倾"[95]，表达与崔与之离别的惆怅与伤感。

魏文翁，魏了翁弟，自号果斋。举嘉定四年（1211）进士，调迪功郎、眉山县尉。历任宣教郎、知新繁县、通判成都府，仕至朝议大夫知叙州。其辞达，其事治，皆为世所推许。著有《读书日记》、《杂稿》、《巴江中庸大学讲义》，今不传。《宋史》无传。

魏文翁与崔与之交游的具体情形不详。魏文翁曾是崔与之帅蜀时的属下，“崔正子与之帅成都，辟知新繁县”[96]，以崔与之荐贤的经历推断，魏文翁应是受到赏识而被荐辟知新繁县的。

游似（？—1252），字景仁，号克斋，南充（今属四川）人。勤奋好学，师事刘光祖、魏了翁。嘉定十四年（1221）进士，官大理寺司直，累迁至吏部尚书。嘉熙三年（1239）为端明殿学士，签枢密院事，封南充县伯，同年八月又拜参知政事。淳祐五年（1245）拜右丞相兼枢密使。特授观文殿大学士、醴泉观使兼侍读，进爵国公，转两官致仕。卒，特赠少师。《宋史》有传。

游似与崔与之是同僚友人。二人相识，应在崔与之帅蜀时。在崔与之推荐的蜀知名士中，游似位列其中。广州人为崔与之立蒲涧生祠，请游似作记，“游公似秉记，笔文绝奇伟，先生戒毋刻尤力，盖谦不肯当”[97]，可见二人关系亲密。崔与之卒后，游似还题跋了崔与之斋房大书，“学者诚以公之自度者治其身，使私意不存，仁念常著，而又仰高山于两文正……公庶乎含笑于九原矣”[98]，此跋表达了游似对崔与之的敬仰之情与沉痛的哀悼！

林略（？—1243），字孔英，温州永嘉人。庆元五年（1199），举进士。历饶州大宁监教授，辟干办四川茶马司公事。历殿中侍御史，升侍御史，试右谏议大夫。以端明殿学士同签书枢密院事，以言罢，提举洞霄宫。以资政殿学士致仕。卒特赠宣奉大夫。

林略曾是崔与之属下。林略与崔与之相识，当在崔与之帅蜀时。在崔与之推荐的蜀知名士中，林略位列其中。林略为干办四川茶马司公事，崔与之帅蜀，目之曰“此台阁之瑞也”，荐之。[99]可见，崔与之是赏识林略的才华而推荐的。

虞刚简（1163—1226），字仲易，一字子韶，仁寿人（今属四川），虞允文孙。学者称为沧江先生。以郊恩任官，再举礼部，历仕知华阳县。知永康军，招诸生讲学，境为大治。嘉定十一年（1218）知简州。仕至朝请大夫、利州路提点刑狱。著有《易传》、《论语解》、《诗说》，今不传。[100]《宋史》无传。

虞刚简曾是崔与之属下。根据虞刚简墓志铭可知,从虞刚简知简州开始,一直在四川为官,“制置使崔公与之奏言:‘自古用蜀,多借蜀才,请以蜀名胜之任。’四路藩节者兼制置司参议者,公与其一,众谓得人”[101],而崔与之帅蜀时间为1220年—1224年,由此推断,虞刚简在此期间与崔与之相识,并受到崔与之的重用。另据虞刚简的第四代孙虞集回忆,“崔丞相与仆曾大父友善,蜀广相望,岁常遣一介通问”[102],虽蜀广远隔,还经常通问,可知二人关系密切。

王翊(?—1236),字公辅,郫县(今属四川)人,宝庆元年(1225)进士。吴曦尝招之入幕,及曦以蜀叛,抗节不拜。后为制置使丁黼辟为参议官,誓以身死报国。端平三年(1236),蒙古军进攻成都,丁黼战死,王翊继续组织居民抗蒙,战败后,王翊投井自杀,成都城陷落。[103]卒谥节愍。

王翊与崔与之相识当在崔与之帅蜀期间。嘉定十七年(1224)崔与之自蜀还广州,从此不再复出,王翊中进士前后一直在四川任职,只有此期间二人才有相识的可能。李昴英曾记述二人的交游情形:“先是菊坡崔公贻之书,曰‘一段冰清,万仞壁立’,窃意公平生忠义自许,惟菊坡深期之。”崔与之对王翊的为人甚是了解,故对其忠义“深期之”,二人应相互熟知。后来王翊以忠义殉国,李昴英感叹:“三叹菊坡知人之明”。[104]由此推断,王翊曾是崔与之属下,为崔与之所深知与深期,并有书信往来,二人应是关系默契的同僚友人。

宋翊,字叔晦,莆田人(今属福建)。以荫补官。端平初通判广州,令惠之归善,后知循州(今广东龙川县)。为政廉介有守,平循州寇盗,抚循民安生乐业。循州丁钱虚额一切废除,并奏于朝,永为定式,循民德之。《宋史》无传。

宋翊与崔与之的相识,当在宋翊通判广州时,且为崔与之的属下,“端平初通判广州,广帅崔与之疏荐,辟知循州”。[105]而崔与之疏荐宋翊,乃是赏识其才华,“窃见通判广州军宋翊,练历已深,廉介有守,昨试令之程文,又宰惠之归善,一意抚字,安静无扰,邑人至今思之。……窃以凋郡择守,最戒贪残,倘使宋翊为之,必有成效”[106],认为宋翊适宜出任循州知州。而宋翊知循州后,崔与之多次给他写信,“抚摩为心,镇静得体,元气充足而外邪自消。千里民生之寄,得所托矣”[107],对宋翊为政给予了深厚的期待和勉励。

柴中行,字与之,江西余干(今江西万年县)人。以儒学显,人称南溪先生。绍熙元年(1190)进士,授抚州军事推官。曾知光州,治行为淮右最。历任秘书监、崇政殿说书,进秘阁修撰、知赣州军事。卒,赠通议大夫、宝章阁待制,谥曰献肃。着有《易系集传》、《书集传》、《诗讲义》、《论语童蒙说》,今不传。[108]

柴中行与崔与之有同僚之谊。柴中行,嘉定十一年七月除秘书监,十二年六月除秘阁修撰知赣州。崔与之,嘉定十一年十一月为秘书少监,十二年十二月为秘书监。[109]可见二人共事时,柴中行为崔与之上司。崔与之曾赋诗送柴秘书分符章贡,但柴秘书未著名字。危稹在嘉定中曾作诗《送柴中行出守章贡》,并由于忤宰相出知潮州。[110]由此断定,柴秘书当为柴中行。柴中行除守章贡(赣州)时,崔与之与其他同僚一并为柴中行饯别,并赋诗赞扬柴中行“中流屹砥柱,愈激而愈厉”,“直谏逆披鳞,言言皆献替”[111]。

危稹,字逢吉,号巽斋,抚州临川县人(今江西临川)。淳熙十四年(1187)进士出身。调南康军教授。迁武学博士,又迁诸王宫教授。后任迁秘书郎、著作佐郎,兼吴益王府教授。升著作郎兼屯田郎官。因撰诗送柴中行去国,忤宰相,出知潮州。移知漳州,请老,提举崇禧观。卒年七十四。有《巽斋集》等,已佚。今存《巽斋小集》1 卷。《宋史》有传。

危稹与崔与之有同僚之谊。危稹,嘉定十一年六月为著作佐郎,十二年六月为著作郎,十一月知潮州。[112]前述,崔与之,嘉定十一年十一月为秘书少监,十二年十二月为秘书监。二人同在馆阁共事,为同僚无疑。崔与之曾有“危大著出守潮阳,同舍饯别”诗[113],但危大著未著名字。危稹作诗送柴中行,忤宰相出知潮州,则危大著当为危稹。崔诗写道,“天地清淑气,人才随所得。君独禀其全,济之以学力”,“平生忧国心,一语三叹息。著庭史笔健,寒芒照东壁”,“袖藏医国方”,对危稹的才识进行了赞扬和勉励。

袁甫,字广微,号蒙斋,庆元府鄞县人(今属浙江)。袁燮之子,少承家学,又从学于杨简。嘉定七年(1224)进士第一。签书建康军节度判官厅公事,授秘书省正字。迁校书郎,出通判湖州。仕至吏部侍郎兼国子祭酒、权兵部尚书、暂兼吏部尚书。治先教化,崇学校,有政绩。卒,赠通奉大夫,谥正肃。有《孝说》、《孟子解》、《后省封驳》、《信安志》、《江东荒政录》、《防拓录》、《乐事录》及文集行世。[114]今仅有《蒙斋中庸讲义》与《蒙斋集》存世。

袁甫与崔与之有同僚之谊。袁甫,嘉定十一年八月除校书郎,十二年九月添差通判湖州。[115]

崔与之,嘉定十一年十一月为秘书少监,十二年十二月为秘书监。可见二人在馆阁为同僚。崔与之在秘书监任职时曾赋诗《送袁校书赴湖州别驾》[116],而未著袁校书名字,由此可推知,袁校书当为袁甫。诗中有"胸中抱负经纶业,笔下铺张造化功。四海高名如日揭,一襟和气与春融。谁知正大传家学,惟有擎拳体国忠。华践峻登群玉表,清修屹立急流中",对袁甫进行了大力赞扬。诗句"自喜合簪方衮衮,不堪分袂太匆匆。送君怅望云帆别,顾我凋残雪鬓蓬",对与袁甫的离别感到惆怅和伤感。可见二人私交甚好。

安丙(?—1221),字子文,广安人(今属四川华蓥)。淳熙间进士,调大足县主簿。历知大安军,有惠政。因诛吴曦有功,加端明殿学士、中大夫、知兴州、安抚使兼四川宣抚副使。后升大学士、四川制置大使兼知兴元府。进观文殿学士、知潭州、湖南安抚使。后为四川安抚使,平红巾张福叛,进少保。卒,赠少师,谥忠定。[117]著有《晶然集》,今不传。

安丙与崔与之有同僚之谊。嘉定十三年(1220)四月,崔与之为焕章阁待制、知成都府、兼本路安抚使。时安丙为四川宣抚使,"握蜀重兵久,每忌蜀帅之自东南来者,至是独推诚相与"。[118]可见,安丙对崔与之是很敬重的。安丙为四川宣抚使时,夏人书来约夹攻金,崔与之闻之,亟致书安丙,不当与夏人夹攻金虏。安丙不听,师出果败绩,"果如公言,安公深相敬服。"[119]由此,安丙对崔与之的军事才能是极为钦佩的。

曹彦约(1157—1229),字简甫,南康军都昌(今属江西)人。淳熙八年(1181)进士,历建平尉、桂阳军录事参军、知乐平县,主管江西安抚司机宜文字。嘉定八年,除利州路转运判官兼知利州。仕至宝章阁学士、知常德府。卒,以华文阁学士转通议大夫致仕,赠宣奉大夫。嘉熙初,赐谥文简。著《舆地纲目》、《昌谷类稿》、《经幄管见》，已佚。[120]清四库馆臣据《永乐大典》辑为《昌谷集》存世。

曹彦约是崔与之的同僚友人。曹彦约曾给时任蜀帅的桂如渊札子中回忆，“曩时崔正子尚书入蜀，下询西事，尝僭以诸司买金珠边徼不便为说，使威茂黎雅之间往往因此生事，恐吐番南诏之衅从此而起，颇蒙领略此事。惟崔尚书与亲契丈能行之，乃敢僭言”，“崔尚书相信最笃，问蜀中知名士，不免随所见闻录报，往往皆被荐拔，多经召用，今去蜀已久，故人之可称者无几矣”。[121]曹彦约曾向崔与之提出治蜀建议，并称崔与之为故人，“乃敢僭言”，二人定是私交甚好的同僚。曹彦约曾在四川任职，并“忧蜀边著《病夫议》”，“（嘉定）十二年蜀边被兵，朝论以《病夫议》善识时务”[122]，对四川有正确的谋略，而崔与之正是在四川危急的局势下，才被任命帅蜀，而此时曹彦约未在四川任职，故崔与之入蜀“下询西事”于曹彦约是很有可能的。

李侨（1140—1221），字德秀，号枕流居士，临邛人（今四川邛崃市）。绍熙四年（1193）进士，调成都司户参军，自以禄不及养，乞以一官回赠父母。承奉郎致仕。宋朝三百年，新进士即日挂冠者共四人，李侨即为其中之一[123]。《宋史》无传。

李侨与崔与之相识时间，当在崔与之帅蜀时期（1220—1224）。李侨致仕在家三十多年，“前后镇蜀者率致书币，谘以阙失，太守下车，首加存访”，吴猎“谕蜀荐士五十余人，以公为首”，由于李侨才华过人，所以镇蜀者“谘以阙失”、“首加存访”。估计镇蜀者中应包括崔与之，因为李侨卒后，制置使崔与之感叹李侨“举世鼻息，于中独醒然”[124]，可见对李侨的为人有很深了解。

李嘉量（1160—1224），字平仲，新津县人（今属四川）。以兄恩荫为迪功郎监嘉定府酒务、遂宁府司法、潼川府通泉县令、主管夔州路安抚司机宜文字，用举主改宣教郎、知汉州、绵竹县、通判遂宁府叙州。与人交，平实而可久。所居官，皆以职事见，知其长固也。《宋史》无传。

李嘉量与崔与之具体交游情形现不可考。据记载，李嘉量入仕以来，一直在四川任职，“吴德夫猎、崔正子与之未有雅素，争先辟举”[125]，可推知，崔与之帅蜀期间,赏识属下李嘉量的为人为政,对其进行辟举。

沈连(1169—1226),字少逸,分宁人(今江西修水)。嘉定二年(1209)举进士。三年大理卿张曾为国信使,辟为属,还循从事郎,调太平州司户参军,未上。调静江府司法参军、京西路提刑司检法官兼干办公事,以劳累迁至承直郎,调岳州华容县丞,未上,致仕,转奉议郎。《宋史》无传。

沈连与崔与之相识,当在任静江府司法参军时。嘉定二年至六年(1209—1213),崔与之任广西提点刑狱兼提举河渠常平,其时沈连应为静江府司法参军,是崔与之属下。沈连"仕桂日,尝以守法为杨子直所知,以补常平之乏为崔正子所善"[126],可见沈连是崔与之赏识的属下。

郭叔谊(1155—1233),字幼才,号肖舟老人,广都人(今属四川成都)。庆元元年(1195年)赐同进士出身,授迪功郎、监成都钱引务。曾任汉州、绵竹主簿,改眉州教授,改辟东川签书判官,用举者改宣教郎、知眉州青神县。通判简州,通判泸州摄安抚司机宜文字。以朝奉大夫、知巴州致仕。著有《杂著》、《肖舟诗稿》、《理学语类》、《续通鉴长编增添纲目》、《温公通鉴评》,今不传。《宋史》无传。

郭叔谊曾为崔与之属下。史载:郭叔谊"为青神宰,戢奸弭讼,崇学励俗,有治理声",通判简州、通判泸州摄安抚司机宜文字,皆有政绩,"南海崔正子与之制置四川,辟君巴州"[127],可知崔与之赏识并荐辟郭叔谊知巴州。

禄坚复(1174—1233),字子固,潼川人。登进士第,为安岳丞,循循自守。后授知绵竹县,秩满通判永康军嘉定府。会资州阙守,制置使选子固摄事,充四川类试院考校官,差知威州。天姿谨厚,念德不怠。所居官,政平讼理。《宋史》无传。

禄坚复与崔与之具体交游情形不详。禄坚复"一生知己,如安子文、刘德修、杨伯昌、崔正子、李季允、虞仲易、曹器远。苟得一二贤相与已足为重,而于子固皆交口称道无异词"。[128]可见,包括崔与之在内的贤相都赏识禄坚复并引为知己。

郭正孙(1162—1231),邛州人(今四川邛崃市)。举进士。历仕通判全州,知长宁军,知文州,知嘉定府兼权成都府路提点刑狱兼提举常平,累官太府寺丞兼知兴元府利州路安抚兼提举秦茶马。素负才略,有经世志。"公自安康却敌以来,威名著乎西南。"《宋史》无传。

从郭正孙的仕途经历看,郭正孙与崔与之相识,当在崔与之帅蜀时,并为崔与之的属下。郭正孙"知长宁军(今四川珙县东),未期岁,崔正子请于朝,移知文州"。郭正孙卒后,魏了翁感叹"知之者,安崔曹范诸公"。[129]可见,崔与之是郭正孙的"知之者"和荐举者。

李冲,字道卿,侯官人(今福建福州)。世代儒家。庆元五年(1199)进士。为汀州司户参军,浙东路提点刑狱司干办公事,辟淮东幕府。仕至国子监主簿。《宋史》无传。

李冲与崔与之交游具体情形不详。李冲"辟淮东幕府,今四川制置使侍郎崔公与之荐于朝,故端明殿学士李公大性又以公应诏大臣,得其筹边十议,嘉之。遂擢录国子"。[130]按照崔与之的仕历,先为淮东路制置使,后被召为秘书少监、秘书监,再任命为四川制置使,对比李冲的仕历,似乎可以推测,崔与之帅淮东时与李冲相识,当时李冲为其属下,受到赏识,辟淮东幕府,故后来崔与之向朝廷推荐。

高稼(1171—1235),字南叔,号缩斋,邛州蒲江(今属四川)人。嘉定七年(1214年)进士,调成都尉,转九陇丞。辟潼川府路都钤辖司干办公事,辟制置司干办公事。仕至直秘阁知沔州、利州提点刑狱兼参议官,朝请大夫兼关外四州安抚司公事,措置西路屯田。卒,为正议大夫、龙图阁直学士,谥曰忠。累赠太师。具将帅之才,当时"文臣之在军中者,惟稼一人"。著有《缩斋类稿》,今不传。

高稼与崔与之相识,当在崔与之帅蜀时。高稼"辟潼川府路都钤辖司干办公事。制置使崔与之闻其名,改辟本司干办公事"[131],"制置使崔与之辟为掾"[132],在蜀擢拔之名士,高稼位居其中。可见高稼为崔与之赏识的属下,并受到荐辟。

高崇(1173—1232),字西叔,高稼胞弟,与兄同年进士。仕为眉山尉,升从事郎,教授成都。改宣教郎,知什邡县。仕至朝奉郎,知黎州兼管内安抚使。公才资爽亢,遇事可否,不少回屈。穷经析理,明畅精诣,天分过人,自成一家。著有《周官解》、《经史杂议》,今不传。《宋史》无传。

高崇教授成都时,与崔与之相识,其时为崔与之属下。“南海崔正子与之来帅成都,一见奇公,未几摄制置使,移治利州,公往饯之,请罢舍选法,复养士田”,崔与之移治利州,高崇前往饯行并向崔与之首倡教育改革,二人决非一般同僚关系。“故善者与居,喜其(高崇)交警互发”,可见高崇才华横溢,深受包括崔与之在内的士大夫敬重,“以召用请者,前崔(与之)后桂(如渊)”。“崔公抵益昌(今四川广元),荐书从置邮以来,又荐公请加召用。制司荐士旧以四人为限,公官簿居五”,崔与之多次荐引高崇,且为了推荐高崇,竟然打破了制司荐士的旧例。[133]高崇也由于“崔公与之荐于朝,知什邡县,有惠政”[134]。由此可知,崔与之是极为赏识高崇的。二人实为同僚友人。

吴懿德(1167—1228),字夏卿,庆元人(今浙江庆元县)。嘉泰二年(1202)进士,主汀州莲城簿,复州录事参军。后知玉山县改新会县,进广州通判,未及赴而卒。《宋史》无传。

吴懿德与崔与之的直接交游情形不详。吴懿德卒后,崔与之为其作诔状曰:“君之来古冈也,县无正官久,弊端如毛。民狃于讼,吏騃于货贿,且濒海盗多,弗可制。君自力,不辟寒暑,事亡细巨必亲。凡罢行,视理当否。往时新令至,蜑户有给由钱受?牒有醋息钱,君一切罢去。凡仕族之流寓与茕独颠连而亡告者,禀其食,春赋贫人钱粟,夏则和药施之,虽沟浍亦时浚治。其诚于为民,皆此类。君素守廉介,历官三十稔,求田问舍不少概。诸心忍死一贫,虽啼号弗之恤。将没前二日,书之册曰:‘平生薄宦,甘受冻饥,一介弗取,一毫不欺’,此其绝笔也。君始至,祠晋刺史吴公于县之东,将以励来者。君既殁,邑人谓其清白可尚,遂配祠焉。”可见,崔与之对吴懿德非常了解,对其为新会令的政绩与为人处世有详细的叙述。真德秀认为崔与之是有德者,“予尝评当世廉节士,以崔杨二公为称首”,因而吴懿德为新会令,受到崔与之的赞许,“惟有德君子,其言如金石,然后可信弗诬”。[135]也即,崔与之作诔状,绝非一般的应酬之作,而是吴懿德的实录。吴懿德为新会令时,崔与之当时居住广州,二人距离较近,而崔与之本人勤政爱民,清正廉洁,所以赞许吴懿德,“获知于当世之贤”。由此,二人应是同僚友人。

真德秀(1178—1235),字景元、景希、希元,号西山,浦城(今属福建)人。庆元五年(1199年)登进士,历任起居舍人兼太常少卿,出任江东转运副使,历知泉州、隆兴、潭州。宋理宗即位,召为中书舍人,升礼部侍郎,史弥远执政,罢职。绍定五年(1232)起知泉州、福州,召为户部尚书,改翰林学士。端平二年拜参知政事而卒,赠银青光禄大夫,谥文忠。为官清廉正直,爱国勤政,政绩显著。撰有《西山甲乙稿》、《大学衍义》、《西山文集》等书。

真德秀与崔与之没有直接的交游记载。从现有史料看,真德秀对崔与之是非常敬慕的。真德秀"自箴'量未若南海之宽'"[136],"若崔公者,非所谓有德者邪?予尝评当世廉节士,以崔、杨二公为称首","若崔与之帅成都,但载归艎之图籍;杨长孺守长乐,罔侵公帑之圭铢,皆最为当世所推"。[137]而且,向皇帝推荐崔与之"有廉声,乞广加咨访"。[138]所以明人感叹:"士爱公,西山辈荐于朝。"[139]综上可以推断,二人应为同僚友人关系。

杨长孺,字伯子,号东山,庐陵人(今江西吉安)。杨万里子,以父荫补知湖州。改赣州。嘉定年任广东经略安抚使兼知广州。仕至刑部郎中福建路安抚使。端平间加集英殿修撰致仕。卒谥文惠。[140]为官多政绩。尤工于诗。著有《东山集》,今不传。《宋史》无传。

杨长孺与崔与之直接交游事迹不详。前述,崔与之赏识谭凯,"高其行义。帅淮东日,驰书荐于广帅杨长孺。长孺得书喜曰:'敬老尊贤,以风励世俗,吾心也。'亟往见之,尊为学老,命两吏掖凯,拜之"。二人一为淮东帅,一为广帅,有书信往来,且杨非常重视崔与之的荐辟,应为关系密切的同僚友人。前述,真德秀一直以崔、杨并列为当世廉吏之首,可推断二人为廉吏同道中人,志趣相投。

刘光祖(1142—1222),字德修,号后溪,简州人(今属四川)。第进士,除剑南东川节度推官,辟潼川提刑司检法。宁宗时,为侍御史,极论道学所系。徙太府少卿,除直秘阁潼川运判。后官至显谟阁直学士知潼川府。卒,进华文阁学士,谥文节。著有《后溪集》。[141]

刘光祖与崔与之无直接交游的记载。魏了翁曾记:"成都之天庆观、仙游阁,故有张忠定公绘象。嘉定十二年,南海崔公与之来守成都,清风令仪,底厉颓俗。明年,刘文节公一见,洒然异之,退语人曰:‘是宜配忠定公与赵清献公。’崔公之门人洪咨夔等乃即忠定之次,图赵崔二公而并祠焉,属刘公为之赞”。可见,刘光祖与崔与之相识于嘉定十三年,并非常推崇崔与之,主张为崔与之立生祠,并亲自为生祠写赞,即“刘公倡之,洪侯和之”[142]。李昴英也载,“菊坡祠二,在蜀仙游阁,刘后溪赞之;在南海之蒲涧,刘后村碣之。”[143]而崔与之帅蜀时,刘光祖知潼川府,二人应为同僚友人。

张勋,字希圣,汉州绵州人(今属四川)。张浚的侄孙,张栻的侄子。曾为增城令。生平事迹不详,《宋史》无传。

张勋与崔与之交游情形不详。绍熙甲寅(1194)四月,崔与之作了《重建东岳行宫记》[144],记述张勋为增城令时的政绩。张勋重建了东岳行宫,并且“致书属与之以识其事”。崔与之作《记》的时间是中进士后的第二年,时官浔州司法参军,浔州距其家乡增城约七百里,但崔与之《记》中对张勋的家世、为人处世及政绩,了如指掌,并且乐于作《记》,“亦与之所愿识也”。由此推断,二人至少应是同僚友人。

上列崔与之的交游者,凡师友门生与同僚属下总计61人,这大概是崔与之主要的交游圈子,希望能对崔与之的研究提供某些借鉴。

注　释

1　崔与之:《宋丞相崔清献公全录》卷10《修墓记(梁异)》,张其凡、孙志章整理,广东人民出版社2008年版。

2　贺次君:《崔清献公年谱》,《广东建设研究》1946年1卷1期。何国华:《“盛德清风,跨映一代”:记南国名臣崔与之》,《岭南文史》1993年第3期。陈裕荣:《南宋名臣崔与之其人其事》,《岭南文史》1994年第3期。何忠礼:《南宋名臣崔与之述论》,《广东社会科学》1994年第6期;《崔与之事迹系年》,《文史》第41辑,中华书局1996年版。欧安年:《崔与之的历史业绩和对今人的启迪》,陈宪猷:《崔与之力辞高官之原因探微》,《羊城今古》1995年第1期。王德毅:《崔与之与晚宋政局》,《台湾大学历史学报》第19期,1996年6月。张其凡:《“平生愿执菊坡鞭”——陈献章与崔与之》,《暨南学报》1996年第3期。高美玲:《崔与之的抗金主张与晚宋局势》,载《崔与之研究论文集》,广东高等教育出版社1996年版。管华:《进有所为,退有所守—评南宋名臣崔与之的进与退》,《崔与之研究文集》1996年广东高教出版社;《崔与之及其诗作》华南师大学报1996年第3期。李锦全:《保家卫国勤政爱民——崔与之人生道路的剖析》,载《李锦全自选二集》,中国文联出版社 2000 年。张纹华:《南宋名臣崔与之辞官缘由新探》,《韶关学院学报》2006 年第 10 期。金强、张其凡:《南宋名臣崔与之》,广东人民出版社 2007 年版。张其凡、孙志章:《崔与之著述版本源流及其价值》,《安徽师范大学学报》2007 年第 3 期。

3 邵伯温:《邵氏闻见录》卷 7,第 63 页,中华书局 1983 年版。

4 脱脱等:《宋史》卷 415《王遂传》,中华书局 1977 年版。

5 《宋丞相崔清献公全录》卷 11《抄录崔清献邮札》、《宋始祖考户部司判晋赠朝议大夫克应钟府君之墓志》。

6 《宋丞相崔清献公全录》卷 11《抄录崔清献邮札》、《宋朝议大夫钟玉嵒墓志铭(绍定元年 1228)》。

7 《宋丞相崔清献公全录》卷 11《易氏族谱序》。

8 《福建通志》卷 46《人物·漳州府》、《广东通志》卷 26《职官志》。

9 《宋丞相崔清献公全录》卷 11《悼赵师楷(二首)》。

10 郝玉麟:《广东通志》卷 44《李昴英传》,四库全书本,台湾商务印书馆 1983 年版。

11 张其凡:《"平生愿执菊坡鞭"——陈献章与崔与之》,《暨南学报》1996 年第 3 期。

12 李昴英:《文溪集》卷 11《崔清献公行状》,杨芷华点校,暨南大学出版社 1994 年版。

13 《宋丞相崔清献公全录》卷 9《理宗御札其七(嘉熙元年十二月)》。

14 《文溪集》卷 4《题菊坡水调歌头后》。

15 《文溪集》卷 20《家书第五书附菊坡回札》。

16 洪咨夔:《平斋集》卷 25《通崔安抚启》,四库全书本。

17 《宋史》卷 406《洪咨夔传》。

18 《宋丞相崔清献公全录》卷 1《言行录上》。

19 《宋史》卷 406《洪咨夔传》。

20 罗大经:《鹤林玉露》丙编卷 3《贤圣豪杰》,第 278 页,中华书局 1983 年。

21 《广东通志》卷 44《杨汪中传》。

22 《文溪集》卷 3《送判县杨侯汪中人京序》。

23 《宋丞相崔清献公全录》卷 8。

24 《宋丞相崔清献公全录》卷 1《言行录序》。

25 《广东通志》卷 44《温若春传》。

26 《广东通志》卷 44《吴纯臣传》。

27 《宋丞相崔清献公全录》卷 2《言行录中》。

28 《文溪集》卷 2《诗隐楼记》。

29 《宋史》卷 423《吴泳传》。

30 吴泳:《鹤林集》卷 29《上崔侍郎书》,四库全书本。

31 《鹤林集》卷 25《谢崔侍郎启》。

32 《鹤林集》卷29《与崔菊坡书》。

33 《鹤林集》卷29《上崔侍郎书》。

34 《鹤林集》卷40《寿崔菊坡(鹊桥仙)》,卷4《寿崔侍郎三首(七言律诗)》。

35 程公许:《沧洲尘缶编》卷13《送制置阁学侍郎崔公赴召序》,卷7《投赠洪倅司令舜俞》,四库全书本。

36 《宋史》卷415《程公许传》。

37 《沧洲尘缶编》卷7《送成都倅黎德升赴召崔侍郎荐士召者五人》。

38 《沧洲尘缶编》卷9《再游凤凰山寺》。

39 《沧洲尘缶编》卷13《送制置阁学侍郎崔公赴召序》。

40 林希逸:《竹溪鬳斋十一稿续集》卷23《后村刘公(克庄)状》,四库全书本。

41 刘克庄:《后村集》卷34《祭崔相文》,四库全书本。

42 《后村集》卷12《挽崔丞相三首》;卷34《祭崔相文》;卷34《祖祭崔相文(同诸司)》。

43 《广东通志》卷39《名宦志》。

44 《广东通志》卷26《职官志》;(清)李清馥:《闽中理学渊源考》卷28《州判黄京父先生必昌》,四库全书本。

45 王迈:《臞轩集》卷15《送黄同年京甫必昌赴广西提干二首》,四库全书本。

46 《文溪集》卷4《题循阳通守黄必昌大学中庸讲义》,卷15《送循倅黄必昌之官》。

47 《文溪集》卷5《书士友张德明拥书楼》。

48 《广东通志》卷44《谭凯传》。

49 《宋丞相崔清献公全录》卷1《言行录序》。

50 《广东通志》卷44《刘镇传》。

51 傅宗璇主编:《全宋诗》55册,北京大学出版社1998年版,第34269页。

52 梁守中:《南宋时期的岭南词》,《中山大学学报》1994年第1期。

53 张端义:《贵耳集》卷上,四库全书本。

54 《贵耳集》卷下。

55 《宋史》卷422《程珌传》。参见程敏政:《新安文献志》卷94《程公(珌)行状(宋吕午)》,四库全书本。

56 程珌:《洺水集》卷9《书崔尚书尺牍后》,四库全书本。

57 《洺水集》卷14《回崔侍郎》,《回崔侍郎(其二)》。

58 《鹤林集》卷34《褒忠庙碑》;《宋史》卷454《丁黼传》。

59 黄廷桂:《四川通志》卷7《夔州府名宦》,四库全书本。

60 《宋丞相崔清献公全录》卷8《送夔门丁帅赴召》。

61 《文溪集》卷4《跋菊坡太学生时书稿》。

62 史铸《百菊集谱补遗》之《蕲先生传》(建阳马揖)。

63 《文溪集》卷11《崔清献公行状》。

64 罗大经:《鹤林玉露》乙编卷1《闲居交游》,中华书局1983年,第134页。

65 《江西通志》卷73《临江府人物》。

66 《宋丞相崔清献公全录》卷2《言行录中》。

67 《宋史》卷247《赵希怿传》。

68 《文溪集》卷11《崔清献公行状》。

69 凌迪知:《万姓统谱》卷57《曾姓》,四库全书本。

70 《文溪集》卷2《义鹿记》。

71 《文溪集》卷11《崔清献公行状》。

72 谢旻:《江西通志》卷80《管湛传》,四库全书本。

73 张鸣凤:《桂故》卷5《先政下》,四库全书本。

74 金铁:《广西通志》卷51《秩官》,四库全书本。

75 《宋丞相崔清献公全录》卷6《申彭提刑管提舶之功(端平二年七月初九日)》。

76 周应合:《景定建康志》卷28《儒学志》,四库全书本。

77 《广东通志》卷39《名宦志》。

78 《文溪集》卷1《东莞县学经史阁记》。

79 《江西通志》卷73《彭铉传》,《平斋集》卷20《知南安军彭铉职事修举转一官制》,《蒙斋集》卷9《彭铉除直秘阁知广州兼广东经略安抚制》。

80 《宋史》卷406《崔与之传》。

81 《宋丞相崔清献公全录》卷2《言行录中》。

82 《宋丞相崔清献公全录》卷6《申彭提刑管提舶之功(端平二年七月初九日)》。

83 《宋丞相崔清献公全录》卷7《第二诏趣行辞免奏状》。

84 《宋丞相崔清献公全录》卷8《御前札子付金州统制吴彦(实封)》。

85 《文溪集》卷4《跋吴都统所藏菊坡先生帖》。

86 曹学佺:《蜀中广记》卷46《人物记·家大酉》,四库全书本。

87 《鹤山集》卷81《安人史氏墓志铭》;卷87《太令人程氏墓志铭》。

88 《文溪集》卷11《崔清献公行状》。

89 《鹤山集》卷49《简州三贤阁记》。

90 《江西通志》卷83《建昌府人物》。

91 《宋丞相崔清献公全录》卷8《送聂侍郎子述》。

92 佚名:《南宋馆阁续录》卷9《官联三》,中华书局1998年版,第363、374、399、400页。

93 《鹤山集》卷49《简州三贤阁记》。

94 《鹤山集》卷20《奏乞趣诏崔与之参预政机》。

95 《鹤山集》卷10《和崔侍郎(与之)送行诗韵》。

96 《鹤山集》卷81《朝议大夫知叙州魏公(文翁)墓志铭》。

97 《文溪集》卷5《书菊坡先生蒲涧生祠记后》。

98 《宋丞相崔清献公全录》卷9《克斋游公似跋公斋房大书》。

99 《宋史》卷419《林略传》。

100 黄宗羲:《宋元学案》卷72《二江诸儒学案》,中华书局1986年版。

101 《鹤山集》卷76《朝请大夫利州路提点刑狱主管冲祐观虞公墓志铭》。

102 《道园学古录》卷10《跋陈信仲行卷》。

103 《宋史》卷449《王翊传》。

104 《文溪集》卷4《跋节愍王公行实》。

105 《广东通志》卷39《名宦志·宋翊》。

106 《宋丞相崔清献公全录》卷8《举通判宋翊知循州札(端平二年正月)》。

107 《宋丞相崔清献公全录》卷8《与循州宋守书》,卷8《又与循州宋守书》。

108 《宋元学案》卷79《丘刘诸儒学案》;《宋史》卷401《柴中行传》。

109 《南宋馆阁续录》卷7《官联一》,第246页。

110 《江湖小集》卷60《送柴中行出守章贡》,四库全书本。

111 《宋丞相崔清献公全录》卷8《柴秘书分符章贡,同舍饯别,用蔡君谟'世间万事皆尘土,留取功名久远看'之句,分韵赋诗得'世'字》。

112 《南宋馆阁续录》卷8《官联二》,第283页。

113 《宋丞相崔清献公全录》卷8《危大著出守潮阳同舍饯别用杜工部'北风随爽气,南斗近文星',分韵赋诗,得北字》。

114 《宋史》卷405《袁甫传》。

115 《南宋馆阁续录》卷7《官联一》,第330页。

116 《宋丞相崔清献公全录》卷8《送袁校书赴湖州别驾》。

117 《宋史》卷402《安丙传》。

118 《宋史》卷406《崔与之传》。

119 《宋丞相崔清献公全录》卷2《言行录中》。

120 《鹤山集》卷87《宝章阁学士通议大夫致仕曹公墓志铭》;《宋史》卷410《曹彦约传》。

121 《昌谷集》卷13《与蜀帅桂侍郎札子》。

122 《鹤山集》卷87《宝章阁学士通议大夫致仕曹公墓志铭》。

123 《续编两朝纲目备要》卷12《宁宗皇帝》"嘉定四年五月戊辰",中华书局1995年版,第229页。

124 《鹤山集》卷73《承奉郎致仕李公(侨)墓志铭》。

125 《鹤山集》卷81《承议郎通判叙州李君墓志铭》。

126 《鹤山集》卷80《华容县丞奉议郎致仕沈公墓志铭》。

127 《鹤山集》卷83《知巴州郭君(叔谊)墓志铭》。

128 《鹤山集》卷84《知威州禄君(坚复)墓志铭》。

129 《鹤山集》卷82《故太府寺丞兼知兴元府利州路安抚郭公墓志铭》。

130 《西山文集》卷45《国子监主簿李公墓志铭》。

131 《宋史》卷449《高稼传》。

132 《蜀中广记》卷46《人物记》。

133 《鹤山集》卷88《知黎州兼管内安抚高公崇行状》。

134 《宋元学案》卷80《鹤山学案》。

135 《西山文集》卷45《通判广州吴君墓志铭》。

136 《宋元学案》卷79《丘刘诸儒学案》。

137 《西山文集》卷45《通判广州吴君墓志铭》;卷5《奏谢奖廉吏状》。

138 《宋史》卷437《真德秀传》。

139 《宋丞相崔清献公全录》卷1《言行录序(黎贞)》。

140 《江西通志》卷76《吉安府人物》。

141 《宋史》卷397《刘光祖传》。

142 《鹤山集》卷39《简州三贤阁记》。

143 《文溪集》卷5《书菊坡先生蒲涧生祠记后》。

144 《宋丞相崔清献公全录》卷8《重建东岳行宫记》。

南宋广东路人口的增长：崔与之生活的时代背景研究

复旦大学　吴松弟

广东位于我国大陆的最南端，由于古代中国的开发大体呈现自北向南拓展之势，位于最南端而且气候炎热的广东，便成为开发较晚的区域。南宋时期今广东省境除了雷州半岛一带以外的绝大部分地区，都属于广东路，广东路的人口与经济文化反映了今天广东境内在当时的主要状况。南宋时期广东路的人口得到一定程度的增长，一些地区的开发迅速推进，经济文化出现新的面貌。崔与之，这一增城籍的中古时期的著名政治家和文人，便成长于这样的一个环境中。本文探讨南宋广东路人口的增长，以为了解崔与之生活的地域与时代背景，提供区域人口方面的线索。

一、南宋在广东人口发展史上的地位

由于位置偏僻，开发较晚，广东长期以来是人口密度极低，且以非汉民族为主的区域，直到唐之前仍然如此。谭其骧先生在《粤东初民考》一文中分析广东历史上的民族变迁状况，认为“汉人之繁殖粤东，唐宋以来始盛。自唐以前，俚为粤东之主人。……自梁至唐，岭南名为中朝领土，实际在俚帅统治之下者，垂百余年云。此为俚族之极盛时代。与俚同时称雄粤东者，又有从粤西迁来之僚族，然其势力殊不及俚族之雄厚。……唐世岭南僚事最剧，而俚乱鲜闻，则以俚已逐渐同化于汉人矣。宋代始讹‘俚’为‘黎’，黎始专以海南岛为聚处”。[1] 唐宋时代大批同化于汉族的俚人，自然是广东的原居民。

唐代岭南的经济文化十分落后，被中原人看作是“炎蒸结作虫虺毒”[2]，不甚适宜居住的瘴疠之地。柳宗元在论说湖南境内的北方人甚少，只有流放的官员才至其地之后，又说：“况越临源领、下漓水、出荔浦，名不在刑部而来吏者其加少也”。[3] 即到岭南的北方人比起湖南又要少得多。宪宗时人李涉更一针见血地指出：“岭外行人少，天涯北客稀。”[4] 唐末天下大乱以后，有一定数量的北方移民迁入广东，但总体人数仍然不多，不仅只占自北方南迁移民的极小部分，在广东人口中所占的比重同样不大。

北宋初广东路的大部分地区地广人稀，经济面貌比较原始。太平兴国五年(980)，广东路各府州只有9.2万余户，属于南方人口较少的路，仅高于两广的另一个路广西路。由于境内人口较少但虚设的州县数量甚多，北宋在灭南汉国的第二年(开宝五年，972)及其后两年，在后来的广东路境内，废去了14个县[5]。此后，广东路的人口增长迅速。其中，南雄、英(治英德)、韶(治韶关)、连、封(治封开)、潮、康(治德庆)、端(治肇庆)、惠诸州人口增加最快。真宗乾兴元年(1022)，由于这些州“户口稍众”，政务繁多，朝廷于各州加派通判[6]。元丰元年(1078)，广东路有户近58万，是太平兴国五年的6倍多，年平均增长率达18.5‰，属南方增长较快的路，增长速度比另一个环境相似的开发中地区广西路要高。如此高的增长率，提示当地除了较高的人口增长速度和非汉民族成为编户齐民等原因，应有相当数量的外来移民迁入。由于缺少北宋后期的户数，无从知道这一时期广东路的人口增长状况，由于没有发生重大的战争与自然灾害，继续保持人口的增长应该是没有问题的。

尽管保持较快的人口增长速度，由于原先的人口数量太少，广东路在北宋元丰元年的人口密度，每平方公里仍只有4.0户，在后来属于南宋的16路中仅高于利州、夔州、京西南和广西四路。[7] 宋代只有承担赋税的人口，才被纳入政府户口统计的范围，不承担赋税的非汉族人口往往不被统计。因此，考虑广东路的真实人口数量，还要加上非汉族的人口。北宋前期乐史所写的《太平寰宇记》中关于当时广东各州的记载,几乎都提及当地有一定数量的非汉民族,可见非汉族在当时的广东人口中也占有一定的比重。

二、南宋广东人口增长考证

进入南宋以后,官方登记的广东路的路一级的户数呈一路下滑的趋势。绍兴三十二年(1162 年)全路为 51 万户[8],嘉定十六年(1223 年)下滑至 45 万户[9],至元二十七年(1290 年)又降至 38 万户[10]。如上所述,北宋前期和中期,广东、广西两路的人口增长速度均相当惊人,而广东又快于广西。南宋时期,广西路是南宋人口增长最快的路,而北宋时增长速度远快于广西路的广东却一路下滑,东、西两路大相径庭,形成鲜明的对比。在南宋初年到元军进入广东以前,广东路并没有发生足以导致人口减少的战乱与严重的自然灾害,为何与同样环境的广西相比,人口不仅没有增长,反而逐年减少呢?这无论从哪一方面,都是说不过去的。

然而,在路级着籍户数不断下降的南宋,仍有不少方志记载所在的府州南宋的户数呈上升趋势。例如:

广州在北宋元丰元年主客户 143259 户,南宋淳熙年间(1174—1189)达 185713 户[11],年平均增长率为 2.5‰。

潮州在元丰元年主客户 74682 户,南宋末达 116743 户(如加上疍户,为 135998 户)[12],年平均增长率为 2.4‰。

南雄州是南宋户口增加较多的州,《乾隆南雄府志》卷 4《户口》引谭大初《旧志》:“粤稽往牒,宋全盛时,两邑主户万有八千,客户三千。绍兴盗贼蜂起,编氓流移。乾道以还,劳来安集,渐复其旧,至嘉定则户三万余矣。”据此,南雄州元丰至嘉定年平均增长率为 4‰。南雄州的人口增长,在属下的始兴县也得到体现。《乾隆南雄府志》卷 4“户口”又引始兴令魏琪语:“溯考宋淳熙间,计户一千三百六十有六,至嘉定则又倍之,此其盛也。”

除此之外,还有一些府州,虽然没有户口数据,却有文献说明它们在南宋时期户口的增长。例如，高宗建炎元年(1127)朝廷规定各县户不及万者不设县丞，至绍兴二十年(1150)八月，肇庆府高要县、潮州揭阳县、新州新兴县、德庆府端溪县和泷水县均因户数过万而增设县丞[13]。此外，乾道二年(1166)因人口增加，韶州增设乳源县[14]。

以上提到的行政单位，计有广州、潮州、南雄州、肇庆府、新州、德庆府、韶州等7府州，占南宋广东路14府州的一半。此7单位是广东路人口的主要分布区，北宋元丰元年已占全广东路户数的59%[15]。既然人口占全路三分之二的府州，人口都有了不同程度的增长，有什么理由仅仅依据路级著籍户数，便认为自北宋元丰以后广东人口数量一直在减少呢？

韩茂莉以为，南宋时期无论从内地移民的迁移路线，还是从入广以后的定居条件来看，广东都有着明显优于广西的地利，当内地人口大量南下的时候，人口只有增加的可能，而没有减少的道理。例如，新州(治新兴)在北宋"最为恶地，飓凌空而飞瓦，瘴螟昼以成烟"，[16]外乡人视为畏途，称之为"大法场"。然而，这一"从来只是居流放"的地方，南宋已是"于今多住四方人"了。[17]因此，她认为："《宋会要辑稿》与《文献通考》中所记载的南宋时期的广东户口，是颇有失实之处的"。[18]

南宋各路的人口发展，在蒙古军大举攻入以前，以秦岭—长江为界，具有明显的带状区域特点。据《文献通考》、《宋会要辑稿》等书所载的路级户数，位于淮河以南、长江以北的湖北、京西南、淮南东、淮南西四路，因受南北战争影响，人口均有较大幅度的下降。而位于秦岭—长江以南的两浙东、两浙西、福建、江东、江西、湖南、广西、成都府、潼川府、利州等10路，都有一定的增长，只有广东路逐年下降，夔州路则在绍兴三十二年至嘉定十六年间户数下降。既然秦岭—长江以南各路因享有长达百年的和平而得到一定的人口增长，广东和夔州也不应例外，两路的著籍户口下降均不符合人口发展的实际状况，只是其中原因有待研究罢了。

由于缺少可靠的路级户数，对于南宋的广东人口，只能依据以上所提到的诸府州的状况予以推测。上述府州，年平均增长率分别在2.4‰—4‰，而年代跨越南宋大部分时间的只有潮州和南雄州，据此两州的状况估计全路的户年平均增长率至少在 3‰以上。据此增长率,并以元丰元年的户数579253 为基数,则嘉定十六年广东路有户八九十万户左右。由于不久便发生了陈三枪领导的波及广东、福建和江西三路的私盐贩子和农民的起事,广东东部人口有一定的下降[19],但对全路而言下降的人口数量不至于很多。

既然南宋鼎盛时期广东可能达到八九十万户左右,为什么《文献通考》记载的户数只有 40 余万户?其他的户数到哪里去了?笔者以为,相当一部分户口可能受到各种地方武装控制,故未能登记在籍。这一问题,不仅是南宋,也是元明广东人口研究的一个重要问题,需要在此略说几句。

广东东部、江西南部和福建西部因居各路联接部,且山岭丛结,南宋时政府统治力比较薄弱,向为各种非法武装的聚集之处。同时,这一区域又是私盐贩子活动地区,并且还有相当数量的非汉族人口居住这里。绍定初年(1228),由陈三枪领导的盐贩子与农民起事,波及到以上三路相当多的地方,延续七八年时间。宋元之际,文天祥率领的忠于宋朝的部队,也曾以这一带为基地,依靠地方武装进行抗元活动。入元以来,波及闽、赣、粤的董贤举起事、黄华和许夫人起事以及钟明亮起事,均以此为基地。这些起事,都具有相当大的规模。例如,陈三枪领导的江、闽、广起事被看成南宋时期规模最大的农民起义。[20]

至元十六年(1279),元军最后消灭广东境内的宋军,开始对付广东东部和北部的非法地方武装。二十二年,广东宣慰使月的迷失讨伐活动在潮、惠二州的郭逢贵部,45 寨皆平,"降民万余户,军三千六百一十人"。[21]二十七年,循州地方官招纳到大批久"不能至者"即未向政府降服的人口,立兴宁县以处之。[22]大德四年(1300),地方官在"素为寇盗渊薮"的英德州(治今市)招纳到"群盗"2000 余户,由于增加这些人口,朝廷升英德为路,并于该年设立翁源县[23]。至迟到元代后期,广东的东部、北部山区仍有很多类似的地方武装在活动。时人说:广东"地方数千里,户口数十万,徭獠半之。近年以来,民化徭獠之俗者又半。视礼乐者为迂阔,弄刀兵者如儿嬉。苟抚字无方,则啸山林,泛江海,相胥起而为盗,故广东视他道号称难治"。[24]所谓的"民化徭獠之俗",应该就是活动在山区的非法地方武装及被其所控制而未能在政府登记户口的百姓。

据上可见,南宋时期广东东部和北部的相当多的地方,都处于政府统治失控的状态,实际是在大大小小的地方性武装控制之下。不仅法令不行,民众也多不入政府户籍。因此,每当平定一片地区的地方武装,往往要增加一批着籍户口,并在户口大增的基础上增县设州。以上所提到元代的两次军事行动,即获得1.2万余户,表明受地方武装控制的人口不在少数。虽然无法确知《文献通考》未载的三四十万户的去向,至少可以肯定其中一部分是在地方武装控制下的漏籍户口。

南宋德祐二年(1276),元军占领临安,不甘降元的大臣陈宜中、文天祥、陆秀夫和大将张世杰等奉宋幼主率残部退入福建,接着进入广东沿海。祥兴二年(1279),宋元军队在广州以南的海面展开决战,宋军大败,南宋残部灭亡。除此之外,宋元军队在广东路的广州、韶州、梅州、潮州、肇庆、德庆诸府州都展开激战[25]。战争造成当地人口锐减,"南海平,广东之户十耗八九",[26]即是时人对此惨状的描述。某些广东的地方志也提到了本地宋元之际人口锐减的状况。《南海志》说广州:"自王师灭宋平广以前,兵革之间,或罹锋镝,或被驱掠,或死于寇盗,或转徙于他所,不可胜计。"[27]《三阳图志》说潮州:"元灭宋平潮以前,乱离瘼矣,数万生灵,或罹锋镝,或被驱掠,或死于盗贼,或转徙他方"。[28]光绪《嘉应州志》卷12《谈梅》说宋末梅州百姓起兵响应文天祥,"兵败后,所遗余孑只杨、古、卜三姓,地为之墟"。据此,宋元之际广东相当多的地方人口有一定程度的下降,"南海平,广东之户十耗八九"一语所说的比例未必符合事实,但仍反映出当地人口有较大下降。因此,广东路至元二十七年户数之少,除了大量民众未成为编户齐民的因素之外,也是战乱造成人口下降的结果。

三、广东人口地理的变迁

经过南宋一个半世纪的发展,广东路在人口数量得到增长的同时,人口地理也有了一定的变迁。

据下表所示,广东路人口密度最高的头5个府州,元丰元年的第一、第二位是北部的韶州(治今韶关)和连州,两州均接近广东通往长江流域的不同的交通要道,第三、第四位是位于珠江三角洲的新州(治今新兴县)和广州,第五位是韩江三角洲所在的潮州。这些州的人口密度,均在每平方公里5户以上。

到了元至元二十七年,人口密度最高的头5个州,按南宋的旧名,第一至第三位分别是珠江三角洲所在的广州、肇庆府和新州,第四位是韩江三角洲所在的潮州,靠近珠江三角洲的沿海州南恩州(治今阳江市)和北部扼南北交通要冲的南雄州有着同样的人口密度,并居第五位。此六个州的人口密度已拉开差距,每平方公里的户数,广州为6户,肇庆府为5户,新州为4.3户,潮州为4.2户,南雄州和南恩州则只有2.4户。

据上可见,经历了一个半世纪的发展,广东路的人口分布,已发生了明显的变化。人口密度较高的区域,已由北部位于北部交通要冲的韶州、连州,转移到南部珠江三角洲和韩江三角洲的广州、肇庆府、新州和潮州,甚至靠近珠江三角洲的南恩州也跻身于第五位。北部靠近南北交通要道的各州,只有南雄州因与南恩州有着同样的人口密度而跻身第五位,但其人口密度已远不能与珠江三角洲、韩江三角洲的各府州相比。

显然,珠江三角洲和韩江三角洲是广东路南宋人口增长最快的区域,广东人口稠密区由北部向南部的转移,表明南宋是广东沿海开发的重要时期,正是南宋的开发为这两个三角洲在广东经济中的优势地位,奠定了初步的基础。值得一提的是,广州尽管一向是广东路的治所和两广最大的城市,但在北宋时却不是广东路人口密度最高的州,北宋元丰时只居第四位,经过了南宋对珠江三角洲的开发到元至元时已居第一位。据此可知,南宋以前的广州的发展,主要是城市的发展,外围县的发展相当有限,否则其人口密度不可能会低于北部的几个州。北宋时人口密度居全广东路中等水平以下的肇庆府(原名端州),至元间居然跃升全路第二位,同样引人注目。

表　广东人口密度

单位：户 / 平方公里

政区	北宋元丰元年	元至元二十七年
南恩州	3.4	2.4
梅州	2.7	0.5
潮州	5.0	4.2
惠州	2.9	0.9
广州	5.1	6.0
封州	1.2	0.9
连州	5.2	1.5
韶州	5.4	1.9
南雄州	4.4	2.4
循州	3.8	0.1
新州	5.2	4.3
肇庆府	3.7	5.0
康州	1.0	1.5
英州	1.4	缺
广东全路	4.0	2.7

据《宋史・地理志》、《元史・地理志》登载的户数计算。

四、南宋广东经济文化的进步

在以农业为基本经济部门，依靠简单的手工劳动的传统时代，任何一个未获充分开发的区域，都只有在达到一定的人口密度的前提下，才有能力开发土地资源和发展农业必需的水利建设。也只有具备一定的人口密度和区域开发，经济有所发展的基础，才会迎来文化的进步。广东路位于沿海地带,平原大多是通过围海造田的方式,才得以渐次成陆,没有一定的人口数量,就不可能兴建大规模的围海造田工程,山区的开发同样如此。广东早期的蛮荒状态,可以说都是人口密度过低的产物。根据以上的估测数,在南宋人口的峰值阶段广东路的人口密度约在每平方公里五六户上下,已大致达到了湖南在北宋中期的水平。人口密度的提高,对广东路的开发具有重要意义,到崔与之生活的南宋的中后期,广东的区域开发已有较大的进展,经济水平也有了较大的提高。

作为广东路首府的广州的进步尤其明显。广州是我国南海最早的通商港口,岭南的政治经济中心。但是,早期的广州主要是作为贸易港口城市而存在的,其所在的珠江三角洲开发甚晚,水域宽广,湖沼密布,农业落后。直到隋唐五代时期,珠江漏斗湾仍很深入,平原扩展不大。入宋以来,随着外地移民的迁入当地人口大增,三角洲堆积加速,一些地区开始修筑堤围,从而开始了真正的农业开发[29]。广州的人口密度在全路的序次,由太平兴国的第八位,到元丰的第四位,再到元至元的第一位,显然就是珠江三角洲的人口增长速度快于其他地区的最好的说明。南宋后期王象之《舆地纪胜》卷89引当时人歌咏广州的诗文,便引用了多句描述广州经济进步的句子。例如:“南县富鱼盐,沿田劳少休”;“在昔为荒服,于今为奥区”;“地联夷岛,犀象宝货之川流;背倚闽山,韦布衣冠之都会”。经济的发展有利于人口的繁殖,人口的增多又促进经济的增长。元《大德南海志》在回顾广州的人口发展过程时,特意指出:“至宋,承平日久,生聚日盛”。[30]

作为建立在经济基础之上的文化的发展,往往又在经济发展之后。从文献记载来看,南宋中后期广东的文化也有了长足的进步。

南宋后期著名诗人刘克庄曾在广东任职,在他的笔下,广东路的相当多的州都有值得称道的文化。他赞扬广州:“番禺文物于今盛,闽浙彬彬未足夸”[21];又说:“臣尝待罪广东仓漕,见本路十有四郡,惟潮最大,而惠次之,江浙大州有所不向。向来潮守多于班行中选知名之士,如惠州,或差朝士,或畀外庸,并显著者……罗浮(指惠州——引者)佳郡,又非烟瘴小垒之比”。[32]

刘克庄对广东的赞扬,并非是他个人的片面之词,在其他文献中也有记载。王象之《舆地纪胜》一书，提到广东路多个府州的文化进步。他说惠州："古城之第进士，张秘郎、魁南宫皆惠人，为南越倡，此邦文物不下它州。"[33]说南雄州："地虽偏小，无珍异之产以来四方之民，而土性温厚，有膏沃之田以为家给之具……其俗一而不杂，其风淳而不漓，其人所训习多诗书礼乐之业……衣冠文物之盛殆未愧乎齐鲁之风。本朝以来，操翰墨以取青紫者比比相属云。"[34]引用当时人歌咏广州的诗文，也有"文物从来属斗南"之句。[35]李昂英对广州文风的描述更是详尽："惟广素号富饶，年来浸不逮昔，而文风彪然日以张。虽蕉阜桄林之墟，蛎田蟹窟之屿，皆渠渠斋庐，币良师以玉其子弟，弦诵琤相闻，挟艺待试上都者，数甚啬，每连联登名与中州等。"[36]

尽管上述某些诗文可能有夸饰之词，而且不能据这些资料便得出广东路在经济文化方面已相当发达的结论，广东的地区开发还有待于未来的岁月完成，然而，南宋后期广东经济文化的进步却是实实在在毋庸置疑的。据《宋史·崔与之传》，崔与之父亲崔世明多次参加科举，因未成功改学医术，"每曰：不为宰相，则为良医，遂究心岐黄之书"。崔与之年少时不远千里到临安，进太学学习，为广东人通过太学取得功名的第一人，并成为南宋后期的名臣。对比南宋广东人口增长、经济文化得到发展，且广州一带南宋后期文风较盛的事实，崔与之经太学取得功名并成为南宋后期的名臣，既是当时广东经济文化发展的产物，他又以自己的所作所为感染了广东的文人，促进了地方文化的发展。

注　释

1 载《长水集》上册，人民出版社 1987 年版。

2 李绅：《逾岭峤止荒陬抵高要》，《全唐诗》卷 480，第 5463 页。

3 《送李渭赴京师序》，《全唐文》卷 578，第 2587 页。

4 《鹧鸪词二首》，《全唐诗》卷 477，第 5424 页。

5 据《宋史》卷 90《地理志》统计。

6 《续资治通鉴长编》卷 98，乾兴元年六月己未。

7 参见吴松弟：《南宋人口史》，上海古籍出版社 2008 年版，第 186 页，表 5—4。

8 《宋会要辑稿》食货 69 之 74。

9 《文献通考》卷11。

10 《元史·地理志》。

11 《大德南海志》卷6“户口”,中华书局宋元方志丛刊本。

12 《三阳志》,载《永乐大典》卷5343“潮字”。

13 《宋会要辑稿》职官四八之五六。

14 《宋史》卷90《地理志》。

15 7府州有户343449,全路有户579253。

16 邹浩《道乡集》卷24《袁州与监司启》,文渊阁四库全书本。

17 《斐然集》卷2《赠朱推》。

18 韩茂莉:《宋代农业地理》,山西古籍出版社1993年版,第180—181页。

19 《后村集》卷79《乞免循查惠州卖盐申省状》云:“循、梅连年寇扰,所存户口凋敝可哀。惠经蹂践,亦非旧观。”卷146《忠肃陈观夫神道碑》云:“初,江、广群盗皆听命于三枪……蹂践十余郡,数千里无炊烟。”

20 参见华山《南宋绍定、端平间的江、闽、广农民大起义》,载华山《宋史论集》,齐鲁书社1982年版。

21 《元史》卷13《世祖纪》,第274页。

22 《牧庵集》卷23《王公神道碑铭并序》。

23 《元史》卷62《地理志》,第1517页。

24 刘鹗:《惟实集》卷3《广东宣慰司同知德政碑》,文渊阁四库全书本。

25 《元史》卷62《地理志》。

26 《牧庵集》卷16《史公神道碑》。

27 《永乐大典》卷11907,“广”字。

28 《永乐大典》卷5343,“潮”字。

29 参见司徒尚纪《历史时期珠江三角洲水利事业与经济发展关系初析》,载《北京大学学报历史地理专刊》,1992年;又载司徒尚纪《岭南史地论集》,广东地图出版社1994年版。

30 载《永乐大典》卷11907,“广”字。

31 《后村集》卷12《广州劝驾·庚子权郡》。

32 《后村集》卷80《掖垣缴驳·缴新知惠州赵希君免朝辞奏状》。

33 《舆地纪胜》卷99,引《郡学记》。魁南宫不知何许人,张秘郎是绍兴二十七年(1157)的进士张宋卿。

34 《舆地纪胜》卷93,南雄州《风俗形胜》引洪勋《学记》。

35 《舆地纪胜》卷89。

36 李昴英:《文溪存稿》卷3《重修南海志序》,暨南大学出版社1994年点校本。

南宋名臣崔与之的军事思想

上海师范大学　汤勤福

崔与之(1158—1239)字正子,号菊坡,广东增城(今增城市)人。南宋光宗绍熙四年进士,历仕光宗、宁宗、理宗三朝47年,为官清正廉洁,淡泊名利,体谅民间疾苦,除弊兴利,为朝廷所奖谕、为时人所称颂。崔与之博学多才,其诗词风格多变,颇有特色,如题剑阁一词,写得极为壮烈、雄浑,有辛弃疾豪放之气概;《送夔门丁帅赴召》一诗,则不乏陆放翁忧国忧民之爱国深情。因此,菊坡诗词常被后世学者选入有关诗词集。

本文拟以崔与之军事思想为专题作一探讨[1],以求教于专家学者。

一、崔与之的战略思想

崔与之生于高宗绍兴二十八年,于光宗绍熙元年(1190年,时年33岁)入太学,绍熙四年举进士乙科,从此踏上仕途。显然,崔与之生于国力不振的南宋初年,踏入仕途则是稍有起色的孝宗之后。而当时北方两个敌对国家金与夏,已是强弩之末,北方草原上则即将崛起强大的蒙古汗国(1206年铁木真建立蒙古汗国,为大汗)。在这特定的历史时期,作为士大夫的崔与之确实十分关注各国军事力量的对比起伏,并形成了自己的军事战略思想。大致说来,崔与之的军事战略思想有以下几个方面:

其一,固守伺机。

嘉定六年八月,金国内部发生变乱,卫王为其下属所杀,次月,完颜珣即位,是为宣宗。[2] 是年秋冬,蒙古铁骑大败金军,占领金河东、河北、山东 90 余州。[3] 而嘉定七年正月,由于两淮前线压力甚大,崔与之临危受命,出任为扬州知府、兼淮南东路制置使,承担了巩固前线、伺机收复北方失地的重任。崔与之深知南宋还不具备击垮金军、收复北方失地的军事力量,因此,他离京赴任前曾多次上疏,指出:"金虏垂亡,惟定规模,以俟可乘之机"[4]。事实上,崔与之清楚地懂得:只有固守边境,积聚力量,才能伺机进击金军。由此,他在扬州任上训练士兵、加固城池、修筑寨砦、积聚粮帛,积极备战以寻求战机。

嘉定十一年,金军大举进犯川陕、荆湖及两淮。宋军泗上一战失利,宋廷追究江淮制置使李珏责任,罢免李珏之职,要求崔与之与金议和。崔与之坚持:"虏垂亡,不可和,李公不可去。"[5] 他上疏指出:"中国所恃以待夷狄者,不过战、守、和三事而已。唯能固守,而后可以战,可以和,权在我也;守且不固,遂易战而为和,权在彼也"。与之在列举两淮粉碎金兵进犯之各种有利条件及议和之害以后,表示:"乞别差通敏者,以任和议之责"[6],断然拒绝议和。实际上,金军虽骚扰南宋边境,但亦无实力完全击溃宋军,最终仍是"金人深入无功"而作罢,和议之事亦寝。[7] 平心而论,虽然崔与之议论中仍具有较为浓厚的夷夏之辨的落后思想观念,但他分析双方实力,指出在战、守、和三者之间权衡,强调"唯能固守,而后可以战,可以和,权在我也;守且不固,遂易战而为和,权在彼也。"这一积极的固守伺机的战略设想是完全可行的,是正确的。时人已有"清献(崔与之谥)料边事如烛,照数计壑"[8] 的赞誉。

嘉定十三年,崔与之知成都府,后又兼四川安抚制置使,也基本采取这一战略思想。

其二,实边安边。

嘉定十二年正月,崔与之除秘书少监,兼国史院编修官,兼实录院检讨官。抵临安后，崔与之奏称："实边而后可以安边，富国而后可以强国。窃闻军兴以来，帑庾告竭，设若有警，束手无策，而后有请于朝，恐无及矣。臣区区此行，职所当为，义有可为，誓当糜捐以图报称，不敢为身计。至于广科拨以宽民力，厚储积以壮边声，陛下当为蜀计。"[9] 显然，崔与之"实边而后可以安边，富国而后可以强国"的战略思想是十分正确的。因为只有充实边境战备实力，才有可能长期与敌国抗衡。

就崔与之的实边以安边的战略思想，大致包括以下两个方面：一是战略物资的充实从民间筹措。因为当时南宋政府"帑庾告竭"，一旦有警，束手无策，政府财政拮据、窘态可叹，想依靠政府运输战备物资到边境实是画饼充饥。因此，最实际的做法就是通过安定边境百姓，"俾民复业，为国强边"的途径来达到筹措必需的战略物资，达到"厚储积"的目的。在扬州，崔与之建造仓库 12 座"积粟充裕"[10]；在四川，"积极收市军马，……积米三十万石，以备不测。蓄府库钱至千余万，金帛称是"。[11]显然，崔与之所为可谓十分有效。二是"宽民力"来达到"强边"的目的。这是与上一个问题密切相关的。若想从民间筹措到必需的战略物资，那么就必须让百姓安居乐业，努力生产，百姓富则边备足，边备足则边境安。崔与之认为"立国之道在谨边备，以为藩篱，安人心，以为根本。根本固，则藩篱壮"。由此，他建议朝廷对"曾经盗贼戎马侵扰去处，稍加宽恤。去年残欠，且与开豁，今年夏春，或免或减，等第施行，务要以系其心，宽其力"。[12]在他看来，宽民力才能使百姓安，百姓安就能生产发展，生产发展则可以筹措到边境所需物资，物资充备则边境安。显然，这是一条"富民"、"强国"、"安边"之路。

实际上，南宋政府遇金军南下则手忙脚乱，金军暂退则"寖不经意"，崔与之则洞悉双方情状，居安思危，指出："残虏虽微，穷兽必搏"，如果"朝廷幸目前之暂安，寖不经意，边臣日上平安之报，而不言御备之方，正恐不待秋高，边尘已耸，必有溃裂四出之患"。他要求朝廷下令"江淮制置司、安抚司军帅边守"，"豫为之图，毋致临期误事"。[13]显然，崔与之的看法是十分正确的。

其三，军民联防。

嘉定七年，崔与之赴扬州任之前便提出“选守将、集民兵为边防第一事”[14]，十分明确地提出要依靠军队与民兵两个方面，实行整体联防。自然，军民联防不是一句空话，而是要采取实际行动的。崔与之一到扬州，马上“浚濠广十有二丈，深二丈。西城濠势低，因疏塘水以限戎马。开月河，置钓桥”。[15]又命“官军沿城外羊马墙内植柳树六万余株，以为禁限”[16]，“州城与堡砦城不相属，旧筑夹土城往来，为易以甓。因滁有山林之阻，创五砦，结忠义民兵，金人犯淮西，沿边之民得附山自固，金人亦疑设伏，自是不敢深入”。[17]在四川时，崔与之“乞移大帅于兴元，虽不果行，而凡关外林木厚加封殖，以防金人突至。隔第关、盘车岭皆极边，号天险”[18]。凤翔之役，崔与之“条画事宜，密授诸将，随宜酬答，誊榜谕陕西五路遗黎，俾筑坞自固，倚我军为声援”。[19]显然，崔与之身为前线指挥官，他清楚地了解南宋军队战斗力，深深知道仅凭军队是不足自保，因此他提出军民联防的战略思想，采取一系列措施，使军队与民兵互为依托，共同抗御外敌。事实上，崔与之在扬州、四川所采取的军民联防策略是成功的，阻止了金军南下，保卫了国家。

自然，要使百姓能够与军队配合，共同保卫边境，首先仍是要让百姓安心生产，要“宽其力”，让他们积累一定的财富，如此，“不惟可以实边，缓急可以为官军声援”。[20]崔与之无论在扬州任上还是四川任上，都十分注重兴利除弊，让百姓安居乐业，发展生产。[21]

客观说来，崔与之所谓的“为官军声援”，实为军民联防之意，他的这种军民整体联防思想，与单纯依靠所谓官军相比，高明不知多少。

崔与之积极备战的努力，遭到苟且偷安、掌握实权的宰执的反对，昏庸的宁宗下诏“以张惶为戒”。对此，崔与之并未屈服，而是上疏予以驳斥，他首先肯定“守边以镇静为先，以张惶为戒，古今之通论也”，但强调“事势有萌，犹戒张惶，备御未周，徒为镇静，识者隐忧”，他指出“谍闻燕山已立新主，鞑靼又复交攻，山东乘虚寇之，亦甚蹙迫。……彼境之人皆言其垂涎岁赉未得，欲以兵协取，岂容无备?”由此，崔与之认为只有整合两淮关隘、多置山砦、控扼淮口、训练士卒，以守为战，“非惟缓急不致误事，亦可集事”。[22]显然，崔与之反驳有因、有力、有据，显示出一位正直大臣的优良品质。

第四，广积军备。

崔与之懂得粮储、军马等是战争必需的物资，必须广为积累，一旦爆发战争，那么这些军备物资就可起到支撑战争的作用。

崔与之一生仕途中对积累军需物资予以极大热情。初授浔州司法参军，见“常平仓久弗葺，虑雨坏米，撤居廨瓦覆之”[23]，郡守欲移常平仓储以供它用，与之坚持不可。崔与之知建昌新城县（今江西南城），“始至，岁适大歉，民有强发廪者，公折其手足以徇，因请自劾”[24]，保护了仓廪粮食，因此，“供亿军需，无窘蹙峻迫状，邑境帖然”。[25]

崔与之到扬州，由于“扬州仓廒少且圮坏，新籴无放处”，他于“北门内修仓廒十二座，积粟充裕”。[26]到四川，他也指出：“实边斯可安边，益州为四路心腹，惟恃钱谷厚于他郡，军兵帑庾告匮，宜厚储积，以壮边陲。”[27]据史书记载：“蜀盛时，四戎司马万五千有奇。开禧后，安丙裁去三分之一，嘉定损耗过半。比与之至，马仅五千。与之移檄茶马司，许戎司自于关外收市如旧，严私商之禁，给细茶增马价，使无为金人所邀。总司之给料不足者，亦移檄增给之。……总计告匮，首拨成都府等钱百五十万缗助籴本。又虑关外岁籴不多，运米三十万石积沔州仓，以备不测。初至，府库钱仅万余，其后至千余万，金帛称是。”[28]显然，崔与之无论在扬州还是在成都，都积累了大量军备物资，为抗击敌军起到了后勤保障作用。

综上所述，崔与之虽是一位文臣，然其在抗金卫国过程中，形成了上述可贵的战略思想，并赋予实践，取得了预期的成果，这是值得肯定的。

二、崔与之的战术与军功

崔与之在具体战术使用上也有自己独特的一套做法。细绎崔与之在扬州、四川、广州数地的军事行动,大致可总结出以下数条。

第一,侦察敌情,知己知彼。

崔与之对"使间"十分注意,因为通过这些"间谍"侦察,可以了解敌方虚实动态,以便采取正确的对策。上述所引"谍闻"一段已经十分清楚地表现出崔与之的做法。他通过"使间"了解到金军国内变乱、蒙古骑兵攻击金军、山东红袄军起义等北方动态,同时又深知金国由于未能获得岁币,"欲以兵胁取",因此,崔与之以为应该对此早作准备,以防不测。

正由于他对敌方有比较深入的了解,因此常能提出一些独到的见解。如他在扬州任上,"宰相欲图边功,诸将皆怀侥幸,都统刘琸承密札取泗州,兵渡淮而后牒报。琸全军覆没",战事不利,朝廷则马上转而企图求和,崔与之分析时势,认为:"彼方得势,而我与之和,必遭屈辱。今山砦相望,边民米麦已尽输藏,野无可掠,诸军与山砦并力剿逐,势必不能久驻。况东海、涟水已为我有,山东归顺之徒已为我用,一旦议和,则涟、海二邑若为区处?山东诸酋若为措置?"[29]崔与之分析是基于对金军的透彻了解之上,他不以一战胜负为依据,而是从当时双方形势来判断,既批判宰执、边将企图侥幸获胜而导致大败、边境危急的错误的军事行动,又客观分析局势,指出南宋军队仍可固守,认为败后议和将会遭受屈辱。显然,崔与之的分析是有道理的。

他在四川任上,也"厚间探者赏,使觇之,动息悉知,边防益密"[30],如此就有效地了解金军的动态,以便采取对应措施。

第二,连环筑垒,统一指挥。

崔与之懂得战场形势是瞬息万变,且往往牵一发而动全身。只有把握全局,将战场看作一个整体,修筑城镇堡垒,互为犄角,协调联防,才能取得有利地位,保持良好对抗形势。他曾分析两淮战场:"滁州合整辑关隘,以为障蔽。盱眙合措置山砦,以为声援。楚州合经理清河口,守把淮口,以为控扼。轮日教阅,激作士气,常时戒严,以守为战",才能开创有利局面。[31]他指出:

用兵如弈棋,置子虽疏,取势欲接,旁角失势,复心胜之。今局面似少差,使智者临枰,不过急于求活。万一敌以疑兵牵制盱眙,以劲兵由他道而来,则孤城隔绝于外,将有腹背之忧,岂能涉远相援?乞移大将近里以养威,却于统制官中选智勇可当一面者,总戍山城。盖滁与盱眙,距天长各百三十里。大将驻天长,虎视四郊,则临机随势策应,出入变化,不为敌所窥,而淮东备御之势全矣。[32]

因此,他在“淮阴、宝应、滁州,筑城浚壕,措置守御”[33],“楚州青河口,寇所必趋,无险可恃。……公乃筑城置戍,可守可战。申请乞置副都统于楚州,以总内外之兵。于是,山阳、淮阴如常山蛇”[34],“公权宣抚兼制置,申明赏罚,措置有方,首击尾应,敌不敢犯。”如此互相支持,联为一体,有效地阻止了金军南下。

崔与之还强调要统一指挥,不能各自为战,头痛医头,脚痛治脚,因为这不利于整体战局。“时议将姑阙两淮制置,命两淮帅臣互相为援”,崔与之认为罢免两淮制置使是种错误的举措:“两淮分任其责,而无制阃总其权,则东淮有警,西帅果能疾驰往救乎?东帅亦果能疾驰往救西淮乎?制阃俯瞰两淮,特一水之隔,文移往来,朝发夕至,无制阃则事事禀命朝廷,必稽缓误事矣。”[35]显然,崔与之强调统一指挥,反对罢去两淮制置使。其实,南宋后期将领各自为政、互相提防之事屡见不鲜,若罢两淮制置使,则两淮战局危矣。史书明确记载,崔与之帅蜀时,便有刘昌祖、王大才互不支援之事。

崔与之的做法确实取得了成效,他在扬州任上,控制了两淮局面;在四川任上,则保持了巴蜀安全,金军不敢贸然南下,不敢深入南宋腹地,这对南宋来说赢得宝贵的时机。

遗憾的是,崔与之离任,“史相(弥远)以其党郑损代,至,议弃四州地,于是剑门之险与虏共矣……郑(损)虽以此得罪,国家首蜀尾淮,上流失势,渐不可支。蜀士夫流离出峡,言之必流涕”[36],南宋陷入危局。

第三,训练士卒,增强实力。

为了有效地防御金军进袭,崔与之平时注重训练士卒,提高战斗力。

崔与之认为:“备御之计,人患兵少,公独以兵不在多,在素练耳。”[37]因此,他在扬州任上,把诸军分作三等教阅:

弩手,以年力高强而善射者为上,挽踏施放合格者为中,余为下。枪手,以身材及等仗而有膂力者为上,虽不及等仗,而少壮善击刺者为中,余为下。骑兵,则以人骑轻捷,武技精熟为高下。先布阵势,纵横来往,用草棒相击,以习刀法。或用包头毡枪,驰逐格刺,以习枪法。然后大走马圆射,用拒马围隔射,垛至四十步,施放三箭,来往四遭,精熟又加步数,五日一赴州治教场阅习,委幕僚督视籍中否,优劣月终比较,赏罚则亲按激犒。练习既久,上等出等,中等为上,下等为中,人皆可用。战则上等居前锋,中等佐之;守则上等当冲要,中等助之,下等供战守杂役。遇敌战胜,赏亦有差。仍下诸州县屯戍、一体行之。由是淮东军声大振。

这段引文出于《宋丞相崔清献公全录》卷1《言行录上》,应该说十分清楚地看出崔与之重视平时训练士卒,以提高战斗力。同卷中还有筑五山寨,“料简丁壮,选材力服众者,假以官资统之”,招募万弩社、万马社人员,“仍选材智出众者统之”,官府略以经济资助,便能取得较好的效果。

第四,分化敌方,瓦解攻势。

为了更有效地瓦解金军攻势,崔与之采取分化敌军的措施,其重要措施便是重赏投奔南宋者。据《宋史·崔与之传》载:“初,金人既弊,率众南归者所在而有,或疑不敢纳。与之优加爵赏以来之。未几,金万户呼延棫等扣洋州以归,与之察其诚,纳之,籍其兵千余人,皆精悍善战,金人自是不敢窥兴元。既复镂榜边关,开谕招纳,金人谍得之,自是上下相疑,多所屠戮,人无固志,以至于亡。”自然,该传或有夸大之嫌疑,但至少体现了崔与之在具体对抗过程中,所采取的瓦解敌方的战术有一定的效果。

实际上,崔与之也采用这一措施对待广州摧锋叛军。[38]当时叛军“纵火惠阳郡,长驱至广州城”[39]时,崔与之“肩舆至,开谕祸福,又遣门人李昴英、杨汪中缒城亲谕之”[40],如此,大部分叛军投诚,只有少量首谋者逃亡端州,不久亦为崔与之平定。

三、崔与之军事思想的评价

崔与之并非以军事家著称，然而在特定的历史时期，这位“文臣”则形成了上述军事思想，确实是时势造英雄。那么如何评价崔与之的军事思想呢？笔者以为至少以下几个方面值得注意。

一、其军事思想的可行性

南宋中期，宋军已没有象初期岳飞、韩世忠等能征惯战的名将；韩侂胄专权，轻开边衅，导致开禧失败，辱国殃民；宰执史弥远“独相九年，擅权用事，专任俭壬”[41]，结党营私，军事上则畏惧退缩、指挥失当。对照南宋，金军虽稍有小胜，但实力大不如前，且北方夏国、新崛起的蒙古汗国亦对它威胁颇大，因此只能在四川、两淮给南宋施以一些压力。在这种特定历史条件下，南宋采取固守伺待机的战略策略是完全可行的。另外，实边安边策略亦完全可行，如果没有充足的军备物资，怎能坚持较长的抗战时间？崔与之之所以能在扬州、四川抗击金军，与他在边地积累大量军备密切相关。史称崔与之“自庚辰冬到官，留意军储，并收正色，二三年间，所积顿厚。壬午秋，省仓见管二十九万余石，岁支有余。……通计旧籴三十余万石，专备经常外不测支用”。[42]

军民联防思想的可行性比较突出。南宋中期，宋军“军政不立，戎帅多不协和”[43]，在许多战役中失利，甚至有些军队哗变、骚乱，已经充分说明仅凭南宋军队单方面抗击来敌，实际上已经行不通，只有更广泛地发动百姓一起来参加保家卫国战争，才能保卫家乡、巩固国家。由此我们完全可以得出结论：崔与之的军事战略思想是完全可行的，在当时的历史条件下不失为一种明智的做法。

二、其军事思想的实践性

就南宋中期来说，具体到孝、光宗之后，当时能提出一套比较完整的军事思想者十分少见。即使像陈亮，虽胸有屠龙之志，其军事思想也仅是停留在书面上，并没有付诸实践。而大部分文臣点点滴滴地提出一些战略、战术设想，也未经过战争验证，实是纸上谈兵。比较而言，崔与之则是在担任具体职务时对战争态势进行分析后，提出自己的一些设想，大到战略构思、小至具体措施，许多已经通过战争进行了验证。例如，他注意在战争之前侦察敌情，了解敌方动态、实力，以便作出正确的对策，据史书记载，崔与之在扬州、四川数次决策中确实起到作用。比较典型的是，安丙结交西夏攻击金军，崔与之根据自己所了解的西夏的策略及国力，反对发动对金军的战争，安丙不听，导致失利。他在扬州、四川任上都广为修筑堡垒、实施联防，在抵抗金军的战争中取得了较好的效果。他注重训练士卒、提高他们的战斗力，亦是战前必要的措施。如刘琸等渡淮攻泗州，全军败覆，崔与之马上从扬州拨去敢战精锐2800人，“皆平时素练之士，尽可为用”[44]，如此便有效地稳定了局势。至于分化瓦解金军，在战争实践中也起到了一定的作用。

正由于崔与之军事思想的可行性、实践性，在当时诸大臣中确实是凤毛麟角，故“诸台以公长于应变，列辟宾守”[45]，委以要职。两淮告急，授崔与之扬州之职；四川危殆，“二虏交攻，往来寇蜀，益都谋帅难其人”[46]，即遣与之守四川。显然，当时执政者对崔与之的能力是肯定的。

《宋史·崔与之传》“论曰”：“唐张九龄、姜公辅、宋余靖皆出于岭峤之南，而为名世公卿，造物者曷尝择地而生贤哉？先王立贤无方，盖为是也。番禺崔与之晚出，屹然大臣之风，卒与三子者方驾齐驱。”此从岭南大臣之“贤”立论，自是可以成立。然玄宗时张九龄为相，识安禄山狼子野心；德宗时朱泚叛，姜公辅屡献奇策取相位[47]，就他们军事思想与军事实践来说，却无法与崔与之相提并论。余靖在桂州任上平定侬智高，实有军功，然其军事思想与军事实践与崔与之相比，似亦不逮。因此，就文韬武略而言，崔与之不但超越张、姜、余诸贤，而且实际军功亦更为突出。

注 释

1 何忠礼《南宋名臣崔与之述论》一文已经初步接触到崔与之的军事才干,限于内容,可惜未作深入研讨。

2 《金史》卷14《宣宗纪上》。

3 《元史》卷1《太祖纪》。

4 《宋丞相崔清献公全录》卷1《言行录上》。《续修四库全书》第550册。本论文引文标点、校勘均依张其凡先生校勘文本。

5 刘克庄:《后村先生大全集》卷108《崔菊坡与刘制置书》。

6 《宋丞相崔清献公全录》卷1《言行录上》。

7 《宋史》卷406《崔与之传》。

8 刘克庄《后村先生大全集》卷108《崔菊坡与刘制置书》。

9 《宋丞相崔清献公全录》卷2《言行录中》。

10、11 《宋史》卷《崔与之传》。

12 《宋丞相崔清献公全录》卷2《言行录中》。

13 《宋丞相崔清献公全录》卷2《言行录中》。

14 《宋史》卷406《崔与之传》。

15 《宋史》卷406《崔与之传》。

16 《宋丞相崔清献公全录》卷1《言行录上》。

17 《宋史》卷406《崔与之传》。

18 《宋史》卷406《崔与之传》。

19 李昴英:《崔清献公行状》,载《宋丞相崔清献公全录》卷3。

20 《宋丞相崔清献公全录》卷2《言行录中》。

21 可参见《岭南便民榜》、《岭海便民榜》。实际上,《宋史》本传中亦另有不少相关记载。

22 《宋丞相崔清献公全录》卷2《言行录中》。

23 《宋史》卷406《崔与之传》。

24 李昴英:《崔清献公行状》。

25 《宋丞相崔清献公全录》卷1《言行录上》。

26 《宋丞相崔清献公全录》卷1《言行录上》。

27 李昴英:《崔清献公行状》。

28 《宋史》卷406《崔与之传》。

29 《宋史》卷406《崔与之传》。

30 《宋史》卷406《崔与之传》。

31 《宋丞相崔清献公全录》卷2《言行录中》。

32 《宋丞相崔清献公全录》卷2《言行录中》。

33 《宋丞相崔清献公全录》卷2《言行录中》。

34 《宋丞相崔清献公全录》卷2《言行录中》。

35 《宋史》卷406《崔与之传》。

36 《宋丞相崔清献公全录》卷2《言行录中》。

37 《宋丞相崔清献公全录》卷1《言行录上》。

38 此事为当局处置不当而引起,然兵变之后则几乎成为广东地区的一场灾难。

39 《宋史》卷406《崔与之传》。

40 李昴英:《崔清献公行状》。

41 《宋史》卷414《史弥远传》。

42 《宋丞相崔清献公全录》卷2《言行录中》。

43 《宋史》卷406《崔与之传》。

44 《宋丞相崔清献公全录》卷1《言行录上》。

45 《宋丞相崔清献公全录》卷2《言行录中》。

46 《宋丞相崔清献公全录》卷2《言行录中》。

47 《柳宗元集》卷12《先君石表阴先友记》。《新唐书》卷152有传,较详;《旧唐书》卷138本传较略。

崔与之经略边防的智慧

——兼论南宋民族关系的成功处置

安徽师范大学　肖建新

崔与之(1158—1239),字正子,号菊坡,谥清献,南宋名臣,流芳百世。宋代文天祥对他早有高度评价:"菊坡翁盛德清风,跨映一代。"[1] 而明代刘履为《崔清献全录》作序时对他一生功绩亦作扼要概括:

> 其未仕也,以经史文章、纲常制度、善恶得失明其学;既仕也,以致君泽民、经邦辅国、进贤退不肖为己任;既退也,之以全归为己乐,可谓明哲之士,社稷之臣矣……故公之仕历三朝,而声誉益彰……。[2]

就其官宦而言,他36岁科举入仕,82岁致仕而卒,历光、宁、理宗三朝,为官40余年,由最初的地方司法参军,逐渐擢至右丞相兼枢密使,成为社稷重臣。

他宦涯一生,"立德、立功、立言"皆有建树,而最为值得注意的是,在宁宗时期,嘉定七年(1214)知扬州兼淮东安抚使,十年兼淮东制置使,十三年又知成都兼本路安抚使,十四年兼四川安抚制置使。也就是说,在他57岁以后,前后经略淮东、四川边防近10年,成为南宋北方防御的帅臣、重臣,

> 其帅淮东也,缮治甲兵,备御虏寇,殚忠尽瘁,算无遗策;其抚川蜀也,推诚心以绥士卒,明尺律以整武备,迄数岁而境内帖然,宋室无西顾之忧,以公之可恃也。[3]

难怪他在著名的《水调歌头·题剑阁》中,既有"万里云间戍,立马剑门关"的英雄气势,又有"人苦百年涂炭,鬼哭三边锋镝"的悲天悯人;既有"老

来勋业未就，妨却一身闲”的人生慨叹，又有“烽火平安夜，归梦到家山”的祈祷求退。也正如他诗中所表达出的忧国忧民，关注边防，“平生尤国心，一语三叹息”。“宵衣尚顾北，袖藏医国方”。[4] 似乎，“边阃重寄，安危所关，万里奔驰，四生劳勚”。[5] 经略边防注定要成为其政治生涯的重要组成部分。

尽管《崔清献公集》收录较多的是他的辞免奏札，反映他的节气志向，后人评论最多的也是他的道德操守，说了不少“功成身退，弃相位如脱屣”之类的话，但是，这有其局限性，无以反映他的“无以嗜欲杀身，无以货财杀子孙，无以政事杀民，无以学术杀天下”的广泛追求，[6] 明代就有人对此感到不太满意，说：“近世评公者，或谓其清风高节，或谓其洪度雅量，或谓其知几知微，要之皆浅哉乎。”[7] 事实上，明代刻本和清代抄本《崔清献全录》中《言行录》记载他多方面的言行，现代学者金强等《南宋名臣崔与之》则全面记录他的一生，[8] 其中，他经略西北防备，充满智慧，颇有成效，既是他官宦生涯的闪光之处，又是南宋解决政治、军事、民族等问题的有机组成，故要真正了解和认识崔与之以及南宋历史，他的边防观念和实践是值得研究的，也有利于南宋政治史、军事史、民族关系史等的进一步探讨。

一、力持守御，防患未然

宋代300年，一直被民族和边防问题所困扰。也即主要在西北地区，如何解决北宋与辽夏，南宋与金蒙（元）的关系，尤其是冲突和防御问题，从而达到力量平衡，相峙并存。在北宋前期，曾经实施“先南后北”的统一策略，“先南”基本成功，而“后北”收效甚微。此后，宋与各民族政权交往中，军事对抗屡有发生，但多以失败议和告终，如真宗时的澶渊之盟、高宗时的绍兴议和较为著名。因而，统治者感到统一大业难以完成之后，考虑较多的则是与少数民族政权的战、守、和问题，也是朝野争论最多的问题，并且必须作出相应的选择。在宋代，澶渊之盟和靖康之难震动朝野，对民族关系和策略产生直接的影响，于是仁宗、高宗、孝宗等朝关于民族问题的争论颇为激烈，一般集中在战略策略上。例如:仁宗庆历四年(1043)范仲淹总结宋代前期与辽交往的经验教训,提出和守攻备四策,“臣等思度是和与不和,俱为大患。然则为今之谋者,莫若择帅练兵处置边事,日夜计略为用武之策,以和好为权宜,以战守为实事,彼知我有谋有备,不敢轻举,则盟约可久矣”。[9] 高宗绍兴四年(1134),唐辉面对金人的南侵,强调:“宜讲求所以战守之策,尤不可缓。”[10]八年,“参知政事刘大中曰:‘和与战守自不相妨,若专事和而忘战守,则堕敌计中耳。’”[11]而到孝宗时,金人南下,朝中议和日盛,朱熹分析了战守和的利弊得失,“臣窃观今日之论国计者,大概有三:曰战、曰守、曰和而已,然天下之事利必有害,得必有失,是以三者之中又各有两端焉。盖战诚进取之势,而亦有轻举之失;守固自治之术,而亦有持久之难;至于和之策则下矣,而主其计者亦以为屈已爱民,蓄力观衅,疑敌缓师,未为失计。多事以来,此三说六端者,是非相攻,可否相夺,于冥冥之中,谈者各饰其私,而听者不胜其眩。虽以陛下之明,盖未能断然无惑志于其间也”。[12]宋代与各政权,战不可避免,和是一般的结局,而守、备又是最为基础的工作,战、守、和、备成了宋代长期以来面临和争论的问题。总体来看,在争论中战、守,尤其防守一定程度上占上风,而实际结果往往以“和”告终,因而如何抉择和实施则是一件困难的事情。

到崔与之所处的宁宗时代,金朝南迫,蒙古兴起,再加上史弥远专权,议和日盛,最后在嘉定元年(1208)宋金签订和议,次年陆游写《示儿》,悲叹道:“死去原知万事空,但悲不见九州岛同。”而崔与之对朝廷的议和,也颇为不满:“边臣主和,朝廷虽知,而未尝明有施行。忧边之士,剀切而言,一鸣辄斥,得非朝廷亦阴主之乎?假使和而可保,亦当议而行之可也。”[13]在此情形下,崔与之受命营边,如何选择战、守、和、备呢?确是不容易,不轻松!不过,他有一个基本想法:

> 庙堂贻书欲主和议,公答曰:“古今未有无夷狄之中国,而中国所恃以待夷狄者,不过战守和三事而已。唯能固守而后可以战、可以和,权在我也。守且不固,遂易战而为和,权在彼也。”[14]

可见,崔与之认为,处置“夷狄”无非战、守、和三策,反对无条件的议和,更多倾向“守”,并且主张在“固守”基础上选择战与和。这种思考应该是较为周密的。

他之所以选择防守也许出于无奈,因为南宋已经没有实力主动攻战,一统天下了,只有坚固防守,苟且保全,方可言和,还能掌握一点主动权而已。他针对淮东形势,说出了防御固守的具体缘由:

> 自大将屯重兵于山城孤绝之地,而淮东守御全势因此大坏。局面一差,着着费力,彼方得势,而我与和必遭屈辱。况虏寇尚留吾境,敌情多诈,从违未足深信。徒使军情疑贰,边防纵弛,必为所误。犬羊贪狼之性,非其力屈未易和也。今招信之寇虽未退,而五山寨错落相望,边民米麦尽数在寨,野无所掠,其势只得攻。青平山又复失利而去,统制陈世雄等军分头顿兵关集山寨并力剿逐,其势必不能久驻。又淮阴之寇楚州,已遣季先所部忠义人前去迎击败之,更看事势如何,且如东海、涟水为我所有,山东归顺之徒为我所用。一旦议和,则涟、海二邑若为区处,山东诸酋若为顿放,萧墙之祸,必甚于瞬臾,和未可遽言也。[15]

可见,一方面,南宋边防部署失当,兵力不足,淮东守御吃紧,而北方归顺之徒处置不易,有可能祸起萧墙,再加上“虏寇”情诈性贪,战败后方肯言和,因而加强边防实为当务之急;另一方面,南宋也有重兵屯驻边地,占有一定区域,山寨相错,坚壁清野,边民米麦入寨庇护,还有北方义军相助,以及归顺宋朝的山东缓冲地带,而金兵孤军南下,粮草辎重难以持久,因此,他说:“守边以镇静为先,以张皇为戒。古今之通论也。”[16]因为固守边防有人力、物力以及形势的基础。这种分析和认识是冷静而深刻的。他在战守和备的权衡中,选择守备,加强防御,以守待敌,以守疲敌,应该是明智的。他是这样说的,也是这样做的,在淮东积极筹划,加强防备,“如滁州合整辑关隘以为障蔽,盱眙合措置山寨以为声援,楚州合经理清河口,守把淮口以为控扼,轮日教阅,激作士气,常时戒严,以守为战,非惟缓急,不致误事,亦可集事”。[17]

自淮东召回师后,他在廷对札子中进一步指出:“立国之道,在谨边备以为藩篱,安人心以为根本。根本固则藩篱壮。”并且再次明确表明守御的主张和态度，“臣昨乘障五年，力持守御一说，始终不变”。同时，面对边防的松弛又甚为担忧，“今虏退，三阅月，朝廷幸目前之暂安，寖不经意。边臣日上平安之报而不言御备之方正，恐不待秋高边尘已耸”。[18]嘉定十五年(1222)，他已年逾花甲，请求辞免除四川制置使时，还在警告统治者：“二虏之相持，正三边之交急，势成危证，命系良医”，希望“收回成涣，改界名流”，[19]以适应加强边防的需要。次年，他又有类似的奏请，说道：“三边责重，四路事繁”，“亟选长材，来为臣代，赋臣祠廪”。[20]目的只有一个，就是让年富力强的官吏代替自己，以此加强边防，应对北敌。直至嘉熙三年(1239)，临终遗表仍然强调说：“审中国外夷盛衰之势而防于未然。”[21]

可见，防御固守是其一生经略边防的态度和理念，同时，也是宋代国家实力和边防战略发展的必然结果。当然，这是一种主动防御，积极备边，无疑对加强边防和延续宋祚有重要作用。这一点在他经营淮东、四川防务，处理与北方政权关系中得到证实。

二、主动防御，扎实备战

为了应对夏、金以及蒙元等的南下，南宋逐渐形成了江淮、京湖、川陕三大防区，而崔与之在宁宗时期所经营的淮东、四川防务甚为重要。他就说过：“国家首蜀尾淮，上流失势，渐不可支。”[22]嘉定七年(1208年)宋金议和之后，南宋的内政外交依然未见起色，朝廷上下不能和衷共济，至少当时淮东的情况即是如此。“公每谓士大夫处同僚常因小愤而误国家大事，由不能胜已私治客气。故帅淮时尝奏，名位相统属而势不合，文移相关白而情不通，声色笑貌相周旋而意不叶，事鲜有济。”[23]而当时边境的形势又日渐危急，“金虏为鞑靼所攻，弃燕来汴，李全复据京东，两淮腹背受敌，命公帅淮左”。[24]崔与之受命于危难之秋，知扬州兼淮东路安抚使，历时五年(1214—1218)。其间，他对淮东防务作了周详的思考：

乞行下江淮制置司、安抚司军帅边守，凡有城壁去处，各仰开具逐处见管官军若干，民兵若干，屯驻大军若干，桩积米、麦草料若干；城池、关隘有无疏略，合作如何葺理；战守器具有无缺少，合作如何措置；军储马料柴草之类有无匮乏，合作如何办集。遇风尘之警，若为捍御，若为应援，若为制胜，各从实具申枢密院，详酌施行。[25]

后来，自淮东召回京师，除秘书监兼国史院编修官等职一年有余。不久，四川兴元发生兵变，号称红巾军，直逼成都。同时，"二虏交攻，往来寇蜀，益都谋帅难其人"，[26]也即在嘉定十三年，他以焕章阁待制出知成都府，兼本路安抚使，后又兼四川安抚使等，前后也有五年（1220—1224）。

他在两地经营10年，淮东以及川陕防线成为南宋的北方屏障。他在两地的防御活动，元代脱脱等《宋史》本传、宋代李昂英《文溪集》卷11《崔清献公行状》、明代黄佐《宋观文殿大学士崔清献公》（载《广州人物传》卷8）以及《崔清献全录・言行录》等都有大量记载。其中，《宋观文殿大学士崔清献公》（据本传、行状参修而成）五六千字，而关于他经略淮东、川陕的篇幅却有2000多字，《宋史》的本传一共只有3000字。可见，后来作传者已经看出他在淮蜀10年的重要性。

崔与之在淮东和四川防线上，积极防御，扎实备战，主要表现以下几方面：

一是修葺城池

扬州既是淮东重镇，又是宋廷北方门户，是南宋抵御金朝以及后来蒙古南下的军事要地。扬州一旦失守，长江防线告急，都城临安也就危在旦夕了。扬州由州城、夹土城、堡砦（寨）城构成，而崔与之知扬州兼淮东南路安抚使时，城池年久失修，"濠河堙狭，褰裳可涉，守御非宜"。[27]并且，三城缺乏联络，无以形成犄角之势。于是，"浚濠广十有二丈，深二丈。西城濠势低，因疏塘水以限戎马。开月河，置钓桥。州城与堡砦城不相属，旧筑夹土城往来，为易以甓"。[28]此外，还"沿城外羊马墙内，环植柳树……二三年后，小者可为薪，大可为棂木，留根四尺，槎牙交错，禁限工具，春至复生"。[29]这样，州城、甓城、堡砦城连为一体，外有高墙深濠、棂木屏障，城防也就固若金汤。他还加紧修葺附近地区的城池，如在“淮阴、宝应、滁州筑城浚壕，措置守御”。[30]又如在楚州“筑城置戍，可守可战”。[31]淮东修筑城池，已是他经营边防的重要内容。

南宋的四川实为川峡四路，包括成都府路、梓州（潼川府）路、夔州路、利州路，成都府四周虽有崇山峻岭屏障，但其他路缺少庇护，尤其利州路处在最前线。他知成都府兼本路安抚使后，便从较为广阔的视野思考四川的防务，上奏曰：“天下之事须要中外相应，大小相维，而后有济。”“实边而后可以安边，富国而后可以强国。”[32]并且，针对川峡地理环境和民族杂居的状况，格外重视砦寨的修筑，建言：“誊榜谕陕西五路遗黎，俾筑坞自固，倚我军为声援。”[33]同时，“乞移大帅于兴元，虽不果行，而凡关外林木厚加封殖，以防金人突至”。此外，在西北边市以茶易马，增强骑兵力量，“与之移檄茶马司，许戎司自于关外收市如旧，严私商之禁，给细茶，增马价，使无为金人所邀”。还在地处极边，号为天险的隔第关、盘车岭，“因厚间探者赏，使觇之，动息悉知，边防益密”。[34]这些措施一定程度上弥补了在川峡特殊地理环境中加强边防的不足。

二是积贮粮粟

在防御中，城池固然重要，粮粟又是最为基本的战略物资。他知扬州时，“扬州仓廥少且圮坏，新籴无所放处。公视北门内旧柴场地，于市河为近。鼎创仓廒十二座，积粟充裕”。[35]而知成都府时，也上奏说：“窃闻军兴以来，帑庾告竭，设若有警，搏手无策，而后有请于朝，恐无及矣。臣区区此行，职所当为，义有可为，誓当糜捐，以图报称，不敢为身计。至于广科拨以宽民力，厚储积以壮边声，陛下当为蜀计。”[36]“实边斯可安边，益州为四路心腹，惟恃钱谷厚于他郡。军兵帑庾告匮，宜厚储积以壮边陲。”还“建言成都滩濑险远，艰于漕运，立运米常格奏行之”。“自是兵皆足食，蜀赖以全。”[37]当然，储积漕运直接解决粮草，但若能宽恤蠲免，积粮于民，获得民心，这才是长久之计。所以，他又强调：“乞行下江淮制置司，应淮郡尚有贼盗去处，亟作措置，务要绥静，俾民复业为国强边。”“今年夏春或免或减，等第施行，务有以系其心，宽其力，不惟可以实边，缓急可以为官军声援。”[38]此外，为了减轻民众负担，减轻漕运压力，他在四川还科拨各路税收以及成都专项税收“苗头”作为军需，从而积贮顿厚，以备不测支用。

三是缮治兵甲

宋代曾经出现过一些著名将领，主要在北宋初统一南北和南宋初抵御金兵入侵时期，但是，总体而言，宋代重文轻武，抑制武将，导致军威不振，宋代名将实在太少！反而不少文臣，如欧阳修、富弼、寇准、宗泽、虞允文、崔与之等“投笔从戎”，经略武备，主持边防，甚至上阵指挥，斯杀沙场。崔与之科举入仕，身为文臣，但文韬武略，缮治兵甲，布防用兵，都有章法成效，颇有军事天才。

崔与之十分重视士卒的军事训练、考核及其兵种使用，《崔清献全录·言行录》有一段记载甚为详细：

> 备御之计，人患兵少，公独以兵不在多，在素练耳。以诸军分作三等教阅，弩手：以年力高强而善射者为上，挽蹹施放合格者为中，余为下。枪手：以身材及等仗而有膂力者为上，虽不及第（等）仗而少壮善击刺者为中，余为下。骑兵：则以人骑轻捷，武技精熟为高下，先布阵势，纵横来往，用草棒相击，以习刀法，或用包头毡枪驰逐格刺以习枪法。然后大走马圆射，用拒马围隔射垛，至四十步施放三箭，来往四遭，精熟又加步数。五日一赴州治教场阅习，委幕僚督视，籍中否优劣，月终比较赏罚，则亲按激犒。练习既久，上等出等，中等为上，下等为中，人皆可用。战则上等居前锋，中等佐之；守则上等当冲要，中等助之，下等供战守杂役。遇敌战胜，赏亦有差。仍下诸州县屯戍，一体行之。由是淮东军声大振。[39]

可见，崔与之认为：兵不在多而在精，而兵精的关键又在于平时的训练。训练则要因材施教，他把弩手、枪手、骑兵分为上、中、下三等，五日一赴州治校场分别教阅，到月底考核成绩，比较优劣，施行赏罚。士卒的等级是流动的，并不固定，经过一段训练后，根据成绩，重新定等，形成激励机制。然后，分等作战和驻守,并据战绩赏罚。这种练兵和用兵的方法颇有成效,"由是淮东军声大振"。

此外,还以某些特殊方法进行军事训练。比如:"诸屯军马,岁例九月后,三、八日压马出城三十里回,习为文具。公至始创签牌,分写八卦,如探得干字,即令旗头搴干卦旗出北门,将校率群骑视所向以往,遇冈坡沟涧径趍直前,不令迂绕取道,使人马相得遇险,不慑缓急,可恃为用。"[40]显然,他所创立的骑兵签牌训练方法,提高训练强度,严明训练纪律,以此磨砺士兵的意志,改变以往出城走马,"习为文具"的局面。

四是协同联防

前面所述修葺城池,固然是加强某地防守的需要,而修筑附近城池,则显然出于协同联防的需要。故在楚州"筑城置戍"时,崔与之又"申请乞置副都统于楚州,以总内外之兵,于是山阳、淮阴如常山蛇"。[41]从而附近城池连为一体,形成协调联合的防御阵线。而加强盱眙的防御及与滁州、天长的联络,更能体现协调关系,互为利用的目的,他说过以很有价值的话:

> 用兵如弈棋,置子虽疏,取势欲接,旁角失势,腹心胜之。
>
> ……
>
> 盖滁与盱眙距天长各百三十里,大将驻天长,虎视四郊,则临机随势策应,出入变化不为敌所窥,而淮东备御之势全矣。[42]

后来,"宰相欲图边功,诸将皆怀侥幸,都统刘琸承密札取泗州"。[43]结果,全军覆没,淮东形势紧张起来,防御阵线也受到影响。为了防备北兵乘机进攻,崔与之又"亟遣强勇马军百骑星驰盱眙,沿淮一带巡哨官给铠仗及红、绿、白布马衫各百领并诸色旗帜,令其随处换易,昼夜往来,莫测出没,或多或少,或分或散,遇平野则驰骋打围,移文州县却称分头遣去五百骑巡边。又虑盱眙山城孤立,积谷九万余石,及镇江、扬州节次搬去攻守之具甚多,亟选精锐军三千人厚加激犒,星夜驰去捍御"。[44]这样,既巩固了军事重镇盱眙,又使沿淮防御连为一体。即使王胜等在楚州发动兵变,进入射阳湖,崔与之同样下令"诸处牢固守御",并遣将抚谕招降,[45]从而巩固了楚州防御。为了搞好淮东防御,进一步使淮东、淮西防御连为一体,他极力主张设立节制两淮的制置使,反对由两淮帅臣相互声援的做法。他认为:"两淮分任其责,而无制阃总其权,则东淮有警,西帅果能疾驰往救乎?东帅亦果能疾驰往救西淮乎?制阃俯瞰两淮,特一水之隔,文移往来,朝发夕至,无制阃则事事禀命朝廷,必稽缓误事矣。"[46]从而扩大了淮东的防御体系,乃至形成两淮防御体系。

到了四川,他仍然强调"内外一家,大小一体",[47]着眼协调关系,同步防御。首先缓解宣抚使安丙的戒备忌惮心理,谒诚相处,并奉诏"尽护四蜀之师,开诚布公,兼用吴、蜀之士,拊循将士,人心悦服"。但是,此前却并不如此,"先是,军政不立,戎帅多不协和,刘昌祖在西和,王大才在沔州。大才之兵屡衄,昌祖不救,遂弃皂郊。吴政屯凤州,张威屯西和,金人自白还堡突入黑谷,威不尾袭,而迂路由七方关上青野原,金人遂得入凤州。与之戒以同心体国之大义,于是戎帅协和,而军政始立"。[48]可见,崔与之在四川协调内部关系,取得"戎帅协和,而军政始立"的效果,无疑加强了四川防区的协同防御能力。

五是组织民众

崔与之在经营北方防御时,除了加强军事设施和物资筹办以及军事训练、防御战线的建设外,还组织义民义社,将民间力量充实到防御阵线中来。他针对淮东多为平川,无险可守,唯有滁州、盱眙军有山林泉源可恃,于是,"募民筑五山寨,累石为城,料简丁壮,选材力服众者,假以官资统之。月差一百二十五人,分布守望,官支镪四百一十贯,米七十五石"。[49]此外,还利用淮郡万弩社,创办万马社,"平时散在田里,缓急调用,仍选材智出众者统之"。[50]这些寨砦义社阻挡金兵南下,并在敌后形成威胁,"金人犯淮西,沿边之民得附山自固,金人亦疑设伏,自是不敢深入"。[51]他后来在四川,也充分利用西北少数民族的力量,建立堡砦,扼制北方政权的南侵。

以上扎实的边防军事准备,无疑从军事设施、物资供应、士卒训练、力量整合等方面构建了南宋在北方以及西北地区的防御体系。这一体系未必能够称得上铜墙铁壁,但使金人不敢深入南下,也推延了蒙古铁骑的到来,都是没有疑问的。

三、避害趋利,理智外交

南宋宁宗时期,北方不仅有金、夏等民族政权,而且还有李全等地方割据势力,对外关系也就错综复杂。在这种情形下,如何处理对外关系?既要谨慎认真,又要理智理性,才能变被动防御为主动防御,变消极防御为积极防御,并且只有积极防御,才能趋利避害,实现较长时间的和平。

1. 慎重对外

据前所述,崔与之在对外关系的战、守、和上,基本态度是主张防守,但又是一种积极防御,以争取主动权和主动地位。正如前所提到的:"唯能固守而后可以战可以和,权在我也。守且不固,遂易战而为和,权在彼也。"因而,他立足于防守来谈战与和,并以此为基础处理对外关系或外交,这显然是一种审慎的态度。

他经营淮东防务之初,针对鞑靼南下,金朝弃燕来汴,李全占居山东的情形,认为对金要把握可趁之机,对李全则急需处置。[52]当李全率众归宋时,他移书宰相史弥远说:"自昔召外兵以集事者,必有后忧。"显然,他认为这样不妥,不够慎重,有养虎遗患和抱虎枕蛟的危险。不久,宰相贪图边功,都统刘琸承密札进攻泗州,全军覆没。他对这种冒险行为,上书严厉谴责说:"与之乘鄣五年,子养士卒,今以万人之命,坏于一夫之手,敌将乘胜袭我。"宰相利令智昏,三次要求崔与之与金议和,而崔再次严辞以答,拒绝议和。他说:"彼方得势,而我与之和,必遭屈辱。今山砦相望,边民米麦已尽输藏,野无可掠,诸军与山砦并力剿逐,势必不能久驻。况东海、涟水已为我有,山东归顺之徒已为我用,一旦议和,则涟、海二邑若为区处?山东诸酋若为措置?望别选通才,以任和议。"[53]同时,他又修守备战,调兵遣将,占领要地,金人南侵无功而返,议和也就作罢。可见,崔与之对待李全地方势力,还是北方金朝,都持慎重的态度,而当宋军盲目进攻失利后,及时做好防守准备,从而变被动为主动,金朝没有达到目的,获得好处。

崔与之来到四川,同样遇到如何处理与西夏关系的问题。开始,安丙同意夏人联合进攻秦、巩的请求,崔与之立即致书反对,认为:"金人不顾死亡,南窥淮汉,宜及此时……蜀连年被兵,士气未振,岂宜轻举,彼区区西夏,衰微益甚,何足为吾之犄角。万一失利,亏损国威,公必悔之。"应该"招纳豪杰,选将练兵,修固堡障以待"。[54]安丙不听劝说,轻举妄动,结果确如所料,夏人言而无信,并未如期到来,宋军遂有皂郊之败。后来,西夏又欲进攻金朝,遣骑兵入凤州,并向宋求援,而崔与之予以拒绝,并说:"通问当遣介持书,不当遣兵径入。若边民不相悉,或有相伤,则失两国之好,宜敛兵退屯。"[55]西夏为此放弃了进攻,崔也就处理好了与西夏以及金朝的关系。

2. 智用外力

崔与之在强调慎重处理对外关系的同时,又重视利用外部乃至敌方力量,减轻边防压力,以此加强防御。这可能是他经略边防时的高明之处,也是最具智慧的地方。如在淮东时,他开始对山东李全势力确是保持谨慎的态度,但是后来金人南侵,还是利用这股力量。所以,他考虑较多的是如何安置以及与之往来的问题。"山东忠义仰节制司开具实管人数若干,已收刺若干,拣退若干,见安顿于何地,统御以何人……其间有合商确事件,庶几豫为之图,毋致临期误事。"[56]也就是说,要做好接收、拣退、安顿等事宜,预为筹谋,以备不测。这实际上也起到稳定淮东外围防御阵线的作用。此后召为秘书少监,离开淮东时,他还奏请:"今边声可虑者非一,惟山东忠义区处要不容缓。"[57]他之所以对山东义军的安置念念不忘,因这是一支可供利用的外部力量。

他经略四川防御时,曾反对安丙联夏攻金,并且"饬边将不得轻纳"夏人,而面对"金人既弊,率众南归者所在而有,或疑不敢纳"时,他又调整对外的思路,"优加爵赏以来之。未几,金万户呼延棫等扣洋州以归,与之察其诚,纳之,籍其兵千余人,皆精悍善战,金人自是不敢窥兴元。既复镂榜边关,开谕招纳,金人谍得之,自是上下相疑,多所屠戮,人无固志,以至于亡”。[58]可见,招降纳叛,利用敌方力量,成为他瓦解敌人、加强边防的重要方法,并且获得了良好效果,达到以敌制敌的目的。

由此可见,崔与之根据自身的实力,慎重应对北方政权以及外部力量,并不是轻率地连横合纵,并反对盲目进攻,以免引起事端或灾难。同时,又不为外部势力所吓倒,根据形势变化、对方弱点以及外部关系,智慧地利用对方或外部力量,来瓦解敌人、削弱敌人,变消极防御为积极防御,从而避害趋利,巩固边防,达到安宁。

注　释

1 崔与之:《崔清献全录》卷9文天祥《跋崔丞相二帖》,清抄本。

2 崔与之:《崔清献全录》卷1《黎贞序》,明嘉靖十三年刻本。

3 崔与之:《崔清献全录》卷1《余鼎序》,明嘉靖十三年刻本。

4 崔与之:《崔清献全录》卷8《遗文遗诗》,明嘉靖十三年刻本。

5 崔与之:《崔清献全录》卷4奏札1《辞免除四川制置使》(嘉定十五年),明嘉靖十三年刻本。

6 崔与之:《崔清献全录》卷1《言行录中》,明嘉靖十三年刻本。

7 《崔清献全录》卷1《宋端仪序》,明嘉靖十三年刻本。

8 学术界关于崔与之的研究不是太多,涉及人物和文献方面的,如张其凡等:《崔与之著述版本源流及其价值》,《安徽师范大学学报》2007年第3期;张纹华:《南宋名臣崔与之辞官缘由新探》,《韶关学院学报》2006年第10期;陈裕荣:《崔与之年表》,《岭南文史》1993年第3期,等。

9 范仲淹:《范文正奏议》卷下《奏陕西河北和守攻备四策》,影印文渊阁四库全书本。

10 李心传:《建炎以来系年要录》卷75,绍兴四年夏四月癸卯,中华书局1988年版,第1243页。

11 李心传:《建炎以来系年要录》卷120,绍兴八年六月戊辰,中华书局1988年版,第1938页。

12 朱熹:《晦庵集》卷13《垂拱奏札二》,影印四库全书本。

13 脱脱:《宋史》卷460《崔与之传》,中华书局1977年版,第12263页。

14 崔与之:《崔清献全录》卷1《言行录中》,明嘉靖十三年刻本。

15 崔与之:《崔清献全录》卷1《言行录上》,明嘉靖十三年刻本。

16 崔与之:《崔清献全录》卷2《言行录中》,明嘉靖十三年刻本。

17 崔与之:《崔清献全录》卷2《言行录中》,明嘉靖十三年刻本。

18 崔与之:《崔清献全录》卷2《言行录中》,明嘉靖十三年刻本。

19 崔与之:《崔清献全录》卷4 奏札1《辞免除四川制置使》(嘉定十五年),明嘉靖十三年刻本。

20 崔与之:《崔清献全录》卷4 奏札1《四川制置乞祠》(嘉定十六年),明嘉靖十三年刻本。

21 崔与之:《崔清献全录》卷3《言行录下》,明嘉靖十三年刻本。

22 崔与之:《崔清献全录》卷2《言行录中》,明嘉靖十三年刻本。

23 崔与之:《崔清献全录》卷2《言行录中》,明嘉靖十三年刻本。

24 崔与之:《崔清献全录》卷1《言行录上》,明嘉靖十三年刻本。

25 崔与之:《崔清献全录》卷2《言行录中》,明嘉靖十三年刻本。

26 崔与之:《崔清献全录》卷2《言行录中》,明嘉靖十三年刻本。

27 崔与之:《崔清献全录》卷1《言行录上》,明嘉靖十三年刻本。

28 脱脱:《宋史》卷460《崔与之传》,中华书局1977年版,第12258页。

29 崔与之:《崔清献全录》卷1《言行录上》,明嘉靖十三年刻本。

30 崔与之:《崔清献全录》卷2《言行录中》,明嘉靖十三年刻本。

31 崔与之:《崔清献全录》卷2《言行录中》,明嘉靖十三年刻本。

32 崔与之:《崔清献全录》卷2《言行录中》,明嘉靖十三年刻本。

33 崔与之:《崔清献全录》卷3《言行录下·崔清献公行状》,明嘉靖十三年刻本。

34 脱脱:《宋史》卷460《崔与之传》,中华书局1977年版,第12261页。

35 崔与之:《崔清献全录》卷1《言行录上》,明嘉靖十三年刻本。

36 崔与之:《崔与之:崔清献全录》卷2《言行录中》,明嘉靖十三年刻本。

37 崔与之:《崔清献全录》卷3《言行录下·崔清献公行状》,明嘉靖十三年刻本。

38 崔与之:《崔清献全录》卷2《言行录中》,明嘉靖十三年刻本。

39 崔与之:《崔清献全录》卷1《言行录上》,明嘉靖十三年刻本。

40 崔与之:《崔清献全录》卷1《言行录上》,明嘉靖十三年刻本。

41 崔与之:《崔清献全录》卷2《言行录中》,明嘉靖十三年刻本。

42 崔与之:《崔清献全录》卷2《言行录中》,明嘉靖十三年刻本。

43 脱脱:《宋史》卷460《崔与之传》,中华书局1977年版,第12259页。

44 崔与之:《崔清献全录》卷2《言行录中》,明嘉靖十三年刻本。

45 崔与之:《崔清献全录》卷2《言行录中》,明嘉靖十三年刻本。

46 脱脱:《宋史》卷460《崔与之传》,中华书局1977年版,第12259页。

47 崔与之:《崔清献全录》卷2《言行录中》,明嘉靖十三年刻本。

48 脱脱:《宋史》卷460《崔与之传》,中华书局1977年版,第12260页。

49 崔与之:《崔清献全录》卷1《言行录上》,明嘉靖十三年刻本。

50 崔与之:《崔清献全录》卷1《言行录上》,明嘉靖十三年刻本。

51 脱脱:《宋史》卷460《崔与之传》,中华书局1977年版,第12258页。

52 崔与之:《崔清献全录》卷1《言行录上》,明嘉靖十三年刻本。

53 脱脱:《宋史》卷460《崔与之传》,中华书局1977年版,第12259页。

54 崔与之:《崔清献全录》卷2《言行录中》,明嘉靖十三年刻本。

55 脱脱:《宋史》卷460《崔与之传》,中华书局1977年版,第12260页。

56 崔与之:《崔清献全录》卷2《言行录中》,明嘉靖十三年刻本。

57 脱脱:《宋史》卷460《崔与之传》,中华书局1977年版,第12260页。

58 脱脱:《宋史》卷460《崔与之传》,中华书局1977年版,第12260页。

崔与之军事思想论略

河南省社会科学院　王珂

崔与之(1158—1239),字正子,号菊坡,广州增城人。宋光宗绍熙四年(1193)进士,历仕光、宁、理三朝47年,以观文殿大学士致仕,卒赠少师,谥清献。崔与之为官勤敏、清正廉洁、淡泊名利、关心民生疾苦,不仅在政治文学上有所建树,其军事才干也为人称道,在南宋末年国力孱弱,屡遭外侮的环境下,崔与之东镇扬州,西守四川,使兵锋正利的金军无隙可乘,确保了南宋疆域的暂时安宁。本文拟对崔与之军事措施与思想作一简要论述。

一、军事措施

崔与之的军事战略措施主要集中在镇守扬州和四川时期。他在任时采取多种有效措施,治理辖区,取得了有目共睹的效果。

1. 对扬州的治理

宋嘉定六年(1214),“金虏为鞑靼所攻,弃燕来汴,李全复掠京东,两淮腹背受敌,命公帅淮左”。[1]蒙古军队大规模进攻金国,金人为避蒙古兵,南侵宋朝,掠夺财富土地,同时又有起义军李全东掠山东,使两淮之地腹背受敌,“当时人不愿往,(崔与之)以君命不敢辞”[2],被宋宁宗破格起用,于嘉定七年(1214)知扬州兼淮南东路制置使,崔与之当是临危受命,开始镇守扬州达5

年之久。

崔与之一到扬州,立刻组织兵民做好防御准备。修筑扬州城,“(修城)经始于(嘉定)八年八月,讫于九年九月,工一百一十五万四百二十五,费朝家缗钱三十四万八千七百五十六,米石二万一千八百四十七。州家激犒为缗钱五万一千六百。”因为崔与之“节缩有道,劝惩有章,公私不为病”。[3]同时,又“命官军沿城外羊马墙内植柳树六万余株,以为禁限”[4]。其目的是将柳树留根四尺,使之犬牙交错,作为禁限,防止马军突至,而且,二三年后,小者可为薪,大者可为木料,一举多得。

当然,为了使扬州防御有所屏障,崔与之还将防御范围扩大到数百里外的滁州、盱眙地区。“因滁州有山林之阻,与之创五砦,结忠义民兵。金人犯淮东,沿边之民得附山自固”。“金人亦疑设伏,自是不敢深入”[5]。崔与之还根据那里多高山密林的特点,募民筑起五座山寨,累石为城,选拔忠义壮丁,让他们附山自固,“这种防御方式,开后来余玠守蜀之先声,具有极为重要的军事意义”[6]。

在做好军事防御之后,崔与之又加强对军队的训练,编练步军、马军,“淮东原有万弩社,与之以为,追袭、邀击以骑射为优,遂请于朝,更创万马社,募淮民为之,应募合格者官助鞍辔钱二十千,人复租税三百亩,平时散在田里,缓急调用”[7]。“由是淮东军声大振”,“缓急可恃为用”。

在崔与之的努力下,扬州守备坚固,金人有所顾虑,不敢进犯。

2. 镇守四川

嘉定十四年,崔与之知成都府、权四川宣抚司职事、四川安抚制置使。崔与之在四川任上,为防范金人侵扰,“积极收市军马,封殖关外林木,以防金人突至。厚间探者赏,使觇金人动静。积米三十万石,以备不测。蓄府库钱至千余万,金帛称是”[8]。崔与之镇守四川五年,爱养士卒、团结各级将领,使蜀中局势安稳,金人不敢有所犯。

二、军事思想

崔与之在扬州和四川的军事措施，使其在对金的对峙中取得了成功，可以说，其军事理论是正确的，其军事思想是值得研究的。

崔与之的军事思想很丰富。他不但要建立一支年轻力壮、训练有素、能守善战的军队，而且还要选拔“知古今”，有才干、会领兵、善征战的将领。同时他还注意仁爱士卒，重用人才，主张要爱兵怜民，慎重用兵，充分调动将帅们的主动性和积极性。主张防御是基础，认为没有防御，盲目的和议是没有效果的。总结起来有以下几点值得重视。

1. 积极防御的思想。崔与之对守城防御非常重视，他说：“守边以镇静为先，以张皇为戒，古今之通论也。然事势有萌，犹戒张皇，备御未周，徒为镇静，识者隐忧。”他对扬州的局势作了细致分析：“谍闻燕山已立新主，鞑靼又复交攻。山东乘虚寇之，亦甚蹙迫，然且签刷军马，敷料粮草，屯海州，屯清河，屯招信、濠梁，此其意向可疑。彼境之人，皆言其垂涎岁赉，不得，欲以兵胁取，岂容无备？如滁州，合整辑关隘，以为障蔽；盱眙，合措置山砦，以为声援；楚州，合经理清河口，守把淮口，以为控扼，轮日教阅，激作士气，常时戒严，以守为战，非惟缓急不致误事，亦可集事。”[9]

他到扬州之后，立刻“登城临眺形势，谓濠河陻陋，褰裳可涉，守御非宜”。于是“乃度远近，准高下，程广狭，量深浅，为图，请于朝，许之。河面阔十有六丈，底杀其半，深五分，广之一，环绕三千五百四十一丈。壕外余三丈，护以旱沟。又外三丈，封积土以限淋淤。又广地七丈，以受土，使与危堞不相陵。复作业城五门为月河，总百十七丈。而南为里河，又八十七丈。西北曰堡城寨，周九里十六步，相去余二里。属以夹城，如蜂腰，地所必守，左右尤浅隘，浚之，既如州城壕，计七百三十一丈，且甓女墙以壮其势。外壕既深，水势趋下，市河涸，不可舟。有警，刍饷难为力。又加深广，造舆梁五”[10]。又“沿城外羊马墙内，环植柳树，官军多以小枝应数。公出镪，责将校，募诸营,选大如臂者,培揷长茂,周遭六万一千五百余株。二三年后,小者可为薪,大可为椂木。留根四尺,槎牙交错,禁限工具,春至复生"[11]。经过整治,扬州城守备坚固,因为淮东地区边备严整,金军无隙可乘,故此很少受到侵扰。

在对待防御的问题上,崔与之考虑的更加深入,他认为,防御是长时间的,边疆地区对防御任何时候都不能懈怠,他对金军退兵后朝庭边备即有所松弛的现象提出批评说:"今虏退三阅月,朝廷幸目前之暂安,寖不经意。边臣日上平安之报,而不言御备之方,正恐不待秋高,边尘已耸,必有溃裂四出之患。"他针对这些状况,提出意见说:"乞行下江淮制置司、安抚司,军帅边守,凡有城壁去处,各仰开具逐处见管官军若干,民若干,屯驻大军若干,桩积米麦、草料若干;城池关隘,有无疏略,合作如何葺理;战守器具,有无缺少,合作如何措置;军储、马料、柴草之类,有无匮乏,合作如何办集。遇风尘之警,若为捍御,若为应援,若为制胜,各从实具申枢密院详酌施行。山东忠义,仰节制司开具实管人数若干,已收刺若干,拣退若干,见安顿于何地,统御以何人,今欲分作几屯。防秋在即,寨宇卒未成就,合作如何料理,今欲立为几军,其制领正副将以下,合作如何区处,逐一条具申上。其间有合商确事件,庶几豫为之图,毋致临期误事。"[12]其殚精竭虑,细心谋划之处可见一斑。

2. 积极练兵。崔与之对战争力量的认识非常独到,"备御之计,人患兵少,公(崔与之)独以兵不在多,在素练耳"。即战争胜负不在于兵多而在于士兵的战斗能力高低。因此,崔与之非常注意士兵的训练,为此他制定了很多措施。"以诸军分作三等教阅,弩手,以年力高强而善射者为上,挽踏施放合格者为中,余为下。枪手,以身材及等仗而有膂力者为上,虽不及等仗,而少壮善击刺者为中,余为下。骑兵,则以人骑轻捷,武技精熟为高下。先布阵势,纵横来往,用草棒相击,以习刀法。或用包头毡枪,驰逐格刺,以习枪法。然后大走马圆射,用拒马围隔射,垛至四十步,施放三箭,来往四遭,精熟又加步数,五日一赴州治教场阅习,委幕僚督视籍中否,优劣月终比较,赏罚则亲按激犒。练习既久,上等出等,中等为上,下等为中,人皆可用。战则上等居前锋,中等佐之;守则上等当冲要,中等助之,下等供战守杂役。遇敌战胜,赏亦有差。仍下诸州县屯戍、一体行之”。由是淮东军声大振。[13]

3. 反对和议的战略思想。有宋一代,面对辽金蒙古的侵犯,朝野对待和战问题一直都存在两种态度。一种是主张奋起反抗,收复失地。一种是主张苟且偷安,屈辱求和。崔与之生活的时代,依然要处理这些问题。面对金蒙的进犯,虽然全力抗击的做法是正确的,但不顾自己的军事实力,盲目主张抗战的军事策略也是不可取的。所以,在朝廷主张议和的时候,崔与之提出了自己的看法。

崔与之认为:“古今未有无夷狄之中国,而中国所恃以待夷狄者,不过战、守、和三事而已。惟能固守,而后可以战,可以和,权在我也;守且不固,遂易战而为和,权在彼也。”崔与之认为即使议和,也要根据实际情况而定,这样才能使自己获得最大利益。他分析淮东军事局势说:“自大将屯重兵于山城孤绝之地,而淮东守御全势因此大坏,局面一差,着着费力,彼方得势,而我与和,必遭屈辱。况虏寇尚留吾境,敌情多诈,从违未足深信,徒使军情疑贰,边防纵弛,必为所误。犬羊贪狼之性,非其力屈,未易和也。今招信之,寇虽未退,而五山寨错落相望,边民米麦,尽数在砦,野无所掠,其势只得攻青平山,又复失利而去。统制陈世雄等军,分头顿兵,关集山砦,并力剿逐,其势必不能久驻。又淮阴之寇,楚州已遣季先所部忠义人前去迎击,败之,更看事势如何。且如东海涟水,为我所有,山东归顺之徒,为我所用。一旦议和,则涟海二邑,若为区处,山东诸酋,若为顿放。萧墙之祸,必甚于颛臾,和未可遽言也。”[14]因此,议和的时机不成熟,固守才是最好的战略。

4. 团结将帅和睦共处的思想。崔与之非常注意团结各级将领,他常说:“处同僚常因小愤而误国家大事,由不能胜己私,治客气。”“名为相统属,而势不合;文移相关白,而情不通;声色笑貌相周旋,而意不叶,事鲜有济。”如果部属之间不相互团结,那么什么事情都做不成。嘉定十四年崔与之知成都府,时安丙为四川宣抚使,握蜀重兵久,每次朝廷派大元到来,他都不与合作,崔与之到来之后,他却能“独推诚相与”[15]。使蜀中大治。这正是其团结同僚,尽心国事的具体证明。

三、对崔与之军事战略的几点分析

1. 对北宋基本国策的继承和发展

崔与之根据实际情况，主张固守，反对和议，也反对盲目出击的军事思想，一方面是其立足实际，不图虚名的反映，另一方面也是对宋代基本国策的继承和发展。北宋建国后，宋太祖非常关注边疆地区的形势，由于当时国力较弱，且战争不息，宋太祖审时度势，对外战争的基本策略是以防御为主，即“上(宋太祖)欲敦信保境”[16]。“国家自祖宗以来，不急于边疆之功，以爱民安人为上急而已。昔太祖但以丰财练兵保境为事。”[17]“太祖不勤远略，如灵夏、河西，皆因其酋豪，许之世袭，环州董遵诲、西山郭进、关南李汉超，皆优其禄赐，宽其文法……”[18]宋太祖积极练兵保境，蓄积力量，使边疆地区守备坚固，少数民族政权不敢轻易进犯，正是因为战略措施得当，才稳定了边疆局势，保证了北宋国家的安定，使人民乐产，国家趋于稳定。宋太祖时期制定的御边政策，虽然有国力贫弱以求自保的原因，但实际证明是一种正确的选择。因此，“终太祖世无西北之忧”，使朝廷不必花费大量的人力物力财力放在西北边防，从而能更好的发展经济，富民强国。崔与之时期，金蒙侵袭，南宋国力较弱，他认为：“实边而后可以安边，富国而后可以强国。窃闻军兴以来，帑庾告竭，设若有警，束手无策，而后有请于朝，恐无及矣。”在守蜀之时，他建议：“广科拨以宽民力，厚储积以壮边声。”“上嘉纳之”。[19]

因此，崔与之正是基于以上认识，才能根据战争的力量对比，作出准确的判断，制定出正确的战略决策，坚持在坚固防御的基础上增强实力，以增加和议谈判的筹码。从中也不难看出其对宋初边疆军事策略的借鉴。

2. 对其事功思想的实践

崔与之生活的时代，理学被一步一步推向官方哲学的地位，理学家们空谈性理,却较少实际的救国良策。崔与之曾书座右铭:“无以嗜欲杀身,无以货财杀子孙,无以政事杀民,无以学术杀天下后世。”表达对理学垄断学术,贻误天下英才的愤慨。崔与之重视经济实用的学术,努力实践着他的治国理想。他在诗文中多表达出这样的思想:“胸藏经济方,医国收全功”,“须知经济学,元不堕秦灰”,“胸中经济学,为国好加餐”,“到得中流须砥柱,功名事业要双全”。正是因为崔与之时刻忧虑国运,牵挂民生,所以他在指挥军事斗争的时期,依然以实际为出发点,绝不空谈,坚持以实际情况为指导,确定自己的战略决策,在对抗外族侵略的斗争中保持优势地位。

注 释

1 《崔清献全录·言行录》。

2 崔与之:《崔清献全录》卷5《小诗谢山神》。

3 《崔清献全录·言行录》。

4 《崔清献全录·言行录》卷1。

5 《宋史·崔与之传》。

6 《宋史·崔与之传》。

7 《两朝纲目备要》卷15。

8 《宋史·崔与之传》。

9 《家集》。

10 《扬州重修城壕记》。

11 《家集》。

12 《奏稿》。

13 《家集》。

14 《家集》。

15 《宋史·崔与之传》。

16 李焘:《续资治通鉴长编》卷2,建隆二年冬十月条。

17 张方平《乐全集》卷18《对诏策》。

18 《宋史》卷318《张方平传》。

19 《奏稿》。

崔与之与麦积山石窟

暨南大学 赵灿鹏

麦积山石窟位于今天甘肃省天水市东南的瑞应寺，是中国西部的著名古迹和旅游胜地。

麦积山石窟保存着许多石刻，其中文字最多的，是南宋嘉定十五年(1222)所立“四川制置使司给田公据碑”。

“四川制置使司给田公据碑”，原立于麦积山第一号石窟“涅盘窟”之东，通高1.68米，宽0.98米，圆额。碑顶横书“四川制置使司给田公据”，第一行大字刻“四川制置使司”，文共46行，行满78字，楷书。碑已断为上、下两截，部分文字漫漶不清[1]。阎文儒先生《麦积山石刻跋识》、张锦秀编撰《麦积山石窟志》、天水市地方志编纂委员会编《天水市志》皆录有全文，颇有异同，兹据后者抄出。因无精善拓本可供校订，各本异文亦附见于小注，以备参详[2]：

契勘使司先于嘉定十四年三月内据何茂、成忠，申准使司，指挥差委点检元管提振天[3]□□□□□□□□□□□□□□即遵奉外湫池屯田内□□准嘉定十一年[4]十二月□日四川制置使司□□□扎/[5]子。据天水军麦积山瑞应寺住持赐紫明觉大师重遇状。昨赴行在，尚书户部陈已□□□□□□□□□□□□□部符下制置司及总领所给还，今将尚书户部符粘速乞下，案早赐给还施行□/续承总领所公文已遵照省札指挥出给公据，付瑞应寺僧重遇、胜仙寺僧智演、崇果院□□□□□□□□□□□耕种充逐寺常住施行外。今请照会使司照得湫池一带屯田内，有拘到瑞应、胜仙/两寺田土先来条[6]。元初措置屯田官李实[7]进、武申，根括待两□田土，开禧兵火以后，并皆荒芜。□□□□□□□□□□前所收租利，尽资非用，乞拘没入官，理作屯田耕种，以用赡军，准使司拘作屯田，支/钱措置耕种，已经年。其措置之初，两寺僧人，亦经宣司□□□□□□乞行给拨赡养众僧，宣司抽□□□□□□□□□僧拨田百亩，以充赡养。续准朝省指挥，取会应管屯田亩自租□等使司亦已逐/一具申朝廷了当委是难以给还，本司已于嘉定八年□□□□月十九日移牒总□所照应□□□□□□□□状陈缴到部符指挥，并总所公文使司照得瑞应寺，乞给还田亩等事，准户部符下/本司令契勘，如本寺系给赐田亩，即与照租给还。今僧重遇所供主[8]是邻保供称系给赐田产及□□□□□□□□年间，秦州陇城县所给公据，只是蠲免非泛，元无朝廷给赐田产指挥。今虽承总[9]□/所牒报已行给还，却缘当来，已系具申尚书省并行在尚书户部□会外，令即住行给拨，仍旧拘□□□□□□□付湫池一带，措置屯田官准此一项，于嘉定十三年五月初八日，准宣抚使司指挥措/置湫池一带屯田。张忠信进义申此，准随军转运司差委天水县簿尉王进义前来，交拨麦积等寺，□□□□□□□上件田土拨还去讫，乞施行使司照付，元不曾行下，随军转运司许将元拘收麦积等/寺田土给还，除已行□□□下，随军运司契勘给还，因依供申外，所有种户成宪等，借过本屯官种粮□□□□□□百余石。缘今来二麦将熟，未审令本屯拘收从旧，应副支遣，唯复拨付麦积寺合布申/听指挥施行。寻具呈□□□司佥厅拟照得麦积、胜仙寺田土，已于开禧年间尽拘作屯田，并申□□□□□□县给还指挥，今据措置官申审收夏料指挥，欲下屯田官何茂，将合收两寺田土夏耕[10]。/自本屯拨付指定仓分，送□□纳应副支遣戍兵口食取收附缴申外，有种户□成宪借过本屯粮斛□□□□□余石。并仰拘收，椿官[11]不许少欠，呈奉安少保判行，使司已于嘉定十四年三月初三日行/下。何茂、成忠遵从施行去讫。今据天水军申准提□刑司判送下本军麦积山瑞应寺住持□□□□□□师重遇状。伏睹本寺，继传名相，历劫胜因。群山围绕，中间突起一峰，镌凿千龛，观[12]垂万/像。上下万仞，中有三泉。

文殊、普贤、观音圣水，万民祈祷，无不感应。始自东晋起迹，敕赐无尤[13]寺□□□给田供赡。次七国重修，敕赐石岩寺。大隋敕赐净念寺。大唐敕[14]赐应干寺[15]。至/圣朝大观元年，于绝顶阿育王塔傍地，产芝草三十八本。蒙秦州经略陶龙图，具表进上，奉敕改赐瑞[16]□(应)□(寺)□□籴草诸般，非泛耕率，特许本寺开坛，专一建置祝延圣寿道场，进奏功德疏，□回赐/御香度牒。又奉神宗皇帝宣诏，本寺得道高僧秀铁壁[17]，入内升座，讲演宗乘，敕赐圆通禅师。照得本寺□□□往给赐田土贰百余倾[17]，供赡僧众。先缘建炎、绍兴兵火，隔隶彼国三分之二止□有余/，□小[18]山田伍拾余顷。昨缘开禧兵火之后，于嘉定元年，有忠义首领□□□□李实、强德、张钧等前[19]□□寺，骚扰钱物，不满私意，便行打劫本寺钟、锅两件，计铁壹万柒百斤，及将本寺布种/二年地利，部领凶徒，各持刃器，强收了当。使本寺僧行，数年无食，逃散外方。于嘉定二年，及更妄申宣抚□□□作屯田。重遇遂赴诸监司陈述[20]，准大使司钧判。照得李实等强取麦积寺□□麦苗、耕/牛、钟锅，委是分晓，合行勒令赔还。下天水军去着准本军追到。强德、李实等，止赔得铁叁仟斤。至嘉定七年□□□十一日，再赴安抚司陈诉□前政刘安抚台判，照得上件，二寺田硙并系□给赐田土准/条，不应作屯田，便[21]□□下拨还二寺，依旧作佃，牒总领[22]□。至嘉定八年三月二十四日，准总领所坐，准朝□□□出[23]给公据，付本寺收执，将前件田硙准此拘收耕种，充常住施行。不委□□□□信、何茂等，贪盗官物□□再撰巧词，妄申制置使司，准于四月二十七日行下成州，从实根究，申准本州岛追张忠□□到官，蒙送直司根究。为见重遇□□□经[24]天水军等田□有给到告示一件，□□信徒[25]□/壹百，勘断其本人，觉知虚妄分晓。却用银贰铤，买嘱情节。其成州官吏受情，将词理一向灭裂，曲法行私[26]。□□□实将田却判与屯田。以此重遇□□□至[27]行在阙下告论，准尚书户部符，四□总领/所主者详状，如已经本所契勘，即与照租给还讫。仍下屯田庄照会，毋致再有侵扰，准予嘉定十年八月十□□□下准使所，于嘉定十一年十月廿二日，遵从朝省指挥，准再出[28]公据□本寺及下/天水军，差雷县尉前来交拨，却缘雷县尉与屯官雷安礼系兄弟，以此迁延，未曾交拨。及金人侵犯，大安[29]□□□嘉定十三年正月二十九日再赴随军转运司陈□准台判牒天水/军，照诸司指挥施行。即令本寺复业，趁春耕种，免失地利。于二月初四日，准告示兼下天水军，再行差委主簿□□来[30]，于四月十二日，又拨□件[31]田土，令本寺截[32]□□□□始□业，见于二□□□本寺自/去年秋料收到地利。为见国家调兵未已，遂将物斛尽数赴随军转运司，助献军粮，计贰佰伍拾石。见有□□□附为照本寺□人上举借钱债籴贸夏秋种[33]□□立下。嘉定十四年夏□□□苗目土/地继准上司指挥拘籍忠勇军每名免税子叁石陆斗，遂交钱[34]贰百贯上非泛科率本寺遂顾到边地[35]□□充应忠勇军捍御备敌，功[36]缘本寺乏钱科置，遂于湫池仓关[37]借籴本钱□□□道置买/军器衣甲，口食并逐人老小粮食，每名月计物斛叁石，盐菜钱贰拾[38]□□□□计钱壹百贰拾道口□□□□石愻办。至今年六月成熟，本寺于所拨田上，元不曾收到颗粒物斛□□□还纳[39]□□/湫池仓官钱不委，有毋丘宣干前来天水军，粮[40]括营田，于四月初一日，差人追呼出头，收□拨田，因依重遇□□将本寺拨田干照，并省符公据供呈，其毋丘宣干[41]□不批□，直至六□初[42]□日，差/委赞佐官主簿尉前来，于诸庄抄札租子田地，强夺□□□营田给付佃户，韩甫、史全等管佃，将今秋[43]夏租□□□张了当，有□秋租子，见系马进义播收，未曾着落。重遇切见昨□□□元[44]行指挥，据实/负[45]白札子数内一项止，具呈屯田官吏韩甫、韩茂□□□□侵欺青葩寺[46]□年官租事。元不曾该说麦积寺□□给□拨田土，奉钧判[47]□□□□官，勘会着落韩甫等四年租□□□其毋丘宣干却听从/吏人杨钧、魏奂取受韩甫、韩茂情嘱，便凭逐人分□□□□更不根究欺隐官租一节，却于状外枝蔓，灭诬□□省及诸监司指挥，□□□□□本[48]寺及崇果院等[49]□拨还田□□□强夺作营□，有此冤/屈事情，乞祥重遇所陈事理，乞赐参照朝省及诸司已行拨还指挥，仍乞先次行下天水军交拨，□□租子，付[50]□□□□□□□□□□□□□宣总□□□□□□□□刑[51]，朝奉判送军照上司，已/行本军近准宣司揭榜。降下五州军营□访闻，所委官□□□吏[52]不子？□□□细讨究营田来历，亦不参对□□官产□□□□□□□□□□□□□□明[53]覆□□□□□□□集田户柳令增认租数，其间/或有契据，不为执用，但要增租，一切不恤委[54]□，有[55]□□□□初奏陈本意[56]，理宜优恤。仰人户将营田具照□□交租□□□□□□□□□□□□□□□□□□□□□□给议施行，其执出契据干照，昨来/根括，不为理用，并仰径[57]州军自陈，仍旧照□，据管[58]□□□□□业务，使边民得安生理。照得瑞应寺僧重遇□□□□□□□□□□□□□□□□□□□□□□□□□田土，先来准宣总两司，拘作屯田。/至嘉定十三年正月间，准朝省指挥符四川□□□□□总领所[59]□者，如已经□□契勘□即与照□□□给还□□□□□□□□照会毋致再有侵扰，及[60]□□总两司，随军转运司指挥，将上件/田地给拨与瑞应寺管佃讫。昨于嘉定十四年六月间，准毋丘宣干□□委主簿尉拘收作□□今准前项提刑司指挥备边在前军司，除已告示僧重遇遵从使司揭榜指挥施行外。申乞钧照，并据天水军麦积山瑞应寺□住持赐紫明觉大师重遇状陈，作缘□(本)寺自东晋历本朝，并□□赐田地，昨来宣抚使司差委毋丘宣干根括[61]□绝，本官更不仰体上司本意，却将本寺并崇/果院常住，妄行拘占作营田，重遇□当□□时欲行陈诉，缘凭[62]宣干以根括为急，不恤无辜，□□□乞[63]今□□抚制置侍郎镂榜约束，许在监司，并本州岛陈乞，即与改正，重遇上件冤抑，有所声诉。重遇/遂赴提刑司陈状，准判[64]□□□□司已行，并准本军给据付重□(遇)□依使司榜文指挥，令重遇仍旧管业。□□□田[65]官遂奉具申使司，钧照去讫，本寺未准管业，更合赴使司陈乞给据，乞照本军并屯田/官所申，及今来重遇所陈□□□□□事，因乞赐指挥给据付田□□□管业，并乞行下本军，并屯田官□□□行。据所申寻具呈状司佥厅，拟据僧重遇状诉，根据[66]官毋丘宣干将/朝廷已给还常住田占充营田□□详重遇状。上件田于嘉定十三年内，制置大使司括充屯田，□□□□朝省陈状符下总领所照祖[67]给还讫，去年宣司根括官再拘收作营田，缘营田系入/总领所赡军上件田已先据总领所受省符给还去讫。今欲牒常平司照总领所已行给还本寺。呈奉[68]□□□□□台判牒使司，除已牒利州路提举常平司,遵照台判指挥,并佥厅拟定事理,照总/□□已□□还本寺[69],及移牒总领所[70]□会,并下天水军照应施行外,/知委嘉定拾伍年三月二十三日。(内有篆书"四川安抚制置使之印")[71]

1941年,冯国瑞先生著《麦积山石窟志》,曾节录此碑文字,题名称"四川制置使捐田公据碑",略谓:

碑在瑞应寺北,经行丛莽中,陟阜陀始至石窟之麓,再转至东岩角,碑岿然存在,半委荒棘中。为南宋嘉定时物。文冗芜而多故实,兹节录之。有云:"嘉定三十年二月十五日札子,据天水军麦积山瑞应寺住持僧人明觉大师,遵照省札,指挥出给公据,付瑞应寺僧重建胜仙寺、崇果寺田土。有种户成宪等,过本屯官种粮百余石。"又云:"本军麦积山瑞应寺住持僧人师众过状:伏观本寺继传名胜,因群山围绕,中间突起一峰,铸凿千龛,现垂万像,至下万仞,中有三宝,文殊、普贤、观世音万民祈祷,无不感应。始自东晋起迹,敕赐无忧,给田供赡。次六国重修,敕赐名岩寺,大隋敕赐名净念寺,大唐敕赐名应干寺。圣朝大观元年,于绝顶阿育王塔傍地产芝草三十八本。蒙秦州经略陶龙图,具表道上,奉敕改赐名为瑞应寺。粮草诸般,非任耕犁。许本寺开坛,专一建置祝延圣寿道场,进奏功德。疏回,赐御香度牒。又奉神宗皇帝宣诏,本寺高僧委铁壁入内,升座讲演,敕赐圆通禅师,给赐田土山田五十余顷。昨缘开禧兵火之后,于嘉定元年,有忠义首领李实、强德、张钧等,骚扰瑞应寺境之物,不满私意,使行打劫本寺钟、锅两件,计铁一万七百斤;及本寺布种二年,凶徒各持劫器强收了。当使本寺僧行,数年无食,逃外方施。于嘉定二年,宣抚住持作屯田,赴诸监司陈诉。大司钧判:照得李实等强取麦积山麦田、耕牛、钟、锅,委是分晓,合行勒令赔还,下天水军去着。嗣本军追到强德、李实等,止赔得铁三千斤。至嘉定七年四月十一日,再赴安抚司陈诉,准大使司钧判:照得二寺田砶,并系给赐条,不应作屯田,可下发还二寺,依旧作佃。牒总领。至嘉定八年三月十四日,准总领所坐、准朝指挥出给公据,付本寺收执。"又云:"于嘉定十一年八月二十九日,再起随军转运司使,准合到牒天水军,差雷县尉前来交拨,即缘雷县尉与屯官雷安礼系兄弟,以此过延,未曾交下。及金人侵犯,大安王嘉定十三年正月,去年秋料收到,为国家调兵未已,遂将物斛尽数赴随军转运司,助献军粮,计二百五十石。"又云:"朝廷已给还常住田,占充营田,许重过状上件田。于嘉定三十二年,内制置大使司,括充屯田朝省陈状符下,遂给讫。去年宣司据官册拘收,昨营田,缘营田系总领所赡军上件田,已先据总领所授入省符,给还去讫。今欲牒常平司召总领所已行给还本寺,奉制置台判牒使司,除已牒利州路提举常平司遵照,台判指挥,并金厅拟定事理,照总领所已给还本寺,及移牒所召会并下天水宣照应施行。四川制置使司给田公据委。嘉定三十五年二月。"按碑故实有关屯田者,进呈灵芝之秦州经略陶龙图赖此碑以知其名。[72]

阎文儒先生曾言:"此碑……已为泥土掩蔽半段,经予挖掘,始得抄录。"[73]阎氏初次调查麦积山石窟在1945年,在冯氏《麦积山石窟志》出版之后四年。冯氏当时录文之艰难可想而知,无怪乎其文字阙略,复多讹误。虽然如此,因冯本录文时间较早,亦有参考价值。

"四川制置使司给田公据碑"今移入瑞应寺天王殿前廊的西山墙上,属麦积山石窟艺术研究所管理。该碑残存字数达3500余字,为记述麦积山石窟历史的最全面和最详细的文献[74]。

南宋时期麦积山石窟属利州路天水军辖区,隶四川制置使,位于宋、金两国交界。从南宋初年开始,麦积山一带地处抗金前线,屡遭兵火,瑞应寺寺产被当地驻军以户绝为由占为屯田、营田[75]。数十年间,寺僧多次向南宋各级政府,如天水县、天水军、成州、利州路、四川宣抚司、制置司以及总领所、随军转运司交涉,住持赐紫明觉大师重遇,且曾不远万里,前往南宋都城临安,向尚书省户部申诉,户部准诉,符令四川制置使司将土地发还瑞应寺。"四川制置使司给田公据碑"内容,即为四川制置使司遵照户部符令,将麦积山瑞应寺及下寺(附属寺院)胜仙寺、崇果院寺产土地如数发还的公文,瑞应寺将此项公据刻石立碑为记,以垂久远[76]。该碑对研究麦积山石窟的历史、寺院经济、宋代典章制度、行政区划、军事设施、司法诉讼等方面都具有重要价值。

应该指出的是，此时的四川安抚制置使，正是晚宋名臣、广东增城人崔与之（1159—1239）[77]。

据载，嘉定十三年（1220）四月，崔与之除焕章阁待制、知成都府兼本路安抚使；十四年（1221）十二月，除四川安抚制置使；十七年（1224）三月，以权礼部尚书召还[78]。崔与之任四川安抚制置使三年期间，军政各方面都颇有作为，深受蜀人钦敬爱戴[79]。

崔与之发与麦积山瑞应寺解决田地纠纷问题的公文，在现存崔与之的著述及传记资料中，似乎都没有留下相关的记录。在麦积山寺院的发展历史上，这却是一桩关乎生死的大事。

碑文所记瑞应寺田产纠纷节要如次：

1）开禧年间（1205—1207），麦积山寺宇遭受兵燹之害，田产为当地驻军据为屯田；

2）嘉定二年（1209），天水忠义军将寺田收充营田，瑞应寺僧重遇赴诸监司陈诉田土事宜；

3）嘉定七年（1214），瑞应寺僧重遇，赴安抚司陈述；

4）嘉定八年（1215），朝省文下成州，从实追究，屯田官何茂与忠义首领买通官吏，未能实行发还，瑞应寺僧重遇，赴行在阙下告论；

5）嘉定十一年（1218），文到天水军查复，拨湫池营田交寺佃管；天水军所派雷县尉与屯田官系兄弟，又未及时交拨；

6）嘉定十三年（1220），瑞应寺僧再赴随军转运司陈述；

7）嘉定十四年（1221），天水军所派毋丘宣干，听受情嘱，未予拨还，屯田官仍夺寺田作营田，寺僧再呈控，仍下天水军给拨寺佃管。

8）嘉定十五年（1222），有公文到利州路常平司，转下天水军，准予拨还，瑞应寺立"四川制置使司给田公据碑"，以昭凭证[80]。

从嘉定元年（1208）开始，在历任四川制置使，即崔与之的前任吴猎（1207—1209）、安丙（1209—1214）、董居谊（1214—1219）、聂子述（1219）、安丙（1219—1221）等人任职期间[81]，瑞应寺僧展开了十余年"上访"的曲折经历，直到崔与之任上，才最终获得了妥善的处理，此后数百年间麦积山石窟史料中，即不再见到类似田产纠纷的问题发生[82]。在麦积山石窟寺院的历史上，崔与之是不应被忘却的一位功臣。

崔与之的前任，比如“四川制置使司给田公据碑”碑文中提到的“安少保”安丙，固然在平定吴曦之叛与治蜀军事财政方面有重要功绩，但因自身才能有限，缺少治理全蜀的雄才大略，且嫉贤妒能，心胸狭隘，造成四川一度“军政不立，戎帅多不协和”的状况。与此相反，崔与之则“推诚相与……开诚布公……拊循将士，人心悦服”，前后二者形成了鲜明的对比[83]。

瑞应寺田产诉讼的曲折经历，与安丙当政期间的土地经量、屯田、营田政策有关。嘉定元年(1208)，安丙为增加财政收入，“分遣僚吏，经量洋、沔、兴元、大安民田，别定租税”[84]。此次经量土地由于“所委官吏，务于增多，未尝行历乡社，躬亲履亩，往往强令有田之家，增认租数，而民始怨矣”，因为民怨的结果，随后即为朝廷下令“尽复其故”[85]。嘉定十三年(1220)，安丙为解决财政匮乏的问题，在关内外州军开展了大规模的屯田、营田行动。安氏与总领财赋任处厚上奏朝廷：“……今豪强移徙，田土荒闲，正当拘收耕种之秋，合自总领所与宣抚司同共措置……即将抛荒无主之田……分拨官兵，各选部下辎重、火头不入队人，随分屯地分，官给牛、种耕种……外有逃绝田土，欲行措置，则关内外兵火之后，亦多有之……并寺观户绝之田，其数亦不赀，此二者为利，亦不在营田之下。除已一面分差官吏前去措置……并将见荒或人户冒占逃移、户绝无主之田，一面并行，尽寔根括。”[86]安丙遣冯安世于利州置根括局，由于财政紧张，根括颇急，时人刘光祖已经指出“宣司根括之害甚悉……当罢无名之取以收民心，散已蓄之财以结军心”[87]，魏了翁也批评道：“虽今日理财难拘故常，然告绝产、首白契、讦隐田、伺富民过失、纠盐酒户亏损、报怨挟愤、招权纳贿者，必且纷然”[88]。果然，负责根括的官员冯安世，“其后……不法滋甚……丙械送大安穷治之。”[89]

麦积山瑞应寺“四川制置使司给田公据碑”所载的公文档案，为这段历史提供了一个较为具体完备的历史记录。瑞应寺的“小历史”，可以作为一个“缩微样本”，生动地反映出南宋后期西北边陲地方社会历史的典型面貌。

对这部分史料进行纵深开掘和阐释,通过细致、逼真的“微观描述”,在更加具体的层面上把握历史的流动,还有进一步的研究空间[91]。

注　释

1 阎文儒:《麦积山石刻跋识》,阎文儒主编:《麦积山石窟》,甘肃人民出版社1984年版,第110页;张锦秀编撰:《麦积山石窟志》,甘肃人民出版社2002年版,第169页;天水市地方志编纂委员会编:《天水市志》,方志出版社2004年版,第2493页。

2 换行记号据阎文儒《麦积山石刻跋识》、张锦秀编撰《麦积山石窟志》所标。

3 据阎文儒《麦积山石刻跋识》(阎文儒主编:《麦积山石窟》,第118页,下出处同,只注页码),“天”下为“水”字。

4 “十一年”,张锦秀编撰《麦积山石窟志》(第169页)作“十二年”。

5 “扎”字,阎文儒《麦积山石刻跋识》(第119页)作“札”,似当以“札”字为是,下同。

6 “条”字,张锦秀编撰《麦积山石窟志》(第169页)作“系”。

7 “实”字,阎文儒《麦积山石刻跋识》(第119页)、张锦秀编撰《麦积山石窟志》(第169页)作“寔”,下同。

8 “主”字,张锦秀编撰《麦积山石窟志》(第169页)作“止”。

9 “总”下阙字,阎文儒《麦积山石刻跋识》(第119页)作“领”。

10 “夏耕”,张锦秀编撰《麦积山石窟志》(第171页)作“双料”。

11 “官”字,张锦秀编撰《麦积山石窟志》(第171页)作“管”。

12 “观”字,张锦秀编撰《麦积山石窟志》(第171页)作“现”。

13 “尤”字,冯国瑞著《麦积山石窟志》(周贞吉重印本,1989年,第36页)录文作“忧”。

14 “敕”下,张锦秀编撰《麦积山石窟志》(第171页)无“赐”字。

15 “寺”下,张锦秀编撰《麦积山石窟志》(第171页)无“至”字。

16 “瑞”下,冯国瑞著《麦积山石窟志》(第37页)有“应寺”二字。

17 据绍昙记《五家正宗赞》(《佛光大藏经》本,佛光出版社1994年版,第374、376页),禅师讳法秀,秦州人,俗姓辛,“师严冷,丛林号为铁面”。又(宋)释普济著《五灯会元》(苏渊雷点校,中华书局1984年版,卷16,第1037—1039页)有录,曰:“神宗皇帝上仙,宣就神御前说法,赐圆通号。”

18 “倾”字,阎文儒《麦积山石刻跋识》(第120页)作“顷”,似以“顷”字为是,下同。

19 “小”上阙字,阎文儒《麦积山石刻跋识》(第120页)作“岁”。

20 “前”下,阎文儒《麦积山石刻跋识》(第120页)作“□本”。

21 “述”字,张锦秀编撰《麦积山石窟志》(第171页)作“诉”。

22 “便”下，阎文儒《麦积山石刻跋识》（第120页）有一“可”字。

23 “领”下阙字，阎文儒《麦积山石刻跋识》（第120页）作“茂”。

24 “出”上阙字，阎文儒《麦积山石刻跋识》（第120页）作“碑”。

25 “经”上阙字，阎文儒《麦积山石刻跋识》（第120页）作“曾”。

26 “徒”字，张锦秀编撰《麦积山石窟志》（第171页）作“何”；“徒”下阙字，阎文儒《麦积山石刻跋识》（第120页）作“杖”。

27 “私”字，张锦秀编撰《麦积山石窟志》（第171页）作“移”。

28 “至”上阙字，阎文儒《麦积山石刻跋识》（第120页）作“直”。

29 “出”下，张锦秀编撰《麦积山石窟志》（第172页）有“给”字。

30 “安”下阙字，阎文儒《麦积山石刻跋识》（第120页）作“军”。

31 “来”上阙字，阎文儒《麦积山石刻跋识》（第121页）疑作“前”。

32 “□件”，阎文儒《麦积山石刻跋识》（第121页）作“前年”。

33 “截”下阙字，阎文儒《麦积山石刻跋识》（第121页）作“□秋□”。

34 “种”下阙字，阎文儒《麦积山石刻跋识》（第121页）作“子即”。

35 “遂交钱”，阎文儒《麦积山石刻跋识》（第121页）作“家业钱”。

36 “边地”下，张锦秀编撰《麦积山石窟志》（第172页）阙三字。

37 “功”字，阎文儒《麦积山石刻跋识》（第121页）作“切”。

38 “关”字，张锦秀编撰《麦积山石窟志》（第172页）作“开”。

39 “贰拾”下阙字，阎文儒《麦积山石刻跋识》（第121页）作“陆名每日”。

40 “还纳”下阙字，阎文儒《麦积山石刻跋识》（第121页）作“借遇”。

41 “粮”字，张锦秀编撰《麦积山石窟志》（第172页）作“根”。

42 “母丘宣干”下，阎文儒《麦积山石刻跋识》（第121页）作“□更不批判”。

43 “初”下阙字，阎文儒《麦积山石刻跋识》（第121页）作“八”。

44 “今秋”，张锦秀编撰《麦积山石窟志》（第172页）作“于来”。

45 “元”上阙字，阎文儒《麦积山石刻跋识》（第121页）作“司”。

46 “负”字，张锦秀编撰《麦积山石窟志》（第172页）作“貟”（员）。

47 “寺”下阙字，阎文儒《麦积山石刻跋识》（第121页）作“两”。

48 “判”下阙字，阎文儒《麦积山石刻跋识》（第121页）作“送母□推”，张锦秀编撰《麦积山石窟志》（第172页）作“□□母□”。

49 “本”上阙字，阎文儒《麦积山石刻跋识》（第121页）作“将”。

50 “等”下阙字，阎文儒《麦积山石刻跋识》（第121页）作“田”。

51 “付”下阙字，阎文儒《麦积山石刻跋识》（第121页）作“本寺”。

52 “刑”上阙字，阎文儒《麦积山石刻跋识》（第121页）作“提”。

53 “□□□吏”,阎文儒《麦积山石刻跋识》(第121页)作“□□吏使”。

54 “明”上阙字,阎文儒《麦积山石刻跋识》(第121页)作“头分”。

55 “委”下阙字,阎文儒《麦积山石刻跋识》(第121页)作“人”。

56 “有”下阙字,阎文儒《麦积山石刻跋识》(第121页)疑作“天 地”。

57 “意”字,张锦秀编撰《麦积山石窟志》(第172页)作“寺”。

58 “径”字,张锦秀编撰《麦积山石窟志》(第172页)作“经”。

59 “管”字,张锦秀编撰《麦积山石窟志》(第172页)作“官”。

60 “所”下阙字,阎文儒《麦积山石刻跋识》(第122页)作“主”。

61 “及”下阙字,阎文儒《麦积山石刻跋识》(第122页)作“准”。

62 “括”下阙字,阎文儒《麦积山石刻跋识》(第122页)作“户”。

63 “凭”字,张锦秀编撰《麦积山石窟志》(第173页)作“冯”。

64 “乞”上阙字,阎文儒《麦积山石刻跋识》(第122页)作“不□□”。

65 “判”下,阎文儒《麦积山石刻跋识》(第122页)作“□□照□□已行”。

66 “田”上阙字,阎文儒《麦积山石刻跋识》(第122页)作“屯”。

67 “据”字,阎文儒《麦积山石刻跋识》(第122页)、张锦秀编撰《麦积山石窟志》(第173页)皆作“括”,当以“括”字为正。

68 “祖”字,阎文儒《麦积山石刻跋识》(第122页)作“租”,当以“租”字为正。

69 “奉”下,冯国瑞著《麦积山石窟志》(第38页)有“制置”二字。

70 “照总□□已□□还本寺”,冯国瑞著《麦积山石窟志》(第38页)作“照总领所已给还本寺”。

71 “所”下阙字,阎文儒《麦积山石刻跋识》(第122页)作“照”。

72 天水市地方志编纂委员会编:《天水市志》,第2493—2497页,标点符号略有修订,句读必多错误,恳请方家教正。按:此碑冯国瑞著《麦积山石窟志·天水麦积山石窟介绍》(第81页)、马天彩著《天水史话》(甘肃人民出版社1992年版,第148页)均系为嘉定十七年(1224),误。

73 冯国瑞:《麦积山石窟志》,第36—38页。张维编《陇右金石录》(新文丰出版公司编辑部编:《石刻史料新编》,第1辑,第21册,影印1943年甘肃省文献征集委员会校印本,新文丰出版公司1982年版,第47页下至48页下)据《麦积山石窟志》抄录,题名《麦积山捐田碑》,文同。按“捐田碑”之名与碑文内容不符(参见李之勤:《天水麦积山石窟的题记、碑刻与宋金利州路、凤翔路间的分界线》,麦积山石窟艺术研究所编:《麦积山石窟研究论文集》,甘肃人民出版社2003年版,第436页;文原载《中国历史地理论丛》,1997年第1期);又阎文儒《麦积山石刻跋识》谓“此碑不见于任何金石书籍”(阎文儒主编:《麦积山石窟》,第122页),不确,阎氏于1945年初次调查麦积山石窟,已在冯氏《麦积山石窟志》、张氏《陇右金石录》出版之后。

74 阎文儒:《麦积山石刻跋识》,阎文儒主编:《麦积山石窟》,第122页。

75 张学荣等:《再论麦积山石窟的创建时代及最初开凿的洞窟——兼与张宝玺先生商榷》,麦积山石窟艺术研究所编:《麦积山石窟研究论文集》,第439、454页。

76 当时麦积山一带,武人势力强盛,从石窟中残存的题记也可看出:1)“嘉定十四年六月十九日,承节郎□□□前游步四队时武章到此□记游……”(第114号窟,墨书);2)“策马一队将薛□□于嘉定十四年九月十七日,提辖□兵送陈宣□□□。”(第3号崖阁,墨书);3)“成州选步二将校乔森到此,时嘉定十五年正月初四远游。”(第54号龛,墨书)。参见张锦秀编撰:《麦积山石窟志》,第142、151、154页;阎文儒:《麦积山石窟的历史、分期及其题材》,阎文儒主编:《麦积山石窟》,第53页。关于南宋时期利州路安置北方武装流民的情形,可参看葛剑雄主编:《中国移民史》,第4卷“宋辽金元时期”,本卷吴松弟著,福建人民出版社1997年版,第374—377页。

77 李之勤:《天水麦积山石窟的题记、碑刻与宋金利州路、凤翔路间的分界线》,麦积山石窟艺术研究所编:《麦积山石窟研究论文集》,第436页。

78 李之勤:《天水麦积山石窟的题记、碑刻与宋金利州路、凤翔路间的分界线》,麦积山石窟艺术研究所编:《麦积山石窟研究论文集》,第437页。这是李先生的发现,前此冯国瑞、阎文儒等先生都未指明这一点。

79 何忠礼:《崔与之事迹系年》,中华书局编辑部编:《文史》,第41辑,中华书局1996年版,第133—136页;金强、张其凡著:《南宋名臣:崔与之·大事年表》,广东人民出版社2007年版,第171页。

80 参见金强、张其凡著:《南宋名臣:崔与之》,第73—76页。

81 冯国瑞著:《麦积山石窟志》,第104页;阎文儒:《麦积山石刻跋识》,阎文儒主编:《麦积山石窟》,第128页。

82 钱大昕撰:《十驾斋养新录》,卷8“四川制置”条,陈文和主编:《嘉定钱大昕全集(七)》,江苏古籍出版社1997年版,第209—211页;吴廷燮撰:《南宋制抚年表》,张忱石点校,中华书局1984年版,卷下,第547—548、559—560页;李昌宪:《宋代安抚使考》,齐鲁书社1997年版,第522—523页。

83 据明崇祯十五年(1642)立“麦积山开除常住地粮碑”,及清乾隆二十九年(1764)立“瑞应寺常住香火田地四至碑”,明代有“……此寺香火田,乡愚侵占不遂”之事,清代则发生“乃有借端吞谋辈,始焉偷开一半垧,渐次偷开十数垧,久霸香火为己业,以致鸣官与讼”的情形(碑文载张锦秀编撰:《麦积山石窟志》,第174—176页)。

84 脱脱等撰:《宋史·崔与之传》,卷460,中华书局1977年版,第12260页;参见朱瑞熙:《论南宋中期四川的官员安丙》,纪宗安、汤开建主编:《暨南史学》,第4辑,暨南大学出版社2005年版,第130—140页。

85 脱脱等撰:《宋史·安丙传》,卷420,第12191页;参见蔡东洲等著:《安丙研究·安丙年谱》,巴蜀书社2004年版,第231页。

86 李心传撰:《建炎以来朝野杂记》,徐规点校,乙集,卷16“关外经量”,中华书局2000年版,第

796 页;参见朱瑞熙:《论南宋中期四川的官员安丙》,纪宗安、汤开建主编:《暨南史学》,第 4 辑,第 136 页。

87 徐松辑:《宋会要辑稿》食货六三之一五八至一五九,中华书局 1957 年版。

88 真德秀:《刘阁学墓志铭》,《西山文集》,《四库全书》本,卷 43,第 18 叶下。

89 脱脱等撰:《宋史 · 安丙传》,卷 420,第 12193 页。

90 (元)脱脱等撰:《宋史 · 安丙传》,卷 420,第 12194 页。有关安丙在四川的土地经量、屯田、营田措施,详见蔡东洲等著:《安丙研究》,第 101—105 页;朱瑞熙:《论南宋中期四川的官员安丙》,纪宗安、汤开建主编:《暨南史学》,第 4 辑,第 136—137 页。

91 有关"小历史"、"微观史"研究方法的叙述,详见王晴佳等:《后现代与历史学——中西比较》,山东大学出版社 2003 年版,第 118—126 页。

南宋军队数量及分布

河南大学　程民生

当代史学界普遍认为,宋代是经济、文化大发展时期,但重文抑武的国策却使其军事虚弱,屡受辽、夏的欺侮,并被女真和蒙古人所灭亡。所谓的重文抑武,只是压抑武将,使之对朝廷和居民构不成威胁,并非不发展军队。实际上,宋代处于内忧外患交织时代,迫切需要一支常备军来维持统治。所以,宋朝实行了募兵制,拥有一支庞大的职业军队,南宋时即是屯驻大军和禁军、厢军。那么,这支军队员额有多少?分布数量如何?实在是宋代军事史上至关重要的大问题,还直接涉及经济史和政治史等方面。因未见学界有专门论述,[1] 故试予探索,以便能对南宋兵力作一评估。

一、兵籍问题

记载军队兵员数量的文件,在宋代或称兵帐,或称兵籍,通常也按古代沿袭下来的词语称尺籍或赤籍。南宋时的嵊县志《剡录》,其《兵籍》篇的内容即是:"尉司弓兵一百人,长乐寨兵一百人,管界寨兵一百人。"[2] 也就是驻军各部队的数目。

军队数量历来是军事秘密,只有少数军官和有关朝廷大臣、皇帝知道。而且兵不厌诈,有关公布的数字虚实难辨,在当时社会上就是一个谜。这并不奇怪,不必多言。所要揭示的是一个不正常的情况,即宋代长期没有一个有效的军队数量统计制度,致使其数字非常混乱。

早在南宋初期,问题就十分严重。建炎二年,宋高宗"诏诸路帅司以所部禁军数闻。自军兴,诸路不奏兵籍,故有是命"。[3] 战乱之时,各将领自主权增大,部队数量连朝廷都不报告。以后的情况是,各部队所报的数字大多虚假,遂成痼症。绍兴六年,监察御史刘长源应诏上书指出:"今天下之民力困于养兵,而兵籍之数,类皆无实。且以蜀中论之,都运赵开应副关外军粮,绍兴五年之数比绍兴二年四倍,比三年三倍,比四年一倍。每岁倍索,稍有稽缓,直申朝廷,遂云误国。"[4] 兵数的虚假,虚假在总是多报人数,目的在于骗取朝廷的军饷给养。所以,南宋的一个普遍情况是,部队的实际数量远远少于编制数量。如绍熙二年,西南地区"数州边防,闻甚苟简,至空有寨栅之名,而无卒徒以守。仓卒有变,何以支吾?唐李绛谓受降城兵籍旧四百人,及天德交军,止二十五人,器械止有一弓。以今槩之,往往如此,是岂可不虑哉?"[5] 按规定应有军队布防的地方,但只有编制空名,实际并无一人。再如庆元元年的常德府,"地控五溪,兵籍三千,仅存十一。君(新任知府)增至五百人,诏减磨勘二年"。[6] 编制是3000人,实有300人,遇到位负责任的官员增加到500人,也只是编制的1/6,然而朝廷已经很高兴了,予以嘉奖。由于兵籍虚假膨胀,朝廷军费的压力空前,所以核实兵籍成了一件关乎军国的大事。绍兴八年,两浙都转运使向子諲试尚书户部侍郎时,就上书言道:"今天下急务,在考兵籍。"[7] 朝廷为此与各部队之间,展开了长期的斗争。如绍兴三十年枢密院言:"三衙见管官兵,增过绍兴二十六年元奏人数,欲令以今岁终兵帐立为定额。"[8] 乾道二年有臣僚言:"闻马司逐月勘支効用军兵一万六千三百余人,似与密院兵籍房数目不同,望付密院审实,销落虚数。"[9] 嘉定十七年,朝廷曾进行了一场"核兵籍"行动:"诏核实两淮、京湖、四川、江上诸军之数。"[10] 掌握真实的军队数量非常必要,但显然是很困难的。

以上情况表明,宋人记载军队数量如此随意、虚假,给我们的考察带来极大的困难。正因为如此,才更有研究的必要;也正因为如此,与古代几乎所有数字一样,只能是大概。

二、重建时期

因军队数量锐减等原因，直接导致了北宋的灭亡。南宋的重建，必然首先是军队的重建。

建炎元年六月，朝廷诏令“置沿河、沿淮、沿江帅府十有九，要郡三十九，次要郡三十八，帅守兼都总管，守臣兼钤辖、都监，总制军九十六万七千五百人。别置水军七十七将”。[11]967500 人的规模相当庞大，但这只是扩建军队的计划，并不是事实。当时军队早已七零八落，主力南渡者不过数万人。该设想非但短期内不可能落实，以后也一直都没有落实。一个新情况是，逐渐形成的屯驻大军，取代禁军成为作战部队，禁军沦为与厢军相近的地方役兵。南宋的军队总数字，基本上都是屯驻大军。

建炎年间混战频繁，宋军建制打乱，分合不常，不但数字起落大，变化快，而且差异很大。如建炎四年，知枢密院事、宣抚处置使张浚组织陕西富平会战，兵力就有四种记载。一是 47 万：“会合诸路兵四十万人，马七万”。[12]即步兵 40 万，骑兵 7 万。二是 30 万：“凡三十万众”。[13]三是 27 万：“六路兵二十万，马七万”。[14]四是金军的记载，作 18 万：“是时，宋张浚兵取陕西，帝（宗辅）至洛水治兵，张浚骑兵六万，步卒十二万壁富平”。[15]第一种说法显然是兵家惯用的虚张声势，当时陕西没有也不可能集结 47 万兵力，惟有与之交战的金军记载比较可靠，即大约 18 万人。该战役以宋军大败告终，其士兵或死伤，或叛变，或溃散，损失惨重。

经过几年的聚散离合，宋军渐成规模。绍兴二年，尚书左仆射吕颐浩多次请求举兵北向，收复中原，就是感到羽翼已丰：“人事天时，今皆可为，何者？昨自维扬之变，兵械十亡八九。未几，敌分三路入寇，江浙兵皆散而为盗。自陛下专意军政，拣汰其冗，修饬器甲。今张浚军三万，有全装甲万副，刀枪弓箭皆备；韩世忠军四万，岳飞军二万三千；王（瓔）军一万三千，虽不如浚之军，亦皆精锐；刘光世军四万，老弱颇众，然选之亦可得其半。又神武中军杨沂中、后军巨师古，皆不下万人；而御前忠锐如崔增、姚端、张守忠等军亦二万。臣上考太祖之取天下，正兵不过十万，况今有兵十六七万，何惮不为。"[16]总数为186000人。另一个记载数字比较确切：绍兴四年，"内外大军凡十九万四千余，而川陕不与。宿卫、神武右军、中军七万二千八百，江东刘光世、淮东韩世忠、湖北岳飞、湖南王(璎)四军十二万一千六百。"[17]总数是194000余人。绍兴三年十二月，宋高宗"因从容语武备曰：'今养兵已二十万有奇。'"[18]即是概数。至于四川的兵力，史载："若四川之兵，曲端死，吴玠并将其兵，王庶、刘子羽有兴元，又招集流散，立成(都)[部]伍。子羽罢，玠又并将其兵，故玠之兵十万。"[19]吴玠死于绍兴九年，所以此数为其前后时期的兵力。则绍兴初的总数约30万。绍兴五年，吕颐浩言："今二三大将下，兵已精矣，器械已略备矣。臣窃料刘光世、韩世忠、张浚、杨沂中、岳飞、王(璎)下兵数，得廿万人，除辎重火头外，战士不下十五万"；同时朱胜非又言："今内外劲兵三十余万"。[20]各大将的兵力都有所增加，总数由12万余发展到20万。而朱胜非说的30余万，当是包括近卫军和四川驻军的全国总兵力。载入正史的官方文献记载了"南渡以来兵籍之数，绍兴十二年二十一万四千五百余人，二十三年二十五万四千五百四十人，三十年三十一万八千一百三十八人"。[21]不断壮大的军队，指的都是屯驻大军，从下文可知也不包括四川。若四川兵力仍以10万为计，绍兴末，全国作战部队的总兵力约为41万余。

宋孝宗时期局势基本稳定，朝廷需要对军队数额予以调控。于是在乾道二年，"裁定内外军额"。[22]就具体资料看，就是明确编制，不准超编。如开禧元年兴元都统秦世辅言："本司军多阙额。绍兴之末，管二万九千余人。乾道三年，立额二万七千。"[23]具体的全国总数，据李心传载："乾道三年，江上、四川大军新额总四十一万八千人，殿前司七万三千人，马军司三万人，步军司二万一千人，建康都统司五万人，池州都统司一万二千人，镇江府都统司四万七千人，江州都统司一万人，楚州武锋军一万一千人，平江府许浦水军七千人，鄂州都统司四万九千人，荆南都统司二万人，兴州都统司六万人，兴元都统司一万七千人，金州都统司一万一千人。其后诸军增损不常，然大都通不减四十余万。"[24]"江上"驻军及扈卫部队330000人，四川驻军88000

人。这一数额,保持了比较长一段时间。而开禧元年参知政事蒋芾提供的"南渡以来兵籍之数":"乾道三年,三十二万三千三百一人。"[25]显然是不包括四川军队的数字。

与北宋大体相同,南宋地方驻军也是以边防为主。屯驻大军全部分布在沿江和四川前线。以乾道三年为代表,保卫朝廷的殿前司、马军司、步军司和平江府许浦水军共 131000 人,占总数的 31.3%,可以抗衡任何其他一地。仅殿前司就有 7 万余人,故而在绍兴中,就有"殿前司兵籍为天下冠"[26]之誉。这是北宋前期内外相制原则的继续。

屯驻大军以外,还有禁军和厢军等。如乾道年间,四川有"厢军二万九百七十二人,禁军二万七千九百九十二人,土兵一千八百三十六人(已上系官军)"。[27]总共 50800 人。全国总数未见,但从四川一地看,定是个不小的数字。宋孝宗时的吕祖谦记载:"今天下当分裂之余,而养兵无异于全盛之世。京口、秣陵、鄂渚之兵至二十万,行都卫兵至十四五万,诸州厢、禁兵及其它量置戍守者,又且二十余万,而蜀之兵亦几二十万。然则今世盖尝养八十万之兵也。"[28]所言总兵力为 80 万。是为南宋时期唯一全面的总兵力数字,但是否确切呢?可以与李心传等所载验证的数字有:行都卫兵 124000 人,"江上"驻军 206000 人,四川驻军包括禁军、厢军、土军 138800 人。其中只有"江上"驻军与其"京口、秣陵、鄂渚之兵至二十万"相近,其余都多出不少。或许时期不同,数额有所增加。他所提供的"诸州厢、禁兵及其它量置戍守者,又且二十余万"最有价值。但王曾瑜先生认为所言 80 万"似乎偏高","总计约有六、七十万人"。[29]我估计约有 70 万。与宋哲宗初期的数字接近。但如果按版图和人口与兵力的比例而言,南宋军队比北宋庞大的多。以版图而论:北宋的版图约 250 万平方公里,宋哲宗元祐七年总兵力 75 万,合每 3.3 平方公里 1 人;南宋的版图约 172 万平方公里,宋孝宗时的总兵力约 70 万,合 2.4 平方公里 1 人。以人口而论:宋哲宗元祐六年有 18655093 户,[30]约 25 户养 1 兵;宋孝宗淳熙元年有 12094874 户,[31]约 17 户养 1 兵。

三、浮肿时期

南宋后期,国家受到北方敌国的压力越来越大,于是疯狂招兵扩军:“咸淳季年,边报日闻,召募尤急。官降钱甚优厚,强刺平民非无法禁,所司莫能体上意,执民为兵,或甘言诳诱,或诈名贾舟,候负贩者群至,辄载之去,或购航船人,全船疾趋所隶,或令军妇冶容诱于路,尽涅刺之。由是野无耕人,途无商旅,往往聚丁壮数十而后敢入市,民有被执而赴水火者,有自断指臂以求免者,有与军人抗而杀伤者。无赖乘机假名为扰。九年,贾似道疏云:‘景定元年迄今,节次招军凡二十三万三千有奇,除填额创招者九万五千,近又招五万,谓之无兵不可’。”[32]为扩大兵员,不惜抛弃了募兵制的基本原则,强行抓壮丁充军,14 年间扩军 233000 余。但军队一般保持着六七十万的规模。

宋宁宗嘉定中,同修国史实录院同修撰黄度言:“昔高宗渡江,兵不满二千。今合吴蜀之兵三十万,而州县厢、禁、土军、弓手又三十万,中产之户十养一兵,以六百万户养六十万兵,国安得不蹙。”[33]总兵力 60 万,包括了众多的地方性治安武装弓手。按宋孝宗时吕祖谦记载的“诸州厢、禁兵及其它量置戍守者,又且二十余万”略计,其时的弓手约有 10 万,那么正规军的数量不会超过 50 万。宋宁宗时的倪思提到了又一个数字:“今以天下之兵籍略计之,行都之宿卫,沿流之驻扎,州郡之分屯,无虑七八十万,东南民力安得不困哉!”[34]如此不确切的说法,不过概言兵多而已,并无实际的统计意义。

宋理宗端平二年,王迈言:“总今日之数,较之嘉定己卯间,增至二十八万八千有奇。”[35]字面意思是与嘉定十二年相比,军队增加到 288000 余人。但嘉定仅“吴蜀之兵”就有 30 万,此处所说反少于嘉定,应理解为增加了 288000 余人。宋理宗时的方岳所言,可以证明这点:“今内外兵籍不下七十余万,不可谓少矣。然而手艺者十之一,占破者十之一,虚籍者十之二,老弱者十之三,此其大较耳。是七十余万之兵,不得七八万人之用。无怪乎愈增而愈少,常战而常负也。"[36]在册的总兵力为70余万。此数一直保持到南宋灭亡的前夕。其浮肿症状也日趋严重,如黄干所说:"今日之患,莫甚于诸将之为欺。荆襄去朝廷远,故其欺特甚。武昌十万之兵,付之庸将,有虚籍,有老弱,其间可用仅及三分之二。败衄之余,尽聚之襄阳,不过二三万人。鄂州、荆南全无大军,顷见薛抚以战舰无兵,尽刷其癃老者千余人,皆皓首执帜,立于舟上,州人相视以为儿戏。"[37]如此军队,如何不败!

宋度宗咸淳十年,汪立信言:"算兵帐见兵可七十余万人,老弱柔脆,十分汰二,为选兵五十余万人。"[38]此时距南宋灭亡只有5年了。

南宋后期的兵力部署由于时间长,局势多变,缺乏系统资料。我们只好截取不同断面为代表。临安一带的驻军,嘉定十五年有4万人:"三衙马步诸军凡七万余,阙旧额三万。若以川蜀、荆襄、两淮屯戍较之,奚啻数倍于禁卫。"[39]又一次颠覆了内外相制原则,与北宋后期情况相似。实际数量更少。嘉熙二年,知枢密院事李鸣复言:"近见田庆宗具到步司所管在寨军一万三千六百余人,老病、借差约五千有零外,止管强壮八千二百四十二人,三千人充采石捍御,五千人仅可管干寨栅及随番救扑。臣窃疑焉,问之同列,则曰:'权要借使,吏房占破,皆于焉取之,名存实虚,殆无足怪。一司如此,他可类推也。"[40]在册的13600余人,实际只有8242人可用。至于边防驻军,数量也在削弱。端平元年,魏了翁有一组比较系统的数字:"如襄阳(朱)[军]屯,数年前正军犹是四万余人,而北军三寨之在城外者不及二千,已有难制之忧。今正军日阙,北军已增近二万,宾主不敌,识者寒心……荆襄所恃保捷一军,十余年来颇已凋落,虽有新招镇北二万人,其如南军,殆如冰炭。荆鄂旧军二万余人,粗若可用,然仅存者六七千人,虽有外五军,亦不满数千。蜀中诸军,旧管九万八千,马二万,嘉定核实,裁为八万二千,马八千,则气势已不逮昔矣;近者更加核实,官军才六万余人,忠义万五千,而其间老弱虚籍者,又未可计。是以五六万人当二千七百里之边面,众寡强弱,此无难见。"[41]襄阳前线不足4万,荆襄2万以上,荆鄂大约1万余,四川6万余。淮南的兵力,据咸淳七年上官涣言,"官兵不下十七八万"。[42]因其直接屏蔽临安,驻军最多。

其他地区驻军都是禁军和厢军，一般规律是越靠近政治中心驻军越多，越偏远则越少。前者如两浙，嘉泰年间湖州有禁军 5696 人，厢军 1171 人，[43] 共 6867 人；宝庆年间庆元府驻制置司水军 3390 人，禁军 1490 人，厢军 1299 人，[44]共 6179 人。后者如两广："二广大州城池，甲兵仅足自保，至于小州，城低池浅，兵或不及百人。"[45]宝祐年间，广西驻军由 9850 人[46]，季节性地（即每年秋季）增戍到 25000 余人："今则广右漕司，自来不曾饷军及五六千人以上。今岁水陆增戍兵二万五千余人"。[47]之所以如此，一是兵力主要在北方前线，二是广西贫穷，无力供应较多的驻军。湖北路长江以南的州郡，驻军也很少。如澧州，北宋后期"养禁旅至三千有畸"，到了宋光宗时，"屯兵百余人"。[48]北宋时的湖北是内地，南宋时属于边防地区，例应增强防卫，但出乎意料的是驻军比北宋时期少得多。

尾语

以上兵力数字，基本上都是在册数字，根据南宋的具体情况，与实际人数有较大的距离。包括两个方面。一是虚籍，即编制人数或部队自己申报的数字。如朝廷掌握的韩世忠部是 4 万人，实际只有 3 万。宋理宗时，知郴州林汝浃"奏至招刺军兵所补虚籍，十不二三。上曰：'方今诸路兵籍多虚。'汝浃奏：'诚如圣谕'"。[49]在国防压力下，尽管屡屡招募，但"比年尺籍多虚，月招岁补，悉成文具。盖州郡吝养兵之费，所招无二三，逃亡已六七"。[50]这种现象很普遍也很严重，保守估计至少有 20% 的虚数。二是实际人数中并非都是战士，而是有许多老弱病残和被官员役使占用的士兵。按前引方岳的估计："手艺者十之一，占破者十之一……老弱者十之三"，居然占到 50%！如果此言不谬，那么应是南宋末年腐败透顶的极端现象，大部分时期内不会有如此高的比例。乾道初，周执羔也言："古者兴师十万，日费千金。今尺籍之数，十倍于此，罢癃老弱者几半，不汰之其弊益深。"[51]他说当时有军队 100 万，夸张太甚，由此推断他所说的其中老弱病残将近一半，同样夸张太甚。

其价值在于说明这种情况很严重。开禧元年,兴元都统秦世辅言:“本司军多阙额。绍兴之末,管二万九千余人。乾道三年,立额二万七千,今二万五千四百,差戍、官占实万一百四十三人,点阅所部,堪披带人仅六百二十七。”[52]战士仅占兵籍的2.4%!综合考虑,估计扣除虚籍和非战斗兵员,南宋真正的战士大约只有编制的50%左右。增减规律是宋初情况较好,愈往后愈严重。也即庞大的数字对军事而言只是编制形式和心理安慰,对财政而言却是实实在在的巨大负担,其实际意义正在于此。这就是宋军在数量上貌似强大,实际却屡遭外侮的重要原因。

兵力部署与人口多少不成正比,主要取决于国防和政治因素。兵力主要分布于边防地区,内外相制的主观设想在边防压力下被打破,不得不向客观的国防局势让步。宋代兵力部署的实践是国防第一,都城第二。南宋末甚至有人说:“内地何用多兵,宜悉抽以过江”。[53]就是要全力以赴保卫国防。说明南宋时期,宋朝的主要矛盾是民族矛盾。尽管如此,南宋仍是亡于北方外敌。再者,兵力部署在地域上是重北轻南,因为交战的敌国始终都在北边。重兵在北线分布,重点保卫的都城都在靠近北线的东部;南宋的东线淮南、京西、湖北与北宋的河北近似,而且都有大江河即长江、黄河作屏障,西线四川与北宋的河东、陕西近似,都多山区。区别在于,北宋的东线防御立足于兵,并不依赖黄河天险,重兵都在黄河以北;南宋重兵分布在长江沿线,对天险的依赖加强,但几乎放弃了边界淮河天险,表明其防御战略是消极的以守为守。

注　释

1 王曾瑜先生《宋代兵制初探》(中华书局1983年版)多次谈到一些兵数,本文多有参考,然非其主旨,故无系统全面的列举和论述。还有些论著间或涉及。

2 高似孙:《剡录》卷1《兵籍》,宋元方志丛刊第7册第7208页。

3 李心传:《建炎以来系年要录》卷13,建炎二年二月丁丑,中华书局1988年版第1册第290页。

4 李心传:《建炎以来系年要录》103,绍兴六年七月乙未,第2册第1687页。

5 杨士奇等编:《历代名臣奏议》卷308,彭龟年奏,上海古籍出版社1989年版第4册第3987页。

6 周必大:《文忠集》卷73《朝议大夫直秘阁广西转运判官彭府君(汉老)墓志铭》,文渊阁四库全书本第 1147 册第 774 页。

7 李心传:《建炎以来系年要录》卷 118,绍兴八年三月甲辰,第 3 册第 1914 页。

8 李心传:《建炎以来系年要录》卷 187,绍兴三十年十二月戊申,第 4 册第 3131 页。

9 《宋史全文》卷 24 下,乾道二年四月乙酉,黑龙江人民出版社 2005 年版第 1679—1680 页。

10 佚名:《续编两朝纲目备要》卷 16,嘉定十七年五月戊戌,中华书局 1995 年版第 302 页。

11 《宋史》卷 24《高宗纪》1,第 2 册第 446 页。

12 李心传:《建炎以来系年要录》卷 37,建炎四年九月癸丑,第 1 册第 712 页;刘时举:《续宋编年资治通鉴》卷 2,建炎四年九月(丛书集成本第 3879 册第 30 页);《宋史全文》卷 17 下,建炎四年九月,第 1014 页;李幼武:《宋名臣言行录·别集》下卷 3《张浚》,第 449 册第 528 页。

13 李心传:《建炎以来系年要录》卷 38,建炎四年冬十月庚午注,第 1 册第 717 页;《宋史全文》卷 17 下,建炎四年九月注,第 1015 页,均引朱胜非《秀水闲居录》。

14 徐梦莘:《三朝北盟会编》卷 142,建炎四年九月二十三日,第 1034 页。

15 《金史》卷 19《睿宗世纪补》,中华书局 1975 年版第 409 页。

16 李心传:《建炎以来系年要录》卷 60,绍兴二年十一月己巳,21 册第 1033 页。

17 李心传:《建炎以来朝野杂记》甲集卷 18《绍兴内外大军数》,中华书局 2000 年版第 404 页。原作"绍兴初",据李心传《建炎以来系年要录》卷 80,绍兴四年九月辛酉所载同样数字,确切时间为绍兴四年。

18 李心传:《建炎以来系年要录》卷 71,绍兴三年十二月己酉。

19 马端临:《文献通考》卷 154《兵考》6,第 1343 页。原作"立成都伍",据文渊阁四库全书本校正。李心传《建炎以来系年要录》卷 111,绍兴七年六月壬午(第 3 册第 1798 页)载四川都转运使李迨向朝廷报告四川军队数字:"军兵五万七百四十九人。"同书卷 152,绍兴十四年九月辛酉(第 3 册第 2449 页)载:"时川口屯兵十万人,分隶三大将。"是其数字由 5 万余发展到 10 万的变化。又据同书卷 173,绍兴二十六年七月丁未(第 4 册第 2852—2853 页)载:"四川东军之籍,凡万二千四百九十人(万二千一十人禁军,四百八十人厢军)……休兵以来,窜死相继。"分驻夔州、成都府、泸州、剑门关、文州、利州、蓬州、恭州、阆州、巴州、龙州等地,当不在前述四川兵力数内。

20 李心传:《建炎以来系年要录》卷 87,绍兴五年三月癸卯,第 2 册第 1451—1452 页。

21 《宋史》卷 193《兵志》7,第 14 册第 4821 页。

22 《宋史》卷 33《孝宗纪》1,第 3 册第 636 页。

23 《宋史》卷 193《兵志》7,第 14 册第 4821 页。

24 李心传:《建炎以来朝野杂记》甲集卷 18《乾道内外大军数》,第 404 页。刘时举《续宋编年资治通鉴》卷 8,乾道二年正月(第 3880 册第 107 页)明确记载:"限军额。三衙、江上、四川大军新额总四十一万八千人……"。兴元都统司数目,《宋史》卷 193《兵志》7(第 14 册第 4821 页)作:"开禧元年,兴元都统秦世辅言:'本司军多阙额,绍兴之末管二万九千余人,乾道三年立额二万七千,今二万五千四百。'可知实为"二万七千人"。若按此数,《乾道内外大军数》所言"兴元都统司一万七千人"有误。但全国总数与此相合,若按《宋史》所载数,则全国总数为428000人。存疑俟考。

25 《宋史》卷193《兵志》7,第14册第4821页。

26 李心传:《建炎以来系年要录》卷158,绍兴十八年闰八月乙酉,第4册第2567页。

27 李心传:《建炎以来朝野杂记》甲集卷18《四川厢禁民兵数》,第407页。

28 吕祖谦:《历代制度详说》卷11《兵制·详说》,文渊阁四库全书本第923册第982页。

29 王曾瑜:《宋代兵制初探》,第154页。

30 《宋会要辑稿·食货》11之27、69之70,中华书局1957年版,第5006页、6364页。

31 《宋会要辑稿·食货》11之30,第5007页。

32 《宋史》卷193《兵志》7,第14册第4822页。

33 袁燮:《絜斋集》卷13《龙图阁学士通奉大夫尚书黄公行状》,文渊阁四库全书本第1157册第181页。

34 董兆熊编:《南宋文录录》卷9,倪思《精养兵》,苏州书局光绪十七年刻本第12页。

35 王迈:《臞轩集》卷1《乙未馆职策》,文渊阁四库全书本第1178册第459页。

36 方岳:《秋崖集》卷18《代范丞相》,文渊阁四库全书本第1182册第340页。

37 黄榦:《勉斋集》卷18《与宇文宣抚言荆襄事体》,文渊阁四库全书本第1168册第198页。

38 《宋史》卷416《汪立信传》,第36册第12475页。

39 《宋史》卷193《兵志》7,第14册第4821页。

40 杨士奇等:《历代名臣奏议》卷339,李鸣复奏·贴黄,第5册第4391页。

41 魏了翁:《鹤山集》卷19《被召除授礼部尚书内引奏事·第四札》,文渊阁四库全书本第1172册第251—252页。

42 《咸淳遗事》卷下,咸淳七年九月,文渊阁四库全书本第408册第828页。

43 谈钥:《嘉泰吴兴志》卷12《军营》,宋元方志丛刊第5册第4733页。

44 罗浚:《宝庆四明志》卷7《述兵》,宋元方志丛刊第5册第5068—5069页、5070—5071页。

45 刘克庄:《后村先生大全集》卷82《玉牒初草·宁宗皇帝》嘉定十一年八月戊辰,四部丛刊本第8页。

46 李曾伯:《可斋杂稿·续稿》后卷5《回宣谕关阁长二月六日两次圣旨奏》文渊阁四库全书本第1179册第655页。

47 李曾伯:《可斋杂稿·续稿》后卷7《再辞免漕寄》,第1172册第718页。

48 楼钥:《攻媿集》卷54《澧阳楼记》,四部丛刊本第10页。

49 《宋史全文》卷32,端平元年十二月丁未,第2200页。

50 《宋史》卷193《兵志》7,第14册第4821页。

51 《宋史》卷388《周执羔传》,第34册第11899页。

52 《宋史》卷193《兵志》7,第14册第4821页。

53 《宋史》卷193《兵志》7,第14册第4822页。

南宋后期及第进士在京活动及其费用

——以李昴英《文溪集》所载五通家书为中心

华东师范大学 顾宏义

对于宋代科举考试,有关研究论著甚众,但大都关注于有关政策、制度层面,而颇少述及应试举子在京活动等情况;又士人要进入科场,所费不菲,对此杨联陞先生曾撰有《科举时代的赴考旅费问题》一文,[1] 然其仅述及士人上京赶考之旅费问题,且不限于宋代。此可能与相关史料较为零散而不足相关。因南宋后期李昴英所著《文溪集》卷20收录其在京师临安(今浙江杭州)写给父母之家书五通,[2] 较为详细地述及其在省试发榜至天子亲赐及第进士恩例期间在京部分庆贺与拜谒等活动,并留下了参与此类庆贺、拜谒活动的部分花费记载,故本文即以李昴英此五通家书为中心,并结合其他文献所载,对南宋后期及第进士于省试发榜以后拜谒知举官员、朝士和同年互拜、庆贺活动以及其部分费用等作一考述。

一

李昴英(1201—1257)字俊明,号文溪,番禺(今广东广州)人。宝庆二年(1226)进士及第,初任汀州推官,历官至龙图阁待制、吏部侍郎,致仕,归隐广州文溪,宝祐五年卒,年五十七,谥忠简。《宋史翼》卷16有传。据李昴英自言,其为清献崔与之门人。[3]

《四库全书总目·文溪集提要》云李昴英"宝庆三年廷对第三"。案此说误。《南宋馆阁续录》卷8《校书郎》云李昴英"宝庆二年王会龙榜进士及第，治《春秋》"，[4] 而李昴英的第一封家书即题《丙戌科过省第一捷书》，丙戌即宝庆二年，可证。又《宋史翼·李昴英传》云其"宝庆元年再荐于乡，明年试春官，知贡举邹应龙欲置第一，时方谅阴，或曰：'上始即位，宜崇帝王之学。'遂擢王会龙《书》义第一，昴英第三"。因是年宋理宗为宋宁宗守丧，未亲加策试，便诏以省试名次为殿试名次，李昴英遂以第三名及第。[5]

李昴英此五通家书，是其科举及第以后向远在家乡番禺的父母报捷以及通报其在京活动情况：《丙戌科过省第一捷书》当撰于省试发榜之初，李昴英向家人通报捷音，《第五书》撰于天子御殿赐其进士及第以后，而《第二家书》、《第三书》、《第四书》主要述及李昴英在京庆贺、拜谒活动及其钱银花费情况等。

宝庆二年科举考试，其省试及发榜的具体时间，史无明文。《宋史全文》仅载是年正月庚辰，"以礼部尚书程珌知贡举，刑部尚书邹应龙、右谏议大夫朱端常、中书舍人陈贵谊同知"；"二月丙戌朔，御笔赐程珌以下"知举官。[6] 然在此前宋孝宗淳熙十六年(1189)时，何淡上言："窃惟国家三岁一举士，事体不轻。四方士子，冲冒严寒，引试之日，春令尚浅，间遇风雪，则笔砚冰冻，终日呵笔，书字不成，纵有长才，莫克展布，年高之人，至有不能终场者。今欲展半月，定以二月一日引试。"诏从之，[7] 此后遂为定制。又元初人刘一清亦记载南宋后期省试于"二月初一、初二、初三日，引试诗赋人。初五、初六、初七日，引试经义人"。[8] 故知是年省试亦当始于二月一日。

两宋省试发榜日，与知举官锁院时间长短有关。因宋孝宗时将省试日拖后至二月初，故锁院时间亦自此前的正月上旬改至下旬，正月"小尽，用二十四日锁院"，而"大尽"则"用二十五日锁院"。[9] 北宋锁院时日较长，如嘉祐二年(1057)欧阳修知举时锁院，"绝不通人者五十日"，[10] 而南宋时有所缩短。据洪迈言："累举省试，锁院至开院，限以一月。如未讫事，则申展亦不过十日。"[11] 由此可知南宋中期以后省试发榜当在三月初或上旬。

是年六月丙申，宋理宗"御后殿，赐礼部正奏名进士王会龙等敕，凡九百八十九人"。[12] 李昴英《第五书》对此记载云：

十三日,上御文德殿,移御榻临轩,引见前三甲人,三名前作一班,相去才咫尺,日表龙姿,俨然在前。余四甲、五甲人只在殿门之外,不及见也。礼毕,三名前就幕次,各赐食七品,罗满几案,精美可挹,累科所无也。中贵快行卫士来索谢恩诗,实时就换袍笏。是时驾已入内,但抱敕黄拜殿门而已。三名先谢而出,即重戴乘马,所喝迎导,如每科仪,但未过太庙,不审其仪也。

宋代殿试时间,起初"率以三月",至开禧三年(1207),偶因四川"类省过期,行色稍缓,廷试展用五月,盖出异恩。嗣后即习为故常"。[13]而宝庆二年因未进行廷试,故至六月十三日始"御文德殿"赐进士及第。又《咸淳逸事》卷10《择日唱名》载南宋末天子"御集英殿唱名"赐第经过,然与李昴英《第五书》所载颇有不合处,当亦与是年天子未亲策进士而直接赐第有关。因此,《第五书》所载天子御殿赐第经过,实为宋代殿试制度之变例,而可成为有关宋代殿试制度之记载的重要补充。

由上可知,李昴英的五通家书当撰写于是年三月至六月间。

二

金榜题名乃古代士人一大快事,而自北宋嘉祐二年(1057)以后,省试合格者,殿试不再黜落,且宝庆二年天子居丧而不举行廷试,省试名次即为殿试名次,故省试发榜后,待在京城以候捷音的及第举子即按惯例拜谒"主司"、"朝士"以及同年互谒等,于庆贺之馀并以为他日入仕以后之人脉资源。据《第二家书》、《第三书》,李昴英除"见主司及朝士"外,"诸同年及乡曲相识官员日间相见,常一二十人",而"应酬无暇"。下面即分别考述之。

(1)主司(知举官)等:是科知贡举为礼部尚书程珌,由刑部尚书邹应龙、右谏议大夫朱端常、中书舍人陈贵谊同知贡举。然因"知贡举邹应龙欲置(李昴英)第一",虽未成,然李昴英承知遇之恩,故于家书中屡言及邹应龙。

除知贡举、同知贡举外,南宋省试官员直接参与试卷考校的,还有点检试卷官和参详官等。点检试卷官的职责是将有着明显错讹的试卷先行黜落,故亦称初考官。参详官又称复试官,协助知贡举、同知贡举对已经初检的试卷作考校,以决定其省试名次。[14]又史载南宋举子参加省试需三日,考本经、论、策三场。《第二家书》云李昴英三场考试,其"本经出王太傅("太傅"当作"太博",即太常博士)定房,参详丁郎中黼,知举邹尚书应龙;论在林太博良显,策未知在谁房"。参详即参详官。省试发榜后,李昴英对知举官与三房参详官皆曾拜谒。

据《第二家书》,李昴英于拜谒同知贡举邹应龙,"彼再三丁宁未要相见诸朝士,某自此不出"。然《第三书》又言:"邹先生丁宁勿出,某恪守此戒。然程中书(程珌)、陈中书(陈贵谊)皆遣人来请见,不容不往。以至某文字出渠房者,皆往一见之。"案宋初宋太祖有鉴于唐代朋党之害,为免"恩出私门",于建隆三月(962)九月诏令"今后及第举人不得辄拜知举官子孙弟侄,如违,御史台弹奏。……兼不得呼春官为恩门、师门,亦不得自称门生"。[15]此后又定殿试之制,而"御试进士不许称门生于私门,一洗故习",[16]自此举子由"座主门生"转为"天子门生"。史载元祐六年(1091)科进士马涓即认为:"凡省闱解送,则有主文,故所取士得以称门生。殿试盖天子自为座主,岂可复称门生于他人?"故每见是科殿试详定官刘安世(器之),"未尝修门生之敬",刘安世对此颇"不平",然闻听马涓之论后,即"叹服其说"。[17]由此可见其一斑。然考官对与试的举子毕竟有识鉴提携之恩,故两宋及第进士拜谒考官之事不绝于史载。因此,邹应龙告诫李昴英"未要相见诸朝士",实有要李昴英遵循祖宗之制的含义在内,然李昴英虽"恪守此戒",却仍表示"不容不往"见程中书、陈中书,"以至某文字出渠房者,皆往一见之"。可见在南宋,至少在南宋后期,及第进士拜谒知举官等已成为一官场惯例,故程珌、陈贵谊并"皆遣人来请见"。

(2)朝士及"乡曲相识官员"等:李昴英登第后,除拜谒"主司"外,亦拜见有关"朝士",同时又日与"乡曲相识官员"相会。因当时风习每以本地士子科举高中为荣,各地多建有"状元坊"之类以为乡土之旌表。而李昴英进士第三人,史称"粤中士探花自昴英始",[18]故广南官员在京者多愿见之。如

《第二家书》称“诸同年及乡曲相识官员日间相见，常一二十人，只得奔走报谒，不容已也”。而《第三书》亦云“然诸公以某远方人，忽在前列，皆有愿见之意，凡所造见，甚荷温接。相见必问堂上，……其问娶否，则以已缀亲对”。诸公接见新进士问及“娶否”，实与宋代流行的“榜下捉婿”风气有关。宋朱彧《萍州可谈》卷1载：

> 本朝贵人家选婿，于科场年，择过省士人，不问阴阳吉凶及其家世，谓之“榜下捉婿”。亦有缗钱，谓之“系捉钱”，盖与婿为京索之费。近岁富商庸俗与厚藏者嫁女，亦于榜下捉婿，厚捉钱以饵士人，使之俯就，一婿至千馀缗。

其《第二家书》言“乡间风俗薄恶，多言某受人系着，不可信。某新得一第，尚要前程久远”。此“系着”当自“系捉钱”而来，即指被人“榜下捉婿”。从李昴英“某新得一第，尚要前程久远”一语分析，“榜下捉婿”似声名不佳，而被捉者或有碍于仕途。

(3)诸同年：李昴英省试第三人，其在京拜谒时，多与第一人、第二人同行。《第二家书》云其发榜后“租一屋在学前，庶得王魁、张魁亦在左侧”，“所喜二状元相处甚得，有事必日来相报，出入皆同行”。“凡见主司及朝士，皆与之同”。其“大魁台州人，34岁。榜眼亦台州人，六十馀矣”。宋代习俗，进士“第二、第三名亦呼状元”。[19]此王魁即是年进士第一人王会龙，字君遇，台州临海县(今属浙江)人。[20]张魁，其名不详。《乾隆浙江通志》卷127是科进士有张桂，天台(今属浙江)人，推官。[21]当即此人。

李昴英《第三书》称其“自归榜后，终日奔走，及归安下处，则诸公来访，及同年诸友相见，求入局者甚众，应酬无暇”。《第四书》亦云“同年之求入局者多挟朝贵，或托相知，颇为所挠，只得随轻重区处。至于潮、惠、南雄诸同年，既是一路，不容不存之也”。可见诸进士间，尤其是同乡进士间拜谒庆贺之频繁。而所谓“入局”，指入状元局。据《咸淳遗事》卷10《置状元局》云，殿试钦点状元之日，以别试所为状元局，状元出便“入局。……初第人多喜入局，得陪侍三状元，与诸同年款密，它日仕途相遇，便为倾盖。常例五日一会食，否则日中有酒杯点心果子二色。……三状元常宿于局中，不可出宿于外，月余而罢局”。因非所有及第进士皆得入状元局，且“局中职事，一一由状元点差”，故欲“入局”之同年便“多挟朝贵，或托相知”以求之。

省试发榜后，报捷人便即时向及第者报喜，祝贺者亦纷纷而至。《第四书》云至四月初以后，“日来诸厅贺吏已拨剔稍定”。同时，及第者亦在第一时间传报喜讯至家乡。《丙戌科过省第一捷书》原注云“三月十八日捷子到广州，二十日到石滩”。石滩位于今广东增城之南，当为李昴英家乡所在。据《第三书》，李昴英乃“自得捷当夜，即发家书与捷子”。捷子亦称捷人，名“捷”，当含快捷之义。南宋广州“去(行)在所四千里，水浮陆驰大约七十程”。[22]此乃普通人行程，捷子所走当甚快疾，故三月初发榜，十八日已抵广州城。关于两宋省试报捷之具体经过，未见史载。而关于乡试报捷之礼，南宋宝祐六年(1258)应元府(今浙江宁波)曾复行之，载于《四明续志》卷1，云：

> 唐人有所谓泥金帖子者，乃士人中第归报其家者也。蜀郡有髣而用之于秋赋者，号曰金花榜子，视领荐人数预行制造，遇举送官下院拆号，即携以自随，仍带捷子甲头入院，遇拆一名，则旋书填户贯三代姓名于金花榜子之上，授之甲头，甲头即就贡院金口授之捷子之徒，方许鸣铃走报。遇金花榜子到日，方为正报。纵有漏泄预报之人，其领荐人不请收接。[23]

然省试报捷之详情已不可考。

又《丙戌科过省第一捷书》有云“某此来合受推官、文林郎出身，乃庙堂送阙”，《第二家书》亦称“某此回例受推官，已令人寻访江西、广西诸处”。据载及第进士除前三人“皆送阙，不与集注”外，其馀皆须入吏部“集注”：“前数日，部中先榜于门亭，书铺录示新第人先择其愿授者，而书于笏。及入部，郎中坐庭中，以殿榜资次而呼前，廷上唱曰某人，官人上阶揖问，曰‘愿受甚处阙’，对郎中视簿，合受则揖庑下，书簿中‘某人愿授某州某官阙’而退。”[24]如此，则进士前三人授官亦当可双向选择，故李昴英有“已令人寻访江西、广西诸处”之说，而最终授官汀州推官，当是因无“合受”之处而然。

三

宋代社会甚重科举取士制,及第进士是"一朝登第天下闻",但应举考试,尤其远涉京师参试,却需有相当财力方可。因此,边远州县之士"虽登名,犹未脱韦布也,故稍有事力者犹劳且费之,惮而尼其行,寒士又可知矣",[25]故多有放弃赴京省考者。据李昴英五通家书所载,对于宋代举子,尤其是边远州郡举子而言,上京赶考以获登第之费用固然不菲,然自省试发榜以至廷赐进士期间在京花费亦甚可观,如李昴英于《第二家书》、《第三书》中感叹的:"但开榜之后,百费丛集","京城桂玉之地,日费不赀"。此处即据《第二家书》所载,表列李昴英在京部分花费项目及钱数如下:

项目	具体事由及钱数	史料出处
房租	租一屋在学前。所赁之屋一月二十券。	第二家书
赏钱	捷人与诸人来贺,亦五十券。	第二家书
衣物钱	受札之始,凡百物件皆是新置,如买轿皂衫、袍带、幞头、朝靴、一身衣服。	第二家书
雇仆人钱	轿番四名,每月二十余千。书司厅子二名,每月亦十五千。已至借仆一日十余人。	第二家书
其他	书铺亦须百以上千,请两人作四六亦须百千。	第二家书
	某不谙此间新第事体,只得挈张上舍德明,事与之商榷,庶得适宜。日间供膳,皆是已出,出二元,信费二十千。	第二家书

上表所云"券"当指会子,一券为一贯。南宋罗大经曾记:"余曩在太学,尝馆于一贵人之门,一日命市薪六百券,有卒微哂,谓其徒曰:朝士今日不知明日事,乃买柴六百贯耶!"[26]可证。又上述费用有一次性的,如赏钱、衣物钱等,而房租、雇仆人钱等却需逐月支出,因三月初发榜至六月中廷赐进士第,前后共四月,其通计300贯上下(衣物钱因无具体数目,未计入),其中尚不

包括李昴英在京日常饮食、拜谒朝士及同年聚会等用度，故其推测"事体大槩始末，非千券不可"，故因所携之钱仅"未用一百馀券。自惟窘乏不能措，只得转假之乡人，候回日偿之"。

对于欲向乡人借钱以济"窘乏"事，李昴英《第三书》云："乡间义约钱一百券，带来四小铤，梁干又借去一笏，虽鬻之笏，犹有窘乏之忧，不免就施丈假借，渠又要归还七百足，更与渠商榷如何，势亦只得就渠借也。"又四月间之《第四书》云："所费浩繁，已就施丈借五百券，家间亦不必寄钱来。"

南宋时，因上京赶考费用"浩繁"，故各州县往往设置贡士庄，以田庄所收租税专供本地取得省试资格的举子赴京师赶考之费。除贡士庄外，民间亦有筹钱资助者，一般称作"义约"，亦称作"青云约"、"魁星约"者。[27]据南宋后期真德秀《西山文集》、姚勉《雪坡集》等记载，此类"义约"有同族筹集者，有乡里筹集者；还有由州县学生或参加解试之举子一起出钱而成约者，其中并有专为某年某科举子而筹集钱款之"义约"等，一些地方士子甚至每逢"大比"之岁，"词赋人必自为义约，作胜气"。此类举子"义约"一般由举子轮流主持，在乡试前成约，由乡试合格者取用，以为上京之费。李昴英所云"乡间义约钱"即此。

又"小铤"指"铤银"，宋末元初人胡三省《通鉴释文辨误》卷 11 载："今人冶银，大铤五十两，中铤半之，小铤又半之，世谓之铤银。"故四小铤即 50 两，而一笏亦五十两。[28]梁干，指梁姓干办公事，其借银一笏，即四小铤。银与铜钱、会子之比价，据李心传撰于嘉泰年间的《朝野杂记》载："而行在左藏库折银才直三千三百云，然民间之直又不满三千。"[29]而《宝庆四明志》卷 6《叙赋》仍云银"每两折钱三贯三百文省"。1 文即 1 贯。是李昴英应举时，官价银一两值钱 3200 文，而市价稍低。银 50 两约折钱 1500 余千，故李昴英有"虽鬻之笏，犹有窘乏之忧"之叹。此外，会子与铜钱的比值，据汪圣铎《两宋货币史》，约嘉定八年(1215)前后，会子每贯得钱 600 至 700 文，此后会价下落，至绍定中"或六百文足，少亦不下五百五六十文足"，然不详宝庆中会价如何。[30]然梁丈借给李昴英 500 券，却要"归还七百足"，可能此时比价有所回升，但仍应属条件较苛刻者，故李昴英有"更与渠商榷如何"之语，然最终还是告借于他以解"窘乏"之困。

因宋代对应举者不限身份,故应举者颇多家境一般的庶士,甚至贫士,故"浩繁"的在京费用,成为应举者一大经济负担。此当是宋代"榜下捉婿"得以盛行的重要原因。据《第三书》,"王魁缀其同舍宁国府杜丈之女,岳翁为之支遣。张魁乃宰执侍从撰述文字人,故诸公送馈良厚",而自叹"乏素,其接待礼数,出入仪从,只得勉强随之",故"(状元)局中合干人来参,书吏厅子虞候上名事官,每位三、四十,某不敢留使,且待入局"。此外,《第四书》中称其"非报谒官员,不敢轻出,凡事不敢轻举",其中当亦有经济原因。

李昴英家境如何,史无明文。《宋史翼·李昴英传》载其父天棐,龙图待制。《雍正广东通志》卷37云"李天棐,番禺人,以子昴英赠龙图阁待制";卷55云"通判、赠太子太师李天棐墓在(增城县)绥富都尚乡岭"。而李昴英家书中先后称其父官"朝议"、"朝奉"、"朝请",当指朝议郎、朝奉郎、朝请郎。是知李天棐官至通判,后赠龙图阁待制,卒赠太子太师,其生前官阶不高。分析此五通家书所述,其家庭当不富庶,故为筹措上京赶考费用而有些困顿。

据李昴英家书,此时除其在京用度外,在粤之李家尚有两大项费用:其一,李昴英于《第三书》要求家中"但龙涎香可买数两,素馨汤茶饼之类可买二、三十瓶作人事,戚家苏合香丸、感应丸亦买数两来,更白拂手数条云云",即以此作为土仪。其二,付给来广东家中报捷、庆贺者赏钱。因及第进士每有"捷子之纷扰",[31]故李昴英于家书中,对此颇多讨论。

《丙戌科过省第一捷书》:"然乡间前此无报三名前之例,必有无厌之求,亦宜权其轻重,多不过为政首可也。恐州县有礼议,大人可谋之亲知谙识者,随时区处。"

《第三书》:"然潮州陈子谅必争先,但以家书为实。犒捷之资,必候潮、广两处人俱齐,方始酌其轻重,不可作两项支与。某尝会张魁,渠云:乡曲捷人,必待八、九月自归方始结付。乃其乡例也。恐未有钱,推以待某归尤佳。小人无厌,骤多与之,彼必求索无已。更在斟酌轻重,合数报人,共二百上下可也。"

此处“犒捷之资”,“合数报人,共二百上下”,因李昴英在京有“捷人与诸人来贺”,亦需费“五十券”,而于此淳淳叮嘱不辍,故知此“二百”当指200千,而非200文。而200千还是“斟酌轻重”,以免乡里“小人”“求索无已”后之结果,可见“犒捷之资”实为一颇为可观的支出,故李昴英甚慎重其事。

宋代士人科举得中,乡贯州县或赠钱“犒捷”,如《四明续志》卷1《科举》云南宋后期庆元府于乡试后,“每请举人一员,特送三百贯以助犒捷之费”。而亲友间亦有赠银以为“犒捷之资”,如文天祥为贺刘钦补入太学,以“芝楮二百千,敬为犒捷之助”。[32]而李昴英于《第二家书》请家人“有便可报陈宅,必有钱助费。但非亲实人,不容付之来也”;《第三书》言及“潮州陈子谅”,《第四书》问及“陈宅不知彼曾来相贺否”,至《第五书》又言“念六月初二日,陈全付至,家书与陈宅书信皆到,官券五百贯已如数得讫”。因李昴英于家书中屡告其家不用寄钱,故此“官券五百贯”当为陈氏所赠。从数通家书所述文字上看,此陈氏当名陈子谅,潮州人,馀不详。《文溪集》卷4《跋菊坡太学生时书稿》有“外侄陈某”云云,或即此陈氏一族。

李昴英此五通家书,因颇为详细地记录了南宋后期自省试发榜至廷赐进士期间及第进士的相关活动及其所花费用等,从而为有关两宋科举制度以及科举文化的研究提供了直观而甚有价值的第一手资料。

注　释

1 杨联陞:《科举时代的赴考旅费问题》,载《杨联陞论文集》,中国社会科学出版社1992年版。

2 李昴英:《文溪集》(文渊阁《四库全书》本)卷20,题作《丙戌科过省第一捷书》、《第二家书》、《第三书》、《第四书》、《第五书》。

3 《文溪集》卷4《题菊坡水调歌头后》。

4 佚名:《南宋馆阁续录》,中华书局1998年版。

5 张端义:《贵耳集》(《丛书集成初编》本)卷下:“李昴英字俊明,广人也,主上谅阴榜第三名及第,初任临汀推官。”

6 佚名:《宋史全文》卷31,文渊阁《四库全书》本。

7 《宋会要辑稿·选举》一之二〇,中华书局影印本。

8 刘一清:《咸淳逸事》卷10《省试》,上海古籍出版社1985年版。

9 《宋会要辑稿·选举》五之一四。

10 欧阳修:《欧阳修全集》卷41《礼部唱和诗序》,中华书局2001年版。

11 洪迈:《容斋随笔·四笔》卷8《省试取人额》,上海古籍出版社1978年版。

12 《宋史全文》卷31。

13 《宋会要辑稿·选举》八之二六。

14 参见何忠礼:《科举与宋代社会》,商务印书馆2006年版,第30—31页。

15 《宋会要辑稿·选举》三之二。

16 王栐:《燕翼诒谋录》卷1,中华书局1981年版。

17 王明清:《挥麈录》卷3,《四部丛刊续编》本。

18 陆心源:《宋史翼》卷16《李昴英传》,中华书局1991年版。

19 《咸淳遗事》卷10《置状元局》。

20 《南宋馆阁续录》卷9《正字》。

21 嵇曾筠等:《乾隆浙江通志》卷127,文渊阁《四库全书》本。

22 《文溪集》卷4《跋菊坡太学生时书稿》。

23 梅应发、刘锡:《(开庆)四明续志》卷1《科举》,中华书局《宋元方志丛刊》本。

24 《咸淳遗事》卷10《置状元局》。

25 《文溪集》卷4《跋菊坡太学生时书稿》。

26 罗大经:《鹤林玉露》乙编卷1《住山僧》,中华书局1983年版。

27 文天祥:《文山集》卷13《新淦曾叔仁义约籍序》,文渊阁《四库全书》本。

28 张知甫:《张氏可书》(中华书局2002年版):"米元章作吏部郎中,徽宗召至便殿,令书屏风四扇。后数日,遣中使押赐银十八笏。……盖十八笏,九百两也。"

29 李心传:《建炎以来系年要录》甲集卷16《金银阬冶》,中华书局2000年版。

30 参见汪圣铎:《两宋货币史》,社会科学文献出版社2003年版,第696—697页。

31 《四明续志》卷1《科举》。

32 《文山集》卷7《贺刘敬德补入太学》。

南宋旱情编年

首都师范大学　李华瑞

宋高宗建炎二年(1128)

夏,旱。

七月辛丑,诏以春霪,夏旱,飞蝗为沴。(《建炎以来系年要录》[以下简称《要录》]卷16,)

建炎三年(1129)

五月(临汀)不雨至七月,苗将就槁。(临汀志,《永乐大典方志辑》佚页1451)

绍兴二年(1132)

常州大旱。(《宋史》卷66)

绍兴三年(1133)

四月,旱至于七月,帝蔬食露祷乃雨。(《宋史》卷66;《文献通考》[以下简称《通考》]卷340)

秋七月己巳,诏以久旱,令两浙宪臣行所部虑囚。丙子,以久旱,诏诸路监司分按州县,亲录囚徒,以察冤滞。(《要录》卷67)

绍兴五年(1135)

五月,浙东西旱五十余日。己亥。诏以盛暑,命诸路监司分往所部虑囚。(《要录》卷89)

六月,江东湖南旱。

秋,四川郡国旱甚。(《宋史》卷66;《通考》卷340)

六月辛亥,以旱分委侍从官等,遍走羣祀祈雨泽。甲寅,自五月丙子不雨,今越四旬。(《要录》卷90)

秋七月丙申,言者论今岁亢旱滋久,荒歉日广,民穷盗起,深可为虑。(《要录》卷91)

冬十月庚子,江浙、荆湖旱。(《要录》卷94)

十一月丁酉,江西旱伤最甚。(《要录》卷95)

绍兴六年(1136)

春正月甲午,江、湖、福建、浙东旱。(《要录》卷97)

二月乙巳,右谏议大夫赵霈言:去秋旱伤连接东南,今春饥馑特异常岁,湖南为最,江西次之,浙东、福建又次之。(《要录》卷98)

秋七月己巳,翰林学士朱震言:湖南去岁大旱,民多流亡,今夏又复干旱。(《要录》卷130)

夔、潼、成都郡县及湖南衡州皆旱。(《宋史》卷66;《通考》卷340)

是岁,湖、广、江西旱。(《宋史》卷178)

绍兴七年(1137)

春,旱七十余日。时帝将如建业,随所在分遣从臣有事于名山大川。

六月,又旱。江南尤甚。(《宋史》卷66;《通考》卷340)

秋七月癸酉,以旱祷于天地、宗庙、社稷。癸未,以久旱命中外臣庶实封言事。(《宋史》卷28)

八月,是月,诸路大旱,江、湖、淮、浙被害甚广。(《要录》卷113)

绍兴八年(1138)

冬,不雨。(《宋史》卷66;《通考》卷340)

绍兴九年(1139)

六月,旱六十余日,有事于山川。(《宋史》卷66;《通考》卷340)戊寅,临安府、秀州旱。(《要录》卷129)

绍兴十一年(1141)

七月,旱。戊申,有事于岳渎。乙卯,祷雨于圜丘、方泽、宗庙。(《宋史》卷66;《通考》卷340)庚子,临安旱。(《要录》卷141)

绍兴十二年(1142)

三月,旱六十余日。秋,西京、淮东旱。

十二月,是岁初陕西连岁不雨,至是泾、渭、灞、浐皆竭,五谷焦槁,秦民无以食,争西入蜀,川陕宣抚郑刚中,以誓书所禁不敢纳,皆散去饿死。其壮者北人多买为奴婢,郡邑荡然矣。(《要录》卷147 据洪迈《夷坚乙志》;《宋史》卷66;《通考》卷340、320)

绍兴十三年(1143)

(安成)是岁绍兴十三年适大旱(王庭珪《卢溪文集》卷2《寅陂行》)

绍兴十六年(1146)

秋七月己巳,岭南州县多不雨,而广之清远,韶之翁源,英之真阳三邑尤苦鼠害,虽鱼、鸟、蛇皆化为鼠,数十为群,禾稼为之一空焉。(《宋史全文》卷21下)

绍兴十八年(1148)

是夏,浙东西、淮南、江东旱。绍兴府大旱。(《宋史》卷30、卷66;《通

考》卷340)

十有二月乙卯朔,绍兴饥民有渡江者。时,明、越、秀、润、徽、婺、饶、信州皆旱,民多流散。(《要录》卷158)

绍兴十九年(1149)

常州、镇江府旱。(《宋史》卷66;《通考》卷340)

大旱饥,榖石五千二百足钱。(叶适《水心集》卷9,卷12《石庵藏书目序》)

绍兴二十三年(1153)

浙东大旱,衢州饥,民啸聚。(汪应辰《文定集》卷23,《显谟阁学士王公墓志铭》)

绍兴二十四年(1154)

浙东西旱。(《宋史》卷66)

绍兴二十七年(1157)

冬十月辛酉,诏四川诸司察旱伤州县。(《宋史》卷31)

绍兴二十九年(1159)

二月,旱七十余日。秋,江浙郡国旱。(《宋史》卷66;《通考》卷340)

四月辛丑,诏修临安府至镇江运河堰闸,时久旱河涸。(《要录》卷181)

绍兴三十年(1160)

春,阶、成、凤、西和州旱。秋,江、浙郡国旱,浙东尤甚。(《宋史》卷66;《通考》卷340)

绍兴三十一年(1161)

十月,是月,成都府路旱,诏降僧牒四百道充籴本措置赈济。(《宋史全

文》卷23上）

宋孝宗隆兴元年(1163)

江、浙郡国旱,京西大旱。(《宋史》卷66;《通考》卷340)

隆兴二年(1164)

台州春旱,兴化军、漳、福州大旱,首种不入,自春至于八月。(《通考》卷340,误作隆兴三年)

甲申,温州大旱,草根木实俱尽。孝宗大惊曰:温州荒耶。(叶适《水心集》卷17《刘子怡墓志铭》)

乾道元年(1165)

(乾道初)(池州)江左大旱蝗,流民襁负相属。(刘爚《云庄集》卷19《宋通直范君墓志铭》)

乾道三年(1167)

春,四川郡县旱。至于秋七月。绵、剑、汉州、石泉军尤甚。(《宋史》卷66;《通考》卷340)

冬十月,是月,成都府路旱,诏降僧牒四百道充籴本措施赈济。《中兴两朝圣政》卷46)

乾道四年(1168)

五月乙丑,邛州,安仁县荒旱。(《宋史》卷34)

夏六月,旱。时,襄阳、隆兴、建宁亦旱。八月,诏颁皇祐祀龙法于郡县。(《宋史》卷66;《通考》卷340)

乾道五年(1169)

夏秋,淮东旱。盱眙、淮阴为甚。(《宋史》卷66;《通考》卷340)

乾道六年(1170)

夏,浙东、福建路旱。温、台、福、漳、建为甚。(《宋史》卷66;《通考》卷340)

乾道七年(1171)

春,江西东、湖南北、淮南、浙婺、秀州皆旱。

夏秋,江、洪、筠、潭、饶州、南康、兴国、临江军尤甚。首种不入,冬不雨。(《宋史》卷66;《通考》卷340)

八月,湖南、江东西路旱。(《宋史》卷178、卷34)湘中辛卯之旱,浮徙者无数,徙者后来得归十无二三。(张栻《南轩集》卷21《答朱元晦秘书》)

乾道八年(1172)

是岁,隆兴府、江、筠州、临江、兴国军大旱。(《宋史》卷34)

乾道九年(1173)

婺、处、温、台、吉、赣州、临江、南安诸军、江陵府皆久旱,无麦苗。(《宋史》卷66;《通考》卷340)

十一月辛亥,臣僚言:访闻今岁旱伤非特浙东被害,如江西诸州例皆阙$_w$禾稻不收,而赣吉二州尤甚。江东之太平、广德,淮西之无为军、和州,多是先被水患,继之以旱,自今民以艰食其间。(《宋史全文》卷25下宋孝宗四)

是岁,浙东、江东西、湖北旱。(《宋史》卷34)

淳熙元年(1174)

浙东、湖南郡国旱。台、处、郴、桂为甚,蜀关外四州旱。(《宋史》卷66;《通考》卷340)

淳熙二年(1175)

秋,江、淮、浙皆旱。绍兴、镇江、宁国、建康府、常、和、滁、真、扬州、盱

眙、广德军为甚。(《宋史》卷 66;《通考》卷 340)

淳熙三年(1176)

夏,常、昭、复、随、郢、金、洋州、江陵、德安、兴元府、荆门、汉阳军皆旱。(《宋史》卷 66;《通考》卷 340)

是岁,京西、湖北诸州、兴元府、金、洋州旱。(《宋史》卷 34)

淳熙四年(1177)

春,襄阳府旱,首种不入。(《宋史》卷 66;《通考》卷 340)

淳熙五年(1178)

常、绵州、镇江府及淮南、江东西郡国旱,有事于山川群望。(《宋史》卷 66;《通考》卷 340)

淳熙六年(1179)

衡、永、楚州、高邮军旱。(《宋史》卷 66;《通考》卷 340)

是岁,和州旱。(《宋史》卷 35)

淳熙七年(1180)

秋九月,新安岁大旱,廪无余积,民无宿藏,人心皇皇。(吴儆《竹洲集》卷 11《相公桥记》)

是岁,二浙、江东西、湖北、淮西伤旱。(《宋史全文》卷 26 下)

淳熙八年(1181)

正月甲戌,积旱始雨。

七月,不雨至拎十一月。临安、镇江、建康、江陵、德安府、越、婺、衢、严、湖、常、饶信、徽、楚、鄂、复、昌州、江阴、南康、广德、兴国、汉阳、信阳、荆门、长宁军及京西、淮郡皆旱。(《宋史》卷 66;《通考》卷 340)

夏五月，蜀旱，冬，民饥。（度正《性善堂稿》卷11《华藏义冢记》）

辛丑，（高邮）大旱，千里如赭，民无所食，强者思为盗，弱者束手待尽。（陈造《江湖长翁集》卷21《孙宰轩亭记》）

淳熙九年（1182）

夏五月，不雨至于秋七月。江陵、德安、襄阳府、润、婺、温、处、洪、吉、抚、筠、袁、潭、鄂、复、恭、合、昌、普、资、渠、利、阆、忠、涪、万州、临江、建昌、汉阳、荆门、信阳、南平、广安、梁山军、江山、定海、象山、上虞、嵊县皆旱。（《宋史》卷66；《通考》卷340）

仁化县自六月不雨，至于八月，苗之槁者过半矣。（《龙王灵感记》宋代石刻文献全编，4—543）

淳熙十年（1183）

冬月，旱，至扵七月。江淮、建康府、和州、兴国军、恭、涪、泸、合、金州、南平军旱。（《宋史》卷66；《通考》卷340）

是岁，京西、金、沣、南平、荆门、兴国、广德军、江陵、建康、镇江、绍兴、宁国府旱。（《宋史》卷35）

淳熙十一年（1184）

三月甲午，上津、洵阳旱。（《宋史》卷35）

四月，不雨至于八月。兴元府、吉、赣、福、泉、汀、漳、潮、梅、循、邕、宾、象、金、洋、西和州、建昌军皆旱。兴元、吉尤甚。冬，不雨至于明年二月。（《宋史》卷35、卷66；《通考》卷340；）

七月，是月以泉、福州、兴化军饥，诸州水，兴元府旱，并命赈之（《宋史全文》卷27上宋孝宗七）

淳熙十三年（1185）

是岁，江西诸州旱。（《宋史》卷35）

淳熙十四年(1186)

五月,旱。

六月戊寅,有事于山川群望。班画龙祈雨法。甲申,帝亲祷于太乙宫。

七月己酉,大雩于圜丘,望于北郊,有事于岳、渎、海,凡山川之神。时,临安、镇江、绍兴、隆兴府、严、常、湖、秀、衢、婺、处、明、台、饶、信、江、吉、抚、筠、袁州、临江、兴国、建昌军皆旱。越、婺、台、处、江州、兴国军尤甚。至于九月乃雨。(《宋史》卷35、卷66;《通考》卷340)

淳熙十五年(1187)

舒州旱。(《宋史》卷66;《通考》卷340)

宋光宗绍熙元年(1190)

重庆府、蕲、池州旱。(《宋史》卷66;《通考》卷340)

绍熙二年(1191)

五月,真、扬、通、泰、楚、滁、和、普、隆、涪、渝、遂、高邮、盱眙军、富顺监皆旱。简、资、荣州大旱。(《宋史》卷66;《通考》卷340)

十二月壬寅,资、简、普、荣四州及富顺监旱。

是岁,阶成、西和、凤四州及淮东旱。(《宋史》卷36)

绍熙三年(1192)

夏,郢、扬、和州大旱。秋,简、资、普、荣、叙、隆、富顺监亦大旱。(《宋史》卷66;《通考》卷340)

四月、五月,四川旱。(《宋史》卷36)

绍熙四年(1193)

绵州大旱,亡麦。简、资、普、渠、合州、广安军旱。江浙自六月不雨至于

八月。镇江、江陵府、婺、台、信州、江东、淮西旱。(《宋史》卷66;《通考》卷340)

绍熙五年(1194)

春,浙东西自去冬不雨至于夏秋。镇江府、常、秀州、江阴军大旱。庐、和、濠、楚州为甚。江西七郡亦旱。(《宋史》卷66;《通考》卷340)

夏四月壬寅,以久不雨,命大理、三衙、临安府及两浙决系囚,释杖以下。(《宋史》卷36)

是岁,两浙、淮南、江东西路水旱。(《宋史》卷37)

宋宁宗庆元二年(1196)

五月,不雨。(《宋史》卷66)辛巳,以旱祷于天地、宗庙、社稷。(《宋史》卷37)

庆元三年(1197)

潼、利、夔路十五郡旱,自四月至于九月,金、蓬、普州大旱。

四月壬子,祷于天地、宗庙、社稷。(《宋史》卷66;《通考》卷340;《宋史全文》卷29上)

庆元六年(1200)

四月,旱。

五月辛未,祷于郊丘、宗社。镇江府、常州大旱,水竭。淮郡自春无雨,首种不入,及京、襄皆旱。(《宋史》卷66、《通考》卷340)

是岁,建宁府、常、润、扬、楚、通、泰、和州、江阴军旱。(《宋史全文》卷29上)

嘉泰元年(1201)

五月,旱。丙辰,祷于郊丘、宗社。戊辰,大雩于圜丘,浙西郡县及蜀十

五郡皆大旱。(《宋史》卷66;《通考》卷340)

五月戊辰,以旱祷于天地、宗庙、社稷。

七月丁巳,以旱复祷于天地、宗庙、社稷。

是岁,浙西、江东、两淮、利州路旱。(《宋史》卷38;《宋史全文》卷29下)

嘉泰二年(1202)

春,旱,至于夏秋。

七月庚午,大雩于圜丘,祈于宗社。浙西、湖南、江东旱,镇江、建康府、常、秀、潭、永州为甚。《宋史》卷66;《通考》卷340

是岁,邵州旱。(《宋史》卷38;《宋史全文》卷29下)

嘉泰三年(1203)

五月庚辰,以旱诏大理、三衙、临安府释杖以下囚。(《宋史》卷38)

嘉泰四年(1204)

五月,不雨,至于七月。浙东西、江西郡国旱。(《宋史》卷66;《通考》卷340)

秋七月甲子,以旱诏大理、三衙、临安府,两浙及诸路决系囚。戊辰,祷于天地、宗庙、社稷。(《宋史》卷38)

开禧元年(1205)

夏,浙东西不雨百余日。衢、婺、严、越、鼎、澧、忠、涪州大旱。(《宋史》卷66;《通考》卷340)

秋七月癸未,以旱诏大理、三衙、临安府,两浙及诸路决系囚。(《宋史》卷38)

冬十月甲子,汀州守臣陈铸以岁旱,图瑞禾来献,诏夺一官。

是岁,江浙、福建、二广诸州旱。(《宋史全文》卷29下)

开禧二年(1206)

南康军、江西、湖南北郡县旱。(《宋史》卷66;《通考》卷340)

开禧三年(1207)

二月,不雨。庚申,以旱诏大理、三衙、临安府决系囚。辛未,以旱祷于天地、宗庙、社稷。(《宋史》卷38)

五月己丑,祷于郊丘、宗社、社稷。(《宋史》卷38、卷66;《通考》卷340)

是岁,浙西旱蝗。(《宋史全文》卷29下)

嘉定元年(1208)

夏,旱,至七月乃雨。

闰月壬申,诏大理、三衙、临安府及诸路阙雨州县决系囚,释杖以下。(《宋史》卷39)

辛卯,以旱祷于天地、宗庙、社稷。癸巳,减常膳。乙未,蠲两浙阙雨州县贫民逋赋,命大理、三衙、临安府、两浙州县决系囚。丙申,幸太一宫、明庆寺祷雨。(《宋史全文》卷30;(《通考》卷340;《宋史》卷66))

嘉定二年(1209)

夏,四月旱。首种不入。庚申,祷于郊丘、宗社。(《宋史》卷66;《通考》卷340)

五月丁酉,以旱诏诸路监司决系囚,劾守令之贪残者。己未,以旱诏群臣上封事。庚申,祷于天地、宗庙、社稷,是岁旱。(《宋史全文》卷30)

六月乙酉,又祷。至于七月乃雨。浙西大旱,常、润为甚。淮东西、江东、湖北皆旱。(《宋史》卷66;《通考》卷340)

嘉定四年(1211)

资、普、昌、合州旱。(《宋史》卷66;《通考》卷340)

嘉定六年(1213)

五月,不雨,至于七月。江陵、德安、汉阳军旱。(《宋史》卷66;《通考》卷340)丁卯,以旱诏大理、三衙、临安府决系囚。

闰八月己丑,诏湖北监司、守令振恤旱伤。(《宋史》卷39)

九月己丑,诏湖北监司、守令,赈恤旱伤。(《宋史全文》卷30)

嘉定七年(1214)

六月辛丑,以旱命诸路州军祷雨。(《宋史》卷39;《宋史全文》卷30)

嘉定八年(1215)

春,旱,首种不入。(《宋史》卷66;《通考》卷340)

三月乙亥。以旱命诸路祷雨,丙戌,释江、淮阙雨州郡杖以下囚。(《宋史》卷39)

四月乙未,祷于太乙宫。庚子,命辅臣分祷郊丘、宗社。

五月庚申,大雩于圜丘,有事于岳、渎、海,至于八月乃雨。淮浙、淮闽皆旱,建康、宁国府、衢、婺、温、台、明、徽、池、真、太平州、广德、兴国、南康、盱眙、安丰军为甚。行都百泉皆竭,淮甸亦然。(《宋史》卷66;《通考》卷340)[五月,行都久不雨,百川皆竭,淮甸亦如之。(《通考》卷320)]

八月丁未,权罢旱伤州县比较赏罚。

是岁两浙、江东西路旱蝗。(《宋史全文》卷30)

嘉定十年(1217)

七月,不雨,帝日午曝立,祷于宫中。(《宋史》卷66;《通考》卷340)

嘉定十一年(1218)

秋,不雨,至于冬。淮郡及镇江、建宁府、常州、江阴、广德军旱,蔬麦皆枯。

（《宋史》卷66；《通考》卷340）

嘉定十四年（1221）

浙、闽、广、江西旱。明、台、衢、婺、温、福、赣、吉州、建昌军为甚。（《宋史》卷66；《通考》卷340）

嘉定十五年（1222）

三月丁巳，诏江西提举司，赈恤旱伤州县。（《宋史全文》卷30）

五月，不雨至七月，赣州大旱。（《通考》卷340）

嘉定十六年（1223）（《宋史》卷66作十五年）

五月，不雨，岳州旱。（《通考》卷340）

宋理宗绍定二年（1229）

五月，成都、潼川路岁旱民歉。（《宋史》卷41；《宋史全文》卷32）

绍定三年（1230）

夏六月，福建（闽县）不雨，至于七月，遍走群祀，未效。（《闽中金石志略》，《鼓山请雨记》，《宋代石刻文献全编》4—430、又见4—662）

绍定五年（1232）

闰九月癸丑，诏诸路监司体量旱歉州县，依条检放，察守令之贪廉仁暴以闻。（《宋史全文》卷32）

端平二年（1235）

六月庚辰，祈雨。（《宋史》卷42）

嘉熙元年（1237）

夏，建康府旱。

嘉熙三年(1239)

旱。(《宋史》卷66)

三月甲午,诏:春事已深,膏泽未洽,深虑旱暵为虐,靡神不宗,一雨应期,方慰农望,风雹为沴,朕甚惧焉。自三月二十四日避正殿,损常膳,仍令中外臣僚讲求时政,引用正人,招集流民,捍御外侮,弭灾召和,以称朕意。(《宋史全文》卷33)

夏四月壬寅,祈雨。(《宋史》卷42)

九月辛夘,以江湖、浙东、建、剑、汀、卲旱伤,诏诸路提举常平司核所部州县常平、义仓之储,以备赈济。(《宋史全文》卷33)

嘉熙四年(1240)

六月甲午,江、浙、福建大旱。(《宋史》卷42、卷66)杜范云:"以至尸骸遍野,相食成风。"(《清献集》卷12《经筵已见奏札》)(辛丑十一月)"去岁旱饥,京辅为甚。田野小人龁糠籺以延旦暮之命,糠籺不足取草木根实以继之,根实又不足,弱者则殣于道、填于壑,所至秽积,无异毙兽。强者未甘饥死,而相食之风盛行,始不过刲剔遗胔以赡?腹,甚则不待气绝已施利刃,又甚则生致而烹之,虽其子而且忍焉。哀哉!此何等气象,而见于畿辅之间也"。(卷11《辛丑四月直前奏札》)

淳祐元年(1241)

秋七月壬辰,祈雨。(《宋史》卷42)

淳祐二年(1242)

徐鹿卿云:"比者畿甸旱暵,赤地千里,不惟河流断绝,而井泉且枯矣。"(《清正存稿》卷2《壬寅进故事》)

淳祐四年(1244)

秋七月己亥,祈雨。(《宋史》卷43)

淳祐五年(1245)

六月甲申,祈雨。(《宋史》卷43)

七月癸巳朔,旱。辛丑,常、润大旱。甲辰,祈雨。(《宋史》卷43;《宋史全文》卷34)

淳祐六年(1246)

七月丙午,以祷雨,诏中外决系囚,杖以下释之。臣僚言"旱势可虑,乞分命臣僚遍祷群望,仍令有司踈决淹狱,及下诸路劝谕富家接济细民,以弭盗贼。"从之。(《宋史全文》卷34)

淳祐七年(1247)

旱。(《宋史》卷66)

三月庚午,祈雨。

六月戊申,旱势未释。(《宋史》卷43)

十月癸未,严州旱。甲寅,镇江府旱。

十二月庚,近畿旱。(《宋史全文》卷34)

淳祐九年(1249)

三月癸酉朔,衢、信州旱。(《宋史全文》卷34)

淳祐十一年(1251)

闽、广及饶州旱。(《宋史》卷66)

王栢云:"辛亥之秋,婺当大歉。"(《鲁斋集》卷15《述民志》)

淳祐十二年(1252)

五月甲申,祈雨。(《宋史》卷43)

宝祐元年(1253)

六月戊申朔,江、湖、闽、广旱。庚午,祈雨。(《宋史》卷43)

宝祐五年(1257)

四月己酉,祈雨。
六月丁酉,祈雨。
秋七月丙辰,祈雨。(《宋史》卷44)

宝祐六年(1258)

三月辛亥朔,祈雨。
夏四月庚辰朔,诏:自冬徂春,天久不雨,民失东作,自四月一日始避殿,减膳,仰答谴告。(《宋史》卷44)

景定元年(1260)

五月甲申,祈雨。(《宋史》卷45)
高斯得云:"庚申以来,大水为灾,浙西之民死者,数百千万,继以连年旱暵,田野萧条,物价大翔,民命如线,景象急迫,至此极矣。"(《耻堂存稿》卷1《轮对奏札》)

景定四年(1263)

六月壬子,祈雨。(《宋史》卷45)

景定五年(1264)

秋七月丙午,祈雨。(《宋史》卷45)

宋度宗咸淳二年(1266)

秋七月壬辰,祈雨。(《宋史》卷46)

咸淳五年(1269)

秋七月庚申,祈雨。(《宋史》卷46)

咸淳六年(1270)

江南大旱。(《宋史》卷66)

咸淳十年(1274)

庐州旱,长乐、福清二县大旱。(《宋史》卷66)

崔与之诗词浅论

山东大学　刘培

南宋能臣崔与之是游离于当时文坛之外的人物，他的创作风尚，与当时文风对比鲜明，因此，深入了解崔与之的文学创作，对研究南宋中期的文风，当大有裨益。

崔与之(1158—1239)，字正子，一字正之，号菊坡，广州增城(今属广东)人。绍熙四年(1193)进士。授浔州司法参军，调淮西提刑司检法官，特授广西提点刑狱。嘉定中，权发遣扬州事、主管淮东安抚司公事，知成都府兼本路安抚使。端平元年(1234)，授广东经略安抚使兼知广州。有《崔清献公集》5卷，词附。崔与之出生在文化主流圈之外的广南东路，一生主要在地方为官，与当时的官僚上层和诗文创作核心人物鲜有交往，因此，他的为官为学都卓尔不群，在官僚、文人中个性鲜明。

南宋中期，弘扬爱国精神的文学创作高涨，但是，爱国主义思潮的兴起与理学的发展具有因果关系，而理学的发展，以垄断学术、排斥异己、进而垄断政治为目的。他们不切时务地过分张扬民族大义，危言耸听，以取得道义上的支持。客观地说，由儒家的华夷之辨所衍生的民族文化中心的观念已经积淀成一种民族心理和民族思考习惯，无条件地反对一切形式的妥协和和议，过度地张扬民族大义而视务实变通为出卖民族利益，这样，在与国外交中就失去了更多的争取民族利益的空间。虽然在北宋以来人们的观念当中，国与天下已经不是等同的概念了，但是理学家还是利用了这种文化中心的思想，以取得和战之争中的道义支持。他们虽然反对和议，但却绠短汲深，没有整顿河山的办法。其实，虽然有孝宗的锐意恢复，韩侂胄的贸然北伐，但是士人们大多明白，偏安一隅的局面是难以改变的，从南渡以来养成的苟且心理和享乐风气在中期以后得到变本加厉的发展。刘安世曾经指出："承平之久，人皆偷安畏死辟事"，吕本中就此感慨道："刘器之论当时人物，多云弱，实中世人之病。承平之久，人皆偷安畏死辟事，因循苟且而致然耳！"[1] 当时的文人也会在诗文里哭哭啼啼地追忆往事，咀嚼家国覆灭之痛，甚至慷慨悲歌，怒斥佞臣，抒发恢复故国的热切愿望，但是那只是一时的激于义愤之言，更多的时候，他们是在考虑身家的荣辱和功名进退。那个远方的故国，那场耻辱，逐渐变得恍然隔世，即使那些慷慨悲歌的文人也不例外。正如钱钟书先生评论的那样："陈与义、吕本中、汪藻、杨万里等人在这方面跟陆游显然不同。他们只表达对国事的忧愤或希望，并没有投身在灾难里，把生命和力量都交给国家去支配的壮志和弘愿，只束手无策地叹息或者伸手求助地呼吁，并没有说自己也要来动手，要'从戎'，要'上马击贼'"[2]。胡铨对这种萎靡的士风曾发出这样的浩叹："《春秋左氏》谓无勇者为妇人，今日举朝之士皆妇人也"（《宋史》卷374《胡铨传》）。因此，当时主流的士风官风是蝇营狗苟、党同伐异、争权夺利，主流的爱国主义文学具有虚张声势、大言欺世的佯狂特点，在这样的环境中，崔与之的朴质、恢弘、务实的文风就显得难能可贵。

崔与之的爱国篇章当推他的《水调歌头·题剑阁》，这首词作于他出任知成都府，担任入川卫边重任之时。这首词很容易让人联想到范仲淹的《渔家傲·塞下秋来风景异》。两词都借助壮阔悲凉的景象来表达慷慨悲凉的爱国之情。范词重在表达朝廷的优柔寡断给战事带来的被动局面和战事的连年不休给将士们造成的痛苦，格调沉郁悲怆，在"塞下秋来风景异，衡阳雁去无留意。四面边声连角起，千嶂里，长烟落日孤城闭"的壮阔中融入了"人不寐，将军白发征夫泪"的无奈和"燕然未勒归无计"的豪情；崔与之入蜀时淮河、秦岭以北的大片土地，早已沦于金人之手，他面对的是和戎多年、整个王朝暮气沉沉、朝野上下纸醉金迷的局面，他希望能振作天下士气，戮力王室，因此，他的词字里行间流注着叱咤风云的英雄气概。"乱山极目无际，直北是长安。"眺望北国,忧愤难平,这是当时的爱国诗篇惯用的意象,而对处身边地的崔与之来说,则更有一番滋味在心头,"人苦百年涂炭,鬼哭三边锋镝,天道久应还"。在于金多年的战事纠缠中,南宋始终处于劣势,现在是一鼓作气的时候了!一个"还"字,写出了作者的愤懑之情,也写出了对还我河山的执着追求。如果说范词是以低沉郁闷的情绪为主的,展现的是朝廷内部不合理的机制造成的边事上的措置失当,而崔词则是以慷慨激昂为基调,它展现了压制既久即将爆发的亢奋情绪。在宋金关系中,金一直对南宋采取居高临下的打压态势,意在彻底摧毁对方的反抗情绪和尊严,使其从心底彻底屈服,这种策略对高宗等人是成功的[3],但是对于广大有血性的人们来说,只能激起他们更大的仇视和反抗情绪,南方长期的主战呼声,甚至是不切实际的北伐主张与金人过分的高压态势是有因果关系的,而且在文化心理上埋下了深深的仇恨种子。崔与之词中的慷慨情绪传达出有良知的人们心里普遍的呼声:我们失去苍天的眷顾已经很久了,否极泰来,现在该是我们重振河山的时候了!在宋代相互掣肘的体制以及党同伐异的政治环境下,文人们的政治理想和报国热情往往在压抑和内耗中消磨殆尽,所以,处身廊庙而志在丘壑的"中隐"思想在官人中非常流行,包括名臣李纲的思想中都有这种印记,可以说,厕身压抑的官场,必须学会自我解脱,崔与之也不例外,在一番慷慨悲歌之后,他忽然感觉到,自己的亢奋情绪其实是叫喊于虚无中,可能连回声都听不到,所以,家乡的蒲涧清泉白石才是自己真正的归宿,纵然此刻思乡心切,但是重任在身,何以家为?这样,此词的主题和李纲的许多诗赋一样,就出现了两重主题:忧国忧民与志在丘壑:"老来勋业未就,妨却一身闲。蒲涧清泉白石,梅岭绿阴青子,怪我旧盟寒。烽火平安夜,归梦到家山。"这几句很容易让人联想到范词的"浊酒一杯家万里,燕然未勒归无计",都渲染了一种慷慨悲壮的崇高感,怀乡与报国的主题互相映衬,这是唐代边塞诗惯常的手法。

为生民立命,报效国家,是崔与之诗词的重要主题,除了我们以上分析的这首词外,他的为数不多的留存于世的诗词中,这个主题不断得到表现,比如他在友朋酬唱赠答的作品中,多为劝慰对方戮力王室为国尽忠的内容。

如《送夔门丁帅赴召》:"坏证扶须力,危机发更难。胸中经济学,为国好加餐。"《答李侍郎嘉定……》:"要为官择人,颇牧还禁中。胸藏经济方,医国收全功。世事俱尘土,惟有汗竹公。"等等。经济天下与人生价值的关系一直是宋代文人们苦苦思索的问题,南宋以来,面对党争的你死我活和朝廷的贤愚不分,文人们多选择了随波逐流追名逐利的人生道路,一些有为之士也不得不以居易俟命的人生态度来面对人生。像李纲就是一个显例。他们往往把正气的郁而不伸、个人的穷通际会归之为命运,委之于神秘天道,这样可以轻松摆脱沉重的济世情怀,在备受打压下优游容与,与时俯仰。当时的许多人都信奉术数之学,堪舆学在南宋更是极其兴盛。像李纲、程俱等都写过这方面的诗文。唐庚的《祸福论》对文人们的这种命运困惑及其化解的思路谈得更为透辟,他针对"为善者反得祸,为恶者发得福"的现象说道:"吾意以谓祸福出于天,善恶出乎人。二者不相为谋,如五星散行,而时有相值。人见其适相值也,遂引以为常,此不可谓合于理矣"[4]。崔与之虽然对个人命运抱着"不语怪力乱神"的态度,但是他也不得不把政治苦闷委之于神秘的命运。在他的诗歌中,有三首诗是送给相士的。《张进武善风鉴》其一曰:"谁将伏豸夸颅骨,我有盟鸥咤肺肝。坎止流行随所遇,何须觅梦到邯郸。"虽然说面相不凡,可能官运亨通,但还是流露出一种自我调侃式的推脱:我已经像杜甫那样,和鸥鸟有约,要隐居了。这种情绪其实是对政治理想无法实现的无奈。在《有赠相士》中他也流露出这样的情绪:"盈虚得失皆前定,富贵贫贱都落空,只有梅花堪耐看,亭亭玉立倚东风。"其中的盈虚前定的思想很容易让我们想到李纲的相关论述,他在《论天人之理》中说:"天人之理一也。人事尽至于不可奈何,然后可以归之于天,譬犹农夫之治田,耕耘之功既至而遇水旱,乃可曰天实饥之也。医师之治病,药石之功既至而犹不起,乃谓天实死之也。今未尝力耕耘而望岁于天,未尝投药石而责命于天,其可乎?古之君子以在天者不可知而尽其在人者,故立人之朝,卒然遇非常之变故,及察事理之将然,必力争而救止之,虽得罪至于蹈死而不悔其意,以谓吾知尽夫人事而已。"[5] 他曾在《与向伯恭龙图书》中说过早年算命而后应验的事:"幼年术者谓命似东坡,虽文采声名不足以望之,然得谤誉于意外,渡海得归,皆略相似。又远谪中了得《易传》《论语》,说尤相合者。但坡谪以暮年,仆犹少其20岁。坡儋耳三年,仆琼山十日,比之差优。至坡归以承平无事之时,仆归以艰难多故之日,则不可同年而语也。”[6] 我们之所以引用李纲的论述是因为崔与之留存于世的文字太少,对于他的思想我们只能以李纲为坐标来推测,而崔与李纲在思想胸怀甚至行文语气上的确有许多相似的地方。和李纲一样,崔与之对乡居生活充满了渴望,由于种种原因,他一直在要求致仕,回乡后又数次推辞朝廷的任命。在《张进武善风鉴》其二中他写道:“瘦插秋山耸两肩,荒寥不直半文钱。孤山放鹤林和靖,风雪骑驴孟浩然。万事转头浑是梦,一身安分总由天。烦君束起前途事,我欲沧江买钓船。”在这首诗中,他把功业的追求看作是打梦一场,而对优游自得的乡居生活充满了向往。与此相联系,他的许多为官期间的诗歌流露出孤寂的情怀,如《峡山飞来寺》:“万里星槎海上旋,名山今喜得攀援。猿挥孙恪千年泪,月照维摩半夜禅。磴长荒苔人迹少,岩攒古树鹊巢悬。江流上溯曹溪水,时送钟声到寺前。”落寞慌乱的景象和隐隐的钟声烘托出诗人内心的孤寂。《杨州官满辞后土题玉立亭》中他写道:“天上人间一树花,五年于此驻高牙。不随红药矜春色,为爱霜筠耐岁华。四塞风沈天籁寂,半庭月冷市尘赊。临行更致平安祝,一炷清香十万家。”[7] 行将离去的行人对着花树偶偶而语,宦海漂泊的孤独萦绕心头。

总之,崔与之的文学创作因其处在文坛主流之外而具有独特的意义,又因为他是一位当时难得的能臣,剖析他的精神世界,对我们认识南宋文人心态的发展以及文风的嬗变具有相当重要的意义。

注　释

1 《元城学案》附录,《宋元学案》卷20。

2 钱钟书:《宋诗选注》,人民文学出版社1982年版,第191页。

3 《建炎以来系年要录》卷26建炎三年丁卯注录有高宗致金元帅的国书,其文略云:“古之有国家而迫于危亡者,不过守与奔而已,今大国之征小邦,譬孟贲之搏僬侥耳,以中原全大之时,犹不能抗,况方军兵挠败,盗贼侵交,财贿日朘,土疆日蹙。若偏师一来,则束手听命而,守奚为哉。自汴城而迁南京,自南京而迁扬州,自扬州而迁江宁,建炎二年之间,无虑三徙,今越在荆蛮之域矣。所行益穷,所投日狭。天网恢恢。将安之耶。是某以守则无人。以奔则无地。一身仿徨。局天蹐地而无所容厝,此所以朝夕鳃鳃。然惟冀阁下之见哀而赦巳也。"其摇尾乞怜苟且猥琐之状昭然。上海古籍出版社1992年版,第325—402页。

4 《全宋文》第一三九册,上海辞书出版社、安徽教育出版社2007年版,第349页。

5 《梁溪先生全集》第8册,汉华图书出版公司1970年影印清道光间刊本,第4269页。

6 《梁溪先生全集》第6册,卷114,第3261—3262页。

7 周煇的《清波杂志校注》这样记载道:"琼花,……煇家海陵,海陵昔隶维扬,亦视为乡里,自幼游戏无双亭,未见甚奇异处,不识者或认为'聚八仙',特以名品素高尔。后土祠前后地土膏腴,尤宜芍药。岁新日茂,及春开,敷腴盛大,纤丽富艳,遂与洛阳牡丹并驱角胜。孔毅父尝谱三十有三种,续之者才十余种,夫岂能备,固宜有所增益。钱思公尹洛,一日,幕客旅见于双桂楼下,见小屏细书九十余种,皆牡丹名也。洛花久污腥膻,扬花在今日尤当贵重。"(周煇著、刘永翔校注《清波杂志校注》卷3,中华书局1994年版,第113页。)崔与之写到的这株琼花很早就非常有名,宋初王禹偁所作的《后土庙琼花诗·序》:"扬州后土庙有花一株,洁白可爱,且其树大而花繁,不知实何木也,俗涓之琼花。因赋诗以状其异。"(《小畜集》卷11,四部丛刊本)其后欧阳修、韩琦、刘敞、王令、秦观、晁补之、贺铸等都有歌咏。据周密的《齐东野语》卷16记载:"扬州后土祠琼花,天下无二本,绝类聚八仙,色微黄而有香。仁宗庆历中,尝分植禁苑,明年辄枯,遂复载还祠中,敷荣如故。淳熙中,寿皇亦尝移植南内,逾年,憔悴无花,仍送还之。其后,宦者陈源命园丁取孙枝移接聚八仙根上遂活,然其香色则大减矣,杭之褚家塘琼花园是也。今后土之花已薪,而人间所有者,特当时接本仿佛似之耳。"(中华书局1983年版)又据杜游在《琼花记》中载,宋高宗绍兴年间(1131—1162),金兵南下侵略,扬州琼花被连根拔去,但被铲的根旁,又生出了新芽,终于慢慢恢复了原状。本赋所写,就是指这件事。琼花由于文人们的不断歌咏和种种传说,使它蒙上了一层神秘色彩,但据王楙的《野客丛书》考证,琼花就是玉蕊花,但是扬州的这株天下无二本的琼花在元初就化为薪柴,此花为何物,遂成一桩悬案。

三、崔与之与廉政文化

宋代士大夫的杰出典范——崔与之

何忠礼

一

两宋立国320年,人才之盛在中国历史上任何朝代都无可比拟。对此,明人早有定论,如英宗朝大臣徐有贞说:"宋有天下三百载,视汉唐疆域之广不及,而人才之盛过之,此宋所以为宋者也。"[1] 世宗朝著名学者郎瑛也说:"人才之盛,莫(过于)三国与宋也。"[2] 实际上,三国人才具有很大局限性,它主要是军事人才,而其他人才则相对显得缺乏,不像宋代,既有杰出的军事家,又有杰出的政治家、思想家、文学家、科学家、史学家和艺术家等。因此,无论从人才的总量或是所涉及的领域而论,封建社会的任何朝代皆不可能望其项背。

笔者从事宋史研究30载,通过各种典籍了解到宋代的著名人物何止成百上千,其中彪炳史册、深受后人敬仰的人物也至少有数十名之多,如北宋政治改革家的先驱王禹偁，他直言敢谏，无私无畏，在文学上的造诣也很深；杰出的政治家和改革家范仲淹，他一身以天下为己任，他的“先天下之忧而忧，后天下之乐而乐”的格言，一直成为后人的座右铭；一代清官包拯，他那刚正不阿、“笑比黄河清”，人称“关节不到，有阎罗包老”[3]，成为后世官员的楷模；著名政治改革家王安石，他的道德文章无与伦比，在仕途上易退难进更为世人所称颂；民族英雄岳飞，英勇善战，精忠报国，他的“文官不爱钱，武官不惜命，则太平矣”[4] 这则名言，直到今天仍有很大的现实意义。南宋末年的文天祥，他面对强暴，屡仆屡起，宁为玉碎，不作瓦全的大无畏精神，以及“人生自古谁无死，留取丹心照汗青”的崇高情操，一直激励着中华儿女为了祖国的独立和富强而英勇献身。至于像欧阳修、苏轼兄弟的文学才华，像司马光这样杰出的政治家、思想家和史学家，像沈括、苏颂这样既是政治家，又是科学家，一生而兼两任焉的人物；像被毛泽东誉为“伟哉虞公，千载一人”[5]的虞允文，在百万金兵即将渡江，南宋政权危如累卵的形势下，沉着应战，终于使南宋转危为安；像一生作诗万余首，临终前仍念念不忘国家统一的爱国诗人陆游，他的“南师北定中原日，家祭毋忘告乃翁”的诗句，一直为后人所传颂。如此等等，确实不在少数。

但是，当笔者全面地接触到南宋名臣崔与之的事迹，并进而对他的一生作了初步研究以后，完全为他爱国爱民的情怀，崇高的个人品质，杰出的政治、军事才能和深邃、敏锐的思想所折服。虽然独木难以成林，南宋不因崔与之的出现而避免了最后灭亡的命运，虽然由于时代不同、所处环境不同，人物与人物之间很难完全加以类比，但可以说，崔与之是有宋一代士大夫中最为杰出的典范，他几乎集中了上述所有杰出人物的品格，不愧为一个“始终无玷缺，出处最光明”[6] 的完人。为此，笔者在十几年以前，曾写过二篇文章介绍过崔与之，一篇是《崔与之事迹系年》（载《文史》1996 年第 41 辑）、另一篇是《南宋名臣崔与之述论》（载《广东社会科学》1994 年第 6 期），冀望史学界对这位由于遭到理学家的有意贬低而长期隐而不显的杰出历史人物给予重视，努力地去研究他，学习他。今天在崔与之诞辰 850 周年之际，由广东省、增城市各界发起的“纪念大会”在他的家乡召开，与会者所呈上的一篇篇怀念、颂扬之文,说明笔者当年研究崔与之的初衷已完全达到,说明崔与之确实是宋代士大夫中最为杰出的典范,不仅受到故乡增城人民的崇敬和怀念,也受到全国人民的崇敬和怀念。

二

有关崔与之的崇高品质和丰功伟绩,人们论述已多,为节省时间,减少重复,在这里我不便展开,谨归纳几个主要方面于下。

一、勤政爱民,不辞劳苦——崔与之从踏上仕途那天起,就奋不顾身地将全部精力化作勤政爱民的实际行动。他初官浔州司法参军时,便积极修建事关民食的常平仓,没有砖瓦,就将自己居廨的瓦片拆下用上,长官欲将仓米移作他用,与之坚决不同意。请问宋代有哪一个官员能这样做?今天又有几个官员敢这样做?出任广西提刑后,与之轻车简从,遍历所部25州,尤其是在环境极其恶劣的海南岛巡视,自春至冬,历时一年,往返数千里,"形容凋瘁,鬓毛悉斑",解除了无数民困,赶走了多名奸吏。直到临终前,与之仍念念不忘减轻对百姓的剥削,其绝笔谓:"东南民力竭矣,诸贤宽得一分,民受一分之赐。"[7] 请问宋代有哪一个官员能这样做?今天又有几个官员肯这样做?

二、廉洁奉公,淡泊名利——与之对金钱视之如粪土。他在出任知成都府兼本路安抚使时,"省费薄敛,公私裕如。将去,举羡余三十万缗归之有司,以佐边用,一无私焉"。离蜀日,四方官员皆来送礼,奇玉、美锦无所不有,可是他却一无所取。与之在出任广东经略安抚使兼知广州时,得月廪钱11000余缗,米2800余石,待平定叛乱后,他全部送还国库。晚年,惟之所得祠禄衣赐,亦悉辞不受。有人不解,问其故,与之答曰:"仕而食禄,犹惧素餐,今既佚我以老,而贪君之赐可乎?"[8] 要知道在宋代士大夫中,凡是祠禄,是没有一人不领的,他的廉洁奉公,与今天某些贪得无厌的官员相比,更是有天渊之别。

与之与北宋的王安石一样,对功名利禄看得十分淡泊,他自宁宗嘉定十七年(1224 年)67 岁起,即以道不合和健康原因而告退,后虽屡召而不起。其中,拜参知政事,八辞不受。逾年,拜右丞相,兼枢密使,三奉诏书,四承御礼,中使促行,命广帅以礼劝勉,派门人李昴英专往谕志,与之逊辞凡 13 疏,终不为动。故家大酉以为:“东海、北海天下老,亦有盍归西伯时;白麻不能起南海,千载一人非公谁?”[9] 可谓至言,与之虽是古人,但他的淡泊名利与今天某些跑官买官的官员相比,相差何啻十万八千里!

三、生活俭朴,不徇私情——与之的生活十分俭朴,他中年丧偶,未再娶,官至贵显,也不蓄声妓。像他这样的高官,若换成别人,早已良田遍野、广宅成片了,与之则不然,他不肯多置产业,甚至儿子娶妇得苗田 600 石为嫁奁,亦命归还。他只买了一区旧宅,未加任何装修。平日无嗜好,只静坐书室观书而已。与之的这种简朴生活,与今天某些广占别墅,生活糜烂,包了一个又一个二奶的官员相比,正不可同日而语。

与之治家极严,公私分明,绝不搞裙带关系。他曾叮嘱其弟曰:“须是闭门守常,不得干预外事。”凡有亲故倚势欺人,必严加批评,终身与其断绝来往。其姐尝为外甥求恩荫,与之不肯,他说:“官之贤否,系民休戚,非可私相为赐。”这与今天某些官员一人得道,鸡犬升天的做法,真是大相径庭。

四、依靠民众,积极防御——南宋中期在对金人的策略上,有主战派和妥协派之分。前者虽然气节凛然,但往往不懂知己知彼,而是一味蛮干,从而造成一次又一次的大溃败,给国家带来重大损失;后者则慑于金人的虚声恫吓,苟且偷安,屈辱求和。与之既非抗战派,也非妥协派,而是一位头脑清醒的主守派。他深知当时的南宋军力不强,财力不足,尚无力量收复中原,但他也同时知道金人力量已经衰落,只要做好防御工作,一定能粉碎他们的军事挑衅。因此,他无论在守御淮东或是在出任四川地区最高的军政长官时,都能积极组织各种军事防御体系,屯积粮食,加强军事训练,注重各兵种、各地区的战术配合,依靠民众,建筑山城,山寨,创建万马社等,从而挫败了金兵对淮东的进犯,使四川地区的局势也转危为安。

五、知人善任,为国荐贤——与之为国荐贤,可谓不遗余力。如游似、洪咨夔、魏了翁、李庭芝、家大酉、刘克庄、李性传、丁焴、度正、吴彦等数十人，或以道德、学问，或以功业、吏才，皆受与之荐擢，他们中的许多人，后来成了南宋名臣。知人善任和不市私恩，是与之推荐人才的两个特点。如四川士人李心传，累举不第，潦倒乡间，与之闻其文行、史才俱佳，即荐之朝廷，为史馆校勘，后来果然成为南宋著名的史家。又有一吕姓士人，及第后，以同乡关系请求与之为他求官，与之认为“入官之始，应以职业自见，不当干进得官，拒之。后闻其居官清谨，密荐之当路，升状及格，莫知从来”。[10]

六、努力事功，不入道学——与之所处的时代，理学思想已弥漫朝野，假道学家盛行，这些人整天拱手高谈性命之学，以攻击异己为能事。凡治财者，则被目为聚敛；凡坚持抗战立有战功者，则被目为粗材；凡读书作文者，则被说成是玩物丧志；凡留心政事的官员，则被视为俗吏。他们所造成的最终结局，正如后来对国破家亡有切肤之痛的学者周密所说，“以致万事不理，丧身亡国”[11]。理学家还把持学术要津，科举取士从出题到标准答案，一切要以二程、朱熹的是非为是非。但与之一生，努力事功，他在众人皆醉我独醒的状况下，愤而抨击假道学，其晚年有一句名言：“无以嗜欲杀身，无以货财杀子孙，无以政事杀民，无以学术杀天下后世。”[12]“无以学术杀天下后世”这句话，充分揭露了理学垄断学术，摧残人才，空言害政的危害性。正由于与之不入道学宗派，扎扎实实地做事，苦心积虑地为国家和百姓操劳，所以后来的理学史臣对他十分冷落，除了在《宋史》中勉强给以列传，他的弟子李昴英对其事迹有所记载以外，许多事迹鲜为人知，诗文也大多不传。

三

宋代是一个封建社会，可是它的人才为何如此之多；崔与之出身于家庭并不富有，文化并不发达的广南，因何能成为宋代士大夫中最为杰出的典范？这是一个值得研究的学术问题，也是令人深思的现实问题，下面谨以崔与之为例谈一下其中的原因。

第一，家庭的熏陶。与之父亲年轻时多次参加科举没有被录取，在家乡一带行医，抱着“不为宰相则为良医”[13]的济世之心，勤恳地为贫民治病，这对幼年的与之不会没有影响。与之稍长，养育于外祖父欧阳二家，欧阳二做过助教，此官在宋代虽然只是一个不入流的试衔小官，但毕竟也是一个有修养的读书人，对与之的培养和教育应该说会有很大帮助。

第二，宋代执行“重视文治”，优待士大夫的政策，为知识分子的成才创造了良好的客观条件。宋代科举与唐代有很大不同，一是取士不讲门第，不论贫富，不问背景；二是分数面前人人平等。这就为许多贫苦家庭出身的优秀士人打开了一条读书做官、实现抱负之路。与之在朋友的资助下，只身自家乡增城出发赴都城临安，考入太学读书，在那里历时二年多，吃住全仰仗于国家，使他得到了在家乡所不可能得到的知识和应举条件，才得以考取进士，踏上仕途，并一直做到守护全蜀的四川地区最高军政长官，要不是他后来的 13 次推辞，就是正一品的右相。与之对朝廷的知遇之恩，也就化为勤政爱民的实际行动。

第三，个人的努力和良好的道德修养。在崔与之之前，广东地区没有一个人敢到四千里之外的临安去考太学，而与之却毅然前往。考入太学后，尽管那里的生活十分清苦，但与之读书非常勤奋，“朝夕肆业，足迹未尝至廛市”，并立下“必期三年成名而归”[14]的志向，在他 36 岁时，终于考取进士乙科，成为数百年来广人由太学取第第一人。当然，崔与之的不拘泥于理学说教，非常注意个人的践履和修养，也使他成为对国家、对百姓有杰出贡献的人物。

总之，一个人才的养成，总是离不开家庭熏陶，社会环境、个人的努力这样三个方面的条件。作为家长，如何教育子女，是事关孩子今后成为什么样人的大问题，可是现在的不少家长，自己既不能以身作则，对子女的溺爱又多于正确的教育，今后要让他们成为对国家和人民有用之才，恐怕很难；作为国家，是否真正爱护知识分子、重视知识分子、不分贫富贵贱、不分亲疏远近地任用知识分子，如何最大限度地发挥知识分子的聪明才智，也就直接关系到知识分子对这个政权的认同问题，作用问题，古人所谓“士为知己者死",不是没有道理。当然个人的努力也是一个极为重要的原因,崔如之如果不是只身赴临安上太学,在太学读书时不是刻苦攻读,就考不取进士,也就不能做官;不能做官在政治上也就不能实现自己的抱负。因此,笔者以为:今天我们研究崔与之、纪念崔与之,学习崔与之的崇高品质,对于建设社会主义精神文明,提高人们的道德品质具有重大的现实意义。

注 释

1 《范文正公集》补编四《重建文正书院记》。文渊阁《四库全书》本。

2 郎瑛:《七修类稿》卷16《三国与宋用人不同》,上海书店出版社2001年标点本。

3 《宋史》卷316《包拯传》,中华书局1977年点校本。

4 岳珂:《金佗稡编》卷9《遗事》,中华书局1989年点校本。

5 《毛泽东评点二十四史》,中华书局1997年版。

6 李昴英:《崔清献公言行录》卷3,《岭南丛书》本。

7 黄佐:《广州人物传》卷8《宋观文殿大学士崔清献公》,《岭南丛书》本。

8 《崔清献公言行录》卷2。

9 李昴英:《文溪存稿》卷11《崔清献公行状》,暨南大学出版社1994年点校本。

10 《崔清献公言行录》卷2。

11 周密:《癸辛杂识》续集卷下《道学》,中华书局1988年点校本。

12 《崔清献公言行录》卷2。

13 《宋史》卷406《崔与之传》。

14 《文溪存稿》卷4《跋菊坡太学生时书稿》。

勤政廉政的一生
——南宋岭南名臣崔与之

上海师范大学　朱瑞熙

崔与之(1158—1239),字正子,号菊坡,南宋广州增城(今广东增城市)人。宁宗时,历任广南西路提点刑狱公事兼提举河渠常平公事,淮东安抚使,秘书少监兼实录院检讨官兼太子侍讲、国史院编修官,权工部侍郎兼秘书监、国史院同修撰、实录院同修撰,焕章阁待制、权四川宣抚使、四川安抚制置使兼知成都府等官职。理宗时,授礼部尚书、参知政事、右丞相兼枢密使等要职,皆因病缠身,均予辞谢。任官期间,他为国操劳,不遗余力;为官清廉,有口皆碑,成为南宋后期为数不多的几位名臣之一。

一、勤政的一生

崔与之生于增城一个并不富裕的家庭。其母罗氏。其父崔世明,曾多次参加科举考试,但遭“有司连黜”。此后,他立志研究医道,说:“不为宰相,则为良医。”经过多年潜心钻研“岐、黄之书”,终于学成,开始为人治病。他对贫穷的病人,“疗之不受值”。受父亲的熏陶,乳名“星郎”的崔与之在幼年时,便“卓荦有奇节”,且“力学自奋”。[1]

宋光宗绍熙元年(1190),崔与之不远数千里,前赴临安府(治今浙江杭州市),参加太学补试合格,成为一名被全国学子欣羡的太学生。在当时,广南一带的士人“有当试成均者,率惮远不行”。崔与之则与众不同,“毅然勇往”。进入太学后，就读观化斋，专治诗、赋，“朝夕肄读，足迹未尝至廛市”。他“读书务通大义，不事章句；为文务得大体，不事缀缉”。而且自“少倜傥有大志，应接事物，动有机警”。经过三年的苦读，至绍熙四年，经过礼部试奏名，又参加殿试合格，终于登进士乙科。在殿试策论时，他“极言宫闱”，即皇帝内宫之事，“皆人所难言”。从而他也成为“由胄监（即国子监，亦即太学）取第”的广南进士第一人。[2] 进士登第后，崔与之开始进入仕途。第一阶段，是担任州县官（选人）时期。他的第一、二任官职是浔州（治今广西桂平市）司法参军和淮南西路提点刑狱司检法官，李昴英撰《崔清献公行状》说他初试锋芒，就“皆有守法持正之誉”，《宋史·崔与之传》则记录具体事迹，还说知浔州对他十分“敬服”。经过磨勘手续，他顺利“改秩”为京官，任知建昌军（治今江西南城县）新城县（今黎川县）。此时正值“开禧用兵，军需苟急”，他动用官钱依照时价收购粮食，“一毫不取于民”，还命百姓自行计量，因而“不扰而办，为诸邑最”。转运使赵希怿下“令诸邑，视以为法，且特荐于朝”。随后，任邕州（治今广西南宁市）通判和发遣宾州（治今广西宾阳县东北新宾）军事，他依法平息士兵扰乱，使“合郡以宁”，而且“郡政清简”。[3]

第二阶段，是晋升为广南西路提点刑狱公事，兼提举河渠常平公事。在广西，他“益自奋厉”，“甫建台”，便依法“遍历所部二十五州”，这些州“大率皆荒寂之地”，而他则不辞辛劳；“朝岚昼暑，星行露宿”，“自春徂冬，往返数千里，形容凋瘁，鬓毛悉斑”。[4]

特别是他还以“叶舟”渡海至海南岛。据李昴英撰《崔清献公行状》记载：

> 朱崖隔在海外，异时未尝识使者威仪。公至，父老骇异。诸郡供帐之类，一切不受；兵吏不给券，携缗钱自随，计日给之。停车决遣，无顷刻暇。奖廉劾贪，多所刺举，风采震动。

《宋史·崔与之传》更列举一些具体事例：

> 朱崖地产苦蓥，民或取叶以代茗，州郡征之，岁五百缗。琼人以吉贝织为衣衾。工作皆妇人，役之有至期年者，弃稚违老，民尤苦之。与

之皆为榜免。其他利病，罢行甚众。琼之人次其事为《海上澄清录》。

免除了朱崖军即吉阳军(治今海南三亚市西北崖城镇)百姓的苦荳即苦丁茶税，免除了琼州(治今海南琼山市)民间妇女为官府织棉布的徭役。《宋史·崔与之传》还记载他在广西所做的三件好事：

> 岭海去天万里，用刑惨酷，贪吏厉民，乃疏为十事，申论而痛惩之。高惟肖尝刻之，号《岭海便民榜》。广右僻县多右选摄事者，类多贪黩，与之请授广东循、梅诸邑，减举员赏格，以劝选人。熙宁免役之法，独不及海外四州，民破家相望。与之议举行未果，以语颜戣，戣守琼，遂行之。[5]

他的所谓十事，一为"狱囚充斥之弊"，二为"鞠勘不法之弊"，三为"死囚冤枉之弊"，四为"赃物供摊之弊"，五为"户长科役不均"，六为"弓手、土军骚扰"，七为"催科泛追"，八为"缉捕生事"，九为"奸滑健讼"，十为"州县病民"。高惟肖所刻《岭海便民榜》一事，据《崔清献公言行录》，系"后真守高惟肖、广舶赵汝楷见之，服为吏师，梓行于世"。广舶即广南提举市舶司使。此外，他严禁地方官吏使用酷刑；尽可能不用武臣摄事，鼓励选人充当地方官；补行北宋熙宁间的免役法，使百姓减免官府的职役负担，能安居乐业。

接着，在嘉定六年(1213)，金朝由于蒙军南侵，决定迁往汴京(治今河南开封市)；加上李全复据京东，两淮"腹背受敌"，"边声震恐"。次年正月，朝廷担心金军南下，宋宁宗宣召崔与之入宫，特授直宝文阁、权发遣扬州事、主官淮东安抚司公事。从此，他在淮东连续任职五年。接受新职后，他在第一份奏疏中分析形势说：宋、金"边衅已开，相持六年，凡所措置，大抵虚文从事"，应以遴选守将、集合民兵为"边防第一事"，借"以固基业"。到扬州后，他"登城临眺形势"，决定加固城防，疏浚城濠，开月河，置吊桥；定期训练强勇、镇淮两军，分士兵为弩手、枪手、骑兵，又依其体格、武艺分上、中、下三等，"五日一赴州治教场阅习，委幕僚督视，籍中否优劣，月终比较，赏罚则亲按激犒"。经过严格训练，"上等出等，中等为上，下等为中，人皆可用"。遇敌作战时，规定"上等居前锋，中等佐之"；防御时，"上等当冲要，中等助之"；

“下等供战、守杂役，遇敌战胜，赏亦有差”。最后，“仍下诸州县屯戍，一体行之，由是淮东军声大振”。此外，又利用滁州（治今安徽滁州市）“山林之阻”，建五寨，团结忠义民兵，防止金兵进犯淮西。[6]

嘉定十一年（1218）十一月，崔与之被召回临安，晋升为秘书少监，兼太子侍讲。次年正月，兼国史院编修官和实录院检讨官；十二月，又升为秘书监。嘉定十三年三月，为权工部侍郎，兼同修国史和实录院同修撰。[7]在近一年半的时间里，他多次上奏，提出建策。他的第一份奏札说：

臣自外来，但知外患未息之为可忧；致身内地，始知内治未立之为可虑。盖内外之情不通，最为今日大患。人才之进退，言路之通塞，国势之安危系焉。

他提醒宁宗说：

用人必亲其人，听言必行其言。事之巨细，必有良规而后可以独运；事之利害，必有真见而后可以独断。愿于用人听言之际，一付公论。诏大臣首清中书之务，力为外御之图，延接诸贤，参稽众论。凡大设施、大经划，合谋而参订之，以求至当之归。

几乎全面论述了他对于朝廷用人、保持言路畅通、大臣集体决策等的意见。

随后，他面见宁宗，提出了“立国之道”的见解。他说：

立国之道，在谨边备，以为藩篱；安人心，以为根本。根本固，则藩篱壮。

他请求下令江淮制置司，一、两淮尚有“贼盗去处”，应急作“措置，务要绥静，俾民复业，为国强边”。二、查勘“极边”地区，曾经“盗贼”、“戎马侵扰去处”，“稍加宽恤”，给与优待；去年的残欠赋税，“且与开豁”；今年春、夏，“或免或减，等第施行”。对当地百姓必须“有以系其心，宽其力，不惟可以实边，缓急可以为官军声援”。

在与金朝“议和”问题方面，他针对当时的形势，“力持守御之说”。他认为,与金朝议和“断以为不可行”。现今金军退兵已三个月,“朝廷幸目前之暂安,寝不经意;边臣日上平安之报,而不言御备之方”。他担心“不待秋高,边尘已耸,必有溃裂四出之患”,建议下令江淮制置司、安抚司、军帅、边州长官,“凡有城壁去处”,各开具本地所管官军、民兵、屯驻器具有无缺少,应如何措置;军储马料、柴草之类有无匮乏,应如何办集;以及“遇风尘之警”,如何捍御,如何应援,如何制胜,“各从实具申枢密院详酌施行”。此外,对山东忠义军,也该命制置司开具种种事项,“逐一条具申上”,“其间有合商榷事件,庶几预为之图,毋致临期误事”。[8] 此时,他虽已远离淮东,但仍心系前线将士和所有边防事宜,依据在淮东任职五年的经验,向朝廷提出建策,体现了对国家的一片忠心。

嘉定十二年(1219),兴元府(治今陕西汉中市)军士张福、莫简等红巾军作乱,“蜀大扰”。次年四月,朝廷委任崔与之为焕章阁待制、成都府路安抚使兼知成都府。他上奏提出“中外一家”之说,认为“天下之事,须要中外相应,大小相维,而后有济”。由于“中外当如一家,贫富休戚,实同其责,而势不可不相属;大小当如一体,疾痛痒疴,皆切于身,而情不可不相府”。这是从国家的全局出发,一旦“中外势不相属,大小情不相孚”,便可能误了国家大事。在拜见宁宗后,他又上奏,提出“实边而后可以安边,富国而后可以强国”的思想,提醒宁宗在“军兴以来,帑庾告竭;设若有警,束手无策,而后有请于朝,恐无及矣”。希望朝廷实行“广科拨,以宽民力;厚储积,以壮边声”,“陛下当为蜀计”。[9]

到成都府下车伊始,崔与之遇到新的问题,就是四川宣抚使安丙“握蜀重兵久,每忌蜀帅之自东南来者”。不过,崔与之很快以实际行动改变了安丙的偏见,“至是独推诚相与”。[10] 不料,安丙在嘉定十四年十一月突然病逝,宣抚司无奈,立即将官印送交崔与之,四川军、民也“属望”他“权宜纳之,以安反侧”。他迅速报告朝廷,宁宗下诏命他“权宣抚职事”。十二月,即正式委任他为四川路安抚制置使,“尽护四蜀之师”。安丙死后,崔与之当务之急是解决以下几大问题。

第一,团结将帅,同心协力抗敌。在安丙担任宣抚使的后期,四川实际上处于“军政不立,戎帅多不协和”的境地。诸如刘昌祖带兵驻扎西和州(治今甘肃西和县西南),王大才军在沔州(治今陕西略阳县),王大才的兵马屡败,刘昌祖坐视不去救援,遂放弃皂郊堡(今甘肃天水市南皂郊镇)。又如吴政领兵在凤州(治今陕西凤县东北),张威领兵在西和州,金军绕道进攻凤州,张威不带兵“尾袭”,导致凤州失守。崔与之针对这一情况,“以同心体国之大义”劝谕这些将帅,“于是戎帅协和,而军政始立”。

第二,推翻联西夏攻金策略。安丙曾采纳西夏的“合从之请,会师攻秦、巩,而夏人不至,遂有皂郊之败”。早在安丙生前,崔与之曾致信安丙,反对联西夏攻金,说:

> 自金虏弃燕,山东、两河势如破竹,灭亡可待。异时震邻之患,大有可忧。金人不顾死亡,南窥淮、汉。宜及此时招纳豪杰,修固堡障以待。蜀连年被兵,士气未振,岂宜轻举?彼区区西夏,衰微益盛,何足为吾之掎角!万一失利,亏损国威,公必悔之。[11]

安丙去世后,崔与之斟酌形势,吸取教训,决定婉拒夏人打援的要求,命边将“不得轻纳”。于是“夏人知不可动,不复有言”。同时,金朝由于国势衰弱,“率众南归者所在而有”,四川官、军“疑不敢纳”。崔与之决定实行“招纳”政策,对来归者“优加爵赏”,不久,金朝万户呼延棫等率兵前来洋州(治今陕西洋县)归附宋朝。崔与之“察其诚,纳之,籍其兵千余人,皆精悍善战”,于是金军从此“不敢窥兴元(府名,治今陕西汉中市)”。崔与之还“镂榜边关,开谕招纳”,金军“谍得之,自是上下相疑,多所屠戮,人无固志,以至于亡”。

第三,全面筹划四川的军、政事宜。崔与之入川后,发现四处都统司原有战马一万五千多匹,到安丙时裁减了三分之一,嘉定(1208—1224)间又“损耗过半”,及至他来时只剩下5000匹。他便“移檄茶马司”,允许都统司“自于关外收市如旧,严私商之禁,给细茶,增马价,使无为金人所邀”。又“移檄”总领所,让增给马匹的草料。同时,在关外密种树木,“以防金人突至”;在隔第关、盘车岭(不详今址)等“极边”、“号天险”之处,重赏探事人,使刺探金军动静,因而“边防益密”。成都府原储钱仅1万多贯,经他筹办,增至1000多万贯。总领所缺粮，他首拨成都府、茶马司、其他三路等钱150万贯作籴本“乘时籴买”；考虑关外每年积存的粮食不多，命运米30万石储藏于利、沔州及鱼关的仓库，“专备经常外不测支用”。此外，还细致考察将帅和地方官员，尤其是发现“方有时名”的沔州都统制赵彦呐“大言无实”，认为“它日误事者必此人”，遂“移书庙堂，欲因【赵】乞祠而从之，不可付以边藩之寄”。其后，“果如其言”，朝廷也“夺其节制”。[12]

嘉定十七年(1124)夏，朝廷命崔与之前赴临安府，任权礼部尚书之职，他连续四次上奏请辞。理宗宝庆元年(1225)，朝廷又委任他为显谟阁直学士、湖南安抚使兼知潭州(治今湖南长沙市)，他仍旧请辞。绍定元年(1228)，又任命为焕章阁学士、江西安抚使兼知隆兴府(治今江西南昌市)，他仍旧请辞。直至端平二年(1235)春，广州摧锋军因不满长期作战，请求“撤戍”被拒，“相率倡乱”，纵火惠州(治今广东惠州市)，“长驱至广州城”。提举广南东路常平广惠仓黄(宬)等人，“以一群生灵希命于公”，请在家养病的他“登陴抚谕”叛军。他“恻然亟偕往，诘其故”。叛军一见崔与之，立即“罗拜城下”，但“以贼平久不得撤戍为对”，拒绝离开。见状，他召来门生、秘书省著作郎李昴英和杨汪中“缒城谕贼，晓以逆顺，许之自新”。叛军士卒大多解甲，首谋数人“惧事定独受祸”，乃“率之遁去”。三月，朝廷委任他为端明殿学士、太中大夫、广南东路经略安抚使兼知广州。他部署“诸台严为备御”，命摧锋军统制毗富道“会诸戍将追击之”。同时，与黄(宬)商议，开府库，大犒诸军，“时军气颇骄，大肆剽掠”，他“择其尤无良者诛之”，于是广州城内“帖息，民恃亡恐”。不久，叛军或降或死，叛乱终于被平息。在平叛过程中，他带病坚持指挥，当时“郡邑汹汹”，“不敢辞，即家治事”。[13]从此，他一直到去世，再也不离家出任官职了。

二、廉政的一生

崔与之一生任官近43年，其中理宗朝的前10年时间内多次因病辞职。

据记载,他一生十分清廉,生活节俭。他中年丧妻后,终身未娶。“官至显贵”,也“不蓄声妓”。在增城买宅一区,没有“增饰园池台榭”,也不曾增置产业。室内座椅左右都是图书,没有“玩好”。书房内只喂养一只“白宦鸡”(似被阉的白鸡)。其《言行录》说他“恬淡无欲,盖由天性,非矫也”。在四川任官者“鲜不为奇玉美锦所动”,他刚到成都,官员们“争以为馈”,他“悉却之”。他离任时,四路将帅再次将他拒收的礼物赠送,还添加许多东西,俗称“大送”,他“却愈力”。他“省赋薄敛,公私裕如”。离任时,将“羡余”30多万贯全部“归之有司,以佐边用,一无私也”。做到了清风两袖,涓滴归公。遗憾的是他的继任者宝谟阁待制、四川制置使郑损是一名贪官,利用职权将这些费用全部“干没”,中饱私囊。他在任广南东路经略安抚使职期间,所得月俸钱1100多贯、米2800多石,“悉归于官,一无所受”。回到故里后,凡朝廷所赐祠禄官的钱物,他“悉辞不受”。曾有客人问他,他回答说:“仕而食禄,犹惧素餐。今既佚我以老,而贪君之赐,可乎?”他这种公忠体国的精神,不免使“闻者叹服”。他还曾修改处士刘皋的话,命其门客吴中用隶书写成自己的座右铭:“无以嗜欲杀身,无以货财杀子孙,无以政事杀民,无以学术杀天下后世。”显示他的人生哲理是远离声色犬马,以免伤身折寿;不积累家产,以免子孙不求上进;做官应仁民爱物,以免损害百姓;治学要严谨,勿以邪说歪理贻害后代。综观他的一生,他确实身体力行这一“四无”箴言,既为自己考虑,更为子孙、百姓、后代着想。

崔与之严于律己,“家法清严”,“亲故倚势妄作,必见斥绝,终身不齿”,因而“乡闾德之”。他反对子弟出任官职。任秘书监时,曾写信告诉其弟说:“须是闭门守常,不得干预外事。”避免自己的亲戚在地方上仗势干预政事,欺压百姓。朝廷赐予的宰臣“恩例”,他从“不妄予人”,即使其姐为外甥恳求,他回答说:“官之贤否,系民休戚,非可私相为赐。”竟然加以拒绝。但他经常接济贫困的亲戚,“凡俸余皆以均亲党”。在他临终弥留之时,告诫家人“不得作佛事”,以免铺张。[14]

三、荐贤举能

崔与之重视为朝廷选拔人才。他认为人才虽然难得,但更应以德为评价人才的首要标准。在理宗下诏询问"政事之孰当罢行,人才之孰当用舍"时,他回答说:

> 天生人才,自足以供一代之用,惟辨其君子小人而已。忠实而有才者,上也;才虽不高,而忠实有守者,次也。用人之道,无越于此。盖忠实之才,谓之有德而有才者也。若以君子为无才,必欲求有才者用之,意向或差,名实无别,君子、小人消长之势,基于此矣。

提醒理宗注意区别君子和小人,重用既有才又有德之士。[15]

据其《言行录》记载,他"身藩翰而心王室,务荐贤以报国"。仅在四川任职期间,他"拔擢尤多",如游似、洪咨夔、魏了翁、李庭芝、家大酉、陈(韩)、刘克庄、李鼎、程公许、黎伯登、李性传、王应辰、王潩、魏文翁、高稼、丁焴、家抑、张禆、度正、王子申、程德隆、郭正孙、苏植、黄申、高泰叔、李铏等近30人,这些人"各以道德文学功名,表表于世"。其中,游似、洪咨夔、林略、魏了翁、李性传、程公许后来"皆为公辅"。隆州(即仙井监,治今四川仁寿县)进士李心传,屡举不第,"以文行闻于国,诸经皆有论著,尤精史学",至今还留有《建炎以来系年要录》、《建炎以来朝野杂记》存世。也经由与之"特荐","以白衣召入史馆"。[16]

此外,经他向朝廷推荐的还有吴昌裔[17],"留心军政,宣力边防"而"轻财好义,得士卒心"的领兵驻扎兴元府的修武郎、御前中军统制吴彦,广东击退叛军有功的朝议大夫、转运判官石孝淳,朝散大夫、转运判官李华,朝请大夫、提举常平公事、暂兼知广州黄(岽)等,他皆不遗余力地为他们请功,并向朝廷极力推荐。[18]

对于有些名不副实的官员,崔与之也向朝廷上奏"历历以为言",指出"其有名浮于实、用过其才者"。如沔帅赵彦呐,他就早已发现此人"大言亡实”，上书提醒朝廷“不可付以边阃之寄”，“后果如其言”。[19]

四、晚年坚辞不出

崔与之晚年坚辞不出做官。对此，南宋以来，不论当时的官员们，或后来的史家们，都还没有说三道四，特别是从来没有人指责他在国家急需他时再三辞去官职，是独善其身，缺乏社会责任感等等。仅元朝史臣所编《宋史·理宗纪》“赞”，在评价宋理宗和宋仁宗时说：

> 理宗享国长久，与仁宗同。然仁宗之世，贤贤相继，理宗四十年之间，若李宗勉、崔与之、吴潜之贤，皆弗究于用，而史弥远、丁大全、贾似道窃弄威福，与相始终。治效之不及庆历、嘉祐，宜也。[20]

似乎认为宋理宗始终没有很好地重用崔与之和李宗勉、吴潜等三位贤能之士，而让史弥远、丁大全、贾似道等三名大臣“窃弄威柄”，所以宋理宗无法与“贤相相继”的宋仁宗相提并论。这里笔者暂不对宋理宗对李宗勉和吴潜两位官员的态度进行评论，只想指出元朝史臣在《宋史·理宗纪》“赞”语中所说对他“弗究于用”并不符合事实。据记载，宋理宗十分相信许多官员对崔与之的高度评价和推荐意见，实际上对崔与之抱着一种求贤若渴的心情，迫切希望他早一些时间前来临安担任要职。我们不妨从宋理宗委任崔与之为参知政事和右丞相兼枢密使这两件事来看。自端平二年(1235)七月起，至次年四月，宋理宗曾七次下诏任命崔与之为参知政事，而且每次都以“御笔”名义，其中第二次即闰七月二十一日及十月第四次还用“御前金字牌”“递到御札一封”，表示不同意崔与之辞官的要求；第七次即端平三年四月的一份“御笔”，甚至告诉崔与之“卿便可驱车造朝，不责卿以事”，明确保证崔与之到朝廷后，即使担任参知政事之职，也不勉强他裁决一些具体公事。宋理宗前后共八次下达委任崔与之为参知政事的诏书。[21]至端平三年九月至十月，宋理宗又连续13次命尚书省颁降“省札”，备录“麻制指挥”，任命他为正议大夫、右丞相兼枢密院使。所谓麻制，是宋朝任免后妃、公主、亲王、宰臣时，由翰林学士起草皇帝的圣旨，而后由翰林待诏誊写在白麻纸上的朝廷文书，再由阁门宣赞舍人当殿宣读。送交崔与之的这些省札，先后有直接由理宗从临安府派到增城的宦官关彬、邹成、王渊"御命趣行，往复再三，宣赐路费金三百两，曲示优崇延伫之意"。随后，又"命【广州】守帅彭铉"亲自登门"劝请，催促上道，毋至迁延"。接着，又晋升他最器重的学生李昴英为郎官，派李"畀之便郡"，"专往谕旨"。但他"控辞至十三疏"，一一皆予婉言谢绝，"竟不为动"。宋理宗知道崔与之"志不可回"，乃下诏"即家条上时政"，命他针对朝政的利弊逐条提出意见。崔与之遂"手疏数万言"回答，理宗"皆欣纳"。[22]从崔与之连续八次辞谢参知政事、13次辞谢右丞相兼枢密使的过程，可知宋理宗曾连续八次下诏委任他为参知政事、13次委任他为右丞相兼枢密使。这一事实说明宋理宗曾不厌其烦、迫不及待地希望他早日抵达临安府担任朝廷要职，可见宋理宗的心情是真诚的、迫切的。所以，《宋史·理宗纪》"赞"语中所说并不符合事实。但是，让后人百思不得其解的是崔与之何以一而再，再而三地请求辞去高官呢？

据现今保留不多的一些崔与之奏状，可知主要原因是他的身体长期患病，而到他的晚年更是病势日重。宋宁宗嘉定十七年(1224)，在他《第三次辞免除礼部尚书》奏札中透露：

> 某自壬申岁，持岭右宪节半年，行部遍历瘴乡，因染风眩之病，十有三年矣。病根日深，遂成沉废。加以多事损心，健忘尤甚。怔忡自汗，通夕不交睫，或睡而觉神不附体，恍然久之而后定，此皆垂亡之证。[23]

壬申岁，即嘉定五年(1212)。这一年崔与之由于担任广南西路提点刑狱公事之职，严格依照朝廷的规定，半年内遍历25州军，因而身患"风眩"之病。这一病症表现为一是严重健忘；二是惊恐不安，盗汗；三是失眠，通宵不能入睡。落下此病后，直到嘉定十七年，已经延续了13年了。其间，在嘉定十二年(1219)，他在辞免秘书少监和秘书监的几份奏札中，向朝廷诉说自己的"头风之疾已深，时复眩绝，每遇朝参，常有颠沛之虞"。又说"所患头风，已成不治之疾"。[24]嘉定十六年(1123)六月，崔与之在成都安抚制置使任上，向朝廷提出要求免去临安府。在两份奏札中描写自己的"头风"病症为"百恙相陵，一衰不贷。头欲破而掣痛不已，心如啄而健忘尤深，气体支离，精神昏愦”。又说：“近来头风发动，甚于常时，呻吟叫号，痛刺如破；加以心忡健忘，肌肉消尽”等。[25]说明他的病情已经加重，发病时头痛欲裂，难以忍受，同时心脏也有严重问题。

更严重的是又过10年后，即到绍定六年(1233)，76岁的崔与之又不幸患过一次脑溢血。他在一份《辞免召赴行在》的奏札中说：

伏缘臣流年七十有六，老将焉用，病莫能兴。近又为风邪所中，左臂残枯，残息奄奄，朝不保夕。[26]

说明此时崔与之由于一次中风，左臂麻木。至端平二年(1235)十月，崔与之在《第四次辞免参知政事》奏札中说自己“年事已去，百病丛生”，“拜跪不能”，“视听不真”，而且“心气头风，交相为愈。春间为寒邪所中，半身不遂。涉秋以来，此疾复作，须人扶掖而行”。[27]

此时，他已经是一名中风了两年多的病人，左侧身子瘫痪，行走困难。至端平三年九月，宋理宗授予正议大夫、右丞相兼枢密使官职时，他自叹：“臣行年八十矣，一身孤立，百病交攻，心气日深，头风时作，视听昏聩，步履阑珊，元气渐微，生意垂绝”[28]完全呈现出一副老态龙钟且身患重病的暮年景象。

面对宋理宗屡屡亲自下诏委以军国重任，崔与之在递呈朝廷的十几份“辞免”奏札中，一方面表示感谢涕零，心情甚为不安，说：

> 陛下垂怜旧物，而犹未忍弃捐。恍奉十行之书，躐升四辅之选。事出非望，凛不遑安。

另一方面，表示理应接到诏书后就该起程赴京，说：

> 顾惟君命之严，亟欲驱驰而往。仰副眷怀，庶乎詹望清穆之光，敷陈忠赤之悃。

他还回忆以前自己年富力强时，曾不遗余力的为国效劳。他说：

> 伏念臣偏远寒士，百不如人，徒有忠恪一心，拳拳体国。顷年筋力未衰之时，东淮西蜀，万里奔驰。才虽不逮，而力可往来，未始辞难。盖

君命不可违,而王事所当尽瘁也。至于驽力既穷,不堪鞭策,虽长沙、南昌分阃之寄,相去非遥,亦不能往。

诉说他早在宝庆二年(1226)再次请辞知潭州(治今湖南长沙市)兼荆湖南路安抚使,及在绍定三年(1230)再次请辞知隆兴府(治今江西南昌市)的原因,也是由于"年龄已迈,疢疾已深"。[29]

加之,当时广州离临安府大约有4000里的路程,所以他在奏札中再三倾诉自己的身体情况已不容许远行了。他说:

况骎骎80岁之陈人,为迢迢数千里之远役,能免颠仆于道路乎?朝夕以思,莫知死所。[30]

以上说明崔与之从嘉定十七年即67岁时,回增城休养,至嘉熙三年(1239)十二月病逝,总共"里居"15年。在这15年内,既非宋理宗不想重用而把他弃之岭南,又非他眼见国事艰难而逃避远方,而确实是年力就衰,犹似风中残烛,尽管他依然一心为国,但毕竟力不从心,不容他参与并裁决军国大事了。

至于宋理宗,也是爱才心切,一直盼望着崔与之能来临安与他共商国是。但事与愿违,崔与之早已积劳成疾,无法成行。直到嘉熙三年六月,可能崔与之已经病入膏肓,才勉强同意其致仕。下诏说:

以崔与之力辞相位,必欲挂冠,特授观文殿大学士致仕,恩数视宰臣例。[31]

此时离崔与之的去世已不到半年时间了。十二月,崔与之终于走完了82年的里程,与世长逝。朝廷追赠他为少师,谥"清献"。[32]

注　释

1 《宋史》卷406《崔与之传》,中华书局1985年版,第12257页;李肖龙撰《崔清献公言行录》卷1,丛书集成初编本,第3438册,第1页;李昴英撰:《崔清献公行状》,载《崔清献公集》附录,丛书集成初编本,第2032册,第1页。

2 周密:《癸辛杂识》后集《诸斋祠先辈》,中华书局1988年版,第64页;《崔清献公行状》,第1页;

《崔清献公言行录》卷1,第1页。

3 《崔清献公行状》,第1页;《宋史·崔与之传》,第12257—12258页。

4 《崔清献公言行录》卷1,第3页。

5 《宋史·崔与之传》,第12258页。

6 《崔清献公言行录》卷1,第4—5页,《宋史·崔与之传》,第12258—12259页。

7 佚名《南宋馆阁续录》卷7《官联一》至卷9《官联三》,中华书局第252页、363页、374页、386页、399页。

8 《崔清献公言行录》卷2,第9—10页。

9 《崔清献公言行录》卷2,第11页。

10 《宋史·崔与之传》,第12260页。

11 《全宋文》卷6681,《崔与之四》,第293册,第323页,上海辞书出版社等。

12 以上见《宋史·崔与之传》,第12260—12261页;《崔清献公言行录》卷2,第11—12页。另见《宋史》卷413,《赵彦呐传》,第12400页。

13 《宋史·崔与之传》,第12262页;《崔清献公言行录》卷2,第13—14页。

14 《崔清献公言行录》卷2,第12—16页;《宋史·崔与之传》,第12263—12264页。

15 《宋史·崔与之传》,第12262页。

16 《崔清献公言行录》卷2,第12页;《崔清献公行状》,载《崔清献公集》附录第2页。

17 《宋史》卷408《吴昌裔传》,第12301页。

18 叶盛《水东日记》卷10,台北商务影印四库文渊阁本,第58—59页;《崔清献公集》卷3,《申彭提刑、管提舶之功》、《申石运判、李运判、黄提举之功》,第22—24页。

19 《宋史·崔与之传》,第12261页。

20 《宋史》卷45《理宗五》,第888页。

21 《崔清献公集》卷3《奏札三·辞免除参加政事(端平二年七月十八日)》,卷4《奏札四·再辞免参知政事(端平二年闰七月)》至《第七次辞免参知政事(端平三年四月)》,第24页—30页。

22 《崔清献公言行录》卷2,第14页—15页。《崔清献公行状》,第2页。

23 《崔清献公集》卷2《奏札二》,第10页。

24 《崔清献公集》卷2《奏札二》,第10页。

25 《崔清献公集》卷1《奏札一·秘书少监乞补外》、《再辞免除辞书监》,第3、4页。

26 《崔清献公集》卷1《奏札三》,第19页。

27 《崔清献公集》卷4《奏札四》,第27页。

28 《崔清献公集》卷4《奏札四·辞免特授正议大夫、右丞相兼枢密使第一诏奏状》,第31—32页。

29 《崔清献公集》卷3《奏札三·辞免除参知政事》,卷4《奏札四·第五次辞免参知政事》,第24、28页。

30 《崔清献公集》卷4《奏札四·第五次辞免参知政事》,第28页。

31 《宋史全文》卷33《理宗三》。

32 《宋史》卷42《理宗二》,第819页。

崔与之的体病与心志

台北中国文化大学　王明荪

一、前言

南宋名臣崔与之(1158—1239),广东增城人,字正子,号菊坡。光宗绍熙四年(1193)登进士第;时年36岁。登进士前是“不远数千里游太学”,故史称:“广之士繇太学取科第自与之始”。[1]与之历仕光、宁、理宗三朝,但光宗朝仅初仕为浔州(广西桂平)司法参军,理宗朝时,除因广东摧锋军兵变,为抚辑故乡而短暂出任广东经略安抚使兼知广州外,余均未出任职事,仅以宫观使赋闲在家。其出仕任职几全在宁宗朝,虽曾入中央为京官(金部员外郎、秘书监),但所任仍多为地方之职。与之自出仕到嘉定十七年(1224)辞礼部尚书返广州,其间约30年,此后,除暂任广东经略安抚外,是绝仕途而居家至去世。30年的仕宦生涯皆有其功绩与贡献,其中较重要的是任广西提点刑狱、淮东安抚知扬州、四川安抚制置使等。离四川返广州后,朝廷虽多次征召出任高官要职,但与之皆辞而不就,“每有除命,辞之益力”。至于拜中书参政是“七辞不就”,[2]拜右丞相兼枢密使“凡十三疏辞”。[3]这即是当时及后人最为注目之处,朝廷屡次召拜宰执竟辞命坚定而不出,在历史上确属罕见。直到理宗嘉熙三年(1239),始以观文殿大学士提举洞霄宫致仕;当年十一月以疾去世,享年82。

崔与之辞官不仕时年67,居家约15年后去世,以享年来看应属高寿,以辞官年岁而言,似稍早数年,不过以70岁致仕惯例,也将近于辞官年岁了。与之的功业向为人所称道,尤以帅淮、蜀之时最有安抚廓清的边功,而他仕宦以来的清廉自守与勤政除弊皆始终如一,论者也都推之为南宋名臣。[4]至于他的辞官,古今皆誉为史上少见的清节高德之士,对他辞官的原因也有不少的讨论,大体上有以为广东风气,素乐于清旷而恬仕进之说,[5]有以为与之因感于时局的回天乏力之苦,身世孤危之感,以及老病之患。[6]有以为与之的政治主张未得理解、支持,孤独自危感日重,而欲全身晚节之故。[7]有以为与之的为官准则是"陈力就列,不能则止",故以"不能"而退。[8]有以为与之的辞官是在于让贤举才之故,此则与前说类似。[9]有以为与之系因病时局之忧,孤掌难鸣之苦,求归以缓解心境。[10]

崔与之的辞官极受重视,由上述各家的说法来看,都有其理,同时也大体可知与之的辞官及其守节之德。笔者于读书之际,常见古人辞官的奏章,也不乏以身体疾病为理由,而其实情如何似少有学者论及?因之,对崔与之之辞官时屡言身体疾病的状况略作探讨,而与之有体病又能享得高寿,笔者又以为与他的心志涵养有关,是为本文论述之主旨。

二、崔与之的体病

在文献中可明确说明与之的体病是在其奏札中,宁宗嘉定十二年(1219)有《第三次辞免秘书少监》,与之在嘉定七年时任权知扬州、主管淮东安抚公事,前后5年,在嘉定十一年底召为秘书少监,与之一则取道江西而行,一则连上奏札辞官。在第三次的辞官奏札中说道:"而行途中,偶触风寒,宿疾大作",又说:"虽公朝以其疾而优之,……除已扶病迤逦取道江西,度岭而归"。[11]说明在路途中因风寒而引发"宿疾",但此"宿疾"却未清楚说出是何种疾病?在路经江西途中,与之又有《谢山神》的小诗,诗前的序文说他在嘉定甲戌(七年)任职淮东的经过:

正月,以金部(员外)郎分阃东淮,正当金"虏"弃巢南奔之时,人不愿往,以君命不敢辞。首尾五年,而不得代,戊寅(嘉定十二年)腊月,以少蓬召而病且衰矣!自知不堪世用,决意南归。[12]

金国的"弃巢南奔"是指金朝受蒙古之压迫,华北危急,金宣宗于贞祐二年(1214)转将国都(中都)迁至汴京,史称"贞祐南渡"。[13]金朝南迁因而造成淮河宋、金国界一线的紧张,边防地区尤为严重,故"人不愿往"。与之奉命守边,在淮东前后5年,着有功绩,史传中已述之甚明,此不赘述。[14]与之帅淮东时年57岁,嘉定十二年时为62岁,[15]以当时而言已近老年矣!与之家世清苦,自称为"弱植孤根",但"家贫,力学自奋",[16]"公蚤孤,家贫,刻苦向学"。[17]少时身世孤贫如此,又以年迈且病,故说"以少蓬召而病且衰矣!"

因风寒引发的疾病可能有多种,而引发与之的"宿疾"暂无法得知,但知当在62岁之前即有体病,大约与"头风"有关。在辞免秘书少监、秘书监的几次奏札中,与之说到这个宿疾,他说:"头风之疾已深,时复眩绝",每遇朝参月份时,恐有颠沛之苦,自以衰老无能,又不能任剧。[18]又说他体病的情形是:

所患头风已成不治之疾,日来又苦脾泄,医疗月余,尚未平愈,饮食全减,肌肉顿销,日夕怀归。[19]

"已深"的头风病"已成不治之疾",应该就是他的宿疾。再看与之在嘉定十七年(1224)67岁时所说:

某自壬申岁持岭右宪节,半年行部,遍历障乡,因染风眩之疾,十有三年矣!病根日深,遂成沈废,加以多事损心,健忘尤甚,怔忡自汗,通夕不交睫,或睡而觉神不附体,恍然久之而后定,此皆垂亡之证。[20]

依此看来,嘉定十七年时所说的"风眩之疾"已有13年之久,亦即在嘉定五年(1212)之时,正是所说的壬申岁时,当时与之任广西提点刑狱,"风眩之疾"或称之为"头风",则与之的"宿疾"当是在那时感染的,其时与之55岁。染病的原因是"半年行部,遍历障乡",正如《宋史》所载"徧历所部,至浮海寻朱崖"。[21]广西指广南西路,南宋时辖有2府、20州、3军,羁縻州县不计,大约领有80余县,[22]要能走遍所有辖县而言,实为不易,不过与之任职广西约3年之久,以他勤政尽责的作风则未必不可能,甚至还浮海至海南岛,兴利除弊,海南之民将其治绩写成《海上澄清录》,又痛惩贪吏害民而立法规10条,曾刻石为《岭海便民榜》。[23]与之曾以半年时间查访瘴瘟之地而染病毒,因广西地区"山林翳密,多瘴毒",北宋时即有令任官赴治在秋冬之时,而"使职巡行,皆令避盛夏瘴雾之患"。[24]但在秋季的岭南,仍易受瘴毒感染,与之在理宗宝庆元年(1225)68岁时离四川安抚制置使之职后,不受朝廷以礼部尚书召入京城,而取道三峡、洞庭、,由湖南往桂林趋广东返乡,他说:

> 逮入五岭,秋令已深,正当岚瘴之时,久客乍归,易于冲感,宿恙为梗,甚于前时。[25]

秋令虽已深,但盛夏瘴毒仍翳积未散,加上归乡之情激动易于冲感而致病,宿疾新染又复发作,病情加剧。

与之任四川安抚制置使前后达5年之久,其时正值蒙、金交战剧烈,局势复杂多变,川蜀向为西边重地,与之任重事繁可想而知。四川职务的繁重更加深他的病情,宝庆元年又为了辞湖南安抚使的新职,他上奏说:

> 伏念臣朴忠素守,艰阻备尝,惟四方奔走投老而不休,故有恙侵凌,乘虚而为梗,五年守巴蜀,自知驽力之穷。[26]

在守理四川的5年,似是体病不断,故而欲辞官归乡,始有上面所说辞去礼部尚书之官,正是"西陲解戍,衰病相乘",[27]辞官归乡途中,朝廷又发表湖南安抚的新职,与之仍以体病而辞。在淮东、川蜀各守边5年,对与之的体病有相当影响,如其所说:"淮、蜀十年,技穷力屈,投老多病,侥幸终更,归伏衡茅,庶便医药",[28]看来与之是觉年老又久病,势须辞官养疗体病。其时心境如他所说:"自蜀一病之后,生意萧然,不堪世用,遂决归休之计"。[29]类似以年老、体病而辞官不任的说法,所在不少,此处不再多述。又在他的诗作中也能看见,如"别来年事晚,病起面华寒"。[30]此诗大约作于任职四川安抚制置使之时。

头风宿疾从得病之后,应时常发作,此后与之的头风之疾遂终身相随,

在他去世前3年的端平三年(1236),年80时,为辞右丞相兼枢密使而上奏说:

臣行年八十矣,一身孤立,百病交攻,心气日深,头风时作,视听昏聩,步履蹒跚,元气渐危,生意重绝,去天既远,丧日无多。[31]

看来确像是来日无多的状况,"头风时作",的确随伴与之到终生之际。与之头风疾病发作时的身体情况如何?由他自己的说法中可以得知其情。在嘉定十六年辞四川安抚制置使时开始,有数次对病情的叙述,其一说:

近来头风发动,甚于常时,呻吟叫号,痛刺如破。加以心忡健忘,肌肉尽销,残息如丝,旦暮人耳![32]

头风发作时,是头痛欲裂,痛苦至呻吟号叫,加上心有忧惧,时而健忘。其二说:

百痣相陵,一衰不贷,头欲破而掣痛不已,心如啄而健忘尤深,气体支离,精神昏聩。[33]

这仍是头风发作时的头痛欲裂,"心如啄"则恐怕是心脏疾病。而后在绍定三年(1230),与之73岁时,为辞江西安抚使时,他的奏章上说到病情:

顷年头风之疾,秋冬为甚。今发作无虚日,自早晨为其所苦,食后方少定。若遇风寒,则终日奄奄,无复生意,甚至攻注面目,牵引口齿,呻吟不已,继以叫号。[34]

头风发作频繁,晨起为甚,遇风寒则颜面、口齿生痛,恐是发炎而神经疼痛。

由与之多篇的奏章中看到他的病痛主要是由头风宿疾,或风眩之疾。头风可由多种疾病引起,外感、内伤皆易生头痛,外感六淫如风寒、风热、风湿,内伤如肝阳上亢、肾精亏虚、脾胃虚弱、瘀血头痛等。头部为诸阳之会、髓海所在、清阳之府,故《张氏医通》说,六腑五脏之清阳精华气血,会聚于头,六淫之邪及五脏之逆,皆能上犯于头为害。[35]以与之的病况来看,早年感染瘴毒,加之思虑劳神,奔波体累,头痛、晕眩、怔忡、健忘、失眠、体弱气虚等，当近于气虚与血虚所致，内因思虑过度，饮食失节，劳伤体弱，脾气虚衰，气血化源不足而引起，由于不能上濡清空而头痛，[36]此种阴血亏虚系阴虚则肝阳上亢、血虚则脑失所荣，心肾不交，血虚导致心神失养，而血虚亦必致气虚。[37]晕眩如《济生方》中所言的病因外感或内伤皆能致此，病因与头风相似，而病理也相同，名医张景岳说："虚者居其八、九"，除外感邪毒，又系气血亏虚所致。[38]怔忡属心悸，是外无所惊，而自觉心悸不安，稍有劳累即会发作，凡阴虚劳损之人易得此疾，在症治分类上而言，心胆虚却、心脾两虚、阴虚火旺、心阳不足、水饮凌心、痰火扰心、心血瘀阻、心气不足、气阴两虚等，都能导致心悸的症状，以与之情形看来，应属于气阴两虚，即心阴不足与心血不足之故。[39]与之言其"自汗"的症状，是不因劳动、天热而出汗，其症治分类的病因亦有多种，多是由阳气虚衰、表卫不固导至，因与之有心悸现象，大约其自汗系心血不足而致，[40]这与他头痛、晕眩并同观察约略而知。

以头风宿疾为核心，加以其他病状来看，与之的体病大约是以气血两虚为主；但与之的体病尚不止头风等症状。在绍定六年（1233）时，与之76岁，朝廷召他与李埴、郑性之赴京，与之上章辞免，说：

> 臣流年七十有六，老将焉用，病莫能兴。近又为风邪所中，左臂偏枯，残息奄奄，朝不保夕。[41]

与之说其时中风，左臂不能动作。而后在端平二年（1235）时，广州摧锋军兵变，进军广州围城，官吏拥与之出面镇抚，史载"肩舆登城，叛兵望之，俯首听命"，除少数首谋惧罪而领兵撤走，其余叛兵皆降，朝廷即授与之为广东经略安抚使兼知广州，与之以情势紧急而暂领受印，以安抚平叛，"与之闻命承拜，即家治事"，但仍上奏另选派人接任安抚使之职。[42]当时"肩舆登城"，说明其行动之不便。不久，又上奏章，乞朝廷另谋择人为帅，奏文中说：

> 自领事之后，疲于应酬，心疾大作，怔忡自汗，神思恍然。……今来乃日益繁，病日益深，近又为风邪所中，半身不遂，余息奄奄。[43]

则前言"左臂偏枯"与此次的"半身不遂"，皆是中风所致。

中风而半身不遂原因颇多，在《黄帝内经》中有多种因中风而伤人的病，其中有“偏枯”当即半身不遂之中风，[44]中风有风中经络与风中脏腑二大病因，不外乎生活失节、情志过极、年龄体质、久病失调、外邪入中几种原因而致，发病机理亦不外于虚、火、气、血、风、痰六端。[45]与之中风大体是肝肾阴虚，风阳上扰所致，有头痛、晕眩、心悸等病史。在与之辞广东京略安抚使之后，朝廷又召之为参知政事，与之连续七次上章辞官，端平二年第六次辞书中说：

臣年七十有九矣，凋残之状日甚一日，心疾益深，怔忡自汗，神昏思短，健忘如痴，加以头风相凌，极其痛楚，牵引唇齿，吋复晕绝。[46]

其所述情况与过去所说相同，心悸、头痛、头晕、健忘等，但3年前的中风并未恢复好转。再看他在端平三年四月，第七次辞参知政事时所说：

臣病势阽危，日甚一日，心气怔忡而如啄，头风晕绝而欲颠，视听全衰，跪拜久废，半身不遂，语涩声干，肌肉尽销，仅存皮骨，岂能久于世乎?[47]

体病情况如前外；仍处于半身不遂状况，行动不便，言语不清，形容消疲，这与他在十月辞右丞相兼枢密使时的奏章中所说类似，前面已有引述，即或未有夸张病情与身体状况，大约也自知不久于人世了。

三、崔与之的心志——不做荣涂之梦

崔与之屡次辞官不仕向为人所称道，尤以七辞参知政事、十三辞右丞相的宰执之任，实为史上罕有，因之引起论者的关注与好奇，在本文前言中以大概列出论者的多种看法。笔者较偏向于对与之的体病及心志有关，体病的情形已如上述，而心志是趋向于恬淡归隐，也因其恬淡清净而隐居于乡，使其体病未因繁剧而加速恶化，尚能享得高寿以终，这当是他有自明之故。

与之在78岁辞免参知政事时曾说：

退伏田庐，侵寻一纪，颓龄已迈，宿痁相乘，岂复作荣涂之梦。[48]

不作荣涂之梦，大约是与之一生心志的写照，虽有朝廷屡次征召为宰执之任，与之仍守其志节，不为荣涂之想。约在50岁左右，有善于风鉴相术的张进武者，观与之相貌当有大好前途，因求赠以诗，与之作诗二首。[49]其一为：

荧荧碧眼照人寒，一别重逢岁又残。
老去但求闲处乐，君来尚作向时看。
谁将伏豸夸颅骨，我有盟鸥托肺肝。
坎止流行随所遇，何须觅梦到邯郸。

是说与相者为旧识，虽能以面相看出前途，但与之却无慕求朝廷美官之心意，随生涯仕宦所行所遇，而不强求仕途之荣贵，至于当退时则退，可渡闲散的日子。其诗第二首为：

瘦插秋山耸两肩，荒寥不直半文钱。
孤山放鹤林和靖，风云骑驴孟浩然。
万事转头浑是梦，一身安分总由天。
烦君束起前途事，我欲沧江买钓船。

诗意明显在于向往闲居淡雅的日子，如林和靖、孟浩然一般的自适生活，正是不作荣华富贵之梦，安分守天命而定，人们所执著的世事前途总是转眼成空。这或是与之偶有的人生感触，但若看其往后表现出的胸怀情意，可以知道他的心志是在于此。

嘉定六年(1213)与之由提点广西刑狱召为金部员外郎，入京途中经过吉水(吉州吉水)，游访旧识李壁之仁寿堂，因有诗作，其诗前半写景，后半诗句如下：

知命故不忧，李君其庶几。触目此境界，陡悟昔者非。更作首邱想，行色应迟迟。还游仁寿庵，细玩渊明诗。寓形复几时，皇皇欲何之。富贵非吾愿，帝乡不可期。自怜一身孤，蒲柳先秋衰。自念尽灰冷，故园劳所思。我有石壁山，亩计十有奇，归去营一窟，曲肱送斜晖。培植先人树，投老常相依。清泉白石盟，甘心天一涯。[50]

归乡闲居之意盎然，以人生有限，志不在求富贵闻达，而身体已有衰老之况。前面已言及与之任职广西时因瘴毒而染病，此时游江西吉水，因念田园之怡情养性，而更有感首邱之想，加之他自念“拙直多忤物，孤根徒自危”，在宦海中有孤危之感，触境悟非，不如得时归故园。其后，与之任职淮东安抚5年，官满离职时作诗有“天上人间一树花，五年于此驻高牙。不随红药矜春色，为爱霜筠耐岁华”之句。[51]以示帅淮东的5年，只在尽守忠职之责，为国家困境辛苦之心，而非在于高官威权之荣。在接着朝廷派任为秘书少监时，辞官乞闲，途经江西庐山作诗，有“要把封疆安社稷，谁教轩冕换山林，殷勤召隐知深意，五老朝来露玉簪”之句。[52]所说在于辞官而欲归乡闲居。当时与之有辞官闲退之意，然未坚持得愿，虽屡次上书章乞求外任，并言其体病状况，但仍未获朝廷允准，只得至京城升任秘书监。

或许与之不愿入京参与中央朝政的复杂人事，也或许无意于所派任之官，故而在京城所作诗中仍可见其情怀心志，尤其在送别的诗作中，最能表现。如诗句有：

戢羽孤凄怜病鹤，脱身高举羡冥鸿。[53]

此诗是为送别同僚外任而作，叹自身的孤老、体病之余，视外任为官颇有羡慕“脱身”之意。又如饯别的诗句说：

顾我亦漫仕，空山老松桂。
倦悔作归梦，乞身尚濡滞。
着鞭公已先，脂秣已相继。[54]
自顾孤危踪，归意尤浩浩。
白头频送客，何以慰离抱。[55]
愧我衰颜归未得，两旬三作送行篇。[56]

送别僚友出任外官，而已志未能得逞，自有感怀，所说仍不外乎孤危、老病、外任、归意等。到嘉定十三年(1220)底，与之终得外任为成都府路安抚使，与之似意愿不高，上章辞官，不允，于是出京入蜀，途中遇友人作诗，有“尺轲西风两鬓残”、“世道多岐今已惯”之句。[57]叹年老境况，又似倦于人心世道。直到嘉定十七年,朝廷召与之赴京任礼部尚书,与之一则辞官,一则离蜀便道还乡,此后不再复出任官,终得以全其闲退的心志。离蜀返乡时作诗,颇能说出其时得愿以偿的心志,诗句云:

九重天上别龙颜,万里江南衣锦还。
圣主有怜双鬓白,老臣长抱寸心丹。
短蓬疏雨春听浪,瘦马轻寒晓度关。
何处好寻幽隐地,长松流水白云间。[58]

四、结语

崔与之家世孤贫,靠努力上进远赴太学读书,举进士时已年36,故出仕稍晚。仕宦为官有政绩,尤以任职淮东、川蜀各5年,值金末与蒙古兴起之际,边臣封疆环境艰难,时局朝政亦紊杂不定,是与之所面临之时代为多事之秋,故任重而事繁,劳心费神易耗精血。与之为官约30年,至67岁时即辞官返乡家居,年岁已及老,退居亦不为过,但朝廷屡次以高官征召,而与之不为所动,屡召屡辞,其淡泊名利之心志遂得史上之清誉。

与之辞官始于宁宗朝,而其坚辞不出在嘉定十七年离四川制置使,朝廷召为礼部尚书之时,当时即声称有13年之久的风眩宿疾,此病痛初染于嘉定四、五年任广西提点刑狱之时,因岭南瘴疠而致病,此后即伴随其一生为痛,就其所描述的病状来看,头痛、晕眩、怔忡、健忘、失眠、自汗、体弱等等,当是气血两虚为主。在理宗绍定六年左右,与之76岁时,又得中风而半身不遂,大约因肝肾阴虚而导致,不过其中风情况似未过于严重,但身体不便则未能免除。原有头风宿疾,后又有中风新病,与之的生命力应属强旺之类,这应与他的心志涵养有关。

与之仕宦为官时日并不长,因出仕较晚,故辞官退居时已年近70,闲居家乡10余年逝世,得寿颇高。以与之长期病患,新旧疾恙而犹能享寿82,当与他不忮不求,恬淡胸怀有关,亦即是不作荣涂之梦。退隐闲居的心志早于其50岁左右即有表达，不过通常士大夫时或有感而发出的退居之思，未必定能表达其真意，但以与之而言，其后的一些诗作常流露退隐之思，慕羡闲居恬淡的生活，加之他屡次辞官的行为来看，与之似并不恋眷于仕宦生涯。以与之少怀大志，努力求学，加之仕宦政绩而言，他应属于积极为国为民的士大夫，大约在壮志抱负与退归家园之间仍存在着矛盾与焦虑，及淮东与四川前后10年的经历，益加重繁剧，体病也有愈重之势，或是任边区之重任及对时势的看法，知不能有所为而决意退居归乡？因不作荣涂之梦，“一身安分总由天”，于朝廷政局不刻意经营，于宦海中未结党为朋，造成这种“孤寒”应是与之从政的态度；到嘉定十七年，终于决绝仕宦而归。由四川返乡有《题剑阁》词，今以词的后半阙为本文之结尾。

> 对青灯、搔白发，漏声残。老来勋业未就，妨却一身闲。梅岭绿阴青子，蒲涧青泉白石，怪我旧盟寒。烽火平安夜，归梦到家山。[59]

注　释

1 见《宋史》卷460，《崔与之传》，第12257页。

2 见陈琏《崔清献公祠堂记》，收于《宋丞相崔清献公全录》，卷10，第7页上。四川大学古籍整理研究所，《宋集珍本丛刊》，第69册本文所据为此本，以下省称《全录》。

3 见梁异《修墓记》，《全录》卷10，第2页下。

4 参见何忠礼《南宋名臣崔与之论述》，《广东社会科学》1994年第6期。

5 参见关履权《崔与之的勤政为民与他的辞任宰相》，收于骆小民主编，《崔与之研究文集》(广东高等教育出版社1996年版)第18至25页。

6 参见管华《进有所为、退有所守——评南宋名臣崔与之的进与退》，收于前注书，第57—62页。

7 参见陈应潮《崔与之退隐原因探析》，收于前注书，第63—72页。

8 参见王李英《黄菊传芳、启迪后人——崔与之白麻不拜的原因探究》，收于前注书，第72至76页。

9 参见叶萃扬《浅议崔与之的辞呈》，收于前注书，第77、78页。

10 参见张纹华《南宋名臣崔与之辞官缘由新探》，《韶关学院学报·社会科学》，第26卷第10期。2006年12月。

11 参见《全录》卷4，《奏札1》，第1页上、下。

12 见《全录》卷8，第10页下。原文缺金虏之“虏”字，补据粤雅堂刊本《崔清献公集》卷5，第8页下，收于注2，《宋集珍本丛刊》。

13 金宣宗迁都汴京事,参见《金史》卷14《宣宗本纪》,第304、305页。

14 参见注1,页12259。另见注4,何忠礼前揭文。

15 崔与之的年岁与经历,可参见陈裕荣,《崔与之年表》,收于注5,《崔与之研究文集》,第240至249页。

16 崔与之自称“弱植孤根”,见《第四次辞免除礼部尚书》,《全集》卷5,第4页下。另见李昂英,《崔清献公行状》,《全录》卷3,第3页上。

17 见《全录》卷1,第10页上。

18 见《秘书少监乞补外》,《全录》卷4,第4页下。

19 见《再辞免除秘书监》,《全录》卷4,第6页上。

20 见《第三次辞免除礼部尚书》,《全录》卷5,第3页下。其中所述“怔忡自汗”情况,到端平二年,78岁时仍有此现象,见卷6,《奏乞谋帅为代》,第6页上。

21 见《崔与之传》,第12258页。

22 参见《宋史》卷90,《地理志六》,第2239至2248页。

23 见同注21。

24 见同注22。第2248、2249页。

25 见注16。《第四次辞免除礼部尚书》。

26 见《辞免除显谟阁直学士知潭州湖南安抚使》。《全录》卷5,第5页下。

27 见注16,《第四次辞免除礼部尚书》。第4页上。

28 见《再辞免知潭州湖南安抚使》。《全录》卷5,第7页下。

29 见《辞免知隆兴府江西安抚使》。《全录》卷5,第10页下。

30 见《送范漕赴召》。《全录》卷8,第16页上。

31 见《诏奏状》。《全录》卷7,第11页上。

32 见《四川制置乞祠》。《全录》卷4,第11页上。

33 见《辞免召赴行在》。同前第12页下。

34 见《再辞免知隆兴府江西安抚使》。《全录》卷6,第1页下。

35 参见张伯臾主编,《中医内科学》(人民卫生1996年版),第432页。

36 参见邓铁涛主编,《中医诊断学》(人民卫生1995年版),第624—626页。

37 参见《中医内科学》,第435页。

38 参见《中医内科学》,第443—447页。并见《中医诊断学》,页640。

39 参见《中医内科学》,第196—205页。并见《中医诊断学》,第641至643页。

40 参见《中医内科学》,第155—160页。并见《中医诊断学》,第612至614页。

41 见《辞免召赴行在》,《全录》卷6,第4页下。召崔与之等赴京,又参见《宋史》卷41,《理宗本纪一》,绍定六年,冬十月,己丑所记。第799页。

42 参见《宋史》,《崔与之传》,第12262页。此事《理宗本纪》失载。又可参见崔与之奏章《奏暂领经略安抚使知广州印乞除官代》,《全录》卷6,第4下至5下。

43 见《奏乞谋帅为代》,《全录》卷6,第6页下。

44 参见马元台、张隐庵合注,《黄帝内经》,《风论篇第四十三》,第291、292页。

45 参见《中医内科学》,第451—469页。并见《中医诊断学》,第656—658页。

46 见《第六次辞免参知政事》,《全录》卷7,第7页上。

47 见《第七次辞免参知政事》,《全录》卷7,第8页下。

48 见《辞免除参知政事》,《全录》卷6,第11页下。

49 见《张进武善风鉴谓予务骨日耸早晚入台求诗赠之》,《全录》卷8,第8页下、9页上。其第二首诗中有漏字,"一身分总由天"句,应为"一身安分总由天",漏去"安"字,据清道光刻本《崔清献公集》补入,见卷5,第7页下。《宋集珍本丛刊》。

50 见《题吉水鼋潭李氏仁寿堂》,嘉定癸酉年即七年。李氏指李壁,于诗中"细玩渊明诗"句有夹注言"壁有归去来词句",见《全录》卷8,第9页上、下。与之于开禧二年(1206)有诗《寿李参政壁》,诗题下自注"都下侍班",是时与之在京待命,而正逢韩佗胄开禧用兵之际,诗见卷8,第7页上、下。李壁为参政及其时参赞韩佗胄事,见《宋史》,卷38,《宁宗本纪二》,第741—746页。另见卷398,《李壁传》,第12106—12109页。

51 见《扬州官满辞后土题玉立亭》,《全录》卷8,第10页上、下。

52 见《谢山神》诗,诗前有小序,但未标诗题,估取其序文末句为题。见《全录》卷8,第10页下、11页上。

53 见《送袁校书赴湖州别驾》,《全录》卷8,第11页上。

54 见《柴秘书分符章贡》,《全录》卷8,第12页上。

55 见《陈秘书分符星渚》,《全录》卷8,第12页下。

56 见《李大著赴豫章》,《全录》卷8,第14页上。

57 见《寄黄州赵别驾》,《全录》卷8,第15页上。

58 见《嘉定甲申以礼部尚书得请便道还家作此诗》,《全录》卷8,第17页下、18页上。

59 见《水调歌头》,《崔清献公集》卷5,第14页下。

“百世闻之尚激昂”
——读菊坡诗

日本学习院大学　王瑞来

引言

崔与之为岭南不世出之名臣，当宋之世，已有“千载一人”[1]之誉，文天祥更是慨叹“菊坡天人”，[2]对崔与之表达出近乎神明般的崇敬。对于崔与之的言论事功，论者已多，然于其诗，则鲜有专论。究其原因，盖菊坡文集散佚已久，后人所辑，不及原书之一二。仅据之一二，似难于展开宏论。然而，诗言志，歌咏言，较之公文奏章，诗则更能展现内心世界。即使是与他人之唱和酬答，亦不能完全隐去心曲流露。因而，我想透过吉光片羽般残留下来的菊坡（与之号菊坡，以下迳称菊坡）之诗，来探索菊坡内心所存之政治理念与政治抱负。并由此个案来展示南宋后期士大夫之政治考虑与政治倾向。本文纯为诗文证史之尝试，而非文学艺术之探究。诗文证史，为陈寅恪先生所提倡，而后学界之诗文证史确亦有效解决一些历史疑案，如通过宋人李若水《捕盗偶成》一诗证明宋江确曾接受招安。然本文则非为历史事实之考索，而是结合历史背景，对历史人物思想之探寻。就研究角度与研究方式方式而言，亦不过为引玉之瓦砾，幸勿见笑。

一、“吾道从来轻九鼎”

读后人所辑《宋丞相崔清献公全录》，有一个感觉是，文集之中充满了辞任表章，如对参知政事之命、右丞相之拜，便有前后 13 通辞免表状。后人以此高之，宋人刘克庄在祭文中写道：“世所谓贵莫如三公，公辞台衮，以初服终；世所谓富莫如万钟，公却厚禄，如粪土同。”[3] 宋人家大酉颂扬道：“白麻不能起南海，千载一人非公谁？”[4]

关于菊坡坚辞的原因，由宋讫今，探讨尤多。

今人之研究，多以为系出于当时政治局势险恶，菊坡不愿与执行史弥远政策之后继宰相郑清之合作之政治原因。此说与保持晚节说有相通之处。我认为此乃部分原因，并非全部。

还有砥砺士风说。后来的黄震曾抨击宁宗、理宗朝的“四弊”就有“士大夫无耻”。[5] 前述刘克庄祭文就写到菊坡坚辞的意义，他说：“使公复出，一时蒙功；公虽不出，百世闻风。”我以为砥砺士风虽然也可以看作辞官原因之一，但更多体现的是客观效应。当然，菊坡视富贵为粪土是其一贯思想。他在诗中写道：“富贵非吾愿，帝乡不可期。”[6] 又写道：“酒酣耳热自击缶，世间万事轻鸿毛。”[7]

菊坡坚辞的直接原因，实际上就是他在辞表中反复强调的年老多病。在菊坡 50 余岁壮年之际，担任广西提点刑狱，半年间到所辖各地巡视，遍历瘴疠之乡，因染风眩之疾。菊坡在端平三年(1236)《第六次辞免参知政事奏状》中说：“臣年七十有九矣，凋残之状，日甚一日。心疾益深，怔忡自汗，神昏思短，健忘如痴。加以头风相陵，极其痛楚，牵引唇齿，时复晕绝。养痾一室中，犹且惴惴然，朝不保夕，数千里冲冒跋涉，何以克堪？”在《第四次辞免参知政事奏状》中，菊坡还这样写道：“缘臣年事已去，百病丛生。拜跪不能则废礼，视听不真则废事。废礼废事，将焉用之？而况心气头风，交相为愈。春间为寒邪所中，半身不遂。涉秋以来，此疾复作，须人扶掖而行，十目所共见也。若迫于成命,不自揣量,奔走贪荣,死于道路,则晚节扫地,遗憾何穷?”反复强调的都是身体原因。菊坡所述,当为可信可怜。数千里赴任,对于一个已经半身不遂年近80的老人来说,绝对是难以实现的。所以菊坡的坚辞,实在主要出于身体状况的实际考虑,做出的无奈决定。

其实,我们观察朝廷三番五次、十次八次坚持任命这一现象的背后,未尝没有任命以外的用意。史弥远之死,结束了长达24年的专权,亲政的理宗与后继的宰相郑清之,想给人以政治一新的面貌,因而做出大量召用声望旧臣的举动。在这样的举动中,曾在淮东与巴蜀立下经营之功而拥有巨大声望的菊坡自然是朝廷首选,未见得就是真意坚邀,更多的则是政治姿态。而经历一生政治历练的菊坡并不难看出朝廷招请的背后用意,因此,注重保全晚节的菊坡,选择坚辞亦是一种必然,而身体状况也正是一个最好的借口。“美官谁不爱,所贵以道得”[8],早在菊坡辞免知扬州、主管淮东安抚司公事之后的任命时,其门人洪咨夔便如此评价菊坡,因为他深知其师。

道者云何?菊坡在一首诗中写道:“吾道从来轻九鼎,诗人殊乏到三公。”[9]从这里,我们可以挖掘出菊坡坚辞卿相之任的深层因素。

士大夫的“道”,便是儒学的道统。“吾道从来轻九鼎”,便是自原始儒家以来的对君主藐视的传统。在《论语》中,有着大量孔子有关君臣关系的言论记录。《论语·为政》载:“定公问孔子:君使臣,臣事君,如何?孔子对曰:君使臣以礼,臣事君以忠。”《论语·宪问》记载:“子路问事君,子曰:欺也,而犯之。”《论语·先进》载:“所谓大臣者,以道事君,不可则止。”《论语·卫灵公》载:“道不同,不相为谋。”同是《论语·卫灵公》载:“道不行,乘桴浮于海。”要注意,《论语》等原始儒家所说的“君”,只是当时的诸侯国君,并不是天下共主周天子。而到了后世,在皇帝制度建立后的中央集权大一统王朝的背景下,士大夫为获得限制皇权理论资源,便移花接木,将错就错,将诸侯国君的“君”直指为相当于周天子的天下共主皇帝。这样一来,既有理由犯颜直谏,又有理由远离隐遁。作为在儒学思想熏陶下成长起来的宋代士大夫一员的菊坡,完全承继了原始儒家的思想,比如对于犯颜直谏,他在诗中就有“直谏批逆鳞,言言皆献替”[10]的表达。“九鼎”当主要是指代皇权,菊坡

“轻九鼎”之句，正与孟子“民为贵，君为轻，社稷次之”遥相呼应。南宋权相辈出，特别是史弥远的24年专权，让士大夫对中央政治产生了疏离。因此，我以为将菊坡坚辞卿相之任解释为不愿与非正常继位的皇帝以及权臣余绪的具体大臣进行政治合作，过于简单化和表层化，而对中央政治的疏离才是菊坡坚辞卿相之任的深层原因。

二、“功名事业要双全”

菊坡坚辞卿相之任，是不是像他曾经写下的诗句“世间万事轻鸿毛”那样，对功名利禄看得很淡呢？也不完全是。因为彻底的出世并不符合宋代士大夫的思想特征。菊坡从遥远的岭南跋涉到京城，在太学苦读三年，以36岁的大龄方考取进士，绝非不爱功名。菊坡在中央短期担任秘书监这样的文职期间，曾和他的同僚们以北宋蔡襄“留取功名久远看”的诗句分韵作诗，可见他是很看重功名的。

爱名，也是儒学道统的一部分。儒家经典中可以找出许多重名、爱名的理论，如“立身扬名”，“善不积不足以成名”，“疾末世而名不称”，“荣名以为宝”等等。北宋名臣范仲淹就写诗讲自己“少小爱功名”，并著文说：“我先王以名为教，使天下自劝。汤解网，文王葬枯骨，天下诸侯闻而归之。是三代人君已因名而重也。太公直钓以邀文王，夷、齐饿死于西山，仲尼聘七十国以求行道，是圣贤之流无不涉乎名也。孔子作《春秋》，即名教之书也。善者褒之，不善者贬之，使后世君臣爱令名而劝，畏恶名而慎矣。”[11]而崔菊坡也一脉相承了儒学道统的这一部分。他在进士及第十年后写下过这样的诗句：“到得中流须砥柱，功名事业要双全。”[12]在主政四川时，他又写下过这样的诗句：“议论方前席，功名早上坡。”[13]他认可古人所说的立功、立德、立言“三不朽”，写诗说：“世事俱尘土，唯有汗竹公。”“汗竹”就是史书，他想名垂千古。这让我想起极为崇敬菊坡的文天祥那有名的诗句“留取丹心照汗青”，在《宋季三朝政要》中记作“留取声名照汗青”。[14]这与菊坡等宋代士大夫的思想指向完全一致。

然而,菊坡坚辞卿相之任,因为他获取功名是有原则的,这就是前引门人洪咨夔所云:“美官谁不爱,所贵以道得。”也是他自己写过的诗句所云:“致君应有道。”[15]

三、“胸藏经济方,医国收全功”

纵观菊坡一生,他对中央政治的失望,并没有影响到他的建功立业。他没有像《论语·卫灵公》所说的那样“邦有道则仕,邦无道则可卷而怀之”。因为从主观上看,自北宋以来形成的士大夫政治所赋予的责任感,使菊坡不可能这样做。而从客观上看,除了中央政治,宋朝政治还并没有坏到让菊坡和多数士大夫彻底失望。菊坡同南宋的多数士大夫一样,改变了进取指向,改变了责任取向,由中央转向地方。菊坡一生宦历,除了在担任五年知扬州、主管淮东安抚司公事之后,在坚辞不得之下,到中央短期做过秘书少监和秘书监之外,几乎没有在中央任职。每当任命他中央的职务时,他都百般推辞。他在推辞知扬州、主管淮东安抚司公事卸任后的中央官职时,不惜接受比知扬州低得多的江淮宣抚使辟充参谋官的任命。在地方,无论是州县小官,还是封疆大吏,他都做出了不俗的业绩。菊坡经营地方的思想与实践,在他的诗中也有充分的反映。

医生家庭出身的菊坡常常喜欢以药方作喻,有“袖藏医国方,何以寿其脉”[16]等诗句。并且很喜欢在诗中使用“经济”一词。不过他使用的经济一词并非近代意义上的含义,而是“经世济民”的原义。比如他写道:“胸藏经济方,医国收全功。”[17]又写道:“胸中经济学,为国好加餐。”[18]还写道:“须知经济学,元不堕秦灰。”[19]从这些诗句看,饱学儒术满腹经论的菊坡自视颇高,充满自信,认为自己可以像悬壶济世的回春妙手一样,医治国家的痼疾。的确,菊坡的政治抱负在他地方的行政实践中也得到了相当大程度的实现。对菊坡在淮东宋金前线的军政作为,洪咨夔写诗赞颂道:“庆州小范青州富,合作先生社稷身。”[20]将菊坡比作当年抵御西夏的范仲淹与富弼。由此可见菊坡事功业绩之一斑。正是由于菊坡在淮东的作为，在短期任职于中央之后，便被任命为知成都府、本路安抚使，在四川制置使安丙去世后，又被任命为制置使，成为封疆大吏。南宋的四川由于特殊的地理环境与政治背景，形成半独立的势态。而朝廷长期委菊坡以全责重任，可见信任之深。而菊坡在整顿财政，维持四川安定等方面，也做出了不俗的业绩。

在菊坡的诗中，还多用“中流砥柱”的语意，以表示自己的责任与信心。如“中流屹砥柱，愈激而愈厉”，[21]“华践峻登群玉表，清修屹立激流中”，[22]“到得中流须砥柱，功名事业要双全”等。无论在淮东，还是在巴蜀，菊坡的确犹如中流砥柱，发挥了巨大的作用。

四、“民力宽时国势张”

在儒学道统中，还有重民的人文关怀。这方面在菊坡诗中也有体现。菊坡有名的《题剑阁》词中“人苦百年涂炭，鬼哭三边锋镝”[23]之句，是对南宋建立以来长期处于烽火连绵与紧张军事对峙的真实描述。而他“兆民困科扰，椎剥已无艺”[24]的诗句，则是对处于严峻政治形势下承受苛捐重赋的百姓所表现出深切的悲悯。菊坡并不是故作姿态进行不关痛痒的呻吟，而是把他对百姓的关怀切实地融入到了政治实践之中。出任广西提点刑狱，下车伊始，便发布了《岭海便民榜》，禁止官吏残害百姓。他的座右铭之一，便是“无以政事杀民”。[25]不仅是座右铭，在诗中也反映了这一认识：“养民但积和平福，莅事常持敬简心。”[26]早在担任淮西检法时，菊坡便有“十二聚民行惠政，三千议狱谨刑书”[27]之吟诵。在知扬州、主管淮东安抚司公事时，还接受了大量来自浙东的流民。为此，洪咨夔写诗赞颂道：“寨下人家盎盎春，又推余泽及流民。”完全是一片其乐融融的和谐景象。菊坡所期待的，则是他在诗中所写：“边人解带卧，危地成乐国。”[28]菊坡在想象中描述的，正是一种可以没有战争的和平生活。在知扬州任满辞别时，菊坡还写诗对淮东人民给予深深的祝福:"临行更致平安祝,一炷清香十万家。"[29]从原始儒家便清楚地解释了民众与国家的辩证关系。《论语·颜渊》:"百姓足,君孰与不足?百姓不足,君孰与足?"重民,正是深层次的为国。"平生忧国心,一语三叹息"[30]的菊坡,深深理解这个道理,因此,他写下了这样的诗句:"人谋合处天心顺,民力宽时国势张。"[31]

五、"要为官择人"

南宋员多阙少的状况远较北宋严重。看上去风光无限的科举,本来就是一条艰难里程。而在倍率达千分之一激烈竞争中突围中举之后,又很难挣脱"选海"。[32]作为选人,仅担任幕职州县官这样低级官员而终老仕途的不知几何。比菊坡晚30余年的及第进士、《鹤林玉露》著者罗大经便是这样的命运[33]。年近40及第的菊坡,以其才干加上幸运,得到了一些达官的赏识提携,才不至于像罗大经那样淹没在选人大海的海底。因此,惺惺相惜,同命相怜,脱颖而出之后的菊坡,"喜奖拔后进"[34]。菊坡荐举人才的史料相当多,这里难以枚举,仅引述一段较为集中的记载:"公身藩翰,而心王室,务荐贤以报国。在蜀擢拔尤多,若游似、洪咨夔、魏了翁、李庭芝、家大酉、陈韡、刘克庄、李鼎、程公许、黎伯登、李性传、王辰应、王潩、魏文翁、高稼、丁焴、家抑、张禅、度正、王子申、程德隆、郭正孙、苏植、黄申、高泰叔、李鍚,各以道德、文学、功名,表表于世。隆州进士李心传,累举不第,以文行闻于国,诸经皆有论着,尤精史学,尝着《高宗系年录》,号详洽,国史院取其书备检讨;又纂集隆兴、干道、淳熙典章及着《泰定录》等书,以白衣召入史馆,亦公特荐。"[35]《崔清献公行状》记载菊坡所荐,"后皆为公辅"。从为撑柱南宋后期政局贮备人才资源的角度看,菊坡亦功不可没。菊坡诸如"人才,国之元气"[36]等论述不少。在诗中,菊坡的人才意识也有体现。如"国论参稽定,人才养护成",[37]又如"要为官择人,颇牧还禁中"[38]等等。

六、“归装可对人，南物毫不殖”

在谈到杨万里之子杨长孺的清廉时，宋宁宗评价说：“不要钱，是好官。”[39]当时在为官清廉这一点上，菊坡与杨长孺齐名。宋理宗向真德秀询问廉吏时，真德秀就说：“崔与之帅蜀，杨长孺帅闽，皆有廉声。”[40]在《崔清献公言行录》中，记载了不少菊坡德廉洁事迹。略举一二。

> 公在蜀，省费薄敛，公私裕如。将去，举羡余三十万缗，归之有司，以佐边用，一无私焉。代者辄干没。虏攻三关，调度无以继。仕于蜀者，鲜不为奇玉美锦所动。公至官，争以为馈，悉却之。去之日，至蜀口，四路制领举所尝却者以献，有加焉，俗谓之大送，公却愈力。
>
> (广州)寇平，即力辞阃事，所得广帅月廪钱一万一千余缗、米二千八百余石，悉归于官，一无所受。

菊坡视为座右铭的另一条，便是“无以货财杀子孙”。菊坡以古廉吏为楷模，在诗中写道：“归装可对人，南物毫不殖。”[41]菊坡自蜀轻舟南归，可谓是诗所言志，行所践志。当年岳飞的一个期待“文官不爱钱”，在菊坡那里得到了实现。

余论

诗多真情流露，可以概见内心世界。读菊坡诗，想见菊坡为人，如其门人所咏：“百世闻之尚激昂。”[42]激昂之余，更作遐想。本文通过残存无多的“夫子自道”的菊坡之诗，结合菊坡一生的政治实践，探讨了成为菊坡坚辞卿相之任深层原因的南宋士大夫对中央政治的疏离，探讨了追求功名不朽的菊坡政治作为的地方转向，探讨了菊坡由儒学重民思想与严峻的现实所生发的忧国忧民意识，探讨了菊坡经邦治国的政治抱负与强烈自信，探讨了菊坡在仕途日狭的状况下对人才的吸引，探讨了作为“文官不爱钱”的菊坡的清廉。尽管菊坡身处南宋后期史弥远长期专政所形成之颓局，但局势还没有坏到像末年贾似道弄权那样不可收拾。然而菊坡诗所流露出的忧国忧民之心思的深切，表现出的经世济民之抱负的强烈，已为吟风弄月之作充斥的宋代士大夫之诗所鲜见。诗如其人，菊坡诗与菊坡人，特别是与菊坡的政治实践相应如形影。诗言志者，正菊坡诗之谓也。菊坡之诗，菊坡之行，呈现给人们的正是一个儒学思想所熔铸的典型的宋代士大夫的正面形象。因此说，透过菊坡之诗，我们不仅可以研究菊坡其人，还可以加深理解拥有以天下为己任担当精神的传统知识人。从这个意义上说，残存无多的菊坡诗也是一种重要的史料，一笔宝贵的精神遗产。

注　释

1 李昴英《崔清献公行状》引家大酉诗。

2 文天祥《文山集》卷14《跋曾子美万言书稿》。

3 刘克庄《后村居士集》卷34《祖祭崔相文》。

4 李昴英《崔清献公行状》。

5 《宋史》卷438《黄震传》。

6 《题吉水鼋潭李氏仁寿堂》(《全宋诗》卷2738)。

7 《寿李参政壁》(《全宋诗》卷2738)。

8 《平斋文集》卷2《送崔少蓬南归》。

9 《宋丞相崔清献公全录》卷11 补遗《又赠相士》。

10 《柴秘书分符章贡同舍饯别》(《全宋诗》卷2738)。

11 此处所述范仲淹的言论，参见笔者《宋代士大夫主流精神论》(《宋史研究论丛》第6辑，河北大学出版社2005年版)

12 《送时漕大卿》(《全宋诗》卷2738)。

13 《送夔门丁帅赴召》(《全宋诗》卷2738)。

14 《宋季三朝政要》卷6。

15 《陈秘书分符星渚同舍饯别》(《全宋诗》卷2738)。

16 《危大著出守潮阳同舍饯别》(《全宋诗》卷2738)。

17 《答李侍郎》(《全宋诗》卷2738)。

18 《送夔门丁帅赴召》(《全宋诗》卷2738)。

19 《送魏秘书赴召》(《全宋诗》卷2738)。

20 《崔清献公言行录》卷1。

21 《柴秘书分符章贡同舍饯别》(《全宋诗》卷2738)。

22 《送袁校书赴湖州别驾》(《全宋诗》卷2738)。

23 《水调歌头·题剑阁》(《全宋词》卷)。

24 《柴秘书分符章贡同舍饯别》(《全宋诗》卷2738)。

25 《崔清献公言行录》卷2。

26 《哭赵清之》(《全宋诗》卷2738)。

27 《送时漕大卿》(《全宋诗》卷2738)。

28 《寿邕州赵守》(《全宋诗》卷2738)。

29 《扬州官满辞后土题玉立亭》(《全宋诗》卷2738)。

30 《危大著出守潮阳同舍饯别》(《全宋诗》卷2738)。

31 《送聂侍郎子述》(《全宋诗》卷2738)。

32 《朝野类要》(中华书局,2007年王瑞来点校本)卷2《选调》载:"选调,承直郎以下、迪功郎以上文资也。又谓之'选海',以其难出常调也。"

33 参见中华书局点校本《鹤林玉露》2005年第3版所附王瑞来《罗大经生平事迹考》及《罗大经生平事迹补考》。

34 《崔清献公言行录》卷2。

35 《崔清献公言行录》卷2。

36 《崔清献公言行录》卷2。

37 《送魏秘书赴召》(《全宋诗》卷2738)。

38 《答李侍郎》(《全宋诗》卷2738)。

39 《吴兴备志》卷5。

40 《宋史》卷437《真德秀传》。

41 《送洪旸岩归班》(《全宋诗》卷2738)。

42 李昴英《文溪存稿》卷15《同刘朔斋游蒲涧谒菊坡祠》。

勤政爱民之循吏，治国安邦之能臣

——纪念南宋名臣崔与之诞辰850周年

南京大学　李昌宪

崔与之(1158—1239)，南宋广州增城人。光宗绍熙四年(1193)登进士第，从此步入仕途。宁宗嘉定十七年(1224)，崔与之自四川安抚制置使离任，奉祠返乡闲居，因此，他的主要政治活动应在宁宗一朝。

崔与之出身贫寒，父亲是一名颇有医德的医生，他“究心岐黄之书，贫者疗之不受直”。[1]这样的家风，潜移默化，深深地影响了崔与之。关注民生，勤政爱民，成了崔与之出仕后为官行事的主要风格。在建昌军新城县任上，正值开禧北伐之时。当时“军旅所需，天下骚然，与之独买以系省钱，吏告月解不登，曰：‘宁罢去！’和籴令下，与之独以时贾籴，令民自概”。他决不因突然增加的战争费用，增加百姓的负担。也不在收购农民余粮时压价，多收百姓的斛面，盘剥百姓。在广西提点刑狱任上，他能遍历所部25州郡，浮海巡视朱崖，秋毫无扰州县。“朱崖地产苦?，民或取叶以代茗”，州郡乘机敲剥，立为新税，岁征五百缗。“琼人以吉贝织为衣衾，工作皆妇人役之，有至期年者。弃稚违老，民尤苦之。与之皆为榜免。其它利病，罢行甚众。琼之人次其事为《海上澄清录》。岭海去天万里，用刑惨酷，贪吏厉民，乃疏为十事申论而痛惩之。髙惟肖尝刻之，号《岭海便民榜》”。[2]广西一路幅员辽阔，琼崖四州又在海外，“昔者轺车按行之所不到，公历巡所部。朝岚昼暑，星行露宿。以叶舟渡朱崖，冲冒川途之险而弗顾，自春徂冬，往返数千里，形容凋瘁，鬓毛悉斑。所至搴帷问俗，导人使言，有条利害以告者，必为之罢行乃去”。[3]

坚执有守,通达知变,是崔与之仕宦的另一个显著特点。在初仕浔州司法参军任上,史言,“常平仓久弗葺,虑雨坏米,撤居廨瓦覆之”。通判邕州时,知邕州是武人,“苛刻,衣赐不时给,诸卒大哄。漕司檄与之摄守,叛者帖然。乃密访其首事一人斩之,阖郡以宁”。当时人称崔与之“处事识大体”,“应接事物,动有机警”。“长于应变”,于“不动声色”之间,平息事态。崔与之对这两件事的处理,清楚地体现了这一点。后来在淮东任上平定楚州武锋、敢勇叛兵事件上,暮年平定广州摧锋军叛军事件上,无不展现了他这方面的才干。[4]

还是在浔州司法参军任上,“郡守欲移兑常平之积,坚不可。守敬服,更荐之”。调任淮西提刑司检法官后,“民有窘于豪民逋负,殴死其子诬之者。其长欲流之,与之曰:‘小民计出仓猝,忍使一家转徙乎?况故杀子孙罪止徒。’”[5] 坚持依法量刑,淮西提刑最终采纳了崔与之的意见。依法办事,还可举崔与之淮西任上不畏权势的事为例。“时王枢密当国,有子豪夺僧寺田,官吏无敢决其讼。公直笔拟断,不为权势屈”。最后赢得了王枢密的尊重,并将他推荐给朝廷。上引在新城任上,宁可动用县的经费而罢官,也决不加重百姓负担,也体现了崔与之的极强的原则性,这个原则性就是关心民生,以人为本。当时人李肖龙说得好,崔与之“治新城,以抚字寓之征科,酌道里为信限,悉蠲浮费,民输直造庭下,东庑交钱,西庑给钞。未纳无泛比,已纳无泛追。不事一棰,而赋益办。前是,编民以役破家相踵,公既去所以蠹役者,民争应恐后”。一个“抚”字道出了崔与之的人文关怀精神。崔与之蠲去了赋役中的“浮费”,“无泛比”,“无泛追”,依法征收,法外蠹民之赋役一切蠲免,给百姓以实惠,所以才能做到不扰而办,“邑境帖然”,[6] 利国利民,取得双赢,他本人也成为地方工作中的样板。

崔与之出仕时,正处于宋金对峙时期。作为文官出身的崔与之,在知扬州、知成都府任上却显露出优秀的军事才干。南宋嘉定七年(1214),正是金贞祐二年,当时金迫于蒙古军队的强大攻势,放弃中都,南迁至汴。金南京开封府,迫近淮甸,金将政治中心迁至此后,在事实上,对南宋构成了空前强大的压力。同时,由于蒙古军的进攻,金山东、河北、河东诸路残破,土豪、流民、溃兵组成了无数军事集团，他们依违于蒙古、金、宋各方之间，叛服不常。山东李全就是这样一支武装力量。宋两淮地区由此背腹受敌。这年崔与之出任扬州，由此肩负起淮南东路的军事防务之责。因为宋代知扬州，不仅要负责扬州一州的政务，更要负责淮南东路一路的军事。崔与之陛辞时，面奏以"选守将、集民兵，为边防第一事"。到任后，立即加强防务，"浚濠广十有二丈，深二丈。西城濠势低，因疏塘水以限戎马。开月河，置钓桥。州城与堡砦城不相属，旧筑夹土城往来，为易以甓。因滁有山林之阻，创五砦结忠义民兵。……扬州兵久不练，分强勇、镇淮两军，月以三人，日习马射，令所部兵皆仿行之"。这一系列的防务措施，巩固了淮东的边防。在金人进攻淮西时，淮东"沿边之民得附山自固。金人亦疑设伏，自是不敢深入"。淮民多畜马善射，崔与之"欲依万弩手法，创万马社，募民为之"，但宰相不支持而不果行。[7] 在淮东任上，崔与之发现"扬州仓廥少且圮坏，新籴无所放处。公视北门内旧柴场地于市河为近，鼎创仓廒十二座，积粟充裕"。[8] 可以说下车伊始，崔与之整顿防务，已初见成效。

淮东数百里皆平原旷野，无险可守，惟滁州、盱眙军多山林。崔与之经过考察，他选择在高峙而有水泉的方山、石固山等地，"募民筑五山寨，累石为城，料简丁壮，选材力服众者，假以官资统之"。"有警边民悉家于中，并力捍御"。又在淮阴、宝应、滁州，筑城防御。并调整了盱眙、天长、滁州三地的防务布局。"滁与盱眙，距天长各百三十里"，崔与之将淮东大将、重兵自边境盱眙调至天长，居中"临机随势策应"，而另选一名智勇可当一面的统制官驻守盱眙。由此"出入变化，不为敌所窥，而淮东备御之势全矣"。[9] 基本达到了足兵足食、以固边圉的目标。

在淮东任上，崔与之表现出一位卓越军事家的战略眼光。当时有一种错误的军事观点，认为不必设置两淮制置使，有事则命两淮帅臣互相为援。崔与之认为："两淮分任其责而无制阃总其权，则东淮有警西帅果能疾驰往救乎？东帅亦果能疾驰往救西淮乎？制阃俯瞰两淮，特一水之隔，文移往来，朝发夕至。无制阃则事事禀命朝廷，必稽缓误事矣。"由于崔与之的极力反对，两淮制置使未废。南宋安抚制置使是南宋时期宋王朝与金、蒙长期对峙的产物。这一时期战争的长期性与残酷性是宋辽、宋夏战争远不能比拟的。因而在宋辽、宋夏战争中产生的安抚使制度就远不能胜任南宋时期新的战争形势和战争规模。因此,为了适应变化了的情况,更有效地组织力量,进行战争,必须有一个新的更大的授权,一个新的更高的职位,“俾之各居属部,是非委得以亲见,利害不惑于传闻。变生于顷刻,则随变而辄应;战胜而捷来,则核实而即奏。上下相孚而不忤,部内亲睹而无间”。[10]达到成功抗击金入侵的目的。南宋后期,北方战场形成了两淮、京湖、四川三大战区,各大战区“合官、民、兵为一体,通制(置)、总(领)司为一家”,[11]安抚制置使成为独揽数路军政、民政、财政的方面大员。历史的发展,雄辩地证明了崔与之的军事观点是正确的。

嘉定十三年(1220),崔与之调任知成都府。时正值“成都帅董居谊以黩货为叛卒所逐,总领杨九鼎遇害,蜀大扰”之后。崔与之莅任后,开诚布公,兼用吴蜀之士,拊循将士,晓以大义,协和将帅,消除了蜀中士大夫、将帅中的矛盾,出现了文武官员同心体国、军政始立的局面。四川全盛时,军马15000余匹,但是,崔与之来时仅剩下5000匹。“与之移檄茶马司,许戎司自于关外收市如旧。严私商之禁,给细茶,增马价,使无为金人所邀。总司之给料不足者,亦移檄增给之”。一如在淮东那样,崔与之以巩固边防为急务。“凡关外林木厚加封殖,以防金人突至。隔第关、盘车岭皆极边,号天险,因厚间探者赏,使觇之,动息悉知,边防益密。总计告匮,首拨成都府等钱百五十万缗助籴本。又虑关外岁籴不多,运米三十万石,积沔州仓,以备不测。初至府库钱仅万余,其后至千余万,金帛称是”。[12]又做了一番足兵足食的工作。崔与之认为,“实边而后可以安边,富国而后可以强国”。[13]崔与之在淮东、四川两地的措置,践履了他的这一政治思想、军事思想。

南宋对金战略,有和、战、守三派。当时的形势是金已衰弱,但南宋也不具备反攻收复失地的实力。崔与之从实际的国情出发,力主守议。他认为“古今未有无夷狄之中国,而中国所恃以待夷狄者,不过战、守、和三事而已。唯能固守,而后可以战,可以和,权在我也。守且不固,遂易战而为和,权在彼也”。为此,他在淮东反对招纳李全等军事势力。他说:“山东新附,置之内地，如抱虎枕蛟，急须处置。自古召外兵以集事，事成与否，皆有后忧”。[14]后来李全南下进攻扬州，淮北重镇楚州残破，降为淮安军。事态的发展果如崔与之所料。嘉定十二年（1219），淮东都统刘琸承宰相密札，欲袭取金淮北边城泗州。结果是兵刚渡淮，就全军覆没。崔与之忧愤填膺，驰书宰相言："与之乘鄣五年，子养士卒。今以万人之命，坏于一夫之手，敌将乘胜袭我。"果然，金人采取报复行动，大军入境。宰相连给崔与之三封书信，下令议和。在此危急时刻，崔与之深思熟虑，显得冷静异常，他答道："彼方得势，而我与之和，必遭屈辱。今山砦相望，边民米麦已尽输藏，野无可掠。诸军与山砦并力剿逐，势必不能久驻。况东海、涟水已为我有，山东归顺之徒已为我用，一旦议和，则涟、海二邑若为区处？山东诸酋若为措置？望别选通才以任和议。"对于敌我力量的优劣与和议以后新形势的对策，他都一一考虑到了。同时，他抓紧时机，"亟修守战备，遣精锐，布要害"，结果，金人深入无功，而和议也中止。[15]崔与之主张"守边以镇静为先，以张皇为戒"。这点在成都任上也得到了充分的印证。崔与之嘉定十四年莅任，时金危亡在即。当时安丙任四川宣抚使，西夏来约夹攻金朝。崔与之闻后，急致书安丙，说："自金虏弃燕，山东、两河势如破竹，灭亡可待。异时震邻之患大有可忧。金人不顾死亡，南窥淮汉。宜及此时招纳豪杰，选将练兵，修固堡障以待。蜀连年被兵，士气未振，岂宜轻举？彼区区西夏，衰微益甚，何足为吾之犄角？万一失利，亏损国威，公必悔之。"安丙不听，结果"会师攻秦、巩，而夏人不至，遂有阜郊之败"。[16]可惜的是，南宋君臣并未将此谠言忠论放在心上，端平初元（1234），蒙、宋联合灭金，南宋由此获得的三京（东京开封府、西京河南府、南京应天府）等地，旋踵即失，宋军在蒙古军的追击下，溃不成军，损失惨重，丧师辱国，并由此开启了长达半个世纪的宋、蒙战争，直至南宋灭亡。

崔与之政治活动的主要年代，在宁宗（1195—1224）在位的近40年的时间内。这一时期，宋、金处于对峙状态之中，前半期金尚处于它的鼎盛时期，而南宋也是处于建炎以来社会经济的发展时期之中。双方冲突不多，和平发展是主旋律。因此，崔与之的政治活动，并无影响一个时代的丰功伟绩，因而崔与之本人在中国历史上也不能称得上是一颗巨星。但是，正是由于有了一大批象崔与之这样的循吏与能臣，他们勤政爱民，坚持有守，积极地整军备战，以固疆圉，为国干城，所以南宋方能立国150余年，南宋方能在蒙古大军的攻击下坚持半个世纪，这在13世纪的世界史上是罕有其匹的。

注　释

1 《宋史》卷406《崔与之传》。

2 《宋史》卷406《崔与之传》。

3 《崔清献公言行录》卷1。

4 《宋史》卷406《崔与之传》、《崔清献公言行录》卷1。

5 《宋史》卷406《崔与之传》。

6 《崔清献公言行录》卷1。

7 《宋史》卷406《崔与之传》。

8 《崔清献公言行录》卷1。

9 《崔清献公言行录》卷1、2。

10 《宋会要·职官》40之19。

11 《宋史》卷403《赵方传》。

12 《宋史》卷406《崔与之传》。

13 《崔清献公言行录》卷2。

14 《崔清献公言行录》卷1。

15 《宋史》卷406《崔与之传》。

16 《崔清献公言行录》卷2、《宋史》卷406《崔与之传》。

崔与之辞官论

上海人民出版社 李伟国

一、宋代的“辞官文化”

崔与之今存之文集《崔清献公全录》共10卷，其中卷1至3是李肖龙所辑“言行录”等，卷4至7是奏札，卷8遗文遗诗，卷9宸翰、赠挽，卷10赠挽。可见其中属于崔与之本人的著作，除了1卷遗文遗诗以外，就是4卷奏札了。张纹华女士认为这反映了崔与之一生勤于做事，疏于笔耕[1]。我觉得不能这么说。崔与之留下的著作不多，主要原因还是“历史的强制散轶”（与自然淘汰相对而言）。据张其凡教授等论述，崔与之门人李昴英在《崔清献公行状》中说：“（崔与之）家藏御札七通，有文集10卷，其文明白谨严，家大酉书其端曰：‘东海北海天下老，亦有盍归西伯时。白麻不能起南海，千载一人非公谁？’”这说明，在宋时就已有10卷本崔与之文集（名《菊坡文集》）行世，还有家大酉在文集首页题的诗。李昴英见过此文集，在崔与之家中即有此书。此外有“御札七通”，并未收入10卷本文集之中[2]。现在我们能看到的崔与之文集，是后人重编的，其中崔与之本人的作品已经少了很多。而其4卷奏札，主要是嘉定十二年（1219）至端平三年（1236）的辞免状。也就是说，从他62岁以后，一直到80岁，20年中上送了大量的辞官奏札，仅留存于文集中的就有33道（没有收进文集的肯定还有不少）。于是在有关崔与之的研究论文中,关于其辞官问题的讨论成了一个重要方面。十多年前张其凡教授等的文章,2006年张纹华女士的文章,以及此次读到的游彪教授的文章,都有精辟的论述。

实际上,辞官在宋代是惯例,几乎每一位官员,在获得一项重要任命的时候,总要先请求辞免,否则会被目为“躁进”而遭致非议。可以说宋代存在着半推半就的“辞官文化”。王安石在宋神宗熙宁二年二月被任命为参知政事,上了一道《辞免参知政事表》,中有云:“伏奉制命,特授臣右谏议大夫参知政事余如故者。才薄望轻,恩隆责重。敢缘聪听,冒进忱辞。窃以建用宗工,与图大政,以人贤否,为世盛衰。矧休运之有开,须伟材而为辅。岂容虚受,以误明扬。如臣者承学未优,知方尤晚。先朝备位,每怀窃食之惭;故里服丧,重困采薪之疾。皇帝陛下绍膺皇统,俯记孤忠,付之方面之权,还之禁林之地,固已人言之可畏,岂云国论之敢知。忽被宠灵,滋怀媿恐。伏望皇帝陛下,考慎所与,烛知不能,许还谬恩,以允公议。庶少安于鄙分。无甚累于圣时。”除了回顾其经历,并指出人言可畏以外,不免套用程序。但同月就有《除参知政事谢表》:“承弼之任,贤智所难。顾惟缺然,何以堪此。仰膺成命,弗获固辞。窃以古先哲王,考慎厥辅,皆有一德,用成众功。伏惟皇帝陛下,含独见之明,践久安之运,甫终谅暗,将大施为,宜得伟人,与图庶政。如臣者徒以承学,粗知义方,本无它长,可备官使。退安私室,自绝荣涂。既负采薪之忧,因逃窃位之责。大明继烛,正路宏开,付以蕃宣,还之侍从。清闲之宴或赐,开延浅陋所闻。每蒙知奖,以为奉令承教,庶几无尤。至于当轴处中,良非所称。宠光曲被,震媿交怀。此盖伏遇皇帝陛下,德懋旁求,志存远举。隆宽尽下,故忠良有以输心;公听并观,故谗慝不能肆志。矧睿谋之天纵,方圣治之日跻。思称所蒙,敢忘自竭。远猷经国,虽或媿于前修;直道事君,期不隳于素守。”[3] 虽仍有自谦之辞,而所谓“隆宽尽下,故忠良有以输心;公听并观,故谗慝不能肆志”,显然是对皇帝的要求,“远猷经国,虽或媿于前修;直道事君,期不隳于素守”,则其远图之志已露其端。这样的事例举不胜举。至于何种官员需要上书辞免,这是一种制度抑或潜规则,尚可专门研究。

在宋人文集中，辞官奏札之类的文章随处可见。

今谨从《全宋文》中随机抽取两例。刘挚，北宋东光（今属河北）人，字莘老。嘉祐进士。熙宁中迁监察御史里行，屡上疏反对新法，称其“烦扰”、“聚敛”，使“天下无一物得安其所”，责监衡州盐仓。元丰中，历右司郎中、知滑州。哲宗立，召为吏部郎中，擢侍御史，劾新党蔡确、章惇等，请罢常平、免役法。元祐元年（1086）拜尚书右丞，连进左丞、中书、门下侍郎，六年拜右仆射。言官劾其援引私党等，罢知郓州。哲宗亲政，累贬新州安置。在其著作《忠肃集》中，“辞免”性质的文书就有20道，所辞官有监察御史、御史中丞、侍读、尚书右丞、中书侍郎、门下侍郎等等，如果再加上乞外任、乞致仕之类的文字，有近30篇。又如司马光，辞官文字有近50篇，所辞官有修注、知制诰、龙图阁直学士、翰林学士等等，这些都是他后来做过的官。先辞后谢，大多如此。另外还有许多要求外放、要求责降等等文章，与辞官奏札是同类文字。[4]

二、王安石、崔与之辞官异同论

何忠礼兄认为：“考察有宋一代历史，易退难进的大臣，恐怕只有两人：一为北宋名相王安石，另一个就是南宋的崔与之。大凡求禄不易，得官颇晚者，若依苏轼所见，这类人的名利心必然更重，但与之则不然。他自宁宗嘉定十七年（1224）起，即以道不合而告退，后虽屡召而不起。其中，拜参知政事，八辞不受。逾年，拜右承相，兼枢密使，三奉诏书，四承御礼，中使促行，命广帅以礼劝勉，派门人李昴英专往谕志，与之逊辞几十三疏，终不为动。故家大酉以为：‘东海、北海天下老，亦有益归西伯时；白麻不能起南海，千载一人非公谁？’正可谓至言。”[5] 此论尚有可申述之处。

被韩琦认为行政才能平平的王安石，高中进士以后，从扬州幕府，到明州鄞县（今宁波属区）知县，再到舒州（今属安徽）通判、常州（今属江苏）知州，一直到提点江南东路刑狱，地方官的生涯，延续了十几年，职位越来越高。其中通判是州府长官知州的第一副手,提点江南东路刑狱,相当于现在省一级的政法事务长官。他一步一个脚印,不仅政绩斐然,而且学问见长,撰写了几部论著和大量诗文,在士大夫中间名望越来越大。

当朝的达官贵人,纷纷推荐王安石通过考试到朝廷去担任馆职。馆职就是在史馆、秘阁、集贤院等编撰、文秘机构担任修撰、校理、校勘等职务,看似清闲,却是引人瞩目的清流之选,一经此职,便仕途通畅,提拔迅速,可望担任两制(知制诰、翰林学士),为皇帝和朝廷起草文件,提提意见,进而被授以执政之柄,这是每一个士大夫所梦寐以求的既清高又重要的职务。但王安石居然屡次推辞。

仁宗皇祐年间,宰相文彦博上奏章推荐王安石说,王安石以进士第四人及第,按照老规矩,只要做一任地方官,就可以呈上他的绩效情况和所写文章,要求通过考试得到馆职,文馆之职,是读书人都追求的,但王安石已经担任数任地方官,却一直没有提出这样的要求,甚至朝廷点名召试,他也以"家贫亲老"的理由加以拒绝。这种恬然自守的节操,实在是不可多得。对这样的人,朝廷应该破格提拔,以发扬好的风气,扼制为求快速提拔而请托跑官的不良风气。[6]

假如王安石是一个识时务的"明白人",这个时候即使不趁机鼓吹一下自己的恬淡谦虚,也应该对文彦博的知遇之恩表示一下感谢,与这位大权在握的重臣拉拉关系。

可是王安石偏偏不知趣,非但不上书谢恩,还在《乞免就试状》中说:"我的祖父母已经年老,父亲死后尚未安葬,妹妹要出嫁,家贫口众,难以在京师居住。上次曾经上报过这些情况,希望不要参加考试,免得考完以后,不能上任,被人认为是拒不执行朝廷的命令,反而获罪。不料有些大臣说我这是谦虚低调,恬然自守。假如我没有为父亲安葬、帮妹妹出嫁和赡养长辈等种种困难,而反复退避谦让,不敢担当清要的官职,可以说是恬退。现在我只是为了安排家庭私事和急事,根据家庭的利害关系作出选择,有人把这种情况说成是'恬退',实在不是我的本意。如果现在让我到京城去,就会打乱我原来对家庭事务的安排。希望皇上体察我的本意仅仅是安排家庭事务,收回让我赴京参加考试的命令，让我仍然去做地方官。”[7]

在王安石留下的文字中，辞官文字超过50篇，其辞高官，特别是虚职，尚可理解，难以理解的倒是屡次辞免清要之官，特别是乞免就试。所以时人及后人均有认为王安石的做法颇有矫情自高之嫌者。但我认为，王安石非要说出实话，指出自己“本意止是营私”，而不领执政大臣的情，这也是需要勇气的。由此可知，王安石之辞清要，与崔与之之辞京官，其人生之阶段、仕宦之历程、辞官之目的均有所不同。

三、文彦博、崔与之异同论

皇帝希望崔与之向文彦博看齐，不要反复辞免。《端明殿学士太中大夫广东经略安抚使崔与之再辞免除参知政事趣令就道恩命不允不得再有陈请诏》：“朕慨念为君之难，仪图耆寿俊共政，用康保民，以长我王国，诏书屡下，申之亲札，致敬有礼，视安车蒲轮为加厚。卿抱道俟时，可幡然起东海之滨矣。巽章至再，陈义何切！范镇年未及谢事而休致，在元祐固不以为矫，独不思文彦博起于既老之馀，力扶丕×，岂徒为保身之哲耶？夫麒麟凤凰之出，百鸷率服，以其德非以其力也。卿旅力虽愆，精神逾劲，坐而谋国，必能折奸弭慝，翼朕攸济。维日望之，强饭就道，毋惮于行。所辞宜不允，不得再有陈请。”[8]

北宋朝宰相最高寿者当推文彦博（1006—1097），享年91岁。他是四朝（宋仁宗、英宗、神宗、哲宗）重臣，任将相50年，名闻四夷。神宗末年（1083年）文彦博已经获准退休，在洛阳准备安度晚年。哲宗即位初（1086年），当政的司马光看重“宿德元老”文彦博的才能与威望，极力推荐。就这样，已过80岁高龄的文彦博“落致仕”，被授予“平章军国重事”一职，再担大任。他思维敏捷、处理政务井井有条，苏轼评价他“其综理庶务，虽精练少年有不如；其贯穿古今，虽专门名家有不逮”[9]。

但文彦博并非不要求辞免。《全宋文》中有文彦博《乞罢重任札子》23

道，自熙宁初至熙宁末，不断要求免职，这当然与反对王安石变法有关，理由则是老病。又有《乞致仕札子》10 道，《乞致仕随表札子》21 道，这是哲宗朝的事了[10]。比如《乞致仕随表札子》：

臣元丰中，犬马之年七十八，先帝悯其疲老，许以退休。伏自皇帝陛下、太皇太后陛下临政，起臣于林下，追赴阙庭，仍俾平章重事。昏耄非才，固辞不获。今已三年有余，力所不支，深惭尸素，频年请退，意未许从。臣今年事，比元丰中又益老耄，加之多病，伏望圣慈，意许从恳迫之诚，遂其退归之志。

又元祐四年十二月十八日札子：

臣载沥愚诚，上干宸听。伏念臣自熙宁、元丰间累乞休致，前后凡八九年，蒙先帝哀怜，许以谢事，退居林下。曾未3岁，伏遇皇帝陛下、太皇太后临御之始，起自田里，已逾八十，累蒙召旨甚严，敦迫上道，俾之平章重事。弗获固辞，迨今四年，尸素已甚。奚自被命而来，继乞退归，前后章数十上，未蒙矜允。而臣年益笃老，智力皆殚，念终无补报万一。加之连年多病，昏耄弗支，近者两上封章，七具札子，再乞致仕，天听未回，仍不许收接文字。区区愚衷，无以自达，黾勉逾月，复遇兴龙诞节，幸遂称觞，常谐得谢之期，恳迫之情，输竭以尽。臣今更不敢别具表章上渎，而况陛下眷留老臣，前后恩礼已极，亦不敢更烦诏谕。伏望圣慈哀悯，亟降俞音，许遂退休。激切之甚，旦夕俟命。[11]

文彦博一旦同意出山，以老病之身，不堪重负，要求解职，竟也十分困难。崔与之开始被朝廷召进担任要职时，年龄还不算大，后来就与文彦博差不多了，他大概是汲取了文彦博的教训，坚决不出来。

崔与之与文彦博的经历和地位也不同。文彦博长期在京官任上，致仕尔后落致仕，就所处理的事务而言，对他是驾轻就熟的。崔与之则不同，他没有真正做过京官，所辞之官职从礼部、吏部尚书到参知政事，对他来说，都是全新的挑战。文彦博受命辞而后出，为惯例，出而后辞，既为身体原因，更为审时度势。作为保守派的一员，在宣仁后反对王安石变法，尽改儿子神宗之政的情况下出山，自然有可为，然而随着哲宗亲政的临近，政治倾向又将为之一改，文彦博立即要求再次致仕，是十分明智的。崔与之则全不可为，他长期在地方做官，原拟在蜀中养老，不愿为京官。有一个“两枝梁”的故事说：

理宗时，丞相崔与之归蜀，建第甚丽。里有豪商李姓者，亦从而效之，即用崔府匠人规制。落成，崔往观之，归召匠问曰：“汝与某建宅固，但少两枝梁耳。”匠曰：“此一依相府规模者。”崔曰：“一枝是没思量，一枝是没酙量。”当时以资谈笑。[12]

这个故事传闻，未必可靠，因为崔与之第一没有真正到京城去就丞相之任，也无从谈到相府，第二他不是蜀人，为何要“归蜀”？不过将这种传闻放在崔与之的身上，也能说明一些问题。崔与之说的“少两枝梁”，寓有深意，表现了他的政治智慧，此点且不论，而他希望在地方养老，则是确实的。

崔与之不断地辞官。每辞一次，声望高一次，朝廷和国人的期望值就更高一些，在这种情况下，崔与之更是不敢出山了。

除了文彦博以外，前引《端明殿学士太中大夫广东经略安抚使崔与之再辞免除参知政事趣令就道恩命不允不得再有陈请诏》中还提到了范镇，“范镇年未及谢事而休致，在元祐固不以为娇”，在另外一道制书中，又提到了这一历史事例：

《吏部尚书崔与之除端明殿学士提举西京崇福宫制》：……具官某纯明而积学，静定而善谋。东抚淮堧，制胜纷拏之表；西驰蜀道，计安震扰之馀。乃宁考简知之深，予冲人注想之切。迟十年之圭觐，游一旦之旌招。戋戋之贲丘园，仪图共政；嚣嚣之乐畎亩，恳请辞行。屹砥柱于患失之波，肖灵光于戒得之境。勉从雅志，丕振高风。维元祐诸贤之方来，独范镇屡召而不至。进承明之秘殿，领崇福之殊庭。兹复见于耆英，宜一循于优礼。凤翙翙而亦集爰止，朕虽阻于仪刑；驹皎皎而毋有遐心，尔尚殚于训告。[13]

范镇(1008—1089)，北宋成都华阳(今四川成都)人，字景仁。神宗即位,复为翰林学士兼侍读、知通进银台司,极力反对王安石变法,斥青苗法为“残民之术”,遂以本官致仕。哲宗即位,拜端明殿学士,起提举中太一宫兼侍读,恳辞不就,改提举崇福宫。按宋哲宗1085年即位,时年尚幼,祖母太皇太后高氏垂帘听政,改次年为元祐元年(1086),陆续起用旧党司马光、吕公著、文彦博为相,新党俱被贬逐,王安石新法全被罢除,史称元祐更化。元祐元年时,范镇已年近80,作为一名旧党人物,在司马光、文彦博等出山以后,他坚辞不出,显然不是政见的问题,而是年龄和健康问题。朝廷预料崔与之有可能以范镇说事,索性先提出来,并希望他学习文彦博。

朝廷不仅要他学习文彦博,甚至将他比拟为声望更高的北宋名臣范仲淹和韩琦:《端明殿学士崔与之辞免除广东经略安抚使兼知广州恩命不允诏》:

> 朕惟先朝以韩琦守相,范仲淹守苏,德选也。然拥旄里第于安平无事之时,孰与即家宅牧而分忧寄!卿风节在朝廷,威名在夷狄,朕之韩、范也。顷辞聘召,佚老海滨,悍卒啸凶薄番禺,幅巾登陴,赤心谕晓,众狙屏气宵遁,贤者有益于人国如此。就镇乡枌,全护海峤,家国一体,孰如卿宜!剡弭盗于淮,寇于蜀,沉深有远略,为我强起可也。士君子行乎蛮貊易,行乎州里难,愈近而愈不可欺。卿忠信笃敬积孚于州里,推之可以孚蛮貊,鸮音之革奚难哉?即日建牙,四履欢舞。朕方嘉卿勇义而识变,巽倰非所乐闻也。所辞宜不允。[14]

显然这是为了能顺利地请崔与之出山而对崔与之的过誉之辞。

四、崔与之坚辞不就之理由及其真实想法

如崔与之这样无论朝廷和皇帝怎么说,怎么劝,怎么逼,就是不愿意出来做京官,而且不辞辛劳,一道又一地道撰写和上送辞免状,最后也真的没有就任,在宋代确实是绝无仅有。

辞官到了这个地步,当然不是以退为进,也不是矫情和自高,这一点已

经在前文有所阐明,且与王安石作了比较。那么崔与之这么做的理由到底是什么,其内心的真实想法如何,时人又是怎么看的呢?

自己才干不逮,这是每一个辞官的人都会或真或假的说到的,可以不论。崔与之反复辞官的理由,主要是身体欠佳,有病在身。我们来摘录几道辞免状中的话语:

《辞免除焕章阁待制知成都府本路安抚使奏状》(嘉定十三年):

伏念臣碌碌州县庸才尔,奔走四方,未尝择地,以勤掩拙,实倍其劳。致蒲柳之易凋,桑榆之浸晚。加以多病,日就衰残,丐闲便私,欲全晚节。

《四川制置乞祠奏状》(嘉定十六年):

缘臣蒲柳之姿,一生劳苦,老而易衰,福过灾生,百病交作。近来头风发动,甚于常时,呻吟叫号,痛刺如破。加以心忡健忘,肌肉尽销,残息如丝,旦暮人耳。臣非不知委身报国,臣子职分,而边阃重寄,安危所关。万里奔驰,一生劳勚,绵力穷而不可强,幸事多而不可常。况抱病已深,恐误国事。伏望圣慈怜其久戍,察其危衷,亟选长材,来为臣代,赋臣祠,俾待终于衡茅,实出天地始终生全之赐。

《辞免召赴行在奏状》(嘉定十六年):

百恙相陵,一衰不贷。头欲破而掣痛不已,心如啄而健忘尤深。气体支离,精神昏瞶。年事既去,世念已灰。[15]

奏状中对自己病状的描绘,颇为严重。然而按照魏了翁的说法,照例在皇帝有召时,不得以身体欠佳为由辞:

《奏乞趣诏崔与之参预政机》:

乃者陛下特颁御笔,远自广南召崔与之参预政机。除书一颁,中外胥庆。而与之方以年迈疾侵,固请谢事。夫当仕有官职,而以其官召之,则不得以疾为解。陛下所以诏谕之者,非不切至,而与之重于一出,特为晚节计耳。与之初辞宗伯,再辞天官,今又力辞政府。古所谓大臣者,与之庶几有焉。今若赖其沈静廉退之节,表正羣工,亦足以革竞镇浮,廉顽立懦。臣愚欲望陛下亲御宸翰,以趣其行,勉以君臣之大义,谕以家国之深忧,庶其幡然而来,协助亲政。则陛下意乡所形,必有闻风兴起者矣。臣无任区区。〔贴黄〕臣妄揣圣意,必谓臣言为然。辄拟撰趣诏数语,以备亲洒,伏乞睿照。[16]

而且朝廷对此亦有自己的判断:

《崔与之辞免礼部尚书不允诏》(嘉定十七年五月)敕与之:……卿五年作牧,一节不渝。平居则清介以自将,遇事则劳险而弗避。比盼锡覲之命,随长秩宗之司。日傒告猷,乃仍抗牍。夫四路兵民之计,何止渴闻;一身疾疢之微,喜已良愈。晋登礼乐之任,非有筋力之忧。老成之来,虚伫以待。所辞宜不允,仍疾速前来供职。[17]

那么崔与之之反复辞官、坚辞不出,应该有其更深一层的原因。他此时内心的真实思想,则见之于他给亲朋师友的其他文字中:

《与弟书》:

须是闭门守常,不得干预外事。昨来面对,拳拳爱君忧国之诚,只得直言时事,庙堂大不乐。后来又因两淮分置制帅,复入文字力争,以为非便,相忤益深。大抵官职易得,名节难全,及兹末路,政要结果分明。有如翱翔蓬莱道山之上,平生梦寐所不到,尚复何求。若得脱去,徜徉归隐,以终天年,此莫大之幸。屡次丐祠,尚未得请,纵有谴责,不遑恤也。真老近来习字何如?且要养他气质,使一言一动不得轻妄,仍不得以姑息待之。

《易氏族谱序》:

予以老疾乞休,谢绝世故,惟对菊怡情,调药养真而已。

《题菊坡》:韩魏公云:

"保初节易,保晚节难。"余嘉定辛巳建制阃于益昌,爱公"寒花""晚节”之句，筑菊坡以自适。今告老归乡，复以名其居。[18]

很清楚，崔与之深知“官职易得，名节难全”，“保初节易，保晚节难”，他的最大愿望就是：“谢绝世故，惟对菊怡情，调药养真而已”。

崔与之退养以后的身体状况和精神状态究竟如何，他的学生应该最为清楚。

《通崔菊坡书》：

> 搢绅间谓凡任制阃，莫有终誉，独吾菊坡不待蹑足之疑，便引掉头之兴，绰然余裕，久而愈安。“公孙硕肤，德音不瑕”，“考盘在涧，硕人之宽”，《诗》取硕大为言，盖其胸中浩乎而渊，盎乎而春，贫贱富贵不能移吾之所乐，惟先生以之。迩来头风不作，酒时进而饭日加，天所以寿吾道之脉也。[19]

朝廷对于崔与之欲全名节这一点，早已清楚，前引魏了翁《奏乞趣诏崔与之参预政机》中即有云：“陛下所以诏谕之者，非不切至，而与之重于一出，特为晚节计耳”。朝廷后来也是能够理解的：

《端明殿学士太中大夫崔与之再辞免观文殿大学士提举临安府洞霄宫恩命不允诏》：

> 亮采惠畴，正有赖老成之重；辞荣避宠，乃欲全名节之高。虽屡趣于锋车，竟莫回于雅志。涣汗其号，晋升书殿之班；惟适所安，俾处祠庭之佚。胡为谦逊，犹复控陈。兹特彝章，未足示尊贤之礼；其只成命，尚无忘告后之猷。[20]

在不能出山的情况下，其友朋和学生劝他不要保持沉默，“所当言者为言”，而且以司马光和韩琦为榜样：

《与崔菊坡书》：

> 尚书志正而气一，养熟而道凝。惟其视宇宙之大，无一物足以动其心，所以安分义之闲，虽万钟不能夺其志。嗣君访落，图任旧臣，累诏趣征，亢章不出，难进易退之风高。但温公既归洛，朝廷每有大事，知无不

言，虽诏书中有不便于言事者，亦请改易。魏公去国之后，或劝其勿复以时事为言，公慨然以君臣之谊责之。乃知国家之命脉，关言路之通塞，系善类之消长。尚书身虽在外，讵可翳然林水之间，不以温公、魏公之所当言者为言哉？况尚书负海内之望，多士之所模楷，苟惟不言，言则必用。况在蜀中，凡所荐进之士，有登于朝者，有籍记于中书者，有留于连帅之幕府者，川泳云飞，次第拔擢。如某者谬庸亡奇，亦以尚书旧辟庞抚机之例，置之机幄。前修所谓“一经品题，便作佳士”，真不虚言也。[21]

而且朝廷最后也谅解了他：

《崔清献公行状》：上知公志不可回，诏即家条上时政。公手疏数万言，上皆欣纳。[22]

不管怎么说，崔与之的辞京官、辞高官，是一种高尚的节操，是一种明智的选择。若说当时事情或尚有可为，崔与之出山能够有所作为，从而延缓南宋的灭亡，那是过高估计了崔与之一人的作用了。

注　释

1 张纹华认为，崔与之为官之余，偶有笔耕，《崔清献公集》（中华书局1985年版）、《宋丞相崔清献公全录10卷》（四库全书）是研究崔与之的重要文献资料，两书都辑录了崔与之4卷呈辞奏札。一直以来，崔与之高度重视“立德”、“立功”，“立言”却不力，归隐后尤甚仅此4卷呈辞奏札传世。见《南宋名臣崔与之辞官缘由新探》，《韶关学院学报·社会科学》第27卷第10期2006年10月。

2 张其凡、孙志章：《崔与之著述版本源流及其价值》《安徽师范大学学报（人文社会科学版）》2007年5月。

3 宋王安石《临川文集》卷57。

4 曾枣庄、刘琳：《全宋文》卷1665—1683刘挚、卷1172—1230司马光，上海辞书出版社2006年版。

5 何忠礼：《南宋名臣崔与之述论》，《广东社会科学》1994年第6期。

6 宋程俱撰《麟台故事》卷3：“景祐三年四月宰臣文彦博言：直史馆张瓌，十余年不磨勘，朝廷奖其退静，尝特迁两官。今自两浙转运使代还，差知颍州，亦未尝以资序自言。殿中丞王安石，进士第四人及第。旧制，一任还，进所业求试馆职。安石凡数任，并无所陈。朝廷特令召试，而亦辞以家贫亲老。且文馆之职，士人所欲，而安石恬然自守，未易多得。大理评事韩维，尝预南省高荐，自后五六岁，不出仕宦，好古嗜学，安于退静。并乞特赐甄擢。诏赐张瓌三品服，召王安石赴阙，俟试毕别取。韩维下学士院与试。然二人者卒不就试，至和二年，始以维为史馆检讨，嘉祐元年瓌同修起居注，四年安石直集贤院。”

7 宋王安石《临川文集》卷40：“准中书札子，奉圣依前降指挥发来赴阙就试者。伏念臣祖母年老，先臣未葬，弟妹当嫁，家贫口众，难住京师。比尝以此自陈，乞不就试，慢废朝命，尚宜有罪。幸？宽赦，即赐听许。不图逊事之臣，更以臣为恬退。今臣无葬嫁奉养之急，而逡巡辞避，不敢当清要之选，虽曰恬退可也。今特以营私家之急，择利害而行，谓之恬退，非臣本意。兼臣罢县守阙，及今二年有余，老？未尝宁宇，方欲就任，即今赴阙，实于私计有妨。伏望圣慈，察臣本意止是营私，特寝召试指挥，且令终满外任，一面发赴本任去讫。”

8 曾枣庄、刘琳：《全宋文》卷6985洪咨夔二，上海辞书出版社2006年版。

9 元脱脱等《宋史》卷313《文彦博传》。

10 曾枣庄、刘琳：《全宋文》卷641—659文彦博。

11 两文均见曾枣庄、刘琳《全宋文》卷653文彦博一三。

12 明陈耀文《天中记》卷14引《夷坚续志》。

13 曾枣庄、刘琳：《全宋文》卷6988洪咨夔五，上海辞书出版社2006年版。

14 曾枣庄、刘琳：《全宋文》卷6984洪咨夔一，上海辞书出版社2006年版。

15 以上均见曾枣庄、刘琳：《全宋文》卷6678崔与之一，上海辞书出版社2006年版。

16 曾枣庄、刘琳：《全宋文》卷7059魏了翁七，上海辞书出版社2006年版。

17 曾枣庄、刘琳：《全宋文》卷6910宋宁宗二二，上海辞书出版社2006年版。

18 以上均见曾枣庄、刘琳：《全宋文》卷6681崔与之四，上海辞书出版社2006年版。

19 曾枣庄、刘琳：《全宋文》卷7000洪咨夔一七，上海辞书出版社2006年版。

20 曾枣庄、刘琳：《全宋文》卷6917许应龙二，上海辞书出版社2006年版。

21 曾枣庄、刘琳：《全宋文》卷7248吴泳二九，上海辞书出版社2006年版。

22 曾枣庄、刘琳：《全宋文》卷7944李昴英七，上海辞书出版社2006年版。

宋代官员辞免官职初探

——兼论崔与之辞免

北京师范大学　游彪

官员辞免所授官职,是中国古代政坛常见的现象之一,在古人文集中,存有大量辞免官职的奏状,而此类奏状尤以宋代为多,有官员指出:"士大夫之不顾法守,缪为辞逊,未有甚于今日者"。[1] 宋代宦海沉浮,许多人为了求一官半职而费尽心思,为何还有大量官员要求放弃既得官职,这是个颇值得让人玩味的问题。

一

南宋黄震"自言平生辞官只是两事,一则分不当得,二则私计不便,若是本等差遣,力之所能堪,岂有不受之理"。[2] 可见辞免官职,是基于个人的某种考虑,因而其理由亦不尽相同。

1、谦逊之风盛行。谦逊,是中国传统社会所倡导的美德之一。积极入世,为民请命,是士大夫一直追求的政治理想。然而,在中国古代官场上,这种理想是不能直接表现出来的,积极为自己谋求官职,以实现自己之政治抱负,并非是士大夫阶层提倡之事。在他们看来,官职意味着权势与财富,谋求官职,就意味着寻求权势与财富。因此,当一个更高的职务授予自己之时,不管官员们内心如何兴奋,此时也要表现出拒绝推辞之举,才符合当时社会之道德要求,因而宋代官场辞免之风盛行,并形成了一定的惯例,"国朝宰相盖有故事,其后多承例辞免”。[3] 可知就连位极人臣的宰相也要循惯例辞免所授官职,其他官员自然就可想而知了。

2、政见不同。北宋中期,王安石在神宗的支持下推行新政,司马光竭力反对,后神宗授司马光枢密副使,司马光多次推辞不受,其辞免之文写道“自幼及长,颇读经史,舍此之外,一无所长,当世之务,懵不通晓”。[4] 从司马光的上述文字来看,除了自谦之意,更多的以此表达自己对时政的不满。此类辞免之状数量也较多,毕竟政坛复杂多变,派系斗争不断,辞免成为一种抗议的工具。下面富弼与李偲的一段话,很能说明辞免与时政之关联。

> 富公之客李偲问公曰:“公治平初进户部尚书,屡辞。今进司徒,一辞而拜,何也?”公曰:“治平初乃某自辞官,今日潞公以下皆迁,某岂敢坚辞,妨他人也?”盖潞公与荆公论政事不合,出判北京,七年不召,自此帝眷礼复厚矣。[5]

3、遵守“故事”。对于官员升迁兼职之事,许多是常规惯例,虽未有明文规定,但政府及官员会默认这种潜在的规则,对于前朝未有的升迁或兼职的任命,被任命的官员经常会提出异议并加以辞免。乾道五年,诏胡元质兼同修国史,时任起居舍人兼权中书舍人兼国史院编修官的胡元质立即向皇帝表示不接受,其理由是“臣窃以史官分职,考之故事,记注官少有兼同修者。缘昨者胡铨任起居郎兼权中书舍人日,尝升同修,自是以来,沿袭为例。窃恐朝廷用此近例,遂俾臣升兼是职。伏念臣昨于去年七月奏对,乞朝廷凡所施行,一切屏绝已行之例,误蒙嘉纳,尝降指挥,至今遵守。臣备数后省,比有援例以请之事,臣不敢不驳,臣岂有言之于前而躬自蹈其非于后,欲望圣慈追寝成命”。[6]

元祐八年四月八日,范祖禹言:“近辞免翰林学士兼侍讲学士,蒙降诏不允。伏见神宗之初,司马光、吕公着皆以翰林学士兼侍讲,初不兼学士之职。如以臣久在经筵,乞止兼侍讲。”从之。[7] 政府对于“国家故事”比较尊重,一般能接受官员的辞免之请,不破坏旧有的惯例。

4、其他个人原因。孝,是中国古代推崇的基本美德之一,官员出于“孝”而辞免官职,拒绝赴任,可以说是政府能够接受的理由。因丁忧而辞免官职的现象很多,不足为奇。更有甚者,还有因所授官职名称与父母名字相同,而拒绝接受此官的情况。乾道二年正月二十四日,诏尚书右仆射汤思退提领编修玉牒。思退以父名"举",辞免,故改为提领。[8]

另外,因个人健康问题而辞免官职的情况也较为常见。绍兴二十六年九月十七日,诏左宣教郎、新差充无为军教授任质言改差充诸王宫大小学教授。质言先被旨召试馆职,引疾辞免,故有是命。[9]

当然,很多官员辞免官职之时多有推托之词。淳熙六年八月十九日,提辖行在榷货务都茶场梁季珩放罢。以臣僚言季珩近差充明堂西廊从祀神位分献官,季珩恶其星名有哭泣星,以为不祥,托疾辞免故也。[10]梁季珩就是因为个人喜恶而假借健康问题辞免官职,最终东窗事发而被惩处。

宋代会出现如此众多的辞免行为,这与宋代选官制度的重要变化有着直接的关系。相较于前朝以出身作为官职升迁之主要考虑,得到官职可以说是理所当然之事。唐代科举取士,但其规模无法与宋代相比,大规模的平民出身的官员活跃于宋代官场。对于士大夫十年寒窗而来的官职,这些官员表现出较前代谦逊的态度来接受。事实上,基于各种各样的考虑,不少官员希望不接受所授职务,而其中真正的原因是不能当作正当原因而向朝廷申报的,官员会编出各种冠冕堂皇的理由,相较于前面比较明显的因素,个人身体状况是外人所不清楚的问题,也最容易在这方面做文章。

二

不难想象,如果所有官员都上奏状辞免官职,再由皇帝或是政府加以挽留,那将是多么繁杂的一项工程,光是文书传递就是不可估量的,这必然会严重影响政府的行政效率。李纲在《乞催起岳飞军马札子》中说:"臣访闻岳飞已丁母忧,飞孝于其亲,将来朝廷起复,辞免往来,必费日月。"[11]李纲对将来岳飞辞免之事有如此肯定的预见,可见当时辞免之风是如何的盛行,以及对正常行政事务的严重影响。

面对繁多的辞免奏状,可以说,宋代政府是不胜其烦的,政府希望得到的是"朝闻命而夕引道"[12]的效率。相信政府对于绝大部分官员的任命与升迁都是出于行政考虑,并不为了试探官员的"德行"或是其他,而官员的推托只能增加政府的行政负担。因此,对于辞免之举,只允许一定官职之上的官员才允许有辞免之举。"近世拜官多为饰说,已可耻矣,而朝廷又为之法,曰至某官方许辞免,若此则未至某官之前,必不许之辞。"[13]而南宋黄震在《免一路同官通启札公文》也提到"又以小官,不容辞免"。[14]"如有不合辞免而辄具辞免者,所司不许收接",并令"御史台依格弹奏",[15]以期控制这种动辄辞职的情况。

至于何种官职之上的官员方许有辞免之举,笔者尚无找到相关资料。乾道九年闰正月三日,尚书省言:"节次已降指挥,臣僚辞免恩命并依旧制。如过制及不合申陈者,有司不得收接。如依前违戾,令御史台觉察闻奏。"诏太中大夫、观察使以上辞免外,余依已降旨挥。[16]《宋会要辑稿》提到了这样一段话:

> 嘉定十三年十一月二十九日,臣僚言:"顷见臣僚奏疏,庶官除授不当辞免,禁绝未几,循习犹故。然置而不问者,犹曰辞逊美事也。近年士大夫愈不识体,监司、郡守无故丐祠,大臣侍从殿藩满岁不嫌有请。自余麾节,合俟终更。臣不敢以士夫引退为非,察其本心,不过备礼。果若疾病多故,勇决祈闲,直致其辞,畴曰不可,何至铺叙猥琐,陈述功能。或一路剖决之微,或一郡出纳之细,不曰驱驰得疾,则曰繁剧损心,求退乃所以求荣,自逊乃所以自荐。岂独识者笑之,而溺于流俗者亦自笑也。亵渎天听,希望朝廷,弊莫大乎是。乞下臣此章,戒饬监司、郡守,恪恭职业,任满外听差除。若在任绩效彰彰,自膺觌擢,特不许备礼丐祠。若有迫切情悰,愿就退闲,简洁陈情,乞与从欲。其或不畏物议,强聒自如,台谏抨弹,惩一戒百,所以长诚实、革欺诞、美风俗也。"从之。[17]

所谓"庶官除授不当辞免",这应该就是当时通行的原则性规定。

另外,政府不仅在制度上加以限制,有时会直接在任命诏书中加以强调。如绍圣元年八月十四日,诏:"范纯粹已差知延安府,不得辄有辞免。候大祥毕,更不候禫除,速赴本任。"[18]宣和七年十一月一日,诏:"持服前中奉大夫、殿中监王义叔丁祖母忧,特令起复,差遣依旧。候卒哭日供职,不许辞免"。[19]

对于官员,尤其是品级较高官员的辞免奏状,皇帝还是比较宽容的,下诏挽留。"枢密直学士给事中、知定州薛向为工部侍郎,再任,向辞所迁官,降诏不允。故事,前执政辞官,乃降诏,两省降诏自向始也。"[20]对于股肱重臣之辞免,政府则给予优厚的待遇来加以挽留。孝宗隆兴元年三月二十三日,奉议郎张震奏:"准旨除臣敷文阁待制、知绍兴府,臣已两具辞免。伏望圣慈,许臣辞职,臣方敢受命,前去之任。"诏:"张震除职,已有成命。累上辞免,可与外祠,从其本意,宜差提举江州太平兴国宫。"[21]

宋代进士费衮提到:"故事,近臣有所请乞辞免,其从与违,皆当令学士院降诏。建炎掌故者省记,凡请乞辞免惟不允者始降诏。"[22]这一方面说明皇帝与政府对于近臣之重视与关怀,从另一方面则反映出辞免之风愈演愈烈。

三

崔与之所留文字很少,其存留的《崔清献公集》中收录最多的就是他辞免官职的奏章,其中包括辞免秘书少监两篇、辞免兼国史检讨官、辞免除秘书监两篇、辞免除兼太子侍讲、辞免除工部侍郎兼同修国史兼实录院同修撰、辞免除焕章阁待制知成都府本路安抚使、辞免除四川制置使、辞免礼部尚书四篇、辞免除显谟阁直学士知潭州湖南安抚使、辞免知潭州湖南安抚使两篇、辞免除宝谟阁学士、辞免除焕章阁学士、辞免知隆兴府江西安抚使两篇、辞免徽猷阁学士、辞免除参知政事七篇、辞免除资政殿学士宫观、辞免特授正议大夫右丞相兼枢密使两篇。

对于崔与之,政府给予了极大的挽留之意,在嘉定十二年(1219)与之62岁高龄之时,上《第三次辞免秘书少监》、《辞免兼国史检讨官》、《辞免秘书少监乞赴宣幕》、《秘书少监乞补外》疏，均不准，即升为秘书监兼太子侍讲，权工部侍郎。又上《辞免除秘书监》、《再免除秘书监》等奏章，不获准。后屡次上书请辞，皆不准。后政府屡赐祠禄之官，以资勉励，如宝庆二年(1226)上《再辞免知潭州湖南安抚使》，降旨除宝漠阁学士，依所乞，提举西京崇山崇福官，任便居住。绍定三年(1230)上《再辞免知隆兴府江西安抚使》。旨除徽猷阁学士，提举南京鸿庆宫，任便居住。

对于崔与之屡次辞官之原因，多位学者做出过研究，身体方面的原因，对时政之失望，以及晚年落叶归根之思想是其辞官的主要原因，这些理由不难接受，亦是人之常情。除此之外，崔与之的大量辞免之词，也不乏遵循惯例，表现谦逊之意。正如前文所讲，“国朝宰相盖有故事，其后多承例辞免。”[23]崔与之在接到授予参知政事等官的诏令后，不管其是否想要接受此官，亦或在辞免文书中“据鞍之力已衰”[24]，依照官场之惯例，他都要上表请辞，以全“进以礼，退以义”之“不朽之荣”。[25]

注　释

1 《宋会要辑稿》职官79之22。

2 《黄氏日抄》卷34。

3 《宋会要辑稿》职官1之76。

4 司马光:《传家集》卷43《辞枢密副使第二札子》。

5 邵伯温:《闻见录》卷3，大象出版社2006年版，第122页。

6 《宋会要辑稿》职官18之58。

7 《宋会要辑稿》职官6之58。

8 《宋会要辑稿》职官20之60。

9 《宋会要辑稿》选举31之21。

10 《宋会要辑稿》职官72之5。

11 《梁溪集》卷886。

12 《宋会要辑稿》职官79之22。

13 陈郁:《藏一话腴内编》卷上。

14 《黄氏日抄》卷79《免一路同官通启札公文》。

15 《宋会要辑稿》职官79之22。

16 《宋会要辑稿》职官 2 之 35。

17 《宋会要辑稿》职官 79 之 30、31。

18 《宋会要辑稿》职官 77 之 7。

19 《宋会要辑稿》职官 77 之 14。

20 《续资治通鉴长编》卷 281。

21 《宋会要辑稿》选举 34 之 12。

22 《梁溪漫志》卷 2《翰苑降诏》。

23 《宋会要辑稿》职官 1 之 76。

24 《崔清献公集》卷 4《再辞免参知政事》。

25 《崔清献公集》卷 4《再辞免参知政事》。

清廉持正

——崔清献施政之经济举措论析

河南省社会科学院　魏天安

崔与之(1158—1239),字正子,号菊坡,广州增城(今广东增城市)人。谥清献,世称“崔清献公”。崔与之绍熙四年(1193)36岁时中进士踏入仕途,直至晚年任广东经略安抚使兼知广州,绝大部分时间任地方官。朝廷多次诏令赴行在,最高授予宰相之职,多辞不受。他在地方官任上,关心民间疾苦,所采取的经济措施,体现了他清廉持正的风骨。

崔与之进士中第后不久,即授浔州(今广西桂平市)司法参军。他见“常平仓久弗葺,虑雨坏米,撤居廨瓦覆之。郡守欲移兑常平之积,坚不可,守敬服,更荐之”[1]。常平仓由诸路提举常平茶盐司及诸州长贰掌管,司法参军是理掌检定法律、审议判决案件的小官,修缮仓库并非分内之责,崔与之只要建议州府进行修葺,就算尽职,但他关心民间疾苦,担心雨水浸坏仓米,损公害民,故亲力而为,先把自己居住的官廨屋瓦拆下,覆盖在常平仓漏屋之上,使常平仓很快修复。

按宋法,州府设常平仓,主要用于丰籴歉粜,赈济贫民。南宋时期,“常平漕往往拨以赡军,无复如曩时之封桩矣”。[2] 如绍兴末年,诏令漕臣把两淮、荆湖、广南、四川诸路常平米“遣官核实,以备军食”[3]。许多州府没有专用常平仓廒,常平籴粜法形同虚设。宁宗庆元四年(1198)臣僚言:“常平和籴,合专置仓廒,今州县多因受纳,以收到出剩拨归常平仓,赢落价钱,此收籴官吏之弊也。”[4] 南宋时州县多设义仓,税粮每石另输五升至一斗,即增收5%到10%为义仓粮。义仓粮由常平官管理,南宋时,多将义仓粮和多收税粮附加充作常平粮，而非来自籴买，却仍支付价钱，所支官钱被官吏装入私囊。朱熹曾论常平之弊云：浙东地区州军多无常平仓，当主管部门“检点省仓，则挂省仓某号牌子，检点常平仓，则挂常平仓牌子，只是一个仓，互相遮瞒”。[5]干道八年(1172)户部侍郎杨倓说：“今诸路州县常平义仓米斛，不少年来虽间有灾伤去处，支给不多，访闻皆是擅行侵用，从来未曾稽考。”[6]南宋时期，常平仓粮斛被擅自挪用，尤其是充作军粮，已是司空见惯，十分普遍，且视为合法，不受惩处。崔与之在此等风气下，坚持常平法的基本原则，反对知州挪用常平粮，确实难得可贵。

嘉泰元年(1200)，崔与之任淮南西路提点刑狱司检法官，“有子豪夺僧寺田，官吏无敢决其讼，公直笔拟断，不为权势屈”。[7]崔与之不畏权势，秉正执法，在当时赢得了不少大臣的称誉。

嘉泰三年，崔与之调任知建昌新城县(江西南城县)。新城社会矛盾尖锐，“素号难治”，崔与之上任时正值灾荒，饥民甚多，少数人抢掠官仓粮食，崔与之“折其手足以徇”。同时，劝诱富民开仓放粮，赈济饥民。抢粮行为会造成社会动荡，加剧赈灾物资的分配不公，削弱政府的救灾能力，崔与之采取严酷而果断的措施，稳定了社会秩序，但他对自己的这种行为很不满意，深刻反省，“因请自劾”。对官吏而言，平息抢粮风波是政绩而非过失，自劾未被批准。崔与之任新城知县数年，不用严刑峻法压制民间不满，而是采用一系列“安抚”措施解决社会危机，维护社会安定，政绩沛然。《宋丞相崔清献公全录》卷1《言行录·家集》云：

> 治新城，以抚字寓之，催科酌道里为信限，悉蠲浮费。民输直造庭下，东庑交钱，西庑给钞。未纳无泛比，已纳无泛追，不事一棰，而赋益办。前是，编民以役，破家相踵。公既去所以蠹役者，民争应恐后。会岁祲，举行荒政。供亿军需无窘蹙峻迫状，邑境帖然。当路取其规画下诸州县仿行之，上其治行。

崔与之的经济举措体现了关心国计民生、缓和官民矛盾的特点。在减轻人民负担的前提下，整顿税赋和差役，保证税役的正常征发。其征税措施有：(1)合理税赋负担。节省收税开支，废除不合理的额外附加税，缴纳税赋按路程远适当延长纳税期限,使民户不会因纳税误期而遭刑责。(2)简化征税程序。民户集中纳税,当场支给税钞(纳税凭证),减少民户纳税的中间环节,堵塞胥吏借收税之名对民户的勒索与骚扰。(3)禁止野蛮征税。民户纳税后,不得以其他名义再行追讨,未纳税者,不得比照旧例加重处罚,额外征罚。税赋整顿后,"不事一棰,而赋益办",百姓不再受鞭棰责罚之苦,县府税赋按期完成,既减少了征税对百姓的苛扰,又保障了国家税入。

南宋沿袭熙宁役法之制,征收"免役钱",不过,"民户役钱概增三分",负担加重。所收役钱大部分并未用于募役,而是"起发赴行在",其中耆长、户长等雇钱"后遂为总制窠名"[8]。役法混乱,执法不公,是造成诉讼纷起和民户破产的重要原因。南宋差役主要有保正和户长,庆元五年(1199),右谏议大夫兼侍讲张奎论役法之弊言:

方今州县病民之事,莫甚于差役。盖民之役于官者二:总一都盗贼、烟火之事而任其责者,曰保正;催一都人户夏秋之税而输于官者,曰户长。使官司止照条令所当为者,严加督责,则被役之人亦将何辞?惟其督责之严,有出于条令之外,故民不堪其扰,而争讼始纷然矣。

且保正专以盗贼、斗殴、烟火、桥道为职,法也。今一役于官,则百色取办。县官修创厅宇,则责以土木、砖瓦、工匠之费;巡尉下乡,则责以人从、酒食、排办之费;宾客经过,则责以轿、马、夫脚之费,甚至土产时新之物,苟有一毫可以供溪壑之欲者,无不猎取。

户长,专以催纳税租为职,亦法也。今一都人户之税租,皆欲取办,有所谓逃户之产,绝户之产,诡名挟户之产,或户眼虽存,而实无住着,或形势占据,而不肯输官。县道于此类不复分别,一例给帖,责以拘催。为户长者,率是五等贫乏小民,卖产陪偿,卖产不足,则有逃徙而去尔。

乞明诏户部备坐条令及今来所陈,遍牒诸路提举常平司,令大字镂榜,发下所属州县,严行禁戢。内保正止许照条专一干当本都贼盗、斗殴、烟火、桥道公事,不许非泛科配物色。户长止许照条专一拘催都内土著租税,不许抑勒代纳逃绝官物。如敢违戾,许被扰役人直经本路监司及台部越诉,将守令按劾,重置于罚。人吏断勒,永不收叙。从之。[9]

按法,保正、户长应由上等户轮差,因应役者要负担诸多法外摊派,上户想方设法逃免,“诸县所差保长催科,率是四等、五等下户,往往乡村多有豪右官户,倚势不输。每遇科校,鞭笞责挞,至有缘此鬻产,陪纳破家”。[10]差役失衡的主要原因,是富户与胥吏串通作弊,“富与富为伍,物力虽巨万而幸免,贫与贫为伍,物力虽数千而必差。盖由猾胥造弊于排甲之初,致使下户受弊于被差之后。征求之频,追呼之扰,以身则鞭棰而无全肤,以家则破荡而无余产,思所以脱此者而不可得”。[11]差役成为造成民户破产、影响社会稳定的重大隐患,“天下之诉讼,其大而难决者,无甚于差役”。[12]

对于导致民户“破家相踵”差役弊端,崔与之的办法是“去所以蠹役者”,现存史料未明言其内容,但从当时众多官僚对役法的论述分析,应是削除排役不公和法外摊派,减轻民户负担,因此取得了“民争应恐后”的效果。

天禧二年(1206),主掌朝政的韩侂胄请宋宁宗下诏伐金,史称“开禧北伐”。诏令各地筹措军粮等军需物资,急如星火。不少地方官采取强行摊派或低价强购的方式完成指标,“天下骚然”,而崔与之则动用“系省钱”,令新城县行和籴法,“依时值”购买于民。所谓“系省钱”,是归中央财计主管部门支配而存留在地方的钱款,非有朝旨,地方政府不得支用。如月桩钱、经总制钱,均有定额,州县要按时上缴。崔与之擅自挪用系省钱,违反了朝廷的规定,下属对他说“月解不登”,即这样做将无法完成上缴朝廷的财计指标。崔与之决定“一毫不取于民”,回答说:“宁罢去”,不惜受罚罢官,也要和籴,而不强征于民。和籴时,崔与之亲临现场,“躬自交受,令民自概”。令卖粮民户自行概量,是为了防止胥吏增满升斗,有亏于民。结果,新城县分派的军粮指标“不扰而办,为诸邑最”。崔与之在新城的经济举措效果彰显,江西转运使赵希怿将他的经验总结,颁行江西其他州县,“令诸邑视以为法,且特荐于朝”[13]。

崔与之并未对当时的经济法规进行改革,而是严格执法、公平执法,杜绝法外诛求,以此减轻民户负担,保障国家财政收入不致流失。此后,崔与之数次担当独当一面的地方大臣,其经济措施均体现了清廉持正的特点。

嘉定元年(1208),崔与之知宾州(今广西宾阳县)。次年,擢除广南西路提点刑狱兼提举河渠常平。在崔与之的任命诰书中,宋宁宗对崔与之寄予厚望,给与较大的权力:"兹予命汝,持节于本道,岂徒为尔宠哉?以尔习知风土之宜,则广右之民,有所未便,及所愿欲而不得者,皆可以罢、行之。"崔与之认为,"岭右去天远甚,官吏任情摧剥"是必须解决的首要问题,到府衙办公的第一天,就明颁十条榜文,对下属官吏的枉法行为严加约束。"吏奸民瘼,纤悉毕载,号令明肃,观者惧焉。以公击搏不避权势,贪污之徒有望风解印绶去者。"官吏行政规范条例对不法官吏产生了极大的震慑作用。崔与之的为官之道,是深入基层,考核官吏,了解民情。他用将近一年的时间,遍历包括海南岛四州在内的广南西路25州军,行程数千里。沿途"诸郡县供帐之类,一切不受。兵吏不给券,携缗钱自随,计日给之",廉洁自律,秋毫不扰州县。每到一地,就直接与民众接触,"有条利害以告者,必为之罢行乃去"。沿途"幽枉之民,遮车而赴诉者,骈肩累迹于道。"遇到这种情况,崔与之总是"停车决遣,无顷刻暇。奖廉劾贪,多所刺举。"这种深入果断工作作风影响很大,"风采震动"[14]。

崔与之对与民生相关的经济问题十分重视,除惩治贪官污吏外,还对不合理的税赋进行清理。朱崖军(今海南三亚市)有植物名苦簦,民户取其叶代茶,州郡征收茶税。琼州(今海南海口市)以吉贝(棉花)织布,州郡将织妇集中服役,有的甚至一年不得与家人团聚,"弃稚违老,民尤苦之"。崔与之把此类非中央规定而由地方擅立名目的税役全部免除,并明示榜文,告知百姓,使非法税役不得施行。海南岛四州交通不便,差役繁重,"民破家相望"。崔与之建议施行熙宁免役法,未得批准,他不气馁,令知州琼颜戣继续奏请,免役法得以施行。"其它利病,罢行甚众"。海南人感其恩德,把他在海南的事迹辑录刊刻,为《海上澄清录》[15]。真州知州高惟肖、广东市舶司赵汝楷把他约束下属官吏的十条规定刻版印刷,名为《岭海便民榜》,足见其影响之大。

崔与之在广西担当法律与经济的主管官,他敢作敢为,注重法制建设,把立法与执法紧密结合,使官吏的职务行为规范化。严格执法、杜绝法外贪黩不再是他的个人行为,而成为一路官吏的行为准则。

嘉定七年,崔与之知扬州兼淮南东路制置使。淮东与金接壤,扬州是边防重镇,他积极备战,抵御金兵入侵。除了加强正规禁军的训练、指挥外,他十分注意发挥民间的抗金力量,组建民兵。他尽量不加重民众的负担,“节缩有道,劝惩有章,公私不以为病”。修城墙、浚城壕,动用民夫,则支付工役钱粮。淮阴(今江苏淮安市淮阴区)、宝应(今江苏宝应县)、滁州(今安徽滁州市)由军兵“筑城浚壕,措置守御”,十分辛劳,崔与之支付交子6万贯进行犒赏,“悉自撙节那融,不请科降”,即全部来自节省和从其他经费中挤调,未向朝廷申请钱款。

滁州、盱眙军(今江苏盱眙县)多山林,便于防守,崔与之在地势险要、有泉水处修筑五个山寨,每寨从民间选差丁壮125人,月支钱“四百一十贯,米七十五石”,平均每人钱3.3贯,粮6.1斗。遇有战事,“边民悉家于中,并力捍御”。淮南原有民兵“万弩社”,崔与之认为,“追袭邀击,骑射为优”,奏请朝廷组创“万马社”,募民为之,每县百人,“应募者,阅试合格,官助鞍辔钱二十千,人复租税三百亩”[16],平时在家耕种,战时抽调服役。总之,他对经考核合格入选的民兵给与一定的经济补贴,努力在不增加民户负担下组织和扶持民间抗金武装。

增大粮食储备是备战的重要举措,扬州仓廒少且圮坏,籴买的粮食无处存放,崔与之在北门内临市河旧柴场地建仓廒12座,“积粟充裕”。适逢浙东遭遇饥荒,大批流民到淮南求食,崔与之命僚属在扬州城外按人头分给饥民钱米,“民得无饥乱以死”[17]。崔与之在廷对札子中说:“立国之道,在谨边备,以为藩篱,安人心,以为根本。根本固,则藩篱壮。”为此,他要求在淮南“有贼盗去处,亟作措置,务要绥静,俾民复业,为国强边”。对受到盗贼和金兵侵扰的地方,减免税赋,“务要以系其心,宽其力”[18]。他把安定民心放在备边的首位,行宽恤之政,很有远见。崔与之在淮东任职五年,淮东的军备有所加强,经济也有一定恢复。

嘉定十二年,金兵入淮南,至东采石、杨林渡,建康大震。四川与陕西交界地区,也是金用兵的重要目标,双方争战十分激烈。兴元府(今陕西汉中市)军士张福等起义,以红巾为号,连破数城[19],后虽被剿平,但州县残破,民心不稳，财政空乏，贪黩成风，南宋在四川的统治遭遇了极大的危机。此年初崔与之已调赴临安，先除秘书少监，后为国史院编修官，兼实录院检讨官。嘉定十三年，崔与之临危受命，任知成都帅兼成都府路安抚使，宋廷希望依靠他的才能与声望，安定西南政局。临行前，他对宁宗说："实边而后可以安边，富国而后可以强国。窃闻军兴以来，帑庾告竭，设若有警，束手无策，而后有请于朝，恐无及矣。臣区区此行，职所当为，义有可为，誓当糜捐以图报称，不敢为身计。至于广科拨以宽民力，厚储积以壮边声，陛下当为蜀计。"[20]这段奏言表明了崔与之的治蜀方略，他视"实边"、"富国"为急务，推行"宽民力，厚储积"之政，要求朝廷给予信任与支持，减少对四川财赋的调取，并赋予自己在战争中紧急处理的权力。宋宁宗当场表示接受他的意见。

此年冬，崔与之到达成都城外驿，遇到也到四川赴任的李侍郎，惠诗相答，其中有云："胸藏经济方，医国收全功。世事俱尘土，惟有汗竹公。雨足芎茁苗，风暖蒲长茸。离索抱孤影，目断三峡东。"[21]抒发了心系朝廷、要在四川建功立业的决心与抱负。

上任伊始，崔与之就加强对官吏的监管，知永康军杜植"缪政多端，民被其害"[22]，崔与之上奏朝廷，罢其官职，显示了雷厉风行的工作作风。嘉定十四年十一月，四川宣抚使丙安卒，崔与之又被授予"权四川宣抚司职事"，一个月后任命为四川宣抚制置使，成为独当一面的封疆大吏。崔与之殚心竭虑，履行对朝廷"宽民力，厚储积"的承诺，其施政措施有：

1. 筹集款项，和籴粮斛。《宋丞相崔清献公全录》卷2《言行录中·家集》载：

> 公任蜀阃，适边戍久不解甲，总计告乏秋籴。是时，主计者茫然。公即下成都府，拨三十万钱引为倡，仍牒茶马司拨三十万，三路漕司各拨二十万，潼川、遂宁、汉州各拨一十万，接济总所急缺，乘时籴买，以备来岁支遣，且申朝廷，将上项钱理作科降。

秋收后粮价最低，是和籴粮斛的重要时刻，四川总领所缺乏和籴本钱，崔与之多方筹划钱款150万贯，上报朝廷，把这些款项"理作科降"即作为朝廷支拨给四川的经费。和籴款的来源，茶马司榷茶收入30万和成都府、夔州、潼川府三路转运司税入各20万,为归属中央支配使用的财政收入。潼川府路的遂宁、潼川(今四川三台县)、成都府路之汉州(今四川广汉市)三州是四川除成都府外最富庶的州府,各筹钱10万,应属由中央支配而归地方使用的留州款项。

成都府出钱引30万,也属中央掌控。四川钱引以铁钱为币值本位,若干年发行一次,为一界,政府承诺一届期满即二三年后可以兑现,本质上是以国家财政与信誉担保,向民间借贷发行的债券。

由于钱引可以自由转让而具有较好的流通性,且有比金属钱币便于携带的优点,所以成为广义上的货币。南宋政府常常不能履行承诺,债券到期不能即时兑付,而是发行新界钱引,允许以旧引兑换新引,使短期债券变成长期债券。

四川钱引及东南会子不是现代意义上货币,而是具有流通性质的政府债券。滥发债券造成债券贬值,引发通货膨胀,这种情况情况在理宗时十分严重,但崔与之发行时,钱引信誉尚佳,有助于解决四川财政困境。崔与之通过截留中央的财政收入、集中地方使用的留州收入、发行政府战争债券三种方式,很快筹集了和籴资金,完成了秋籴任务,而四川民户并未感受到负担加重。

2. 减少二税流失,建立粮储基地。《宋丞相崔清献公全录》卷2《言行录中·家集》载:

> 自昔用蜀,每病运漕之难。盖蜀地僻远,滩流险绝,每一纲运,动历半期,且有沉折之患。成都苗头岁十五万石,旧及十万,即折输以实私橐,鲜有为公家计者。公自庚辰冬到官,留意军储,并收正色,二三年间,所积顿厚。壬午秋,省仓见管二十九万余石,岁支有余。遂拨十万石,优立赏格。选官津运至利、沔、鱼关等处安顿,以充朝廷桩积之数。通计旧籴三十余万石,专备经常外不测支用。

四川尤其是成都府农业发达,二税收入不少,成都府二税中实物粮斛可征十五万石,在崔与之到任之前,四川官僚把三分之一的苗税改征钱帛,侵吞入已。崔与之到任后,禁止税粮折纳他物,“二三年间,所积顿厚”。至嘉定十五年,省仓储粮达29万余石,府库蓄钱万余贯,布帛万余匹,岁支有余。于是,建立漕运奖惩制度,把储粮10万石运至利州(今四川广元市)、沔州(今陕西汉中市略阳县)等战略要地,连同本地区籴买的粮斛,在陕南、川北储粮30万,作为战争储备,"自是兵皆足食,蜀赖以全"[23]。

3. 惩治贪官,廉洁奉公。《宋会要辑稿·职官》75之30嘉定十五年二月二十八日条载:

知石泉军刘参、知涪州胡酉仲放罢,新知合州安伯恕罢新任。以四川宣抚崔与之言,参贪婪深刻,济以驵侩;酉仲凶狠贪残,勇为不义;伯恕轻浮躁兢,济以奸险。

在征治不法官吏的同时,大力提拔人材,他知人善任,不市私恩。据载,他在四川所举荐的人,有游似、洪咨夔、魏了翁、李庭芝、刘克庄、李心传等数十人。这些人,或有道德学问,或有吏治才干,后来多成名臣或名学者。

四川地处西南偏隅,南宋时行政管理及财政收支独立性较强,官吏的任免虽仍要上报朝廷批准,但与上级主管官推荐与奏劾的关联很大,所以,官吏间的馈送之风在宋高宗时就已形成。除钱物外,各地土特产是相互馈送的重要物品。绍兴二十六年,吏部员外郎续觱上奏说:

果州黄柑,广案紫梨,涪陵荔子,遂宁糖冰,合阳细茗,洋州香樟,左绵耿梨,抛科掊敛,动以千数。文移督促,过于税租。村瞳("瞳"为"僮"字之误)穷氓,所产既竭,不免转市旁求。一果之直,率数百金;一夫之费,至十余千。其间又有饰笼妆奁,争妍斗巧;谀悦当路,幸掩己私,弊俗相承,民不堪命。[24]

崔与之从政的年代,基本上与奸佞之臣史弥远专权相始终,史弥远"柄国自擅,黩货无厌","专权纳贿,天下变为污浊"[25]。在贪黩纳贿盛行的风气下,崔与之仍然洁身自律,为官清廉,不仅从不接受馈送,而且努力节省公费开支,"省费薄敛,公私裕如"。嘉定十七年,崔与之离任,以权礼部尚书诏赴行在,辞免不拜,便道还广州。《宋丞相崔清献公全录》卷2《言行录中·家集》载:

将去，举羡余三十万缗，归之有司，以佐边用，一无私焉。代者辄干没。虏攻三关，调度无以继。仕于蜀者，鲜不为奇玉美锦所动。公至官，争以为馈，悉却之。去之日，至蜀口，四路制领举所尝却者以献，有加焉，俗谓之大送，公却愈力。

代崔与之赴任的是史弥远的党徒郑损，他贪婪成性，刚愎自用，很快把崔与之治蜀的成果完全葬送，给四川造成严重危害。

崔与之晚年曾写座右铭云："无以嗜欲杀身，无以货财杀子孙，无以政事杀民，无以学术杀天下后世。"[26]一生无贪欲，不积财，行善政，不以程朱理学为尊，这是他施政的基本原则，也是他经济举措的出发点，更是他对自己官宦人生的总结。

注释

1 脱脱：《宋史》卷460《崔与之传》。

2 李心传撰：《建炎以来朝野杂记》甲集卷15《财赋二·常平苗役之制》。

3 李心传：《建炎以来系年要录》卷193，绍兴三十一年十月壬子。

4 马端临：《文献通考》卷21《市籴考二·常平》。

5 朱熹：《朱子语类》卷160《总论作郡》。

6 佚名：《宋史全文》卷25下《宋孝宗四》。

7 《宋丞相崔清献公全录》卷1《言行录上》。

8 李心传：《建炎以来朝野杂记》甲集卷15《常平苗役之制》。

9 徐松：《宋会要辑稿》食货六六之二八，庆元五年二月二十一日。

10 徐松：《宋会要辑稿》食货六六之三一，嘉定五年十一月二十日。

11 林季仲：《竹轩杂著》卷3《论役法状》。

12 叶适：《水心文集》别集卷13《役法》。

13 李昴英：《文溪集》卷11《崔清献公行状》。

14 《宋丞相崔清献公全录》卷1《言行录上·家集》。

15 脱脱：《宋史》卷460《崔与之传》。

16 《宋丞相崔清献公全录》卷1《言行录上·家集》。

17 《宋丞相崔清献公全录》卷1《言行录上·洪平斋文集》。

18 《宋丞相崔清献公全录》卷2《言行录中·奏稿》。

19 脱脱:《宋史》卷40《宁宗本纪四》。

20 《宋丞相崔清献公全录》卷2《言行录中·奏稿》。

21 《宋丞相崔清献公全录》卷8《遗文·答李侍郎》。

22 徐松:《宋会要辑稿》职官七五之三〇,嘉定十四年十二月七日。

23 李昴英:《文溪集》卷11《崔清献公行状》。

24 徐松:《宋会要辑稿》崇儒七之六四,绍兴二十六年十二月二十一日。

25 牟子才:《请收回史宅之除授疏》,载《宋代蜀文辑存》卷84。陶宗仪:《说郛》卷55引吴莱《三朝野史》。

26 《宋丞相崔清献公全录》卷2《言行录中·曾就闲录》。

践行官箴的典型——崔与之

湖北大学　彭忠德

一

人类进入阶级社会后，国家机器开始在社会生活中发挥越来越大的作用。我国古代社会中，官吏代君“牧民”，参与国家政权的建设与管理，在承担职责的同时，也享有一定的特权与利益。荣登卿相之位，宰辅天下；担任封疆大吏，治理一方，是许多人梦寐以求的人生抱负，一旦踏上仕途，如何尽忠报国，如何处理公务，如何对待同僚与民众等等，都是他们面临的重要问题。经过自己的摸索与实践，看了他人的成功与失败，一些官吏交流、总结出了大量的关于如何做官，如何做一个好官的心得体会、经验教训。这些就是被人称作居官要语的为官箴言。

官箴的发生、发展大致可以分为如下三个阶段：先秦至两汉时期为第一阶段，唐、宋、元时期为第二阶段，明、清时期为第三阶段。大致到宋代时，官箴一词的内涵扩大，告诫官员的含义得到强化，如何做官，如何做一个好官的内容已占主要地位，数量、质量上都较先前要多要好，官箴书的作者，如吕本中、朱熹、真德秀等人皆为当时儒学名臣，且都是循良之吏的典范，所作官箴书都是自己实际经验教训的总结。根据古代官箴的具体内容，笔者将零散的官箴划分为三个部分12类，即正己、待人、尽职三大部分。正己是针对官员自身而言的，下分修身、治家、晚节三大类；待人是告诫官员如何处理人际关系，下分事上、友僚、爱民三大类；尽职是对官员基本素质的要求，下分清廉、谨慎、勤奋、秉公、教化、长能六大类。[1]

南宋时，与真德秀过从甚密的名臣崔与之虽未写出专门的官箴书，但以自己的具体言行表明他是践行官箴的典范。笔者认为，如果从古代官箴发展史看，崔与之的践行对官箴的发展是有较大作用的。本文从"正己、待人、尽职"等方面对崔与之践行官箴所作的初步研究，或许对官箴和崔与之两方面的研究都有一定的意义。

二

崔与之(1158—1239)字正子，自号菊坡，增城(今广州市辖增城市)人，南宋光宗绍熙四年(1193)成进士，曾任浔州司法参军、淮西提刑司检法官及广东经略安抚使兼知广州等地方官职，亦曾任金部员外郎、秘书监兼太子侍讲，权工部侍郎等京师官职，累封至南海郡公。晚年先后除参知政事、右相兼枢密使，皆力辞不受。理宗嘉熙三年(1239)，崔与之以观文殿大学士致仕，寻卒，享年八十有二，谥清献。

崔与之的父亲"试有司连黜，每曰：'不为宰相，则为良医'，遂究心岐、黄之书，贫者疗之不受直"，[2] 在这种思想的熏陶下，[3] 崔与之为官清正，文治武略皆有建树，深为民众敬仰，"在蜀时，蜀人绘公像于仙游阁，与张忠定咏、赵清献抃并祠，号为三贤。淳祐甲辰，广帅方大琮祠公与张文献九龄于郡庠，号曰二献"。[4] 所官各地亦多有纪念建筑，元修《宋史》有崔与之传。后人编有《宋丞相崔清献公全录》一书。

据《宋史・崔与之传》、《宋丞相崔清献公全录》所载崔与之行事及时人议论，崔与之堪称清官能臣，不仅无愧官箴，而且升华官箴。

首先从"正己"看。

修身方面。

我国传统政治的一大特点是强调人治，认为“为政在人”[5]，国家所有法律制度都要靠人去推行，它的贯彻执行及其效果、甚至能否成立，都与官吏的个人品德密切相关：“法不能独立，类不能自行，得其人则存，失其人则亡”，[6]因此特别重视执政官吏的自身修养，强调他们的表率作用，诸多官箴书均认为：“君子先慎乎有德……德者，本也”，[7]“毋不敬，俨若思”。[8]汉代著名史家荀悦曾指出，官吏只有亲自为民众作出榜样，才能称得上是深知统治术：“善禁者，先禁其身而后人”。[9]唐太宗亦曾反复告诫其臣僚：“若安天下，必须先正其身”[10]。

崔与之求学时即“刻苦向学，读书务通大义”，[11]研习儒家经典既深，时以修身、齐家、治国、平天下励己激人。在修、齐、治、平四项中，他认为修身立德是最根本的一条，舍此而不能有其他。“公（指崔与之，下同）道经连州，时官民耆儒，迎谒于州治。将行，因书曰：‘有才者，固难得，苟无德以将之，反为累尔。穷达自有定分，枉道以求之，徒丧所守。’州人以为名言，刻于石。”[12]又，“公《遗表》云：‘毋不敬则内敬常存，思则无邪则外邪难入。……凡兴居食息之间，皆恐惧修省之地。’”[13]

治家方面。

家庭是社会的细胞，是人们走向社会的起点站。对官吏来说，治理家庭实际上是修身的深化，也是官吏能否胜任本职工作、做一个好官的前提，“其家不可教，而能教人者无之”，[14]“居家理，故治可移于官”，[15]官箴要求官吏严格管束妻子儿女等人，不让他们与外界密切交往，以免行贿受贿，干扰公事，同时“禁家人侵渔”，[16]不准他们欺压民众，侵财夺利，以避免可能会累及官吏终身的萧墙之祸，也要求官吏不以裙带关系用人，即“至亲不可用事”。[17]这一方面是为了保证职得其人，利于工作，另一方面也是为了避免他们假权谋私，造成不良影响，最终导致百弊丛生、甚至身败名裂。

崔与之治家十分严谨，对亲人一概严加要求。如：“宰臣恩例，不妄予人。其姊尝为外甥求之，公曰；‘官之贤否，系民休戚，非可私相为赐。’竟靳不予。”又，崔与之“家法清严，亲故倚势妄作，必见斥绝，终身不齿，乡闾德之。官秘书监时，尝遗其弟书曰：‘须是闭门守常，不得干预外事。’”

晚节方面。

我国古代社会中，士人特重名节，认为“节义者，天下之大闲，君子之盛德”，甚至把它提到与女子贞操同高的地位，“士无名节，犹女不贞，则何暴不从？何美不附？虽有他美，不足赎也”。[18]古代将官吏退休称作致仕，或者致事，意即交出职位和事权。由于官职带来的特权和利益，大多数官吏都不愿意主动交出手中的权力，这就使官场充满暮气，出于自身利益，统治阶级不得不认真考虑这个问题，采取相应措施。到唐代时，官吏退休已形成了制度，“诸职事官七十听致仕”，甚至“年虽少，形容衰老者，亦听致仕”。[19]但这种制度却往往因为各种原因得不到遵守，白居易就曾感叹地说：“七十而致仕，礼法有明文；何乃贪荣者，斯言如不闻？可怜八、九十，齿堕双眸昏……金章腰不胜，伛偻入君门”[20]。被冗官包袱压得喘不过气来的宋代统治者为了让老弱官吏退休，不得不在致仕制度上增加奖惩条例，以便贯彻制度。作为一种道德上的自我约束，官箴十分重视出仕之“出处去就”，认为是“士君子之大节，不可不谨”，[21]因此以善始善终勉励各级官吏及时退休、让贤与能，以保持晚节。如“《诗》曰：‘靡不有初，鲜故有终。’晚节末路之难，古今共之。”[22]更强调要有自知之明，人老精力必衰，势难胜任繁剧的职事，“耄年志进，鲜不殆者”。[23]

崔与之最重名节，“每慕韩魏公为人。韩尝言：‘士之保初节易，保晚节难。’故诗有‘不羞老圃秋容淡，且看黄花晚节香’之句。公心契之，因自号曰：‘菊坡’。及老而归，又目所居之寝曰‘晚节堂’”。[24]在其仕宦生涯中，崔与之即曾多次辞谢官职，以致人称其有“难进易退”之风，如“通判邕州，未赴，特旨与在内升擢差遣，公力辞，竟之本任。识者高其有难进之风”。[25]这说明他在入仕之初时即不贪荣冒进。又，“理宗登极，除显谟阁学士，起以湖南帅，辞不赴，遂除焕章阁学士，提举鸿庆宫。绍定己丑，复除徽猷阁学士，起以江西帅，冀其便道趋朝，又辞不赴，乞致仕，不许。端平甲午，除吏部尚书，不起，拜端明殿学士，提举崇福宫。乙未三月，以广州军变，除广东路经略安抚使，兼知广州。六月，事定，即召代，拜参知政事，七辞不起”。[26]又，一国之相，乃人臣之极，入仕者莫不梦寐以求，可是崔与之更重晚节，其辞相之举，今人叹为观止："端平三年十一月，拜右相，与左相李宗勉并命，乔行简为平章。三奉诏书，四承御札，中使关彬、邹成、王渊衔命趣行，往复再三，宣赐路费金三百两，曲示优崇延竚之意；复命广帅彭公铉以礼劝勉就道，又以郡人李公昴英尝从公游，辍自班行，畀之便郡，专往谕志。公控辞十三疏，竟不为动。"[27]

在崔与之的许多辞官奏折中，求保晚节之真情溢于言表："庶末路可全于晚节"（嘉定十七年《辞免礼部尚书》）、"今若扶惫贪荣，必颠仆于道路。"（嘉定十七年《再辞免礼部尚书》）"尝闻士大夫保初节易，保晚节难。方精力强盛之年，锐志事功，东西惟命而不辞，随其所长，皆可展布以自见。其老也，精力既衰，非惟不足以任事，必至废事且误事也。"（宝庆二年《再辞免知潭州湖南安抚使》）"臣窃惟七十致仕，礼之经也。……陛下眷遇旧臣，每加优异。而人臣出处大节，要自省循。已踰谢事之期，徒负空餐之刺，可止而不知止，此心得无慊乎？"（绍定五年《乞守本官致仕》）"若迫于成命，不自揣量，奔走贪荣，死于道路，则晚节扫地，遗憾何穷？"（端平二年十月《第四次辞免参知政事》）崔与之和某些只求重节虚名的腐儒不同，他谢绝高官主要是怕自己的身体不能胜任工作，贻误国事："年事至此，能再少再壮乎？使之临事，非惟无益于事，必至误事，投老获戾，一身何足惜，而大体所系，其可不自量耶！"（绍定三年《再辞免知隆兴府江西安抚使》）"人臣出处大节，当自省循。傥怀不止之贪，忘在得之之戒，力微责重，立见颠跻。投老护罪，一身何足惜？而上误国事，利害非轻。"（端平二正月《第六次辞免参知政事》）但是只要国事需要，他还是挺身而出："乙未二月，循梅戍军曾忠等回，由惠城倡乱，径捣广州。主将熊乔脱归告变，庾使黄等以一郡生灵系命于公，请登陴抚谕。公为恻然，亟偕往，……遂召秘着李公昴英、节推杨公汪中，缒城谕贼，晓以逆顺，许之自新，贼始引去。公授诸台，严为备御，檄摧锋统治毗富道会诸戍将追击之。变闻于朝。三月，除公广帅。……公不敢辞，即家治事。"[28]动乱平定之后，当即力辞阃事而归。

其次从"待人"看。

从官吏所处地位来看，他们在官场上的人际关系大致有三种：与君主和上司的关系，与同僚和下属的关系，与民众的关系。官箴总结出了一些待人接物的原则:对君主和上司,以“忠”和“礼”作为相处的原则;上下级之间,则在“礼”的基础上讲究“和”与“恕”,相互之间多取人之长以补己之短;对待民众,则一要重视,二要体恤。历史证明,凡是能较好地贯彻上述原则的官吏,基本上都能成为当时人所称道的循良之吏,崔与之即其中一员。

事上方面。

“以孝事君则忠,以敬事长则顺。”[29]事君、事长都是事上,因此有关官箴就集中在忠和顺这两点上。官吏侍奉君主,“犹子之事父”[30],国危事艰、尽忠尽节之时,“死生不夺”[31];承平安居、匡君除过之时,或“顺辞”、或“抗议”,犯颜直谏,因为“君有过失而不谏者,忠臣不忍为也”[32]。伺奉上司时则要牢记“事官长如事兄”的教导,但要知道“善事长官,不恤民瘼,昔人所讥”[33],当上司行事决策有误时,“必须切实禀陈,即遭呵斥,亦所勿计”[34]。

忠、顺易而直谏难,崔与之处难而易,可谓事上楷模。他任浔州司法参军时,“郡守欲移兑常平之积,坚不可,守敬服,更荐之”。[35]

友僚方面。

国家机器中,各级官吏是一个承上治下的阶层,其成员相互关系的好坏直接影响着国家机器的正常运转。古代官箴在同僚关系上反复申诫两点:一是在处理相互关系时,要求大家以和为贵,以恕相待,“同寅有兄弟之谊,自宜和衷共济”[36];二是在选用人才时,要能做到举荐贤才和用人之长,“治天下以求才为先,治一邑亦当以求才为急”[37]。

崔与之“每谓士大夫,处同僚常因小愤而误国家大事,由不能胜己私,治客气。故帅淮时,尝奏:‘名位相统属,而势不合;文移相关白,而情不通;声色笑貌相周旋,而意不叶,事鲜有济。’”在用人荐才上,他更是以国为重,“公身藩翰,而心王室,务荐贤以报国。在蜀擢拔尤多,若游侣、洪咨夔、魏了翁、李庭芝、家大酉、陈韡、刘克庄、李鼎、程公许、黎伯登、李性传、王辰应、王濮、魏文翁、高稼、丁焴、家抑、张褌、度正、王子申、程德隆、郭正孙苏植、黄申、高泰叔、李铟,各以道德、文学、功名,表表于世。隆州进士李心传,累举不第,以文行闻于国,诸经皆有论著;尤精史学,尝著《高宗系年录》,号详洽,国史院取其书备检讨;又纂集《隆兴、乾道、淳熙典章》及著《泰定录》等书,以白衣召入史馆,亦公特荐。"

爱民方面。

孟子有一句名言:"民为贵、社稷次之,君为轻"[38]。虽然他只是建议君主充分利用民众力量,但毕竟道出了民众在社会生活中占有重要地位这个事实,精明的君主正是基于此才把爱恤民众作为治国安邦的要义。处于君民之间的官吏,是贯彻实施君主这一治国方略的关键。官箴特别重视这个问题,有关内容较多,概括起来看,一是重视民众,要认识到"贵以贱为本,高以下为基"、[39]"君子得舆,民所载也"[40];二是体恤民众,要做到"视民如伤"、"民之所好,好之;民之所恶,恶之"[41],不巧取豪夺,也不滥兴徭役,同时注意救助鳏寡孤独、赈济水旱灾民。

崔与之"治新城,以抚字寓之,催科酌道里为信限,悉蠲浮费,民输直造庭下,东庑交钱,西庑给钞,未纳无泛比,已纳无泛追,不事一棰,而赋益办。前是,编民以役,破家相踵。公既去所以蠹役者,民争应恐后。会岁侵,举行荒政,供亿军需,无窘蹙峻迫状,邑境帖然"。又,"守宾年余,除本路宪使,……以为岭右去天远甚,官吏任情摧剥,须澄清之。视事日,首榜所属,明示要束,吏奸民瘼,纤悉毕载,号令明肃,观者惧焉。以公击搏不避权势,贪污之徒有望风解印绶去者。其榜一曰狱囚充斥之弊,二曰鞫勘不法之弊,三曰死囚冤枉之弊,四曰赃物供摊之弊,五曰户长科役不均,六曰弓手土军骚扰,七曰催科泛追,八曰缉捕生事,九曰奸猾健讼,十曰州县病民等事"。又,"公为广西宪,……及至海,劾四郡贪黠吏数人。自此,官吏始知有国法,不敢害民矣。"又,在淮为官时,"浙东大饥,流民渡淮求活,以数千计。公命僚属于南门外,籍口给钱米,民得无饥乱以死,无不感慕。且请于朝,行之两淮"。又,"开禧用兵,军旅所需,天下骚然,与之独买以系省钱,吏告月解不登,曰:'宁罢去。'和籴令下,与之独以时价籴,令民自槩"。[42]又,"岭海去天万里,用刑惨酷,贪吏厉民,乃疏为十事,申论而痛惩之。高惟肖尝刻之,号《岭海便民榜》"。"朱崖地产苦荙,民或取叶以代茗,州郡征之,岁五百缗。琼人以吉贝织为衣衾,工作皆妇人,役之有至期年者,弃稚遗老,民尤苦之。与之皆为榜免。其它利病,罢行甚众"。[43]

再次从“尽职”看。

古代的众多官吏中,碌碌无为的多,有所作为的少,这有许多客观与主观上的原因,其中较为突出的一个原因是缺乏尽心竭力、忠勤王事的精神。一些官吏一旦得到职位,便以保住职位为第一要务,在“苟禄”思想指导下,甘心昏昏噩噩地混日子。或在私心杂念的驱使下沽名钓誉。为了改变官场上这种不思进取或者急功近利的思想状况,古代官箴要求官吏尽心职守,提高行政能力。崔与之行政能力很强,既是清官,亦是能吏。

清、慎、勤方面。

古代官箴对为官清廉的认识大致有三个层次:第一是保持清廉,第二是强调节俭,第三是禁戒贪污。

崔与之尤着意于清、慎、勤的修养,他的座右铭即以清慎勤自励,“尝删改处士刘皋语,命其客吴中隶书为座右铭:无以嗜欲杀身,无以货财杀子孙,无以政事杀民,无以学术杀天下后世”。[44]又,“公在蜀,省费薄敛,公私裕如。将去,举羡余三十万缗,归之有司,以佐边用,一无私焉。……仕于蜀者,鲜不为奇玉美锦所动。公至官,争以为馈,悉却之。去之日,至蜀口,四路制领举所尝却者以献,有加焉,俗谓之大送,公却愈力”。又,广州叛军之乱平定之后,崔与之“即力辞阃事,所得广帅月廪钱一万一千余缗,米二千八百余石,悉归于官,一无所受”。“公自谢事还里,所得祠禄衣赐,悉辞不受,客有问者,公答曰:‘仕而食禄,犹惧素餐。今既佚我以老,而贪君之赐,可乎?’闻者叹服。”又,“公自中年丧偶,不再娶。官至贵显,不蓄声妓。买宅一区,未尝增饰园池台榭,亦未尝增置产业。便坐左右图书,无玩好,书室所豢,白宦鸡一双而已”。临终时,他还郑重“戒家人不用缁、黄”,[45]即不许请僧道大做法事。他谦称自己只是“碌碌州县庸才”,“奔走四方,未尝择地,以勤掩拙”。[46]

秉公、教化、长能方面。

昏官之害,甚于贪官。崔与之深知此理,入仕之后,十分重视自己文治武备等执政能力的修养,其言行亦可圈可点。如“在淮西幕,时王枢密当国,有子豪夺僧寺田,官吏无敢决其讼,公直笔拟断,不为权势屈,王闻而壮之,荐于朝。由是,诸台交剡争致”。[47]又,“调淮西提刑司检法官。民有窘于豪民逋负,殴死其子诬之者,其长欲流之,与之曰:'小民计出仓猝,忍使一家转徙乎?况故杀子孙,罪止徒。'卒从之"[48]。又如"初任浔州法掾,部使者巡按压境。驿治久圮,郡委督办甚峻,瓦无所取,公命吏以茨易廨瓦覆之,仓卒完集"。"倅邕未期,适宾州军哄,诸台以公长于应变,列辟宾守。其折奸萌不动声色。宪使杨公方,为时名流,按部至宾,见公处事识大体,爱民有实惠,期以经济事业。诸郡邑狱讼,久不决者,悉归之,剖决如神,一道称快,遂特荐之。"崔与之武备能力亦强,守扬州时,"登城临眺形势,谓濠河陻陋,褰裳可涉,守御非宜。乃度远近,准高下,程广狭,量深浅,为图,请于朝,许之。河面阔十有六丈,底杀其半,深五分,广之一,环绕三千五百四十一丈。壕外余三丈,护以旱沟。又外三丈,封积土以限淋淤。又广地七丈,以受土,使与危堞不相陵。复作业城五门为月河,总百十七丈。而南为里河,又八十七丈。西北曰堡城寨,周九里十六步,相去余二里。属以夹城,如蜂腰,地所必守,左右尤浅隘,浚之,槩如州城壕,计七百三十一丈,且甓女墙以壮其势。外壕既深,水势趋下,市河涸,不可舟。有警,刍饷难为力。又加深广,造舆梁五。经始于八年八月,讫于九年九月,工一百一十五万四百二十五,费朝家缗钱三十四万八千七百五十六,米石二万一千八百四十七。州家激犒,为缗钱五万一千六百,节缩有道,劝惩有章,公私不以为病。"又创新练兵法,"以诸军分作三等教阅,……五日一赴州治教场阅习,委幕僚督视籍中否,优劣月终比较,赏罚则亲按激犒。练习既久,上等出等,中等为上,下等为中,人皆可用。……仍下诸州县屯戍、一体行之。由是淮东军声大振"。一次,"虏裒小舟渡淮,为官军惊遁。报至,公曰:'虏性多诈,强则示弱,弱则示强。今来衰残,恐我遣师,故为虚喝耳。'遂移文戍军,仰预行体探,密作堤备,以俟其来,并力剿杀,毋容一人一骑脱去。后渎头果告警,俘馘几尽"。又,"楚州青河口,寇所必趋,无险可恃。遇警,敌于对岸,觇我军虚实,了然在目。若乘虚伺困,奔冲而来,不战自溃。公乃筑城置戍,可守可战。申请乞置副都统于楚州,以总内外之兵。于是,山阳、淮阴如常山蛇",[49]遇敌来攻,则宋兵首尾相应,夹击敌军。

数十年之后,文天祥读到崔与之两件军政建议书之后,对照历史与现实,十分佩服他的能力,说:"今观两帖,所称规模意向局面话头者,则文武之道具在是矣。"[50]

通过上述官箴与崔与之言行的比对研究,不难发现,崔与之十分自觉地践行官箴,同时他也以自己的言行丰富和发展了官箴,已经远远超过了真德秀诸贤。文天祥曾经高度评价说:"菊坡翁盛德清风、跨映一代",[51]此论不仅是崔与之人品官德之定论,同时也是崔与之在古代官箴发展史上的合理定位,即宋代是古代官箴发展的重要时期,崔与之则是古代官箴发展史上的一位重要历史人物。

注 释

1 关于官箴整理的具体情况及其内容,详见笔者所著《官箴要语》,武汉大学出版社2007年版。

2 《宋史》本传。

3 崔与之诗文多次以医人喻治世,如嘉定十五年《辞免除四川制置使》"况二虏之相持,正三边之交急,势成危证,命繫良医",《送聂侍郎子述》"要得处方医坏证,便须投矢负全筹",《危大著出守潮阳,同舍饯别》"袖藏医国方,何以寿其脉",《答李侍郎》"胸藏经济方,医国收全功"等。

4 《崔清献公行状》。

5 《礼记·中庸》。

6 《荀子·君道》。

7 《礼记·大学》。

8 《礼记·曲礼上》。

9 《申鉴·政论》。

10 《贞观政要·君道》。

11 《言行录》。

12 《宋丞相崔清献公全录·言行录》。

13 万潮《广西重梓崔清献录后序》。

14 《礼记·大学》。

15 《孝经·广至德章第十三》。

16 《牧民忠告》。

17 汪辉祖《学治臆说》。

18 张养浩:《牧民忠告》。

19 杜祐:《通典·致仕》。

20 《秦中吟·不致仕》。

21 薛瑄《薛文清公从政录》。

22 清徐栋《牧令书辑要》。

23 汪辉祖:《学治臆说》。

24 马愉《记菊坡大字》。

25 《宋丞相崔清献公全录·言行录》。

26 《宋丞相崔清献公全录·言行录》。

27 《宋丞相崔清献公全录·言行录》。

28 《宋丞相崔清献公全录·言行录》。

29 《孝经》。

30 武则天:《臣轨》。

31 《劝忍百箴》。

32 《臣轨》。

33 《牧令书辑要》。

34 《牧令书辑要》。

35 《宋史·本传》。

36 《牧令书辑要》。

37 《牧令书辑要》。

38 《孟子·尽心》。

39 《老子》。

40 《周易·剥·象》。

41 《薛文清公从政录》。

42 《宋丞相崔清献公全录·言行录》。

43 《宋史·本传》。

44 《宋丞相崔清献公全录·言行录》。

45 均见《宋丞相崔清献公全录·言行录》。

46 《辞免除焕章阁待制知成都府本路安抚使》,嘉定十三年。

47 《宋丞相崔清献公全录·言行录》。

48 《宋史·本传》。

49 《宋丞相崔清献公全录·言行录》。

50 文天祥:《跋崔丞相二帖》。

51 文天祥:《跋崔丞相二帖》。

《宋丞相崔清献公全录》的文献特色与史料价值

华中师范大学　张全明

南宋崔与之(1158—1239),字正子,号菊坡,广南东路广州增城(今属广东)人。自中进士后,他即任官浔州司法参军,后调淮西提刑司检法官、广西提点刑狱、广东经略安抚使兼知广州与端明殿学士等职,晚年除参知政事、拜右丞相兼枢密使,皆力辞不就。后以观文殿大学士致仕,累封至"南海郡公",谥"清献",故有《崔清献公全录》行于世。

崔与之"少卓荦有奇节,不远数千里游太学。光宗绍熙四年(1193)进士,广之士由太学取科第自与之始"[1]。其后他历仕光、宁、理宗三朝47年。观其一生,可谓才学超群,阅历丰富,见识卓越,累建功业,英名不朽。然与其一生才学与功名不相匹配的是:他流传至今的著述与宋代其他同类人物相比显得太少。按理,他一生中应有大量的读书笔记、奏札、书信、文论与诗词等留存于世,但事实并非如此,其流传至今的文集字数较为有限,且内容不一,从而造成了对其学术研究的不便与困难。有鉴于此,本文希望通过对其现存文集印本与内容及其特色与史料价值的分析,对崔氏做更全面而深入的具体研究,以就正于方家。

一、《宋丞相崔清献公全录》近年印本及其异同

现存易见的崔与之文集《宋丞相崔清献公全录》(以下简称《全录》),或

名《崔清献公集》,但其内容与顺序有些不同。有关《全录》版本的源流问题,张其凡、孙志章的《崔与之著述版本源流及其价值》[2] 一文已作了全面、详细、清晰的研究与论述,其结论也是可信的。作者认为,"宋代存有崔与之文集刻印本,后已不传。元人李肖龙编有崔与之《言行录》3 卷,流传至今。现能看到的崔与之文集最早是明代刻本,分为二种系统:一种是崔璲系统,一种是唐胄系统,两种系统内容大体相同,均为《言行录》、奏议、诗文及诸家题咏,明以后各种版本均源于此两大系统"。不过,目前存在的问题是:"现能看到的崔与之文集最早的明代刻本",其实在平常的阅读与研究中真正能见到者少之又少。因为这个刻本国内收藏单位仅有国家图书馆、北京大学图书馆、上海图书馆、复旦大学图书馆、湖北省图书馆、江苏省图书馆、中山大学图书馆与暨南大学中国文化史籍研究所资料室等少数几家,而且大多密不示人,难以借出,不便阅读。目前,现存易见的崔氏文集主要有五种印本:《宋本珍集丛刊》中影印的两个版本《全录》与《崔清献公集》[3],《续修四库全书》影印的两个版本《全录》[4] 与《丛书集成初编》中收录的排印本《崔清献公集》[5] 等。

那么,上述现存易见的崔与之文集包括题名为《宋丞相崔清献公全录》或《崔清献公集》的数种版本究竟有何异同呢?比较发现,由四川大学古籍所编《宋集珍本丛刊》中收录的《全录》10 卷本,是收录崔与之著述诗文最多的一种;这一版本在卷首明确写明据"清钞本"影印;《宋集珍本丛刊》中还收录有一种名为《崔清献公集》的版本。其实,《宋本珍集丛刊》影印的崔与之著述的两个版本:"一种是据伍氏的《岭南遗书》本影印,一种是据清钞本《全录》影印"。在两种影印钞本之首,有王智勇先生写的简要版本说明。其中,《全录》卷首分录有何维柏作的《崔菊坡先生言行录序》和唐胄的《崔清献公全录序》与所刊"崔相祠"与"崔丞相像"两图,其行款、体例与唐本一致。张其凡认为,"此钞本当是据嘉靖三十二年广州本钞录而来。内容中凡出现'寇'、'虏'二字皆缺,盖出于避讳。由于此钞本没有自己的序跋,因此,此钞本出于何时何地何人之手,今皆不详"。而据伍氏《岭南遗书》本影印的《崔清献公集》共 9 卷,卷 1 至卷 3 为"言行录";卷 4 至卷 7 为"奏札",卷 8 为

"遗文";卷9为附录行状和《宋史本传》。这一版本除前3卷"言行录"外,其他与《丛书集成初编》本《崔清献公集》基本相同。

由《续修四库全书》编纂委员会编《续修四库全书》中收录的《宋丞相崔清献公全录》有二种版本:一种是据北京大学图书馆藏明嘉靖十三年(1534)唐胄、邵炼刻本影印,收于《史部·传记类》;一种是据复旦大学图书馆藏明嘉靖十三年(1534)邵炼刻本影印,收于《集部·别集类》。实际上,这两种版本的篇目、正文与附录完全相同。较之《宋集珍本丛刊》中收录的《全录》,因所据刻、钞本的不同,《续修四库全书》中两种版本与《宋集珍本丛刊》本的文字主要有四点差异:一是书首都没有《崔菊坡先生言行录序》,仅有《崔清献公全录叙》;二是都未刊引"崔相祠"与"崔丞相像"两图;三是卷8目录"《题金精山诗》"与正文"《金精山(见赣本志)》:翠壁丹崖倚碧穹,一壶天地画图中。青鸾有路三山远,玉洞无尘万虑空。虚室尚留丹灶冷,灵泉直与海波通。客游至此应忘返,始觉仙凡迥不同"皆缺佚;四是卷10目录"国朝诗,公在蜀中尝赋《水调歌头》一篇,其词云,云梦中对菊坡论举此词,故中联及之"与"《谒崔相祠诗》,王弘(六合人,广东按察司佥事)"以及"跋、记"三篇:《新置崔清献菊坡先生祀田记》(赐进士出身翰林院编修国史经筵官邑人湛若水撰并书)、《跋崔清献公言行录后》(甘镛谨序)与《跋崔清献公言行录后》(林钺谨跋);落款分别为"大明正德八年癸酉(1513)冬十月十二日立(见崔相祠碑记)"、"正德甲戌(1514)秋七月之吉署司增庠教戊辰乙榜浔州甘镛谨序"与"正德丙子(1516)春仲月望日晋江林钺谨跋"及其正文皆缺。

在《宋集珍本丛刊》与《续修四库全书》未出版之前,20世纪学者们较易得见的崔与之文集是王云五主编、上海商务印书馆排印的《丛书集成初编》中收录的《崔清献公集》排印本。此本所据为清道光戊申(1848)年间伍崇曜刊刻的《岭南遗书》本,出版时进行了断句。这一版本的刊文与《宋本珍集丛刊》中收录的《崔清献公集》基本相同。其中,4卷"奏札"与1卷"遗文"以及附录《崔清献公行状》、《宋史列传》(含附传"论曰")以及《伍崇曜跋文》完全相同。两者不同的是《丛书集成初编》中收录的《崔清献公集》仅有上述5卷与附录,而《宋本珍集丛刊》中收录的《崔清献公集》还在书首载有《崔清献公言行录》3卷以及元初崔与之的再传弟子、增城人李肖龙在重辑、刊刻《菊坡文集》时写的跋文。

另外，据张其凡介绍，台湾庄严出版社在1996年据北京大学图书馆藏明嘉靖十三年(1534)唐胄等人的刻本，也影印了《宋丞相崔清献公全录》。

二、《宋丞相崔清献公全录》的内容与文献特色

《宋本珍集丛刊》中收录的《宋丞相崔清献公全录》，分为10卷，主要内容由四部分构成，另外卷首有叙文两篇，卷尾有跋文三篇。

《全录》卷1至卷3为崔与之《言行录》，大多认为是南宋度宗咸淳进士李肖龙所辑。其中，卷1首为四篇序文。序文依次题为“黎贞序，隐士广东新会人，洪武戊寅(1398)撰”，“刘履序，刑部广东司主事，江西庐陵人，永乐五年(1407)六月撰”，“余鼎序，翰林院修撰，星子人，永乐十四年(1416)八月撰”，“宋端仪序，广东按察司提学佥事，福建莆阳人，弘治十年(1497)六月撰”，序文后为“言行录上”，辑录文字分为20个自然段。卷2为“言行录中”，辑录文字分为32个自然段。卷3为“言行录下”，辑录文字分为四个自然段；“言行录”后卷尾附有其门人李昴英撰写的《崔清献公行状》与《宋史·崔与之列传》以及《续通鉴纲目》中有关崔与之的材料。

从“言行录”所注出处看，所载内容主要是崔氏在各地为官之事，大多出自崔与之家集和奏稿；少部分为他人所录崔公遗事、或从他书节录文字、或为其纪念性建筑地刻文等。

《全录》卷4至卷7为崔与之所上奏札，大多写于嘉定十二年(1219)至端平三年(1236)。这些奏札绝大部分是辞免状文。其中，卷4为嘉定十二年(1219)至嘉定十六年(1223)中的12篇奏札；卷5为嘉定十七年(1224)至绍定元年(1228)中的10篇奏札；卷6为绍定三年(1230)至端平二年(1235)七月十八日中的11篇奏札；卷7为端平二年(1235)闰七月至端平三年(1236)十月(1223)中的9篇奏札。

《全录》卷8为崔与之遗文与遗诗。其中，所载遗文有11篇，遗诗与词26篇33首。其实，在《宋本珍集丛刊》中收录的《崔清献公集》卷5“遗诗”中，卷尾还有《水调歌头》与《贺新郎》词二首。其《水调歌头·题剑阁》词为：“万里云间戍，立马剑门关。乱山极目无际，直北是长安。人苦百年涂炭，鬼哭三边锋镝，天道久应还。手写留屯奏，炯炯寸心丹。对青灯，搔白发，漏声残，老来勋业未就，妨却一身闲。梅岭绿阴青子，蒲涧青泉白石，怪我旧盟寒。烽火平安夜，归梦到家山。”其实，这首词在《全录》卷2《言行录中》已收录，只是未题《水调歌头》而写为：“公尝题剑阁云”，其后字词完全一致。《贺新郎·寿转运使赵公汝燧》则《全录》中未见。其词为：“雨过云容扫。使星明、德星高揭，福星旁照。槐屋犹暄梅正熟，最是清和景好。望金节云闲缥缈。和气如春清似水，漾恩波沾渥天南道。晨鹊噪，有佳报。天家黄纸除书到。便归来、升华天下，安边养浩。好是六逢初度日，碧落笙歌会早。遍西郡，欢声多少？人道菊坡新醖美，把一觞满酌歌难老。瓜样大，安期枣。”

《全录》卷9至卷10为“宸翰”和“赠挽”诗文。其中，“宸翰”是理宗专给崔与之的御札诏书，“赠挽”为历代文人学者对崔与之的颂赞。卷9有“宸翰”18篇，“赠挽”文13篇，属宋人写的7篇，属元人写的6篇。卷10有明代人写的“赠挽”文9篇，宋、元、明三代人写的“赠挽”诗13篇16首。卷10终后附有明代人所写跋文3篇。

从上述《全录》所载文献内容看，主要体现了以下三个特色：其一，是所收诗文类型与宋代其他同类人物相比显得较为单一，字数有限。考察崔与之一生，可谓才学超群，读书、为官之阅历丰富，所涉时局见识卓越，且累于广南两路、江南西路等地方与边境淮南、川蜀宋金前线建功立业，虽淡泊名利，但仍英名远播，流传不朽。然而，他留存至今的著述却与其一生才学与功名不相匹配。如在他现存的著述中，主要是“辞免状”奏札和“言行录”与历代刻印其文集时所附录的“序”或“跋”类文章等。故何忠礼先生说，今本《崔清献公文集》，“有关学术、政论性文字，几乎一篇无存”[6]。比较而言，《全录》中约占其文稿一半的奏札，其史料价值远不及仅占约1/5分量的“言行录”的价值高。按理,崔与之一生中应有大量的读书笔记、奏札、书信、文论与诗词等留存于世,但事实并非如此。从上述所存奏札而言,仅有他人生晚期近20年的《辞免状》文。姑且不论他在36岁中进士前是否应有诗文传世,他于绍熙四年(1193)中进士后至嘉定十一年(1218)共25年间曾历任各类官职时是应该有许多奏折或书信等文章留存下来的。然而事实上,他这一时期的诗文完全缺载不传。另外,从现存崔与之著述收录的“奏札”还可以更加清楚地说明这一点。如作者第1卷“奏札”的第一篇文稿题目为“第三次辞免秘书少监”,由此肯定,他原来至少还写过“第一次”与“第二次”要求“辞免秘书少监”的奏折。可以认为,其大量文稿的缺佚不传,或多或少地影响到了后人对其学术进行深入研究的不便与困难。

其二,从现存崔与之著述的内涵看,其所涉史事还是相对广泛的,内容也是相对丰富的。对此,这与上述并不矛盾。前者是从其文字的多少而言,这里是从其文字涵盖的内容和传递的信息来讲的。其主要根据是:在今流传的《全录》一书中,既有他“早孤家贫,刻苦向学。读书务通大义,不事章句;为文务得大体,不事缀辑。少倜傥,有大志。应接事物,动有机警”[7]的记载,又有他为官勤于赈恤、关心民瘼、惩罚贪黩、整顿吏治的实录;既有他治理边地有方、抵御金人有术的具体史事,也有他淡泊名利、累次力辞高官不就的雄文华章。不仅如此,若把其文集中的内容与相关史传相比较,即可见其许多优胜之处。如上述事迹,大多在正史《宋史·崔与之传》中也有记载,但远不及《全录》记载详细和清晰。比如:崔与之在江西“知建昌之新城”地方官之事时,《宋史·崔与之传》的记载是:“劝分有法,贫富安之。”[8]而《全录》中的记载是:“治新城,以‘抚’字寓之。催科酌道,里为信限,悉蠲浮费。民输直造庭下,东庑给钞,未纳无泛比,已纳无泛追。不事一棰,而赋益辨。前是编民,以役破家相踵。公既去,所以蠹役者,民争应恐。后会岁祲,举行荒政,供亿军需,无窘蹙峻迫状,邑境帖然。当路取其规划,下诸州县,仿行之上,其治行。”[9]从上可知,《全录》所载,把崔与之那种勤政爱民,革弊惩贪;处事见多识广,理政条分缕析;治政有方,才干过人的地方清官廉吏的形象描画得一目了然。对此,正史中的有关记载则很难细化。

其三,其记载与保存的部分诗词,表现出了崔与之在写诗填词方面的高超能力以及在文学表现方面具有把岭南诗词伤时忧国与豪迈雄健风格结合的创造性地域特色,在一定程度上推动和促进了岭南诗词的发展,扩大了岭南诗词风格的影响。张其凡认为,作为著名的政治家,崔与之的著述并不以文学闻世,但他的诗词还是得到了许多后人的推崇。并举例说,清乾隆时人梁善长编选的《广东诗粹》,就对崔与之的诗词给予了高度的评价:"高华壮亮,犹有唐人遗音。"尤其是崔与之的词作《水调歌头·题剑阁》,更是千古传诵。此词气贯长虹,雄健豪迈。正如近代学者麦丈云所指出的:"菊坡虽不以词名,然此词豪迈,何减稼轩?"对研究岭南词学乃至宋代词学都有着重要的参考价值。此词毛泽东也极为推崇,曾亲笔题写。而且还认为,此词从内容到格调,对岭南词学的发展影响很大,它开启了"岭南词"伤时忧国的价值取向和豪迈雄健的词风。这些诗词文章不仅有文学价值,同时对研究崔与之思想以及南宋晚期的政治形势也不失重要的参考价值。其实,还有上述《题金精山》中诗句"翠壁丹崖倚碧穹,一壶天地画图中。青鸾有路三山远,玉洞无尘万虑空"等同样具有岭南诗词豪迈雄健的风格。

其四,记载与保存了大量的地方史志,具有鲜明的地域文献的特色,尤其是体现出了许多当时岭南地区文化的文献特色。在崔与之的一生中,他曾先后担任了广南西路浔州、淮南西路提刑司检法官、江南西路新城、广西邕州、宾州、淮南东路扬州、两淮帅臣、成都府与广南东路等10余个地方官职达40余年时间,因此,他的著述自然涉及了当时当地的政治、经济、文化以及民情民俗与风土人情等。如嘉定十三年(1220),他在知成都府路时上奏说:"蜀居江汉上游,而成都实为根本重地。必硕德雅望,而后可以镇服人心。必远识长材,而后可以就酬事变。一道蕃宣之寄,全在得人,承平无事,犹重所迁。厥今边声未寂,时事方殷,其可尝试之乎?况天下之事,要须中外相应,大小相维,而后有济。盖中外当如一家,贫富休戚实同其责,而势不可不相属也。大小当如一体,疾痛?痾痒皆切于身,而情不可不相孚与也。"[10]可见,他对成都府路地区的军事地理位置以及戍守官吏的重要性是充分了解的。又如,有关记载他在扬州任上事时说:"扬州仓庴少且圮坏,新籴无所放处。公视北门内旧柴场地于市河为近鼎,创仓廒十二座,积粟充裕。"[11]这段文字虽然简短,但其所包含的历史信息却是多方面的。它既反映了崔与之在扬州的政绩,又陈述了扬州的仓储制度从坏到好、仓粮从无到丰的变化。

南宋时期,由于岭南一带还是处于地广人稀、经济文明发展有限的相对落后状态,有时仅仅是瘴病的传播或传言,就使很多人望而却步。因此,比较而言,记载与保存当时岭南地区的文献在现今显得尤为珍贵。尽管今存《全录》中仅有大量《辞免状》奏札和部分诗文,但仍能窥见岭南文化的许多特色。如文集中所涉崔与之为官或居家岭南尤其是任浔州司法参军与通判邕州时期考察广西、海南等地所记载的有关农作物与手工业的一些文字,就透露出了许多岭南特有的生态文化特点;而且其通判邕州、并摄宾州的任职事实还反映出岭南偏远之地的历史政区沿革地理尤其是不同于内地地方官员任职的文化特色。

由于崔与之是广南本地人,一生中又曾多次担任广南两路的地方官员,且最后又在家乡广东终老,因此,在他的著述中,自然有许多表现岭南文化方面的特色。如《全录》中载,他在广西提点刑狱任上曾"遍历所部二十五州,大率皆荒寂之地,朱崖(今海南岛)隔在海外"[12],并在录其浮海巡视朱崖、秋毫无扰州县、奖廉劾贪之事时道:"公为广西宪,欲渡海决囚,吏人云:'海滨有神最灵,若欲渡海,须预决于神,不然,鲜克有济。'公曰:'海外诸州,官吏不法久矣,我欲为民除害,岂问神耶?'遂理舟渡海,离岸方顷间,风涛大作,柁为之折,公亦不祷于神。回舟整柁以行,诸吏畏恐,公乃就舟中阴祷于天。须臾,天色开霁,风浪帖息。及至海,劾四郡贪黠吏数人。自此,官吏始知有国法,不敢害民矣。"[13]这段文字,既反映了崔与之不畏艰险的意志和惩处贪官的决心,又说明了临海的岭南之地在宋代官民对待经常发生的海难上还盛行祷告的巫书,以为风涛大作乃海神之力,要想避免海难,必须借助海神之灵。即使像崔与之这样的硕学鸿儒也未能免俗。不过,从南宋岭南地区的文明发展水平看,应该说,这完全是沿海地区民众生活习俗的正常反映。

当然,崔氏著述中还有大量表现岭南文化特色的内容,主要是记载了诸如广州"提舶"、朱崖"苦荙"以及相关民情民风等。如"申彭提刑管提舶之功"[14]一文,就是崔与之于端平二年(1235)七月初九日所写的记载有关广州特有的市舶管理史事。至于"朱崖地产苦荙,民或取叶以代茗,州郡征之,岁五百缗。琼人以吉贝织为衣衾,工作皆妇人"等记载,更是使后人了解到宋代朱崖民众"以苦荙代茗"的习俗和已开始有棉纺织等手工业的生产、生活情况。所有这些,都更具有典型的岭南地域文化的特色。

三、《宋丞相崔清献公全录》的史料价值

众所周知,判断一部史书价值的高低,主要是看它相较其他书提供了哪些新的有价值的材料。《宋丞相崔清献公全录》作为崔与之现存的全部文集总录,之所以被收入《续修四库全书》之《史部》类,就完全表明了它所具有的史料学价值;而且其特有的史料价值还表现在多个方面。其中,主要表现为:

首先,《全录》是研究崔与之的个人生平经历与为人处事、为官理政等包括其家族移民历史的珍贵的历史地理史料。

如《言行录》载:"公讳与之,字正子。其先汴人。绍熙庚戌(1190)补太学生,癸丑(1193)登进士乙科,为浔州司法",直至"以疾薨,年八十有二"[15]。其生平经历,所载不厌其详。而且对其事迹有评价,有感叹。如载其"自中年丧偶,不再娶。官至贵显,不蓄声奴。买宅一区,未尝增饰园池台榭,亦未尝增置产业。便坐左右,面书无玩好。书室所豢,白宦鸡一双而已。其恬淡无欲,盖由天性非矫也"[16]。

同时,《全录》中对崔与之勤于政事、关心民众疾苦等事也有大量记载:"浙东大饥,流民渡淮求活,以数千计。公命僚属于南门外,籍口给钱米,民得无饥乱以死,无不感慕。且请于朝,行之两淮。端明洪公咨夔,尝有诗曰:'寨下人家盎盎春,又椎馀泽及流民。庆州小范青州富,合作先生社稷身。'"[17]

张其凡认为："崔与之的一生近乎完美，年愈高，德愈厚，位愈隆，上及皇帝，下至百姓，都非常敬重他。"如宁宗皇帝等人就曾称赞崔与之说："卿道德足以镇浮，智识足以制变。"[18]理宗更是对他恩宠有加，甚至曾连降七诏，恳请他出仕为相。崔与之去世后，理宗还派专人前往吊唁，并大书"菊坡"二字赐其家。后世学人的颂赞更是见之于历代，如文天祥称其为"盛德清风，跨映一代"[19]；而元人黄甲登则称他"出处一生无玷玉，功名千载不刊碑"[20]。

其次，《全录》是研究崔与之一生的人材思想史的难得的思想史料。

在《全录》一书中，记载有许多崔与之有关如何选人、用人、荐人及其对治国理政的重要性的思想主张与实践经验。他说："国家圣圣相承，惟用人听言为立国之本。自任则用人不广，自是则听言不专"；"盖内外之情不通，最为今日大患。人才之进退，言路之通塞，国势之安危系焉。用人必亲其人，听言必行其言。事之巨细，必有良规而后可以独运；事之利害必有真见而后可以独断。愿于用人听言之际，一付公论，诏大臣首清中书之务，力为外御之图；延接诸贤，参稽众论。凡大施设，大经画，合谋而参订之，以求至当之归"。他还认为，"人才，国之元气，进退消长之机，乃治乱安危之候。涵养元气而寿其脉，有国者所当加意。而人才之消长，由士气之屈伸；士气之屈伸，由言路之通塞。彼其不敢昌言于公朝，而隐忧于私室；不敢明告于君父之前，而穷议于朋友之间，非盛世所宜有也"[21]。

为有利于赵宋政权之治，崔与之不仅注重积极选用治国用兵之才，而且怀毫无私利之心、不遗余力地多次去为国荐贤。如洪咨夔、魏了翁、李庭芝、刘克庄、度正、吴彦等数十人，或以功业、治才荐于朝，或以道德、学问荐于友。在他所荐的人中，许多人后来受到重用，甚至成为南宋名臣。从崔与之选用人材的经验看，知人善任、不图私利，是其主要的特点。如成都府进士李心传，累考不中。崔氏知其德行、史才俱佳后遂荐于朝，为史馆校勘。后来，李心传果然成为南宋著名史家，其所著更是有目共睹，现已成为研究南宋史的必备史书。

再次，《全录》又是研究崔与之一生的政治主张与军事思想及其实践的不可缺少的重要政治史料。

有宋一代,崔与之是在政治、军事等多个方面展现出了卓越见识和才干的一名能臣。他在负责守御金人对淮甸与川蜀的侵扰以及维护地方秩序等方面都作出过重要的贡献。如在担任两淮地区的帅守时,他就采取了多种措施,守战兼顾,成效卓著。当时,“淮东数百里皆夷旷,惟滁州盱眙军多山林。方山石固,山嘉辅?砳崖高峙,上有泉源。公募民筑五山寨,累石为城,料简丁壮。选材力服众者,假以官资之。统月差一百二十五人,分布守望,官支镪四百一十贯、米七十五石。有警迁民,悉家于中,并力捍御。又虑奸民乘时剽掠,以路钤刘谌老成忠义,用为五寨都总辖压之”。不仅如此,他还指挥“沿城外羊马墙内,环植柳树,官车多以小枝应数。公出,镪青将校募诸营选大如臂者培插,长茂周遭六万一千五百余株。二三年后小者可为薪,大可为椂木,留根四尺,槎牙交错,禁限工具,春至复生”[22]。把两淮地区的守战与植树造林结合起来以防金人的骑兵,其成效不言而喻。

崔与之所处的南宋,正值金朝从衰落到灭亡,蒙古从兴起到开始南侵的时期,因此,《全录》中载有许多他为防边尽心尽力、且功勋卓著的事实。对此,何忠礼先生曾作了相当全面与深入的研究[23]。他认为,崔与之系统的防边军事思想主要表现为:强调富国强兵,减轻百姓负担以御敌于外,这是根本之道;伺敌动向,广泛修筑防御体系,以防范于未然;加强士兵的军事训练,注重各兵种、各地区的战术配合;重视民众力量,广泛发动和组织他们参加防御战争。正因为如此,在切实解决民困的基础上,他动员民众,组织义军,修筑五寨,创建万马社,有力地配合了官军的战斗,在防御爵兵的战争中作出了重大贡献。

最后,《全录》是还是研究崔与之一生中用心处理汉族与边疆少数民族关系等的不可替代的民族关系史料。

在崔与之的一生中,他曾多次在川蜀与岭南等偏远或临海的少数民族地区担任地方官吏。因此,《全录》中有许多关于他如何处理中原汉族官民与各个少数民族关系的记载。“广右境土荒寞,四州又越海外。昔者,轺车按行之所不到。公历巡所部,朝岚昼暑,星行露宿,以叶舟渡朱崖,冲冒川途之险而弗顾。自春徂冬,往反数千里,形容凋瘁,鬓毛悉斑。所至搴帷问俗,导人使言,有条利害以告者,必为之罢行。乃去,幽枉之民,遮车而赴朔者,骈肩累迹于道"[24]。他在海南岛体察民情时,还坚持轻车简从,所到之处,秋毫不扰州县,"供帐之类,一切不受,兵吏不给券,携缗钱自随,计日给之,停车决遣,无顷刻暇"。对于"民尤苦之"之事,他一律张榜予以免除。其后,朱崖民一一录其事,名曰《海上澄清录》。可见,他对朱崖黎民所付出的辛劳与诚意。

不仅如此,因朱崖偏居海外,"岭右去天远甚。官吏任情催剥,须澄清之。视事日,首榜所属,明示要束,吏奸民瘼,纤悉毕载。号令明肃,观者惧焉。以公击搏不避权势,贪污之徒,有望风解印绶去者。其榜一曰狱囚充斥之弊,二曰鞠勘不法之弊,三曰死囚冤枉之弊,四曰赃物供摊之弊,五曰户长科役不均,六曰弓手土军骚扰,七曰催科泛追,八曰缉捕生事,九曰奸滑健讼,十曰州县病民等"[25]。后人将此十事梓行于世,号《岭南便民榜》。总之,《全录》中有关这类缓和官民矛盾、加强内地与海岛之间各种联系的区域民族文献记载,其重要的史料价值是显而易见的。

注　释

1 《续通志》卷399,《崔与之列传》。

2 张其凡、孙志章:《崔与之著述版本源流及其价值》,《安徽师范大学学报》2007年第3期。其他所引此文不另注。

3 四川大学古籍所编:《宋集珍本丛刊》,线装书局2004年影印本,《全录》收于第六十九册第433—519页;《崔清献公集》收于第六十九册第520—566页。

4 《续修四库全书》编纂委员会编:《续修四库全书》,上海古籍出版社2003年影印本,《宋丞相崔清献公全录》有二种:一种是据北京大学图书馆藏明嘉靖十三年(534)唐胄、邵炼刻本影印,收于《史部·传记类》第550册第545—626页;一种是据复旦大学图书馆藏明嘉靖十三年(534)邵炼刻本影印,收于《集部·别集类》第1319册第159—240页。

5 王云五主编:《丛书集成初编》,上海商务印书馆民国24年至26年(935—1937)排印本,《崔清献公集》编序为2032册,共55页。此本据伍崇曜于清道光戊申(1848)年刻《岭南遗书》本加以断句后排印。1980年上海古籍书店出版的崔与之文集也是据《岭南遗书》本刊印。1985年,中华书局重印了《丛书集成初编》本。

6 何忠礼:《南宋名臣崔与之述论》,《广东社会科学》1994年第6期。

7、9 《宋丞相崔清献公全录》卷1,《言行录上》。

8 《宋史》卷460,《崔与之传》。

10 《宋丞相崔清献公全录》卷4,《辞免除焕章阁待制知成都府本路安抚使》。

11、13 《宋丞相崔清献公全录》卷1,《言行录上》。

12 《宋丞相崔清献公全录》卷3,《崔清献公行状》。

14 《宋丞相崔清献公全录》卷6,《申彭提刑管提舶之功》。

15、17 《宋丞相崔清献公全录》卷1,《言行录上》。

16、21 《宋丞相崔清献公全录》卷2,《言行录中》。

18 《宋丞相崔清献公全录》卷9,《四川制置乞祠不允诏》。

19 《宋丞相崔清献公全录》卷9,《跋崔丞相二帖》。

20 《宋丞相崔清献公全录》卷10,《唐律》。

22、24、25 《宋丞相崔清献公全录》卷1,《言行录上》。

23 何忠礼:《南宋名臣崔与之述论》,《广东社会科学》1994年第6期。

崔与之的官德、治绩与政声

湖北大学　曾育荣

崔与之(1158—1239),字正子,号菊坡,南宋广州增城(广东今县)人。光宗绍熙四年(1193)中进士乙科,历仕光宗、宁宗、理宗三朝共计47年。曾亲理民讼,字民一方,守淮五载,卫护四蜀,击退叛军。然进道退义,不慕名利,功成则止,以全归为乐;晚年,闲居广州,屡召不起,更八辞参政,13辞右丞相兼枢密使。理宗嘉熙三年(1239),崔与之以观文殿大学士致仕,未几而卒,年82,谥曰清献。与有"岭海千年第一相"之称的张九龄合称"二献",异代齐名,同享庙祭,诚为岭南千载不朽之盛事。

崔与之一生致君泽民,经邦辅国,于政事、军事、学术均有过人之处。在南宋中晚期政治昏暗、外患日逼、权臣擅命、奔竞干禄之风大炽的情势下,崔与之易退难进、终始全德的高迈人格,卓然独立,分外引人注目。其清风高节,不仅彪炳于一时,后世仁人君子亦推崇备至。学界前辈关于崔与之的论述时有所见,何忠礼先生、王德毅先生,业师张其凡先生均曾刊布专文论及崔与之的若干方面,[1] 笔者深受教益。翻检相关记载,崔与之之所以生前为时人赞誉,且百年之后,称颂之声仍不绝如缕,窃以为,其中至为重要的原因之一当缘于其官德之美与政绩之著,借此又有政声之优。本文即以官德、治绩与政声为题,通过考察此三者在崔与之这一历史人物身上的具体体现,揭示其间互为依存的唇齿关系,冀望能以此挖掘出南宋名臣崔与之所含摄的丰厚精神内涵,以鉴来者。

一

官德者,居官从政者思想道德之谓也。为官以德,是历代代君牧民者的基本素质与要求。这种入仕为宦者共同遵守的规范,经过长期积淀,形成类似于今日官员职业道德的官箴。[2] 官德集中包括“正己、待人、尽职”三个方面,下分为修身、治家、晚节、事上、友僚、爱民、清廉、谨慎、勤奋、秉公、教化、长能等内容。[3] 作为南宋中晚期的名臣,崔与之在其仕宦历程中,于官德时时倾心,理宗对此即有如下评价:“卿忠清足以范俗,惠直足以揉邦,国之纪也,民之望也。”[4] 足见崔与之居官从政期间莫不以官德为忠君爱民、治理教化的基础和先导。崔与之事功之形成与卓著,实得益于此。限于篇幅,兹仅就崔与之官德中的修身、清廉、爱民、晚节四点略述如次,以一窥其官德之精要。

“修身”,是入仕者履行职责、清白操守的第一要务,是官吏奉行“修、齐、治、平”原则的基石。《礼记·大学》云:“君子先慎乎有德。”“德者,本也”。《论语·子路》曰:“其身正,不令而行;其身不正,虽令不从。”崔与之自幼即以经国济世为志,“刻苦向学,读书务通大义”[5],熏习儒家经典至深,并确立了经邦治国务须以德为先的理念。对此,崔与之曾有明确表述。史载:“公(指崔与之,下同)道经连州,时官民耆儒,迎谒于州治。将行,因书曰:‘有才者,固难得,苟无德以将之,反为累尔。穷达自有定分,枉道以求之,徒丧所守。’州人以为名言,刻于石。”[6] 也就是说,在官吏所具有的才、德两项基本素质中,崔与之主张德先才后,才只有秉之于德,方能奏其效;若无德而有才,必致政事不举,“反为累尔”。本乎此,崔与之一以贯之地加强道德自律与自我修养,终身不敢懈怠。据史籍所载,崔与之素以“无以嗜欲杀身,无以政事杀民,无以货财杀子孙,无以学术杀天下后世”[7] 为座右铭,所谓“斯言也,实公心得之学,修身行业之本也”[8]。其在《遗表》中还说:“毋不敬则内敬常存,思则无邪则外邪难入。……凡兴居食息之间,皆恐惧修省之地。”[9] 由此不难看出,“修身”在崔与之心目中居有何等重要的地位。后人于此亦有评价:菊坡先生“笃志好古，动法圣贤，袛服九思九容之训。夙夜干惕，求无歉于不愧不祚之真”[10]。

“爱民”，即重视民众、爱恤民众。民众是施政行政、国家机器正常运转的依托，又是政治的终极指向，各级官吏肩负代君治民的重责，惟有“爱民”，安邦兴国的圣谕才能实现。《尚书·五子之歌》即云：“民为邦本，本固邦宁。”《礼记·大学》载：“民之所好，好之；民之所恶，恶之。此之谓民之父母。”贾谊《新书·大政上》亦道：“夫民者，万世之本也，不可欺。”先儒所论，均以“民”为国家政治生活的中心，“爱民”则是政治有序、邦国安宁的基本保障。在崔与之的仕宦生涯中，其“爱民”之心亦有明显体现。崔与之认为“民力”与“国势”的关系是：“人谋合处天心顺，民力宽时国势张。”[11]为国之要则在于，“惠养黎元，以培固邦基”[12]。基于这种认识，他认为：“官之贤否，系民休戚。”[13]缘于对民生的重视，崔与之常常以“州县之才”自诩，如其所言：“寸长无取，不过碌碌州县之才”。[14]又尝道：“伏念臣碌碌州县庸才尔，奔走四方，未尝择地，以勤掩拙，实陪其劳。”[15]“少而有志，不过州县碌碌之才”[16]。正因其始终能以天下苍生的福祉为念，故即使劳碌奔波、无暇暂息，仍能甘之如饴，其“爱民”之情昭然可揭。其绝笔依然念念不忘与民休息：“东南民力竭矣，诸贤宽得一分，民受一分之赐。”[17]

“清廉”，乃立政之本。《晏子春秋·杂下》即云：“廉者，政之本也。”《孟子·离娄下》曰：“可以取，可以无取，取伤廉。”是则“清廉”实系为官之人清洁自我品质的底线。崔与之为官多年，终身无缺，未尝一朝点污。史载：崔与之治蜀罢任，“举羡余三十万缗，归之有司，以佐边用，一无私焉。……仕于蜀者，鲜不为奇玉美锦所动。公至官，争以为馈，悉却之。去之日，至蜀口，四路制领举所尝却者以献，有加焉，俗谓之大送，公却愈力”。[18]又，平定摧锋军叛乱之后，崔与之“即力辞阃事，所得广帅月廪钱一万一千余缗，米二千八百余石，悉归于官，一无所受”[19]。其实，“自谢事还里”以来，崔与之已然是“所得祠禄衣赐，悉辞不受”，有人问及于此，与之答曰：“仕而食禄，犹惧素餐。今既佚我以老，而贪君之赐，可乎？”闻者叹服。[20]崔与之平素生活节俭，“自中年丧偶，不再娶。官至贵显，不蓄声妓。买宅一区，未尝增饰园池台榭，亦未尝增置产业。便坐左右图书，无玩好，书室所豢，白宦鸡一双而已。其恬淡无欲，盖由天性，非矫也”[21]。理宗嘉熙三年（1239），崔与之“乃得致仕，以观文殿大学士提举洞霄宫。自领乡郡，不受廪禄之入，凡奉余皆以均亲党”[22]。

“晚节”，意谓执事者不贪恋名利，主动退休，让贤与能。《老子》有“功成身退，天之道”之语；《晏子春秋·问上》曰：“进不失廉，退不失行。”强调的都是晚节的重要。纵观崔与之一生，其晚节尤为人们所钦羡。自嘉定十七年（1224）从四川制置使卸任后，“公轻舟出峡，径归五羊，自是不复出矣”[23]。除端平二年（1235）因平叛之需，曾短暂知广州兼广东安抚使之外，崔与之曾相继辞免礼部尚书、湖南安抚使、江西安抚使、吏部尚书、参知政事，乃至右丞相兼枢密使等显赫官职。对于崔与之这种淡泊名利、易退难进的盛德清风，家大酉尝言：“东海北海天下老，亦有盍归西伯时。白麻不能起南海，千载一人非公谁。”[24]后人言及于此，尝评论道：“功成身退，弃相位如脱屣，轻富贵如浮云。”[25]有人亦称：“当相不拜之节，至称之为千载一人。”[26]关于主动退归的原因，与之曾说：“自蜀一病之后，生意萧然，不堪世用，遂决归休之计。”[27]惟因疾病缠身，年届七旬，故与之又说：“已逾谢事之期，徒负空餐之刺，可止而不知止，此心得无慊乎？”[28]其也一再以身体老迈、不堪重负为由，屡屡婉拒朝廷任命。所谓“其老也，精力既衰，非惟不足以任事，必至废事且误事也”[29]。关于身染陈疴、不能视事的情形，崔与之在《再辞免知隆兴府江西安抚使》的奏札中言知颇详，无妨移录如下：

> 顾知一路蕃宣之寄，其责非轻，自度衰残，若为胜任。顷年头风之疾，秋冬为甚。今发作无虚日，自早晨为其所苦，食后方少定。若遇风寒，则终日奄奄，无复生意，甚至攻注面目，牵引口齿，呻吟不已，续以叫号，年事至此，能再少再壮乎？使之临事，非惟无益于事，必至误事，投老获戾，一身何足惜，而大体所系，其可不自量耶！[30]

有研究者已经指出，崔与之屡次辞职、急流勇退的原因是多方面的，[31]但年老体衰的确为不争事实。至少，在保留至今的崔与之辞免任官的奏札中，无一不是以此为理由的。

与以老病为辞官之由相联系的是，崔与之多次提到保持晚节的愿望。其在辞免奏札中就屡屡言及："致蒲柳之易凋，桑榆之浸晚。加以多病，日就衰残，丐闲便私，欲全晚节。"[32]"欲望察其朴实之情，全其晚暮之节，收回误恩，许某守本官职致仕，实出始终保全之大赐"[33]。"惟有忠实一意，始终不渝，冀全晚暮之节"[34]。"若迫于成命，不自揣量，奔走贪荣，死于道路，则晚节扫地，遗憾何穷"[35]？崔与之素有"清泉白石，方托此生"[36]追求，闲居乡里期间，即"筑室外所居之西偏，扁'菊坡'，刻韩魏公'老圃秋容淡，寒花晚节香'之句于门塾，盖雅志也"[37]。对此，后世学人更有阐发，谓菊坡先生"每慕韩魏公为人。韩尝言：'士之保初节易，保晚节难。'故诗有'不羞老圃秋容淡，且看黄花晚节香'之句。公心契之，因自号曰：'菊坡'。及老而归，又目所居之寝曰'晚节堂'"[38]。由此可知，其全晚节之言与其行深相契合，实乃出于天性，并非矫情。

二

崔与之常常以"胸中经济学，为国好加餐"[39]自励，自踏入仕途以来，无不恪尽职守，践履素所奉行的官德，并希望通过自身的勤勉和努力，上报君恩，下惠黎民。据史籍所载，与之在其每一任内均有不俗表现。兹据其仕宦履历先后，简要叙其治绩如下。

光宗绍熙四年(1193)，与之授浔州(今广西桂平)司法参军。任期内，"常平仓久弗葺，虑雨坏米，撤居廨瓦覆之。郡守欲移兑常平之积，坚不可，守敬服，更荐之"[40]。作为一名初入仕途、仅位及九品的幕职官，崔与之敢于秉公抗言，其正直与胆量遂深得郡守的敬服和举荐。

宁宗庆元三年(1197)，与之调淮西提刑司检法官。其时，"民有窘于豪民逋负，殴死其子诬之者，其长欲流之，与之曰：'小民计出仓猝，忍使一家转徙乎？况故杀子孙，罪止徒'"[41]。由于崔与之据理力争，坚持从轻发落，最终提刑司长官仅将此人判为徒刑。另外，供职淮西期间，崔与之还展现出不畏权势、秉公断案的一面。史载:“时王枢密当国,有子豪夺僧寺田,官吏无敢决其讼,公直笔拟断,不为权势屈,王闻而壮之,荐于朝。由是,诸台交剡争致。”[42]

嘉泰四年(1204),与之知建昌之新城(今江西南城),是为一方父母官。上任伊始,“岁适大歉,有强发民廪者,执其首,折手足以徇,盗为止,劝分有法,贫富安之”[43]。另有记载称:“建昌新城,素号难治,公始至,岁适大歉,民有强发廪者,公折其手足以徇,因请自劾,守大异之。”[44]可见,崔与之在用铁腕治理民众骚乱之后,嗣后曾上章自劾,对所采取的严酷手段表示自责。这种敢于担当的举动,令郡守骇异不已。治理新城期间,崔与之“以抚字寓之,催科酌道里为信限,悉蠲浮费,民输直造庭下,东庑交钱,西庑给钞,未纳无泛比,已纳无泛追,不事一棰,而赋益办。前是,编民以役,破家相踵。公既去所以蠹役者,民争应恐后”[45]。改革赋役征发的方式,明显收到了便民、利民之效。开禧用兵之后,军需苛急,“公悉以县帑收市,一毫不取于民。和籴令下,公依时直躬自交受,民一概不扰而办,为诸邑最。赵漕使希怿令诸邑视以为法,且特荐于朝”[46]。其实,与之以县帑按照时价在市场上收购百姓粮食的做法,曾经遭到胥吏的反对,但与之坚持“宁愿罢官,也不能掠夺百姓”的立场,事遂得行。[47]

开禧三年(1207),与之坚辞留中,通判邕州,另摄宾州。其时,“邕守武人,性苛刻,御禁卒无状,相率为乱。公时摄宾阳,闻变亟归,叛者将拥门拒之,公疾驰以入,执首乱者戮之,纵其徒不问,合郡贴然”[48]。

嘉定元年(1208),因平叛有功,与之擢发遣宾州军事。任期之内,“郡政清简”[49]。史载:“其折奸萌不动声色。宪使杨公方,为时名流,按部至宾,见公处事识大体,爱民有实惠,期以经济事业。诸郡邑狱讼,久不决者,悉归之,剖决如神,一道称快,遂特荐之”[50]。

嘉定二年(1209),与之擢守宾阳提点广西刑狱。“甫建台,偏历所部二十五州,大率皆荒寂之地。朱崖隔在海外,异时未尝识使者威仪,公至父老骇异。诸郡县供帐之类,一切不受,兵吏不给券,携缗钱自随,计日给之。停车决遣,无顷刻暇,奖廉劾贪,多所刺举,风采震动”[51]。与之轻车简从,秋毫不犯,勤于政事,惩贪倡廉,影响极大。当时,“朱崖地产苦荎,民或取叶以代茗,州郡征之,岁五百缗。琼人以吉贝织为衣衾,工作皆妇人,役之有至期年者,弃稚违老,民尤苦之。与之皆为榜免。其它利病,罢行甚众”。与之在罢除苛重的科役之外,鉴于“岭海去天万里,用刑惨酷,贪吏厉民,乃疏为十事,申谕而痛惩之”[52]。史载:与之“劾四郡贪吏数人。自此,官吏始知有国法,不敢害民矣”[53]。又由于“熙宁免役之法,独不及海外四州,民破家相望。与之议举行未果,以语颜戣,戣守琼,遂行之”[54]。这也是有利于纾苏民困的有益之举。与之任上,还注意到“广右僻县多右选摄事者,类多贪黩”,遂“请援广东循、梅诸邑,减举员赏格,以劝选人”[55]。这种做法旨在通过争取做官的优惠条件,吸引更多的循吏至广西任官,以改变吏治贪黩的不正之风,从而起到整肃官场风气的作用。崔与之在广西的四年,治民理事,可谓殚精竭虑,不遗余力,诚如史载:“公历巡所部,朝岚昼暑,星行露宿,以叶舟渡朱崖,冲冒川途之险而弗顾。自春徂冬,往返数千里,形容凋瘁,鬓毛悉斑。”[56]

嘉定六年(1213),与之赴召,为金部员外郎。即使是到了日夜穷忙的金部司,与之依然坚持事必躬亲、临事有守的作风。“时郎官多养资望,不省事,与之巨细必亲省决,吏为欺者必杖之,莫不震栗”[57]。这种不计私身、敢于纠偏的做法,在其时颇为难得一见。

宁宗嘉定七年(1214),与之知扬州兼淮南东路安抚使。迫于金军锋镝南指,与之临危受命,赴任后,即大力修筑、巩固防御体系,加强士兵的技战术训练,并发动民众参与御敌,以固根本。嘉定十年(1217),与之兼淮南东路制置使。在致力于军政的同时,与之于民政亦倾心尽力。史载:“浙东饥,流民渡江,与之开门抚纳,所活万余。”[58]对此,如下记载叙之甚详,“浙东大饥,流民渡淮求活,以数千计。公命僚属于南门外,籍口给钱米,民得无饥乱以死,无不感慕。且请于朝,行之两淮”。其高风亮节,深得时人赞许。端明洪公咨夔尝有诗曰:“寨下人家盎盎春,又推余泽及流民。庆州小范青州富,合作先生社稷身。”[59]与之在淮西任上,时刻不忘守土之责,力求为民众提供和平安定的环境,以造福一方民众。史载:“楚州工役繁伙,士卒苦之,叛入射阳湖,亡使多从之者。与之给旗帖招之,众闻呼皆至,首谋者独迟疑不前,禽戮之,分其余隶诸军”[60]。弭除祸乱,将叛卒纳入到部队中,既可稳定局势,亦可增强军队力量,一石二鸟,两全其美。

嘉定十三年(1220),与之除焕章阁待制、知成都府,兼本路安抚使。次年,权四川宣抚司职事,旋除四川安抚制置使。帅成都三年期间,与之忠于职守,整饬军备,对安定川陕局势起到了积极作用。

嘉定十七年(1224),以权礼部尚书召还,与之坚辞不拜,南归广州。自此,潜居乡里,一再力辞朝廷任命。理宗端平二年(1235)二月,广州摧锋军兵变。三月,为安定南粤,崔与之奉命出面收拾危局,除广东经略安抚使兼知广州。六月,兵变甫定,即力辞阃事。“俄拜参知政事,八辞不受。逾年,拜右丞相,上遣中使促召,命守帅彭铉劝请,又命郎官李昴英衔命而至。逊辞凡十三疏”[61]。即便如此,崔与之仍然念念不忘国事、纾苏民困。理宗知与之无意出仕,乃“诏即家条上时政。公手疏数万言,上皆欣纳”[62]。由此不难想见与之心忧天下、关心民瘼之情。

总之,崔与之在仕宦生涯的每一任职期限内,均政绩斐然。其实,这正是其忠直无私、不辞劳苦为国事尽心竭力的必然结果。与之曾不止一次地在奏札中提到:“奔走万里,辛苦一生。”[63]“自惟平生奔走四方,王事尽瘁,惟有一诚体国,至于神疲力竭而后已,未尝辄辞”[64]。观其一生,此语绝非虚造,亦无丝毫骄矜。

三

崔与之的宦海生涯共计 47 年,因其谨守官德,上忧其君,下念其民,公而忘私,故而治绩卓著。与之相应,崔与之的政声也格外令人瞩目,时人即说:“公以正大学问,发为政事,所至声迹章灼。击楫东来,恩信孚浃,军民归命,恃为长城,识者以经济事业望之,期役特细耳。”[65]这种情形在南宋中晚期的官僚群体中极为罕见。崔与之在每一任上,均有不俗治绩,政声亦随之而至。

与之步入仕途之初,历浔州司法参军、淮西提刑司检法。因敢于任事,秉公执法,“皆有守法持正之誉”[66]。与之政声始有显露。知宾州任内,嘉定元年(1208),因平叛有功,与之擢发遣宾州军事。任期之内,“郡政清简”[67]。断案理讼,剖决如神,“一道称快,遂特荐之”[68]。宁宗在诏书中亦称赞他:“分符未久,洽有休声。”[69]知建昌军新城县时,与之为置办军需,不以和籴方式征购民间粮食,而是用县帑按时价予以收购,百姓纷纷交纳粮食,军需筹备情况在建昌军中无有出其右者。江南西路转运使赵希怿“令诸邑视以为法,且特荐于朝”[70]。确如明人陈琏所称:倅邕、守宾,及治新城,“治行尤著,有循良风”[71]。

为官广西期间,崔与之足迹踏遍岭表,深谙民间疾苦,大力惩贪治残、罢废苛刻之政。其所施为,“一曰狱囚充斥之弊,二曰鞠勘不法之弊,三曰死囚冤枉之弊,四曰赃物供摊之弊,五曰户长科役不均,六曰弓手土军骚扰,七曰催科泛追,八曰缉捕生事,九曰奸猾健讼,十曰州县病民等事”[72]。后来,真州知州高惟肖、广州提举市舶司赵汝楷悉知其事,服为吏师,梓行于世,此即《崔公岭南便民榜》。[73]海南岛百姓感念崔与之在当地的所作所为,将其罢行扰民之政的若干举措编次成册,称为《崔公海上澄清录》。[74]

在知扬州任上,与之在关注防务、精心构筑防御体系的同时,对于民政也是劳心费力,丝毫不曾懈怠。故而在宁宗嘉定十一年(1218)被召为秘书少监时,“军民遮道垂涕”[75]。政声之优,概可想见。

与之在蜀为官五载,治军惠民,颇得其法。宁宗在诏书中称道:“卿五年作牧,一节不渝,平居则清介以自将,遇事则劳险而弗避。”[76]去蜀之后,人感其恩,乃“绘公像于仙游阁,与张忠定咏、赵清献抃并祠,号为‘三贤’”[77]。《宋史》本传载其事为:“蜀人思之,肖其像于成都仙游阁,以配张咏、赵抃,名三贤祠。”[78]张咏、赵抃均为北宋治蜀名臣,崔与之能与二人齐名,合称“三贤”,可见其政声之清显。另有史料亦称:

张忠定公再治蜀,去之后十年薨,人思之,绘像祠于城都三井观仙游阁。又四十九年,而赵清献公亦再治蜀,人思之如忠定。清献没百三十有六年,待制崔公始来郡寓,文节公刘光祖谓公:“劲峻似忠定,廉约似清献。立朝议论,爱君子,恶小人。又与昔贤同,宜以配之。"乃图赵崔二公并祠焉。各为之赞曰:"今代崔公,二老奇拔,立朝抗论,謇謇谔谔,天产遐远,扶世卑弱,蜀力惫甚,忍复残割,公来护之,赤子是活,宜以公像,寘仙游阁。"[79]

退居广州期间,因摧锋军叛乱,与之临危受命视事,平定兵变,维护了南粤的安定。是以,"淳祐甲辰,广帅方大琮祠公与张文献九龄与学,号为'二献'"[80]。

对于崔与之施政之业绩,理宗亦赞誉有加,在嘉熙元年(1237)的诏书中曾说:"才高经济,节守清忠,信为国之蓍龟。"[81]温若素在崔公墓志铭中也写道:"主尔忘身,公尔忘私,国尔忘家,将古所谓社稷臣者,于公有焉。"[82]不惟如此,其时的文士也不乏对崔与之施政的溢美之声。其中,尤以魏了翁与文天祥的言论最具代表性。如魏了翁尝道:"崔公之洁已裕民,忧边思识,亦近世所罕俪也。其大城西和,虏连岁盗边莫能入,人尤德之。"[83]南宋晚期名臣文天祥亦盛赞:"菊坡翁盛德清风,跨映一代,归身海滨,当相不拜,天下之士以不得见其秉钧事业为无穷恨。"[84]南宋以后,极力褒誉崔与之之声亦代有所见,如明代学者曾说:"公平生负志节,其见之行事,轩豁磊落,光明正大,而实当宋运衰弱之时。公之出也,足以维持国家而镇服当世。时论谓其'屹然有大臣之风'。"[85]可谓至当之论。

综观上述,崔与之官德足以彪炳千载,诚为百代之师。因其诚敬修身,为政爱民,清廉持身,爱慕名节,能将平素所尚官德施之于政,故历任均取得优异治绩,在南宋臣僚中罕有其匹。其言必信,其行必果,难进易退,名节有始有终,其盛德清风,显赫一时,诚如时人所论:"四十七年未尝一玷弹墨,晚节尤光明俊伟。随如先生刘公镇挽之曰:'始终无玷缺,出处最光明。'"[86]崔与之的官德、治绩与政声,实为南宋晚期政坛中为数不多的亮点之一,值得后人凭吊、追思、发掘与效仿。

注　　释

1　分见何忠礼先生:《南宋名臣崔与之述论》,载《广东社会科学》1994 年第 6 期;王德毅先生:《崔与之与晚宋政局》,载《台湾大学历史学报》1996 年第 19 期;张其凡师:《论宋代岭南三大家》,载《徐规教授从事教学科研工作五十周年纪念文集》,杭州大学出版社 1999 年版;张其凡师:《菊坡学派:南宋岭南学术的主流——再论岭南三大家》,《第二届宋史学术研讨会论文集》,台北中国文化大学 1996 年版;张其凡师:《"平生愿执菊坡鞭"——陈献章与崔与之》,载《暨南学报》1996 年第 3 期。

2 此说详见彭忠德先生:《古代官吏职业道德规范——官箴》,载《湖北大学学报》2002 年第 3 期。

3 参见彭忠德先生、赵骞编著:《官箴要语》,武汉大学出版社 2007 年版,第 17 页。

4 崔与之:《宋丞相崔清献公全录》卷 7《奏札四 · 第六次辞免参知政事》,广东人民出版社点校本 2008 年版,第 79 页。

5 《宋丞相崔清献公全录》卷 1《言行录上》,第 2 页。

6 《宋丞相崔清献公全录》卷 1《言行录上》,第 3 页。

7 《宋丞相崔清献公全录》卷 2《言行录中》,第 20 页。

8 《宋丞相崔清献公全录 · 附集》卷 1《序跋 · 广西重梓崔清献录前序》,第 170 页。

9 《宋丞相崔清献公全录》卷 3《言行录下》,第 25 页。

10 《宋丞相崔清献公全录 · 附集》卷 1《序跋 · 崔菊坡先生言行录序》,第 176 页。

11 《宋丞相崔清献公全录》卷 8《遗文 · 送聂侍郎子述》,第 96 页。

12 《宋丞相崔清献公全录》卷 3《言行录下》,第 25 页。

13 《宋丞相崔清献公全录》卷 2《言行录中》,第 21 页。

14 《宋丞相崔清献公全录》卷 4《奏札一 · 辞免除工部侍郎兼同修国史兼实录院同修撰》,第 46 页。

15 《宋丞相崔清献公全录》卷 4《奏札一 · 辞免除焕章阁待制知成都府本路安抚使》,第 46 页。

16 《宋丞相崔清献公全录》卷 7《奏札四 · 辞免特授正议大夫右丞相兼枢密使第一诏奏状》,第 82 页。

17 《宋丞相崔清献公全录》卷 9《赠挽上 · 克斋游公侣跋公斋房大书》,第 117 页。

18 《宋丞相崔清献公全录》卷 2《言行录中》,第 17 页。

19 《宋丞相崔清献公全录》卷 2《言行录中》,第 19 页。

20 《宋丞相崔清献公全录》卷 2《言行录中》,第 20 页。

21 《宋丞相崔清献公全录》卷 2《言行录中》,第 20 页。

22 脱脱等:《宋史》卷 406《崔与之传》,中华书局点校本 1985 年版,第 12263—12264 页。

23 李昴英:《文溪存稿》卷 11《崔清献公行状》,暨南大学出版社点校本 1994 年版,第 114 页。

24 《文溪存稿》卷 11《崔清献公行状》,第 115 页。

25 《宋丞相崔清献公全录 · 附集》卷 1《序跋 · 黎贞叙》,第 164 页。

26 《宋丞相崔清献公全录 · 附集》卷 1《序跋 · 崔菊坡先生言行录序》,第 176 页。

27 《宋丞相崔清献公全录》卷 5《奏札二 · 辞免知隆兴府江西安抚使》,第 60 页。

28 《宋丞相崔清献公全录》卷6《奏札三·乞守本官致仕》,第64页。

29 《宋丞相崔清献公全录》卷5《奏札二·再辞免知潭州湖南安抚使》,第58页。

30 《宋丞相崔清献公全录》卷6《奏札三·再辞免知隆兴府江西安抚使》,第63页。

31 金强、张其凡师著:《南宋名臣崔与之》,广东人民出版社2007年版,第108—114页。

32 《宋丞相崔清献公全录》卷4《奏札一·辞免除焕章阁待制知成都府本路安抚使》,第46页。

33 《宋丞相崔清献公全录》卷5《奏札二·辞免知隆兴府江西安抚使》,第60—61页。

34 《宋丞相崔清献公全录》卷7《奏札四·再辞免参知政事》,第74页。

35 《宋丞相崔清献公全录》卷7《奏札四·第四次辞免参知政事》,第77页。

36 《宋丞相崔清献公全录》卷6《奏札三·再辞免知隆兴府江西安抚使》,第62页。

37 《文溪存稿》卷11《崔清献公行状》,第114页。

38 《宋丞相崔清献公全录》卷10《赠挽下·记菊坡大字》,第133页。

39 《宋丞相崔清献公全录》卷8《遗文·送夔门丁帅赴召》,第101页。

40 《宋史》卷406《崔与之传》,第12257页。

41 《宋史》卷406《崔与之传》,第12257页。

42 《宋丞相崔清献公全录》卷1《言行录上》,第2页。

43 《宋史》卷406《崔与之传》,第12257页。

44 《文溪存稿》卷11《崔清献公行状》,第113页。

45 《宋丞相崔清献公全录》卷1《言行录上》,第2页。

46 《文溪存稿》卷11《崔清献公行状》,第113页。

47 《宋史》卷406《崔与之传》,第12257—12258页。

48 《文溪存稿》卷11《崔清献公行状》,第114页。

49 《宋史》卷406《崔与之传》,第12258页。

50 《宋丞相崔清献公全录》卷1《言行录上》,第3页。

51 《文溪存稿》卷11《崔清献公行状》,第114页。

52 《宋史》卷406《崔与之传》,第12258页。

53 《宋丞相崔清献公全录》卷1《言行录上》,第4页。

54 《宋史》卷406《崔与之传》,第12258页。

55 《宋史》卷406《崔与之传》,第12258页。

56 《宋丞相崔清献公全录》卷1《言行录上》,第4页。

57 《宋史》卷406《崔与之传》,第12258页。

58 《宋史》卷406《崔与之传》,第12259页。

59 《宋丞相崔清献公全录》卷1《言行录上》,第7页。

60 《宋史》卷406《崔与之传》,第12259页。

61 《文溪存稿》卷11《崔清献公行状》,第114—115页。

62 《文溪存稿》卷11《崔清献公行状》,第114—115页。

63 《宋丞相崔清献公全录》卷4《奏札一·辞免兼国史检讨官》,第41页。

64 《宋丞相崔清献公全录》卷5《奏札二·第四次辞免除礼部尚书》,第55页。

65 洪咨夔《平斋集》卷9《扬州重修城壕记》,四部丛刊续编本。

66 《文溪存稿》卷11《崔清献公行状》,第113页。

67 《宋史》卷406《崔与之传》,第12258页。

68 《宋丞相崔清献公全录》卷1《言行录上》,第3页。

69 《宋丞相崔清献公全录》卷1《言行录上》,第3页。

70 《文溪存稿》卷11《崔清献公行状》,第113页。

71 《宋丞相崔清献公全录》卷10《赠挽下·崔清献公祠堂记》,第135页。

72 《宋丞相崔清献公全录》卷1《言行录上》,第3页。

73 《文溪存稿》卷11《崔清献公行状》,第115页。

74 《文溪存稿》卷11《崔清献公行状》,第115页。

75 《宋史》卷406《崔与之传》,第12260页。

76 《宋丞相崔清献公全录》卷9《宸翰·辞免礼部尚书不允诏》,第111页。

77 《文溪存稿》卷11《崔清献公行状》,第115页。

78 《宋史》卷406《崔与之传》,第12261页。

79 《宋丞相崔清献公全录》卷3《言行录下》,第26页。

80 《文溪存稿》卷11《崔清献公行状》,第115页。

81 《宋丞相崔清献公全录》卷9《宸翰·理宗御札四》,第113页。

82 《宋丞相崔清献公全录·附集》卷2《墓志铭·崔清献公墓志铭》,第192页。

83 魏了翁:《鹤山先生大全文集》卷49《简州三贤阁记》,四部丛刊初编本。

84 文天祥:《文山先生文集》卷10《跋崔丞相二帖》,四部丛刊初编本。

85 《宋丞相崔清献公全录》卷10《赠挽下·重修祠堂记》,第138页。

86 《宋丞相崔清献公全录》卷3《言行录下》,第26页。

崔与之的历史地位

——“崔与之诞辰850周年纪念大会”总结

暨南大学 张其凡

今天,“崔与之诞辰850周年纪念大会”就要结束了,我代表大会组委会,作一个学术总结。不当之处,敬候指正。

这次大会,除增城当地的代表外,来了40多名学者,从地域上看,有来自日本的代表,国内则有长春、北京、西安、郑州、开封、济南、成都、重庆、武汉、南京、芜湖、上海、杭州、广州等地的代表。从年龄上看,最大的70多岁,最年轻者只有20多岁,大多是40岁—60岁的代表,这些人年富力强,正是学术研究的骨干与中坚力量。从专业来说,不仅有大量的研究宋代历史的学者,还有专攻辽金史者,亦有研究宋代文学者,从而使有关崔与之的研究具有了多面性。

承办此次大会的增城市,全面动员,组织得好,服务得好。市里五套班子参加了开幕式,市委宣传部的几位部长,自始至终参加了会议的全部活动,因此,保证了大会的圆满与成功。在此,让我们以热烈的掌声,感谢增城市为此次研讨会付出的辛勤劳动。

这次研讨会,设置了三个主题:“崔与之与岭南文化”、“崔与之与南宋政局”、“崔与之与廉政文化”,围绕这三个主题,进行了热烈讨论。这三个主题,充分彰显了崔与之崇高的历史地位。

崔与之是岭南文化承前启后的里程碑式的人物。清代岭南著名学者屈大均曾经说过,唐、宋以前,岭南是“蛮夷”,而宋代以后,则成为了“神州”。[1]张九龄(678—740),崔与之(1158—1239)正是岭南从“蛮夷”到“神州”之间里程碑式的两个人物。两人生活的时代,相距约500年,如果说,张九龄是这个转变开始的标志性人物，崔与之则是这个转变完成的标志性人物。明代大儒陈献章(1428—1500)的生活时代，距崔与之生活时代，相距约300年，陈献章可说是岭南文化走向辉煌的代表人物。到近代的康有为、梁启超、孙中山，又过了约300年，岭南文化，遂达到其辉煌之巅峰。从岭南文化发展的历史进程，可以清楚地看到，张九龄、崔与之、陈献章，是古代岭南文化的三个里程碑。崔与之堪称宋代岭南第一人，他开创了许多宋代岭南的第一：宋代第一到京城求学并由此考中进士的岭南人；宋代第一个官至宰相的岭南人；宋代第一个开创学术流派的岭南人。崔与之，是古代优秀岭南文化的代表人物之一，在岭南文化上留下了深深的足迹。

崔与之是宋代岭南人物中最具全国影响的政治人物与学术人物，也是南宋后期在全国最具影响力的人物之一。明代郭棐的《粤大记》卷4，将冯元、余靖、王大宝、崔与之、李昴英、郭阊六人，作为岭南人物的代表，认为他们是可以与中原豪杰抗衡、且可为百代士林之仪表。如果从仕宦、事功、学术、影响、现存文稿等几个方面考察，只有余靖、崔与之、李昴英独处众人之上，堪称为宋代岭南三大家，三大家分别出生于11、12、13世纪，几乎与宋朝相始终。而宋代岭南三大家中，崔与之又一枝独秀，“盛德清风，跨映一代”，甚至连民族英雄文天祥也叹为“天人”，尊崇备至。所以，崔与之不仅是宋代岭南第一人，而且是南宋后期士大夫的代表人物之一，堪称宋代优秀士大夫的典范。崔与之在南宋后期政局中，发挥了重要作用，边境四大战区，他曾先后为东西两大战区的长官，均有建树，功在当代，流芳后世。他在南宋政坛上，砥砺士风，奖拔人才，对南宋国家的士风人心，作出了巨大贡献。在杭州，留下了“崔府巷”；在广州，留下了“菊坡书院”，常令时人及后人追怀不已。从南宋政局的变化发展，可以使我们对崔与之生活的时代背景、社会环境加深了解，有助于更深刻地认识与理解崔与之本人。所以，即或考察南宋后期政局的文章，也是与研究崔与之密切相关的。

崔与之是廉政典范。综观崔与之一生，他廉洁奉公，洁身自好，有“始终无玷缺，出处最光明”之誉，被推许为“千载一人”。他的廉政，表现在三个方面：一是严惩贪官，二是易退难进，三是洁身自好。他为官之初，曾任广东提刑,"法令严明,贪墨之徒,有望风解印绶去者"。[2] 他曾冒险渡海,巡历海南岛,澄清吏治,其所为被汇编为《海上澄清录》。他又曾撰《岭南便民榜》,严饬官员,约束己行。崔与之一生,难进易退,从不孜孜钻营以求升官,"七札方殷,急流勇退,辞表十三,果毅不疑","力辞相位,厥志不回"[3],"白麻不拜成千古,黄菊传芳启后来"。[4] 崔与之一生洁身自好,他曾说"士之保初节易,保晚节难",所以,"即至暮龄,清操愈厉"。史载:"公在蜀,省费薄敛,公私裕如。将去,举羡馀三十万缗,归之有司,以佐边用,一无私焉。代者辄干没"。摧锋军兵变,崔与之临危受命,出任广东经略安抚使,兼知广州,"寇平,即力辞阃事,所得广帅月廪钱一万一千馀缗,米二千八百馀石,悉归于官,一无所受。""公自谢事还里,所得祠禄衣赐,悉辞不受。客有问者,公答曰'仕而食禄,尤惧素餐,今即佚已老,而贪君之赐,可乎?'闻者叹服。""公自中年丧偶,不再娶。官至贵显,不蓄声妓。买宅一区,未尝增饰园池台榭,亦未尝增置产业。"[5]"家法清严,亲故倚势妄作,必见斥绝,终身不齿,乡闾德之"。[6] 即使是作为中国古代清官代表的包拯,在宋代史籍也不免有非议的记载。反观崔与之,从皇帝到朝廷,再到一般士大夫,均无一语指责及之。遍检现存有关崔与之的史料,崔与之几乎是无可指摘的。清人李履中即叹曰:"四十馀年游宦遍,曾无弹墨玷污台。"做人至此,复何言哉!故其门人李昴英称他:"高山仰止堪楷模,百世闻之尚激昂!"[7] 明代著名学者湛若水称他:"在天下为天下师,在后世为百世师,在一乡为乡党师!"[8] 像崔与之这样廉洁奉公的人物,在中国古代是不多见的,今天也值得推崇歌颂!

岭南出了个崔与之,是岭南历史的荣耀。南宋出了个崔与之,是宋代历史的荣耀。广州与增城出了个崔与之,是广州与增城人民的骄傲。今天,我们纪念崔与之诞辰850周年,就是要清楚认识崔与之的历史地位,学习和继承崔与之代表的"菊坡文化"这一优秀文化遗产,在新一轮的改革开放中,把广州和增城建设成更加富裕文明、更加廉洁和谐、更加生机勃勃的社会主义现代化城市!

2008年12月29日于增城

注释

1 屈大均:《广东新语》卷1《地》,中华书局1997年版,第29页。

2 张其凡等整理:《崔清献公全录》卷10,广东人民出版社2008年版,第135页。

3 《崔清献公全录》附集卷3,第227页。

4 《崔清献公全录》附集卷6,第267页。

5 《崔清献公全录》卷2,第20页。

6 《崔清献公全录》卷2,第21页。

7 《崔清献公全录》附集卷6,第227页。

8 《崔清献公全录》附集卷6,第259页。

崔与之诞辰850周年研讨会综述

暨南大学　朱文慧

2008年是南宋名臣崔与之诞辰850周年,为纪念这一岭南历史文化名人,2008年12月28日至29日,由广东省委宣传部、南方报业传媒集团、广州市委宣传部、广东历史联合会主办,增城市委、市政府承办的“纪念崔与之诞辰850周年大会暨崔与之与岭南文化研讨会”在增城宾馆举行。

本次研讨会,专家学者共提交学术论文40余篇,对崔与之的生平、交游、功绩、道德、思想、诗文、学术、文集等多个方面进行了深入研究。与会学者围绕崔与之与岭南文化、崔与之与南宋政局以及崔与之与廉政文化等三个议题展开了热烈的研讨。

现就三个议题的研讨情况综述如下。

一、崔与之与岭南文化

崔与之是宋代岭南由太学中进士的第一人。他被尊为“粤词之祖”,对后世岭南词的创作影响甚大,尤其是《水调歌头·题剑阁》一词成为传世名作,毛泽东曾手书此词。他开创的“菊坡学派”成为岭南历史上第一个学术流派,后人因此尊其为岭南三大家之一。而他的言行对明代岭南的心学大师陈献章有着巨大影响。学者们普遍认为崔与之是岭南历史上文化发展的承前启后的重要人物，是促使岭南由“蛮裔”向“神州”转化的关键人物。

关于崔与之生活的时代背景。复旦大学吴松弟教授分析了南宋广东人口的增长状况，认为政府对人口的控制减弱和南宋末年宋元战争造成的人口下降是导致官方所登记的广东路一级户数呈一路下滑趋势的主要原因。而广东人口在两宋时期的地理变迁呈现出由北向南的趋势，表明南宋是广东沿海开发的重要时期。到崔与之生活的南宋中后期，广东区域开发已有较大进展，经济、文化水平得到较大提高。西南大学张文教授钩稽史料，考察宋代广东路的水利、交通、教育、救济等公益设施建设情况，认为与内地、尤其是江南和四川相比，广东公益设施的数量确有不及，普及程度亦稍逊一筹，但广东路在宋代特别是南宋时期，已逐渐从偏远地区向经济、文化发达地区转变，这应当是中国古代经济重心南移过程中一个梯度的表现。

崔与之的生平与文学成就和文化影响方面。北京大学张希清教授针对以往学者较少关注的崔与之太学求学经历，认为科举与教育是官员发挥作用的前提。作为岭南由太学而科举入仕的第一人，崔与之的求学与科举经历激励了岭南学子的科举热情，对岭南官员群体的形成有重要作用，为日后“菊坡学派”的形成奠定了基础。日本学习院大学王瑞来教授根据新发现之史料，检寻旧史料之史实，对何忠礼教授的《崔与之事迹系年》进行了补考，颇见功力，将崔与之年谱编撰工作又推进一步。重庆师范大学喻学忠副教授从崔与之文集所及相关资料入手，集中考察了与崔与之交游的门生友人和同僚下属共56人的情况，从一个侧面反映崔与之的思想并蠡测当时的士风趋向。陕西师范大学李裕民教授从《普济方》中所载“沉香顺气汤”入手，考证了崔与之晚年坚辞宰相之原因。考释了崔与之所作16首诗词的时间，并对若干署名崔与之所作的诗文进行了辨伪。中山大学曹家齐教授从萝岗钟氏族谱所收的崔与之撰墓志铭并邮札的内容及所系官衔入手，考辨两文，认为俱是后人伪作，时间当在明朝至清朝前期，而明清时期珠江三角洲宗族发展之大背景当是墓志铭伪作问题背后的深层原因。《文史哲》刘培编辑将崔与之的诗文创作放入南宋文学及岭南文化视野中考察，认为崔与之的诗文、词作不同于南宋主流文学的享乐主义风格，具有雅健、重民族气节、务实、激扬大义等特点。上海师范大学戴扬本教授就存世的崔与之诗作，采用多元史料互证的方法，与史传所记史事比对考校，对史籍所记崔与之生平事迹加以补缀，钩索相关人物和事迹，丰富了对崔与之生平及思想的认识。华中师范大学张全明教授检索、考证了《崔清献公全录》诸版本之异同，充分论述了该书的文献特色和史料价值，认为其中有关当时岭南地区一些农作物与手工业的记载颇显珍贵。暨南大学张其凡教授通过考察崔与之的生平，认为崔与之在岭南文学史上的地位已经得到承认和肯定，但在学术和思想史上的地位仍未得到认可，应加强研究力度。北京师范大学罗炳良副教授认为，南宋后期义理史学泛滥，对史学发展产生诸多消极影响。崔与之具有良好的经世之学素养，在仕宦及治学生涯中拔擢、培养了大批史学人才，而他本人及其学派受理学思想影响较少，甚至公然提出“无以学术杀天下后世”的宗旨，具有明确批判理学的意识，在南宋后期独树一帜。

湖北大学葛金芳教授品评了金强与张其凡合著的《南宋名臣崔与之》，认为该书呈现出一般人物传记难以达致的深度，还长于文字表达，能化繁琐考证为娓娓道来，是“两宋人物传记画廊中的又一佳作”。南方日报的金强博士据《广东增城崔氏家乘谱》，并参考《宋丞相崔清献公全录》、《陈献章集》等相关文献，详细考订了崔与之世系，并考察了崔与之后世对崔与之著述的保存刊刻之功，通过对崔氏开枝散叶的梳理，分析了如今珠三角两支大的崔氏家族和崔与之的渊源。

此外，中山大学王承文教授针对历史上“增城县”建置时间和地名来历的争议进行了考辨，认为“增城”一名来源与古代昆仑山神话有关，通过考察“增城”、“博罗”之得名与罗浮山的关系，说明罗浮山早期宗教的发展及其影响，指出“增城”和“博罗”地名均出现在汉代，是秦汉神仙信仰深刻影响岭南的重要证明。四川大学段玉明教授通过分析苏轼贬谪惠州期间咏罗浮山的20首诗，认为苏轼经历宦海坎坷后有了明显的出世倾向，而葛洪退居罗浮山时隐士与道士的双重身份极易引起苏轼的共鸣，并进一步指出，宗教名山之于失意文人具有意义重建的价值。郑州大学安国楼教授从考察崔氏家族南迁移民的特征展开，认为近代以来广州区域的迁美移民在语言、风俗、信仰、习惯等方面保存了较多的中国文化传统，在移民比例较高的广州地区中，增城、四会等17个地方的客家人比例较高，早期旅美的客家人组织了不少会馆，具有非常鲜明的移民特性和故乡情结。

学者们还就弘扬岭南文化、开发旅游文化进行了讨论。葛金芳教授建议在增城成立崔与之研究会，建设崔与之纪念馆，将岭南历史文化名人推向学术界、媒体、旅游业以及民众以支持广东文化大省的建设计划。河南大学刘坤太教授认为崔与之对岭南文化作出了重要贡献，崔与之文化具有丰富的思想、伦理、文化、学术和政治内涵，是客家文化的典范、岭南文化的优秀代表。开发崔与之旅游文化需要景观载体的支持，要注重市场开拓。而打造崔与之文化应由政府出面主导，组建专业队伍，详细策划论证后再行开发。

二、崔与之与南宋政局

崔与之历任广西提点刑狱、淮东制置使、四川安抚制置使、广东经略安抚使等官职；曾数度临危受命，保卫淮东，镇守西蜀，平定广东兵变，功业显赫，在南宋政坛上发挥过重要影响，他的仕宦历程与南宋政局紧密相连。学者们认为对南宋政局的分析研究，有助于加深对崔与之仕宦生涯、为官政绩及为政思想等的认识和研究。故此，崔与之与南宋政局成为本次研讨会的一个热点话题。

关于南宋政局，即崔与之为官的时代背景，河南大学程民生教授检讨了南宋兵帐在册数量，认为真正的战士大约只有编制的50%左右。庞大的数字对军事而言只是编制形式和心理安慰，对财政却是巨大负担。在兵力部署上，迫于边防压力而不得不打破内外相制的主观设想，采取国防第一、都城第二的部署。在地域上重北轻南，由于对长江天险的依赖，几乎放弃了淮北防线，表明其防御战略是消极的以守为守。首都师范大学李华瑞教授以编年形式对南宋（高、孝、光、宁、理、度六帝时期的）境内旱情进行了翔实的介绍,并在此基础上对南宋的旱情进行了统计和分析。

崔与之的仕宦生涯和治绩方面,浙江大学龚延明教授以编年形式考释了崔与之的仕宦历程,纠正和澄清了若干官职认识的误区,指出了崔与之仕途的不易与晚年之荣宠。四川大学刘复生教授考察了与张咏、赵抃并称为官蜀地"三贤"之一的崔与之治蜀事迹:一到任即平定叛乱,在任期间巩固边防,知人善任,奖拔不少人才。认为崔与之在四川时间虽短,但治绩卓著。

关于崔与之的军事思想及宋金关系,上海师范大学汤勤福教授将崔与之的战略思想总结为:固守伺机、实边安边、军民联防、广积军备;战术思想包括:侦察敌情、知己知彼,连环筑垒、统一指挥,训练士卒、增强实力,分化地方、瓦解攻势,认为崔与之的军事思想具有可行性和实践性两大特点,超过了同时代的其他人物。安徽师范大学肖建新教授认为崔与之经略边防是关系南宋全局的大事,在四川和淮东建立的功绩尤著;通过对崔与之经略边防的研究,有助于了解南宋政治史、军事史及民族关系史。《中州学刊》王珂编辑考察了崔与之镇守扬州和四川期间采取的军事措施,认为崔与之军事战略是对北宋以防御为主基本国策的继承和发展,也是对其事功思想的实践。吉林大学武玉环教授认为嘉定和议后,宋金双方由和平走向战争是一个总趋势。总体看来,嘉定年间,崔与之在淮东和四川进行的抗金战争具有明显的正义性,措施行之有效,但南宋反攻的条件不成熟,而崔与之因朝政牵制及身体原因未能作出更大贡献。崔与之军事思想"守"的方面是积蓄力量和巩固边防的积极防守;"和"是主张南宋占主导地位情况下的平等议和;"战"是以守为战和待机而动的"战","和"、"战"的基础是"守",体现了崔与之的务实精神。

另外,暨南大学赵灿鹏副教授研究了麦积山石窟所保存的南宋嘉定十五年(1222)所立的"四川制置使司给田据碑",考证开禧、嘉定年间麦积山瑞应寺解决田地纠纷的历程,指出在麦积山石窟寺院的发展历史上,崔与之是不应被忘却的一位功臣。瑞应寺的"小历史"也可作为一个缩微样本,生动反映南宋后期西北边界地方社会历史的典型面貌。华东师范大学顾宏义教授以李昂英《文溪集》所载的五通家书为中心,针对以往学界较少述及的应试举子在京活动情况，考辨并论述了南宋后期省试、发榜、殿试举行月日，及第进士与知举官员关系，在京活动情况以及相关费用。苏州市经济协作委员会副主任、高级经济师方健钩稽史料，备述崔与之师友、同年、门生及后学事迹，从一个侧面反映了南宋中后期时政、局势及知识精英的心路历程。

三、崔与之与廉政文化

崔与之在仕宦生涯中，始终勤政爱民、清廉持正、坚执有守，丰富了中国古代官箴的内容，留下了一笔宝贵的精神财富。在改革开放、大力发展经济的当下，对建设社会主义精神文明具有不容忽视的现实意义。因此，本次研讨会充分重视崔与之文化现象中的廉政因素，并将崔与之与廉政文化作为会议的一个特色议题。

在崔与之的为政官德与政声方面，河南省社会科学院魏天安研究员考察了崔与之历任地方官期间采取的经济措施，认为其晚年的座右铭“无以嗜欲杀身，无以货财杀子孙，无以政事杀民，无以学术杀天下后世”是他施政的基本原则，也是他经济举措的出发点，更是对自己官宦人生的总结。湖北大学彭忠德教授将古代零散的官箴进行分类，从“正己”、“待人”、“尽职”三个方面全面考察了崔与之践行官箴的情况，认为崔与之以自己的言行丰富和发展了官箴，是古代官箴发展史上的一位重要历史人物。湖北大学曾育荣博士考察了崔与之身上所体现的官德、治绩和政声，揭示三者互为依存的唇齿关系，指明崔与之是南宋晚期政坛为数不多的亮点之一，值得后人凭吊、追思、发掘与效仿。南京大学李昌宪教授认为崔与之在仕宦历程中能始终关注民生且通达知变、坚执有守，而且显示出超群的军事见识和卓越的军事才能。南宋也正是由于有一大批像崔与之这样的循吏与能臣，方能在蒙古的强烈进攻下坚持半个世纪，在13世纪的世界史上罕有其匹。河南大学苗书梅教授结合南宋的官僚制度和荐举制度考察了崔与之的仕宦历程与交游圈子，说明崔与之政绩突出、多为民称颂，常得到荐举，升迁比较顺利，而他也善于奖掖后进。举荐与被举荐构成崔与之交游关系的重要方面,可以反映出他的为官与做人。浙江大学何忠礼教授介绍了崔与之的崇高品质及丰功伟绩,认为崔与之能成长为宋代士大夫最杰出的典范,与家庭熏陶、宋代重视文治、优待士大夫的社会环境和个人的努力、良好的道德修养密不可分。通过崔与之人才养成的个案,对当今社会培育人才、提高社会主义精神文明和民众的道德品质有重要的现实意义。

关于崔与之晚年辞官原因的探研,诸位学者将研究推向更加深入。上海师范大学朱瑞熙教授通过考察崔与之任官期间为国操劳、不遗余力,为官清廉有守、荐贤举能的事迹,考辨了《宋史·理宗纪》"赞"语中所说的对崔与之"弗究于用",认为并不符合事实。中国文化大学王明荪教授认为崔与之任职广西提点刑狱时因感染病毒而得头风,此后体病日重,以致朝廷累召以宰执高官而不能受。但崔与之常年患病却仍以高寿而终,正是因为他心志不求荣华之梦,能及早辞官闲居养生,并将不忮不求、恬淡名利作为从政态度及个人涵养之心志。王瑞来教授通过残留的崔与之诗,以诗文证史之方法分析了菊坡坚辞宰相之任的原因,认为除身体原因外,亦有因政局的变动而更注重保守晚节及对中央政治疏离的深层次原因。北京师范大学游彪教授总结了古代官员辞免官职的理由,在此基础上考察了崔与之的辞免奏章,认为崔与之坚辞的原因除身体病痛外,对时政的失望及落叶归根的思想亦是主要原因,此外不乏遵循惯例、表现谦逊之意。上海人民出版社总编辑李伟国探讨了宋代的辞官文化,比较了崔与之辞官与王安石、文彦博的异同,认为崔与之反复辞官、坚辞不出,更深层的原因在于保全晚节。

后　　记

崔与之(1158—1239),是岭南古代不世出的伟人。只要读过他的事迹,无不为之动容。然而,在岭南他却少为人知,甚至有写《广府文化》者,将其列为北宋时人。究其缘由,固与其相关史料的缺少有关,也与对他的研究与宣传不够有关。

1980 年,我追随先师陈乐素先生及夫人常绍温先生南下羊城求学,迄今在广州生活已有 30 年,虽欲说是外地人,亦不好意思了。正如苏东坡所说:"不辞长作岭南人"了。因此,对于这位宋代广州的先贤,自觉有一份研究与宣传的责任。

先师母常绍温先生较早注意到崔与之此人,20 世纪 80 年代时,她即曾准备整理《崔清献集》,由于常年生病,师母终未完成此课题即溘然长逝。进入 21 世纪,我向教育部申请古籍整理项目"《崔清献公全录》整理研究",并于 2003 年获得批准,2006 年完成项目。2008 年 12 月,广东人民出版社出版了经我整理的《崔清献公全录》,正好赶上了纪念崔与之的学术研讨会。

2006 年,应广东炎黄文化研究会之邀,承担《广东历史文化名人丛书》中的《崔与之传》的写作任务,由于工作繁忙,故邀请南方日报的金强博士共同承担此项任务,并于 2007 年写出了《南宋名臣崔与之》一书,由广东人民出版社出版,在此次学术研讨会上奉送每位代表一本。

2008 年,恰逢崔与之诞生 850 周年,这可是 50 年才一遇的机会。在《南宋名臣崔与之》一书写作期间,我们即曾赴崔与之的家乡——增城市搜集材料，并希望能够在2008年举办“崔与之学术研讨会”，以便宣传崔与之，扩大其影响。当时增城方面也表达了同样的愿望。此后，在省委宣传部副部长顾作义的大力推动下，在南方日报首席编辑郎国华博士和省委宣传部宣传处陈英闻副处长等人的热心奔走下，此事获得了增城市委书记朱泽君的大力支持，终使事情得以办成。

2008年12月28日—30日，在增城市举办了“纪念崔与之诞辰850周年暨崔与之与岭南文化研讨会”，与会者200多人，其中专家学者40余人，提交学术论文40多篇。会议期间，进行了热烈研讨，取得了圆满成功。本论文集就是会议论文的汇编。

会议开幕式上，增城市五套班子全部出席。整个会议期间，增城市专门成立了接待组，由各部门抽人参加，增城市委宣传部的同志在部长列荣辉的带领下几乎全部出动；增城市在财力与人力方面的大力支持，是此次会议得以成功举办的关键。回顾会议的举办过程，要对增城市党政领导说一声谢谢。他们对崔与之这位先贤的重视，令人感动；他们对历史文化资源的积极保护、传承与发扬，值得大书特书。

在具体的会务工作中，郎国华博士、金强博士承担接洽联系、发放通知、收集整理论文重任。陈英闻和周炳文两位先生对会议的筹办提供了很大帮助。暨南大学的博士后吴业国，博士生陈欣、汤文博、熊鸣琴、朱文慧等人，不辞劳苦，接送代表。在此一并致谢。

感谢与会的学术界朋友，能够在不长的时间内，写出论文，参加会议。而且这些论文的水平都是较高的。而这本论文集，也可算是崔与之研究的集大成之作，代表了当前崔与之研究的最高水平。

最后，感谢人民出版社的张秀平编审，她不但参加了研讨会，而且承担出版任务，认真编辑润色了此书。

张其凡

2009年10月12日于广州暨南花园

图书在版编目（CIP）数据

崔与之与岭南文化研究 / 朱泽君主编.
-北京：人民出版社，2009 年 10 月
ISBN 978-7-01-008569-2
Ⅰ. 崔… Ⅱ. 朱… Ⅲ. ①崔与之（1158~1239）-人物研究 ②岭南-文化史-研究-南宋
Ⅳ. K827=442 K296.5
中国版本图书馆 CIP 数据核字（2009）第 236253 号

崔与之与岭南文化研究
CUIYUZHI YU LINGNAN WENHUA YANJIU

主　　编：朱泽君
责任编辑：张秀平　任文正
装帧设计：徐　晖

人民出版社 出版发行
地　　址：北京朝阳门内大街 166 号
邮政编码：100706　www.peoplepress.net
经　　销：全国新华书店
印刷装订：北京昌平百善印刷厂
出版日期：2010 年 7 月第 1 版　2010 年 7 月第 1 次印刷
开　　本：787 毫米×1092 毫米　1/16
印　　张：32.5
字　　数：520 千字
书　　号：ISBN 978-7-01-008569-2
定　　价：80.00 元

人民东方图书销售中心电话：(010) 65250042　65289539